柯桥年鉴数字版

柯桥年鉴 2021

中共绍兴市柯桥区委 绍兴市柯桥区人民政府 主办

绍兴市柯桥区地方志编纂委员会 编

方志出版社
Publishing House of Local Records

图书在版编目（CIP）数据

柯桥年鉴. 2021 / 绍兴市柯桥区地方志编纂委员会编. -- 北京 : 方志出版社，2021.12
ISBN 978-7-5144-4970-9

Ⅰ. ①柯… Ⅱ. ①绍… Ⅲ. ①柯桥区—2021—年鉴
Ⅳ. ①Z525.54

中国版本图书馆 CIP 数据核字（2021）第 261505 号

柯桥年鉴（2021）

编　　者： 绍兴市柯桥区地方志编纂委员会
责任编辑： 王　娜
出 版 者： 方志出版社
地址　北京市朝阳区潘家园东里 9 号（国家方志馆 4 层）
邮编　100021
网址　http://www.zgfzcb.cn
发　　行： 方志出版社图书经销中心
电话（010）67110500
经　　销： 各地新华书店
装帧设计： 浙江越生文化创意有限公司
印　　刷： 绍兴市越生彩印有限公司
开　　本： 889mm × 1194mm　1/16
印　　张： 30
字　　数： 866 千字
版　　次： 2021 年 12 月第 1 版　2021 年 12 月第 1 次印刷
印　　数： 0001 ～ 1100 册
ISBN 978-7-5144-4970-9　**定价：** 280.00 元

地　址　绍兴市柯桥区纺都路 1108 号
电　话　（0575）85561339　85561398
邮　编　312030

编辑说明

一、《柯桥年鉴(2021)》以马克思列宁主义、毛泽东思想、邓小平理论、“三个代表”重要思想、科学发展观、习近平新时代中国特色社会主义思想为指导,坚持辩证唯物主义和历史唯物主义的立场、观点和方法,实事求是地记述一年中的人、事、物,力求思想性、科学性和信息性的统一。

二、《柯桥年鉴(2021)》记述柯桥区 2020 年度经济、政治、文化、社会和生态文明的基本面貌及发展状况,旨在为领导决策提供依据,为社会各界了解区情、建设家乡提供参考,为精神文明建设、开展乡土教育提供教材,为研究柯桥区和编修《柯桥区志》积累史料。

三、《柯桥年鉴(2021)》记述的区域范围为 2020 年的柯桥区境。记述时限为 2020 年 1 月 1 日至 12 月 31 日。一些跨年度公布的事、物,则以截稿时为止。重点记述年度内的大事、要事、特事,反映其内在的新变化、新经验、新问题。

四、《柯桥年鉴(2021)》按类目、分目、条目 3 个层次编辑,类目下一般设综述,分目下设概况,以便记述事物的变化和基本数据;条目为基本单位,一事一条,动态记述。卷首设“特载”“专记”“大事记”“区情概貌”4 个类目,百科设“中共绍兴市柯桥区委员会”“绍兴市柯桥区人大”“绍兴市柯桥区人民政府”等 41 个类目,卷尾设“2020 年柯桥区国民经济统计资料选刊”“附录”“索引”3 个类目。

五、《柯桥年鉴(2021)》除专文外,采用记述体。文风力求严谨、朴实、简洁、通畅。数字、标点符号,分别执行国家标准《出版物上数字用法》(GB/T 15835—2011)、《标点符号用法》(GB/T 15834—2011),有些计量单位如亩等顺从习惯。

六、《柯桥年鉴(2021)》所载文字、图片及数据,均由区有关职能部门提供,并经各级领导和相关专业部门审核。其中有些数据,由于来源、统计口径等方面的原因,不同部门提供的同项目数字,也可能不尽一致,故正式引用应以该书“2020 年柯桥区国民经济统计资料选刊”为准。部分数据、表格,在文尾注明引述来源。

七、《柯桥年鉴(2021)》所载相关单位、机构名称中涉及的符号、文字,尊重该单位、机构的原设计用法。

八、《柯桥年鉴(2021)》目录中的类目标题用英文标出。《柯桥年鉴(2021)》附正文索引、表索引。索引采用主题分析索引法,按主题词首字汉语拼音字母顺序排列。

2020 年柯桥区快览

行政区划面积 1066.02 平方千米

户籍人口 69.26 万人

地区生产总值 1516.73 亿元，人均生产总值 219722 元

工业总产值 2073.97 亿元

财政总收入 202.04 亿元

社会消费品零售总额 354.35 亿元

货物进出口总额 893.38 亿元，其中出口 864.60 亿元、进口 28.77 亿元

合同外资 8.90 亿美元，实际利用外资 2.28 亿美元

金融机构本外币存款余额 2399.29 亿元，贷款余额 2313.37 亿元

城镇常住居民人均可支配收入 72071 元

农村常住居民人均可支配收入 43459 元

2020年度柯桥区荣誉

柯桥区被评为抗击新冠肺炎疫情先进集体

柯桥区“交邮＋供销模式”入选交通部首批农村物流服务品牌

柯桥区被评为全国计划生育优质服务先进单位

柯桥区被评为平安护航新中国成立70周年工作成绩突出集体

柯桥区被评为浙江省扫黑除恶专项斗争成绩突出集体

柯桥区被评为浙江省东西部扶贫协作工作先进集体

柯桥区完成国家电子证照应用试点

柯桥区完成国家知识产权强县工程试点

柯桥区完成国家级园区循环化改造试点

柯桥区被列入国家级农村宅基地制度改革试点

浙江绍兴柯桥中国轻纺城被列入国家级市场采购贸易方式试点

柯桥区成为中国（绍兴）跨境电商综试区先行区

柯桥区成为第一批政务数据开放共享国家标准贯标地区

柯桥区建设全国首个纺织产业快速维权中心

——中国绍兴柯桥（纺织）知识产权快速维权中心获批

柯桥区被评为 2020 年全国农村生活污水治理示范县

柯桥区被评为全国第一批深化小型水库管理体制改革样板县（市、区）

柯桥区被列入全域土地综合整治国家级试点

2020年8月24日，退役军人事务部党组书记、部长孙绍骋（前排左二）考察柯岩街道退役军人服务站　（区退役军人事务局　供稿）

2020年5月9日，浙江省委副书记、宁波市委书记郑栅洁（前排中）到柯桥区参加全省开发区（园区）改革提升推进会　（柯桥经开区　供稿）

2020 年 3 月 18 日，浙江省委常委、统战部部长熊建平（前排左二）到柯桥区调研企业疫情防控和复工复产工作，开展“三服务”活动（高 洁 摄）

2020 年 3 月 13 日，浙江省人大常委会副主任梁黎明（前排中）到柯桥区调研统筹推进新冠肺炎疫情防控和经济社会发展情况（漓渚镇 供稿）

2020 年 5 月 19 日，浙江省副省长成岳冲（前排右三）到柯桥区调研中医药工作

（区卫生健康局　供稿）

2020 年 10 月 14 日，浙江省副省长王文序（前排中）到柯桥区调研大学生就业、就业服务和创业园等工作

（刘　俊　摄）

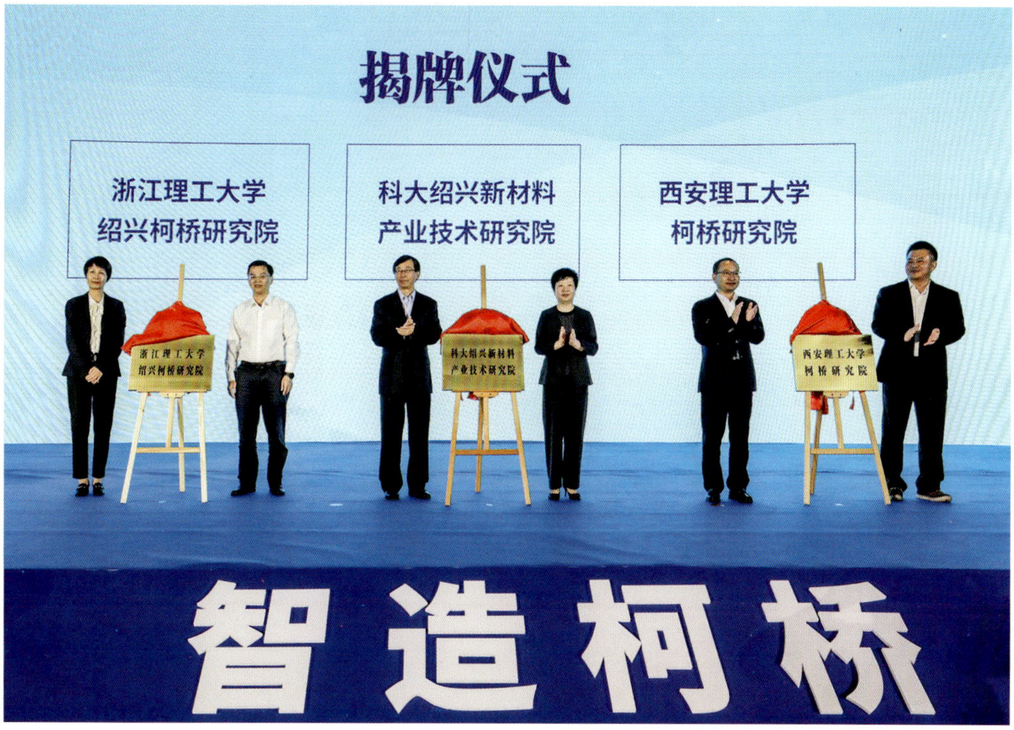

2020 年 10 月 16 日，柯桥区“步鱼计划”创新平台推介大会活动现场举行浙江理工大学绍兴柯桥研究院等揭牌仪式（徐 晔 摄）

2020 年 4 月 25 日，柯桥区启动第五届海内外高层次人才创新创业大赛

（高 洁 摄）

2020 年 2 月 22 日，小患者治愈出院鞠躬致谢，绍兴市中心医院大内科护士长曹玲玲顺势回礼
（傅金可　摄）

2020 年，柯桥区 20 余万元抗疫物资驰援八国十五城
（徐炎法　摄）

2020 年 8 月 20 日，第三十六届兰亭书法节“兰亭杯”全国农民书法大赛现场

（兰亭街道　供稿）

2020 年 11 月 6 日，三省一市慈善盛会——第七届“西湖论善”在柯桥区举行现场

（区民政局　供稿）

2020年度柯桥区经济社会发展荣誉榜

◇ 2020年度柯桥区高质量发展贡献奖（区长奖）

傅金可（市中心医院主任技师）
陈祖娟（柯桥区王坛镇舒村村共产党员）
傅双利（浙江迎丰科技股份有限公司董事长）
杨黎明（瑞创生物技术有限公司董事长）
池建方（市公安局柯桥区分局刑事犯罪侦查大队大队长）
旗滨集团（绍兴）新材料产业园项目招商服务组
龙禧中心项目租赁户债权处置工作专班
区卫生健康局
区人民政府金融工作办公室
区打赢蓝天保卫战工作领导小组综合协调办公室

◇ 2020年度柯桥区高质量发展贡献奖（经济发展突出贡献奖）

庞宝根（宝业集团股份有限公司）
叶　青（浙江浙能绍兴滨海热电有限责任公司）
蒋张水（浙江天马实业股份有限公司）
孙永根（浙江天圣控股集团有限公司）
虞伟强（会稽山绍兴酒股份有限公司）
虞阿五（浙江日月首饰集团有限公司）
沈幼生（索密克汽车配件有限公司）
周永利（浙江永利实业集团有限公司）

◇ 2020年度柯桥区高质量发展贡献奖（经济发展功臣奖）

王伟峰（浙江龙德环保热电有限公司）
张勤良（浙江勤业建工集团有限公司）
王烈铨（浙江东厦建工集团有限公司）
陈晓寅（中设建工集团有限公司）
胡柏成（浙江天工建设集团有限公司）

胡兴良（浙江鼎元建设有限公司）
朱金华（浙江中恒建设有限公司）
马　成（浙江天勤建设有限公司）
孙　飞（浙江世纪联华物流配送有限公司）
朱振东（绍兴宝晨汽车销售服务有限公司）
陈柏校（绍兴泰谱环保科技有限公司）

◇ 2020年度柯桥区美丽柯桥建设优胜单位

平水镇　　王坛镇
柯岩街道　　华舍街道
钱清街道　　福全街道

◇ 2020年度柯桥区金融支持实体经济发展优胜单位

浙江绍兴瑞丰农村商业银行股份有限公司
中国工商银行股份有限公司绍兴支行
中国农业银行股份有限公司绍兴柯桥支行
浙商银行股份有限公司绍兴分行
中国银行股份有限公司柯桥支行
中国建设银行股份有限公司柯桥支行
中国邮政储蓄银行股份有限公司绍兴市柯桥区支行
杭州银行股份有限公司绍兴科技支行
北京银行股份有限公司绍兴柯桥支行
中国民生银行股份有限公司绍兴柯桥支行
兴业银行股份有限公司绍兴柯桥支行
宁波银行股份有限公司绍兴柯桥小微企业专营支行
中国人民财产保险股份有限公司绍兴市柯桥支公司
中国人寿保险股份有限公司绍兴市柯桥区支公司
浙商证券股份有限公司绍兴金柯桥大道证券营业部
财通证券股份有限公司绍兴柯桥湖西路证券营业部

◇ 2020 年度柯桥区金融履行社会责任优秀集体

华夏银行股份有限公司绍兴柯桥支行

◇ 2020 年度柯桥区金融支持小微企业发展优秀集体

浙江泰隆商业银行股份有限公司绍兴分行

◇ 2020 年度柯桥区金融服务“三农”发展优秀集体

浙江柯桥联合村镇银行股份有限公司

目 录

特 载

忠实践行“八八战略” 奋力打造“重要窗口” 努力领跑“四个率先” 率先高水平建设社会主义现代化先行示范区
——在区委一届九次全体（扩大）会议上的报告（摘要）……1

绍兴市柯桥区人民代表大会常务委员会工作报告（摘要）
——在绍兴市柯桥区第一届人民代表大会第四次会议上……11

政府工作报告（摘要）
——在绍兴市柯桥区第一届人民代表大会第四次会议上……15

中国人民政治协商会议第一届绍兴市柯桥区委员会常务委员会工作报告（摘要）
——在政协第一届绍兴市柯桥区委员会第四次会议上……25

专 记

实事项目……30
表1 2020年柯桥区政府十件民生实事完成情况……30
柯桥改革……32
“三驻三服务”纪实……35
新冠肺炎疫情防控纪实……36
柯桥区“十三五”时期发展纪实……38
·小资料· “品字标”……39
蓝印时尚小镇建设……39
绍兴金柯桥科技城发展纪实……40
社会矛盾纠纷调处化解纪实……41

大事记

2020年大事记……43

区情概貌

历史沿革……48
越族繁衍……48
越国兴衰……48
秦汉会稽郡山阴县……49
魏晋南北朝会稽郡山阴县……49
隋唐五代越州山阴、会稽……49
宋元建置变迁和山阴、会稽两县……49
明朝绍兴府山阴、会稽两县……50
清朝绍兴府山阴、会稽两县……50
民国时期绍兴县……50
中华人民共和国成立后……50

名胜古迹 51
概况 51
表 2 2020 年柯桥区国家级文物保护单位情况 51
表 3 2020 年柯桥区省级文物保护单位情况 52
表 4 2020 年柯桥区国家级旅游景区情况 52
名士之乡 53
概况 53
区域和行政区划 53
区域地理位置和面积 53
行政区划和各镇街面积 53
表 5 2020 年柯桥区各镇(街道)地域面积 54
主要机构及负责人名单 54
党政机构及有关部门负责人名单 54
街道和建制镇党政正职名单 60
地形地貌 61
概况 61
西南部低山丘陵河谷 61
中北部水网平原 62
东北部滨海平原 62
主要山脉及主峰 62
火山地貌 63
河流和湖泊 63
概况 63
小舜江水系 63
运河水系 63
浦阳江水系 63
山区河流 63
平原河网 64
平原湖泊 64
自然资源 64
土地资源 64
水资源 65
生物资源 65
矿产资源 65
名优特产 65
“会稽山”黄酒 65
平水日铸茶 66
稽东香榧 66
漓渚兰花 67
同康竹笋 67
仁昌酱油 67
湖塘杨梅 67
王坛青梅 68
兰亭水蜜桃 68
气象特征 69
概况 69
重要天气事件 69
民族 人口 70
概况 70
表 6 2020 年柯桥区少数民族人口情况 70

中共绍兴市柯桥区委员会

重要会议 72
区委一届七次全体(扩大)会议 72
柯桥区干部大会暨制造业高质量发展“步鱼计划”推进大会 72
省委第十巡视组巡视柯桥区工作动员会议 72
区委一届八次全体(扩大)会议 72
柯桥区企业家大会 73
区委一届九次全体(扩大)会议 73
区委常委会会议 73
组织工作 77
概况 77
锻炼优秀年轻干部 78

干部工作常态化调研考察和分析研判办法实施……78
完成省委组织部反馈的整改任务……78
村(社区)组织换届……78
"五星"村社和"两新"组织创建100个……78
发动3.36万名党员抗疫……78
党员干部远程教育管理……78
楼宇党建……78
人才招引……79
开建民营人才创业园10家……79
人才服务……79
人才企业与资本对接……79
宣传工作……79
概况……79
主题宣讲活动2000余场次……79
理论微考学……79
省级及以上媒体刊发重点报道130余篇……79
媒体融合获省级特别进步奖……79
舆情处置……80
"有礼有爱"城市品牌树立……80
规上文化产业增加值62.24亿元……80
通过全国文明城市复检……80
新时代文明实践中心建设工作务虚会……80
统一战线……80
概况……80
统战系统抗疫……81
柯桥区成全国第四批少数民族流动人口服务管理示范城市……81
整治基督教私设聚会点35处……81
"政企面对面"座谈会……81
熊建平到柯桥调研……81
宁波天南地北绍兴人联谊会迎新活动……81
杭州市柯桥商会组团回乡考察……81
乡贤参与基层矛盾化解工作部署会……81
乡贤娘舅参与化解矛盾纠纷……82
区民营经济代表人士培训班在浙江大学举办……82
区委统一战线工作领导小组会议……82
区网络界人士联谊会二届一次大会……82
区新生代企业家联谊会二届一次大会……82
机构编制……82
概况……82
"区镇一体、条抓块统"省级试点……82
事业单位清理规范整合……83
调整区镇权力清单……83
事业单位改革"回头看"……83
五大领域综合行政执法改革基本完成……83
疾病预防控制体系机构升格……83
调整森林公安机关管理体制……83
数字赋能机构编制……83
国有企业机构设置和员额管理办法实施……83
信访工作……83
概况……83
承办全省信访系统岗位练兵比武……83
信访超市接访群众1060人次……83
信访案件化解……84
信访"2211"工作机制实行……84
老干部事务……84
概况……84
"银领党建联盟"建立……84
干部荣誉退休制……84
"银耀柯桥"行动……84
"乐活驿站"试点……85
文化养老在基层活动……85
党史研究……85
概况……85
梳理民主革命时期档案……85
党史宣教……85
党校教育……85
概况……85

区委党校被确定为新冠肺炎集中医学观察隔离点......86
“不一样的思政课”微课视频成办学亮点......86
承办区管领导干部党的十九届五中全会精神集中轮训班......86
承办2020年柯桥区新一届村(社)干部集中轮训班......86
机关党务......86
概况......86
党的政治思想建设......86
支部建设提升年活动......87
机关党员抗疫......87
争创“先锋工程”......87
党建特色展评......87
服务深化......87
概况......87
“政企面对面”活动......87
机关干部“三服务”......87
资金助企......88
引进重大招商项目21个......88
出台人才新政......88
项目纾困......88
助力基层减负......88
助力基层换届......88

绍兴市柯桥区人民代表大会

综　述......89
概况......89
重要会议......89
区一届人大四次会议......89
区一届人大常委会第二十七次至第三十四次会议......90
区一届人大常委会第四十一次至第五十三次主任会议......90
人大建议......92
概况......92
表7　2020年柯桥区人大常委会重点督办代表建议情况......92
主要活动......93
民营企业中人大代表走访......93
镇街人大工作......93
标杆代表联络站建设......93
局长·代表面对面活动......93
组织集中视察......93
举办“人大讲坛”......94
人大信息宣传......94
获评第二届浙江人大与时俱进奖......94
受理群众来信来访......94

绍兴市柯桥区人民政府

重要会议......95
区政府一届七次全体(扩大)会议......95
区政府一届八次全体(扩大)会议......95
区政府常务会议......95
政务信息......99
概况......99
17篇信息获省领导批示......99
协调督查......99
概况......99
建议提案办理......99
概况......99
人事工作......100
概况......100
事业人员职业全周期管理“一件事”改革......100
行政审批......100
概况......100
企业投资项目审批“最多80天”改革......100
涉水项目行政许可即办化改革......100

排污权抵押方式创新 100
中介企业“网上竞价” 100
企业投资项目代办智能化服务平台开发 100
公共资源管理 101
概况 101
招标投标“一件事”改革 101
“不见面”开评标 101
投标保证金减免 10 亿余元 101
推行工程建设投标保证金电子保函 101
公开招标平均办理时间缩至 23 天 101
招投标全周期监管体系建立 101
重要接待 101
概况 101
表 8 2020 年柯桥区接待省部级及以上领导、考察团情况 102
机关事务管理 104
概况 104
公共服务大楼广场改造 104
办公用房效能管理 105
涉案物资处置 105
机关垃圾分类 105
机关食堂“厉行节约、反对浪费”活动 105

政协绍兴市柯桥区委员会

综 述 106
概况 106
重要会议 106
区政协一届四次会议 106
区政协一届十九次至二十六次常委会议 107
区政协一届四十一次至五十四次主席会议 108
政协提案 109
概况 109
表 9 2020 年柯桥区政协重点提案情况 109
主要工作 110
“请你来协商”协商 6 场 110
企业复工复产调研指导 111
应对疫情发展商贸三产专题协商 111
区政协履职能力提升培训班 111
报送调研报告等 47 篇(件) 112
民主监督小组 112
社情民意信息收集 112
慈善助困行动 112
书画创作交流活动 112

中共绍兴市柯桥区纪律检查委员会监察委员会

综 述 113
概况 113
全面从严治党主体责任落实 113
镇(街道)自办监察案件 113
派驻机构规范化建设 113
近距离常态化纪检监督 113
·小资料· “四种形态” 113
智慧纪检建设 113
纪检惩治 113
区委反腐败协调小组规则制定 113
防逃工作专项检查 114
纪检办案安全责任制落实 114
“一案五必须”制度实施 114
巡察工作 114
概况 114
巡察 6 轮 114
区巡察整改 114
省委巡视反馈问题整改 114
接受省对区巡察工作专项检查 114
“四式”巡察法开展村级巡察 114
巡察规范化建设 114
党风政风监督 115

概况 …… 115
廉政专项整治行动 …… 115
扶贫工作专项巡查 …… 115
检举举报平台应用 …… 115
清廉村居基层治理 …… 115
村社换届监督 …… 115

民主党派

综　述 …… 116
概况 …… 116
政党协商活动 …… 116
党外人士信息管理系统建立 …… 116
网络人士统战工作创新实践基地建立 …… 116
民革柯桥区基层委员会 …… 117
概况 …… 117
民盟柯桥区基层委员会 …… 118
概况 …… 118
民建柯桥区基层委员会 …… 119
概况 …… 119
民进柯桥区基层委员会 …… 120
概况 …… 120
农工党柯桥区基层委员会 …… 121
概况 …… 121
九三学社柯桥区基层委员会 …… 122
概况 …… 122
柯桥区知识界无党派人士联谊会 …… 123
概况 …… 123

群众团体

柯桥区总工会 …… 124
概况 …… 124
柯桥区工人文化宫成立 …… 125
区劳模(工匠)宣讲团成立 …… 125
区劳模(工匠)技术服务队成立 …… 125
小微企业工会经费退返 …… 125
区域性党建带工建基层工会创建 …… 125
“职工悦读”系列活动 …… 125
向全国职工书屋“你点我购”赠书活动 …… 125
第8届“金梭奖”职业技能大赛 …… 125
法院工会工作室成立 …… 125
“清凉有礼 柯桥有爱”公益活动 …… 125
“职工驿站”开设 …… 125
共青团绍兴市柯桥区委员会 …… 125
概况 …… 125
省级共青团基层组织改革综合试点 …… 126
村社团组织换届 …… 126
青年助力疫情防控 …… 126
“青优青悦”人才服务项目实施 …… 126
“青柯笛理”宣讲活动 …… 126
“青柯护航”服务青少年 …… 127
青年助力乡村振兴行动 …… 127
红领巾学院成立 …… 127
青年助力基层治理 …… 127
“亲青帮”服务青年124人次 …… 127
柯桥区妇女联合会 …… 127
概况 …… 127
“三八”国际妇女节系列活动 …… 128
女性维权宣传咨询活动 …… 128
“五爱吾家”系列活动 …… 128
巾帼旅游推介活动 …… 128
巾帼扶贫活动 …… 128
美丽庭院建设 …… 128
柯桥区工商业联合会(总商会) …… 128
概况 …… 128
区工商联(总商会)第一次会员代表大会召开 …… 129
工商联服务省级优秀案例 …… 129
柯桥区墙布商会成立 …… 129

柯桥区纺织绣花商会成立 129
政企恳谈会 129
柯桥区科学技术协会 129
概况 129
“柯桥院士小镇”列入首批“浙江院士之家” 130
《加油！科学 +》开演 130
创建科普馆 130
创建科普基地 130
科普宣传 130
青少年科技创新大赛 130
柯桥区文学艺术界联合会 130
概况 130
区文联第一次代表大会 130
“鉴湖文艺讲堂”开讲 131
基层文艺骨干培训班 131
全国 14 个城市书法篆刻作品展 131
长三角书画名家作品邀请展 131
绍兴柯桥·西宁湟中书法联展 131
长三角地区高校艺术联盟当代艺术展 131
沈洪波美术作品展 131
长三角地区“中国书法名城·中国书法之乡”作品联展 131
八墨社自创内容书画小品展 132
柯桥区美术作品大展 132
中国美术学院书法系艺术硕士主题书法创作十人展 132
全国名家画柯桥写生作品展 132
柯桥·上虞书法联展 132
江南书画名家作品邀请展 132
抗美援朝 70 周年主题展 132
第六届“唯金杯”中国拼布创意设计大赛作品展 132
当代中青年书画名家瓷画邀请展 133
柯桥区首届特殊儿童书画作品展 133
山阴周氏四代书画作品展 133
柯桥区残疾人联合会 133
概况 133
第 30 次全国助残日活动 133
全区无障碍社区建设“三年行动”启动 133
困难残疾人家庭无障碍改造 133
残疾人创业就业 134
柯桥区红十字会 134
概况 134
区红十字会第一届理事会第三次(扩大）会议 134
新冠肺炎疫情防控捐赠款物收付 134
造血干细胞捐献 2 例 135
人体器官等捐献 7 例 135
第三批公共场所 AED 配置安装 135
红十字医疗志愿服务 135
港越社区红十字会被评为全国红十字模范单位 135
红十字博爱送万家慰问活动 136
博爱救助项目惠及 19506 人次 136

外事·侨务·港澳台事务

外 事 137
概况 137
重大外事接待 2 次 137
涉外新冠肺炎疫情防控 138
国际友城联系交流 138
侨 务 138
概况 138
侨胞、留学生助力新冠肺炎疫情防控 138
柯桥区第一次归侨侨眷代表大会 138
浙江省侨联法顾委柯桥分站成立 139
举办侨干侨企培训 139
全市首家侨文化馆建成 139
柯桥区侨商会、海创会赴宁波考察交流 140

"送福迎春　情满侨界"迎新联谊会 140
港澳台事务 140
概况 140
台资项目引进 140
台商台胞"看浙江、看绍兴、品柯桥"活动 140
2 名柯桥籍学生被台湾地区大学录取 140

法　治

政法委及综治 141
概况 141
柯桥区获省首批"一星平安金鼎" 141
解纷闭环处置机制建立 142
"四平台"闭环处置"110"警情事件 142
扫黑除恶专项斗争 142
·小资料·　"十大专项行动" 142
·小资料·　"六清"行动 142
处置"龙禧中心" 142
全省政法宣传舆论工作会议在柯桥举行 142
平安宣传活动 143
·小资料·　"平安三率" 143
法治政府建设 143
概况 143
综合行政执法改革 144
行政执法 144
·小资料·　行政执法"三项制度" 144
行政执法监督 144
政务公开事项标准目录制定 144
柯桥区获评浙江省"最多跑一次"改革成效突出县(市、区) 144
全省首创智慧企业法治体检平台 144
全省首个区级矛调中心《运行管理实施意见》出台 144
行政争议府院联动调解机制 144
公　安 145
概况 145
"5·29"盗掘古墓葬案 145
"1·16"骗取出口退税专案 145
检　察 145
概况 145
"扫黑除恶"专项斗争 146
·小资料·　"一案三查" 146
优化法治营商环境 146
司法救助 146
刑事诉讼监督 147
民事诉讼监督 147
行政诉讼监督 147
公益诉讼监督 147
法　院 147
概况 147
刑事案件审理 148
黑恶案件审理 148
民事案件审理 148
区法院入驻区矛调中心 148
行政案件审理 148
执行案件执结 9118 件 148
法院结案率 99.99% 149
兰亭人民法庭暨旅游巡回法庭揭牌 149
轻纺城人民法庭等揭牌仪式 149
司法行政 149
概况 149
"七五"普法终期验收通过 150
全省首创法律援助"五办"工作法 150
社区矫正工作 150
全市首创线上专用调解平台"云 e 调解" 150

军　事

国防教育 151
概况 151

中国轻纺城小学获评省国防教育基地 151
全国国防教育特色学校 151
军民共建 151
概况 151
兵役工作 151
概况 151
省征兵首检日仪式在柯桥区举行 152
民兵预备役 152
概况 152
民兵参与新冠肺炎疫情防控 152
重要目标防卫演练 152
武 警 152
概况 152
人民防空 153
概况 153
人防设施建设融入控规 153

农业农村经济

综 述 154
概况 154
农业产业化经营 154
概况 154
农民专业合作社建设 155
宏芳家庭农场入选国家级典型案例 155
农家乐接待游客 89.8 万人次 155
种植业 155
概况 155
菜篮子基地建设 155
粮功区退苗还粮整治 155
粮食高产示范创建 156
挽回农作物病虫害产量损失 9.16 万吨 156
绿色防控技术推广 14.6 万亩次 156
储备农作物种子 8 万余千克 156
完成 2 个市级农田土壤修复试点 156
4 个点位开展化肥减量增效试验 156
高标准农田建设 156
养殖业 156
概况 156
猪场建设 157
抗体检测 5264 份 157
生猪屠宰及肉品检疫 157
省级水产健康养殖示范场新增 6 家 157
林 业 157
概况 157
“一村万树”示范村创建 158
松木检疫执法行动 158
野生动物保护 158
森林公安执法 158
立案查处涉林案件 12 起 158
农业服务 158
概况 158
基层农技推广体系建设 158
“三联三送三落实”活动 158
农业主导品种主推技术遴选 158
新型职业农民培育 158
农村实用人才培训 158
农民综合素质提升培训 158
观光农业经营专业中专班教育 159
87 名职业农民通过技能鉴定 159
职业农民高校报考 159
农技知识培训 159
农业机械投资 159
农产品监测 159
食用农产品合格证管理 159
绿色优质农产品认证 159
农产品质量安全“利剑”专项整治 159
标准农田占补(置换)审核 159
农业水价综合改革 159
农村经营管理 159

概况 159
农村集体“三资”去现金化管理改革 160
农村集体资产公开交易 160
农业行政执法 160
概况 160
生猪屠宰监管 161
农药废弃包装物回收处置率 100% 161
限用农药管理 161

工业经济

综　述 162
概况 162
“步鱼计划”启动 162
转型升级 162
概况 162
一项目入选 2020 年工信部规划司先进制造业集群名单 163
投资装备 163
概况 163
企业转产抗疫物资 163
工业相关激励政策兑现资金 3.8 亿元 163
新型墙材 163
概况 163
企业服务 163
概况 163
中小微企业梯度培训 163
柯桥区入选 2021 年浙江省小微企业园建设提升重点县（市、区）名单 163
行业提升 164
概况 164
化工园区规划评价 164
“低散乱”行业整治 164
印染集聚 164
概况 164
印染组团开工 164
印染产业工程师协同创新中心运行 165
二次开发 165
概况 165
深化“亩均论英雄” 165
创新发展 165
概况 165
数字经济 165
概况 165
数字经济建设 166
工业互联网平台建设 166
盐业管理 166
概况 166
能源工业 166
概况 166
对 40% 以上重点用能企业开展节能监察 166
验收 11 个光伏发电项目 166
上市企业 167
浙农集团股份有限公司 167
浙江越剑智能装备股份有限公司 167
浙江西大门新材料股份有限公司 167
招商引资 167
概况 167
开展“云招商” 167

建筑业

综　述 168
概况 168
市场拓展 168
概况 168
组织区内建筑企业赴安徽考察 168
质量管理 168
概况 168
建筑工程质量专项检查 169

行业管理 169
概况 169
安全生产 169
概况 169
极端天气建筑业安全生产管理 169
建筑项目掌上执法检查 169
建筑扬尘监管 169
勘察设计 169
概况 169

房地产业

综　述 171
概况 171
商品住宅成交均价趋稳 171
新建住宅全装修 171
开发投资 171
概况 171
住房保障 171
概况 171
公租房网上申请办理 171
抗疫一线人员购房优惠活动 171
物业管理 172
概况 172
物业从业人员培训 172
交易市场 172
概况 172
住房公积金管理 172
概况 172
实施住房公积金抗疫政策 172
公款竞争性存放公开招标 172
住房公积金提取新规实施 173

商贸业

综　述 174
概况 174
消费专班工作机制建立 174
批发零售业 174
概况 174
2020 柯桥城市购物节 174
粮油购销 175
概况 175
柯桥区中心粮库被评为省三星级粮库 175
供销合作商业 175
概况 175
山区电商物流服务“村村通”工程建成 175
柯桥片区农合联果蔬产业分会成立 175
齐贤片区农合联藕粉产业分会成立 175
住宿餐饮业 175
概况 175
楼宇经济 176
概况 176
汽车服务业 176
概况 176
加油站油气回收综合治理专项行动 176
6 个综合供能服务站建成投用 176
汽车促消费政策实施 176
会展业 176
概况 176
第 22 届中国绍兴柯桥国际纺织品博览会（秋季） 176
2020 绍兴柯桥中国轻纺城窗帘布艺墙布展览会 177
2020（绍兴）国际墙材屋面材料生产装备博览会 177
2020 中国绍兴柯桥坯布纺织新材料展 177

表 10 2020 年中国轻纺城国际会展中心会展情况……177

商务服务

法律服务……180
概况……180
法律“三服务”活动……180
提升法律服务能力……180
法律服务行业“教育整治年”活动……181
律师参与办理扫黑除恶案件 72 件……181
公证服务……181
概况……181
农房确权公证……181
公证处参与司法辅助……182
公证金融服务平台构建……182
国内公证事项办理……182
涉外公证事项办理……182
会计服务……182
概况……182
广告服务……182
概况……182
商标服务……182
概况……182
在省品牌指导服务站工作现场会上介绍经验……183

开放型经济

综　述……184
概况……184
对外贸易……184
概况……184
出口专班工作机制建立……185
柯桥区企业参加美国纽约国际服装面料展……185
柯桥区企业参加美国拉斯维加斯国际服装面料展……185
自办出口网上交易会意大利专场……185
自办出口网上交易会越南专场……186
轻纺城市场采购贸易方式试点……186
利用外来资金……186
概况……186
新设总投资 1000 万美元以上企业 6 家……186
新设三产类企业 158 家……186
对外经济合作……186
概况……186
对外承包工程逆势增长……186
境外经贸类纠纷和突发事件应急预案出台……186
80 余家企业参加推介对接……187
8 家境外投资企业获得奖补资金……187
服务贸易……187
概况……187
服务贸易统计监测……187
组织企业参加服务贸易展会 14 场次……187
提升服务贸易质量……187
跨境电商……187
概况……187
·小资料·“9610”……188
实现全市两项首单……188
·小资料·“9710”……188
亚马逊孵化班……188
纺织产业集群跨境电商发展高峰论坛……188
阿里巴巴全球速卖通跨境人才计划启动……188
外商服务……188
概况……188
新冠肺炎疫情期间外国企业常驻代表机构年检……188
急需入境返岗重点企业相关外国人到华入浙邀请……188
适当延长外国人居留许可有效期限……188

表 11 2020 年柯桥区外贸出口分类情况 189
表 12 2020 年柯桥区外贸出口主要市场 189
表 13 2020 年柯桥区“一带一路”沿线国家（地区）主要出口市场 191

中国轻纺城

综 述 192
概况 192
轻纺市场 192
概况 192
中国轻纺城国际面料采购中心开业 192
市场采购贸易方式试点 193
·小资料· 市场采购贸易方式 193
中国轻纺城综合服务中心搬迁投运 193
轻纺城建管委获全国纺织行业抗疫先进集体称号 193
丝路柯桥 194
概况 194
中国轻纺城云展会 194
柯桥轻纺城走进大湾区展 194
参加中国国际家用纺织品及辅料（秋冬）博览会 194
参加中国国际纺织面料及辅料（秋冬）博览会 194
“丝路柯桥 · 布满全球”在成都办展 194
“丝路柯桥 · 布满全球”在西安办展 194
“丝路柯桥 · 布满全球”在深圳办展 195
世界布商大会 195
概况 195
第三届世界布商大会 195
世界布商国际合作联盟视频发布 195
柯桥轻纺城海外联合商会成立 195
秋季纺博会 196
云上纺博会 196
第八届柯桥时尚周 196
钱清中国轻纺原料城 196
概况 196
创意产业 196
概况 196
创意设计人才“经纬计划”实施 197
“2020 天天时尚”活动计划实施 197
开展全国性时尚赛事 6 场 197
“柯桥优选”品牌直播活动 197
联托运业 197
概况 197

旅游业

综 述 198
概况 198
景区建设 198
概况 198
8 个镇（街道）9 个村达到省 AAA 级景区标准 198
3 家民宿获评省银宿级 199
柯桥创建为省首批 AAAAA 级景区城 199
旅游营销 199
概况 199
文旅推介活动 199
文旅夜间经济柯桥模式建设 199
柯桥文旅长三角推广季活动 200
旅游接待 200
概况 200
行业管理 200
概况 200
旅游行业安全生产整治 200
文旅企业疫情补助 1880 万元 200

财政·税务

财　政 …… 201
概况 …… 201
“两直”资金兑付率100% …… 201
王坛镇省级农村综合改革集成建设项目申报成功 …… 201
“数字财政”建设 …… 201
产业扶持资金兑现11.75亿元 …… 201
政府产业基金运作 …… 201
民生支出102.04亿元 …… 201
项目审核719个 …… 202
政府开支压减9.48亿元 …… 202
税　务 …… 202
概况 …… 202
首次综合所得汇算 …… 202
社会保险费征收56.86亿元 …… 202
企业所得税后续审核 …… 202
司法途径入库税款1.93亿元 …… 202
税收风险对象应对3029户 …… 202
城乡居民医保征缴新模式 …… 202
增值税电子发票开具602万份 …… 203
出口退(免)税企业分类管理9880户 …… 203
“非接触办税” …… 203
税收网格化管理 …… 203
土地增值税入库税额26.05亿元 …… 203
纳税人信用贷款服务 …… 203
税收协查案件办结513起 …… 203
防疫物资生产企业留底退税 …… 203

金融业

综　述 …… 204
概况 …… 204
银　行 …… 204
概况 …… 204
瑞丰银行慈善捐款972.6万元 …… 205
瑞丰银行“双百行动”现场会 …… 205
瑞丰银行支小再贷款发放109.19亿元 …… 205
瑞丰银行农户小额普惠贷款推进会 …… 205
瑞丰银行350万元建立“益梦·书舍”爱心基金 …… 205
柯桥联合村镇银行发放低息资金4.97亿元 …… 206
柯桥联合村镇银行捐献抗疫物资6.66万元 …… 206
泰隆银行绍兴分行和绍兴市知识产权局签订战略合作协议 …… 206
工行绍兴支行支持实体经济贷款120亿元 …… 206
工行绍兴支行服务小微企业和个体工商户 …… 206
农行绍兴柯桥支行小微企业贷款余额增加8.59亿元 …… 206
农行绍兴柯桥兰亭支行助力当地水蜜桃产业 …… 206
中国银行柯桥支行发放知识产权质押贷款3500万元 …… 206
中国银行柯桥支行时点存款余额33.55亿元 …… 206
华夏银行绍兴柯桥支行参与政府专项债项目 …… 207
广发银行柯桥支行抵押易新版 …… 207
保　险 …… 207
概况 …… 207
人保财险柯桥支公司防疫投保 …… 207
人保财险柯桥支公司承保极客桥航空无人机 …… 207

人保财险柯桥支公司与区气象局签订战略合作协议……207
人保财险柯桥支公司承保 27 家新型农业经营主体……207
人保财险柯桥支公司出具全市首单“地摊保”……207
人保财险柯桥支公司协助客户追回 37 万美元货款……207
典 当……208
概况……208
证券期货……208
概况……208
企业上市……208
概况……208
小额贷款……208
概况……208
融资担保……208
概况……208

国土资源管理

综 述……209
概况……209
·小资料· “812”土地整治工程……209
土地资源管理……209
概况……209
“812”土地整治工程实施……209
土地整治与生态修复项目获省部级立项……209
土地成交 70 宗……209
乱占耕地建房整治……209
建设用地计划指标新增……209
工业用地“标准地”出让……209
存量土地盘活 2144 亩……210
永久基本农田占补平衡……210
企业融资……210
不动产业务受理……210
自然资源违法案件查处……210
第三次全国国土调查通过国家级复核……210
地质环境保护……210
概况……210
地质灾害防治……210
矿产资源管理……210
概况……210
废弃矿山生态修复……210
矿山环境粉尘专项整治行动……210

环境保护

综 述……211
概况……211
环境监察与稽查……211
概况……211
第二轮中央环保督察迎检整改……211
环境违法案件查处……211
超标柴油车处理……211
环境信访满意率 95% 以上……212
环境监测及管理……212
概况……212
环境质量预警函发出 9 份……212
空气质量优良率 89.3%……212
农村集中式饮用水源地水质达标率 100%……212
污染防治管理……212
概况……212
工业废气治理……212
燃气锅炉低氮改造……212
土壤污染调查修复……212
“无废城市”建设试点……212
饮用水水源环境保护……213
排污权交易……213
生态建设……213

概况 213
生态环保宣传 213

水 利

综 述 214
概况 214
柯桥区水利学会第七次会员大会 214
水资源管理 214
概况 214
节水型社会建设 214
取水口标准化建设 214
浙江省节水宣传教育基地创建 214
落实水资源费减免政策 215
新一轮水域调查 215
美丽河湖创建 215
鱼苗放流 215
水利工程建设 215
概况 215
曹娥江综合整治工程(柯桥段)三标开工 215
小舜江南溪综合治理工程完工 215
钱塘江一线海塘加固工程完工 215
水库山塘整治 216
水文防汛“5+1”工程项目(一期)完工 216
平水江水库灌区 2 渡槽维修加固工程完工 216
平水江水库灌区新山头渡槽拆除重建工程开工 216
山区溪流整治 216

经济管理

发展改革管理 217
概况 217
固定资产投资增长 6.8% 217
省重点项目增加 13 个 217
东西部扶贫协作 217
企业减负 46.95 亿元 217
投资项目审批“最多 90 天” 217
国有资产管理 217
概况 217
“国企专班”成立 218
“减息降本”专项行动 218
机关部门所属经营性资产处置 218
国有企业退休人员社会化管理 218
培训国有企业财务人员 218
市场监督管理 218
概况 218
冷链食品监管 218
助企复工复产 218
企业开办一日办结 218
小微企业增加 6901 家 219
“放心消费在柯桥”行动 219
质量技术监督管理 219
概况 219
“品牌强区”建设 219
“标准化 +”工程实施 219
检验检测技术服务 220
特种设备安全监管 220
食品药品监督管理 220
概况 220
浙江省食品安全区跟踪评价 220
“智能阳光厨房”建设 220
“送药上山进岛”便民服务 220
食药械化安全专项治理 220
知识产权管理 221
概况 221
全国首家纺织行业知识产权快速维权中心成立 221
价格管理 221
概况 221

水、电、气降价给企业减负……221
审 计……221
概况……221
政策跟踪审计……221
预算执行情况审计……221
经济责任审计……221
政府投资项目审计……221
内部审计监督指导……222
统 计……222
概况……222
统计方法制度改革……222

应急管理

安全生产监管……223
概况……223
开展首轮安全生产巡查……223
危化品企业整治……223
纺织品仓库消防专项整治……223
消防救援……223
概况……223
古镇古建筑"智慧消防"建设……224
自然灾害防治……224
概况……224
首届森林消防技能培训和比武……224

城镇建设与管理

综 述……226
概况……226
规划编制……226
概况……226
羊山—上方山、沙地王区域城市规划编制……226
商业布局规划研究……226
城区建设……226
概况……226
背街小巷（三期）改造工程实施……226
瓜渚湖区域海绵城市建设微改造……227
联网路建成……227
老旧小区"污水零直排＋海绵"改造……227
老旧小区改造……227
城管执法……227
概况……227
综合行政执法事项调整……228
高档住宅小区违建挂牌联系制实施……228
环境卫生管理……228
概况……228
疫情相关生活垃圾运输……228
生活垃圾分类宣教中心成立……228
再生资源体系运营服务项目运行……228
公共自行车手机扫码借还服务实施……229
城区交通管理……229
概况……229
智能交通系统改造升级……229
各类交通违法行为查处……229
拆迁安置……229
概况……229
"三改"项目实施……229
陶里安置小区A区建成……230
湖塘跨湖苑二期建成……230
供排水……230
概况……230
生活污水运维"全国样板"建设……230
1.85万名山区群众喝上放心水……230
生活污水处理出水达到省标……230
除臭系统处理能力达64.1万立方米每小时……230
供 电……231
概况……231
供电可靠率升至99.99%……231

全省率先实施“旁路＋热倒”综合不停电作业 231
·小资料· 旁路作业 231
电力降价减免政策实施 231
污染企业“云监测” 231
“专线用户改接至公线”高效能接线模式试点 231
乡村振兴 231
概况 231
农村人居环境年度考核全市第一 232
“无违建河道”创建 11 条 232
水土保持遥感图斑现场复查 232
水电站清理整改 232
农村饮用水达标提标工程实施 232
村级工业物业改造 233
概况 233
鉴湖旅游度假区建设 233
概况 233
鉴湖休闲小镇规划 233
黄酒小镇入选第四批省级特色小镇 233
2020 亚太国际金融论坛柯桥峰会 233
柯桥旅游快捷巴士专线开通 233
柯南足球场扩建 233
鉴湖江南岸二期慢行系统夜间景观亮化工程完工 233
鉴湖江游步道二期工程完工 233
“酷玩黄金周·烟花音乐节” 234
兰亭文化旅游度假区建设 234
概况 234
华强方特绍兴国学文化博览园签约 234
中南兰亭旷谷旅游综合体项目签约 235
兰渚大道改建提升工程动工 235
浙江漓铁集团移交 235
古镇保护 235
概况 235
大寺区块传统建筑修缮工程完工 235
B–31 地块文化休闲区新建工程完工 235
古玩市场工程完工 235
B–24 地块文化艺术中心工程完工 235
下市头直街传统建筑修缮工程完工 235
永丰桥西区块传统建筑修缮工程完工 236
B–29 地块传统建筑修缮工程完工 236
B–28 地块传统建筑修缮工程完工 236
方家汇区块场外景观工程完工 236
新街区块场外景观工程完工 236
下市头直街区块场外景观工程完工 236
大寺区块场外景观工程完工 236
西入口区块场外景观工程完工 236
老柯亭桥改造工程完工 236
寺岔河以南区块场外景观工程完工 236
B–31 及柯亭桥以东区块场外景观工程完工 236
历代名匾馆室内展陈工程完工 237
董希文纪念馆项目启动 237

交通运输·邮政

交通建设 238
概况 238
安昌路北延工程完工 238
柯海线提升改造工程完工 238
钱滨线安昌支路西延接成虎路建设工程开工 239
杭绍甬高速公路柯桥段开工 239
杨绍线福全段改建工程开工 239
31 省道绍大线北延柯桥至萧山段竣工 239
杭金衢连接线接 03 省道东复线工程开标 239
轨道建设 239
概况 239
88 亿元银团贷款获批 239

车辆基地建设 239
杭绍城际铁路首列客车上轨试跑 240
杭绍城际首列客车交付 240
全线桥梁主体贯通 240
车站基本完工 241
基本实现洞通 241
交通设施管养 241
概况 241
普速铁路沿线环境整治 241
“四好农村路”建设 242
海事管理 242
概况 242
船舶生活垃圾污水上岸处置常态化 242
码头防污整改 242
船舶尾气污染整治 242
集散两用船发展成趋势 242
杭甬运河柯桥区段创建为省级美丽航道 242
新增船舶集中停泊点1处 243
港口码头建设工程 243
公共交通发展 243
概况 243
公交基础设施建设 244
新能源公交车占比超90% 244
智慧公交服务 244
复工返校通勤公交专线定制 244
融杭公交线路新增3条 244
调整、新增线路31条 244
·小资料· 公交线路变更情况 244
道路运输监管 247
概况 247
春运客流大幅下降 247
客运卡口新冠肺炎防疫 247
运输乘运新冠肺炎防疫 247
智慧交通平台建设 247
交通运输安全 248
概况 248
道路运政执法行动130余次 248
交通安全隐患排查 248
多渠道开展交通安全宣传教育 248
邮政 快递 248
概况 248
全区行政村快递服务全覆盖 248
“快快合作”示范点创建 249
“绿色快递”推广 249

科技·信息化

高新技术 250
概况 250
表14 2020年柯桥区新增国家高新技术企业名单 250
表15 2020年柯桥区重新认定国家高新技术企业名单 254
表16 2020年柯桥区新增省级高新技术企业研究开发中心名单 256
科技创新 256
概况 256
国家级重点研发计划 256
表17 2020年柯桥区新冠肺炎疫情专项研发科技计划项目立项名单 257
表18 2020年柯桥区新增省级科技型中小企业名单 258
表19 2020年柯桥区新增省级众创空间名单 269
科技合作 269
概况 269
科大绍兴新材料产业技术研究院成立 269
浙江理工大学绍兴柯桥研究院成立 269
“科技超市”设立 269
科技交流对接活动 269

柯桥区科技园升格为国家级科技企业孵化器 …… 270
表 20 2020 年柯桥区新增省级企业研究院名单 …… 270
科技成果 …… 270
概况 …… 270
表 21 2020 年柯桥区获浙江省科学技术进步奖名单 …… 271
表 22 2020 年柯桥区创新奖名单 …… 271
电信通信 …… 272
概况 …… 272
金柯桥科技城园区大脑管理平台开建 …… 272
移动通信 …… 272
概况 …… 272
承建柯桥区电子政务外网采购万兆因特网出口带宽项目 …… 273
联通通信 …… 273
概况 …… 273
通信工程 …… 273
概况 …… 273
“通信塔”向“数字塔转变” …… 273
铁塔保障通信应急 …… 273
数字政府 …… 273
概况 …… 273
柯桥区与阿里云签订战略合作协议 …… 273
“城市大脑”总平台建成 …… 274
国家电子证照应用试点 …… 274
政务数据归集 …… 274
省级公共数据资源开发利用试点 …… 274
广播电视传输 …… 274
概况 …… 274
智慧云社区管理平台 …… 274

教 育

综 述 …… 275
概况 …… 275
推广普通话宣传周活动举行 …… 275
“国旗下讲话”系列活动颁奖暨赠书仪式举行 …… 276
柯桥区通过省语言文字工作督导评估 …… 276
教育投资项目建设 …… 276
教育系统新冠肺炎防控 …… 276
教师招聘 …… 276
教育结对帮扶 …… 276
学前教育 …… 277
概况 …… 277
“规范幼儿园办学行为”通过省专项督查 …… 277
课程改革成果展示 …… 277
省级幼儿园创建 …… 277
小学教育 …… 277
概况 …… 277
市第七届少先队争章技能风采展示活动举行 …… 278
市真善美种子工程工作现场会暨红领巾学院观摩交流会召开 …… 278
2020 年小学教育工作会议召开 …… 278
中国轻纺城小学“红色网上游”主题德育馆建成 …… 278
柯桥小学学生李钰涵赴京领奖 …… 278
红领巾抗疫宣传 …… 278
初中教育 …… 278
概况 …… 278
柯桥区西藏民族中学学生包机返校复学 …… 279
2020 年初中教育工作会议 …… 279
第九届“树人风”长三角初中课堂观察研讨会 …… 279

普通高中教育 279
概况 279
鲁迅中学暑期社会实践获市“优秀团队” 279
钱清中学机器人团队在省级比赛中获冠亚军 279
省数学会第十二届理事会 2020 年会暨陈建功教育思想研讨会举办 280
职业教育 280
概况 280
柯桥高级技工学校成立 280
国家职业教育提质培优项目申报 280
项目入选省“中职教育质量提升行动计划” 280
第十四届职业学校学生技能大赛举行 281
高等教育 281
概况 281
之江学院线上线下一体化教学 281
之江学院精英人才培养新模式 281
之江学院毕业生工作 281
之江学院科研师资队伍建设 281
之江学院教育成果 281
之江学院学科竞赛获奖 282
树人大学杨汛桥校区二期工程投用 282
王文序到杨汛桥校区调研 282
张泽熙到杨汛桥校区调研 282
浙江省首家钢结构行业学院成立 282
树人大学主体在杨汛桥校区落成 283
树人大学“双百金课”建设 283
入选浙江省“五个一批”组建名单 283
杨汛桥校区获省级及以上学科竞赛奖 283
特殊教育 283
概况 283
首届特殊儿童书画作品展举办 283
随班就读资源教师省基本功大赛获奖 284
育才学校职业教育成果在浙江电视台展播 284
成人教育 284
概况 284
电大招生任务超额完成 284
电大柯桥学院省级比赛获奖 285
第九届全民终身学习活动周举行 285
多项目纳入省中职教育质量提升行动计划建设名单 285
社区教育进农村文化礼堂 285
招生考试 285
概况 285
招考管理平台升级改造 285
招飞工作 285
师资管理 286
概况 286
名优教师培育 286
教师干部梯队建设 286
教师职称自主评聘改革试点 286
教师队伍建设管理新规出台 286
校长职级制度实施 286
教育研究 287
概况 287
表 23 2020 年柯桥区学生在省级及以上学科竞赛中获奖情况 287
中高考试题研究组成立 288
体艺综合培育 288
STEAM 教育科研 288
教师线上研训活动 288
教师智慧课堂系列活动 288

文化·传媒

专业文化 289
概况 289
范派名家名票抗击疫情网络演唱会 289
绍兴小百花参加“Young Live 戏乐汇”直播 289
越剧电影《李慧娘》获多个奖项 289

“名家名品下基层”文化惠民演出……290
《云水渡》首演……290
社会文化……290
概况……290
“欢乐柯桥”文化系列活动……291
抗疫主题系列文艺活动……291
“幸福水乡才艺秀”——百村文艺云上行展演……291
承办市第三届音乐新作演唱(演奏)大赛……291
浙江省七县(区)文旅融合写生创作系列活动在柯桥启动……292
“明珠课堂”免费开放……292
基层文艺骨干培训……292
精品曲艺下基层文艺巡演……292
城市书房建设……293
图书馆线上服务……293
文博事业……293
概况……293
乡村文物资源振兴三年行动计划启动……294
舜王庙基础抢险加固工程……294
兰若寺宋代大墓环境综合整治工程通过验收……294
古纤道碑亭公园环境整治工程(一期)……294
博物馆进村入校举办巡回展……295
非物质文化遗产保护……295
概述……295
非遗馆新馆装修布展完成……296
非物质文化遗产传承人抗疫创作……296
“文化和自然遗产日”浙江省主场城市(绍兴)系列活动在安昌开幕……296
非遗宣传展示活动……297
第四届非遗“嘉年华”……297
第三届绍兴宣卷交流演唱会……297
文化产业……298
概况……298
文化产业项目建设……298
农村文化礼堂建设……298
概况……298
农民主播大赛……298
档案事业……299
概况……299
档案服务……299
档案数字化建设……299
档案法制建设……299
地方志事业……300
概况……300
村志普修工程……300
志书数字化加工及质量提升工程完成……300
数据库平台扩容……300
《柯桥年鉴(2020)》出版……300
报　纸……300
概况……300
广播电视……300
概况……300
《行风广播对话》升级……301
《我,为家乡代言》获省级奖项……301
网络媒体……301
概况……301
柯桥融媒……301
“笛扬新闻”App上线……301
网上轻纺城(全球纺织网)云展会产品助力线上拓市……301

卫　生

综　述……302
概况……302
柯桥医疗队援川……303
儿童康复中心启用……303
安昌分院提升改造工程完工……303

湖塘分院综合服务能力提升工程完工............303
基层卫生............303
概况............303
家庭医生签约服务覆盖率 86.02%............303
疾病预防控制............303
概况............303
儿童免疫规划 8 万余人............303
监测食品等样本 1400 余份............304
重点人群结直肠癌筛查............304
流感疫苗免费接种 64586 剂次............304
国家居民健康素养和中医药健康文化素养监测............304
社会心理服务体系建设............304
爱国卫生............304
概况............304
病媒生物防治............304
卫生监督............304
概况............304
卫生处罚案件办理............304
医疗美容监督执法............305
尘肺病防治攻坚行动............305
妇幼保健............305
概况............305
新生儿先天性心脏病筛查............305
孕产妇管理............305
在园儿童体检 28984 人............305
0 ～ 3 岁儿童发育监测与筛查............305
医政管理............305
概况............305
新增 3 个“120”急救站点............305
许树强调研医改工作............306
医疗卫生领域“最多跑一次”改革............306
社会办医疗机构约谈............306
医教科研............306
概况............306
表 24　2020 年柯桥区新建名医专家工作室............307
中医中药............307
概况............307

体　育

综　述............308
概况............308
表 25　2020 年柯桥区基层体育场地建设情况............308
承办浙江省青少年校园足球文化节............309
入选全国青少年校园足球最佳阵容............309
《柯桥区体育设施布点专项规划》编制............309
青少年校园体育特色学校认定............309
竞技体育............309
概况............309
表 26　2020 年柯桥区籍运动员在全国和省级比赛中获金牌情况............310
阳光系列学校体育竞赛............313
表 27　2020 年柯桥区组织举办学校体育竞赛情况............314
群众体育............315
概况............315
全民健身日活动举行............315
“体育 + 公园”工程建设............315
体育产业............315
概况............315
第四届运动休闲时尚周............315
酷玩小镇活动............316
体育彩票销售............316
2022 年杭州亚运会............316
概况............316
亚运会柯桥区筹委会成立............316
亚运场馆建设............317

外地媒体话柯桥

篇目辑要……318
表 28　2020 年省级及以上媒体报道柯桥区情况……318

区人著述

综　述……332
篇目选辑……332
表 29　2020 年柯桥区在省级及以上报刊发表作品情况……332
表 30　2020 年柯桥区在省级及以上展出艺术作品情况……333
书目提要……335
《宋家店村志》……335
《西扆村志》……335
《大桥村志》……335
《柯桥年鉴(2020)》……336

社会事务

计划生育……337
概况……337
区计划生育协会机关成立……337
避孕套发放 15515 人次……337
设立首个暖心家园……337
民政工作……337
概况……337
建立全天候救助工作机制……338
社会组织培育……338
低保及边缘对象管理……338
村(社区)组织换届选举……338
殡葬管理……338
地名信息管理……339
五星和美社区创建……339
国家社会工作职业水平测试通过 258 人……339
·小资料· 全国社会工作职业水平考试……339
退役军人事务……339
概况……339
退役军人安置……339
退役军人招聘会举办 4 场……339
第二届最美退役军人座谈会……339
劳动保障……340
概况……340
工资速裁结案率百分百……340
“六项制度”联合检查……340
人力资源市场专项整顿行动……340
企业劳动保障书面材料审查和诚信等级评定……340
社会保障……340
概况……340
社保费用减免 17.72 亿元……340
被征地农民参保新政落地……340
社保专项稽核整治……340
医疗保障……340
概况……340
·小资料· DRGs 点数法付费……341
医保电子凭证推广……341
·小资料· 医保电子凭证……341
长三角异地就医定点机构开通 25 个……341
医保定点零售药店远程监控智能可视化平台上线……341
医保业务“一窗通办”……341
防疫医疗保障……341
医疗服务价格改革……341
药械集中采购监管……341
享受医疗补助困难对象 7428 人……341
定点医药机构检查……342

民族工作 342
概况 342
省民宗委领导到柯桥调研 342
第三期国家通用语言培训 342
宗教工作 342
概况 342
宗教和民间信仰场所疫情防控 342
象马寺佛教活动固定处所获批 342
民间信仰场所提质控量工程 342
宗教场所第三方托管巡查 343
宗教法治专题培训 343
首期无尘讲坛举行 343
“我爱祖国・五教同行”教育实践活动 343
佛教中国化方向研学活动 343
流动人口管理 343
概况 343
居住出租房屋消防安全隐患排查 344
网约房管理 344
表 31 2020 年年底柯桥区各镇街流动人口总数 344
表 32 2020 年年底柯桥区流动人口流出地人数 1 万人以上的市 345
表 33 2020 年年底柯桥区流动人口流出地人数 5000 人以上的县(市、区) 345
表 34 2020 年年底柯桥区流动人口就业情况 346
表 35 2020 年年底柯桥区流动人口居住结构 347
表 36 2020 年年底柯桥区流动人口居住时间情况 347
表 37 2020 年年底柯桥区流动人口文化结构 347
慈善事业 347
概况 347
省慈善系统首个 3000 万元规模重大疫情防控专项基金成立 347
“益梦・书舍”爱心基金成立 348
“好人基金”成立 348
第七届“西湖论善”在柯桥举行 348
养老工作 348
概况 348
居家养老上门服务 3.76 万人次 349
镇(街道)居家养老服务机构全覆盖 349
・小资料・ “十个有”居家养老服务照料中心 349
养老护理员职业技能竞赛 349
居家适老化改造计划 349
养老机构疫情防控 350
一证一卡集中办理 350
最美抗疫老人评选 44 人 350
医养结合服务老年人 350
敬老月系列活动 350
关心下一代工作 350
概况 350
劳模工匠进校宣讲 350
纪念区关心下一代工作委员会成立 30 周年大会 351
受助大学生向关工委捐款 4 万元 351
周水祥向关工委捐款 10 万元 351
7 名困难学生获助学金 351
22 名区第十一届少年英才受表彰 351
・小资料・ 区少年英才评选标准 352
53 名贫困学生获奖学金 352

柯桥新风

百姓故事 353
李小和身残志坚争当防疫一线志愿者 353
俞永泉“倒背电筒”照亮他人 353

杨红耀爱心助力抗疫......353
李贤生为乡村留住文化记忆......353

人 物

新闻人物......354
刘建明......354
刘中华......354
曹玲玲......354
李斌......355
陈云飞......355
15 秒最美救护群像......355
逝世人物......355
张钤......355
王增高......356
马岳樵......356
杨立人......356
郑保华......356
戴弋明......356
汪传昌......357
省部级及以上先进个人名录......357
省部级及以上先进个人名录......357

经济开发区

绍兴柯桥经济技术开发区......359
概况......359
招商引资 281 亿元......359
高层次人才引进......359

建制镇与街道

2020 年柯桥区镇（街道）基本情况快览......360
表 38 2020 年柯桥区镇（街道）基本情况......360
柯桥街道......361
概况......361
宝龙天地开工......362
50 亿元旅悦集团总部项目签约......362
大渡社区获评全国无障碍环境达标社区......362
柯岩街道......362
概况......362
索密克新能源汽配产业园建成......363
驭光科技成为柯桥区首家光学芯片企业......363
一叶电子年产 200 万套汽车整车线束生产线建设运行......364
枫桥式退役军人服务站柯岩样板......364
华舍街道......364
概况......364
中国建筑节能研究检测中心开建......365
契约化共建上《浙江日报》头版......365
湖塘街道......365
概况......365
黄酒小镇通过省级特色小镇验收......366
“美丽经济”建设......367
“蓝天碧水”行动......367
钱清街道......367
概况......367
钱清中国轻纺原料城年成交 637.73 亿元......368
未来科创城建设......368
钱清街道综合应急消防救援站建成......368
杨汛桥街道......368
概况......368
西小江流域与萧山区共治......369
杨汛桥创建为省 AAA 级景区镇......370
马鞍街道......370
概况......370
马鞍街道 3 个公园建成......371
“八个一”惠民工程入选全国农村公共服务典型案例......371

马鞍街道获评省农村文化礼堂建设示范镇街 372
昌鸿商业综合体改造完成 372
齐贤街道 372
概况 372
“齐贤水街”建设 373
安昌街道 373
概况 373
“一肩挑”干部“廉政保证金”制度试点 374
安昌街道创建成省 AAAAA 级景区镇 375
安昌街道获评美丽城镇建设省级样板 375
福全街道 375
概况 375
科技奖励资金兑现 570 余万元 376
投资 7770 万元完善基础设施 376
福全街道网格巡查区域全覆盖 377
兰亭街道 377
概况 377
浙江民艺拼布博物馆开馆 378
全市首个侨文化馆建成 378
“水墨兰亭・桃缘有约”文化节 378
夏履镇 378
概况 378
乡村书舍开建 379
西南通道一期竣工 379
漓渚镇 379
概况 379
漓渚获评省 AAAA 级景区镇 380
三年田园综合体试点完成 380
金秋花卉音乐节举行 380
平水镇 381
概况 381
2 个自然村拆迁 381
平水获评省 AAAA 级景区镇 381
浙东唐诗之路云门文化研讨会在平水镇举行 382
王坛镇 382
概况 382
王坛获评全国文明镇 382
王坛获评新时代美丽城镇建设省级样板 382
王坛获评省级旅游风情小镇 383
王坛镇实施省级农村综合改革集成建设项目 383
稽东镇 383
概况 383
首家慈善书屋“榧香书舍”建成 384
“青年农创联盟”成立 385
稽东香榧文化旅游节 385

2020 年柯桥区国民经济统计资料选刊

2020 年统计表 386
表 39　2020 年柯桥区概况 386
表 40　2020 年柯桥区国民经济主要指标 387
表 41　2020 年柯桥区平均每天主要社会经济活动 388
表 42　2020 年柯桥区国民经济主要平均指标 388
表 43　2020 年柯桥区农林牧渔业总产值 389
表 44　2020 年柯桥区主要农产品产量 389
表 45　2020 年柯桥区建筑业主要经济指标 390
表 46　2020 年柯桥区科技创新情况 391
表 47　2020 年柯桥区国内外贸易 391
表 48　2020 年柯桥区利用外资情况 392
表 49　2020 年柯桥区旅游人数和总收入 392
表 50　2020 年柯桥区交通运输业 393

表 51　2020 年柯桥区财政收支 393
表 52　2020 年柯桥区金融系统存贷款年末余额（本外币） 394
表 53　2020 年柯桥区全体居民人均收支情况及生活指标 395
表 54　2020 年柯桥区城镇常住居民人均收支情况及生活指标 395
表 55　2020 年柯桥区农村常住居民人均收支情况及生活指标 396

附　录

文件选编 397
2020 年绍兴市柯桥区国民经济和社会发展统计公报 397
表 56　2020 年柯桥区农业主要产品产量 398
表 57　2020 年柯桥区规模以上工业主要产品产量 398

索　引

正文索引 404
表索引 420

Contents

Special Reports.. 1
Exclusive Chronicle.. 30
Chronicle of Events 43
Survey of Keqiao District.. 48
The Committee of Chinese Communist Party of
Keqiao District of Shaoxing Municipality 72
The People' s Congress of Keqiao District of
Shaoxing Municipality 89
The People' s Government of Keqiao District of
Shaoxing Municipality 95
The Political Consultative Committee of
Keqiao District of Shaoxing Municipality 106
Supervisory Committee of Discipline Inspection
Committee of Keqiao District, Shaoxing City,
CPC 113
Democratic Parties 116
Social Organization.. 124
Foreign Affairs, Overseas Chinese Affairs;
Hong Kong,Macao and Taiwan Affairs 137
Rule by Law... 141
Military affairs 151
Agricultural and Rural Economy 154
Industrial Economy.. 162
Construction Industry 168
Realty Business 171
Commercial Trade 174
Business Services 180
Open Economy 184
China Textile City.. 192
Tourism 198
Finance and Taxation 201
Financial Industry 204
Land Resources Management 209
Environmental Protection 211
Water Conservancy.. 214
Economic Management.. 217
Contingency Management....................................... 223
Town and County Construction and Management
.... 226
Transportation and Postal Service 238

Technology and Informatization...............................250
Education 275
Culture and Media...289
Hygiene 302
Sports...308
Nonlocal Media about Keqiao....................................318
Local Works 332
Social Affairs 337
New Look of Keqiao..353
Personage 354
Economic Development Zone 359
Organizing Town and Residential District................360
Selections of Statistical Data for National Economy of Keqiao District..386
Appendix 397
Index...404

特 载

忠实践行“八八战略” 奋力打造“重要窗口” 努力领跑“四个率先” 率先高水平建设社会主义现代化先行示范区

——在区委一届九次全体(扩大)会议上的报告(摘要)

中共绍兴市柯桥区委书记 沈志江

(2020 年 12 月 28 日)

这次全会的主要任务是:以习近平新时代中国特色社会主义思想为指导,全面贯彻党的十九大和十九届二中、三中、四中、五中全会精神,深入贯彻习近平总书记考察浙江重要讲话精神,坚定落实中央经济工作会议、省委十四届八次全会和省委经济工作会议、市委八届九次全会的决策部署,回顾总结 2020 年工作,科学谋划“十四五”,研究部署 2021 年任务,审议通过《中共绍兴市柯桥区委关于制定柯桥区国民经济和社会发展第十四个五年规划和二〇三五年远景目标的建议》,进一步动员全区上下围绕忠实践行“八八战略”、奋力打造“重要窗口”主题主线,牢固树立“不进则退”的争先意识,凝心聚力同奋进、重整行装再出发,全面开启率先高水平建设社会主义现代化先行示范区的新征程,为绍兴加快实现“四个率先”、浙江争创社会主义现代化先行省贡献柯桥新的更大力量。

一、以奋进姿态迎难而上、笃定前行,交出了发展高分答卷

2020 年是“十三五”发展的收官之年、全面小康的决胜之年,也是柯桥勇毅担当、争先创优的一年。面对突如其来的新冠肺炎疫情冲击,面对宏观环境的深刻复杂变化,区委团结带领全区上下深入学习贯彻习近平总书记考察浙江重要讲话精神,全面落实上级部署要求,扎实做好“六稳”“六保”,聚焦聚力 10 张报表,在大战大考之年奋力交出高分答卷,全国“十强区”有望挺进,“十三五”即将圆满收官。全年预计实现地区生产总值 1525 亿元,“十三五”期间年均增加 100 亿元左右、迈入 1500 亿元大关;财政总收入 202 亿元、其中一般公共预算收入 137.2 亿元,“十三五”期间年均增加 10 亿元以上;预计城乡常住居民人均可支配收入分别为 71170 元和 42000 元,收入比全省领先。

1. 坚持"生命至上",在抗击疫情中担当尽责,交出了防疫高分报表。慎终如始抓好疫情防控,率先在全市创新重点人群居家管控"345"工作法,迭代升级"源头查控+硬核隔离+精密智控"机制,较早成为全省绿色疫情低风险区,快速圆满处置1例境外输入性复阳病例。截至12月28日,全区累计报告确诊病例9例,均为输入病例,无本地感染病例。大力弘扬抗疫精神,组织12名医护人员援鄂抗疫,发动3.36万名党员投身"抗疫"一线,火速选派14名80后年轻干部到一线增援历练,2个集体和9名个人获全国和省级表彰,成立全市首个重大疫情防控专项基金,涌现"最萌鞠躬礼""15秒最美救护群像"等感人瞬间,增进了党群、干群、政企的"鱼水深情"。

2. 坚持"内外循环",在化危为机中打开新局,交出了经济高分报表。强化专班运作,及时出台稳企业、稳生产、稳外贸、稳经济等具体措施,设立5亿元专项扶持资金、10亿元专项金融资金,累计减免税费35.4亿元,兑现各类政策资金16.1亿元,"两直"补助工作全市第一,新增市场主体2.57万家。引进"百布·齐贤汇"数智科技园、方特国学文化博览园、高顿教育等33个高端项目,开工建设旗滨新材料等23个、总投资近533亿元的重大产业项目,激活"龙禧"中心,苏泊尔厨卫电器竣工投产,市县长项目落地率全市第一,全年预计固定资产投资增长10%以上。在全市率先推行国有景区免费开放、率先实现旅游收入正增长,宝龙广场开业,"夜鲁镇""鉴湖夜游"提振夜经济。现代农业高质量发展步伐稳健。预计建筑产业现代化产值增长15.7%。

3. 坚持"创新驱动",在两链融合中蓄势赋能,交出了创新高分报表。围绕产业链部署创新链、围绕创新链布局产业链,聚力制造业高质量发展"步鱼计划",12家印染企业开展数字化改造试点,印染组团跨区域集聚提升收官,省级印染创新中心成功创建,印染产业工程师协同创新中心建成运行,蓝印时尚小镇考核获省级优秀,纺织传统产业改造提升成效居全省首位,国家级循环化改造示范试点通过验收。柯桥经济技术开发区与北京经济技术开发区、西安高新技术开发区结成高能级"朋友圈"。深入实施人才强区、创新强区战略,启动现代纺织鉴湖实验室、全国首家纺织业知识产权快速维权中心,实施浙江(绍兴)国际学术交流中心创建试点,启动人才企业上市行动计划,科技园获评"省四星级小微园区",民营人才创业园蓬勃发展,柯桥院士小镇揭牌,国家科技进步奖一等奖实现零的突破,新增高新技术企业97家、企业上云超1万家,累计引进省级以上高层次人才200人,总量居全市第一、全省前三。常住人口预计120万人。研发经费支出预计占比3%。

4. 坚持"营商最优",在改革破题中释放活力,交出了改革高分报表。着眼政府数字化转型,深化"最多跑一次"改革,推出全国首个行政审批涉审中介"淘宝网"、全省首个移动端电子证照便民应用"柯桥e证通"。完成公务员和事业单位人员职业生涯全周期管理"一件事"改革。新增省级以上改革试点10项,招投标"一件事"全周期监管、军人全生命周期"一件事"、医务人员"乡招村用"、轻纺城服务大提升等改革全省领先。盘活存量土地1831.9亩,新增主板上市企业3家,银行存贷款余额增幅全市第一。深入推进"三驻三服务",1842名驻企服务员驰援一线,"请你来协商""政企面对面""360"工作体系获上级肯定,解决各类问题近3万个、办结率99.17%。

5. 坚持"高能协同",在坚定开放中扩大优势,交出了开放高分报表。高规格举办第三届世界布商大会和秋季纺博会、时尚周,全国"20强"纺织企业全部参会;国际面料采购中心、吴海燕国际时尚研究院、柯桥·米兰馆形成时尚生态圈,首届中国全能设计师主播大赛代言"柯桥面料",中国轻纺城"线上+线下"总成交额2770.3亿元。多措并举稳外贸外资,高效推进市场采购贸易方式国家级试点、中国(绍兴)跨境电商综试区柯桥园区建设,"9610""9710""1039"首单通关。启动融杭接沪联甬"三年行动",高标打造"杭绍一体化合作先行区",获省专项资金激励,杭绍城际轨道基本建成,杭绍台高速先行段、31省道北延段通车,杭州中环柯桥段、杭甬高速北互通、杭绍台西线进展顺利,"与杭同城"更加紧密。

6. 坚持"共治共享",在创新治理中夯实根基,交出了平安高分报表。持续推进平安柯桥建设,矛调中心建成并高效运作，区镇村三级社会矛盾纠纷调处化解机制成为样板，并成功承办全市现场推进会；突出信访积案化解，连续3年成功创建信访无积案区，连续54个月保持进京“零非访”；加大重大风险隐患排查整治力度，对消防、道路交通、安全生产、食品药品等领域保持高压治理态势；打好扫黑除恶专项斗争收官战，打掉黑社会性质犯罪组织2个、恶势力犯罪集团10个；退役军人管理服务工作持续深化，成为全国退役军人事务系统学习推广新时代“枫桥经验”现场推进会主要参观点；“区镇一体、条抓块统”试点走在全省前列；连续十五年成功创建省平安区，获全省首批“一星平安金鼎”。持续推进法治柯桥建设，高标完成“七五普法”，率先探索法治乡村建设，营商环境法治化水平更好提升。

7. 坚持“以人为本”，在惠民利民中增进福祉，交出了民生高分报表。城市有机更新全面推进，高质量编制国土空间总体规划，优化核心区块城市设计，柯桥历史文化街区、体育中心亚运会排球比赛场馆、羊山亚运攀岩中心等项目扎实推进，城区综合环境提升改造工程全面完成，“智慧城管”提档升级。高考成绩实现全市“三连冠”，成功创建省级职教集团，建成区新型业余体校，投用实验小学坂湖校区、轻纺城小学裕民路校区。签约浙大二院、共建柯桥院区，建成卫生应急指挥中心，第二医院兰亭院区、第三医院易地新建扎实推进。新增城镇就业81499人，建成16家镇街级居家养老中心，新建、改造和提升50家社区居家养老服务照料中心，承办长三角“西湖论善”活动。第七次全国人口普查扎实推进。认真做好东西部扶贫协作和对口支援、对口合作工作，结对地区提前脱贫成果得到巩固提升。

8. 坚持“守根铸魂”，在守正创新中厚植魅力，交出了文化高分报表。压紧压实意识形态工作责任制，“小柯开讲”助力党的理论“飞入寻常百姓家”，推进媒体深度融合，构建“1+n”传播模式，加强网络在线管理与网络舆情处置，讲好了“柯桥故事”，促进了网络安全。高标准推进新时代文明实践中心建设，率先实现行政村文化礼堂全覆盖，入选全省首批农村文化礼堂建设示范区。《云水渡》《李慧娘》获得好评，“柯桥有礼、柯桥有爱”品牌深入人心，成为全省首批、全市首个通过省基本公共服务标准化工作认定的县（市、区）。大力发展文化事业、文化产业，“稽山鉴水唐诗路”成为热门文化游线，承办运动休闲时尚周、“文化和自然遗产日”绍兴主场活动，签约引进旅悦集团、中南兰亭旷谷旅游综合体等11个文旅项目，成立全省首个文化产业基金。通过全国文明城市复检，新增1个全国文明单位、1个全国文明镇、2个全国文明村，文明成为柯桥最大的时尚。

9. 坚持“绿色宜居”，在全域美丽中涵养生态，交出了生态高分报表。扎实践行“绿水青山就是金山银山”理念，以高度的政治自觉抓好中央环保督察反馈问题整改，坚决打好污染防治攻坚战，空气质量优良率达89.3%，$PM_{2.5}$平均浓度降至历史同期最低，“大禹鼎银鼎”成功捧回，“污水零直排区”创建领跑全市，污染减排完成上级下达任务。成功创建全省首批AAAAA级景区城。成为全国“无废城市”建设试点推进会考察点，超额完成“三改一拆”任务。加速“美丽生态”向“美丽经济”转化，新增51个五星达标村、9个景区化示范村，实施全国农村宅基地制度改革试点，打造“闲置农房激活2.0版”，引入社会资本4.25亿元。

10. 坚持“党建引领”，在全面从严中强基固本，交出了党建高分报表。坚持把巡视整改作为重要政治任务，完成省委巡视反馈问题37项事项整改。夯实党建根基，全程全面高质量完成村社组织换届，深化“五星”系列创建，农村、城市社区、两新组织、学校创建通过率全市第一。加强领导班子政治建设，相关经验在省管领导班子政治建设座谈会上作书面交流，推进公务员职务与职级并行，出台基层减负8条，为4名党员干部澄清正名。高质量完成三轮常规巡察、三轮村（居委会）延伸巡察，村（社区）监察工作联络站实现全覆盖。持之以恒抓好中央八项规定精神落实，率先在全市打造村级“三务”公开信息平台，持续整治形式主义、官僚主义，136个村居完成“清廉”创建，“清廉柯桥”建设向纵深推进。

2020年的成绩十分来之不易。干出了“两个维护”、一张蓝图的忠诚。始终在思想上行动上同以习近平总书记为核心的党中央保持高度一致，始终牢记习近平总书记浙江工作期间到柯桥考察调研时的重要讲话和殷殷嘱托，紧扣忠实践行“八八战略”、奋力打造“重要窗口”主题主线，围绕“绍兴大城市建设的排头兵、接轨沪杭都市圈的桥头堡”战略定位，创造性落实上级决策部署，以“双统筹”夺取“双胜利”。干出了变中求新、变中求进的新局。善于变挑战为机遇，化压力为动力，牢牢把握发展主动权，着力攻坚融杭接沪、产业数字化、“双招双引”等重点领域，赢得了发展先机。干出了实干担当、争先创优的气势。不管外部环境怎么变化，始终咬定“全市第一、全省领先、全国一流”目标，大力弘扬“靠作风吃饭、凭实绩说话”优良传统，以专业的精神抓落实，事事争先，做好每一天。干出了上下同欲、众志成城的氛围。区委总揽全局、协调各方，加强对人大、政府、政协工作的领导和支持，认真做好新形势下民主党派、工商联、无党派人士以及民族、宗教、侨务、港澳台和老干部等工作，坚持党管武装，团结带领群团组织、社会各界齐心努力、一起奋进，最大限度凝聚“柯桥力量”。

同时，也要清醒认识到工作中还存在一些薄弱环节和短板：一是经济下行压力持续加大，产业链供应链抗风险能力、优质项目的集聚能力与构建新发展格局还有一定差距；二是产业链创新链融合有待提升，硬核科技成果还很少；三是融杭接沪联甬亟待进一步提速；四是公共服务、生态环境等领域的优质供给还不能满足群众对美好生活的需求；五是各种风险隐患仍不少，基层基础有待夯实；六是少数党员干部的眼界思维、本领能力、担当精神与新发展阶段要求匹配度不够，全面从严治党还要付出更大努力。对这些问题，必须高度重视、认真研究、切实解决。

二、科学把握新发展阶段，坚持系统观念、系统方法，率先高水平建设社会主义现代化先行示范区

党的十九届五中全会是在中国进入新发展阶段、实现中华民族伟大复兴关键时期召开的一次具有里程碑意义的重要会议。会议审议通过了《中共中央关于制定国民经济和社会发展第十四个五年规划和二〇三五年远景目标的建议》，提出了“十四五”时期中国发展的主要目标和重大任务举措，开启了全面建设社会主义现代化国家新征程。

省委十四届八次全会全面贯彻十九届五中全会精神和习近平总书记考察浙江重要讲话精神，结合浙江实际，明确了“十四五”争创社会主义现代化先行省的目标，提出了“五大历史使命”，部署了“十三项战略抓手”；市委八届九次全会以中央全会、省委全会为指导，明确了“率先走出社会主义现代化先行省的市域发展之路”的目标，对实现“四个率先”作出了全面部署，充分体现了省委、市委“总书记有号令、中央有部署、我们见行动”的高度政治自觉和强烈使命担当。

“十四五”时期，是柯桥新旧动能转换的黄金期、融杭接沪联甬的加速期、全域整体智治的赋能期，既面临难得的历史机遇，也面对着诸多可以预见和难以预见的风险挑战。必须认真学习贯彻中央和省委、市委会议精神，以忠实践行“八八战略”、奋力打造“重要窗口”为主题主线，坚持系统观念、系统方法，按照“八大八新”原则要求，“七个排头兵”目标定位，“六个体系”美好蓝图，主动扛起努力领跑“四个率先”的责任担当，不断增强把握新发展阶段、贯彻新发展理念、构筑新发展格局的能力和水平，夯实高质量之基、激活竞争力之源、走好现代化之路，率先高水平建设社会主义现代化先行示范区。“十四五”期末，地区生产总值确保2000亿元、力争2200亿元、努力冲刺2500亿元；财政总收入超300亿元，一般公共预算收入超200亿元；累计实到外资20亿美元；研发经费支出占比达到3.5%；稳固全国“十强区”地位，并努力争先进位。区委常委会在集思广益、综合研判的基础上，认为新发展阶段的柯桥必须把握好“八大八新”：

一要实施大战略，做强新发展优势。“十四五”发展，处在百年大变局、百年大流疫、百年奋斗目标迈进新阶段的大背景下，面临着贯彻新发展理念、构建新发展格局、共享新发展成果、强化新发展保障的新形势新任务，必须要始终胸怀“两个大局”，以大格局引领大战略，以大战略厚植新优势。要主动服务和融入国家战略，全方位融入长三角一体化、杭绍甬一体化发展，在更深层次、更宽领域、更

广范围上联动协作、共建共享，精心谋划推进一批重大改革、重大项目、重大平台、重大政策。要坚持“排头兵、桥头堡”战略定位，以杭绍临空经济一体化发展示范区绍兴片区为主平台，坚定不移推进融杭接沪联甬大战略，高质量打造“杭绍一体化合作先行区”。要强化“东融西同”理念，“东融”就是坚持全市“一盘棋”，突出大绍兴理念；“西同”就是加速与杭同城，更好承接杭州大都市溢出效应。

二要谋划大规划，彰显新发展特色。编制好“十四五”规划，事关未来五年发展大局，事关人民群众对美好生活的需求。要深入贯彻中央、省市全会精神，紧扣区域发展实际，按照“跳一跳、够得着”的要求，大手笔谋划规划，大气魄推动发展。要绘好城市规划图，按照“南花园、中都市、北湾区”布局，紧抓国土空间总体规划编制实施契机，全域优化城市空间布局，不断提升城市能级品位。要绘好产业规划图，加快布局健康岛、数智港、临空经济先导区、杭州湾未来科学城、福全产业新城等万亩产业发展空间，为柯桥经济总量朝2500亿元冲刺添加新的增量。要绘好交通规划图，通过大交通建设梳理，加快构建互联互通、内畅外联的现代综合立体交通体系，高质量推进“交通强区”建设。

三要联动大改革，激活新发展动能。柯桥一直是靠“吃改革饭”长大的。面对新征程新形势新任务，必须始终把改革贯穿经济社会发展各方面全过程，坚持系统观念、系统方法，按照“整体智治、协同高效”理念，突出综合集成、数字赋能、抓纲带目、闭环管理，在放大改革效应中深度释放发展动能。要坚持以数字化改革为引领，切实强化数字赋能，加快推进政府数字化转型，着力打造新型智慧城市。要坚持以人民为中心，着眼满足人民群众美好生活需求，着眼打造一流营商环境，对照企业基层群众期盼，加快推动亩均论英雄、企业投资项目审批和农村宅基地制度等重点领域改革，使改革成果更好惠及全体人民。要坚持以点带面打造改革新样板，既要试点先行、打造“盆景”，更要点面结合、形成“风景”，努力争取一批高层级的改革试点、打造一批示范性的改革样板。

四要塑造大产业，打造新发展高地。制造业是柯桥的立区之本，也是柯桥的优势所在。要深入践行“腾笼换鸟、凤凰涅槃”，以存量优化为重点，以世界布商大会为引领，加快大纺织补链强链延链，推进“世界加工厂”转变为“时尚策源地”，全力打造世界级现代纺织产业集群。要深入推进“322”制造业高质量发展“步鱼计划”，围绕“5+3+X”现代产业体系，培育发展建筑产业、人工智能、新材料、生命健康等若干个具有国际竞争力的“新星”产业集群，推动“染缸、酒缸、酱缸”集聚向“布片、药片、芯片”集群创新转化，争创长三角先进制造业示范区。要深入实施“凤凰行动”，加快培育更多“专精特新”企业，确保五年新增主板上市企业10家以上。

五要构建大平台，融入新发展格局。进一步找准柯桥融入新发展格局的定位和路径，充分发挥比较优势，努力打造国内大循环的强劲“动力源”、国内国际双循环的强大“链接点”。要建设高能级的发展平台，加快城市有机更新，做强做优柯桥经济技术开发区、兰亭文化旅游度假区、鉴湖旅游度假区、杭绍临空经济一体化发展示范区绍兴片区，招引一批大项目好项目，打造长三角一体化、杭绍甬一体化的重要节点。要建设高水平的开放平台，充分运用市场采购贸易、跨境电商综试区等“国字号”平台，争设自贸区联动创新区，打造内外贸贯通的区域性市场枢纽。要建设高标准的科创平台，融入杭绍甬科创大走廊“联盟”，全域推进浙江绍兴人才创业园，争创现代纺织鉴湖实验室为省级实验室，打造全国一流区域性创新高地。

六要建设大生态，展现新发展面貌。生态环境曾经是柯桥发展的短板。近年来，全区上下以高度的政治自觉，坚决打好污染防治攻坚战，力度之大、规模之广、变化之深，前所未有。要高质量打造“美丽柯桥”，深入践行“绿水青山就是金山银山”理念，对标“美丽中国”“美丽浙江”建设，突出GEP发展指标，争取到2025年，空气质量优良天数比例始终保持在90%以上，水环境质量保持在Ⅲ类水以上，高水平绘好新时代柯桥“富春山居图”。要高质量打造“美丽经济”，加快推动资源利用方式根本转变，切实巩固深化国家级循环化改造示范试点成果，全面倡导绿色、低碳、循环、可持续的生产生活方式，让绿色成为柯桥发展最动人的色彩。要高质量打造“人民幸福美好家园”，全面提升城市生态颜值和环境品质，争创国家级全域旅游示范区，打造 AAAAA 级景区城，力争鉴湖旅游度假区创建为国家级、柯岩风景区创建为 AAAAA 级，高水平率先实现基本公共服务均等化，不断提升柯桥人民的获得感幸福感。

七要打造大治理，筑牢新发展基石。社会治理重在基层、难在基层，必须把推进基层社会治理现代化摆在更加突出的位置。要数字化赋能基层治理，加快推动数字治理向基层延伸，以数字赋能激发基层社会治理新动能，全面形成“大数据 + 四平台 + 网格化”治理新格局，为基层治理配上“最强大脑”。要特色化提炼“柯桥做法”，深入推进“区镇一体、条抓块统”省级试点，持续提升基层纪检规范化、基层治理四平台、应急管理站、退役军人服务站、乡贤参事会建设水平，积极探索创新基层治理新模式，形成一批在全省全国可推广、可复制的“柯桥做法”。要全域化统筹发展和安全，树立“大平安”理念，增强风险意识，树立底线思维，把困难估计得更充分一些，把风险思考得更深入一点，注重查漏洞、补短板，下好先手棋，打好主动仗，坚决守住政治安全、经济安全、生命安全、网络安全等安全底线，确保社会和谐稳定。

八要优化大服务，造浓新发展氛围。区域之间、城市之间的竞争，最终拼的就是作风精气神，靠的就是营商环境。要大力弘扬“靠作风吃饭、凭实绩说话”优良传统，深化“三驻三服务”，把争先精神、担当精神贯彻到干事创业全过程，以一流的作风创一流的业绩。要大力提升干部现代化建设能力水平，高度重视干部专业知识、专业能力培养，不断强化法治思维，持续提高应对各种风险挑战、驾驭复杂局面的能力和本领。要大力推动全面从严治党向纵深发展，始终坚持“严”的主基调，健全“亲清”政商关系，严厉查处重点领域和群众身边腐败问题，严肃整治形式主义、官僚主义，全面营造政治生态的绿水青山。

三、以创造性张力领跑“四个率先”，勇争一流勇当标杆，打好“十四五”开局之仗

2021 年是“十四五”的开局之年，是开启全面建设现代化新征程的起步之年，做好全年工作意义重大、影响深远。

全区工作的指导思想是：以习近平新时代中国特色社会主义思想为指导，深学笃行党的十九大和十九届二中、三中、四中、五中全会精神，深入贯彻习近平总书记考察浙江重要讲话精神，坚决执行中央、省市会议决策部署，坚持稳中求进总基调，聚焦忠实践行“八八战略”、奋力打造“重要窗口”主题主线，对标领跑“四个率先”，坚定不移落实新发展理念、构建新发展格局，以奋进者的姿态，保持创造性张力，全面开启率先高水平建设社会主义现代化先行示范区的新征程，为当好“重要窗口”建设排头兵、实现“十四五”顺利开局而努力奋斗，以优异成绩向中国共产党成立 100 周年献礼。

建议 2021 年全区经济社会发展的主要预期指标为：生产总值增长 7.5% 以上，一般公共预算收入增长 7% 以上，规上工业增加值增长 8% 左右，服务业增加值增速高于 GDP 增速，社会消费品零售总额增长 8% 左右，研发经费支出占比达到 3.1%，城乡常住居民人均可支配收入增速与经济增长基本同步，按要求完成市下达的节能减排任务。

围绕上述目标，要以“十项战略性行动”为抓手，以点带面、重点突破，示范引领、整体推进：

1. 以杭绍一体示范行动提升城市开放水平。深入实施融杭接沪联甬三年行动，加快打造“杭绍一体化合作先行区”。一要以交通融杭为突破口，做强区位优势。加强现代交通基础设施协同布局，加快杭州中环柯桥段、杭甬高速北互通、杭绍台西线、柯诸高速等项目建设，启动镜水路快速化改造，正式投运杭绍城际轨道，全面打开柯桥融杭“绕城”交通新格局。二要以产业融杭为主方向，做强平台优势。抢抓浙江自贸区拓展区建设契机，谋划启动杭绍临空经济一体化发展示范区绍兴片区建设，抓紧启动钱清区块，着力构建临空产业链；大力引育现代纺织、人工智能、大数据、物联网、区块链等高端项目，不断放大周边核心城市溢出效应。三要以民生融杭为落脚点，做强共享优势。大力引进教育、医疗、文化、养老等有影响力、带动性强的民生项目，加快推进浙二医院柯桥院区落地建设，深化与萧山、北仑等友好城区的交流协作，不断提高融合发展、特色发展水平。

2. 以人才创新首位行动打造全域创新高地。深入实施人才强区、创新强区首位战略，加快在长三角创新版图中确立柯桥特色优势。一要打造区域创新策源地。主动对接 G60、杭州城西等科创走廊高端创新要素，全域打造浙江绍兴人才创业园，引领推动现代纺织鉴湖实验室、印染创新中心、中科大绍兴新材料研究院、印染产业工程师协同创新中心等平台高质量发展，深化产学研合作，确保技术交易额 12 亿元以上。二要构筑全球人才蓄水池。瞄准“高精尖缺”，大力实施“柯桥英才计划”“经纬计划”，优化以赛引才、以会引才、以站引才、以金引才等模式，营造“引育留用管”全方位服务的一流人才生态，新增省级以上高层次人才 50 名、累计超过 250 人，保持全省领先地位，力争引进一所国际国内知名大学。三要引导创新主体打头阵。深入实施“雄鹰行动”“雏鹰行动”“凤凰行动”“双倍增计划”，支持民营人才创业园、企业创业创新联合体建设，加快孵化科技型小微企业，全力培育高新技术企业，净增高新技术企业 85 家以上，上市企业 2 ～ 3 家。

3. 以步鱼计划深化行动构建现代产业体系。坚持“腾笼换鸟、凤凰涅槃”，加速推动柯桥产业体系向中高端迈进。一要打造先进制造集群基地。坚持提升产业链、稳定供应链与做强产业集群互促共进，加快打造现代纺织世界级先进制造业集群，以及现代住建、黄酒等重点制造业集群，时尚产业、智能制造产业两大优势制造业集群，新材料、生物医药两大新兴产业集群，统筹推进产业基础高级化和产业链现代化，全面打响“柯桥制造”品牌。二要推动现代服务业提速发展。大力发展生产性服务业，启动国际物流城建设，培育壮大信息物流、电子商务、国际会展、研发检测、现代金融等新业态，打造一批高能级生产性服务业园区。依托浙东运河、浙东唐诗之路文化资源，全面提升安昌古镇、柯桥古镇和鲁镇对外知名度和旅游热度，加快推进文商旅融合，更好发展“夜经济”。三要推动农业产业高质量发展。全力稳固粮食生猪保供能力，做强农业特色主导产业，扩大平水日铸茶、海丰花卉、漓渚兰花、稽东香榧等“农字号”品牌效应，积极推进“互联网 +”“旅游 +”“康养 +”，确保改造提升高标准农田 2000 亩。

4. 以项目招引提升行动高效激活发展“引擎”。深化“项目为王”理念，实行专班化、清单化推进，全力推动经济结构和发展动能变革性重塑。一要着力引进优质项目。围绕“5+3+X”现代产业体系和“步鱼计划”，充分发挥大平台招商优势，大力开展以商引商、产业链招商、外资招引，力争签约引进 5 亿元以上重大项目 20 个以上，其中 20 亿元以上项目 10 个以上，内资到位超 120 亿元，实到外资超 4 亿美元，加快形成产业集聚效应和补链强链效应。二要大力推进项目建设。以市县长项目工程为抓手，升级项目竞赛 2.0 版，加快推进旗滨新材料、轻纺城必维检测、驭光科技、深迪半导体等重点项目建设，推动健康岛、高顿教育、旅悦集团、绍兴“龙之梦”等重大项目尽快投运、尽早见效。三要全力加强要素保障。以国家加大金融用地扶持为契机，积极向上争取土地空间指标、申请发放地方债券，深化融资畅通工程，落实用地、用电、用水、排污、信贷等差别化配置政策，推动资源要素向优质企业和产业集聚，确保全年拆迁 100 万平方米以上，力争全年完成供地 2600 亩。

5. 以数字赋能专项行动提升集成智慧水平。充分发挥数字引领、撬动、赋能作用，推动形成与数字时代相适应的生产方式、生活方式和治理方式，不断提升“整体智治”水平。一要以数字化推动产业更智慧。充分运用 5G、大数据、区块链、人工智能等技术，加快推进印染产业数字化改造和装配式建筑数字化建造步伐，全力建设“智慧印染”工业互联网平台，支持龙头企业打造高标准智能工厂，纵深推进化纤、机电、建筑、酿酒产业数字化改造，推动数字经济与实体经济深度融合，力争在数字产业化、产业数字化上实现大突破。二要以数字化推动改革更精准。以深化各领域“一件事”集成改革促进实现“最多跑一次”，加快推进政务服务 2.0 建设，全面实现政务服务一网通办、全域通办、就近可办，深化国家电子证照应用试点，推动数据信息跨区域、跨部门、跨行业协同管理，打造“掌上办事之区”“掌上办公之区”“掌上治理之区”。三要以数字化推动城市更聪明。依托柯桥“城市大脑”，建立城市运营指挥中心应用平台，拓展智慧城市应用场景，加快未来社区试点扩面，持续推进“雪亮工程”“智安小区”“智慧安防"等建设，探索"一码通城"服务新模式，全面提升城市管理科学化、精细化、智慧化水平。

6. 以丝路柯桥拓展行动形成高效循环枢纽。 发挥柯桥比较优势和民营经济发展生力军作用，以"丝路柯桥·布满全球"行动为重点，持续向内挖潜、向外拓展，着力打好构建新发展格局组合拳。一要高水平融入国际大循环。聚焦打造联通国际国内市场的新平台，充分利用 RCEP 等自贸协定，发挥国家纺织外贸转型示范基地作用，用足用好跨境电商综试区、市场采购贸易试点等开放平台，推动世界布商大会升格国家级，鼓励线上线下多元拓市，设立东盟展示中心，力争全年外贸出口增长 8% 以上。二要高质量服务国内大循环。注重需求侧管理，聚焦增强国内大循环的内生动力，深度参与长三角一体化发展、杭绍甬一体化发展示范区建设，更好发挥科创大走廊、文创大走廊等跨区域合作平台作用，加快融杭产业园建设，融入一体化市场体系，推进高水平协作。纵深推动市场进化，统筹综合交通和现代物流发展，推进轻纺数字物流港项目规划建设，努力成为物流成本最低、运行效率最高的区域之一。三要高起点提升城乡经济循环。以扩大内需为战略支点，培育壮大疫情催生的消费服务新业态，扩大节假日消费，升级汽车消费，促进住房消费健康发展，不断提升农村和社区消费需求，激活城乡内需体系和投资潜能，促进城乡要素循环、产销循环和市场循环。多渠道增加城乡居民收入，深化东西部协作和对口支援、对口合作、社会力量参与帮扶等工作。

7. 以文明实践引领行动涵养城市文明风尚。 突出城市"文化味、文明味"，以创建全省一流新时代文明实践中心为契机，加快提升文化的创造力、服务力和竞争力。一要加强思想引领。强化理论武装，把新时代文明实践中心、融媒体中心、智慧礼堂、城市书屋打造成理论宣讲示范点，做精"小柯开讲"等平台，推动习近平新时代中国特色社会主义思想不断往深里走、往实里走、往心里走。二要构筑文明高地。大力弘扬社会主义核心价值观，深化新时代文明实践行动，培育一批文明实践示范站所(点)和典型实践项目，拓展全国文明城市创建成果，选树一批"荣誉市民"，构建"15 分钟志愿服务圈"，强化"最美"品牌感召力，打造身边好人集群，形成家家崇尚文明、人人践行文明、处处传播文明的良好局面。三要打造文化地标。全力推进兰亭文化旅游度假区建设，加快推进兰亭野生动物园、华强方特国学文化博览园等重大文旅项目建设，加强柯桥历史文化街区等古镇古村保护开发。深入推进农村文化礼堂、社区文化家园精细化、智慧化管理，以全国"五个一工程奖"、文艺精品工程等评选为抓手，创新越剧演出形式，多出当代精品题材，打造《云水渡》《天下布商》等一批叫好又叫座的文艺佳作，不断提升群众的文化获得感、幸福感。

8. 以"区镇一体、条抓块统"推广行动开创基层治理新格局。 创新和发展新时代"枫桥经验"，着力形成上下贯通、区镇一体的整体治理格局。一要深化"条抓块统"先行试点。加快推进"区镇一体、条抓块统"省级试点，积极发挥"基层治理四平台"作用，健全完善区镇村三级社会矛盾纠纷调处化解体系运行机制，进一步厘清区镇权力界面，统筹区镇资源，更好推进基层治理体系和治理能力现代化。二要推动政府运作高效协同。推动政府数字化转型，以"整体"的思维打通整合党政机关各项职能，以"智治"的手段优化治理模式，系统性增强党政机关的管理服务能力，切实形成贯彻落实上级决策部署的强大合力。三要交出"平安建设"高分答卷。一以贯之做好疫情防控，巩固提升扫黑除恶、综治维稳等行动成果，完善公共卫生应急管理体系、自然灾害防治体系、社会治安防控体系，健全重大舆情和突发事件舆论引导机制，统筹抓好生产安全、交通安全、消防、食品药品安全等工作，切实加强信访工作，持续提升风险闭环管控的大平安机制，确保省平安区创建"十六连冠"。

9. 以人民幸福美好家园行动扎实推动共同富裕。 坚持以人民为中心，让改革发展更有温度、人民生活更加美好。一要持续擦亮全域美丽城乡底色。高质量践行"绿水青山就是金山银山"理论，深化蓝天、碧水、净土、清废四大行动，高标整改中央环保督察反馈问题，持之以恒抓好拆迁拆违、深入推进"无废城市"建设试点和生活垃圾分类处置工作，力争全年空气优良率、$PM_{2.5}$ 平均浓度进一步达标进位，打造全域美丽 3.0 版。二要持续增添惠民利民暖色。着眼改善人民生活品质、加快补齐公共服务短板，更加重视教育、医疗、就业、社保、养老、居住等民生实事，推广“八个一”惠民工程促农村公共服务提升扩面经验，用心办好民生实事和“关键小事”，逐步扩大优质公共服务供给，让改革发展成果更多更公平地惠及全区人民。三要持续推进乡村振兴发展成色。全力抓好涉农改革，扎实推进宅基地制度、农村综合集成等改革试点，大力推动农业与休闲旅游、农耕体验、文化传承、健康养生、电子商务等深度融合，让产区变景区、田园变公园、劳作变体验、农房变客房，多渠道增加农民收入、农业增值空间，不断激发农业农村发展活力。

10. 以法治柯桥建设行动打造最优营商生态。全面贯彻习近平新时代法治思想，以法治政府建设为重点，全力打造法治化市场化国际化营商环境。一要推动政策制度公平化。迭代升级优化营商环境“10+N”行动，健全完善促进民营经济高质量发展政策体系，依法平等保护企业产权和企业家权益，健全产权执法司法保护制度，打通知识产权创造、运用、保护、管理和服务全链条。二要推动执法司法规范化。深化基层“一支队伍管执法”改革，构建全覆盖的整体政府监管体系、全闭环的行政执法监督体系，严格落实行政执法“三项制度”，创新推进行政复议体制改革，促进严格规范公正文明执法。深化司法体制综合配套改革，全面落实司法责任制，优化人民法庭布局，统一执法司法标准，不断提高司法质量、效率和公信力。三要推动基层治理法治化。健全重心下移、力量下沉的法治工作机制，坚持“三治融合”，试点开展“法治小镇”建设，依法落实基层民主选举、民主协商、民主决策、民主管理和民主监督机制；全面推进诉源治理，完善人民调解、行政调解、司法调解联动工作体系，推进法律援助延伸性服务，加强信访依法治理，全面提升基层治理法治化水平。

四、全面加强新时代党的建设，为率先高水平建设社会主义现代化先行示范区提供坚强保证

开启高水平全面建设社会主义现代化新征程，必须依靠党的坚强有力领导，依靠队伍的忠诚专业担当。各级党组织要全面落实新时代党的建设总要求，深入贯彻“整体智治、协同高效”理念，切实加强领导班子政治建设，统筹推进党的各项建设，推动全面从严治党向纵深发展，为率先高水平建设社会主义现代化先行示范区提供牢固政治基石和持久内生动力。

1. 夯实理想信念根基做到绝对忠诚。持续深化理论武装，贯通把握“八八战略”与习近平总书记考察浙江重要讲话精神，融汇学习五中全会精神和省市各级全会精神，常态化推进“不忘初心、牢记使命”，推动上级决策部署在柯桥落地生根、开花结果。守牢意识形态阵地，深耕融媒体建设，抓实推进网络生态“瞭望哨”工程，切实强化网络舆情引导应对，清朗e空间，传播正能量。强化统揽协调能力，领导支持人大、政府、政协、监委、法检两院、群团组织发挥大成智慧，推动各方各条线依法依章程开展工作，发挥各自职能优势，服务引导各自对象群体，为建设“重要窗口”领跑“四个率先”凝聚最广泛合力。

2. 夯实基层组织根基做到整体智治。高规格举办建党百年庆祝活动，全面营造爱党敬党颂党的浓厚氛围，推动广大党员干部和各方面人才保持坚强政治定力和正确的前进方向。深化驻村指导员制度，常态化开展交流展示活动，持续焕发制度生命力和影响力。扎实做好村社换届“后半篇文章”，构建有效管用的“一肩挑”监督办法和退出机制。持续深化“五星”系列创建，围绕乡村振兴先行村建设，高水平打造“乡村振兴集群”。探索数字乡村建设，更好擦亮“纺城有家”“楼尚我家”等两新党建品牌，打造一批具有纺都特色的城市党建品牌，全面加强机关、国企、学校、医院党建工作，率先构建党建统领的基层智治体系，在落实重大任务中更加彰显组织优势。

3. 夯实干事创业根基做到担当有为。深入贯彻新时代党的组织路线，树立正确用人导向，突出“五个过硬”，聚焦“七种能力”，结合区镇两级换届，大力选拔任用“既讲忠诚、又讲担当，既重敬业、又懂专业，既有想法、又有办法”的优秀干部，全面锻造一支与社会主义现代化建设相匹配的高素质干部队

伍。全力打造“五强”领导班子,实施“一把手”战略储备工程和能力提升计划,完善各层级、领域的干部“蓄水池”,加速年轻干部培养。大力弘扬“靠作风吃饭、凭实绩说话”优良传统,聚焦“两个担当”良性互动,完善容错纠错、澄清正名、心理关怀等机制,开展不担当、乱作为专项整治,切实为干事创业者鼓劲撑腰,真正实现能者上、庸者下、平者让、劣者汰。

4. 夯实拒腐防变根基做到清风长存。深化细化全面从严治党“四责协同”机制,强化党委主体责任、纪委监督责任、党委书记“第一责任”和班子成员“一岗双责”,不断拧紧管党治党责任链条。持续抓好省委巡视反馈问题整改后续工作,举一反三、健全长效。深化镇(街道)纪检监察工作规范化建设,运用监督执纪“四种形态”,细化“四项监督”清单,推动形成立体化、多维度、全覆盖的监督体系。强化“四风”纠治,坚决破除形式主义、官僚主义,保持反腐高压态势。高质量完成一届任期内常规巡察和村(居委会)延伸巡察两个“全覆盖”。总结选树、培育推广“清廉四诊法”等一批具有柯桥特色、兼具载体实效的经验做法,推动各领域、各层面“清廉细胞”全面提升,推动清廉柯桥成风化俗。

最后,就区委《建议》起草情况作个说明。“十四五”时期是柯桥在新发展阶段率先高水平建设社会主义现代化先行示范区的关键五年,编制好规划《建议》意义重大。区委对此高度重视,切实加强统筹,专门成立由沈志江担任组长的规划《建议》起草组,深入开展调研,开通公众建言网上平台,广泛听取各方意见建议,于11月底起草形成了《建议》初稿。此后,根据中央、省委、市委各级全会精神多次修改完善,形成了《建议(征求意见稿)》,通过政协专题协商、政企面对面、座谈会等形式,听取各民主党派、工商联、无党派人士、老领导、部分企业家等意见建议,并书面征求曾经在柯桥工作过的有关省市领导意见,市委主要领导亲自指导审核,起草组累计收集到意见建议450余条,按照充分吸纳、能改则改的原则,反复完善,数易其稿,形成提交全会审议的《建议(讨论稿)》。在起草过程中,着重把握了以下三条:一是贯彻主题主线。《建议》的指导思想、主要精神与中央、省委、市委保持高度一致,全面贯彻忠实践行“八八战略”、奋力打造“重要窗口”主题主线,同时紧密结合柯桥实际,体现柯桥特色、柯桥风景,谋划具有柯桥辨识度的区域发展之路。二是坚持系统谋划。坚持系统观念、系统方法,既立足当前又谋划长远,既突出重点又兼顾均衡,既注重传承延续,又强调改革创新,做到系统集成、高效协同。三是突出先行示范。围绕浙江“争创社会主义现代化先行省”、绍兴实现“四个率先”战略目标,自我加压、拉升标杆,谋划提出“率先高水平建设社会主义现代化先行示范区”奋斗目标,科学确定一系列既有继承又有创新的重大载体和具体举措,力争多出“柯桥经验”“柯桥样板”,努力为全市全省全国大局多作贡献。关于建议稿的主要内容,这里不再详细说明,请大家在讨论时充分发表意见,共同把《建议》修改好、完善好。

绍兴市柯桥区人民代表大会常务委员会工作报告（摘要）

——在绍兴市柯桥区第一届人民代表大会第四次会议上

绍兴市柯桥区人民代表大会常务委员会主任 吴 晓

（2020 年 1 月 9 日）

一、2019 年的主要工作

2019 年，是人大历史上具有特殊意义的一年。在新中国成立 70 周年、地方人大设立常委会 40 周年之际，习近平总书记对地方人大及其常委会工作作出重要指示，省市区委先后召开人大工作会议，出台了推进新时代人大工作高水平发展的重要举措，开启了地方人大及其常委会工作的新篇章。一年中，区人大常委会在区委坚强领导下，依法履职、扎实工作，圆满完成了区一届人大三次会议确定的各项任务。全年共召开常委会会议 11 次，主任会议 15 次，听取和审议专项工作报告 23 个，作出决定、决议和审议意见 22 个，组织执法检查、常委会视察和代表视察活动 19 次，依法任免国家机关工作人员 123 人次，为促进全区经济社会高质量发展和民主法治建设，发挥了应有的作用。

（一）坚持与党委同向，全力服务发展大局

推动民营经济发展。结合区委部署的"三服务"活动，集中时间对民营企业中的 109 名代表进行全面走访，听取区政府关于创造更优营商环境、推动民营经济高质量发展工作报告，组织代表参加政企面对面人大代表专场活动，常委会集体视察招商投资工作，通过各种途径收集的 139 条问题建议，全部以闭会期间代表建议"直通车"的形式进行交办。区委区政府高度重视，逐一落实相关问题和建议，并充分吸纳到具体政策中，有力推动了民营经济高质量发展。

推动市场转型升级。区一届人大三次会议依法作出《关于加快推进中国轻纺城转型升级议案的决议》后，常委会及时跟进、加强督查，审议并批准了区政府制定的实施方案，助力打造新时期"国际纺织之都"。紧扣创新驱动发展，视察纺织产业创新服务平台和高端人才集聚区，提出以科技创新推动产业提质增效、市场转型升级，为高质量发展提供强大动力和质量保障。

推动财政平稳运行。首次听取和审议国有资产管理情况报告，督促区政府和相关部门切实加强管理、提高绩效。听取和审议经济社会发展计划、财政预算执行情况和审计工作报告，审查批准上年度财政决算报告，跟踪督查审计查出问题整改情况，探索开展预算联网审查工作，促进公共财政和国有资产运行更加规范、更有质量。

推动生态环境保护。听取和审议生态环境状况和环境保护目标完成情况报告，要求全力以赴打好污染防治攻坚战，让良好生态环境成为人民幸福生活的增长点、经济社会持续健康发展的支撑点、展现柯桥区良好形象的发力点。积极推动美丽环境向美丽经济转化，组织代表视察大气污染防治和全域旅游发展工作，让环境保护成为全社会的自觉行动，加快开创"美丽柯桥"建设新局面。

（二）坚持与改革同行，致力加强法治建设

加大宪法法律贯彻力度。牢固树立宪法法律至上理念，加强干部任前法律考试，依法组织宪法宣誓并对宪法宣誓制度落实情况开展督查，组织代

表旁听法庭庭审、参加检察开放日等活动，大力宣传创新驱动发展、生态文明建设相关法律和绍兴古城保护利用条例、会稽山古香榧群保护规定，增强全社会特别是国家工作人员的宪法法律意识。

督查推动刑事司法改革。听取和审议区法院刑事审判工作报告和区检察院公诉工作报告，开展专题询问，提出审议意见，推动落实刑事司法新理念新制度。区法院和区检察院认真研究、深化改革，坚决维护刑事司法的严肃性和公正性。

深入开展执法检查工作。对新修订的食品安全法贯彻执行情况进行督查，依法保障老百姓“舌尖上的安全”。开展浙江省学前教育条例执行情况检查，推动柯桥区学前教育规范化、法治化、现代化。适应机构改革需要及时理顺规范性文件备案审查机制，经常性开展委托第三方审查工作，更好维护法制统一、推动法律实施。

合力加强基层社会治理。听取区监委关于强化基层公权力监督工作情况报告，推动廉政治理不断深化。对全区扫黑除恶工作开展专项督查，促进社会公平正义。认真做好人大信访工作，探索建立涉法涉诉信访件交办机制，维护群众合法权益。充分发挥立法调研联系点和立法工作调研员的作用，积极配合上级人大开展立法调研和执法检查，推动实现良法善治。

（三）坚持与人民同心，持续推动民生改善

督促办好民生实事。认真总结民生实事项目督查工作，健全完善“全程监督、全面监督、全员监督”工作机制，突出项目进度、管理、绩效和群众满意度，采取常委会领导带队分组检查、代表集中视察、听取和审议实施情况报告等多种方式，持续加强跟踪监督，提出审议意见并严格督促落实，有力推动了大会票决产生项目的按时保质完工。

高度关注水患防御。2014年区人代会作出《关于全面提升城镇水患防御能力议案的决议》后，区政府高度重视、认真落实，防洪排涝工程经受住了恶劣天气的实战考验，广大代表和群众深感满意。为此，常委会围绕议案结案工作，组织代表视察防洪排涝河道整治二期工程，成立检查组踏看现场、征求意见，听取和审议相关报告，依法作出结案决议。

助力实现乡村振兴。专题督查“强村消薄”工作，提出优化扶持政策、实现长效增收、加强监督管理等多项建议，促进村级集体经济发展壮大，让广大农民在乡村振兴中有更多获得感和幸福感。高度关注水源地保护区农民增收问题，深入开展调查研究，提出意见建议，推动“绿水青山就是金山银山”在柯桥区的生动实践。

重视社会事业发展。围绕城市文化建设、社会养老服务、教育设施改善等工作，组织代表视察，加强面商交流，让政府部门更好地了解群众意愿，更好地服务人民群众。以成功创建“国家体育产业示范基地”为契机，开展调研和督查，推动柯桥区体育产业在新时代再上新台阶，为区域发展提供强劲动力和拼搏向上的精神力量。

（四）坚持与代表同力，充分发挥主体作用

牢记初心密切联系代表和群众。坚持代表列席常委会会议、参加调研督查等工作，拓宽代表和群众参与常委会工作渠道。第五年开展领导干部代表带头进选区活动，听民意、解难题、办实事，有力带动了广大代表依法履职，领导干部代表的人大意识、人民情怀进一步增强，及时掌握了第一手资料和社情民意，为践行初心使命、更好地服务群众奠定了很好的基础。

提高标准打造标杆代表联络站。大力推动各镇街实体和网上代表联络站有效运行，突出重点打造标杆代表联络站，在功能设计、接待流程、个性化内容等方面进行全面提标，致力打造集“选民接待、代表工作、业务培训、服务保障、人大宣传”等多种功能于一体的综合性活动平台，成为老百姓家门口看得见、可参与、常态化的民主教育和实践基地，也为人大代表参与基层治理、更好发挥作用提供了制度渠道。

探索完善议案建议督办新机制。依法保障代表的议案建议权，打好建议工作组合拳，修订完善代表建议办理工作规程和“直通车”实施办法，全面做好重点督办建议专题交办、常委会领导和委室分工督办、领衔代表面商跟办等工作。区政府和各承办单位认真落实制度办法，切实加大办理力度，260件大会期间的代表建议“件件有着落、事事有回应”，有力推动了问题解决，代表和群众满意度不断提升。

深入指导镇街人大工作微创新。坚持一年两次召开镇街人大工作座谈会，通过常委会领导和机关委室分片联系制度，上下联动开展调研、视察和各类主题活动，指导开展民生实事积分制考评、代表联民议事、政策见面会、代表约见等创新工作，第八届对镇级政府工作开展“届中评议”，不少工作被中央和省市媒体报道，形成了各具特色的工作品牌，提升了柯桥区人大工作的整体水平。

（五）坚持与时代同步，切实加强自身建设

把政治建设放在首位。认真开展“不忘初心、牢记使命”主题教育，深入学习贯彻习近平总书记关于坚持和完善人民代表大会制度的重要思想，以及对地方人大及其常委会工作的重要指示，增强“四个意识”，坚定“四个自信”，做到“两个维护”。充分发挥常委会党组核心作用，重大事项及时向区委汇报，听取区委的意见建议，落实区委的决策部署，确保党的领导贯彻落实到人大工作的全过程和各方面。

把制度建设贯彻始终。认真落实讨论决定重大事项、国有资产管理情况报告等制度，对部分行政区划调整（部分镇撤镇设街）等重大事项通过法定程序作出决议决定，坚持党管干部原则，依法规范行使任免权，以制度建设保障党委决策部署和人事意图顺利实现。开展纪念地方人大设立常委会40周年活动，加强理论研究和工作宣传，注重发挥人大工作研究会作用。认真做好机关党建、老干部和工会工作。

把能力建设作为重点。把握新形势新要求，组织全区人大系统干部集中培训，每月举办“人大讲坛”，坚持不懈开展“周一夜学”，不断增强学习的系统性、针对性和实效性。认真贯彻省市区委人大工作会议精神，深入开展调查研究，广泛听取意见建议，在密切联系代表和群众、求真务实开展工作中形成新思路、设计新载体，与时俱进提高做好新时代人大工作的能力和水平。

把作风建设抓在手上。认真落实全面从严治党要求，通过加强警示教育、参观“一钱太守”纪念馆和齐贤独立支部纪念馆、赴嘉兴南湖开展主题党日活动、重温入党誓词等途径，不断筑牢对党绝对忠诚的思想根基，永葆人大机关和人大干部的政治本色。扎实推进党风廉政建设和作风建设，严守政治纪律和政治规矩，持续深入改进作风，全面营造敢于担当、踏实做事、风清气正的良好环境和氛围。

一年中，常委会各项工作取得的成绩，是区委正确领导的结果，是常委会组成人员和全体代表共同努力的成果，是区政府、区政协、区监委、区法院、区检察院支持配合的结果，也是全区人民、各部门、各镇（街）和社会各界大力支持的结果。

回顾2019年，也清醒地认识到，对照新时代人大工作高水平发展的新要求、新任务，常委会工作还存在一些问题和不足，如监督工作的刚性和实效有待进一步提升，发挥代表主体作用的载体和方法有待进一步拓展，“两个机关”建设和对镇街人大工作的指导有待进一步加强等。对这些问题，将采取有效措施，切实加以改进。

二、2020年的主要任务

2020年是高水平全面建成小康社会的决胜之年，是“十三五”规划的收官之年。区人大常委会工作的总体要求是：以习近平新时代中国特色社会主义思想为指导，认真贯彻落实党的十九大和十九届二中、三中、四中全会精神，以及区委一届七次全会、区委人大工作会议各项决策部署，坚持党的领导、人民当家做主、依法治国有机统一，不忘初心、牢记使命，认真履行宪法法律赋予的职权，更好发挥人大代表作用，高水平推进人大各项工作，为全面推动经济社会高质量发展和民主法治建设作出积极努力。

根据上述总体要求，重点做好以下五方面工作：

（一）以更高站位贯彻区委决策部署

坚持区委坚强领导，紧扣中心大局，积极担当有为，全力推动高质量发展。持续督查轻纺城转型升级，聚力打造新时期“国际纺织之都”。组织常委会专题视察，凝心聚力，加快建设“融杭接沪示范区”，奋力进军全国“十强区”。专题听取和审议农业高质量发展工作情况报告，高度关注水源地保护区村级集体经济和农民增收，推动乡村振兴和南部山区发展。以“聚焦数字经济、再创制造业发展新优势”为主题，深入调研、加强督查、提出建议，促进数字经济和实体经济融合发展。围绕存量土地高效利用，督促完善创新型企业用地政策和相关工作，合力破解发展瓶颈。听取和审议计划、预算、审计工作报告和行政事业性国有资产管理情况报告，加强预算联网审查和审计查出问题的整改督查，听取"十四五"规划编制情况报告，促进经济社会和公共财政高质量运行。

（二）以更高水平加强民主法治建设

聚焦基层治理体系和治理能力现代化，加强法律监督和普法宣传，促进"法治柯桥"建设向纵深推进。听取区监委关于监察法贯彻落实情况报告，促进反腐败制度优势转化为廉政治理效能。分别听取和审议区法院民事审判工作情况报告、区检察院公益诉讼工作情况报告，助力加强公民权益和公共利益的保护力度。监督推动公共法律服务体系建设，促进司法行政在基层治理中更好发挥作用。健全完善基层立法调研体系，配合上级人大开展立法调研和执法检查。对职业教育法、土壤污染防治法和非物质文化遗产法的贯彻执行情况开展检查，进一步加强规范性文件备案审查，维护国家法制统一。继续做好人大信访工作，以法治思维和法治方式维护社会和谐稳定。

（三）以更高质量促进民生福祉改善

对大会票决产生的民生实事项目，全面加强跟踪督查；对农村饮用水达标提标工程、老旧小区电梯加装等上年度重点项目，组织代表视察，提出意见建议，确保每一个民生实事项目落到实处、取得实效。认真落实生态环境状况报告制度，突出重点督查大气污染防治工作，支持打赢"蓝天保卫战"。高度关注"无废城市"建设试点，督促加强城市管理和垃圾分类等工作，为群众生活营造更好环境。积极推动职业教育发展，促进专业人才培养，为产业提升和社会就业提供保障。对非物质文化遗产保护工作开展监督，促进历史文脉在传承创新中不断延续。专题督查退役军人服务保障工作，提高退役军人荣誉感和责任感。

（四）以更高标准保障代表执行职务

加强代表履职培训、管理和登记考评等工作，扩大代表参与常委会活动范围，更好发挥代表的主体作用。继续探索标杆代表联络站运行模式，及时总结经验、推广做法，为代表履职创造更好条件。不断深化领导干部代表带头进选区活动，促进代表在反映社情民意、解决群众困难、参与基层治理等方面发挥更大作用。认真督办代表议案建议，完善办理机制，提高办理质量，推动代表议案建议办理由答复满意向办理结果满意转变。继续加强对镇街人大的联系指导，督促落实浙江省乡镇人大工作条例和新出台的街道人大工作条例，进一步规范各镇人大会议和街道议政会制度，支持工作创新和实践探索，提升全区人大工作的整体合力。

（五）以更高要求增强依法履职能力

深入学习贯彻习近平总书记关于坚持和完善人民代表大会制度的重要思想，牢记人大制度设计的初心使命，做到与党同心同德、与人民心心相印。加快推动主题教育成果转化，密切联系代表和群众，在各项工作中更好地服务人民、接受人民监督。全面贯彻省市区委人大工作会议精神，大力推动实践创新和制度完善，在新时代不断提高人大工作的质量水平。狠抓政治学习和业务培训，坚持办好"人大讲坛"，继续做好理论研究和宣传信息工作，不断提高干部的综合素质和履职能力。始终把纪律和规矩挺在前面，进一步加强人大机关党风廉政建设和作风建设，全力打造政治过硬、作风过硬、本领过硬的人大干部队伍。

政府工作报告(摘要)

——在绍兴市柯桥区第一届人民代表大会第四次会议上

绍兴市柯桥区人民政府区长　赵如浪

(2020 年 1 月 8 日)

一、2019 年工作回顾

2019 年是新中国成立 70 周年,也是柯桥乘势而上、迎难而进的一年。面对风险挑战明显上升的复杂局面,高举习近平新时代中国特色社会主义思想伟大旗帜,在区委的坚强领导下,认真贯彻落实中央和省、市决策部署,以“排头兵、桥头堡”的定位和标准,与全区人民一起奋斗,较好完成了区一届人大三次会议确定的目标任务。初步测算,生产总值突破 1500 亿元,增长 8%;一般公共预算收入 131.4 亿元,增长 4%;全员劳动生产率提高 8%,R&D 经费支出占比达到 2.65%;城乡常住居民人均可支配收入分别增长 8.2%、9.2%;城镇登记失业率 2.05%;完成上级下达的节能减排任务。综合实力居全国百强区第 11 位,比上年再提升 1 位。

(一)奋力爬坡越坎,经济实现高开稳走向好

营商环境持续优化。学习贯彻省委书记在杨汛桥调研时的讲话精神,深化“三服务”,推进“最多跑一次”改革,22 个年度重点改革项目取得突破。企业投资项目审批集成式改革实现从立项到验收全过程审批“最多 90 天”。“银政联盟 1+N”、三级联动“一窗办”等多项改革创出柯桥模式,成为全省乃至全国样板。政企面对面,全年帮助企业解决 5027 个难题。及时兑现产业扶持资金 5.5 亿元,税费减免 31.2 亿元,返还减免社保费 9.5 亿元,出口退税 104.5 亿元。新引进蓝盾医药等 67 个重大项目,总投资 801.5 亿元。苏泊尔大家电等 9 个项目入选“市县长项目工程”,落地率 88.9%。实到外资 4 亿美元,引进内资 110.9 亿元。四个有效投资结构性指标增速均 10% 以上。

传统产业加快提升。对标“绿色高端、世界领先”,改造提升全域印染企业,扩大“加工转经销”试点,成功创建省先进印染制造业创新中心。千方百计破解要素制约,恒鸣新材料项目开工建设,天圣化纤三期试生产,跨区域承接的 5 个越城印染组团项目全部落户。大力整治“低散乱”现象,建成省级小微企业园 6 个,新集聚入园企业 548 家,整治落后产能企业 56 家。完成“个转企”391 家,“小升规”125 家。实施“双倍增”计划,新增高新技术企业 95 家、省级企业研发机构 13 家,入选省科技型中小企业 251 家,新获授权发明专利 550 件。新增“浙江制造”标准 6 个、“品字标”企业 5 家、“浙江制造”精品 8 项。

新兴业态势头看好。出台数字经济五年倍增计划,成立数字经济联合会。新建 5G 网络基站 16 个,率先在纺织领域试点 5G 商用。环思科技、“印染大脑”、精筑“BIM+”入选全省工业互联网平台,新增工业机器人 250 台,累计企业上云 9000 家,数字经济核心产业增加值增长 15%。建筑产业现代化领跑全国,全区新建项目装配式建筑占比提高到 37%,实现产值 677 亿元、增长 30.2%,农村钢结构装配式住宅成为全国试点。文旅融合发展,举办“世界休闲·柯桥论坛”,酷玩王国开园营业,“夜鲁镇”成为网红打卡点,成功创建全省首批 AAAA 级景区城,实现旅游收入 301 亿元、增长 19.1%。挖掘文化软实力,打造安昌影视小镇等文化项目,新增全省成长性文化企业 5 家,规上文化产业增加值增长 20%。

服务业发展进入快车道。预计增加值增长7.6%。开展放心消费行动，培育示范单位296家，打响“放心消费在柯桥”品牌，社会消费品零售总额增长10%。楼宇经济蓬勃发展，新增税收超千万元楼宇32幢，楼宇税收增长18.4%。成功举办第二届世界布商大会、亚洲纺织大会等重大活动，会展收入增长10.3%，获评辉煌70年中国最具影响力会展名区。

现代农业提质增效。花香漓渚、美丽茶园影响越来越大。农业节会创出知名度，柯桥成为中国春兰节永久承办地。创建省级农业绿色发展先行区3个，建成省级美丽牧场2个、市级美丽场园5家。有效防控非洲猪瘟，保障猪肉市场供应。提标改造粮食生产功能区5000亩，打造蔬菜基地2.5万亩，农业生产保持稳定，增加值增长2.2%。

（二）着力化解危机，市场活力得到更大释放

出口逆势增长。积极应对中美经贸摩擦，发挥“产业＋市场”优势，大力建设新时期国际纺织之都。支持企业参展，开拓“一带一路”新兴市场，“丝路柯桥·布满全球”活动走进欧美国家，实现纺织品“买全国卖全球”，预计全年出口860亿元，增长14%，增速高于全省7.9个百分点，占全国份额提高7.4个万分点，被授予国家纺织品外贸转型升级基地。

市场加快提档。“最多跑一次”改革进轻纺市场，加速轻纺城国际化、时尚化、智慧化。国际面料采购中心顺利招商。中纺CBD时尚引领作用增强，成为柯桥商业新高地。国际贸易区提档升级，新注册市场主体4610家、增长18%，经营户公司化率达到32.9%、提高15%，新增贸易公司1260家。时尚创意融入传统市场，启动“时尚梦工厂”二期，引进欧洲时尚定制城、“中意印象”国际文创基地等创意项目，集聚欧美设计人才30人、时尚品牌24个、创意企业20家。创意基地营业收入增长11.5%。做强跨境电商园，新集聚企业173家，网络零售额突破100亿元。轻纺城市场群成交额2000.3亿元，增长10.6%；网上成交额526.6亿元，增长25.3%。

创新要素集聚。清华长三角研究院国际人才运营中心投入运行，江南大学、东华大学等知名高校在柯桥设立创新研究院、产业技术中心，区科技园成为省级创新创业示范基地。扩建外国高端人才创新集聚区，启动首批“浙江院士之家”试点。落户大学生2万人。细化M0政策，东盛慧谷、壹迦等民营科创园建设顺利。推动“二次开发”，盘活工业闲置土地1281亩、闲置厂房33.5万平方米。新认定省级众创空间5家、市级众创空间4家。科技进步综合评价位居全省第4位；创新环境综合评价位居全省第7位，比上年提升58位。

（三）大力融杭联甬接沪，城市转型跑出加速度

融合提速。实现上海217家定点医疗机构门诊就医直接刷卡结算。在上海发布“老绍兴·金柯桥”城市品牌，成立柯桥区上海商会，加强上海招商推介，签约引进顺舟智能制造等10个项目。与杭州萧山、宁波北仑签订友好城区战略合作协议。探索“萧山—柯桥政务服务一体化”模式。杭绍城际轨道交通全速推进，杭州中环柯桥段开工建设，启动杭甬高速柯桥互通改造，安昌北路接萧山段正在加快打通，实施杭金衢与杭绍台高速连接线、31省道北延等融杭工程。开通钱清到宁波的城际客运班列。开展融杭经济区空间规划研究。建成树人大学杨汛桥校区二期。引进浙一、省儿保等优质医疗资源，共建名医工作室20个。

空间拓展。马鞍、钱清、杨汛桥撤镇设街，城市建成区扩展到77平方千米。实施小赭等城中村拆改，全年拆迁120万平方米，“三改”360万平方米。兰亭文化旅游度假区挂牌成立，启动兰漓区块整体开发，承接盘活市属国有资产，引进森林野生动物园。打造福全产业新城，6个项目启动建设。柯桥经济技术开发区加速产城融合，国家级开发区考评位居全省第11位。

城市变美。加快华墟、马宅湖等重点区块开发。整治提升背街小巷，湖滨路改造成为首条海绵道路。建成景观亮化一期工程，城市夜景更加绚丽。智慧城管扩面到柯南，处置违建208.7万平方米。深化交通治堵，推动智慧治理，城区主要路口通行率提高10.4%。打造更多地标，开建总面积30万平方米的绍兴国际会展中心，1号馆当年开工当年投用；216米中纺时代大厦主体结顶，318米绍兴龙之梦加快建设，218米温德姆酒店打桩施工，柯桥更具国际范。高标准建设和管理社区，创建五星达标社区21个、和美家园社区4个。

（四）全力防控风险，区域生态持续优化

金融保持健康稳定发展。以高度负责的担当精神，全力开展企业纾困帮扶。坚持市场化法治化原则，果断处置精功集团债务风险，维护区域金融安全，得到省市高度肯定。依法出清“僵尸企业”27家，盘活资产14.6亿元。区内银行存贷款余额增长16%，增速全市第一；贷款不良率降至0.98%，保持在最低区间。推进“凤凰行动”，支持股改上市，新增股份公司55家，“吉麻良丝”挂牌新三板，“迎丰科技”“越剑智能”“西大门新材”IPO报会。上市企业完成2起并购，再融资9.7亿元。基金小镇释放产业集聚效应，新增基金5个，管理基金规模1100亿元，投资引进5个高科技产业项目。

污染防治攻坚战纵深推进。第一轮中央环保督察反馈问题全部完成整改，关停搬迁平水江水库水源保护区内所有工业企业。打好治气、治水、治土、治废硬仗，全年空气质量优良率78.4%，$PM_{2.5}$均值39微克/立方米。8个镇街完成“污水零直排区”创建，打造市级美丽河湖3个，市控及以上断面水质全部Ⅲ类及以上，其中Ⅱ类及以上水质占比提高到84.2%。推进百项千亿防洪排涝工程，清淤60万立方米。浙能污泥清洁化处置项目加快建设，工业固废实现消库清量。

建成“千万工程”升级版。累计打造五星达标村166个、AAA级景区化示范村16个，农村人居环境整治综合测评全市第一，被授予全省首批新时代美丽乡村示范县。农村垃圾分类实现全覆盖，回收利用率达到40%，资源化利用率提高到90%。实施全域土地综合整治与生态修复1477亩。承接乡村治理体系和农村公共服务两项国家级改革试点，入选国家级农村改革试验区。区财政安排6.7亿元，大力支持南部三镇保护开发，闲置农房盘活走在全市前列。打造农村物流“机场模式”，建成“新供销”农村网点150个，推动农产品进城、工业品下乡，促进山区农民增收。提前一年完成三年“消薄”任务。省委书记点赞棠棣村党总支书记的“刘宝”事迹。

（五）倾力办好实事，让市民更有获得感幸福感安全感

高质量落实民生保障。政府带头过紧日子，全年财政用于民生支出101.4亿元、增长8.9%，占一般公共预算支出比重提高到79.8%，连续十一年蝉联中国全面小康十大示范县市。十项民生实事超额完成。新增城镇就业2.8万人。解决历史上事实失土的4273名农民参保遗留问题。偏远山区饮用水实现达标提标，惠及南部山区群众1.1万人。建成电动车充电桩2146个、充电口2.1万个，方便市民在小区和工业园区安全充电。提标发放救助金1.5亿元，帮助困难群众62.5万人次。柯桥慈善组织孵化基地获评浙江省慈善基地。老年大学教学点延伸到10个镇街。加装电梯领跑全市，21个既有住宅小区申请安装77台，启动安装55台。

加大优质公共服务供给。新扩建幼儿园、中小学22所。安装空调4196台，提前一年实现中小学教室空调全覆盖。市级现代化学校覆盖率提高到66.7%。高考再创佳绩，“学在柯桥”更具品牌力。“医共体”建设持续深化，基层首诊率达到65%，在健康浙江考核中获得全省优秀。建成中心医院华舍院区一期，启动第三医院迁建，妇女儿童医院等扩建工程建成投用。打造公共卫生精品社区49个、标准化村卫生室30家。国家卫生镇创建全覆盖。推进文化惠民，新建城市书房8家、农家书屋7家。打造城市文化家园15个、农村文化礼堂45家、智慧礼堂80家，举办各类群众文化活动2000余场。成功承办第六届中国曲艺高峰论坛。创排越剧《云水渡》，展现轻纺城改革发展历程。加大非遗保护，鉴湖黄酒作坊列入国家工业遗产。冰雪嘉年华、运动休闲时尚周等活动激发全民健身热情，柯桥成为国家体育产业示范基地。

创新发展新时代“枫桥经验”。大力建设“平安柯桥”，开展扫黑除恶专项斗争，违法犯罪警情和侵财案件分别下降8.1%、2.2%。开展“法润柯桥”行动，获评全国“七五”普法中期先进区。启动军人全生命周期“一件事”改革，“军人之家”建设引领全国。标准化打造基层应急管理站，创出柯桥模式，做法在全省推广。成功防御超强台风“利奇马”。推进消防安全“百日攻坚”行动，打好交通安全综合治理大会战。全年安全事故起数和死亡人数分别下降60.9%、43.8%。成立区社会矛盾纠纷调处化解中心，群众矛盾纠纷化解“只进一扇门”“最多跑一地”。化解106个市级重点信访件，保持进京“零非访”,成功护航新中国成立70周年大庆等重大活动,连续十四年创建成为省“平安区”。

一年中,深入学习贯彻党的十九大及十九届二中、三中、四中全会精神,开展“不忘初心、牢记使命”主题教育,高质量完成机构改革,获评全省机构改革成绩突出集体。打造数字政府,推行掌上移动办公,“四个办”比例领跑全市。认真办理人大代表建议、政协委员提案,满意率分别达到99.6%和98.6%。年初走访人大代表时的128个问题全部办理回复,年末走访重点税源企业时的54条意见建议逐条研究落实。深化重点工作清单式管理,95%的清单任务如期完成。落实全面从严治党主体责任,抓好巡视巡察反馈问题整改,驰而不息纠“四风”。严格财政预算管理,“三公”经费支出下降5.1%。

一年中,坚持政府、企业、社会携手共建,高质量完成东西部扶贫协作、东北对口合作、山海协作各项任务。按照群团组织改革要求,开展工商联所属商会改革全省试点,大力支持工青妇、科协、文联、红十字会等开展工作。审计、统计、档案、史志、民族宗教、外事侨务、对台事务和国防动员、民兵预备役、双拥、人防、国安等工作取得新成绩。老龄、关心下一代、残疾人等事业健康发展。

成绩来之不易,奋斗凝聚力量。也清醒地看到:经济下行压力加大,稳增长面临新的挑战;生态环境治理存在短板,大气、土壤等污染防治任务十分艰巨,空气质量有待进一步提高;教育、医疗、文化、养老等领域优质资源总量不足、布局不均,距离群众日益增长的美好生活需求仍有差距;公共安全领域存在一定风险隐患,安全生产、食品安全、消防安全等工作永远在路上;个别公务人员担当精神有所减弱,还存在“中梗阻”现象。对此,一定高度重视,采取有效措施,认真加以解决。

二、2020年工作主要任务

2020年是高水平全面建成小康社会和“十三五”规划的收官之年,也是柯桥奋进全国“十强区”的冲刺赛点,更加需要锁定目标、加速奔跑、全力冲刺。

2020年政府工作的总体要求是:高举习近平新时代中国特色社会主义思想伟大旗帜,深入贯彻落实党的十九大和十九届二中、三中、四中全会精神,坚持稳中求进工作总基调,坚持新发展理念,坚持以供给侧结构性改革为主线,全面落实中央和省、市各项决策部署,持续稳企业、增动能、补短板、防风险、保平安,冲刺全国“十强区”,确保高水平全面建成小康社会和“十三五”规划圆满收官,为绍兴重返综合经济实力全国“30强”贡献更多柯桥力量。

全区经济社会发展主要预期目标是:生产总值增长7%以上,在高质量发展基础上力争到7.5%;一般公共预算收入增长7.5%以上;四个有效投资结构性指标均增长10%以上;城乡居民收入增长与经济增长基本同步;全员劳动生产率稳步提高,R&D经费支出占比提高2.8%以上;完成“十三五”节能减排目标任务。

实现2020年目标并不轻松,需要始终保持战略定力,沿着全国“十强区”奋进的方向,一张蓝图绘到底,一年接着一年干,一以贯之抓落实。需要大力弘扬争先精神,全线发力,各项工作力争全市第一、全省领先、全国一流。需要主动融入区域发展,全面融杭联甬接沪,打造长三角一体化示范区。需要牢牢把握改革方向,把更多“最多跑一次”改革的理念、方法、作风运用到区域治理的全过程各方面,打造全国营商环境最优区。需要更好践行为民初心,不忘初心、牢记使命,努力做到发展为了人民、发展依靠人民、发展成果由人民共享。重点抓好五个方面工作:

(一)坚持产业强区,重抓制造业,全力打造更高质量经济体系。扎实推进“三服务”常态化长效化,全力稳企业、稳增长,促进制造业高质量发展,推动区域经济行稳致远。

打造营商环境最优区。更大力度保护民营企业和企业家合法财产。召开全区制造业发展大会,大力弘扬企业家精神,培养企业家梯队,提振企业家信心。全面落实减税降费政策,让每一家企业真正享受到政策带来的实惠。完善各项产业扶持政策,及时兑现到企业,确保政策兑现“最多跑一次”。深化“亩均论英雄”改革,完善资源要素综合评价机制，运用改革、财税、价格等“组合拳”，帮助企业降低生产经营成本。抓住省级政府用地自主权扩大、能源能耗控制项目调整等改革机遇，保障和推动一批重大项目落地。深化“10+N”便利化行动，推动商事登记“一网通办”。深化企业投资项目综合评估审批改革，完善“承诺制 + 标准地”模式，一般企业投资项目全过程审批“最多 80 天”。推进工程领域招投标改革，健全市场准入“黑名单”制度，支持本地企业承接项目，全区新建项目装配式建筑占比提高 40% 以上。深化“银政联盟 1+N”建设，实施融资畅通工程，完善信贷体系，降低转贷成本，新增中小企业贷款 100 亿元以上。严打非法金融活动和恶意逃废债行为，积极化解不良贷款，区内银行不良率控制在 1.3%。

建设先进纺织业集群。坚定“高新化、智能化、绿色化”方向，全面改造提升印染企业，打造全国一流印染基地。深化政银企合作，打通产学研资源，培育 2 个以上工业互联网平台。推动企业上云 1000 家，智能化改造 66 家以上，争创国家先进印染制造业创新中心。实施印染品牌战略，提高“加工转经销”绩效，培育一批印染龙头企业、标杆企业，提升行业话语权。推动越城印染集聚组团早建设早投产。谋划实施“4 个 100 亿”工程，加快绿纤、恒鸣等新材料项目建设，推动纺织化纤集群发展。培育纺织印染高端装备制造业，拉伸产业链。提速“二次开发”，提标 M0 用地，盘活工业闲置土地 500 亩，创建省级小微企业园 5 家以上，新达标入园企业 100 家以上。试点改造村级工业物业 5 家以上，促进空间重构、产业重整、环境重塑、乡村重振。新增“个转企”350 家，“小升规”100 家。

大力引育新兴制造业。围绕“5+3+4”现代产业体系，深化项目竞赛，力争新兴产业增加值增长 10% 以上，占规上工业比重提高 35% 以上。加强产业链招商，注重招引本地优质项目，力争引进 5 亿元以上项目 20 个，其中 20 亿元以上项目 8 个。加强外资招商，积极引进符合产业导向的外资项目，力争实到外资增长 10% 以上。健全容缺预审机制，破解要素制约，加快驭光科技、施托克数码等重大项目建设，确保“市县长项目工程”落地率 50% 以上。打造数字经济，立足产业数字化，建设工业互联网研究院，推动 5G 进工厂、进园区，培育一批智能车间、黑灯工厂、智慧园区，新增工业机器人 300 台以上，核心产业增加值增长 10%。培育生命健康产业，建设美佳、蓝盾等生物医药产业园，集聚生物医药领军企业 8 家以上，打造柯北生物医药健康岛。持续推进建筑产业现代化，开展钢结构装配式住宅试点，建设宝业、鼎元等新型建筑产业项目，争创现代建筑产业省级创新服务综合体，力争产值突破 780 亿元，增长 15% 以上。

加快提升区域创新力。对接全市科创大走廊，做强金柯桥科技城。全面提档科技园，提升外国高端人才创新集聚区，建成“浙江院士之家”。深化与清华、中科院、西安交大等知名高校院所战略合作，推动更多创新平台落户。更大力度支持民营科创园建设，新增创新创业基地 24 万平方米以上，争创省级众创空间 3 家、市级众创空间 4 家以上。精准招才引智，新引进海内外高层次人才 50 人以上。新落户大学生 2.5 万人。推进“鲲鹏计划”，新引进人才项目 40 个以上。深化“双倍增”计划，鼓励企业加大研发投入，新认定高新技术企业 90 家、省级研发机构 5 家以上，培育省科技型中小企业 200 家。推进国家知识产权强县工程示范区建设，实施省级新产品计划 350 项，新增授权发明专利 400 件以上。加快科创成果转化，力争全年技术交易额突破 5 亿元，25 个授权发明专利实现本地产业化。提升基金小镇，发挥“基金招商”作用，设立规模 10 亿元以上新兴产业引导基金，投资引进高科技产业项目 5 个以上。打好“凤凰行动”收官战，新增股份公司 15 家以上，IPO 辅导报会 3 家，主板上市 1 家以上。

持续推进农业现代化。更大力度落实“米袋子”“菜篮子”工程各项任务。建设高标准农田 2000 亩，鼓励粮食播种，稳定粮食生产，加强粮食收储。探索“飞地”养猪模式，支持办好东辽生猪养殖基地，扩大全区生猪养殖规模，年底出栏量 12 万头以上，促进猪肉保供稳价。推动农业产业化、品牌化、智慧化转型，创建 5 个以上农业绿色发展先行区，高水平办好中国春兰节等重点农业展会，引进“农创客”，打造数字田园，农业增加值增长 2% 以上。

（二）坚持开放活区，激发动能，全力打造更高水平市场体系。坚定不移将改革开放进行到底，持续建设新时期国际纺织之都，不断提升市场竞争力和国际化水平。

打造国际一流市场。持续推进“最多跑一次”改革进市场，改造传统交易区，提升国际贸易区，建设国际会展区，打造市场升级版。吸纳更多时尚、文创元素进市场，鼓励发展服装定制产业。实施创意设计基地三年提升计划，推进“时尚梦工厂”二期、瓦栏国际数码时尚城等建设，新引进国际时尚创意人才20人以上、时尚品牌20个以上、创意企业20家以上，带动基地营业收入增长8%以上。打造智慧市场，实现5G信号全覆盖，建成电子导航、智慧消防、智能停车等配套系统。大力推动市场走出去，办好第三届世界布商大会等重大活动，争取在“一带一路”国家设立更多轻纺城展销中心，巩固提升全球纺织品交易中心地位。大力招商隆市，规范市场经营，力争市场群成交额突破2160亿元、增长8%以上；网上轻纺城交易额突破600亿元、增长15%以上。

擦亮柯桥外贸金名片。制定“开放型经济十条新政”，降低普惠门槛，提高扶持标准，扩大企业受益面，全力以赴稳出口，将外贸打造成柯桥改革开放最鲜明的旗帜。提升“产业＋市场”优势，打通产业链、优化供应链、做强价值链，做深做实“订单＋清单”监测预警系统，提升出口竞争力。落实“放管服”改革举措，招引境内外更多外贸企业入驻楼宇，创新外贸模式，培育外贸新增长点。争创柯桥纺织品自贸区联动创新区，继续争设轻纺城海关特殊监管区，促进贸易便利化。培育外贸主体，做强出口品牌，打造一批外贸领军企业，力争出口增长10%以上。

大力培育城市经济。鼓励发展“创意＋会展”类生产性服务业和“时尚＋消费”类生活性服务业，力争增加值增长7%以上，占生产总值比重提高1个百分点。提升文旅产业，推进浙东大运河、浙东唐诗之路等文化带建设，打造AAAAA级景区城，叫响“老绍兴·金柯桥”城市品牌，争创国家全域旅游示范区，旅游人数和旅游收入均增长10%以上。发展特色商业，提升万达、蓝天商圈，提档繁荣中纺CBD，加速线上线下消费融合，社会消费品零售总额增长10%以上。壮大楼宇经济，引进公司总部等优质资源，力争楼宇税收增长15%以上。做强会展经济，办精办优“月月有展会、天天秀时尚”活动，全年举办有影响力的会展活动30场次以上，收入增长6%以上。完善社区商业布局，新建邻里中心3家以上，丰富休闲、娱乐等消费形态，提升消费品质，推动消费升级，让“消费在柯桥”更具实力，吸引更多外地消费群体，活跃夜间消费经济。

（三）坚持融杭兴区，与杭同城，全力打造更高能级城市体系。主动融入长三角、大湾区，深度融杭联甬接沪，以区域融合带动城市转型，提升全域城市化水平。

推进城市融杭。加快交通一体化，大力推进杭州中环柯桥段、杭甬高速柯桥互通、杭金衢至杭绍台高速连接线等重大交通建设，杭绍城际轨道交通试运行，完成31省道北延，规划杭金衢连接线接萧山03省道东复线等融杭新通道。开通科技城至下沙大学城的公交专线，争取更多杭州公交线路延伸到柯桥，打造30分钟通勤圈。设立上海虹桥机场、浦东机场柯桥城市航站楼。加快平台一体化，发挥人才“飞地”作用，争取更多项目进驻杭州未来科技城。健全跨区域紧密型开发联动机制，建设钱杨新城，带动夏履开发，与萧山周边区块无缝对接、协同发展。深化中欧产业园规划。对接萧山国际空港，谋划临空产业园，争取成为杭州临空经济示范区拓展区。加快公共服务一体化，实施杭绍甬市民卡公交互通工程，提升“萧山—柯桥政务服务一体化”水平，推动更多民生事项实现“一网通办”。精准引进沪杭高端的医疗、教育、文化等资源，推动医院共建、学校共管、剧场共享，打造公共服务升级版。

加强城市规划。高质量编制新一轮全区国土空间规划，启动镇级国土空间规划编制，争取更多发展空间。坚持国际一流标准，深化马宅湖、鉴湖两岸、柯北柯西等重点区块城市设计，推动成片规划、成片建设。高标准深化兰亭文化旅游度假区规划，带动平水等周边区域开发。统筹专项规划，优化交通规划，加强5G等功能布局规划，完善城市景观规划，打造城区15分钟生活圈。深化轨道交通站点周边及沿线规划设计，加强区域功能布局优化和交通一体化衔接。

拓展城市空间。完善柯桥经济技术开发区城市功能，完成柯海线改造，实施汤公路与柯海线互通工程，启动上方山大道、兴滨路南延等交通建设，改造镜水路北段，规划建设蓝印商贸综合体、江滨主题公园，扩建滨海医院，完善教育布局，打造产城融合新城区。开发兰亭文化旅游度假区，规划兰渚大道接柯岩大道，拓宽杨绍线福全段，争取杨绍线东延列入市级规划，启动临绍区块拆迁，建设森林野生动物园等重大项目，写好现代版“兰亭序”，争创文旅融合发展示范区。推动福全产业新城建设，开发边界区块，加快与绍兴老城区融合。

实施城市更新。推进海绵城市建设。持续整治背街小巷，打造一批美丽街区。研究金柯桥大道交通疏解工程，重建轻纺大桥，东延绸缎路，改造兴越路。推进绍兴龙之梦、温德姆酒店、国际会展中心等地标建设。加大历史街区保护利用，柯桥古镇一期建成开放，安昌古镇提档升级。试点“未来社区”建设。持续改造提升老旧小区，配建无障碍设施，推进电梯加装，提升居住品质。高标准建设鉴湖旅游度假区，完善商贸功能，加快公建配套，实施景观提档，推动度假区核心区域向主城区转型。拆迁轻纺城果蔬批发市场。推进城中村拆改，拆迁100万平方米以上、“三改”120万平方米以上。加快经营性用地出让，力争新出让800亩以上，完成出让金100亿元以上。

提升城市管理。综合运用“智慧城管”，加强城市精致化管理。创新市政管理机制，柯南核心区域、轻纺市场区域纳入主城区统一管理。更加关注市民身边事，加强对小区物业公司的动态监管，健全物业管理考核评价和末位整改机制，淘汰不合格物业公司，提升物业服务水平。严格执行“四不予”政策，源头管控违法建设，171万平方米存量违建清零销号。规范户外广告设置。全面加强犬类管理。打好交通治堵组合拳，推动公共自行车进社区、进商务区、进高铁站，方便群众出行。推进交通安全综合治理，深化智慧交通建设，城区主要路口通行率提升11%以上。

（四）坚持生态优区，扮靓柯桥，全力打造更高品质环境体系。践行“两山”理论，坚决打赢污染防治攻坚战，促进人与自然和谐共生。

打赢蓝天保卫战。做好第二轮中央环保督察迎检工作，完成中央和省督察反馈问题整改。建设“清新空气示范区”，综合施策，严查严管，加强废气、扬尘、烟尘、油烟等综合治理，淘汰老旧营运车辆351台，完成50台燃气锅炉低氮改造，整治小微工业园废气排放，确保大气质量达标进位，全年$PM_{2.5}$平均浓度控制在35微克/立方米以下，空气质量优良率82%以上。

深化碧水行动。统筹推进“五水共治”，完成“污水零直排区”创建，市控及以上断面水质Ⅱ类及以上占比提高到89%。完善“河湖长制”，更好保护重点饮用水水源地，打造市级美丽河湖3个以上。加快推进曹娥江综合整治、钱塘江一线海塘加固等重点水利建设，提升抗洪防台能力。

开展“无废城市”建设试点。全面打响工业垃圾歼灭战，加强固废收集、运输、处置全流程监管，严厉打击工业垃圾、建筑渣土等跨区域违法倾倒。工业危废填埋、浙能污泥清洁化处置等项目建成投用，提高固废处置能力。深化垃圾分类，力争投放准确率达到80%。推动资源分类回收利用，回收利用率45%以上、资源化利用率达到95%。

建设美丽家园。齐贤、安昌、兰亭、王坛创建美丽城镇，争创全省样板1个以上。推进景区镇建设，争创全省AAAAA级景区镇2个、AAAA级景区镇3个。深化“五星达标、3A争创”，新增五星达标村40个、AAA级景区化示范村8个以上。推进国土绿化，争创国家森林乡村5个，新增“一村万树”示范村7个，全区森林覆盖率52%以上。组织实施5个以上全域土地综合整治项目，消除废弃矿山、破损山体等生态伤疤。提升“四好农村路”，实施主要乡村公路亮化工程，亮化15千米以上。

加快乡村振兴。更加重视南部三镇的可持续发展，加强战略研究，明确发展导向，促进美丽环境转化为美丽经济。依托山区资源，发挥乡贤作用，鼓励发展休闲民宿、观光农业、特色农林加工等美丽经济，推动医疗健康、文化文创、税源经济等无烟项目落户。加强山区农民技能培训，办好南部人力资源交流会，增加就业岗位供给。健全乡村振兴基金，提升生态补偿标准，大力支持南部三镇建设基础设施、提升公共服务。

（五）坚持民生立区，优质均等，全力打造更高标准保障体系。对标先进地区，注重城乡一体，建设让群众更向往更满意的全面小康家园。

*打造全省一流教育。*持续加大投入，新扩建柯桥中学西校区等24所学校。打造健康教室，提升教学环境，市级现代化学校覆盖率85%以上，争创全国首批智慧教育示范区。探索“教共体”改革，优质普惠发展学前教育，优质均衡发展义务教育，优质全面发展普高教育，加强青少年心理健康教育，提升教育竞争力。办好职业技术学校，筹建柯桥技师学院，实施职业技能提升三年行动，培训技能人才2万人以上。促进之江学院高质量办学，推动树人大学整体迁入。

*建设运动休闲健康之城。*深化“医共体”建设，推动更多优质医疗资源下沉，让群众就近就便享受优质医疗服务。新建中心医院华舍院区二期，加快建设第三医院，规划新建第二医院柯桥院区。建成标准化村卫生室30家，创建省卫生村56个，实现省卫生村全覆盖。改建亚运排球比赛场馆，新建亚运攀岩场地，争取更多亚运比赛项目落地。启动“体育+公园”建设，新建项目15个以上，扩建足球训练场，开放更多的校园体育设施。申办世界休闲节，持续扩大运动休闲时尚周等活动影响力，吸引更多市民参与健身运动。

*更好发挥文化软实力。*大力弘扬社会主义核心价值观。推进书香城市建设，打造城市书房8家、农家书屋5家，图书下乡2万册。新建农村文化礼堂30家以上，力争实现行政村文化礼堂全覆盖。提档建设智慧礼堂70家以上，开展群众文化活动2000场次以上。深化文化金融改革试验区建设，建成文化产业集聚区2家以上，重点文化项目投资50亿元以上。大力保护历史文化遗产，实施乡村文物资源振兴三年行动计划。提升非遗传承保护水平，非遗新馆建成开放，新编越剧《云水渡》公演。

*多层次健全社会保障。*千方百计稳就业、促创业，新增城镇就业2万人以上，城镇登记失业率控制在2.5%以内。深化“无欠薪”行动，促进劳动关系和谐。统筹低保、特困、受灾等救助事项，提高救助精准度。户籍人员基本养老保险参保率95%以上，基本医疗保险参保实现应保尽保，新增公积金缴存职工15%以上。突出医养融合，提档16家镇街居家养老中心，建设村级居家养老服务日间照料中心50家以上，打响“幸福养老”品牌。

2020年是“十四五”规划的谋篇布局之年。“十四五”规划是深入贯彻习近平新时代中国特色社会主义思想和党的十九大精神的第一个五年规划，也是开启全面建设社会主义现代化强区新征程的第一个五年规划，具有继往开来的里程碑意义。要加强对全区经济社会发展重大问题的调查研究，牢牢把握大势，顺应发展趋势，发挥自身优势，高质量编制“十四五”规划，进一步补短板、强弱项、提质量，绘就全区新一个五年发展宏伟蓝图。

将一如既往地做好审计、统计、档案、对台、史志、民族宗教、外事侨务以及国防动员、民兵预备役、国家安全、人民防空等工作，充分发挥老干部作用，支持工青妇、科协、残联、文联、关工委、慈善、红十字会、商会等开展工作。扎实推进东西部扶贫协作、东北对口合作、山海协作。

聚焦关键小事，办好民生实事，是政府践行初心、执政为民的职责所在、情感所系。2020年，区政府将继续按照“群众提、代表定、政府办”的理念，根据代表票决结果，办好十方面民生实事，不断解决群众普遍关心的热点堵点痛点问题。

三、大力提升政府治理能力

2020年，柯桥正奋力奔跑在新时代赛道上。将以奔跑者的姿态，自觉把政治建设摆在首位，增强“四个意识”，坚定“四个自信”，做到“两个维护”，坚持党对一切工作的领导，更新治理理念，健全治理机制，不断推进治理能力现代化。

*加强基层治理。*深入创新发展新时代“枫桥经验”，高水平建设“平安柯桥”。加强社区治理，创新共建模式，争创五星达标社区21个、和美家园社区3个。完善“信访超市”功能，探索信访代办制，完善联合调处模式，更好实现矛盾纠纷化解“只进一扇门”“最多跑一地”。深化“基层治理四平台”建设，整合基层执法力量，镇街一支队伍管到底。深入开展扫黑除恶专项斗争，精准打防电信网络诈骗等新型犯罪。提升应急管理站建设，构建新时代应急管

理体系，打好消防安全三年翻身仗收官战，加强森林防火、安全生产、食品安全等各项工作。发挥“军人之家”作用，更好服务军人。加强少数民族服务管理中心建设，促进民族融合。确保第十五年创建成为省“平安区”，夺取首批“二星平安金鼎”。

加强依法治理。政府带头尊法守法学法用法，全面落实国家公务人员宪法宣誓制度。加强重大行政决策公众参与、专家论证、风险评估、合法性审查和集体讨论决策。自觉接受人大法律监督、政协民主监督以及监察、公众和舆论监督。办好人大代表建议和政协委员提案，更加注重办理成果转化。推进公共法律服务体系建设。严格执行行政机关负责人出庭应诉规定。加强普法教育，通过“七五”普法终期验收，争创全国普法教育优秀示范区。主动政务公开，公开是常态，不公开是例外。重视网络舆情，健全政府系统新闻发言人制度，及时回应社会关切，推动行政权力在阳光下运行。

加强智慧治理。以刀刃向内的决心，加快政府数字化转型。政务“智慧大厅”再升级，建成一体化公共数据平台。制定更多事项“无感办结”，实现全生命周期“一件事”全流程办理，争创电子证照应用国家级试点区。推进十大重点智慧工程建设，建成“城市大脑”，构建“一云、两端、多应用”的智慧治理框架。持续推进“雪亮工程”，建设“智安小区”，50% 以上社区实现智慧防控全覆盖。打造“柯E办”智慧便民服务平台，深化“互联网 + 政务服务”建设，高频涉民事项“掌上办”“零次跑”实现率达到 100%，努力让群众办事“不跑腿”。

加强绩效治理。将绩效管理贯彻到工作的全过程。深化“清廉政府”建设，继续发扬“靠作风吃饭、凭实绩说话”优良传统，正确处理廉政与勤政的关系，既要干净干事，更要担当做事，坚决整治“庸懒散”，坚决打通“中梗阻”，提高工作效率，用干部的辛苦指数去换取企业和群众的幸福指数。加强政府（国有）投资项目绩效管理，实现公共资金、国有资产、国有资源审计全覆盖，确保政府债务安全可控。严控“三公经费”，压减一般性支出，集中财力办大事，确保一般公共预算支出的三分之二以上用于民生。

名词解释

1.“银政联盟 1+N”：1 家银行与 N 个党政部门合作，推进金融服务和政务服务业务协同、数据共享、服务下沉。

2. 四个有效投资结构性指标：交通投资、生态环境和公共设施投资、高新技术产业投资、民间投资等指标。

3.“双倍增”计划：到 2020 年，高新技术企业和科技型中小微企业数量，均比 2015 年翻一番。

4.“印染大脑”：通过采集印染企业的人机料法环数据，应用大数据、物联网、互联网、人工智能等先进技术，结合印染产业实际需求，提供企业设计与生产过程中的基本诊断、生产管控、工艺优化等数据服务。

5.M0：新型产业用地简称，指融合研发、创意、设计、中试、无污染生产等新型产业功能以及相关配套服务的用地。

6.“僵尸企业”：指已停产、半停产、连年亏损、资不抵债，主要靠政府补贴和银行续贷维持经营的企业。

7.“凤凰行动”：通过上市公司数量倍增、实力倍增，培育形成数以百计的行业龙头企业和数以千计的骨干企业，实现产业“腾笼换鸟、凤凰涅槃”。

8.“千万工程”：“千村示范、万村整治”简称，是以改善农村生态环境、提高农民生活质量为核心的村庄整治建设大行动。

9.“机场模式”：将各家快递比作“飞机”，货物进出的平台比作“机场”，通过搭建配送中心这一物流“机场”，并分设网点，规划统一“航线”，实现各快递公司同仓、同车、同网、同配，降低快递运营成本，有效解决农村“最后一公里”的配送问题。

10.“消薄”：消除村级集体经济年收入薄弱的村居。

11.“刘宝”事迹：漓渚镇棠棣村支部书记刘建明，带领全村人共同致富，成为乡村振兴“领头羊”的典型事迹。

12.“医共体”：以区级医院为龙头，整合镇街医疗卫生资源，实施集团化运营管理的区域医疗服务共同体。

13.“四个办”:一窗办、全城办、一证办、移动办。

14.“10+N”便利化行动:“10”是指营商环境便利化的主要指标,按照企业全生命周期分为企业开办、办理建筑许可、用电报装、用水报装、用气报装、不动产登记、获得信贷、纳税、跨境贸易、企业注销。“N”是指若干个无法很好量化的支撑性指标,具体有惠企政策、执行合同、知识产权保护、办理破产等。

15.“标准地”:带着能耗、环境、建设、亩产等标准进行“招拍挂”的新增工业用地、商业用地、旅游用地。

16.“4个100亿”:百亿功能纤维项目,百亿绿色纤维项目,百亿再生纤维项目,百亿高端织造项目。

17.“5+3+4”现代产业体系:高端纺织、时尚创意、先进装备制造、建筑产业现代化、文化旅游五大千亿级产业,轻纺市场、黄酒产业、现代农业具有地域优势的三大特色产业,人工智能、电子信息、新材料、生物医药四大新兴产业。

18.黑灯工厂:即智慧工厂,因为无需人工操作,所以可以关灯运行。

19.“鲲鹏计划”:浙江省提出到2022年,力争培育数字经济高新技术企业8000家、科技型中小企业25000家。

20.人才“飞地”:“工作生活在外地、服务贡献为本地”的人才服务模式。

21.“污水零直排区”:指全面完善辖区内的污水管网,开展雨污分流,对生产、生活和经营活动产生的污水进行截污纳管、统一收集,经处理达标后排放,实现排水口晴天无排水、雨天无排污。

22.“一村万树”:1个行政村范围内新植以珍贵树、彩色树和乡土树为主的绿化美化树种1万株左右。

23.“教共体”:建立涵盖所有义务教育阶段学校的教育共同体,形成全域教育优质均衡发展。

24.“智慧大厅”:一种政务服务数字化转型新模式,突破大数据及云计算等技术瓶颈,协助办事大厅简化人工服务,提高办事效率。

25.“无感办结”:在数据资源互信互认互用的基础上,通过信息系统智能获取、自动填充个人信息,实现“零跑腿”。

26.十大重点智慧工程:“城市大脑”、“智慧柯桥”指挥中心、纺织大数据平台、应急管理智慧平台、数字教育、智慧医疗“一卡通”、医保基金监管信用体系、退役军人一体化服务系统、企业信息监管系统、“智安”小区建设。

27.“城市大脑”:以数据为核心,依托海量实时数据的分析、建模,帮助政府优化城市管理功能。

28.“雪亮工程”:以县、乡、村三级综治中心为指挥平台、以综治信息化为支撑、以网格化管理为基础、以公共安全视频监控联网应用为重点的群众性治安防控工程。

29.“智安小区”:智慧安防小区的简称,指在小区内推进以感知网络为主要内容的小区基础治安防控设施建设。

30.“柯E办”:具备柯桥本地特色的移动端个性化民生服务平台,将更多便民服务从线下转到线上、掌上。

中国人民政治协商会议第一届绍兴市柯桥区委员会常务委员会工作报告（摘要）

——在政协第一届绍兴市柯桥区委员会第四次会议上

政协第一届绍兴市柯桥区委员会主席　孟柏干

（2020 年 1 月 7 日）

2019 年工作回顾

2019 年是中华人民共和国成立 70 周年，人民政协诞生 70 周年。这一年，中共中央召开政协工作会议，习近平总书记发表重要讲话，人民政协制度迎来了更加成熟更加定型的新时期。一年中，区政协在中共柯桥区委的坚强领导下，全面贯彻落实习近平新时代中国特色社会主义思想，紧紧围绕区委区政府工作大局，建言资政和凝聚共识双向发力，充分发挥专门协商机构作用，为推动柯桥区加快打造“绍兴大城市建设的排头兵、接轨沪杭都市圈的桥头堡”，奋力进军全国“十强区”展现了新作为，作出了新贡献。

一、强化思想政治引领，在学习贯彻新思想新要求上积极作为

*把牢政治方向。*把坚持中国共产党的领导作为根本政治原则，树牢“四个意识”，坚定“四个自信”，坚决做到“两个维护”，在事关旗帜、道路、理论、制度等根本问题上统一思想、统一意志、统一步调。自觉接受区委领导，坚持一切重要工作在区委的领导下展开，一切重要活动围绕区委中心任务进行，一切重要安排在广泛征求意见的基础上报区委审定，确保区委决策部署在政协落细落实。

*注重理论武装。*把理论学习作为重大政治任务。组织研读《习近平总书记关于加强和改进人民政协工作的重要思想专题摘编》，专题学习中央政协工作会议精神，深刻领会习近平总书记对党的人民政协理论的原创性贡献，用党的理论创新成果武装头脑、指导实践、推动工作。开展“新时代人民政协的新样子”大学习大讨论，对新时代人民政协的性质定位、总体要求、目标任务、工作重点有了更清醒的认识，更精准的把握。

*加强党建引领。*全面落实管党治党政治责任。进一步加强政协党组建设，完善议事决策机制，对重要精神、重大事项、重点工作专题研究、集体审议、全程把关，充分发挥了把方向、管大局、保落实的领导核心作用。逐级压实政协党组、机关党组、机关总支党建主体责任，实行政协党组成员联系党派、机关党组成员联系界别、党员委员联系党外委员，在政协重大活动期间建立临时党组织，实现了党的组织对党员委员、党的工作对政协委员的全覆盖。

二、聚焦全区中心大局，在助推高质量发展上主动作为

*全会协商谋大局。*区政协一届三次会议期间，组织委员通过大会发言、小组讨论、提交提案等形式，紧扣柯桥区经济社会高质量发展大局开展集中协商。早部署，早发动，形成大会发言材料 36 个，涵盖工业区提质增效、全域旅游发展、城市老旧小区改造、生态环境保护、“乡村振兴”实施、基层社会治理等方面，区委主要领导对其中 6 个作出批示。周密组织小组讨论，区委区政府领导和区政协主席会议成员面对面听取委员协商建言。梳理形成进一步做好政府工作的协商意见 42 条，得到

了区委区政府的重视和肯定。

界别协商聚焦点。全会期间，围绕“融入国家开放战略，加快打造新时期国际纺织之都”主题，组织7个界别50位委员开展专题协商。区委主要领导面对面听取委员建言，要求与会的18个单位认真吸纳落实。会后，梳理形成产业提升、扩大开放、市场服务、产城融合等方面20条意见，建议做深做透“市场进化”、“丝路柯桥”和时尚引领三篇文章，为进一步打响中国轻纺城金字品牌添智力、增动力、聚合力。

专题协商议重点。密切关注民营经济发展环境。围绕“激发民营企业家创业创新激情”这一主题，结合“服务企业、服务群众、服务基层”活动，组建3个课题组，由区政协领导牵头，开展了为期近两个月的专题调研。其间，共座谈部门17个，走访企业26家，搜集梳理各方面意见建议61条。在此基础上召开常委会议，从加强政府服务、优化金融供给、减轻企业负担等方面议政建言，建议坚持问题导向，找准痛点、解决堵点，以更大的力度、更实的举措激发企业家的创业创新激情，得到了区委主要领导的肯定。

“请你来协商”议热点。提请区委出台实施意见，有序推进“请你来协商”平台建设工作。围绕印染集聚后产业升级、企业上市“凤凰行动”计划实施、杭绍城际轨道交通建设、城市道路改造提升、校外培训机构规范管理等一批民生热点，先后举行6场专题协商，区委区政府主要领导和分管领导分别参加，会同区相关职能部门负责人与政协委员和界别群众代表面对面交流意见，既解疑释惑、凝聚共识，又集思广益、民主决策，形成了又好又快推进相关工作的强大合力。

三、始终秉持为民情怀，在监督服务民生上倾力作为

围绕打造更优营商环境开展协商监督。着眼优化营商环境监督建言。专题召开会议，邀请18位企业家委员与12个政府部门、5家金融机构负责人协商对话。围绕“最多跑一次”改革、减税降费、股改上市、融资担保、人才引进培育等内容，企业家委员谈问题提建议，相关单位负责人一一回应。区委主要领导出席会议，要求全力做好服务企业的“店小二”，合力打造一流营商环境。两个月之后再次专题召开会议，跟踪了解企业家委员协商意见落实情况。9位企业家委员如实反映本企业、本行业发展遇到的老问题、新情况，区相关部门负责人现场解答说明，区委区政府分管领导要求进一步做好跟进、协调工作，着力打通协商成果转化的“最后一公里”。

围绕民生关键小事深化委派监督。把委派民主监督作为政协助力民生改善的重要抓手。拓宽监督参与面，首次以界别为单位单独组建民主监督小组。坚持小切口、大推动，12个监督小组围绕中小学教室空调安装、城区智能交通推进、“城市书房”建设、居家养老服务水平提升、农村集体餐聚食品安全监管、老城区环境整治提升、山区农民饮用水达标提标、电动自行车智能充电接口安装等主题，帮助受派单位查找问题、分析问题、解决问题。年底召开主席会议，监督小组报告年度工作，受派单位通报相关情况，主席会议成员逐一评议，实现了部门工作推进、民生实事落实和政协作用发挥的“多赢”。

围绕司法公正开展持续监督。持续关注司法公平正义。围绕破产审判和民事、行政、公益诉讼检察工作，召开主席会议，专题听取区法、检“两院”情况通报，在肯定成绩的基础上，提出监督协商意见。针对破产审判工作，建议以市场化为导向，以信息化为抓手，以专业化为保障，加大以案释法、协调联动和打击恶意逃废债力度，为经济高质量发展更好保驾护航。针对民事、行政和公益诉讼检察工作，建议着力补短板做强民事检察工作，找准突破口做实行政检察工作，乘势再发力做好公益诉讼检察工作，推动民事、行政、公益诉讼检察与刑事检察全面协调发展，更好满足人民群众对加强合法权益保护、维护司法公正的新期盼。

围绕民生热点强化提案监督。注重发挥提案的综合功效。致力提高提案质量。全年提案立案295件，并案后275件，较上一年减少10%。致力提高提案办理质量。通过区政协领导领衔督办、专委会联系督办、重点提案办理二次答复、办理结果媒体公示等措施，推动了提案办理落实，提案提出的建议得到解决或基本解决的112件，列入计划逐步实施的

151件，分别占总数的40.7%和54.9%；其余12件因条件限制留作参考。特别是合力破解民营企业成长中的烦恼、滨海工业区公共配套设施建设、南部山区可持续发展、杭绍城际轨道站点周边用地开发和交通衔接等重点提案，区委区政府高度重视，相关部门积极办理，较好解决了一批民生实际问题。

四、把握团结民主主题，在凝聚各方智慧力量上善于作为

加强合作共事。进一步加强同各民主党派、工商联和无党派人士的联系，支持他们通过政协平台参政议政、协商建言。一年来，各参加单位共提交提案124件，反映社情民意信息87件，会议协商发言129人次。依托政协各专委会，进一步加强界别工作，完善了界别活动组活动办法，支持开展学习、视察、调研、协商等各具特色的界别履职活动。省市区三级政协联动，合力推进中国轻纺城省级政协委员会客厅建设，为绍兴纺织产业转型升级贡献了政协智慧力量。

广泛团结联谊。会同统战部门，联合举办庆祝人民政协成立七十周年、中秋联谊等活动，进一步密切了与党派团体、各界人士的联系联络。加强与宗教界人士、港澳台同胞、海外侨胞、外来引进人才以及新的社会阶层人士的日常联系，积极宣传推介柯桥，鼓励支持他们为柯桥发展多作贡献。加强政协之友社建设，支持老同志贡献智慧、继续发挥作用。宣传推介《柯桥文化》丛书，举办名家书画邀请展，配合省市政协做好有关文稿撰写征集工作，较好发挥了政协文史书画的团结育人功能。加强与上级政协和兄弟政协的联系协作，增进了相互了解，促进了共同提高。

广聚民意民智。重视发挥政协社情民意信息的独特优势。强化考核激励，进一步激发了搜集报送信息的积极性。加强队伍建设，开展培训研讨，进一步提高了信息的实效性。注重上下衔接，及时把握热点重点，进一步提高了信息的针对性。一年来，共收集到社情民意信息256件，编发101件，被上级政协采用54件，其中省政协6件，综合考评位居全市前列。

倾力民生改善。把增进民生福祉作为政协凝聚人心、团结民众的重要工作。围绕南部山区饮用水源保护地面临的实际问题，开展专题调研，建议加快发展乡村旅游业、推动南部山区持续发展。深化“慈善·助困”活动，实施了关爱孤儿、关爱学童、关爱老人、关爱患者、关爱弱者五大行动。区政协领导带头，广大委员积极投身扶贫帮困、助孤敬老、助学送医和文化下乡、社区服务等活动，其间共发放慰问金、慰问品70余万元，进一步彰显了人民政协的亲民、爱民、为民情怀。

五、紧扣提质增效目标，在加强履职能力建设上努力作为

在探索中创新履职。丰富协商载体，围绕城市道路改造提升工作开展电视协商议政。加强上下联动，配合省政协远程协商农村文化礼堂建设工作；市、区两级政协专委会联手开展社情民意调研，得到市委主要领导批示。探索“互联网+”履职新途径，全会期间使用电子阅文系统，“柯桥政协”微信公众号刊发协商议政具体内容。成立区政协慈爱基金，募集资金218万元，以实际行动为柯桥区慈善事业发展和困难群体救助工作贡献力量。

在巩固中完善机制。区委、区政府、区政协年初联合印发年度协商计划，把政协工作纳入党政工作大局统盘谋划。致力提高履职实效，紧扣事关柯桥发展的大事要事，持续数年发力给力，锲而不舍助力助推，2011—2019年连续9年聚焦印染产业集聚升级，2014—2019年连续6年关注轻纺城提升发展，2017—2019年连续3年视察柯桥历史文化街区保护利用工程，在服务发展大局上做出了新样子。完善政协工作考评激励机制，坚持和实行专委会向政协常委会、镇(街道)工委向政协主席会议集体述职评议以及政协参加单位工作交流评议制度，较好地促进了政协履职的制度化、规范化和程序化。

在提升中建好队伍。加强委员队伍建设。多层面组织学习中共十九届四中全会和省、市、区委重要会议精神，邀请区政府、区纪委监委及有关部门通报相关情况，邀请政协老领导、老常委、老委员谈履职心得，加强委员素质能力培训，严格委员履职考核，进一步提高了委员的政治把握能力、调查研究能力、联系群众能力、合作共事能力。加强机关干部队伍建设。支持派驻政协机关纪检监察

组工作，完善机关运行机制，加强机关日常管理，优化机关服务工作，注重机关干部培养选拔，为政协履职提供了有力保障。

开展"不忘初心、牢记使命"主题教育，是中共十九大作出的重大部署。根据中共柯桥区委的统一安排，区政协结合自身实际，严格落实主题教育各阶段任务，推动学习教育、调查研究、检视问题、整改落实有机融合、贯穿始终，进一步加强了思想、组织、制度、能力和作风建设。区政协领导带头保持一线状态，深入基层、深入实际、深入群众，主动走进村居、走访企业、联系人才、联络商会、督查项目、巡查河道，积极协调推动联系镇（街道、开发区）各项重点难点工作，帮助协调解决企业发展遇到的困难问题，以服务发展大局的实际行动践行了政协人的初心和使命。

区委区政府高度重视政协工作。区委专题召开政协工作会议，出台了《关于新时代加强和改进人民政协工作的实施意见》。区委常委会专题传达学习中央和省委、市委政协工作会议精神，4 次听取区政协党组工作汇报。区委主要领导 2 次参加政协专题协商，对政协调研材料 7 次作出批示。区政府主要领导向政协通报经济社会发展情况，参加政协"请你来协商"活动，带头领办政协重点提案。所有这些，既是对柯桥区政协工作的高度重视和有力鞭策，也是对全区广大政协委员的充分信任和极大鼓舞。

2019 年区政协工作取得的成绩，离不开中共柯桥区委的坚强领导，离不开区人大常委会、区政府、区监委和社会各界的大力支持，离不开各参加单位、全体委员和广大政协工作者的共同努力。

与此同时，也清醒地看到政协工作中还存在不少薄弱环节，主要是：政协党的建设特别是党员委员作用发挥的办法还不够多，推动政协工作提质增效的举措还不够实，建言资政和凝聚共识双向发力的形式还不够活，委员履职管理、机关服务工作还不够精细。对此，要认真研究，切实改进。

2020 年工作安排

2020 年是全面建成小康社会和"十三五"规划的收官之年，更是人民政协事业跨入新时代的新纪年。新的一年，区政协将坚持以习近平总书记关于加强和改进人民政协工作的重要思想为指引，牢牢把握新时代人民政协的新方位新使命，认真贯彻落实中央和省、市、区委政协工作会议精神，聚焦区委一届七次全会确定的目标任务，充分发挥专门协商机构重要作用，有效协商议政，精准监督助推，广泛凝心聚力，着力提质增效，推动政协工作高质量发展，为全面推动柯桥区经济社会高质量发展作出积极努力。重点抓好以下五方面工作。

*在加强政治建设上凝聚新共识。*人民政协是政治组织，必须旗帜鲜明讲政治。要把准政治方向，树牢"四个意识"，坚定"四个自信"，坚决做到"两个维护"，自觉在大是大非面前头脑清醒、立场坚定，从思想上、行动上扣好政协履职的"第一粒扣子"。要加强理论武装，巩固深化"不忘初心、牢记使命"主题教育成果，持续深入学习贯彻习近平总书记关于加强和改进人民政协工作的重要思想，以党的最新理论武装头脑、指导实践、推动工作。要始终坚持党的全面领导，建立健全政协党的组织体系，强化党组织在政协工作中的政治领导力、思想引领力、群众组织力、社会号召力，推动党建和履职深度融合，以党的建设引领履职实践，以履职成效检验党建水平。

*在突出主责主业上展示新担当。*人民政协是专门协商机构，必须突出主责主业履职尽责。要把牢协商原则，做到增进一致而不强求一律、包容多样而不丧失主导，鼓励引导各界人士通过政协平台发表意见、形成共识，做到建言资政和凝聚共识双向发力、双向融合。要选好协商议题，立足小切口，建言大问题，围绕建设"融杭接沪示范区"、落细落地贯彻党中央国务院关于营造更好发展环境支持民营企业改革发展"28 条意见"、打造"新时期国际纺织之都"、推进基层治理现代化、创建智慧城市、加快兰亭文化旅游度假区建设等开展协商。要丰富协商载体，统筹好全会协商、常委会议协商、主席会议协商，继续推进"请你来协商"平台建设，深化界别协商、对口协商、提案办理协商，探索加大远程协商、网络协商、基层协商力

度，推进协商民主广泛多层制度化发展。要提升协商实效，既注重调查研究、提高建言质量，又重抓后续跟踪，着力做好协商成果转化的“后半篇”文章。

*在助力民生改善上体现新作为。*人民性是人民政协的根本属性，必须以人民为中心履职尽责。把人民群众对美好生活的向往作为政协奋斗目标，重点就学前教育发展、城市违建管控、工业建筑垃圾分类处理、“五星3A”创建、司法为民便民等群众关注的热点问题，开展视察督查，不断提升人民群众的获得感、幸福感、安全感。把提案作为助力民生福祉的重要抓手，加强选题引导、严格审查立案，让提案“提”得好；认真办理、狠抓落实，让提案“办”得实；坚持领导督办、加强现场督办，让提案“督”得准；开展双向评价、完善考核奖评，让提案“评”到位，进一步提高提案工作的整体水平。不断探索民主监督的有效形式，深化委派民主监督，坚持督帮结合，精选监督主题，优化人员构成，协助破解民生关键小事。继续开展“慈善·助困”行动，鼓励支持政协组织和政协委员真情实意为人民群众办实事、做好事、解难事。

*在增进团结民主上开创新局面。*人民政协是多党合作的重要机构，必须把加强大团结大联合摆在更加突出位置。进一步加强与各党派团体和无党派人士的团结合作，注重通过联合开展调研、组织专题议政、安排大会发言、督办重点提案、反映社情民意等途径发挥其骨干作用。加强与党外知识分子、非公有制经济人士、新的社会阶层人士的沟通联络，密切与港澳台同胞和海外侨胞的交流交往，不断扩大政协“朋友圈”，着力把各界人士的智慧力量凝聚到推动柯桥高质量发展上来。发动委员深入界别群众，多做雪中送炭、扶贫济困的工作，多做春风化雨、解疑释惑的工作，多做理顺情绪、化解矛盾的工作，进一步巩固心齐气顺劲足的良好局面。

*在加强自身建设上展示新形象。*进一步加强政协履职能力建设，坚持“数量适度、质量为要”，推动政协履职从注重“做了什么”“做了多少”向“做出了什么效果”转变。强化委员责任担当，加强学习培训，严格纪律要求，完善履职考核，畅通退出渠道，全面激发履职热情，真正做到懂政协、会协商、善议政，守纪律、讲规矩、重品行，更好担负起政协制度参与者、实践者、推动者的政治责任。抓好政协机关和干部队伍建设，坚持从严要求、从严教育、从严管理，引导机关干部多一些创新、多一些热情、多一些奉献，努力以优质高效的服务推动政协工作高质量发展。

执行编辑　宋如玲

专 记

实事项目

2020年1月召开的绍兴市柯桥区一届人大四次会议上，经全体代表投票表决，确定“打造健康教室”等10件实事为2020年区政府民生实事项目。至2020年年底，全部十方面23个子项民生实事项目均完成。

2020年柯桥区政府十件民生实事完成情况

表1

序号	项目名称	项目内容	完成情况
1	打造健康教室	按照国家最新《中小学校普通教室照明设计安装卫生要求》《学校课桌椅功能尺寸及技术要求》标准，计划改造提升全区83所中小学、100所幼儿园的3500余个教室硬件条件，更新不达标的照明灯具、课桌椅、电子投影设备等，确保每个教室符合国家卫生健康标准	照明灯具更新方面，对照新标准，对83所中小学和100所幼儿园，共计更新照明灯具32546盏；课桌改造提升方面，通过调节改造、采购更新的方式，完成83所中小学共计86708套课桌椅的改造提升
2	智慧安防小区建设	在城区和主要集镇老旧开放式小区、已建物业的封闭式小区和新建居民住宅小区中，大力推进以“4+X”感知网络为主要内容的小区基础治安防控设施建设。2020年完成130个封闭式小区和16个老旧开放小区的“智慧安防”小区建设，全区覆盖面50%以上	全区有各类（开放式、半封闭式、封闭式）小区364个，2020年完成“智慧安防”小区建设188个，覆盖面51.6%
3	山区电商物流服务“村村通”工程	在平水、王坛、稽东、福全、兰亭、漓渚、夏履、湖塘8个山区镇（街道），按照“一村一点”“一镇一站”原则，加快村级电商物流网点和镇级物流中转站建设，实现山区物流服务网络全覆盖。提升区级农村电商物流集散中心，形成完整的区域物流网络，方便山区农民生产生活	8个山区镇（街道）的87个村级电商物流网点建成，两个镇级物流中转站——平水片区和湖塘片区中转站建成投用，区级农村电商物流集散中心——平水三位一体大楼现代农业综合服务中心建成

续表 1

序号	项目名称	项目内容	完成情况
4	65 周岁以上老年人免费接种流感疫苗	按照自愿原则，免费为全区范围内 65 周岁以上的常住老年居民（包括外来常住新柯桥人）接种流感疫苗	64586 名 65 周岁以上老年人流感疫苗自愿免费接种
5	“体育＋公园”建设	在城区公共区域建设体育设施并配置二代健身器材，安装 10 条二代智能健身路径；在城区和各镇（街道）符合条件的公园增加体育设施，提升公园的运动健身功能，建成 10 个“体育＋公园”；在相对集中的社区和具备运动空间的公共楼宇屋顶建成篮球、羽毛球等运动场地 10 个以上。2020 年安装 5 条二代智能健身路径，建设 5 个“体育＋公园”、5 个运动场地	西岸公园、中和公园、明珠广场、鑫园、瓜渚御景园沿河绿地、国杰实验学校东侧公园 6 条二代智能健身路径建成，柯岩客厅、大小坂湖公园、瓜渚湖西岸、国杰实验学校东侧、瓜渚湖北岸公园 5 个“体育＋公园”建成，红星美凯龙 3 片屋顶篮球场、外国高端人才集聚区 1 片屋顶足球场、老年体育中心 2 片气排球场建成
6	推进居家养老服务机构建设	以打造“幸福养老”柯桥品牌为目标，2020 年建成兼具日间照料与全托服务功能的镇（街道）居家养老中心 16 家。计划分两年时间，实现日间照料的村（社区）级居家养老服务照料中心全覆盖。2020 年新建（提升改造）50 家，提升居家养老服务水平	建成兼具日间照料与全托服务功能的镇（街道）居家养老中心 16 个，实现镇（街道）居家养老中心全覆盖；新建（提升改造）村（社区）级居家养老服务照料中心 50 个
7	无障碍社区建设	计划用 3 年时间，对全区范围内全部社区进行无障碍改造，内容包括社区道路无障碍、老年人残疾人家庭无障碍、公共服务机构无障碍、公共场所无障碍、残疾人服务无障碍等九方面，为老年人、残疾人、行动不便人群提供舒适便利生活出行环境。2020 年改造 15 个无障碍社区，2022 年实现全区无障碍社区全覆盖	柯桥街道大渡社区、福年社区、双渎社区、立新社区、红丰社区、溇梅社区、新双梅社区，柯岩街道新未庄社区，华舍街道绸缎社区、坂湖社区、龙城社区，杨汛桥街道紫薇社区，齐贤街道迎驾桥社区，安昌街道国际社区，王坛镇舜江源社区 15 个无障碍社区改造完工
8	全区妇女免费“两癌”检查	为柯桥区户籍参加城乡居民基本医疗保险 35 ～ 64 周岁（含）的适龄妇女开展三年一次的免费乳腺癌、宫颈癌检查	宫颈初筛 13696 人，乳腺初筛 14641 人，其中确诊乳腺癌 13 人

续表 1

序号	项目名称	项目内容	完成情况
9	实施“公交融杭”工程	发展融杭公共交通，启动 1 个地铁公交首末站前期工作，加密 2 条以上融杭公交班次，增开 3 条以上融杭公交线路，新购新能源公交车 25 辆。加大融杭城际公交财政补贴力度。支持更多杭州公交线路延伸到柯桥，进一步方便市民出行	在发展融杭公共交通方面，明确在柯杭城际轨道柯桥西站设立地铁公交首末站 1 个，开始施工设计；在加密融杭公交方面，566 路柯萧跨区公交于 7 月 26 日起早晚各增加 2 个班次，柯杭城际公交线（服装服饰市场—杭州东站）于 7 月 27 日起运营时间延长 40 分钟，发班间隔由 45 分钟调整为 35 分钟，增加联合市场、北市场 2 个站点；在增开融杭公交方面，开通杭州地铁 5 号线至绍兴火车站公交专线、柯桥至下沙大学城专线车、柯桥 545 路公交延伸至萧山益农公交站；在新能源公交车购置方面，采购新能源公交车 35 辆
10	城乡道路平安畅通提升行动	加快联网路建设，绸缎中路（张溇段）建成通车；改造完成杨绍线州山村口、瓜渚路越州大道口、柯海线柯北大道口等交通堵点；完成县乡道路亮化 15 千米；新建（改建）公交候车亭 20 个，建成启用公交枢纽站（首末站）1 个，优化公交线路 15 条；在 16 个镇（街道）建设 32 个标准警保共建劝导站；全年实现交通事故死亡人数零增长	绸缎中路（张溇段）于 9 月建成通车；杨绍线州山村口、瓜渚路越州大道口、柯海线柯北大道口 3 个交通堵点改造完工；亮化县乡道路 20 千米；新建（改建）公交候车亭 72 个；王坛公交站于 6 月 8 日建成启用；公交线路新开 3 条、优化调整 27 条；16 个镇（街道）共建成 32 个标准警保共建劝导站，死亡事故人数比上年下降 29.85%

（孙　莹）

柯桥改革

2020 年，柯桥区改革工作坚持以“最多跑一次”改革为牵引、以数字化改革为动力，聚焦聚力重大改革项目，推动改革系统集成、协同高效，为柯桥冲刺全国“十强区”、争当区域治理现代化标杆区提供保障。柯桥区“最多跑一次”改革工作获得 2019、2020 年度省政府督查激励，在全省全面深化改革考评中获得优秀等次，分别排名全省第五、第四，全市第一。区委改革办 2019、2020 连续两年被评为浙江省改革创新成绩突出集体。

先后召开区委改革委会议 3 次，学习传达中央和省委、市委改革委会议精神，听取全区改革工作阶段性进展，审议通过兰亭文化旅游度假区体制机制改革、蓝印时尚小镇管理体制改革、印染产业集聚升级服务中心实体化运作、公务员职业生涯全周期管理"一件事"改革等16项改革议题、方案。与省、市对接,及时掌握改革动向,统筹推进各项改革任务,增强改革工作的系统性、整体性、协同性。

按照省、市改革工作要求,确立2020年改革工作的总体思路,全面打造"最多跑一次"改革升级版,推动改革系统集成、协同高效。年初出台柯桥区2020年改革工作要点,安排便民利企"一件事"、"杭绍甬"政务服务一体化、投资项目审批"最多80天"、制造业集群"柯桥模式"、社会治理"最多跑一地"等25项重点改革项目,每项重点改革均由一名区领导领衔、一个部门牵头负责,实行清单式管理、项目化推进,确保抓一项成一项。

区委改革办与各改革专项小组及重点突破改革项目牵头单位建立改革工作日常联系制度,形成推动改革的强大合力。针对25项重点改革项目进度,实行改革工作情况月报制度,不定期开展明察暗访督查,及时了解各项改革进展及所遇难点堵点,助力解决问题。25个项目全部完成。加强改革获得感宣传,在区级媒体集中宣传改革经验,在公共场所因地制宜宣传改革成果,广泛发动各镇街进村(企)入户进行宣传,全面提升群众改革满意度。

坚持以"最多跑一次"改革为龙头和总抓手,从基层基础改起,从"关键小事"改起,从企业群众感受最明显处改起,全方位提升柯桥宜居宜业度。全面推动教育医疗、人社医保等公共服务领域"最多跑一次"改革。深入推进"教共体"改革;推进实现幼儿园、义务教育段入园入学"一件事"办理;扩大学前教育供给;建立基础教育提质减负有效机制;健全职业教育和培训体系;深化中小学德育改革,做优爱国主义"红色教育"工程。深化医共体改革;巩固长三角跨省异地就医门诊费用直接结算等改革成果;开展网上预约,缩短挂号排队时间;实施病区床边结算、医后付等智慧结算方式,减少患者取药跑动次数;建立医学影像、心电、病理、检验、消毒供应等共享中心,远程读取患者诊疗资料,避免重复检查;向患者提供"云影像"服务,基本实现报告无胶片和无纸化;推行"慢病续方",减少患者来回跑次数;探索创新医务人员"乡招村用"改革,每年定向培养临床全科医师聘为"新村医"充实乡村医生队伍。加快建设居家社区机构相协调、医养康养相结合的养老服务体系。

抓好省"10+N"优化营商环境便利化行动方案的落地落实工作,深化标准地、承诺制、中介服务等改革组合拳,推进投资在线平台3.0与工程建设项目审批管理系统2.0融合应用,实现所有投资项目审批事项100%网上办理,一般企业投资项目竣工验收前审批"最多80天"90%以上,探索开展低风险小型项目"最多20个工作日"试点。全省率先实现招标"整件事"全流程"最多跑一次"。其中,招标材料平均份数由6.6份压减至1.8份,公开招标平均办理时间由80天压缩至23天。办事事项100%实现"网上办"。坚持"智慧+协同+信用"立体化闭环监管,线上设置19个监察点,实时监测、亮灯督办、限时整改,招投标实时监察100%全覆盖。确保招标采购公开公平公正高效。深化商事登记制度改革,推广"证照分离"改革。构建降本减负长效机制,实施融资畅通工程,防范化解企业债务风险。深化"银政联盟1+N"模式,引导金融服务重心下沉。

对接全市科创大走廊,依托浙江绍兴人才创业园、外国高端人才创新集聚区、纺织产业创新服务综合体、人才创新港等平台优势,支持科技成果落地转化、科创企业孵化。深化人才创新创业"一件事"改革,出台人才政策升级版、人才企业上市三年行动计划等人才扶持政策,率先推出高层次人才服务"一卡通",建立鉴湖英才综合信息服务平台,实行人才新政兑现体系,让人才"一次都不用跑"。依托产业集聚和改革创新,拓展人才发展平台,探索新型产业用地(M0)试点工作,加快闲置低效工业用地盘活利用,建设民营人才创业园集群。正式启用创业园区4个,累计引进人才科技项目67个,人才承载空间扩容2.5倍以上。至年底全区集聚省级以上高层次人才182人。柯桥区创新创业政务服务"最多跑一次"标准化试点项目通过省级验收。柯桥院士小镇入选全省首批"浙江院士之家"名单。

公共场所服务大提升改革在医疗场所、交通设施、旅游景区、文化场馆、综合市场等9类公共场所全面铺开。中国轻纺城服务大提升工作成为“最多跑一次”改革向公共场所延伸工作的全省样板。实施交易环境改善、开放水平提升、智慧应用普及、时尚氛围营造、文化融合促进“五大工程”，完成35项具体任务，提升市场面貌、市场影响、市场效率、市场印象、市场底蕴，优化中国轻纺城营商环境。中国轻纺城服务大提升工作登上省改革例会交流推介。深化全区农贸市场改造提升，实施城区、集镇、农村农贸市场（室内农产品集散中心）改造全覆盖。累计投入财政资金1.4亿元，撬动市场改造资金4.03亿元，新建、改造农贸市场37家、村级集散中心57家。全区三星以上市场、集散中心分别为25家、39家，占总数的81.08%、68.42%。创建省放心农贸市场25家。

坚持发展新时代“枫桥经验”，完成社会矛盾纠纷调处化解中心建设，出台全省首个区级矛调中心《运行管理实施意见》，整合全区纪检、政法、信访、司法、行政机构和社会组织的调解功能并入“一中心”，有22个部门、15个专业性、行业性调解组织常态化入驻。人大代表联络室、“乡贤娘舅”工作室相继设立。开设全省首家24小时公共法律服务智慧超市，投诉举报办理平均时间减至3个工作日。推进军人全生命周期“一件事”改革，共梳理出73个军人服务事项，整合确定应征入伍、子女就学、退役安置、就业创业等33个军人事务“一件事”。全区受理退役军人全生命周期“一件事”1300余件，办结率100%。创新自治模式，发挥退役军人在基层治理中的特殊作用。探索构建“区镇一体、条抓块统”基层管理模式。全面梳理部门法定职责、实践中需要镇（街道）协同落实的事项，出台全省首个镇街“属地管理”事项责任清单，共计确定17个部门71项重点事项，每一事项确定1个牵头部门，规范明确牵头部门的“兜底”责任、镇街的“有限”责任，全面推动基层治理责任分明、有序运转。全省率先完成基层应急管理站标准化建设，畅通应急管理“最后一公里”，实现“15分钟应急救援圈”和“30分钟应急物资保障圈”。

坚持把“最多跑一次”的理念、方法、作风运用到政府工作中，建设“整体智治”的数字化政府，引领撬动经济社会全领域发展。深化政府数字化转型，完善系统对接、数据共享、业务协同的柯桥区数据交换共享平台。推动部门间“最多跑一次”改革，梳理部门间办事事项467项，实现“最多跑一次”456项，平均减少办事环节3.69个，压减办事时间64.7%，压减办事材料41.8%。推出全国首个行政审批涉审中介“淘宝网”，有12类199家中介机构入驻，涉审中介服务时间由原先的平均4个月缩短至1个月，节省费用25%以上。全省首个移动端电子证照便民应用“柯桥e证通”在“浙里办”“浙政钉”上线，集成身份证明、职业认证等8大类证照，实现从国家和省电子证照库内200余个证照的实时调用，实现免带实体证件“一码办事”。

全方位全领域建设“融杭接沪示范区”。抢抓长三角一体化、全省“四大”建设和杭绍甬一体化等重大叠加机遇，以交通融杭为突破口，以产业融杭接沪联甬为主方向，以人才融杭接沪为支撑力，以民生融杭接沪为着力点，谋划、引进、实施一大批关联度高、互补性强、带动力大的基础设施和科技人才产业项目。杭绍城际铁路试车。31省道北延绍兴至萧山段工程完成。建立“萧山——柯桥政务服务一体化”模式，依托云平台，消除跨区域行政壁垒，在两地行政服务中心办事大厅、相邻镇街和村居新增两地政务互通的自助终端机，涉及社会保险、公积金、公安等8个部门的200余个事项。柯桥人在萧山可办业务235项，萧山人在柯桥可办业务345项。实现相关事项线上线下异地通办，平均办结时间由原先的5小时以上，缩短至30分钟内。

柯桥区作为省纪委省监委乡镇（街道）纪检监察机构规范化建设直接联系点，以标准化、协同化、信息化、网格化“四化并举”为统领，创新建立四方面13项工作机制，形成区、镇、村三级纵横交错的工作网络，主体责任、监督责任上下左右贯通协同的工作格局，一条专线、一个平台、一个中心的信息化工作体系，实现全区面上硬件设施统一标准、监督对象统一管理、人员队伍统一调配、工作流程统一构建、问题信息统一处置。全覆盖设立村（社区）监察工作联络站332个，选配纪检监察信息员807人，摸排各类监察对象4534人，重要信息纳入廉政档案、动态管理，实行出国（境）证照统一管理。通过纪检监察一体化平台的高效运转，发现公权力运行中存在的问题，进行研判处置，把风险防范在早，控制在小，化解在当地，消灭在萌芽状态，全区各镇（街道）涉纪信访比上年下降28.2%，群众满意度和获得感提升。

坚持敢闯敢试，探索创新，出现一批可复制、可推广的典型经验和有特色、有分量的标志性成果。全区新增10个省级以上改革试点，其中国家级试点3个。民营人才创业园集群发展做法登上新华社《高管信息》；柯桥区三驻三服务“一企一员”精准助力企业疫后复工复产被新华社、浙江电视台各频道连续报道；退役军人服务管理改革做法登上新华社《国内动态》，获浙江省委书记车俊批示肯定；全国退役军人事务系统学习推广新时代“枫桥经验”现场推进会在绍兴市举行，退役军人事务部部长孙绍骋、浙江省副省长王文序、退役军人事务部副部长朱天舒等与会领导到柯岩街道退役军人服务站、叶家堰居退役军人服务站参观考察，对柯桥区退役军人全生命周期“一件事”一站式办理改革表示肯定；全国“无废城市”建设试点推进会在绍兴举行，生态环境部副部长庄国泰、浙江省副省长陈奕君等领导到柯桥区蓝印时尚小镇参观考察，对柯桥区推动印染产业绿色发展取得的成效表示肯定；中国改革年会在绍兴市举行，全国各地的近150名与会人员实地参观柯岩街道退役军人服务站、柯桥区蓝印时尚小镇，学习柯桥区的改革经验。

《柯桥区招投标领域“一件事”全周期监管体系》入选省《领跑者》及2019年度浙江省改革创新优秀实践案例，获浙江省委书记车俊和省委常委、秘书长陈金彪的批示肯定；《柯桥区创新基层应急管理模式》入选省《领跑者》，获省长郑洁栅批示；中国轻纺城服务大提升改革案例在全省改革例会上亮相，成为“改革在身边·浙江公共场所服务大提升新闻行动”9月份的“月度亮点项目”；军人“一件事”改革和社区治理“三纲十目”新模式获副省长王文序批示；中国轻纺城花样版权数据中心比对系统入选省“观星台”项目，系该领域全省唯一；出台全省首个矛调中心闭环运行管理标准《柯桥区社会矛盾纠纷调处化解中心运行管理实施意见》，获省委常委、政法委书记王昌荣批示肯定；高标准完成国家级循环化改造试点获常务副省长冯飞和副省长高兴夫批示肯定；国家级循环化改造示范试点通过验收，获得常务副省长冯飞批示肯定；全省机构编制统计年报汇审会暨机构编制监督检查与实名制工作现场会在柯桥举行，现场演示、介绍推广柯桥区实名制系统。

全产业链复工、特殊群体复学、轻纺城外贸、三级矛调中心建设、军人“一件事”改革、中小学德育改革、柯桥e证通7项改革做法被省《竞跑者》栏目推介；智慧应急管理体系、医务人员“乡招村用”、财政资金兑现、社区治理“三纲十目”4项改革做法被市《决策参考（领跑者）》推介。承办全市医保经办“15分钟服务圈”工作推进会，柯桥区的经验做法在会上得到推广。承办全市乡镇社会矛盾纠纷调处化解中心建设现场推进会，市委书记马卫光率与会人员参观柯桥区矛调中心，对柯桥区的相关工作表示肯定。（潘洁晶）

“三驻三服务”纪实

2020年，柯桥区贯彻落实绍兴市委关于“三驻三服务”工作的决策部署，坚持抓人促事、制度管人，配齐配强“三驻干部”队伍，健全完善工作机制，推动高质量深化“三服务”，相关做法在全国两会浙江代表团审议时获中央相关领导和浙江省委主要领导肯定，驻村指导员邱国庆有关事迹获市委书记马卫光批示肯定并被《浙江日报》头版报道。

按照“以事定人”的原则，根据村社、企业和群众的实际需求，以经验丰富的退职干部、素质过硬的中层干部和年轻干部为重点，针对性选派业务契合、作风优良的优秀干部驻村驻社驻企，提高人岗相适度。累计选派驻企服务员1842人、驻村指导员312人和驻社指导员97人，覆盖区内所有行政村、社区和规模以上企业。组织开展集中培训、师徒结对等活动，帮助派驻干部克服情况不熟、办法不多等困难。

明确派驻干部党建指导员、政策宣传员、民意调研员、项目服务员、问题协调员、建设协助员“新六大员”职责，建立“固定服务日”制度，每周确定1天为“三驻干部”走访服务日。聚焦市委、区委中心工作，通过下发工作提醒、开展专项活动等方式，帮助“三驻干部”更好地把握工作重点、找准工作切入点。在做好“六稳”（稳就业、稳金融、稳外贸、稳外资、稳投资、稳预期）、“六保”（保居民就业、保基本民生、保市场主体、保粮食能源安全、保产业链供应链稳定、保基层运转）中，开展驻企服务员惠企助企专项行动；在“五星”系列创建工作中，派驻干部围绕党建指导、项目建设、环境整治、宣传推介等助力；在村社组织换届中，驻村社指导员发挥业务指导、思想疏导、工作督导、舆论引导等方面的作用。

系统梳理派驻工作中的经验做法，形成以管好3支队伍、落实6员职责、推动问题清“0”为主要内容的“360”工作体系，推动工作制度化、规范化、长效化。出台推动问题解决《十项措施》，直面群众真实需求；开展线下督查与线上调度，健全“三驻干部”教育培训、监督考核等机制；发挥小管家平台作用，编发优秀服务手记，推动“三驻干部”履职尽责，常态化发现和解决问题；开展“五力大比拼”活动，考验驻村（社区）指导员基层党建的促进能力、村情民意的调研能力、政策决策的落实能力、村庄发展的助推能力、矛盾问题的调处能力。（寿越峰）

新冠肺炎疫情防控纪实

2020年，柯桥区成立新冠肺炎疫情联防联控工作领导小组和联防联控指挥部，建立部门、镇（街道）联动的最高等级指挥体系，根据疫情形势组建12个工作专班，包括综合协调、疫情防控治疗、市场整治稳定、交通管理、宣传教育、物资调配、督导检查、社会稳定、重点人员管控、复工复产、境外人员管理、物防。建立村（居委会、社区）摸排管网格化工作体系，组建631个基层网格，构建联防联控、群防群治防控网。建立镇（街道）属地责任、部门主管责任、单位主体责任、个人家庭自我管理责任的“四方责任”长效工作机制。

第一个阶段（1月20日至2月9日），重点是第一时间启动和完善联防联控工作机制，做好“三清一管好”系列工作，推行柯桥街道社区“三清四控五好”工作法。“三清”是指对村（居委会）本地居民底数清、重点人员动态清、重点信息比对清，“四控”是指对居家观察对象控行动、控症状、控情绪、控增量，“五好”是指要求三人管控小组责任压实好、上下对接好、主动服务好、宣传引导好、自身防护好。组建572个由“1名社区干部+1名片警+1名医务人员”组成的“1+1+1”三人随访小组，对所有居家医学观察对象进行点对点每日随访。设置区委党校、乔波国际酒店两个区级集中隔离点，镇（街道）层面落实集中隔离点，防控湖北到柯桥人员、湖北返柯桥人员疫情风险。2月1日出台《关于做好返岗返工返学人员防控保障工作的通知》，明确企业开工、市场开市、学校开学时间不得早于2月17日。2月7日出台《“防控疫情，人人有责”十项措施》，实行小区封闭式管理、限制市民外出等“十个一律”最严格管控措施。第二个阶段（2月10日至3月1日），重点抓疫情防控和复工复产，2月17日前做好各项复工准备，涉及疫情防控必需、保障城市运行必需、群众生活必需和其他涉及重要国计民生的“三必需一重要”企业经审批可提前复工；2月17日出台《统筹抓好疫情防控和复工复产十项措施》，为企业容错纠错，在不放松疫情防控的前提下，促成企业复工、市场复业，恢复出行通畅和城市正常运转。2月18日，中国轻纺城市场有序复市。第三个阶段（3月2—22日），3月2日疫情应急响应降为二级后，第一时间向社会发布《关于科学精准做好新冠肺炎疫情防控全面恢复正常生产生活秩序的通告》。3月2日成立境外人员到柯桥服务专班，摸排境外人员信息，劝导非必须不返柯桥，启用鉴湖大酒店、乔波国际酒店作为境外入柯桥人员集中隔离点，落实境外入柯桥人员接机、接站工作，共实施境外入柯桥人员集中医学观察693人。第四个阶段（3月23日至6月10日），3月23日疫情应急响应降为三级后，疫情进入常态化防控阶段。4月初，武汉解封，启用柯南若航区级综合服务点，对武汉到柯桥人员、武汉返柯桥人员进行核酸和血清检测。4—5月，辖区内各级各类学校复学，培训机构复工，旅游景区开放。第五个阶段（6月11日后），疫情进入常态化人、物并防阶段。成立物防专班，督导组对农贸市场、食品安全、冷链食品经营等开展定期督查，推行“浙冷链”赋码扫码。处置1起新疆输入无症状感染者病例和1起境外输入无症状感染者复阳病例。

2020年10月22日，绍兴市、柯桥区新冠肺炎疫情防控联合应急演练在中国轻纺城国际会展中心举行 （单明铭 摄）

开展重点人员管控，分类管控居家医学观察对象、医院留观发热病人、密切接触者等重点人员。发挥“大数据+网格化管理”作用，运用人防、物防、技防等多种手段，对重点人员分级分层实行动态闭环管控。对国内重点地区和境外入柯桥人员，分别落实核酸检测和“14+7+7”医学观察（在入境口岸接受14天集中医学观察后进入柯桥再进行7天集中医学观察，7天集中医学观察结束后再进行7天日常健康检测）。守住高铁北站、客运中心等交通卡口，交通专班从1月23日起守在高铁北站。根据疫情形势变化分阶段守好“小门”，复工前，基层全民总动员，投入村（居委会）自治，实施封闭式管理，24小时志愿者值守，减少人员流动；复工后，落实公共场所、重点场所“守小门”，按照“管行业也要管防控”和“条抓块保”原则，落实部门监管责任、镇（街道）主体责任，执行“亮码、测温、戴口罩”等防控措施，实施入柯桥人员闭环管理。加强冷链食品监管。建立冷链食品溯源机制，冷链食品流通环节213家单位全部完成“浙冷链”主体信息登记，累计完成扫码30885次、赋码11911次。定期开展高风险进口禽畜肉、水产专项抽检，采集餐饮服务单位和冷库环境、食品标本，核酸检测结果均为阴性。建立健全冷链食品疫情防控应急机制，组织1次冷链食品突发事件应急演练。12月5日、6日，开展1批次阳性通报的牛腩和1批次疑似阳性通报的牛腩的应急处置，完成产品追溯、人员环境采样检测、环境消杀、人员排查等任务。

出台《柯桥区加强公共卫生体系建设三年行动计划（2020—2022年）》，制定《柯桥区应对秋冬季可能发生的新冠肺炎疫情防控工作方案》《柯桥区秋冬季新冠肺炎疫情防控应急预案》等一系列方案预案，10月22日在轻纺城国际会展中心开展市、区两级新冠肺炎疫情防控联合应急演练。落实物资储备。加强疫情防控应急物资采购、轮换、管理等，必要物资储备量按照高峰时疫情规模使用量满足30天以上需求，储备医用外科口罩100万只、各类防护衣物10万件、检测试剂9.16万份。启动卫生应急指挥中心建设，按标准配足救护车、负压救护车和负压担架等设备。开展疫苗接种，摸排新冠疫苗紧急接种重点人群3.8万人。提高核酸检测、流调消杀能力。全区设置发热门诊的二级以上医疗机构全部具备核酸检测能力，全区日最大核酸检测能力7000人次；在区中医医院西南区块新建区级常态化核酸检测综合服务点；出台大规模人群核酸检测工作意见，配置16台核酸检测设备，混检后能够达到5—7天内完成辖区内人口最多镇（街道）全员筛查的核酸检测能力（15万人口）标准。组建区、镇、村三级流调队伍21支共150人。常态化开展发热门诊、病人救治、疫情防控等医疗卫生防疫人员培训和采样、核酸检测等技术人员全员培训，共培训3.5万人次，满足疫情应急处置需要。加强疫情预警监测能力。发挥医院哨点作用，完成绍兴市中心医院、绍兴第二医院发热门诊场所改建和16家医共体分院发热哨点诊室建设。对医疗机构开展环境监测，每周采集发热门诊、呼吸科和感染科门诊病房等环境样本进行新冠病毒核酸检测。推进定点医院、后备医院和方舱医院建设。绍兴市中心医院为区新冠肺炎定点医院，配备救治床位125张、重症救治床位 82 张，扩建负压病房 5 间、重症负压单元 1 个。绍兴第二医院、柯桥区中医医院作为后备医院，配备救治床位 112 张、重症救治床位 44 张。中国轻纺城国际会展中心为区级方舱医院准备场所，完成图纸设计，一旦疫情升级，及时建设启用。

开展爱国卫生运动。以全国文明城市复评为抓手，开展以环境卫生整治、市场整治、除“四害”消杀为重点的爱国卫生运动。加强传染病防控和病媒生物防制，加强重点场所卫生管理和环境消杀，打击活禽交易和野生动物交易行为。推进垃圾分类，及时清运，引导群众源头减量。规范整治流动摊贩、马路市场脏乱差等现象。加强宣传教育力度。通过广播电台、公众号新媒体等各类途径宣传各类防疫知识。倡导文明用餐，在全社会推广使用公筷公勺，营造和谐文明用餐文化，养成健康卫生的文明习惯。加强社区宣传，强化家庭、单位的自我防护责任，保持环境干净整洁，持续引导群众勤洗手、多通风、不扎堆、不集聚、公共场所戴口罩。加强舆情监测。“柯桥发布”“笛扬新闻”等官方媒体发布疫情信息，引导市民不信谣不传谣。发布推广“最美鞠躬礼”“最美救护像”等正面信息，弘扬“柯桥有礼、柯桥有爱”正能量。加强网络舆情导控力度，设置抗疫专项监测，编制《抗疫舆情每日专报》33 期，办结问题反映、意见建议等 250 余件，打击网络违法和不良信息 30 则。（朱敏芝）

柯桥区“十三五”时期发展纪实

“十三五”时期，面对复杂多变的外部环境和新旧动能转换带来的压力和挑战，柯桥区贯彻落实中央和省、市决策部署，坚持新发展理念，围绕绍兴大城市建设的排头兵、接轨沪杭都市圈的桥头堡战略定位，把握 4 个“两手抓”（一手抓新冠肺炎疫情防控，一手抓经济发展）工作路径，全面打好三大攻坚战（防范化解重大风险、精准脱贫、污染防治），全面推进经济建设、政治建设、文化建设、社会建设、生态文明建设，统筹“两战”（打好防控阻击战和发展总体战）取得重大成果，完成“十三五”规划目标任务。

2020 年实现地区生产总值 1516.7 亿元、一般公共预算收入 137.2 亿元、社会消费品零售总额 354.4 亿元，分别比 2015 年增长 26.4%、40.3%、51.8%，经济总量继续居全市第一。综合实力居全国百强区第 11 位（2019 年），比 2015 年提高 4 位。人均 GDP（户籍）21.97 万元，突破 3 万美元，比 2015 年增长 19.4%。

印染集聚提升取得重大进展，印染企业全部搬迁集聚马鞍，建成全国最大的绿色印染基地，浙江先进印染制造业创新中心建成，现代纺织产业集群列入国家先进制造业集群。全面实施制造业高质量发展“步鱼计划”，加快构建“5+3+4”现代产业体系，规模以上战略性新兴产业增加值占比提高到 40.6%。轻纺城“线上 + 线下”总成交额突破 2700 亿元，列入国家市场采购贸易方式试点。服务业增加值占 GDP 比重比 2015 年提高 5.5 个百分点。建筑产业现代化产值年均增长 15% 以上，成为全省首批建筑工业化示范城市，农村钢结构装配式住宅成为全国试点。成为省全域旅游示范区，文化产业综合实力持续保持全市第一、全省“十强”。农业生产保持平稳，国家级“花香漓渚”田园综合体建设成效显著。

推进数字经济五年倍增计划，R&D 经费（全社会研究与试验发展经费）支出占 GDP 比重 3%，入选国家知识产权强县工程试点县（区），中国绍兴柯桥（纺织）知识产权快速维权中心获批建设。实现诺奖落户零突破，柯桥经济技术开发区列国家级经济开发区综合考评全省第三、全国前 40 强，区科技园成为国家级孵化器、省级创新创业示范基地，启动首批浙江院士之家试点。累计引进省级以上高层次人才 200 人，总量居全省前三，新增就业大学生 7.3 万人，新增高新技术企业 295 家、“浙江制造”标准 34 个、“品字标”企业 23 家，2016—2020 年连续五年获评全省人才工作考核优秀单位。

成功创建全国文明城市，7 个镇撤镇设街，城市建成区扩展到 77 平方千米。城中村拆改、背街小巷整治、景观美化加快推进，东方山水、柯桥古镇一期建成投用，绍兴国际会展中心、中纺时代大厦等地标加快建设，重点区块按照国际标准设计开发。

“城市数据大脑”发挥作用，全省首个县级城市交通运行指数平台投入使用。推进美丽城镇、四好农村路、“五星3A”等创建工作，美丽城镇行动方案被评为省级优秀县域行动方案。

建成跨境电商综合试验区柯桥园区，被授予国家纺织品外贸转型升级基地。融入“一带一路”，加快对接沪杭空港、宁波舟山海港，“丝路柯桥·布满全球”走进欧美，面向全球发布“中国·柯桥时尚指数”。成为世界布商大会永久承办地，获评全国“最具影响力会展城市”，实现“月月有展会、天天秀时尚”。新设兰亭文化旅游度假区，完善柯桥经济技术开发区、鉴湖旅游度假区运行体制。融杭接沪联甬步伐加快，交通互联互通全速推进，与萧山、北仑结成友好城区，高铁、城轨（城际轨道交通和城市轨道交通）、高速、高架、公交、航站楼等综合交通体系更加完善，引进浙江大学医学院附属第一医院、浙江大学医学院附属第二医院、浙江大学医学院附属儿童医院等优质医疗资源，同城效应更趋紧密。

2020年，城乡常住居民人均可支配收入分别为7.2万元、4.3万元，比2015年增长42.0%、48.9%。连续12年蝉联中国全面小康十大示范县市。全面消除集体经济年收入100万元以下薄弱村。文化、教育、卫生事业均衡发展，农村文化礼堂、教育优质均衡示范乡镇、国家卫生镇创建实现全覆盖，成为世界休闲城市、国家体育产业示范基地，推进亚运场馆改造提升，浙江树人大学杨汛桥校区投入运行。创新发展新时代“枫桥经验”，获评全国“七五”普法中期先进区，事故起数、死亡人数逐年实现“双下降”，高标准建立区级矛盾纠纷调处化解中心，出台全省首个解纷闭环处置机制，2020年获全省首批“一星平安金鼎”。

成功创建全省首批AAAAA级景区城。空气质量持续改善，28个市对区考核断面水质全部达标，获“大禹鼎银鼎”，为全市唯一。全域完成16个镇（街道）森林城镇创建，建成国家级生态文化基地1个。“无废城市”建设全面推进，绍兴滨海工业园区循环化改造通过国家验收。4个镇（街道）成功创建小城镇环境综合整治省级样板，农村人均环境整治综合测评全市第一，被授予全省首批新时代美丽乡村示范县、省农村生活垃圾治理工作优胜区。创建国家森林乡村5个，建成“一村万树”示范村12个，棠棣村入选全国生态文化村、中国美丽休闲乡村。

推进“最多跑一次”改革，多项改革试点成为全省、全国样板，企业投资项目高效审批100天全流程试点做法受到国务院常务会议督查表扬。实施“一网受理”“一窗办”“承诺制”“标准地”“云评审”等改革组合措施，“银政联盟1+N”、三级联动“一窗办”等多项改革创出柯桥模式，完成全国农村集体产权制度改革试点。累计化解政府隐性债务512.3亿元，争取各类政府债券191.4亿元。完成党政机构改革，开展“区镇一体、条抓块统”省级试点。列入国家电子证照试点。

·小资料·　“品字标”

是浙江制造的官方认证标识，是浙江省委省政府重点建设的区域公共品牌，以“高标准+严认证”为主要手段，建设品质高端、技术自主、服务优质、信誉过硬、市场与公众认可的集质量、技术、服务、信誉为一体的区域公共品牌。（诸旷怡）

蓝印时尚小镇建设

蓝印时尚小镇地处柯桥经济技术开发区北部，小镇坚持生产、生活和生态“三生融合”，推动产业、文化、旅游“三位一体”联动建设，建设全省产业类特色小镇示范样板。2020年，完成主营业务收入144.4亿元，比上年增长2.1%；税收收入7.5亿元，比上年增长4.9%；实施重点建设项目9个，总投资12.5亿元。获评省级特色小镇培育对象优秀小镇，从培育类小镇升级为创建类小镇。

2020年，小镇全面完成国家级循环化改造并通过验收，循环经济产业链关联度85.72%，工业增加值比上年增长121%，资源产出率比上年提高113%，四大污染物排放总量比上年下降62%，探索出一条集群发展、共建共享、绿色循环的道路，相关经验做法获浙江省人民政府办公室全省推广。

深化全市“一盘棋”理念，推动市、区印染产业跨区域集聚升级，越城区五大印染组团全部开工建设，其中“国周印染”“七色彩虹”两大组团车间主体结顶，累计完成固定资产投资14.6亿元。围绕“绿色高端、世界领先”的目标，实施企业上市和并购重组“凤凰计划”行动，9月10日，浙江迎丰科技股份有限公司主板上市过会，成为A股近20年中首家以印染服务为主营业务的上市公司。蓝印时尚小镇城市综合体项目摘牌，计划在小镇核心区建8万余平方米的超级商贸综合体，包括不少于3万平方米集中式购物中心、影院娱乐和不少于1万平方米城市酒店等业态。

小镇客厅、印染文化博物馆年接待游客超30万人。举办第五届中国绍兴曹娥江国际摩托艇公开赛，承办全国“无废城市”建设试点推进会、全省开发区(园区)改革提升推进会、中国改革(2020)年会等会议。(相　江)

绍兴金柯桥科技城发展纪实

2020年，绍兴金柯桥科技城(浙江绍兴人才创业园)围绕建设绍兴大城市建设的排头兵、接轨沪杭都市圈的桥头堡战略部署，探索构建科技城“一城双核”发展体系，推进平台、赛会、服务、队伍建设，招才引智。

累计引育省级以上高层次人才200人、省领军型创新团队4个、绍兴“名士之乡”英才计划人才184人，引进“瑞创生物”“环思智慧”“建科减震”“化安科技”等人才项目400余个。新增国家高新技术企业29家，浙江材华科技有限公司、绍兴盖科生物科技有限公司等3家企业获省“火炬杯”创新创业大赛优胜奖，浙江津膜环境科技有限公司被认定为省级企业研究院，浙江迅实科技有限公司、浙江美华鼎昌医药科技有限公司被认定为省级高新技术企业研究开发中心。新设立科大绍兴新材料产业技术研究院、中意联合人才科技创新中心。新投用东盛慧谷产业创新服务综合体、恒生·凤凰数字经济产业园、国科人工智能创新中心等各类双创空间24万平方米，总量突破120万平方米。

前五届海创大赛共征集海内外人才项目1338个，获奖项目落地52个，累计兑现奖金和项目资助1.6亿元。其中，第五届海创大赛累计吸引法国、新加坡等20余个国家307个优质创业项目报名，1500余人参赛观摩，18个获奖项目中有10个完成工商注册。常态化开展产学研对接合作，邀请院校教授团队赴柯桥开展调研活动，加强与清华长三角研究院、西纺柯桥研究院等8家校地合作平台的对接联系，各校地合作平台引进入驻各类人才科技项目近30个。与中科大合肥微尺度物质科学国家研究中心合作在柯桥设立科大绍兴新材料产业技术研究院，引进俞书宏院士团队；浙江津膜环境科技有限公司与浙江大学、中国计量大学等高校联合，实现国家级科技项目立项；金融支撑集聚项目，通过中科院资本、天堂硅谷等基金引进优质项目，中科院资本联动创新母基金首个返投项目“鼎晶生物”落户柯桥，第二个项目数字文旅独角兽企业旅悦集团总部项目签约并入驻现代大厦，计划5年内累计实现营收50亿元以上、提供上万个就业机会、GMV(成交总额)超过百亿元，5年内上市。

高投入、专业化打造政府主导平台。区科技园获2020年度国家级科技企业孵化器、省级“四星级”小微企业园等称号，累计引育人才科技企业105家、高层次人才111人。浙江(绍兴)外国高端人才创新集聚区入选全省首批浙江院士之家。推进柯西园规划建设，谋划实质性启动柯西8.3平方千米先导区块，柯西孵化器、加速器计划在2021年正式投入使用。建设“研发孵化在飞地、创业贡献在柯桥”人才引育发展新模式，借力借势上海、杭州等一线、新一线城市的区位优势，建设3个人才“飞地”。上海“绍兴柯桥人才飞地”运营面积1600平方米，依托COCOSPACE(可可空间)科创空间的专业孵化器品牌，以柯桥产业规划为主导方向，致力于导入智能制造、新材料、产业互联网、移动互联网等相关类型企业，落户7个优质项目。宣传和实施MO新型用地政策，建立健全“面对面”政策解读、规划建设和人才科技项目联审等机制，促进民营企业以传统产业用地空间腾退为契机建设科创平台，建成投用空间28.8万平方米，累计完成投资25亿元。

实施科技城科创企业上市计划及独角兽培育计划，挖掘优势企业，加强企业上市辅导，重点培育浙江材华科技有限公司、绍兴环思智慧科技有限公司、浙江迅实科技有限公司等人才科技企业。高频次开展资本专场对接会，累计完成融资 8.4 亿元。浙江迅实科技有限公司成为美国齿科市场的知名企业，旗下齿科 3D 打印机受美国牙科医生好评，2020 年浙江迅实科技有限公司获评医疗健康投资卓悦榜年度创新医疗器械最佳企业、获批浙江省高新技术企业研究开发中心，完成 C 轮融资，总金额数亿元。专注于色彩安全化的创新型科技公司浙江材华科技有限公司于 2020 年 5 月完成 500 万元天使轮融资，价值 1 亿元，团队 1 年内从 20 人增加到近 70 人，2020 年实现销售收入 892 万元，启动 pre-A 轮融资(A 轮之前融资)。

提升科技园人才专线公交服务，新增直达下沙专线班车。组织开展“七夕百人相亲会”“柯桥区青年人才中秋民谣之夜”“青优·互动”人才“走亲”等各类人才创新创业服务活动 10 余场。总投资 5000 万元的全市首个人才公园——绍兴柯桥人才公园正式开园，公园占地 10 万平方米，主要设置荟才林、才 e 广场、创客氧吧、e 桥、i 桥等主要景观节点。投入 800 万元建成全区首家一站式人才创新创业服务综合体，设置有一站式服务窗口、党建长廊、智慧大脑、人才驻停港、咖啡吧、图书吧等多个服务区块。推广企业产品、服务，帮助企业对接市场需求，助力企业完成销售订单累计超 20 亿元。其中，绍兴橙氧科技有限公司和全球最大的纸浆造纸集团金光集团签订第一期合同，为每年 4 亿元的战略合作协议。联合智联招聘上线“云聘平台”，32 家企业上线发布求职岗位 111 个，共收到简历 3000 余份；推行人才服务券制度，给每家企业充值金额由 2 万元提升至 3 万元，新增上市培育服务机构类别，在库服务机构 65 家，开通人才服务券企业总量 154 家，兑现金额 891390 元。(叶　尔)

社会矛盾纠纷调处化解纪实

2020 年，柯桥区贯彻落实习近平总书记考察浙江重要讲话精神，围绕“重要窗口”标志性工程建设目标要求，坚持创新和发展新时代“枫桥经验”，以“最多跑一次”改革为引领，抓住社会矛盾纠纷调处化解中心建设这一“牛鼻子”，聚焦“让老百姓有地方找个说法”和“最多跑一地”，抓体系、抓机制、抓实效，推进社会矛盾纠纷有效化解。2020 年，区社会矛盾纠纷调处化解中心接待群众 8046 人次，受理矛盾纠纷 4200 件次，调处化解 4198 件次，办结率 99.95%。

强化中心规范高效运作，出台《柯桥区社会矛盾纠纷调处化解中心运行管理实施意见》，建立流程管理机制，强化一窗受理、派单交办、调处化解、跟踪回访、定期研判等各个环节的闭环管理；建立多元调解机制，坚持诉调、警调、检调、专调、访调“五调”联动，第一时间受理好、答复好、解决好矛盾纠纷；建立考核激励机制，细化量化考核内容，工作绩效情况列入年度岗位目标责任制考核；建立重大矛盾纠纷责任倒查机制，对工作不力、调处不到位，导致矛盾纠纷激化升级的，进行问责。中心闭环运行管理机制得到省委常委、政法委书记王昌荣批示肯定。

强化上下贯通一体联动，确定柯岩街道开展镇、村两级中心建设试点，研究出台《柯桥区社会矛盾纠纷调处化解中心三级体系建设的实施意见(试行)》，构建以区中心为龙头、镇为支撑、村为第一道防线的矛盾纠纷调处化解三级体系。区龙头有效整合入驻力量，汇聚各方合力，引入专业性、行业性调解组织和法院天平调解团队，探索设立代表、委员、乡贤和妇联等工作室参与各级社会矛盾纠纷调处化解，确保终点站作用发挥；镇级依托基层治理四平台，集中力量、优化机制、加强协同、联合化解，发挥矛盾纠纷调处主阵地作用；村级健全治保调解组织，配强网格员、信访代办员、法律顾问，利用乡贤等社会力量，强化矛盾纠纷调处化解第一道防线。1 个区级中心、16 个镇级中心和 334 个村级中心全部建成并运行。

强化要素赋能服务提质，依托“一中心四平台一网格”、矛盾纠纷调解内部协同系统，加强数字赋能建设，推动线上线下联动，强化远程调解、分析研判、预警预测、联动处置，加快实现全流程数字化服务。以柯桥区被列为“区镇一体、条抓块统”基层治理改革省级试点为契机，深化镇(街道)派驻机构行政执法权限和力量下沉，实现基层治理放权赋能，打通镇(街道)与部门之间职能壁垒，形成合力，提升效能。配强配优区镇村三级调解员队伍，加强业务培训和工作保障，调动工作积极性和主动性，提升服务群众能力和水平。区法院天平调解团队入驻中心后，至12月底共调解案件1160件。

6月30日，柯桥区工作经验在全省县级社会矛盾纠纷调处化解中心建设第一轮互学互比交流会上进行发言交流。7月1日，绍兴市乡镇社会矛盾纠纷调处化解中心建设现场推进会在柯桥区召开。柯桥区三级矛盾纠纷“631”化解机制(60%的矛盾纠纷化解在村、30%的化解在镇、10%的化解在区）成为示范，构建起区域社会治理现代化的又一柯桥样本。区社会矛盾纠纷调处化解中心建设运行情况获《浙江日报》、浙江卫视新蓝网、平安浙江网、《浙江法制报》、《绍兴日报》、绍兴新闻联播、越牛App、《柯桥日报》等省、市、区级媒体专题报道10余次；被省委政法委“平安鼎”、省委改革办“最多跑一次”、市委政法委“古越剑”、“柯桥发布”微信公众号等政务新媒体多次报道。（章卫良 石青岚）

执行编辑 宋如玲

大事记

2020年大事记

1月

1月2日，中共浙江省委副书记、省长袁家军到柯桥区开展“深化‘三服务’、助推开门红”调研活动。

1月6日，中共柯桥区委召开一届七次全体（扩大）会议。区委书记沈志江讲话，区委副书记赵如浪部署2020年度经济工作。

1月7—9日，中国人民政治协商会议第一届绍兴市柯桥区委员会第四次会议召开，实到委员267名。会议审议通过政协工作报告和提案工作情况报告，表决通过区政协一届四次会议决议。

1月8—10日，柯桥区第一届人民代表大会第四次会议召开，出席代表276人。会议听取关于议案收集情况及处理意见的报告，表决通过关于《政府工作报告》等6个报告的决议。

1月9日，柯桥区召开“不忘初心、牢记使命”主题教育总结大会。区委书记沈志江激励广大党员干部要将初心和使命化作工作动力。市委第二巡回指导组组长刘孟达讲话。区委副书记、区长赵如浪主持。区四套班子领导，区人民法院院长、区人民检察院代检察长等出席。

1月10日，柯桥区浙江绿筑集成科技有限公司的“高层钢—混凝土混合结构的理论、技术与工程应用”项目，获国家科学技术进步奖一等奖，为绍兴市首次。

1月10—11日，2020亚太国际金融论坛柯桥峰会在柯桥区举行。国内外金融界1000余人共商经济发展形势。

1月16日，上海浦东国际机场柯桥航站楼正式运营，为上海浦东国际机场设立的全国第三家、浙江省首家城市航站楼。

1月17日，中共柯桥区委召开常委（扩大）会议，传达学习贯彻十九届中央纪委四次全会和省“两会”精神，研究部署贯彻落实工作。区委书记沈志江主持并讲话。区四套班子领导，区人民法院院长、区人民检察院代检察长参会。

1月20日，柯桥区召开大气污染治理攻坚动员会。区委书记沈志江讲话。区委副书记、区长赵如浪部署2020年重点工作。

1月22日，中共柯桥区委召开常委会议，学习贯彻习近平总书记关于新型冠状病毒感染的肺炎疫情的重要指示精神、李克强总理批示精神和国务院防控工作电视电话会议精神，研究全区疫情防控工作。

2月

2月2日，中共柯桥区委召开常委（扩大）会议，学习贯彻习近平总书记对当前新型冠状病毒感染的肺炎疫情防控工作的重要指示精神，贯彻落实省委、市委常委（扩大）会议的部署要求，研究部署下一阶段疫情防控工作。区委书记沈志江主持并讲话。赵如浪、朱晓董、孟柏千、诸剑明等区领导和区防控领导小组成员单位主要负责人参会。各镇（街道）主要领导以视频方式参会。

2月13日，中共柯桥区委召开常委会议，传达学习习近平总书记重要讲话精神，贯彻落实省委常委（扩大）会议、市委常委（扩大）会议决策部署，传达学习省委书记车俊在绍兴调研复工复产工作时的讲话精神，研商全区疫情防控、企业复工和市场复业工作。区委书记沈志江主持会议并讲话。区领导赵如浪、朱晓董、孟柏干、诸剑明等参加。

2月16日，浙江天圣集团控股有限公司、浙江华天实业有限公司和浙江元垄集团联合成立全市首个“重大疫情防控爱心基金”，助力全区新冠肺炎疫情防控。

2月18日，中国轻纺城东升路市场、东市场、联合市场、北市场、北联市场、天汇市场、新服装服饰市场等主市场开门复业。

2月21日，中共柯桥区委召开常委（扩大）会议，听取关于疫情防控、复工复产复业情况汇报，研究部署下阶段工作。区委书记沈志江主持并讲话，区委副书记、区长赵如浪部署工作。区四套班子领导，区人民法院院长、区人民检察院检察长参会。

2月24日，柯桥区召开统筹推进新冠肺炎疫情防控和经济社会发展工作部署会。区委书记沈志江讲话，强调要坚决做到两手抓、两手硬、两战赢。区四套班子主要领导、区委、区政府领导班子成员，区人民法院院长、区人民检察院检察长参会。

2月，中共柯桥区委、区政府召开贯彻落实中央生态环保督察工作部署会，部署第一轮中央环保督察问题整改工作。区委书记沈志江讲话，区委常委、常务副区长孙彦作工作部署。

3月

3月3日，浙江省举行扩大有效投资重大项目集中开工仪式。绍兴市分会场设在柯桥区中纺院绿色纤维项目现场。市委书记马卫光宣布开工，市委副书记、市长盛阅春讲话，市委常委、常务副市长徐国龙主持，区委书记沈志江发言。

同日，柯桥区与中国宝武钢铁集团有限公司举行产业发展合作视频会谈并举行签约仪式。双方将在碳纤维产业、互联网数据中心建设、先进装备制造产业优势互补、尾矿转型发展以及钢铁延伸产业链业务等方面进行合作。中国宝武钢铁集团有限公司党委书记、董事长陈德荣与柯桥区委书记沈志江讲话。

3月15日，中国轻纺城国际面料采购中心开业，当日有1680家经营户入驻。

3月18日，中共浙江省委常委、统战部部长熊建平到柯桥区调研企业新冠肺炎疫情防控和复工复产等工作。

3月20日，柯桥区召开全区干部大会暨制造业高质量发展“步鱼计划”推进大会。区委书记沈志江讲话，要求制造业发展如步鱼一般既能专心做实业，又能灵敏快捷应对市场变化，政府创造良好的营商环境。区委副书记、区长赵如浪主持会议并部署工作。区四套班子领导，区人民法院院长、区人民检察院代检察长等参会。

3月28日，绍兴市区印染化工产业跨区域集聚提升——立新、七色彩虹、龙翔、飞越印染组团项目开工仪式在柯桥区蓝印时尚小镇举行。市委书记马卫光宣布开工。市委副书记、市长盛阅春与区委书记沈志江致辞。

4月

4月14日，中共浙江省委、省政府召开全省建设平安浙江工作视频会议。柯桥区实现平安区创建“十五连冠”。区委书记沈志江在省主会场参会。区领导赵如浪、朱晓董、孟柏干、诸剑明、傅纪明等在区分会场参会。

4月15日，中共浙江省委第十巡视组巡视绍兴市柯桥区工作动员会召开。是日起至6月19日，省委第十巡视组对柯桥区开展政治巡视。7月22日，省委第十巡视组向柯桥区反馈巡视情况。

4月22日，省委书记、省疫情防控工作领导小组第一组长车俊到柯桥区调研新冠肺炎疫情防控工作和复工复产。省委常委、常务副省长陈金彪等陪同。

5月

5月25日，柯桥区政府和浙江理工大学签署全面合作框架协议。中国工程院院士、浙江理工大学校长陈文兴，区长赵如浪分别致辞并代表双方签约，中共柯桥区委书记沈志江主持。

6月

6月13日，以“赓续浙江文脉，共建美好生活”为主题的2020年“文化和自然遗产日”浙江主场城市（绍兴）系列活动在安昌古镇启幕。市、区领导盛阅春、赵如浪等参加。

6月29日，中国（绍兴）跨境电子商务综合试验区首单业务开通仪式在柯桥区举行。市委副书记、市长盛阅春宣布出口业务开通，区委书记沈志江致辞。

6月30日，吴海燕国际时尚研究院落户柯桥区创意大厦。中共柯桥区委书记沈志江出席并揭幕。

6月，柯桥区被省财政厅列为2020年度全省15个农村综合改革集成建设项目试点单位。

7月

7月21日，2020浙江（绍兴柯桥）网上出口交易会暨中国轻纺城展团纽约国际服装面料展开幕。

7月28日，柯桥区重大招商项目签约仪式在区行政中心举行，计划总投资57.2亿元的7个项目集中签约。市领导马卫光、盛阅春等出席签约仪式，区委书记沈志江主持，区委副书记、区长赵如浪介绍项目情况。

7月，柯桥区棠棣村入选文化和旅游部公布的第二批全国乡村旅游重点村名单，全市仅3个。

8月

8月7日，中共柯桥区委召开一届八次全体（扩大）会议，审议通过《关于深入学习贯彻习近平总书记考察浙江重要讲话精神，在建设“重要窗口”新征程中走前列当标兵的决议》《关于加快建设新时代“名士之乡”人才高地，全力打造高水平创新性“十强区”的决定》。区委书记沈志江讲话，区委副书记赵如浪、诸剑明等出席。

8月14日，柯桥区召开第一次归侨侨眷代表大会。区委书记沈志江讲话。

8月17日，中共浙江省委、省政府以视频形式召开全省法治政府建设暨综合行政执法改革推进会。柯桥区被评为法治浙江（法治政府）建设先进县（市、区），“枫桥式”司法所创建项目入选全省县乡法治政府建设“最佳实践”项目。

9月

9月5日，柯桥区举行“新经济·新未来”主题沙龙。众多国内知名企业家、平台创始人、优秀投资者齐聚柯桥，共同探讨如何抓住新经济发展机遇，探索符合绍兴柯桥的新业态和新模式。中共绍兴市委书记马卫光致辞。

9月8日，绍兴柯桥印染产业工程师协同创新中心揭牌仪式举行。市委常委、组织部部长王琴英致辞。区委书记沈志江出席仪式。该中心整合区内外人才资源和创新要素，致力建设专业化的工程师队伍和类淘宝式的撮合交易服务平台。

9月15日，绍兴柯桥中国轻纺城获批成为第五批国家级市场采购贸易方式试点。

9月16日，中共浙江省委副书记、代省长郑栅洁到柯桥区调研，参观轻纺城展示中心。

9月19日，浙江苏泊尔厨卫电器有限公司柯桥生产基地，投产暨产品下线仪式在柯桥经济技术开发区举行。该基地是苏泊尔在绍兴投资的第一个厨卫大家电整体研发生产基地，建筑面积约10万平方米。市委书记马卫光宣布投产，区委书记沈志江、浙江苏泊尔股份有限公司总裁苏明瑞致辞。

9月24日，杭绍城际铁路首列电客车接车仪式在杭绍城际铁路工程万绣路车辆基地举行，首列电客车进驻车辆基地。区委书记沈志江讲话。

9月27日，浙江省原省长沈祖伦带领曾在绍兴工作的老领导到柯桥区参观，寄语全区干部继续发扬“靠作风吃饭、凭实绩说话”的优良传统。

10月

10月9日，绍兴柯桥宝龙天地项目开工仪式举行。区委书记沈志江宣布开工。区委副书记、区长赵如浪致辞。7月27日，“宝龙”以4.86亿元拍下位于柯桥区群贤路的原“龙禧中心”项目，盘活闲置资产。

10月13日，2020成都·绍兴周系列活动之“丝路柯桥·布满全球”走进成都对接会在成都世纪城新国际会展中心举行。

10月16日，2020年世界粮食日和粮食安全宣传周浙江主会场活动在柯桥区浙江亚太粮食批发交易物流市场举行。浙江省副省长彭佳学宣布活动启动，市委书记马卫光致辞，区委书记沈志江等参加。

同日，柯桥“步鱼计划”创新平台推介大会在君澜·绍兴鉴湖大酒店举行。市委常委、组织部部长王琴英出席并致辞，区委书记沈志江推介柯桥区创新创业环境。

10月18日，以“历劫而生——疫情时期人文与科学的对话”为主题的第四届会稽山讲坛暨第十二届文化中国讲坛在柯桥区举行。市委书记马卫光，天津市文联主席陈洪与区委副书记、区长赵如浪致辞。

同日，恒生凤凰数字经济产业园在园区内举行开工仪式。中共柯桥区委书记沈志江宣布开工。

10月19日，柯桥区工商联（总商会）举行第一次会员代表大会，选举产生区工商联（总商会）第一届执委会主席、总商会会长，副主席、副会长，秘书长，执委等。区委书记沈志江出席并讲话。

10月22日，全省政法宣传舆论工作会议在柯桥区召开。中共浙江省委常委、政法委书记王昌荣作批示，省委政法委常务副书记朱晨讲话。会上，举行“浙江法制报学习强国号”上线仪式。

10月23日，浙江省举行扩大有效投资重大项目集中开工仪式，绍兴市分会场设在柯桥区。全市49个重大项目集中开工，其中柯桥区6个，总投资203.8亿元。市委书记马卫光宣布开工，市委副书记、市长盛阅春讲话。

10月26日，以“产业新价值·纺织新贡献——世界经济重启中的纺织行业责任担当”为主题的2020第三届世界布商大会举行开幕式和主题大会。中共柯桥区委书记沈志江主持。省、市、区有关领导，柯桥区重点企业、纺织类研究机构、外商企业、中国轻纺城经营户代表以及国内外纺织行业协会、研究机构、知名企业等行业代表和境内外媒体参会。

10月26—29日，以“时有境·尚无界”为主题的第八届柯桥时尚周举行，通过线上线下形式，开展时尚秀演、设计展示、趋势沙龙、技术分享等70余项时尚创意活动。

10月27—29日，第22届中国绍兴柯桥国际纺织品博览会（秋季）在柯桥中国轻纺城国际会展中心举行。设展位1270个，参展企业510家，展览面积3.4万平方米，吸引采购商4.6万人次，较上届增长5.1%。

10月28日，绍兴市区印染产业跨区域集聚提升鸿大印染组团项目开工仪式在柯桥区举行。市委书记马卫光宣布开工。市委副书记、市长盛阅春，区委书记沈志江发言。

11月

11月4日，柯桥区政府与浙江大学医学院附属第二医院签署战略合作意向书。双方合作共建浙江大学医学院附属第二医院绍兴院区。区委书记沈志江、浙大医学院附属二院党委书记王建安讲话。

11月5日，柯桥区文联举行第一次代表大会。区委书记沈志江，市文联党组书记、主席魏建东讲话。

11月6日，31省道北延（柯桥段）工程正式通车暨柯桥至下沙大学城客运专线开通仪式在柯桥客运中心举行。区委书记沈志江，区委副书记、区长赵如浪致辞。区委常委马海明主持。

11月11—14日，2020第二十三届（绍兴）国际墙体屋面材料生产技术交流大会暨生产装备博览会在中国轻纺城国际会展中心举行。

11月13日，浙江省以视频形式举行全省抗击新冠肺炎疫情总结表彰大会。区领导沈志江、赵如浪、朱晓董、孟柏千、诸剑明等在柯桥区分会场参加会议。

11月17日，“活力绍兴·智引全球”高层次人才科技项目交流会在西安举行。中共柯桥区委书记沈志江在会上推介柯桥人才生态。

11 月 25 日，柯桥区举行纪念柯桥区关心下一代工作委员会成立 30 周年大会。区委书记沈志江讲话。区领导赵如浪、朱晓董、孟柏干、丁贵、祝静芝等，区老领导李会鹏、张建林等参加。

同日，绍兴柯桥中国轻纺城市场采购贸易方式试点推进会暨首单开通仪式在柯桥举行。市委副书记、市长盛阅春授牌并讲话。区委副书记、区长赵如浪出席。

11 月 30 日，“巅峰之夜”首届中国全能设计师主播大赛总决赛暨颁奖典礼在柯桥区举行。区委书记沈志江作“打造世界级现代纺织产业集群”主题的招商推介。

12 月

12 月 3 日，第十二届“海外学子浙江行”绍兴洽谈大会暨第五届“海纳创新创业大赛”决赛在柯桥区举行。来自 10 多个国家的 130 余名海外高层次人才，以及 200 余名重点企业、创投机构、孵化平台、相关政府服务机构的代表参加。

同日，柯桥区科技创新大会暨现代纺织鉴湖实验室启动仪式在东方米兰国际时尚发布中心举行。中国工程院院士、浙江理工大学校长陈文兴，俄罗斯自然科学院院士、武汉纺织大学党委委员梅顺齐，中国纺织工业联合会党委书记高勇，中国纺织信息中心主任乔艳津，国家纺织产品开发中心主任李斌红，市领导盛阅春等参加。

12 月 9 日，柯桥区所有村（社区）党组织和村（居）委会完成换届选举。323 名村（社区）党组织书记依法当选为村（居）委会主任。

12 月 18 日，柯桥区生物医药推进大会暨“健康岛”项目签约仪式在区行政中心举行。区委书记沈志江讲话，区委副书记、区长赵如浪主持。

同日，2020 中国 · 绍兴第五届海内外高层次人才创新创业大赛总决赛在柯桥举行。区委副书记、区长赵如浪致辞。亿耳智能助听耳机项目与新基建下的中科 NEAP 自然生态环境监测与综合应用大数据云平台项目从 307 个参赛项目中获一等奖。

12 月 26 日，在第十五届中国全面小康论坛上，柯桥区第 12 次获中国全面小康十大示范县市称号。

12 月 28 日，中国宝武钢铁集团与柯桥区产业发展合作交流暨精功碳纤维项目签约仪式举行。中国宝武党委书记、董事长陈德荣，市委书记马卫光分别致辞。

12 月，柯桥区被住建部评为 2020 年全国农村生活污水治理示范县（市、区），全省两家入选，为全市唯一一家入选。（王伟峰　朱祖德）

执行编辑　王　翊

区情概貌

历史沿革

【越族繁衍】 柯桥，历史悠久。新石器时代，境内就有人类繁衍生息。在距绍兴偏西约100千米的建德山地，于1963年、1974年先后发现人类牙齿化石，距今约5万年，命名为"建德人"，人们推测为于越先祖蛰居山地、开辟草莱的端倪。偏东69千米的余姚江南、四明山北，于1973年、1977年先后发掘的河姆渡文化遗址，测定距今6000～7000年，被视为越族创造文明的嚆矢。在北部平原古丘上，1984年发掘出马鞍山寺桥村凤凰墩文化遗址，距今约4500年。1985年又在附近发现仙人山文化遗址，距今约5000年，确认为新石器时代晚期越族祖先的聚落遗存。传说时代，在今上虞区去城15千米的地方，名姚丘，是舜的出生地。后来舜继承尧的事业，为华夏民族的首领。他推举鲧的儿子禹治理洪水，才有大禹治水的神话。传说大禹吸取父亲鲧用"堙"（堵）的办法治洪水失败被杀的教训，改用"疏""导"之策，劳身焦思，居外13年，"三过家门而不入"，终于把洪水治平。因为这个功劳，舜把帝位禅让给禹。相传禹是越族的祖先，生于今之绍兴，在治水时曾"上茅山，大会计，爵有德，封有功"，遂更名茅山为会稽山，"会稽"一名始此。大禹娶妻于涂山，妻名女娇，生子启。公元前21世纪前后，禹过世，葬于会稽，故有禹陵。启接禹位，打破禅让制，推行世袭制。启之后过了6世，约公元前19世纪，少康即位，怕禹祭断绝，封其庶子无余于越，以续香火。历史上遂有"于越"的名称。1991年，陶里壶瓶山文化遗址被发掘。该文化成于商时期，出土有石器、玉器和夹砂红陶器等文物。约公元前11世纪（周成王二十四年），《竹书纪年》记有"于越来宾"，是为于越部族有文献记载之始。约公元前10世纪（周穆王三十七年），周"伐越至于纡"，1981年、1986年两次发掘的袍谷文化遗址证明是这个时期的文化。周定王六年（前601），越开始与楚结盟。周景王元年（前544），吴始伐越。此后吴越两国多有强事小争。周敬王十年（前510），吴王阖闾伐越，败越于槜李（今浙江嘉兴）；十五年（前505），越王允常乘吴伐楚而入吴，以报槜李之败。自此，吴越之间的战争连绵不断，规模越来越大。

【越国兴衰】 史载，自无余封越，千有余岁，至句践，越国兴起。周敬王二十三年（前497），允常病卒，句践即位，迁都平水平阳。次年建元，打败吴国进攻，吴王阖闾被射伤而死。句践三年（前494），吴王夫差为报父仇，大败越军。越向吴求和，越王句践携夫人、范蠡等人入质囚吴，几乎灭国。行三年韬晦之计，于句践五年得释返越，在范蠡、文种、计然等谋士辅助下，于句践七年立郭树都，构筑小城、大城，作为政治、经济、文化中心，致力发展生产、增长人口、强化军事、安定国家。经过卧薪尝胆，"十年生聚而十年教训"，越国炽富。

句践十五年（前482），句践乘夫差北会诸侯于黄池（今河南封丘）之机，率兵入吴，败吴师，杀吴太子。句践十九年（前478），再战笠泽，大败吴师。句践二十二年（前475），越大举攻吴，败吴军于没（吴地），又败之于郊，再败之于津，围吴城三年，以候时机。句践二十四年（前473），越国灭吴，吴王夫差自杀。越国报仇雪耻之战告终。

句践平吴之后，乃以兵北渡淮，与齐、晋诸侯会于徐州，并派使臣向周王朝进贡，周元王遣使赐句践胙，命为伯。时，越兵横行于江淮以东。句践二十五年（前472），迁都琅琊，与齐、楚、秦、晋会盟，“诸侯毕贺，号称霸王”。

句践三十二年（前465），句践卒，子鹿郢立。越国在不寿、朱句、翳、诸咎、孚错枝、无余、无颛、无彊等代，均称强。但因后代国内频起杀伐，无彊伐楚失败，于周显王三十六年（前333）被楚威王杀死，楚国尽取故吴地至浙江，越国从此四散。诸族子争相自立，或为王、为君，滨于江南海上，服朝于楚。秦王政二十五年（前222），秦将王翦平定江南，越君降，越遂亡。

【秦汉会稽郡山阴县】 秦始皇二十六年（前221）平定天下，分海内为三十六郡。原越地称大越，隶会稽郡，治吴（吴县）；秦始皇三十七年（前210）秦始皇南巡，上会稽，祭大禹，刻石颂秦德，更名大越为山阴，山阴县始此。西汉高祖五年（前202），刘邦徙韩信为楚王，山阴属楚国。西汉高祖六年（前201）并丹阳、会稽两郡为荆国，封刘贾为荆王，山阴隶荆国。西汉高祖十二年（前195）荆国除，建吴国，刘濞为王，山阴属吴国。西汉景帝前元三年（前154），刘濞叛，国除，恢复会稽郡，山阴属之。东汉永建四年（129），析浙江以西为吴郡，浙江以东仍会稽郡，山阴县为郡治。熹平三年（174），孙坚父子开始在会稽图建国，建置不变。

西汉甘露年间（前53—前50），山阴人郑吉数出西域。东汉建武年间（25—56），上虞王充著《论衡》，反对谶纬迷信。东汉永元年间（89—105），太守马棱建回涌湖，治绩有声。永和五年（140），太守马臻疏筑鉴湖，溉田9000余顷，造福百姓。

【魏晋南北朝会稽郡山阴县】 东汉建安元年（196）孙策击败严白虎，自领会稽太守。建安五年（200），孙策死，孙权领会稽，谋建国。三国吴黄龙元年（229），孙权称帝，建都建业，仍设会稽郡，山阴县为郡治所在地。天纪四年（280），孙皓降晋，山阴仍为会稽郡治。晋太康二年（281），改会稽郡为会稽国，孙秀当国，治山阴县。永宁元年（301），孙秀因参与赵王伦篡位，国除，复郡，治山阴。晋建武元年（317），司马睿在建康即晋王位，改元，次年称帝，史称东晋，山阴隶属不变。东晋咸和四年（329），王舒任会稽内史，为避父讳，钦改会稽为郐稽。南朝宋永初元年（420），晋恭帝禅位，刘裕称帝，建国号宋，次年复为会稽郡。南朝宋元嘉三十年（453）析扬州浙东五郡为会州，治山阴，旋罢。孝建元年（454）又析扬州浙东五郡为东扬州，治山阴。后屡有变易，但山阴为会稽郡治不变。南朝齐建元元年（479），萧道成逼宋帝禅位，立南朝齐，会稽郡仍属扬州，治山阴县。南朝梁天监元年（502），萧衍逼齐和帝禅位，建南朝梁。南朝梁普通五年（524），置东扬州，治山阴县。南朝梁太平元年（556）罢东扬州，还复会稽郡，属扬州，郡治山阴县。南朝陈永定元年（557）陈霸先废梁自立，是为南朝陈，隶属依旧。陈后主时（583—589）析山阴县东部置会稽县（一说在永定年间），两县同城而治。会稽设县自此始。

在三国吴、西晋、东晋和南朝360年间，除西晋37年外，其他各朝均建都建康（今南京），故史称六朝。六朝期间，贺循疏凿浙东运河，造福百姓；司马睿称“今之会稽，昔之关中”，地位重要；王羲之修禊兰亭，会稽成书法圣地。

【隋唐五代越州山阴、会稽】 隋开皇九年（589）废郡置吴州，并山阴、上虞、始宁、永兴为会稽县，隶吴州。大业元年（605）改吴州为越州，治会稽。越二年仍复会稽郡。唐武德四年（621），李子通克杭州，置越州，治会稽，旋改越州总管府。武德七年（624）改总管府为都督府，恢复山阴县。此后，山、会两县时有废复。元和十年（815），山、会两县同城而治遂成定制。五代后梁开平元年（907），朱温篡唐，史称后梁，封钱镠为吴越王，后称吴越国，越州为东府，山阴、会稽属之。后虽有后唐、后晋、后汉、后周更迭，山阴、会稽隶属不变，直至北宋太平兴国三年（978）。

在隋、唐、五代的380年间，越州为浙江东道之道治所在地，山阴、会稽县城为七州之首、钱镠行都。其间，观察使皇甫温、会稽县令李俊之和李左次先后增修百余里东江塘。山阴王叔文主持永贞革新。诗人贺知章告老归故里。李白、杜甫等诗人踏歌山阴道上，史称“唐诗之路”。越绫、青瓷名闻遐迩。

【宋元建置变迁和山阴、会稽两县】 后周显德七年（960），赵匡胤陈桥兵变，夺取后周政权，建立宋朝。北宋太平兴国三年（978），钱俶降宋，改东府为越州，山、会属之。其间曾设两浙路，统州、县。建炎元年（1127），赵构在南京称帝，史称南宋。绍兴元年（1131），定都临安，改州称府，升越州为绍兴府，山阴、会稽隶属不变。元世祖至元十三年（1276），元军攻占绍兴，改府为路，山、会属绍兴路，直至元亡。

宋、元400余年间，两宋经济有所发展。北宋开宝四年(971)开广州、杭州、明州市舶司后，越州丝绸、青瓷远销日本、印度、大食等国。纸币“会子”允许与铜钱并行。鉴湖围湖造田兴起，史有争论。州学书院代有所建。大中祥符五年(1012)，陆轸建陆太傅书院于牛峰寺；天圣九年(1031)，成悦等四任知州建州学于望花桥(今稽山中学)；崇宁二年(1103)，山阴、会稽两县学宫分建于阳堂山和竹园坊。其间，会稽县令杨宪重筑箐江石塘，知府赵彦倓修筑山阴海塘，知府汪纲疏浚西兴运河，拓建贡院、教场，缮治罗城诸城门，为世人称道。元朝时期，西僧杨琏真伽盗掘宋六陵，激起民变。

【明朝绍兴府山阴、会稽两县】 明洪武元年(1368)，朱元璋称帝，山阴、会稽两县属绍兴府。崇祯十七年(1644)明亡，绍兴处在南明小朝廷控制之下。清顺治三年(1646)，多铎部将博洛取绍兴，明鲁王逃亡舟山，绍兴归属清。

明朝统治绍兴近280年，由于前期执行休养生息的政策，生产发展，经济繁荣，资本主义因素萌生，绍兴第一家酱园“俞合兴”在城内开张营业。“一条鞭法”的推行，由实物税转入货币税。知府戴琥建麻溪坝，制“山会水则”；汤绍恩建三江闸，最后一次开通碛堰，造福山阴、会稽、萧山三县。王守仁、刘宗周分别创阳明心学和蕺山学派，皆为一代宗师；稽山、阳明、五云、和靖等书院兴旺；古小学重建。张景岳被誉为绍派伤寒之祖。其间，倭寇为患，汤和筑三江、沥海、白洋等所城防倭，姚长子抗倭殉难，均名垂史册。

【清朝绍兴府山阴、会稽两县】 清顺治三年(1646)，多铎部将博洛定绍兴，绍兴仍为府，山阴、会稽两县属之。前期，绍兴经济有所发展，但是由于大兴文字狱、禁用绍兴师爷、停止山会乡试、会试等民族歧视政策，曾多次发生民变。康乾期间，康熙帝、乾隆帝采取到绍祭禹、削除绍兴堕民籍等举措，阶级矛盾有所缓和。知府俞卿修筑城垣和改建玉山斗门。李亨特立“十禁牌”以淳风俗，为世人称道。鸦片战争期间，葛云飞英勇抗击英军，壮烈牺牲。咸丰十一年(1861)太平天国将领陆顺德占据绍兴，设200余个乡官局施政，多次击杀英、法官兵。同治二年(1863)左宗棠收复绍兴，山、会仍属绍兴府。

19世纪60年代到90年代的洋务运动中，绍兴有识之士奋起救亡，徐树兰、徐友兰兄弟兴办实业，创立绍兴中西学堂。齐贤“益昌佩”绸厂、山阴“公豫源”丝厂相继开业。汤寿潜著《危言》，主张变法。蔡元培、陶成章建立“光复会”。徐锡麟、秋瑾、陶成章为建立中华民国先后牺牲，成为辛亥革命时期“绍兴三烈士”。宣统三年(1911)11月6日，浙江革命军攻克绍兴，废府存县，知府陈赞清为绍兴军政分府都督。4日后，王金发率部抵绍，成立绍兴军政分府，自任都督。次年1月，归属浙江省。

【民国时期绍兴县】 民国元年(1912)1月，奉浙江省军政府关于“调整县区，更改县名”令，山阴、会稽两县合并，成立绍兴县，直属省，治原会稽县衙。民国3年(1914)6月，省县间设道，绍兴县属会稽道。民国16年(1927)4月道废，直隶省。民国24年(1935)6月，设绍兴行政督察区，绍兴县属之，为区治所在地。民国25年(1936)4月，绍兴县改属第三行政督察区，仍为区治。民国37年(1948)4月改名第二行政督察区，绍兴县属之，区治迁至余姚县。1949年3月，中共绍兴县临时工作委员会(临工委)办事处(实为县人民政府)成立。4月6日，中共浙东临工委决定由会稽二支队、四明五支队一部和新越中队、绍兴办事处共500余人联合发起“车头战役”，获胜。10日，宣布成立南池、越南、漓渚、汤浦4个区人民政府。5月7日，浙东人民解放军第二游击纵队进驻绍兴城，绍兴解放。11日，中国人民解放军第三野战军21军61师先遣部队抵绍。12日，中共浙东临工委建立绍兴军管会。25日，成立绍兴市军管会。6月3日，中共绍兴县委成立，同时建立城郊、柯桥、齐贤、漓渚、进化、马山、东皋、汤浦、越南9个区分委。6日，绍兴县人民政府成立，同时建立9个区人民政府。

【中华人民共和国成立后】 1949年10月1日，中华人民共和国成立。是月，析绍兴县城区为绍兴市，市政府驻城区；绍兴县东部为会稽县，县治驻皋埠；西部仍为绍兴县，县治移驻柯桥。两县一市均属绍兴专区。1950年5月9日，两县一市合并为绍兴县，治城区，隶属仍旧。9月15日又析城区复置绍兴市(县级)，县、市同城而治，隶属不变。1952年1月撤绍兴专区，绍兴县直属省，1953年2月改属宁波专区。1958年2月21日撤销绍兴市(县级)，并入绍兴县，隶属仍旧。1962年1月11日，再析城区置绍兴市(县属)。

1963年1月3日，再撤县属市建制，称绍兴县城关镇。1964年9月恢复绍兴专区，绍兴县属之。1968年5月改绍兴专区为绍兴地区，绍兴县属之。1978年9月又改名为绍兴地区行政公署，绍兴县属之。1981年3月31日，撤绍兴县，建绍兴市，仍县级，隶属不变。1982年2月8日国务院公布绍兴市（县级）为全国第一批24个历史文化名城之一。1983年7月23日，国务院批准实行市管县体制，撤绍兴地区行政公署，设绍兴市（地级），撤县级市，恢复为绍兴县，驻市。是年9月20日，省人民政府办公厅通知，析绍兴县城区和周边亭山、禹陵、灵芝、城东、梅山5个乡和东湖1个镇建越城区（县级），隶绍兴市，市、县、区同城而治。2000年7月，再析绍兴县之东浦、鉴湖、皋埠、马山、斗门5个镇归属越城区，以扩大其地域。是年10月，绍兴县行政中心搬迁柯桥试运行。2001年1月13日，经国务院正式批准，绍兴县治迁址柯桥。是年3月23日，举行绍兴县人民政府驻地迁址柯桥揭牌仪式。2013年10月，国务院批复同意浙江省调整绍兴市部分行政区划，撤销绍兴县，设立绍兴市柯桥区，原绍兴县的孙端镇、陶堰镇、富盛镇划归绍兴市越城区管辖。

绍兴县自1988年起，多次名列全国财政收入“十大财神县”；1991年起，多次被评为中国农村综合实力百强县（市），名列十位前后。2000年，绍兴县在划出5个建制镇后，在中国县（市）社会经济综合发展指数排名中，名列综合位次第15位。2007—2013年，在全省城乡统筹水平综合评价中连续七年居各县（市）首位。2017年获浙江省首批平安金鼎。2020年，柯桥区实现地区生产总值1516.73亿元，比上年增长1.9%；财政总收入202.04亿元，比上年增长2.3%；第十二年蝉联中国全面小康十大示范县市；实现浙江省平安县（市、区）创建“十五连冠”，获全省首批“一星平安金鼎”；获评中国营商环境百佳示范县市。（史　志）

名胜古迹

【概况】 柯桥区历史悠久，文化遗存丰富，名胜古迹众多。至2020年年底，辖区内有各级文物保护单位（文物保护点）163处，其中全国重点文物保护单位9处、省级文物保护单位7处、区级文物保护单位58处、区级文物保护点89处；有国家级旅游景区24个，其中AAAA级景区5个、AAA级景区6个、AA级景区13个。

2020年柯桥区国家级文物保护单位情况

表2

序号	名称	时代	地址	公布时间
1	古纤道	明代	柯桥街道、湖塘街道、钱清街道	1988年1月
2	印山越国王陵	春秋战国	兰亭街道里木栅村	2001年6月
3	王守仁墓	明代	兰亭街道花街洪溪鲜虾山	2006年5月
4	徐渭墓	明代	兰亭街道里木栅村	2006年5月
5	柯岩造像及摩崖题刻	宋、清	柯岩街道柯岩风景区内	2013年3月
6	舜王庙	清代	王坛镇双江溪舜王山	2013年3月
7	绍兴越国贵族墓群	春秋战国	平水镇、漓渚镇	2013年3月
8	大运河	春秋战国至中华人民共和国	柯桥街道、华舍街道、湖塘街道、钱清街道	2013年3月
9	绍兴古桥群（太平桥、融光桥、接渡桥）	元至民国	柯岩街道、柯桥街道	2013年3月

2020年柯桥区省级文物保护单位情况

表3

序号	名称	时代	地址	公布时间
1	马鞍遗址	新石器时代	马鞍街道寺桥村	1997年8月
2	鉴湖遗址·大王庙	东汉至清	钱清街道江南村虎象自然村	2011年1月
3	善庆学校旧址	民国	柯岩街道州山村	2011年1月
4	绍兴古桥群(西跨湖桥)	元至民国	湖塘街道	2011年1月
5	绍兴会稽山古香榧种植园——稽东古香榧林	唐至清代	稽东镇占岙村、陈村、石岙村等	2013年4月
6	羊山造像及摩崖石刻(含石佛寺)	唐至民国	齐贤街道石佛禅寺	2017年1月
7	虹明桥	清代	福全街道徐山村	2017年1月

2020年柯桥区国家级旅游景区情况

表4

序号	名称	级别	地址	公布日期
1	绍兴柯岩风景区	AAAA	柯岩街道柯岩大道558号	2001年1月
2	柯桥区大香林乡村休闲旅游区	AAAA	湖塘街道岭下村	2007年2月
3	绍兴市乔波冰雪世界旅游区	AAAA	柯南大道2168号	2013年10月
4	绍兴酷玩小镇·东方山水乐园景区	AAAA	柯岩街道稽山南路118号	2018年5月
5	绍兴安昌古镇旅游区	AAAA	安昌街道老街	2018年12月
6	中国轻纺城市场景区	AAA	柯桥街道金柯桥大道1639号	2011年12月
7	绍兴香雪梅海旅游区	AAA	王坛镇东村村	2011年12月
8	绍兴舜王庙景区	AAA	王坛镇长林村	2012年12月
9	绍兴会稽山千年香榧林·月华景区	AAA	稽东镇占岙村	2012年12月
10	柯桥同康绿林竹海景区	AAA	平水镇同康村	2014年9月
11	红豆仙霞旅游区	AAA	稽东镇龙东村	2017年12月
12	印山越国王陵景区	AA	兰亭街道里木栅村	2001年6月

续表 4

序号	名称	级别	地址	公布日期
13	陶元岭一金渔湾景区	AA	平水镇金鱼村	2013 年 12 月
14	齐贤街道羊山景区	AA	齐贤街道石佛村	2013 年 12 月
15	夏履镇越王峥景区	AA	夏履镇越王峥村	2013 年 12 月
16	湖塘街道香湖乡村休闲旅游区	AA	湖塘街道夏泽村	2013 年 12 月
17	平水镇平阳禅寺旅游景区	AA	平水镇平阳村	2015 年 1 月
18	绍兴王化旅游景区	AA	平水镇王化村	2015 年 1 月
19	陶宴岭・新联溪旅游景区	AA	王坛镇新联村	2015 年 1 月
20	巷深竹缘・小千养生谷旅游景区	AA	平水镇下灶村	2016 年 3 月
21	雪窦岭旅游景区	AA	稽东镇止步坑村	2016 年 3 月
22	五百岗・雄鹅峰旅游景区	AA	王坛镇丹家村	2016 年 3 月
23	龙池山・青陶峡谷旅游景区	AA	王坛镇青坛村	2016 年 3 月
24	钱清西天竺旅游景区	AA	钱清街道前梅村	2017 年 12 月

（吴树瑾　严绍南）

名士之乡

【概况】 绍兴自越王句践至当代伟人周恩来，可谓人才辈出，灿若星河。名闻全国以至世界者，有著名哲学家、思想家王叔文、王阳明、刘宗周，历史学家谢承、赵晔、范文澜，方志学家袁康、吴平、章学诚，文学家贺知章、陆游、张岱、鲁迅，画家徐渭、赵之谦、任颐，书法家王羲之、王献之，教育家蔡元培，日记大家李慈铭，科学家钱三强、陈建功、竺可桢，民族英雄葛云飞，革命志士秋瑾、徐锡麟、陶成章。自隋、唐兴科举至清光绪三十一年(1905)废科举，会试中试、钦赐进士者 1400 余人，明、清两朝还出现过“绍兴师爷”这一人才群体。近代以后，有为新中国英勇牺牲之在册烈士 183 人。至 2020 年年底累计有高级职称人员 10023 人。（史　志）

区域和行政区划

【区域地理位置和面积】 柯桥区位于浙江省中北部，地处杭州湾南岸，会稽山北麓，东与上虞区、越城区交界，东南、西南分别与嵊州市、诸暨市为邻，西部、西北部与杭州市萧山区接壤，北濒海。全区介于北纬 29°42′01″～30°13′01″，东经 120°16′52″～120°44′58″，东西宽 45.28 千米，南北长 57.5 千米，周边长 407.45 千米。区域土地面积 106601.76 公顷，计 1066.02 平方千米。

【行政区划和各镇街面积】 至 2020 年年底，柯桥区下辖 11 个街道 5 个建制镇。区政府驻柯桥街道。

2020年柯桥区各镇(街道)地域面积

表5　　单位:平方千米

地域	面积	地域	面积
柯桥街道	15.95	安昌街道	24.05
柯岩街道	45.32	福全街道	39.87
华舍街道	23.06	兰亭街道	82.85
湖塘街道	66.28	夏履镇	51.01
钱清街道	54.18	漓渚镇	36.64
杨汛桥街道	37.67	平水镇	173.39
马鞍街道	134.09	王坛镇	137.69
齐贤街道	32.48	稽东镇	111.50

说明:国有农场面积74.39平方千米包括在马鞍街道面积中,未单独计算。　(鲁海江　魏烨桦)

主要机构及负责人名单

【党政机构及有关部门负责人名单】

中共绍兴市柯桥区第一届委员会

书　记:沈志江

副书记:赵如浪

　　诸剑明

常　委:周志刚　王静静

　　李红军　孙　彦

　　李永杰(2020年5月任)

　　李　东　丁　贵

　　马海明　马忠伟(2020年7月任,挂职)

　　杨伟卿(2020年5月免)

绍兴市柯桥区第一届人民代表大会常务委员会

主　任:朱晓董(2020年1月任)

　　吴　晓(任至2020年1月)

副主任:蔡金标　胡国炜

　　沈祖卫　王张泉

　　刘　斌

　　葛美芳(任至2020年11月)

绍兴市柯桥区人民政府

区　长:赵如浪

副区长:孙　彦

　　马忠伟(2020年7月任,挂职)

　　齐方良　祝静芝

　　吴晓炯　马亦忠

　　傅纪明　方优美(2020年3月任)

　　白玛久美(2020年11任)

　　张又岱(任至2020年5月,挂职)

政协第一届绍兴市柯桥区委员会

主　席:孟柏干

副主席:骆学新　陈爱霖(2020年1月任)

　　裘江新　王茂荣(2020年1月任)

　　马芳妹(任至2020年12月)

　　许永明(任至2020年1月)

　　吴汉华(任至2020年12月)

秘书长:孙尧富

区委办公室(区委台湾工作办公室)
主　任:任宏亮(2020年12月任)
　　　　郎煜江(任至2020年12月)

区人大常委会办公室
主　任:沈关祥(2020年3月任)
区人大常委会机关党组
书　记:沈关祥(2020年3月任)

区人大常委会监察和司法工作委员会
主　任:钱兔根

区人大常委会社会建设工作委员会
主　任:杨高相

区人大常委会财经工作委员会
主　任:宋金木

区人大常委会代表工作委员会
主　任:王　勤

区人大常委会教科文卫工作委员会
主　任:冯文华(2020年3月任)

区人大常委会城建环保工作委员会
主　任:徐智煊

区人大常委会农村经济工作委员会
主　任:高青泉

区人大常委会研究室
主　任:杨高相

区人大监察和司法委员会
主任委员:钱兔根

区人大财政经济委员会
主任委员:宋金木

区人民政府办公室
党组书记、主任:章金尧

区政协办公室
主　任:孙尧富
区政协机关党组
书　记:孙尧富

区政协研究室
主　任:王永华(2020年1月任)
　　　　王　彪(任至2020年1月)

区政协提案委员会
主　任:王　彪(2020年1月任)
　　　　王秋珍(任至2020年1月)

区政协经济和港澳台侨外事委员会
主　任:汪建中

区政协文化文史和教科卫体委员会
主　任:丁兵康

区政协农业农村和人口资源环境委员会
主　任:杨金法

区政协社会法制和民族宗教委员会
主　任:冯鹏英

区政协委员工作委员会
主　任:陈永建

区纪律检查委员会
书　　记:李　东
常务副书记:何其洪
副　书　记:张晓峰

区监察委员会
主　任:李　东(2020年1月任)
副主任:何其洪
　　　　张晓峰

区委组织部
部　　　长:丁　贵
常务副部长:周欢芬(2020 年 12 月任)
　　　　　王炳豪(任至 2020 年 12 月)

区委宣传部
部　　　长:李永杰(2020 年 5 月任)
　　　　　杨伟卿(任至 2020 年 5 月)
常务副部长:陈广见

区委统战部
部　　　长:王静静
常务副部长:阮建康

区委政法委
书　　　记:诸剑明
常务副书记:李兴成

区委全面深化改革委员会办公室
常务副主任:罗　耀

区委机构编制委员会办公室
主　任:高来兴

区委巡察工作领导小组办公室
主　任:张海峰(2020 年 9 月任)
　　　张晓峰(任至 2020 年 9 月)

区委区政府信访局
局　长:高卫军

区委老干部局
局　长:徐民江

区委党校
校　长:丁　贵
党委书记、常务副校长:胡斌钦(2020 年 3 月任)
　　　　　　　　　　鲁立新(任至 2020 年 3 月)

区史志研究室
主　任:何鸣雷

区档案馆
党组书记、馆长:尹伟樑

柯桥传媒集团有限公司(区融媒体中心)
党委书记、董事长、总编辑,区融媒体中心主任:
　　　　　邹文伟

区深化服务指导中心
党组书记、主任:寿红卫(2020 年 9 月任)
　　　　　　　马国勇(任至 2020 年 9 月)

区社会矛盾纠纷调处化解中心
主　任:陆晓巍(2020 年 3 月任)
说明: 2020 年 3 月,设立区社会矛盾纠纷调处化解中心。

区发展和改革局
党组书记、局长:陈立根(2020 年 3 月任)
　　　　　　　方优美(任至 2020 年 3 月)

区经济和信息化局
党组书记:孙伟刚(2020 年 12 月任)
　　　　王叶刚(2020 年 3 月任,至 12 月)
　　　　娄东寅(任至 2020 年 3 月)
局　　长:王叶刚(2020 年 3 月任)
　　　　娄东寅(任至 2020 年 3 月)

区教育体育局
党工委书记:徐　迅(2020 年 12 月任)
　　　　　任宏亮(任至 2020 年 12 月)
局　　　长:任宏亮

区科学技术局
党组书记:张咸良(2020 年 12 月任)
　　　　俞园娟(2020 年 1 月任,至 12 月)
局　　长:俞小炜(2020 年 1 月任)

市公安局柯桥区分局
党委书记、局长：傅纪明
政　　　委：徐伟民

区民政局
党组书记、局长：喻光耀

区司法局
党组书记、局长：金伟梁（2020年3月任）
　　　　　　　　胡斌钦（任至2020年3月）

区财政局
党工委书记：郁　伟（2020年12月任）
　　　　　　余建林（任至2020年12月）
局　　　长：余建林

区人力资源和社会保障局
党组书记、局长：钱建明

市自然资源和规划局柯桥分局
党委书记、局长：马建刚（2020年3月任）
　　　　　　　　陈立根（任至2020年3月）

市生态环境局柯桥分局
党工委书记、局长：王其龙（2020年3月任）
　　　　　　　　　张国生（任至2020年3月）

区住房和城乡建设局
党工委书记、局长：李卫龙

区轨道交通建设指挥中心
党组书记、主任：李卫龙
说明：2020年3月，区轨道交通建设指挥中心机构规格由正科级调整为副科级。

区交通运输局
党工委书记、局长：柯洪炜（2020年3月任）
　　　　　　　　　马建刚（任至2020年3月）

区农业农村局
党工委书记、局长：邱松定

区商务局
党组书记、局长：谭　科

区文化广电旅游局
党工委书记：鲁立新（2020年3月任）
局　　　长：鲁立新（2020年3月任）
　　　　　　金伟梁（任至2020年3月）

区卫生健康局
党工委书记、局长：傅　超

区退役军人局
党组书记、局长：何华均

区应急管理局
党委书记、局长：赵忠根
说明：2020年3月，建立区应急管理局党委，撤销区应急管理局党组。

区审计局
党组书记、局长：李伟根

区市场监督管理局
党委书记：娄东寅（2020年3月任）
局　　长：娄东寅（2020年3月任）
　　　　　柯洪炜（任至2020年3月）

区政府金融工作办公室
党组书记：张志华（2020年12月任）
　　　　　孙伟刚（任至2020年12月）
主　　任：孙伟刚

区行政审批局
党工委书记：孙　彦
局　　　长：金阿根

区统计局
党组书记：孙其康（任至2020年12月）

局　　长:孙其康

市医疗保障局柯桥分局
党组书记、局长:朱伟芳

区综合行政执法局
党组书记、局长:鲁建潮

区公共资源交易管理委员会办公室
党组书记、主任:孙爱珍

区城市更新改造工作办公室
党组书记、主任:朱国庆(2020年12月任)
张国生(2020年3月任,至12月)
陆晓巍(任至2020年3月)

区大数据发展管理中心
党组书记、主任:黄伟祥

区招商投资促进中心
党组书记、主任:孙成荣

区机关事务服务中心
党组书记、主任:陈晓峰

区国际赛会服务中心
党组书记、主任:裘华建(2020年3月任)
说明: 2020年3月,设立区国际赛会服务中心。

区中国轻纺城中央商务区开发建设管理中心
党组书记:裘华建(任至2020年3月)
主　　任:俞小炜(任至2020年1月)
说明: 2020年3月,撤销区中国轻纺城中央商务区开发建设管理中心。

区印染产业集聚升级服务中心
党组书记:吴青青(2020年9月任)
主　　任:吴青青(2020年9月任)
寿红卫(任至2020年9月)
说明: 2020年9月,建立区印染产业集聚升级服务中心党组。

区会展业发展中心
党组书记、主任:裘华建(2020年11任)
潘建华(任至2020年9月)

区柯桥古镇保护利用管理服务中心
党组书记、主任:韩烨飞

区高校合作服务中心
党组书记、主任:朱坚敏

市住房公积金管理中心柯桥分中心
党组书记、主任:钱　鸿

区人民武装部
部　　长:李红军
政　　委:卢　江

区人民法院
党组书记:楼　颖(2020年5月任)
陈建民(任至2020年5月)
院　　长:陈建民(任至2020年5月)
代 院 长:楼　颖(2020年5月任)

区人民检察院
党组书记:钱昌夫
检 察 长:钱昌夫(2020年1月任)
周　江(任至2020年1月)

区工商业联合会(总商会)
主席(会长):陈　瑾
党 组 书 记:金爱琴

区总工会
党组书记、主席:陈　方

共青团绍兴市柯桥区委
书　　记:毛佳丽(2020年7月任)
单子岚(任至2020年5月)

党组书记：毛佳丽（2020年7月任，至12月）
单子岚（任至2020年5月）

说明：2020年12月，撤销共青团绍兴市柯桥区委员会党组。

区妇女联合会

党组书记、主席：于　琪

区科学技术协会

主　　席：马国勇（2020年9月任）
吴青青（2020年3月任，至9月）
党组书记：马国勇（2020年9月任）
吴青青（任至2020年9月）

区文学艺术界联合会

主　　席：吴坚祥（2020年3月任）
黄锡云（任至2020年3月）
党组书记：吴坚祥

区残疾人联合会

党 组 书 记：王国彪
执行理事长：沈琴梅

区归国华侨联合会

党组书记、主席：盛顺利

区红十字会

党组书记、常务副会长（执行委员会主任）：
宋彦扬（2020年9月任）
楼建飞（任至2020年7月）

国家税务总局绍兴市柯桥区税务局

党委书记、局长：孙伟民（2020年7月任）
单红明（任至2020年7月）

国家统计局柯桥调查队

党组书记、队长：徐建江

区供销合作社联合社

党委书记、主任：尉睦金

区水务集团有限公司

党委书记、董事长：周　俭
总经理：朱志康（2020年9月任）

区中国轻纺城集团股份有限公司

党委书记、董事长：潘建华（2020年9月任）
葛梅荣（任至2020年9月）
总经理：虞伟强

区开发经营集团有限公司

党委书记、董事长：单崇军
总经理：王海明

区建设集团有限公司

党委书记、董事长：滕建平
总经理：施林涛（2020年9月任）
朱志康（任至2020年9月）

区旅游发展集团有限公司

党委书记、董事长：徐忠良
总经理：徐海芳

区轨道交通集团有限公司

党委书记、董事长：徐永祥
总经理：鲁麓树

绍兴中石油昆仑燃气有限公司

董事长：娄国忠

绍兴天然气投资有限公司

总经理：胡建飚

瑞丰银行

党委书记、董事长、行长：章伟东

绍兴市兰亭文化旅游度假区

党工委书记：马海明
管委会主任：张伟江

绍兴金柯桥科技城（浙江绍兴人才创业园）

党工委书记：周志刚

建管委主任：陈　钧

说明：2020年7月，建立绍兴金柯桥科技城（浙江绍兴人才创业园）党工委，撤销绍兴金柯桥科技城（浙江千人计划绍兴产业园）党工委。

区中国轻纺城

党工委书记：冯华林（2020年1月任）

建管委主任：冯华林

绍兴柯桥经济技术开发区

党工委书记：周志刚

管委会主任：陈　钧

区鉴湖旅游度假区

党工委书记、管委会主任：钱　钧（2020年12月任）

郁　伟（任至2020年12月）

民革绍兴市柯桥区基层委员会

主　委：陈　军

民盟绍兴市柯桥区基层委员会

主　委：祝静芝

民建绍兴市柯桥区基层委员会

主　委：祁金凤

民进绍兴市柯桥区基层委员会

主　委：俞小炜

农工绍兴市柯桥区基层委员会

主　委：骆学新

九三学社绍兴市柯桥区基层委员会

主　委：蔡金标

【街道和建制镇党政正职名单】

柯桥街道

党工委书记：陈　勤（2020年1月任）

冯华林（任至2020年1月）

办事处主任：章　松（任至2020年12月）

柯岩街道

党工委书记：黄宇峰

办事处主任：陆高峰

华舍街道

党工委书记：缪建军（2020年12月任）

徐　迅（任至2020年12月）

办事处主任：张华兴（2020年1月任）

湖塘街道

党工委书记：章　宇（2020年3月任）

王其龙（任至2020年3月）

办事处主任：楼建飞（2020年7月任）

章　宇（任至2020年3月）

钱清街道

党工委书记：徐　锐（2020年3月任）

王叶刚（任至2020年3月）

办事处主任：屠新永（2020年7月任）

徐　锐（任至2020年3月）

杨汛桥街道

党工委书记：王峻峰

办事处主任：毛佳丽（2020年12月任）

俞　丰（任至2020年12月）

马鞍街道

党工委书记：祁力峰

办事处主任：马　斌（2020年12月任）

缪建军（任至2020年12月）

齐贤街道

党工委书记：成　诚（2020年1月任）

　　　　　陈　勤(任至 2020 年 1 月)
办事处主任:胡伟炎(2020 年 1 月任)
　　　　　成　诚(任至 2020 年 1 月)

安昌街道
党工委书记:许立峰(2020 年 12 月任)
　　　　　钱　钧(任至 2020 年 12 月)
办事处主任:徐　俊

福全街道
党工委书记:徐兴建
办事处主任:裘登华

兰亭街道
党工委书记:蔡万日(2020 年 12 月任)
　　　　　邵世昉(任至 2020 年 12 月)
办事处主任:孙晓峰(2020 年 12 月任)
　　　　　蔡万日(2020 年 5 月任,至 12 月)
　　　　　孙　洁(任至 2020 年 5 月)

夏履镇
党委书记:孙其康(2020 年 12 月任)
　　　　朱国庆(任至 2020 年 12 月)
镇　　长:赵建兴

漓渚镇
党委书记:裘剑平
镇　　长:郑　诚(2020 年 5 月任)
　　　　胡　爽(任至 2020 年 5 月)

平水镇
党委书记:姚建炜(2020 年 11 月任)
　　　　高　波(任至 2020 年 11 月)
镇　　长:喻孙坤(2020 年 11 月任)
　　　　姚建炜(任至 2020 年 11 月)

王坛镇
党委书记:张志华(任至 2020 年 12 月)
镇　　长:袁　沣(2020 年 1 月任)
　　　　钱苗娣(任至 2020 年 1 月)

稽东镇
党委书记:章　松(2020 年 12 月任)
　　　　许立峰(任至 2020 年 12 月)
镇　　长:王志浩(2020 年 1 月任)
　　　　陆建祥(任至 2020 年 1 月)

(娄剑翔)

地形地貌

【概况】 柯桥区南靠会稽山,北濒海,故呈西南高、东北低的阶梯形地势,山脉、平原、海岸兼有,受江山—绍兴大断裂影响,山丘与平原间界限比较明显。西南部为低山丘陵河谷区,占全区总面积约 52%,中北部为水网平原区,占全区总面积约 31%,平均海拔 6 ~ 7 米,偶有孤山、残丘分布其间,其高度一般不超过 200 米,史称山会平原。东北部为滨海平原区,占全区总面积 11%,海拔 5 米左右,系淤涨型滩涂,地势平坦。

柯桥区内山地和丘陵在形态和成因方面有许多共同之处,其分布也紧密相连,犬牙交错,难以截然区分。区内群山连绵,山体抬升强烈,地形破碎,溪流短小湍急,一般在海拔 300 ~ 400 米,向东北急剧倾斜,降至海拔 20 米左右时,与无数山麓冲积扇和中北部冲积平原相连,坡度以 15° ~ 25° 和大于 25° 为主。境内水系发育受地质构造及地貌形态制约,南部丘陵山地地面切割强度大,地形破碎,树枝状水系发育;北部水网平原地势低平,河湖密布,交织成网。

柯桥区境处于浙西山地丘陵、浙东丘陵山地和浙北平原三大地貌单元的交接地带,地貌类型复杂,以山地丘陵、丘陵盆地和河谷平原为主,有夏履、型塘、漓渚、兰亭、平水及小舜江河谷,王坛、平水盆地,其面积较小,山城较狭,水流湍急,含沙量较高,土壤冲积明显。丘陵盆地与水网平原交界处均有大片坡地、阶地,漓渚、兰亭一带面积较大,坡度皆在 10° 以下,土层深厚,适宜农耕。

【西南部低山丘陵河谷】 会稽山脉尾闾进入柯桥区境内南部,构成崎岖低山、丘陵、河谷地,形成于 1.3 亿年前,长期基本稳定。新石器时代有频繁农垦活动,2020 年为茶、桑、果等经济作物和旱粮种植地，在绍兴农业史中占有重要地位。

【中北部水网平原】 历史上，山会平原本是一片濒海沼泽，潮汐无常，今之漓渚、平水均为海水直拍的山地和海岸交界处，海退之后，海岸北移，海岸线轮廓已与今相似，浅海开始赤裸，加之山丘泥沙来源丰富，溺谷於浅不畅，浅海逐渐垫高而变成咸潮出没的沮洳沼泽之地。约在公元前21世纪，经大禹治水，无余封越，越族居民才开始垦殖。距今约3000年前后，越族酋长开始把聚落居民从会稽山地向北迁徙，山麓冲积扇和平原中一些较大孤丘及附近坡地被开发，中部冲积扇平原形成。公元前5世纪初，越王句践把驻地迁至今之越城，经过筑城、立郭、围堤、筑塘、拒潮、蓄淡，造就会稽山北麓冲积扇以下的大片耕地。秦汉时，越人迫迁，北人南徙，潮沼地加快开发。东汉马臻浚筑鉴湖，开辟良田9000顷。唐垂拱二年(686)山阴与萧山间25千米界塘筑成，开元十年(722)会稽县令李俊之主持修筑山会海塘，后经大历十年(775)、大和六年(832)两次增修，才形成东起上虞、西至山阴、全长50余千米之防海塘，山会平原遂全面形成。

境内除偶有高不过200米的零星火成岩残丘外，皆为冲积、淤积、海积而成。地势平坦，平均海拔6～7米。靠近古海塘北部狭长地带，地势低平，平均海拔4.5米，河流较少，水面狭窄，为向滨海滩涂过渡地带。平原地区，则河流纵横，湖泊星散，有大量以溇、湖、埭、桥、江、墅、葑、塘、渎、堰、岸、港、浦等命名的村落。

【东北部滨海平原】 滨海平原是柯桥区棉、麻、甘蔗、西瓜等主产区，部分近海涂地系近代人工围垦而成。由于近钱塘江河口岸线受潮汐及曹娥江涌潮影响，极不稳定，需人工筑堤防护。明永乐至万历年间(1403—1620)，钱塘江主槽北移，山、会两县海涂外涨，有人自发垦殖，植棉、麻，种水稻、瓜果、蔬菜。清咸丰年间(1851—1861)，三江口乾、坤两号沙地，面积超过4万亩。清末民初，滩涂曾向杭州湾伸展10千米，有磨盘丘、豆腐畈等垦区。此后，由于钱塘江南股槽游移，滩涂大片坍方，至建国前夕，几乎丧失殆尽。从1969年开始组织大规模人工围涂造地，至2001年围垦76平方千米，约占滩涂总面积47%。2002年10月，启动“九七”丘二期工程，总投资1.58亿元，抢围低滩面积450公顷。2006年10月28日，最后一期口门治江围涂（西片）工程动工建设。此次围涂分三阶段实施，共抛筑堤坝两支，其中西堤全长1997米，北堤全长2186米，实际围垦面积为316.67公顷，抛筑石坝4183米，筑堤4130米。至2007年7月10日，口门丘治江围涂（西片）工程竣工。这块淤涨型滩涂，约占全区总面积的10%，区内地势平展，人工水系纵横交错，海拔5米左右，为滨海平原。

【主要山脉及主峰】 会稽山是曹娥江与浦阳江分水岭，主峰太白山在诸暨、嵊州交界处，海拔1000多米。其北脉自西南方由诸暨、嵊州边境进入柯桥区，主峰有两个。

真如山，在嵊州境内，海拔近800米，延伸到王坛镇孙岙，称五百岗，海拔近700米，余脉向东北伸展，达曹娥江畔。主要山峰有雄鹅峰、西峰山、衙堂山、龙塘山，皆在小舜江东岸。

骆家尖，在稽东镇龙西村焦坞西南，海拔700多米，为境内最高峰。沿主峰分出3支：

第一支向东过龙头岗、东桃林、木窝尖、铜盘山抵王城之仰山岭，称木窝尖山脉。

第二支向东北延伸，过独树尖大、小西岭至王坛，称独子山脉。

第三支逶迤经越大山、九曲岭、龙头岗、古博岭、铜井山、叶家山、越王峥至马社，称西干山脉，系柯桥区与诸暨市、杭州市萧山区的天然分界岭。

西干山脉又分出3条分支：

由五岩山向东过分水岭、化山、龙池山、皇姑山、陶晏岭、日铸岭，东折过捣臼坞、石泄岭入上虞市者称化山山脉。其中的诸葛尖、将军山、银山、稷山颇具史迹。

由捣臼坞北折过寺后山、九岗山、杨梅山到东湖绕门山，称东干山脉，其中的绕门山、吼山等紧依城区，独具自然景观。

由西干山脉乍丹岗向北伸展，过法华岭，折向东北，经峨嵋山、秦望山、横浜岭到香炉峰（宛委山之峰），称秦望山脉。秦望山如钳状环展于越城区南部和西南部，其中的石匮、侯山、塔山、种山、蕺山、亭山等各具典故，名著于世。

这3条支脉余脉散落在平原上的孤丘，自南而北主要有梅里尖、柯山、牛头山、梅山、金鸡山、西扆山、上方山、羊山、壶瓶山、白洋山、马鞍山、驼峰山、大和山等，为古越文明之摇篮，文化积淀深厚。

【火山地貌】 发生在中生代的燕山运动，给境内带来剧烈的火山喷发活动，后经长期外力作用，火山多已荡然无存，残留下来的死火山地貌在柯桥区境内仅五百岗火山群。这些死火山山顶都较平坦，火山锥形保存完整。五百岗位于柯桥、嵊州两地交界处，属江南少见的火山群地貌。山体由安山岩构成，有多座火山锥分布于喷出岩构成的高台地上，其中以主峰雌鹅凸（近700米）、雄鹅凸(600余米)最为典型。（魏烨桦）

河流和湖泊

【概况】 柯桥区境内河流源于南部会稽山，除小舜江、浦阳江外，均流经中部平原，北注曹娥江、入钱塘江。经历自然水系、鉴湖水系、运河水系的发展演变过程。2020年分属小舜江、运河、浦阳江三大水系，又以运河水系为主。

【小舜江水系】 小舜江是曹娥江中游的最大支流。流域面积534平方千米，主流长72千米。辖区范围的流域面积294平方千米。主要支流有南溪、北溪、双江溪、王化溪4条支流。

南溪，为小舜江的正源，发源于嵊州竹溪赤藤岗，东北流经谷来、显潭，在五间头流入柯桥区境内，过王城、王坛，到肇湖与北溪合流。在区境内起于童家泛、王城，经南子口，折东北到肇湖与北溪合流。主流长9.65千米，支流总长34.4千米，境内集雨面积67.47平方千米。

北溪，上游呈扇形，分别源于龙峰上王谷雨尖、越峰胡宅、越大山、九曲岭、相岙等，汇合于袁村，过上冯、车头、青坛、王坛至肇湖与南溪合流。主流全长23.15千米，支流总长69.45千米，集雨面积124.51平方千米，是小舜江上游的两大支流之一。

双江溪，由南溪和北溪在肇湖汇合而成，流经罗镇汇入汤浦水库，主流全长7.8千米，支流总长25.5千米，集雨面积43.91平方千米。

王化溪，源于王化上祝杨梅山，向东南流经宋家店、王化、青店，在登岸注入小舜江，主流全长14.4千米，支流总长11.15千米，集雨面积42.63平方千米。

【运河水系】 西干山脉与化山山脉之间丘陵、平原地区的溪、河、湖泊，总称运河水系，由山区河流、平原河网和平原湖泊三部分组成，流域面积731平方千米。

【浦阳江水系】 在柯桥区境内流域面积15.8平方千米，主要涉及漓渚镇内的弦腔溪、朱家坞溪和黄山畈溪等，属山区性河流，河道总长11.05千米。

【山区河流】 古称“三十六源”之水，源出于西干山脉和化山山脉，源短流急，由南向北，下注平原与萧绍运河通连，为平原河湖网的主要水源。境内自西往东的主要河流8条。

夏履江，发源于湖塘黄山岭下凉帽尖，流经华丰、夏履桥、汪家埭后，河道弯曲盘迴，称九曲河，至前童、南钱清通连西小江。主流全长32.6千米，支流总长94.6千米，集雨面积148.47平方千米。

陌坞江，发源于湖塘陌坞一字岗，在西跨湖注入鉴湖，主流全长6.75千米，支流总长10.35千米，集雨面积14.03平方千米。

型塘江，发源于湖塘俞家山村九岭下，经潜家桥、型塘，出寿胜埠头注入鉴湖，主流全长18.65千米，支流总长16.6千米，集雨面积28.61平方千米。

项里江，发源于柯桥州山大洋水库冷水湾岗，经项里，在彤山西侧注入鉴湖。主流全长4.7千米，支流总长13.85千米，集雨面积13.78平方千米。

秋湖江，发源于福全街道樊迪豆腐尖，流经王七墩、秋湖，在彤山东侧注入鉴湖。主流全长6.6千米，支流总长16.5千米，集雨面积12.09平方千米。

漓渚江，发源于漓渚棠棣刘家村太山岭，流经九板桥、义桥、下溇、徐山，于钟堰汇入鉴湖。主流全长20.4千米，支流总长44.15千米，集雨面积57.23平方千米。

娄宫江，又名兰亭江，发源于兰亭街道大庆山，流经谢家桥、花街、分水桥、娄宫、凌江岸，在偏门汇入鉴湖。主流全长21.55千米，支流总长98.05千米，集雨面积111.31平方千米。

平水江，又名若耶溪，发源于平水镇上嵋岙茅园岭，流经岔路口、平水江水库、平水、铸铺岙、望仙桥后有上灶溪注入，出龙舌嘴，在稽山门汇入环城河。主流全长23.55千米,支流总长103.95千米,集雨面积152.42平方千米(含上灶溪),是运河水系中最长的山区河流。

【平原河网】会稽山区河流,自南而北,涌入平原,或溢而为江,或潴而为湖,或为沼为池,或为溇为荡,形成纵横密布、四通八达的平原水网。水流总趋西南向东北;水位升降幅度受水闸节制。萧绍曹运河贯穿东西,其径流主要由西小江、直落江经新三江闸、马山闸等注入曹娥江。

萧绍曹运河,古名漕渠,又名西兴运河,疏凿于晋代,历加竣治而成。2020年,西起杭州市萧山西兴,东至上虞曹娥,全长78.5千米,与萧甬铁路线基本平行。运河在区境内,西起钱清街道,经柯岩、柯桥街道入越城区东浦,柯桥区境内全长17.9千米,为运河水系的主干河道。运河南面有夏履江、陌坞江、型塘江、项里江、秋湖江、漓渚江、娄宫江等汇入鉴湖与萧绍运河贯通,又有平水江、攒宫江等直接汇入绍曹运河。运河北面,与南北、东西向每条河道连接,主要经西小江、直落江及马山闸配套河道,由新三江闸、马山闸等注入曹娥江。

西小江,又名钱清江。宋、明期间,多次成为浦阳江下游干道;明嘉靖十六年(1537)建成三江闸前,为直通杭州湾潮汐河流。明宣德年间(1426—1435),始筑临浦坝,复开碛堰山口,导浦阳江归故道入钱塘江;明成化年间(1465—1487),又筑麻溪坝、新河闸,浦阳江与西小江分流,自此,西小江自成系统。上游为进化溪(古称麻溪,萧山境内),源出萧山进化螽斯岭。经晏公桥入西小江,在杨汛桥街道上坂入境,流经江桥、杨汛桥,在钱清街道附近贯穿萧绍运河,又折而东北经南钱清、新甸、管墅、华舍、嘉会、下方桥、狭猱湖,流经袍江新区斗门,于荷湖与直落江汇合,由西入新三江闸江总干河,注入曹娥江。其中,上坂至钱清河段,为柯桥区与萧山之间界河;华舍至嘉会主干河道,因垦殖消失。西小江全长91.6千米,区境内长58.6千米(上坂至三江闸),为境内西部主要的灌溉、排涝和航运河流。为新三江闸西干河。

【平原湖泊】公元前2000年左右海岸线自会稽山麓逐渐北移,至春秋时代出现山麓地带湖泊群,汉代出现中部地带湖泊群,其间产生大型人工湖泊古鉴湖,唐代形成沿海地带湖泊群。境内曾存在大量湖泊群,较大湖泊54个。唐代以后,开始围垦湖泊,宋代加剧,湖泊锐减。明清两代,湖泊继续垦废。至中华人民共和国成立前,主要湖泊存18个;中华人民共和国成立后,湖泊仍遭局部围垦,20世纪90年代,围湖现象明显抑制。

经历次行政区划调整,属柯桥区6个主要湖泊。以萧甬铁路线为界,分成两大系统。路南以古鉴湖残留湖泊为主,路北属于滨海潟湖。

鉴湖,古鉴湖残留湖泊,属河道式湖泊。西起湖塘街道西跨湖桥,东至越城区亭山东跨湖桥,全长19.2千米,最宽处300余米,最窄处10余米,湖面积294.8万平方米,容积875.9万立方米。鉴湖西通西小江,东连环城河,南有会稽山区河流夏履江、陌坞江、型塘江、项里江、秋湖江、漓渚江、娄宫江汇入,北岸古称南塘即古鉴湖西湖堤,有众多南北向小河与萧绍运河连通,流域面积357平方千米。

瓜渚湖,位于区域中心柯桥街道,南濒萧绍运河,滨海潟湖。清初,有前后两湖,广数千余亩,2020年存1湖,面积138.3万平方米,容积396.21万立方米。

大小坂湖,位于区西北13千米华舍街道,滨海潟湖。湖面积67.61万平方米,容积223.63万立方米。

芝塘湖,又称茭塘湖、菱塘湖、芝湖,位于区西北24千米杨汛桥街道。原为自然湖泊,明洪武二十七年(1394)始筑塘建闸,遂成为滞洪蓄水工程。历有围垦。湖面积59.47万平方米,容积161.08万立方米。

施家荡,位于区西北20千米钱清街道,滨海潟湖,南接萧绍运河,北通西小江,湖面积19.91万平方米,容积79.35万立方米。

质石湖,位于福全街道,古鉴湖残留湖泊。湖面积43.72万平方米,容积114.63万立方米。(祁 欢)

自然资源

【土地资源】柯桥区(绍兴县)域,历来变动较多,土地面积又疏于记载,从明万历年间(1573—1620),才有若干年份土地面积记录。

明万历《绍兴府志》载，洪武二十四年(1391)，山阴、会稽两县(此两县旧时归属绍兴县)合计土地面积2184279亩。万历十三年(1585)，山阴、会稽两县合计2215007亩。

清乾隆《绍兴府志》载，康熙十年(1671)，山阴、会稽两县合计2246859亩。乾隆四十九年(1784)，山阴、会稽两县合计2263086亩。

民国时期，据《重修浙江通志稿(标点本)》(2010年版)载，民国18年(1929)，绍兴县呈报公私土地面积2672558亩。民国24年(1935)，浙江省各县面积分析表列绍兴县总面积3124832.26亩。据宁波专署按浙江省统计局刊发《浙江省银行经济年鉴》反馈给县的资料，民国35年(1946)、36年(1947)、38年(1949年9月30日止)，绍兴县土地面积(不含海湾)均为287.35万亩。

中华人民共和国成立后，绍兴县域20世纪50年代变动11次，与1949年比净减土地面积474.6平方千米。1959年，土地总面积为1441平方千米(不含海湾面积)。1983年撤地建市，恢复绍兴县，土地面积减至1392平方千米。据1991年土地资源详查资料，全县总面积1492.51平方千米(含海湾面积)。2000年7月，行政区域调整，减去划给越城区的东浦、马山、斗门、皋埠、鉴湖5个镇，计土地面积239.70平方千米，全县土地面积减到1252.81平方千米。2003年，绍兴县齐贤镇划出15个村，计19.21平方千米，绍兴县土地面积减到1233.6平方千米。

2013年10月，国务院批复同意撤销绍兴县设立绍兴市柯桥区，行政区划调整，减去划给越城区的孙端、陶堰、富盛3个镇土地面积136.42平方千米后，据2013年12月31日土地利用调查的数据，柯桥区域土地面积106601.76公顷，计1066.02平方千米。人均耕地由中华人民共和国成立初的人均0.07公顷减至0.03公顷。(魏烨桦)

【水资源】 柯桥区境内水资源的主要来源是雨水。常年雨量充沛，其年内时间分配随季节交替变化，差异明显。2020年，全区按平均降水量计算地表水资源量10.10亿立方米，地下水资源量2.42亿立方米，两者重复计算水量1.52亿立方米，全区水资源量11.01亿立方米，按年末常住人口计算，人均水资源占有量1003.14立方米。(孙国定)

【生物资源】 柯桥区有主要野生动植物1521种。其中，植物8门187科931种，动物9门2类12纲16目213科590种。在众多生物中，属国家级保护的共24种，其中属国家二级保护植物有鹅掌楸、杜仲、银杏、金钱松、天竺桂5种，国家三级保护植物有凹叶厚朴1种；属国家一级保护动物有虎1种，二级保护动物有穿山甲、水獭、豺、白鹇、小杓鹬、鸺鹠、东方蝾螈、虎纹蛙和5种鹰类、2种隼类共15种。属省级保护动物有眉锦蛇、眼镜蛇、蕲蛇、寿带、戴胜、大杜鹃、毛冠鹿7种。

【矿产资源】 柯桥区境内矿藏资源丰富。1958年陆续开展地质勘探后，探明32个矿种，85个矿点。内生矿为铁、铜、金，多金属，萤石等，是浙江省钢铁、冶金、化工、有色金属原材料及黄金的重要产地之一。外生矿有石煤、泥炭、钾、石英、石灰石、白云石等。境北部第四系地层中有天然气。

金、铜、铁、铅、锌等多金属矿大都分布于元古界双溪坞变质火山岩中，石煤、磷、钾、石灰石、白云石等大多分布于西南部古生代地层中，萤石、墨曜石、珍珠岩则分布于上侏罗火山岩中。(邵 弘)

名优特产

【"会稽山"黄酒】 "会稽山"黄酒源于1743年云集酒坊。民国4年(1915)，在美国旧金山举办的巴拿马太平洋万国博览会上获国际金奖。1951年政府接收后更名为地方国营云集酒厂，1969年更名为绍兴东风酒厂。1991年，绍兴东风酒厂"会稽山"牌简加饭、元红、香雪酒获"中国食品工业十年新成就展示会优秀新产品"称号。1993年，与香港益通食品工业有限公司合资组建成立东风绍兴酒有限公司，企业综合经济效益居全国同行业首位，"会稽山"牌加饭酒被命名为浙江省首批名牌产品。1998年9月，"会稽山"黄酒成为北京人民大会堂唯一指定的国宴专用黄酒品种。2000年4月22日，绍兴东风酒厂被国家质量技术监督局批准为首批国家地理(原产地域产品)标志保护企业。2001年12月8日，"会稽山"黄酒被中国绿色食品发展中心认定为"绿色食品"，为绍兴黄酒业中第一个绿色食品。2004年10月，"会稽山"牌桂花陈酒被中国酿酒工业协会认定并推荐为全国优质产品，后开发出“益聚堂”营养功能黄酒、“土绍酒”等品种。2005年12月，“会稽山”牌黄酒获“国家免检产品”称号，公司更名为会稽山绍兴酒有限公司。2006年，会稽山绍兴酒有限公司被商务部评为第一批“中华老字号”企业，是浙江省知名商号。2007年9月，“会稽山”绍兴酒被认定为中国名牌产品，公司更名为会稽山绍兴酒股份有限公司。2009年9月17日，公司被浙江省文化厅列为浙江省非物质文化遗产中华老字号保护传承基地。2010年12月30日，公司被浙江省文化厅评为浙江省非物质文化遗产生产性保护基地。2011年，“会稽山”绍兴酒在中国酒类品牌“华樽杯”200强评议中，以品牌价值38.32亿元名列第47位。2012年1月，公司获绍兴酒地理标志保护证书。2014年8月25日在上海证券交易所挂牌上市。2020年，会稽山黄酒销售网点覆盖20余个省、直辖市及自治区，远销日本、新加坡及欧美等30余个国家和中国港澳地区，公司实现主营业务收入11.08亿元，净利润2.89亿元。（陈　霞）

【平水日铸茶】 平水日铸茶又名“日注茶”“日铸雪芽”，因产于平水日铸岭而得名，是中国历史名茶之一。创于宋代，自宋代起列为贡品。《嘉泰会稽志》：“日铸岭在会稽县东南五十五里，岭下有僧寺名资寿’，其阳坡名‘油车’，朝暮常有日，产茶绝奇。”欧阳修《归田录》：“草茶盛于两浙，两浙之品，日铸第一。”唐宋时期，制茶是以蒸青、研碾方法制成压型之团、饼茶为主；宋代时，日铸茶改蒸为炒，改碾为揉，改团饼为散茶，使茶叶形质为之一变，冲泡后其色、香、味、形更佳。陆游《安国院试茶》诗自注云：“日铸则越茶矣，不团不饼，而曰炒青，曰苍鹰爪，则撮泡矣。”明人张岱尝募歙人改制日铸茶，称其香味浓郁，色如竹箨方解，绿粉初匀，呼为兰雪，名过松萝。清人李慈铭平生最嗜名茶，偶得日铸，品后赞叹：“龙井清隽而太利，碧螺春蕴藉而太澹，兼两美而无病者，其在此乎！”故平水日铸茶不仅开茶叶炒青法之先河，而且是茶叶撮泡法之鼻祖。清代在日铸岭专辟“御茶湾”并专设“御茶监”，采制贡茶。1980年，恢复试制的日铸茶在浙江省供销系统名茶评比会上，被评为省一类名茶。此后产量逐年增加。2010年“平水日铸”成为绍兴县名茶主导品牌。2011年，绍兴县茶叶产业协会成立平水日铸茶品牌管理服务中心，以平水日铸茶产品质量管理为重点，从栽培、制茶到包装推行“六统一”管理模式。日铸茶的制茶工艺分为杀青、回潮、揉捻、初炒、复炒、烘干等工序。2012年获评中华文化名茶。2013年，“平水日铸”获评国家地理标志证明商标。2019年平水日铸茶成为国家地理标志农产品。2020年“平水日铸”及其系列名优茶产量2110吨，产值4亿元。（宋　晓）

【稽东香榧】 稽东香榧有上千年的栽培历史。唐朝宰相李德裕曾云“木之奇哉，有会稽之海棠榧桧”。据考证，这里的先民宋朝初期开始大面积栽培香榧，种植面积几百亩。尔后代代传承，扩种、补种，发展成大范围的香榧园区。会稽山古香榧群所在地稽东镇境内，为古香榧树的密集分布区域。20世纪60年代起稽东镇年产香榧60～90吨。1999年，稽东镇被浙江省林业厅命名为浙江香榧之乡。2000年起年产105～250吨。2001年3月6日，绍兴县建立稽东香榧林自然保护区，面积200公顷。是年，稽东山娃子有机食品市场成立，香榧纳入有机食品生产范畴，“山娃子”香榧等3家香榧返销大户销售香榧50吨。2002年，稽东镇楼坞和陈村建设2处香榧示范园区，面积133.33公顷。生产技术上继续推广雄花授粉技术。是年6月13日，绍兴县稽东镇山娃子香榧合作社成立，共有42户农户参加，合作社按照绿色食品和森林食品的要求组织生产，全年销售香榧超100吨。是年，在杭州举办的浙江省农业博览会上，“山娃子”香榧被评为优质农产品金奖。2003年，“山娃子”香榧获得浙江省绿色农产品和首届浙江省森林食品称号。2004年，“山娃子”香榧被农业部授予国家级无公害农产品称号。2007年6月，稽东镇被国家林业局命名为中国香榧之乡。2020年，注册“隋榧”“唐榧”2个稽东香榧年轮品牌，11月，“山娃子”香榧获第13届中国义乌国际森林产品博览会金奖。稽东香榧远销日本、韩国、印度尼西亚、马来西亚等海外市场，以及中国香港地区、澳门地区，产品供不应求。至2020年年底，稽东镇有千年以上古树22棵，其中700年以上177棵、500年以上1020棵、百年以上28900余棵，香榧种植发展到21个行政村，投产总面积约45000

亩，年产量320万千克，年产干果80余万千克，年产值上亿元。（陈 剑）

【漓渚兰花】 漓渚镇兰花种养上溯于魏晋时期，起于宋朝、闻于明清、兴于民国、盛于当下，在业界有“中国春兰看浙江，浙江春兰看绍兴，绍兴春兰看漓渚”的说法。据东汉《越绝书》记载：“句践种兰渚山”，故漓渚镇又被尊为“国兰祖地”“春兰故乡”。20世纪90年代初，漓渚镇每年深冬初春都有数千人进入会稽山、明山、天台山、天目山、舟山等地采集兰花，在自家花圃中种植一段时间后再出售。20世纪90年代中后期，兰花经营突破单纯的小苗、小花市场零售，发展到公司与农户结合的“产、供、销”一体化经营。2000年6月，漓渚镇被国家林业局、中国花卉协会评为中国花木之乡。2001年5月，绍兴县棠棣兰苑有兰花2000余盆，分春兰与蕙兰2个系列，300余个品种，其中春兰有260余个品种，110个精品。2002年7月，中国兰花协会授予棠棣兰苑“中国春兰样品园”荣誉称号，成为全国唯一的集培育、观赏、研究、交流为一体的兰花基地。2002年，漓渚镇兰花年产值5200万元，占全镇农业总产值的38%。2004年，漓渚镇建立绍兴县首个面积34公顷的石斛兰生产基地银泉兰苑，年组织培养石斛兰幼苗2000万株以上。2010年，银泉兰苑占地面积0.31公顷，建有5个设施齐全的兰房，面积500余平方米，有新、老蕙兰品种91个，兰花1050盆，被浙江省兰花协会命名为浙江省蕙兰样品园，为省内唯一。在有记录可稽的名贵兰谱中，漓渚镇有30余种。在国际、国内各级兰展和兰博会上，漓渚兰花曾先后获500余个奖项，其中金奖100余个。2020年，漓渚镇有兰花大棚700余亩，专业养兰农户近300家，上规模兰花大户27家，兰花销售总额近亿元，在浙江省百佳兰苑中漓渚镇占七席。（吕诚君）

【同康竹笋】 同康竹笋历史悠久，自古以来便是文人雅客的盘中珍馐。宋代陆游《自九里平水至云门陶山历龙瑞禹祠而归凡四日八首·其六》有言：“还家莫道虚怀袖，笋蕨随宜亦满盘。”在浙东唐诗之路上关于平水同康竹笋的古诗词自唐代起有40余首。2007年，平水镇因盛产竹笋被国家林业局命名为中国竹笋之乡，其中同康竹笋尤以色白、爽脆、略甜而独树一帜、名气最大。20世纪50年代早期的同康竹笋年产1000余吨。1995年，同康村通过“科技兴林”，投资1750万元实施集林科教、产加销和社会化服务于一体的毛竹四季笋基地改造工程。同康竹笋因春有春笋、夏有鞭笋、秋冬有冬笋，一年四季皆有产笋故又名“四季笋”，可以鲜食、盐制、晒干等多方式食用，远销上海、宁波、江苏等地，供不应求。2003年成功注册“同康”牌竹笋商标，先后被评为浙江省著名商标、浙江省名牌产品等荣誉称号，2010年获评国家农产品地理标志。2004年，以同康村为核心的全镇万亩毛竹四季笋示范区被浙江省林业厅命名为浙江省效益林业十大精品基地。经过10余年的不断改良、增产，到2020年竹林面积1784公顷，竹笋年产量1.6万吨，年产值6000余万元。（徐岳尧）

【仁昌酱油】 仁昌酱油源于清光绪十八年(1892)徐仁昌创建的仁昌酱园。光绪三十二年(1906)，由第二代传人章申甫盘进并进行扩建，保留“仁昌”字号。20世纪30年代是仁昌酱园的鼎盛时期，产品销往中国香港地区，出口马来西亚、新加坡。1955年10月1日，转为公私合营模式，后转为地方国营。2000年1月1日，实行经济体制改革，由国资转为民营企业。2018年，主持完成“母子酱油”“浙江制造”团体标准制订。仁昌酱园历经100余年保留厂址不变、古法酿造工艺不变、“仁信昌隆”祖训不变，“仁昌记”品牌酱油因工艺独特，选料讲究，色、香、味、体风格独特，色泽红艳，芳香醇厚，鲜甜适口，深受消费者的喜爱。仁昌酱园先后获评中华老字号企业、浙江省非物质文化遗产传统酱油技艺传承基地、浙江省农业科技企业、浙江省农业龙头企业，“仁昌记”商标获评浙江省著名商标，“仁昌记”牌母子酱油获评浙江省名牌产品，多次被中央电视台、省电视台、市电视台及其他多家媒体包括新加坡电视台等采访报道，其古法工艺、产品，录入中央电视台“舌尖上的中国”，被新加坡电视台誉为传说中的料理。2020年，公司产酱油650吨，产值1155万元。（俞彩玉）

【湖塘杨梅】 湖塘杨梅种植历史有1000余年。2001年，湖塘街道被浙江省林业厅命名为浙江省杨梅之乡。2003年，湖塘建成杨梅观光园，接待游客

6000余人次。2005年,湖塘杨梅产量987吨,占绍兴县的91.2%。2008年,湖塘街道被认定为浙江省森林食品(杨梅)基地;2010年,被国家林业局、中国经济林协会命名为中国杨梅之乡。湖塘杨梅大面积种植主要集中在古城、陌坞、湖塘、永信等村。湖塘本地的"水晶杨梅"多汁鲜美,备受市民青睐。与其他产地的杨梅相比,湖塘杨梅含水量高,吃起来格外鲜嫩甜美,不像别的杨梅多吃几颗后会有涩腻感。2020年,湖塘杨梅种植面积近1万亩,产量1500吨,实现产值约1500万元,带动周边餐饮住宿发展,增加经济效益350余万元。(许冰彬)

【王坛青梅】 王坛青梅其果宜食,其花可赏,栽培历史悠久。王坛镇域内的东村、赵岙山上有百年以上的老梅树,自古以来流传"三月三,梅子尝咸淡"之俗语。1985年,根据王坛镇气候、地理条件,定点在东村种植大青梅。当年种植青梅树苗6800棵,种植面积150亩,后连年扩种,以东村为中心,辐射王城、腾豪、新建等村,连片种植并逐步推广至全镇各村,建设全国单体连片面积最大的万亩梅林。20世纪90年代,绍兴县青梅生产以王坛镇为龙头,王坛镇青梅产量占全县总量的9成左右,王坛镇成为绍兴县青梅特色镇。1993年,王坛镇青梅面积超千亩,产梅72吨。1999年,青梅丰收,王坛镇产梅790吨。2001年,王坛镇兴办舜越绿色食品公司(青梅加工厂)和青梅酒厂(舜旺果酒有限公司),产品远销日本等地。至2007年,全镇24个行政村,50亩以上连片种植的有16个,梅园面积12810亩,产梅2000余吨,年产值300余万元。2008年,王坛镇被中国经济林学会命名为中国青梅之乡。东村青梅园区成为集产梅、旅游观光、休闲度假一体的胜地。2011年,东村村"香雪梅海"旅游区成为国家AAA级旅游景区。2020年,王坛镇实施省级农村综合改革集成建设项目试点,对青梅产业进行提升,由村出面对部分树龄较长的青梅树种进行流转,引进全国25个梅花品种,换种改植青梅树,优化品种结构,至年底产青梅530吨左右,产值318万元左右,形成以梅花文化内涵为主线的特色小镇,被浙江省文化和旅游厅评为省醉梅旅游风情小镇。(王坛镇 供稿)

【兰亭水蜜桃】 兰亭水蜜桃历来被誉为"仙桃寿果""瑶池珍品"和"琼浆玉露",有百年历史。兰亭水蜜桃栽培于20世纪20年代末,由奉化三十六湾引种而来,后逐年扩种形成生产规模。20世纪40年代到鼎盛期,产品除满足绍兴外,还销往杭州市场。20世纪80年代,随着大田联产承包政策落实,当地农户先后从奉化购入"白凤""玉露"等桃苗自行繁殖,种植面积扩大到100余亩。2003年,桃农联合将原有多而杂品种全面改良,形成以中晚熟、大果型、内在质量较高的"玉露"为主栽品种的格局。2009年,黄家坞水蜜桃专业合作社成立,兰亭水蜜桃实现统一标准管理、统一收购销售。2010年起,黄家坞水蜜桃基地在原有基础上选择性点状拓展,种植区域逐步覆盖至周边禾日农庄、印山人家、叙兰苑、漫田旅等多个现代农业园区。2012年、2013年,黄家坞水蜜桃专业合作社的兰亭水蜜桃连续获浙江省精品水果展销会金奖。2020年,兰亭街道有550余亩水蜜桃基地,近4万株桃树,产量20余万千克,产值400余万元,兰亭水蜜桃被列入柯桥区首批柯农优品培育品牌名单。(张国燕)

2020年7月,兰亭街道举行水蜜桃王争霸赛 (徐罗杰 摄)

气象特征

【概况】 2020年柯桥区年平均气温18.7℃，比常年偏高1.8℃，年降水总量1684.3毫米，比常年偏多15%，年降水日数158天，比常年偏少0.6天，年日照时数1436.1小时，比常年偏少367.8小时。

冬季(1—2月)，气温比常年高，季内雨日和总降水比常年偏多，日照比常年偏少，季内出现持续低温雨雪、雾霾等灾害性天气。春季(3—5月)平均气温比常年偏高，雨日、雨量比常年偏少，日照比常年偏少，季内出现冷空气、大风、强对流、霜冻、暴雨等气象灾害。夏季(6—8月)平均气温比常年偏高，雨日、雨量比常年偏多，日照比常年异常偏少。季内出现强对流、暴雨、台风等气象灾害。秋季(9—11月)平均气温比常年偏高，雨日与常年基本持平，雨量比常年略偏多，日照比常年偏少。季内出现暴雨、雷电、持续大雾、冷空气等气象灾害。12月平均气温比常年偏高，雨日与常年基本持平，雨量比常年偏少，日照比常年偏少，出现持续阴雨天气以及强降温过程。

年平均气温18.7℃，比常年偏高1.8℃，与2007年和2017年并列历史最高，2016—2020年连续5年异常偏高。年极端最高气温38.5℃，出现在8月15—16日；年极端最低气温-4.9℃，出现在12月31日。年高温日数(日最高气温≥35.0℃)36天，比常年多11天。年低温日数(日最低气温<0℃)3天，比常年异常偏少。

年降水量1684.3毫米，比常年偏多15%。降水时空分布不均匀，由西南向东北方向逐渐减少，山区多平原少。时间上不同月份差别不同，12月为全年降水最少月份，降水量仅21.6毫米，不足常年同期4成；2月、4月、8月、10月和11月降水量比常年偏少，分别不足常年的9成、4成、5成、4成和5成；1月、3月、5月、6月、7月和9月降水量比常年偏多，分别为常年的2.5倍、1.4倍、1.2倍、1.5倍、1.8倍和1.6倍。年暴雨日6天，日最大降水量77.4毫米，出现在7月3日。全年雨日为158天，比常年偏少0.6天。除2月、4月、8月和10月雨日比常年偏少外，其余月份雨日均比常年偏多。其中4月和8月雨日异常偏少，均接近常年5成。

年日照时数1436.1小时，比常年偏少367.8小时。年内2月、4月、8月，日照时数比常年偏多，其余月份日照时数比常年不同程度偏少。其中7月日照异常偏少，仅为常年3成。

年平均风速为1.5米/秒，小风日数(小于2米/秒的天数)300天；年极大风速23.3米/秒(3月21日)。全年盛行风向为东北偏东风。

年蒸发量1010.8毫米。2020年比上年略有下降，其中8月蒸发量为全年最多，达187毫米，比常年偏多2毫米。

年霜日9天。终霜日出现在2月19日，比常年提前34天；初霜日出现在12月3日，比常年晚15天。

年雪日为5天，比常年偏少3.5天。

年酸雨率88.9%，和历史最高持平，降水pH值年平均为4.71。

【重要天气事件】 全年持续偏暖。2020年，柯桥年平均气温18.7℃，比常年异常偏高1.8℃，自2000年起第21个偏暖年，和2007年、2017年并列历史第一高。其中，入春、入夏分别比常年偏早20天和26天。年高温(≥35℃)日数36天，比常年平均多11天。

年初持续连阴雨。1月柯桥降水215.3毫米，近常年同期(87毫米)的2.5倍，仅次于1998年的257.3毫米，为历史第二多年份。其中，1月23—26日，出现持续性强降水，全区面雨量129.6毫米，下旬雨量创历史极值。

初春强对流频发。3月21日和26日，受强对流云团影响，柯桥出现强雷电、短时暴雨、8～12级雷雨大风、冰雹等强天气，对居民生产生活、农业等造成严重影响。3月21日16时至22日7时，全区出现大范围冰雹天气，钱清、杨汛桥、王坛、稽东、安昌等地出现冰雹，10个站点出现8级以上大风，风力最大丹家村站12级，其次稽东陈村站11级，第三柯岩景区站10级，15个站点雨量超过50毫米。

四月上旬倒春寒。4月7日晚至8日凌晨，柯桥南部地区发生倒春寒，夜间气温偏低，山区最低气温在0℃左右，茶叶表面形成霜，加上白天回温快，最高气温升至23～25℃，受冻茶叶晒焦，造成损失较大，多处面临绝收。

入梅早出梅晚。5月29日入梅(比常年偏早12天,为1961年有气象记录起第二位),7月18日出梅(比常年偏迟8天),梅雨量619.6毫米,为常年梅雨量的2.3倍,创历史新纪录。梅汛期暴雨过程频繁、短时雨强强,共出现7轮强降雨过程,对水利、交通、农业等造成不利影响。

台风"黑格比"正面影响。第4号台风"黑格比"于8月4日凌晨3时30分登陆乐清沿海,登陆时中心附近最大风力38米/秒(13级),中心最低气压970百帕。"黑格比"于4日13时进入绍兴,穿过嵊州、柯桥、越城,强度维持热带风暴级,给柯桥区南部带来狂风暴雨,24个站出现6～8级大风,其中王坛镇面雨量141.9毫米。

7月台风不活跃。影响柯桥地区的台风平均每年2.5个,2020年有1个。每年的7—10月,是西北太平洋和南海的台风活跃期,常年有3.7个台风生成,最多年份生成8个,最少年份生成1个,而2020年7月西北太平洋和南海无台风生成,是1949年有气象记录起首次出现7月"空台"。

秋季雨少气温高。9月18日入秋后,降水比常年偏少,其中10月20日至11月19日,31天中3天为雨日,其余天数均无降水,总雨量1.1毫米,比历史同期偏少98.6%,旱情严重。

年末强寒潮出现。12月29日下午起受强寒潮影响,柯桥区出现剧烈降温、大风、雨雪和严重冰冻天气,过程降温幅度12℃以上。29日夜里出现降雪,山区有2厘米积雪。31日早晨最低气温平原-5～-7℃,山区-8～-10℃,出现严重冰冻,积水路面出现明显结冰。

霾日总数减少。柯桥区灰霾天气现象明显好转,年霾日56天,以轻微霾为主,其中重度霾1天,中度霾2天,比上年减少24天。(冯　博　周晓燕)

民族　人口

【概况】 2020年末,柯桥区域总户数232513户,户籍人口692590人。其中,男性337914人、女性354676人,分别占总人口的48.79%和51.21%;城镇人口421802人、农村人口270788人,分别占总人口的60.9%和39.1%。全年出生人口5477人,出生率7.93‰;死亡人口4599人,死亡率6.66‰。人口比上年增加4587人,自然增长率1.27‰,比上年下降2.56个千分点。

全区境内人口以汉族为主,人数685193人,占总人口的98.93%;少数民族人口7397人,占总人口的1.07%,比上年上升0.02个百分点。全区境内有壮族等36个少数民族人口居住。少数民族人口比上年增加168人,以女性为主,计5583人,占总数的75.48%;男性1814人,占总数的24.52%,男性人口比上年上升0.69%。

2020年柯桥区少数民族人口情况

表6　　单位:人

序号	民族	男	女	序号	民族	男	女
1	蒙古族	51	76	7	畲族	54	90
2	回族	78	128	8	拉祜族	0	1
3	藏族	1	1	9	水族	4	11
4	维吾尔族	46	27	10	纳西族	43	308
5	苗族	138	503	11	景颇族	0	3
6	彝族	54	211	12	柯尔克孜族	1	2

续表 6

序号	民族	男	女	序号	民族	男	女
13	壮族	366	2301	26	土族	2	0
14	布依族	60	272	27	达斡尔族	3	5
15	朝鲜族	425	418	28	仫佬族	4	33
16	满族	138	151	29	羌族	2	10
17	侗族	36	74	30	布朗族	0	2
18	瑶族	19	50	31	毛南族	3	21
19	白族	45	237	32	仡佬族	10	27
20	土家族	187	422	33	锡伯族	1	1
21	哈尼族	7	42	34	怒族	0	1
22	傣族	2	15	35	乌孜别克族	14	6
23	黎族	14	90	36	京族	1	1
24	傈僳族	3	30	37	入籍	1	1
25	佤族	0	2	38	其他	1	10

（徐　金）

执行编辑　宋如玲

中共绍兴市柯桥区委员会

重要会议

【区委一届七次全体(扩大)会议】 2020年1月6日，中共柯桥区委召开一届七次全体(扩大)会议。区委常委会主持会议。区委书记沈志江讲话，区委副书记赵如浪部署全年经济工作，区委副书记诸剑明参加。会议总结2019年工作，部署2020年任务，讨论审议《中共绍兴市柯桥区委关于认真学习贯彻党的十九届四中全会精神，更高水平推进柯桥区域治理现代化的决定》，动员全区上下实干担当、加压奋进，推动高质量发展与高效能治理同频共振，高水平打造区域治理现代化标杆区，高水平完成全面小康和“十三五”规划既定目标，为柯桥区建设新时代“国际纺织之都”、打造“融杭接沪示范区”、冲刺全国“十强区”增色添彩、贡献力量。

【柯桥区干部大会暨制造业高质量发展“步鱼计划”推进大会】 2020年3月20日，柯桥区干部大会暨制造业高质量发展“步鱼计划”推进大会召开。区委书记沈志江在会上强调，要深入学习贯彻习近平总书记关于制造强国战略的重要论述精神，贯彻落实全省制造业高质量发展大会和全市制造业集群发展推进大会精神，脚踏实地推进制造业高质量发展，为柯桥实现“两手硬两战赢”、冲刺全国“十强区”提供强大动力和支撑。会上表彰2019年度柯桥区高质量发展贡献奖、区长奖和2019年度柯桥区金融支持实体经济发展考核先进单位。6家企业负责人交流发言。区委副书记、区长赵如浪主持会议并部署工作。区四套班子领导、区人民法院院长、区人民检察院检察长等参加会议。

【省委第十巡视组巡视柯桥区工作动员会议】 2020年4月15日，中共浙江省委第十巡视组巡视柯桥区工作动员会议召开。会前，省纪委常委、省委巡视工作领导小组成员、省委巡视办主任徐鸣华向中共柯桥区委书记沈志江传达省委书记车俊关于巡视工作的讲话和指示精神。会上，省委第十巡视组组长邱志明作巡视动员讲话，徐鸣华就配合做好巡视工作提出要求。沈志江主持会议并表态发言。省委第十巡视组其他成员，省委巡视办有关人员，中共绍兴市委常委、组织部部长徐晓光，绍兴市委第二巡察组成员，柯桥区委和区人大常委会、区政府、区政协党组领导班子及其成员，区人民法院、区人民检察院党组主要负责人，在职副处级以上干部，2015年以来县处级退职、退休的老干部，各镇(街道、开发区)党政主要负责人，区机关部门(单位)主要负责人，区纪委监委和组织部班子成员，巡察办主任和巡察组组长等参加会议。

【区委一届八次全体(扩大)会议】 2020年8月7日，中共柯桥区委召开一届八次全体(扩大)会议。区委常委会主持会议。出席全会的区委委员31名、候补委员6名。区委书记沈志江讲话，区委副书记赵如浪、诸剑明出席。全会研究部署推动习近平总书记考察浙江重要讲话精神在柯桥贯彻落实的思路举措，听取和讨论沈志江受区委常委会委托作的工作报告，审议通过《中共绍兴市柯桥区委关于深入学习贯彻习近平总书记考察浙江重要讲话精神，在建设“重要窗口”新征程中走前列当标兵的决议》《中共绍兴市柯桥区委关于加快建设新时代“名士之乡”人才高地，全力打造高水平创新型“十强区”

的决定》，部署下半年工作。全会强调，柯桥作为“绍兴大城市建设的排头兵、接轨沪杭都市圈的桥头堡”，要全面对标对表、争先创优，在建设“重要窗口”、展示“绍兴风景”中创造排头兵业绩、展现国际纺织之都风采。

【柯桥区企业家大会】 2020年11月2日，柯桥区企业家大会在柯桥蓝天大剧院召开。会议深入学习贯彻中共十九届五中全会精神，要求以习近平总书记考察浙江重要讲话精神为指引，弘扬柯桥企业家精神，发挥企业家作用，深化“三服务”，提振精气神，凝心聚力，奋勇争先，为“十三五”建设圆满收官、“十四五”建设顺利起步，打下坚实基础。区委书记沈志江讲话。区委副书记、区长赵如浪主持会议。区四套班子领导、区人民法院代院长、区人民检察院检察长等参加会议。14位企业家代表交流发言。

【区委一届九次全体（扩大）会议】 2020年12月28日，中共柯桥区委召开一届九次全体（扩大）会议。区委常委会主持会议。区委书记沈志江讲话。区委副书记赵如浪、诸剑明出席。全会落实中央经济工作会议、省委十四届八次全会和省委经济工作会议、市委八届九次全会的决策部署，听取和讨论沈志江受区委常委会委托作的工作报告，审议通过《中共绍兴市柯桥区委关于制定柯桥区国民经济和社会发展第十四个五年规划和二〇三五远景目标的建议》，动员全区上下围绕忠实践行“八八战略”、奋力打造“重要窗口”主题主线，全面开启率先高水平建设社会主义现代化先行示范区的新征程，为绍兴加快实现“四个率先”、浙江争创社会主义现代化先行省贡献柯桥力量。

【区委常委会会议】 2020年，中共柯桥区委共召开21次常委会会议。

1月2日会议　会议传达学习习近平总书记在十九届中央政治局第十九次集体学习时的重要讲话精神及浙江省委副书记、省长袁家军的批示精神，传达学习省委经济工作会议精神，传达学习市委八届七次全体（扩大）会议精神，传达学习中央农村工作会议精神，传达学习中共浙江省委办公厅关于建立健全“干部为事业担当、组织为干部担当”良性互动机制的意见精神。听取关于2019年区政府党组落实全面从严治党主体责任情况和《政府工作报告（送审稿）》的汇报，听取关于区人大常委会、区政协2019年工作总结和2020年工作思路及2019年区人大常委会党组、区政协党组落实全面从严治党主体责任情况的汇报，听取关于区法院、区检察院2019年工作总结和2020年工作思路及2019年区法院党组、区检察院党组落实全面从严治党主体责任情况的汇报，听取关于加强柯桥区高层次人才队伍建设打造人才生态最优区若干政策的汇报，听取关于中国国际贸易促进委员会浙江省绍兴市柯桥区委员会、绍兴市柯桥区社会矛盾纠纷调处化解中心等机构设置的情况汇报，听取关于柯桥区2019年国民经济和社会发展计划执行情况及2020年国民经济和社会发展计划草案的汇报，听取关于2020年柯桥区政府投资项目、国有投资项目建设计划情况的汇报，听取关于改革区直属国有企业工资决定机制实施意见的汇报，听取关于柯桥区融资平台转型资产量化配置方案的汇报，听取关于柯桥区2019年财政预算执行情况及2020年财政预算（草案）编制情况的汇报，听取关于柯桥区2019年度生态环境状况和环境保护目标完成情况的报告，听取关于柯桥区新一轮稳外贸稳外资工作若干意见的汇报，听取关于区委一届七次全体（扩大）会议建议方案、报告（送审稿）、决定（送审稿）的汇报，听取关于柯桥区公务员职级竞争择优晋升工作实施方案的汇报，原则同意上述事项，研究其他有关事项。

1月22日会议　会议传达学习贯彻习近平总书记关于新冠肺炎疫情的重要指示精神、李克强总理批示精神和国务院防控工作电视电话会议精神，研究全区新冠肺炎疫情防控工作，传达学习省十三届人大三次会议、省政协十二届三次会议精神，传达学习全国、全省宣传思想工作会议精神，传达学习全省统战部长会议精神，传达学习十九届中央纪委四次全会、省纪委十四届五次全会和市纪委八届五次全会精神。听取关于2019年度柯桥区发展贡献奖（区长奖、经济发展贡献奖）评比结果的汇报，听取关于区管领导干部及区机关部门退职领导干部2019年度考核优秀等次（嘉奖）建议名单的汇报，听取关于2019年度公务员嘉奖、三等功、区级先进单位、区级先进工作者（区管干部以下）评选结果的汇报，听取关于五星争创系列成绩突出集体建议名单的汇报，听取关于2019年度平安柯桥建设先进集体和个人建议名单的汇报，听取关于柯桥区美丽柯桥建设优胜镇（街道）的汇报，听取关于2019年度金融支持实体经济发展考核奖励结果的情况汇报，听取关于深化“三服务”进一步完善助企服务员制度的意见的汇报，听取关于实施村干部、村级优秀人才队伍建设“四千计划”的情况汇报，听取关于2019年度全区意识形态工作的情况汇报，听取关于全区2019年人才工作总结和2020年工作思路的汇报，听取关于全区2019年社会稳定及平安创建、信访工作总结和2020年工作思路的汇报，听取关于全区2019年安全生产、食品药品安全工作总结和2020年工作思路的汇报，听取关于2019年全区城乡环境卫生整治考核情况的汇报，听取关于柯桥区城乡生活垃圾分类处理三年行动方案（2020—2022年）的汇报，听取关于2019年度机关部门、镇街（平台）岗位目标责任制有关情况的汇报，听取关于区纪委一届五次全体会议建议方案、报告（送审稿）的汇报，听取关于有关案件的情况汇报，原则同意上述事项。

1月27日会议　会议传达学习贯彻中央政治局常委会会议、省委常委会会议和市委常委会会议精神，听取关于近期全区新冠肺炎疫情防控工作的汇报，听取关于公安卡口等疫情防控措施的有关情况汇报，原则同意上述事项。

2月2日会议　会议传达学习习近平总书记重要指示、省委常委会会议和市委常委会会议精神，听取关于全区疫情防控工作情况和下一步贯彻落实意见的汇报，原则同意上述事项。

2月5日会议　会议传达学习中央政治局常委会会议和省、市疫情防控工作领导小组（扩大）会议精神，听取关于全区下阶段复工、复市工作部署和落实情况的汇报，听取关于建设新型冠状病毒疫情防控区级集中隔离点的情况汇报，听取关于柯桥区下阶段疫情防控工作部署和落实情况的汇报，听取关于省委督导组暗访反馈问题整改的情况汇报，原则同意上述事项，研究其他有关事项。

2月13日会议　会议传达学习习近平总书记近期有关疫情防控的重要讲话精神和省委常委扩大会议、市委常委扩大会议精神，传达学习省委书记车俊到柯桥区指导督查企业疫情防控和复工复产工作时的讲话精神，听取关于坚决打赢新冠肺炎疫情防控阻击战全力稳企业稳经济稳发展的实施意见的汇报，听取关于全区疫情防控、“三清一管好”（人员底子清、人员动态变化清、下发名单比对清，管好有武汉经历史的人员和有密切接触的人员）、企业复工等工作和下阶段工作部署的情况汇报，听取关于中国轻纺城复业实施方案的汇报，听取关于深化“三服务”助推企业复工复产相关实施方案的汇报，听取关于柯桥区疫情防控捐赠物资接收和使用情况的汇报，原则同意上述事项。

3月5日会议　会议传达学习中央政治局常委会会议、省委常委会会议和市委常委会会议精神，传达学习省委书记车俊有关批示精神，传达学习省委政法工作会议精神，听取关于区纪委、区委组织部、区委宣传部、区委统战部、区委政法委2020年工作思路的汇报，听取关于2020年度区委、区政府和区级有关单位与区各民主党派、工商联及无党派人士协商通报计划的汇报，听取关于加强新时代柯桥公安工作实施意见的汇报，听取关于2020年度柯桥区经营性用地出让计划和工业用地及公益性项目划拨用地供地计划的汇报，听取关于进一步加强“柯桥工匠”队伍建设等事项的汇报，原则同意上述事项。研究其他有关事项。

3月25日会议　会议传达学习中央政治局常委会会议、省委常委会会议和市委常委会会议精神，传达学习全省制造业高质量发展大会、全市制造业集群发展推进大会精神，学习中共浙江省委、浙江省人民政府关于以新发展理念引领制造业高质量发展的若干意见，学习关于深入学习习近平总书记重要指示批示精神，传承弘扬驻村指导员、民情日记、社区党建“契约化”共建等制度高质量深化“三服务”的意见，传达学习省委农村工作会议精神，学习《绍兴市大气污染防治工作责任追究办法（试行）》，传达学习有关“八项规定”和解决形式主义突出问题为基层减负的文件精神，传达学习全省、全市组织部部长会议精神，听取关于2020年柯桥区现代产业重点项目建设计划情况的汇报，听取关于调整区对镇（街道、开发区）财政管理体制方案的汇报，听取关于柯桥区“无废城市”建设试点工作实施方案的汇报，听取关于2020年1—2月柯桥区空气质量状况的汇报，听取关于深入开展区领导“八联系”活动工作方案的汇报，听取关于2020年柯桥区干部教育培训工作要点的汇报，原则同意上述事项。研究其他有关事项。

4月10日会议　会议学习习近平总书记关于巡视巡察工作的重要论述，学习《中国共产党巡视工作条例》《中国共产党浙江省委员会巡视工作实施办法》等党内法规，传达学习十四届省委第九轮巡视动员部署会、八届市委第八轮巡察动员部署会精神，研究部署巡视巡察配合工作。

4月16日会议　会议学习省委第十巡视组巡视绍兴市柯桥区工作动员会精神，学习柯桥区委工作汇报会精神，传达学习柯桥区纪检监察工作专题汇报会精神，传达学习柯桥区组织工作专题汇报会精神，听取关于市委巡察组巡察柯桥经济技术开发区有关准备工作的情况汇报，讨论相关材料，原则同意上述事项。

4月24日会议　会议传达学习中央政治局会议和中央政治局常委会会议精神，传达学习省委书记车俊到柯桥区调研时的讲话精神，传达学习市纪委关于对柯桥区委2019年度履行全面从严治党主体责任检查评议情况的反馈意见。

5月12日会议　会议传达学习中共中央政治局常委会会议精神，传达学习中共浙江省委关于加强各级领导班子政治建设的若干意见精神，传达学习中共浙江省委常委会2020年工作要点和中共绍兴市委常委会2020年工作要点，传达学习省委常委会会议关于深入推进县级社会矛盾纠纷调处化解中心建设工作精神并研究柯桥区贯彻意见，传达学习习近平总书记在决战决胜脱贫攻坚座谈会上讲话精神，传达学习全市统战工作会议精神，传达学习中共浙江省委办公厅浙江省人民政府办公厅关于贯彻落实《中央生态环境保护督察工作规定》的通知精神，传达学习全市“六稳”“六保”工作动员部署会精神，传达学习全市公共资源中私人会所整治“回头看”工作推进会精神，分析全区一季度经济运行情况并研究部署二季度工作。听取关于成立柯桥区“六稳”“六保”工作推进领导小组的汇报，听取关于落实市对区2019年度履行全面从严治党主体责任情况检查评议反馈意见整改方案的汇报，听取关于2020年柯桥区党风廉政建设和反腐败工作组织领导与责任分工的汇报，听取关于2020年柯桥区落实全面从严治党主体责任考核办法的汇报，听取关于一季度全区社会稳定及平安创建、信访工作的情况汇报，听取关于一季度全区安全生产和食品药品安全工作的情况汇报，听取关于柯桥区制造业发展“步鱼计划”行动方案的汇报，听取关于中国（绍兴）跨境电子商务综合试验区柯桥片区建设方案的汇报，听取关于柯桥区国际赛会服务中心运行体制建议方案的汇报，听取关于新时代加强党的领导提升现代社区治理水平实施意见的汇报，听取关于柯桥区强村消薄工作情况的汇报，听取关于2020年3—4月柯桥区空气质量状况的汇报，听取关于明确绍兴市兰亭文化旅游度假区管理运行体制机制若干意见的汇报，原则同意上述事项。研究其他有关事项。

5月13日会议　会议研究其他有关事项。

6月9日会议　会议传达学习《党委（党组）落实全面从严治党主体责任规定》精神，传达学习中央政治局常委会会议和习近平总书记在中央政治局第二十次集体学习时的重要讲话精神，传达学习全国巡视工作会议暨十九届中央第五轮巡视动员部署会、第五期全国市县巡察办主任提级培训班精神，传达学习省委书记车俊在《浙里改（领跑者）》第14期（总第80期）上的批示精神，传达学习中共浙江省委办公厅浙江省人民政府办公厅印发《关于持续解决形式主义突出问题为基层减负的若干措施》的通知精神。听取关于全区“六稳”“六保”工作推进情况的汇报，听取关于柯桥区开展东西部扶贫协作工作和山海协作工程的情况汇报，听取关于开展区领导集中调研制造业“步鱼计划”重点项目建设活动建议方案的汇报，听取关于绍兴市柯桥区自然保护地整合优化方案的情况汇报，听取关于绍兴市柯桥区生态保护红线评估调整建议方案的情况汇报，听取关于2020年1—5月柯桥区大气污染防治工作的情况汇报，听取关于高水平建设新时代美丽乡村实施意见的汇报，听取关于柯桥区安全生产委员会组织结构设置及工作规则的情况汇报，原则同意上述事项。

7 月 7 日会议　会议传达学习习近平总书记在中央政治局第二十一次集体学习时的重要讲话精神；传达学习省委书记车俊，省委副书记、省长袁家军等省委省政府领导有关指示批示精神。听取关于区人大常委会、区政协上半年工作情况和下半年工作安排的汇报，听取关于区人民法院、区人民检察院上半年工作情况和下半年工作安排的汇报，听取关于上半年全区社会稳定、平安创建和信访工作情况和下半年工作安排的汇报，听取关于上半年全区安全生产、食品药品安全工作情况和下半年工作安排的汇报，听取关于全区村（社区）组织换届准备工作情况的汇报，听取关于全区“三驻三服务”工作开展情况的汇报，听取关于开展构建“区镇一体、条抓块统”模式提高基层治理能力试点工作情况及《关于规范镇（街道）“属地管理”的实施意见》起草情况的汇报，听取关于柯桥区“融杭接沪联甬”三年行动计划(2020—2022)的汇报，听取关于加快推动“三农”高质量发展若干政策意见的汇报，听取关于柯桥区国家电子证照应用试点实施方案的汇报，听取关于有关案件的情况汇报，原则同意上述事项。研究其他有关事项。

7 月 23 日会议　会议传达学习习近平总书记在企业家座谈会上的重要讲话精神，学习《中国共产党基层组织选举工作条例》，传达学习省委书记车俊在省委常委会上半年形势分析会上的讲话精神；传达学习省委常委、组织部部长黄建发在绍兴市村社换届座谈会上的讲话精神，传达学习省委第十巡视组巡视绍兴市柯桥区情况反馈会精神，研究部署柯桥区整改落实工作。听取关于区委一届八次全体（扩大）会议建议方案及报告、决议、决定的汇报，原则同意上述事项。研究其他有关事项。

9 月 22 日会议　会议传达学习习近平总书记在十九届中共中央政治局第二十二次集体学习时的重要讲话精神，传达学习习近平总书记对制止餐饮浪费行为作出的重要指示精神，传达学习习近平总书记在扎实推进长三角一体化发展座谈会上的重要讲话精神，传达学习习近平总书记在经济社会领域专家座谈会上的重要讲话精神，传达学习中共中央政治局会议精神，传达学习习近平总书记在全国抗击新冠肺炎疫情表彰大会上的重要讲话精神，传达学习习近平总书记在科学家座谈会上的重要讲话精神，传达学习习近平总书记对新时代民营经济统战工作作出的重要指示精神，传达学习习近平总书记在基层代表座谈会上的重要讲话精神，传达学习全国青联十三届全委会和全国学联二十七大精神及省委书记袁家军、市委书记马卫光有关批示精神，传达学习省委书记袁家军在省委党校秋季学期开学典礼上的讲话精神，传达学习省委副书记、代省长郑栅洁到柯桥区调研时的讲话精神，传达学习中国共产党浙江省委员会农村工作实施办法。听取关于进一步助力市场主体纾困促进高质量发展若干意见的汇报，听取关于 2020 年柯桥区政府投资及国有投资项目建设计划半年度调整情况的汇报，听取关于 2020 年柯桥区现代产业重点项目建设计划半年度调整情况的汇报，听取关于区公安分局上半年工作情况和下半年工作安排的汇报，听取关于推进新时代民政事业高质量发展实施意见的汇报，听取关于法治柯桥（政府）建设有关工作的汇报，听取关于加强国有企业人才引进和培育若干意见的汇报，听取关于第二轮中央生态环境保护督察迎检整改工作的情况汇报，听取关于绍兴柯桥中国轻纺城市场采购贸易方式试点工作推进方案的汇报，听取关于绍兴市柯桥区突发事件总体应急预案的汇报，听取关于 2020 年镇（街道）、平台岗位目标责任制考核意见及 2020 年区机关部门岗位目标责任制考核意见的汇报，听取关于职级晋升补充意见的汇报，原则同意上述事项。研究其他有关事项。

10 月 23 日会议　会议传达学习习近平总书记在深圳经济特区建立 40 周年庆祝大会上的重要讲话精神，传达学习习近平总书记在中央党校（国家行政学院）中青年干部培训班开班式上的重要讲话精神，传达学习十九届中央第六轮巡视工作动员部署会、中央第四巡视组巡视浙江工作动员会、巡视指导督导工作专题培训会精神，传达学习中央组织部部长陈希在深入学习贯彻习近平总书记重要讲话精神贯彻落实新时代党的组织路线电视电话会议上的讲话精神及省委书记袁家军、市委书记马卫光的批示精神，传达学习省委书记袁家军、市委书记马卫光有关批示精神，学习《中国共产党党和国家机关基层组织工作条例》和省委贯彻落实《实施意见》精神。听取关于省委巡视反馈意见整改工作的情况汇报，听取关于省委巡视办巡察工作专项检查反馈意见整改落实情况汇报，听取关于省委巡视期间选人用人工作专项检查反馈意见整改落实情况汇报，听取关于落实省委巡视组“意识形态工作责任制落实情况”反馈意见整改落实情况汇报，听取关于全区宗教工作情况汇报，听取关于全区村（社区）组织换届工作情况汇报，听取关于2020年1—9月全区城乡环境卫生整治考核情况的汇报，听取关于第三届世界布商大会筹备工作情况的汇报，听取关于调整完善开发区（度假区）管理运行体制机制补充意见的汇报，听取关于福全金三角未来社区试点建设模式和推进机制的汇报，听取关于柯桥区2020年金融支持实体经济发展考核办法的汇报，听取关于有关案件的情况汇报，原则同意上述事项。

11月19日会议　会议传达学习习近平总书记在第三届中国国际进口博览会开幕式上的重要讲话精神，传达学习习近平总书记在浦东开发开放30周年庆祝大会上的重要讲话精神，传达学习习近平总书记在全面推动长江经济带发展座谈会上的重要讲话精神，传达学习习近平总书记在中央全面依法治国工作会议上的重要讲话精神，传达学习习近平总书记对推进农村土地制度改革、做好农村承包地管理工作、平安中国建设作出重要指示精神，传达学习省委常委、秘书长陈金彪到柯桥区调研“三服务”工作时的讲话精神，传达学习省委常委、秘书长、工委书记陈金彪在全省“双建”工作推进会暨第九次县（市、区）机关党建工作交流会上的讲话精神，传达学习省委常委、组织部部长黄建发在全省村社组织换届工作会议上的讲话精神，传达学习中共浙江省委办公厅关于印发《浙江省直属机关党组织落实机关党建责任制实施办法（试行）》的通知精神以及省委书记袁家军的讲话精神。听取关于区一届人大五次会议、区政协一届五次会议筹备工作的汇报，听取关于选派国有企业退职领导开展专职助企服务的情况汇报，听取关于柯桥区推进新时代文明实践中心建设工作的实施方案的汇报，听取关于三季度全区社会稳定及平安创建、信访工作的情况汇报，听取关于三季度全区安全生产和食品药品安全工作的情况汇报，听取关于柯桥区学校网点布局规划（2020—2025年）优化方案的汇报，听取关于柯桥区加强公共卫生体系建设三年行动计划（2020—2022年）的汇报，听取关于柯桥区制造业发展“步鱼计划”行动工作推进机制的汇报，听取关于柯桥区“912工程”工作方案的汇报，原则同意上述事项。研究其他有关事项。

12月19日会议　会议传达学习全省深化“千万工程”建设新时代美丽乡村现场会精神，传达学习省管主要领导干部学习贯彻中共十九届五中全会精神轮训班精神，传达学习省委常委、秘书长陈金彪在《柯桥区擦亮“政企面对面”服务金名片一线破解企业“最难之题”》专报信息上的批示精神，传达学习市委八届九次全会精神，传达学习全省规范企业职工养老保险省级统筹专题部署会议精神，传达学习全市规范完善被征地农民参加基本养老保险工作会议精神。听取关于柯桥区规范完善被征地农民参加基本养老保险工作的情况汇报，听取关于做好2020年度落实全面从严治党主体责任考核工作的情况汇报，听取关于区一届人大五次会议有关组织领导机构和列席人员建议名单的汇报，听取关于区政协一届五次会议有关工作的汇报，听取关于全区村（社区）组织换届工作情况的汇报，听取关于2018—2019年度区级文明村镇、文明社区（居委会）、文明单位评选复评工作的情况汇报，听取关于区委一届九次全会方案、报告和《中共绍兴市柯桥区委关于制定绍兴市柯桥区国民经济和社会发展第十四个五年规划和二〇三五年远景目标的建议》的汇报，原则同意上述事项。研究其他有关事项。（王伟峰）

组织工作

【概况】 2020年，柯桥区组织工作贯彻新时代党的组织路线，全力服务保障“两战”赢，优化调整264名区管干部，完成280名区管领导、485名普通公务员职级晋升，对“两战”中经受考验、表现突出的32名干部予以职务提拔或职级晋升，为疫情防控中4名基层干部容错免责。14名“80后”科级优秀干部驰援基层抗疫一线的做法获《新华每日电讯》头版和《人民日报》报道。推进公务员和事业单位人员职业生涯全周期管理“一件事”改革，“一件事”平台全年办理936件公务员业务、1228件事业人员业务，100%实现线上办理。全年举办干部教育培训主体班次28期，培训学员4200余人次；主要班次16期，培训学员1100余人次。对拟提拔重用的41名区管干部和23名部管干部进行“凡提四必”审查，对55批次中层干部选拔任用进行方案预审、会前审核，指出并纠正问题124个。深化习近平总书记关于“驻村指导员”批示精神、推进“三驻三服务”有关做法在全国“两会”浙江代表团审议时获得中央领导和省委主要领导肯定。村（社区）换届“一肩挑”人选户代表测评机制纳入全省《关于高质量做好村（社区）组织换届选举工作的意见》。“五星3A”“五星和美”“五星双强”创建通过率均位居全市第一。自主申报入选国家引才计划3人、省引才计划9人、省领军型创新创业团队2个，人才重点指标均居全市第一。民营人才创业园做法在新华社《高管信息》刊发。新冠肺炎疫情期间柯桥党员承诺、绍兴探索民营人才创业园发展模式等专报获省委常委、组织部部长黄建发批示肯定。落实浙江省委组织部试点要求，完成干部大监督信息系统建设，实现7100余名干部监督信息全覆盖。

【锻炼优秀年轻干部】 2020年，柯桥区多渠道锤炼优秀年轻干部，新配备“85后”镇（街道）党政正职、女性镇（街道）正职和“85后”正科级干部各1人，筛选垂直部门、国企、金融等系统优秀年轻干部共同参加“90后”干部培训班。选派11名干部赴市级重点项目和上海驻点招商专班历练，选派36名干部到区“三驻三服务”、跨境电商试验区等工作专班锻炼。

【干部工作常态化调研考察和分析研判办法实施】 2020年，柯桥区加强干部常态化考察，健全完善干部考察研判机制，实施《干部工作常态化调研考察和分析研判办法》，加强对领导班子和领导干部分析研判。对6家区直属国有企业开展专项调研考察。

【完成省委组织部反馈的整改任务】 2020年，柯桥区基本完成浙江省委组织部反馈的整改任务，处理相关责任人16人次，其中免职2人、诫勉3人、责令作出书面检查5人、谈话提醒3人、批评教育3人，修改、制定制度规定6项。消化58名超职数配备干部，对2名立项督办的不担当不作为干部作出免职并调离原单位处理。

【村（社区）组织换届】 2020年，柯桥区完成336个村（社区）组织换届工作，探索形成户代表测评、“十过硬”规范、数字化平台精密智选、公职人员“十条禁令”等特色做法，其中户代表测评被写入全省村（社区）组织换届意见之中。336个村社党组织书记均高票当选村（居）委会主任，相关做法获市委、市政府主要领导批示肯定。

【“五星”村社和“两新”组织创建100个】 2020年，柯桥区推进新一轮农村“五星3A”、城市社区“五星和美”、“两新”组织“五星双强”系列创建，新创建五星达标村51个、AAA级景区化示范村9个，五星达标社区20个、和美家园社区2个，五星双强“两新”组织18个。“五星”系列三项创建通过率均位居全市第一，农村和主城区社区实现创建全覆盖。

【发动3.36万名党员抗疫】 2020年，柯桥区面对新冠肺炎疫情，发出“五带头”倡议和在职党员“两地报到”要求，发动3.36万名党员投身抗疫一线。全区有1人获国家级抗疫先进个人荣誉，8人和2个集体获省级抗疫先进表彰，58人和20个集体获市级抗疫先进表彰，《柯桥党员的铿锵承诺》专报获省委组织部部长黄建发批示肯定。

【党员干部远程教育管理】 2020年，柯桥区新建远程教育广场44个，累计195个，完成上级电教任务5个，自制电教视频4个，村社换届宣传片《选好带头人》等3个视频入选“学习强国”，微视频《我不是阿Q》获全省党员教育电视片三等奖。柯桥组工官方抖音号“鉴湖先锋”推出作品42个，11个柯桥元素作品在“绍兴组工”抖音平台发布。

【楼宇党建】 2020年，柯桥区新增楼宇党组织7家，新建楼宇功能型支部9家。通过创设楼宇创业悦享汇、楼宇乡贤会、楼宇人才港等载体，形成党建引领“1+N”楼宇服务模式，组织开展各类活动180场，电话解决事项385件，走访解决事项213件。举办“政企面对面”11场，区级领导出席34人次，累计对话企业家代表127人次，办结问题132个。出台《关于进一步加强柯桥区两新组织党务工作者队伍建设的意见》，评出党务工作师87人，其中高级1人、中级16人、初级70人。

【人才招引】 2020年，柯桥区出台《柯桥区人才政策升级版及其操作细则》《加强疫情防控期间人才招引十条意见》，举办多场大型人才活动，有国家引才计划人才3人、省领军型创新创业团队2个、省级引才计划人才9人、省“万人计划”人才3人、省海外工程师15人、绍兴“名士之乡”英才计划50人。全年新增就业大学生超2.5万人。评选“柯桥英才计划”人才32人、纺织创意“经纬计划”人才18人。

【开建民营人才创业园10家】 2020年，柯桥区出台《柯桥区民营人才创业园认定管理办法》，发展民营人才平台。全年开建民营人才创业园10家，总面积160万平方米，总投资超70亿元。

【人才服务】 2020年，柯桥区出台《加强新冠肺炎疫情防控期间人才服务工作的十项举措》，开展“人才面对面”专场活动8场。开通人才服务应急热线，解决人才问题102项。加快人才政策兑现，缩短时间60%以上，全年兑现人才政策资金1.5亿元，比上年增长21.3%。实施人才安居工程，年内开工建设人才租赁住房3382套。

【人才企业与资本对接】 2020年，柯桥区出台《柯桥区人才企业上市三年行动计划》，成立20家人才企业上市后备培育库，组织人才资本对接会9场，人才企业获得银行授信1亿元、风投机构投资4.5亿元，其中政府产业基金投资驭光科技、鼎晶生物等人才项目2亿元。（寿越峰）

宣传工作

【概况】 2020年，柯桥区贯彻落实中央和省委、市委关于做好意识形态和宣传工作的一系列决策部署，推进习近平新时代中国特色社会主义思想宣传教育，全年举办主题讲座12场、专题学习10场、学习交流4场。营造正面主流舆论，处置系列突发舆情。推动文化事业发展，在全市率先实现行政村文化礼堂和智慧礼堂全覆盖，文化产业综合实力排名位居全市首位、全省前列。新增全国文明镇1个、全国文明村2个和全国文明单位1个。塑造“有礼有爱”城市形象，“最萌鞠躬照”“最美救护群像”引发广泛关注和好评，新增“浙江好人”6人，“绍兴好人”12人，“柯桥好人”44人。开展“笛扬读书会”14场和“柯桥领读者”活动121场，参与人数9800余人次。在《柯桥日报》刊发理论文章120余篇。推出“布商精神的新时代特征与布都治理共同体构建研究”等4项年度重点立项课题和173项常规课题，《关于着眼打造世界级纺织产业集群，办好世界布商大会的建议》调研文章获得省长郑栅洁批示。

【主题宣讲活动2000余场次】 2020年，柯桥区创新开展中共十九届五中全会精神宣讲活动2000余场次，受众近20万人次。通过邀请省委宣讲团赴柯桥专题宣讲、区领导带头宣讲、区委宣讲团集中宣讲、青年宣讲团创新宣讲、“五老”宣讲团分众宣讲、“小柯开讲”网红宣讲团视频宣讲、文艺宣讲团曲艺宣讲等七种模式，拓宽线上线下宣讲渠道。“小柯开讲”获评全省基层理论宣讲成绩突出集体、全市宣传文化系统十佳创新项目。全年推出线上讲师团子品牌71个，其中个人品牌48个、集体品牌23个，创作宣讲短视频500余个，推出“小柯优选”103期，点击量超1000万次。

【理论微考学】 2020年，柯桥区组织全区党员干部进行2轮理论微考学。其中，上半年微考学应考5989人，实考7441人，参考率124.24%，合格率97.79%（80分以上）；下半年应考5067人，实考7756人，参考率153.1%，合格率98.2%（85分以上）。

【省级及以上媒体刊发重点报道130余篇】 2020年，柯桥区策划开展“六稳六保”、高质量发展、国际国内“双循环”等主题宣传，刊播专题专栏30余个，在省级及以上媒体刊发重点报道超过130篇。其中，央视《朝闻天下》3次报道柯桥，《新华每日电讯》头版头条报道的《在国际纺织之都感受中国制造的韧性与潜力》获浙江省委常委、宣传部部长朱国贤和副省长朱从玖批示肯定，《浙江日报》2次头版头条报道柯桥。

【媒体融合获省级特别进步奖】 2020年，柯桥区融媒体传播力进步明显，浙报合作传播力指数从全市第五跃居至全市第一，首次进全省前十。天目号综合传播力榜单，柯桥居全市第一全省第六。浙江电视台通联排名中，柯桥由2019年第64位升至第27位，上升37个位次，获特别进步奖。柯桥区委报道组被评为全省“最佳报道组”。

【舆情处置】 2020年，柯桥区健全网络舆情研判分析处置机制，探索建立网络舆情闭环处置体系，“龙禧项目处置”“北联市场部分商户集聚”“漓渚一建材公司燃爆事故”“钱清一纺织企业火灾事故”“我区发现1例境外输入无症状感染者复阳人员疫情”等10余起突发重点舆情，均在较短时间内得到稳妥化解。提档升级“网络民生直通车”机制，建立“纺城笛扬哨”平台，实行舆情信息零报告制度。

【“有礼有爱”城市品牌树立】 2020年，柯桥区挖掘“最萌鞠躬照”“最美救护群像”两个典型，8月份中央和省级媒体集中报道“15秒最美救护群像”，网上阅读量5800万人次，成为继“最萌鞠躬照”后又一现象级爆款新闻作品。浙江省委书记车俊，省委常委、宣传部部长朱国贤，市委书记马卫光分别作出批示，区委召开“弘扬最美、共建文明”专题座谈会传达学习。设立初始资金200万元的“好人基金”，定向用于各级身边好人、道德模范、最美志愿者等的慰问和困难救助。“私家车45度让行救护车”“爱心人士救援卷入大货车底的老人”等引发社会关注，树立柯桥“有礼有爱”城市品牌。

【规上文化产业增加值62.24亿元】 2020年，柯桥区出台《关于应对新冠疫情影响促进文化产业健康发展政策意见及实施细则》《柯桥区文化金融改革知识产权融资示范点创建方案》，引进旅悦集团等文旅项目，全年完成投资37.8亿元，累计完成投资超120亿元。启动“相约影城、纺都冬恋——柯桥区电影消费季活动”，设立300万元电影专项补助。现代剧《云水渡》首演，电视剧《天下布商》正式签订创作拍摄协议。实现规模以上文化产业增加值62.24亿元，增速12.3%，高于同期GDP增速，文化产业综合实力居全市首位。全年有7家园区、街区、企业被评为省重点文化产业园区、省文化创意街区、省重点文化企业和省成长型文化企业，累计20余家，占全市的一半以上。

【通过全国文明城市复检】 2020年，柯桥区全员参与文明创建，线下组织开展“礼让斑马线”“文明停车线”“排队一米线”等专项整治，开展“公筷公勺”、制止餐饮浪费等移风易俗专项行动。面向户外工作者开展“夏日清凉”“冬日暖阳”关爱活动。面向外卖快递群体开展“文明轻骑兵”行动。线上开展“文明号”创意大赛、“柯桥拍了拍你”网络接力、“我和文明合个影”“文明代言”微信圈推送等网络活动，通过全国文明城市复检。

【新时代文明实践中心建设工作务虚会】 2020年12月1日，柯桥区委召开新时代文明实践中心建设工作务虚会，专题研商新时代文明实践中心建设推进工作。区委书记沈志江在会上强调，要深入学习贯彻习近平总书记关于新时代文明实践中心建设的重要指示精神，严格按照中央、省委、市委有关要求，统一思想、提高站位，对标一流、彰显特色，先行先试、注重实效，高质量推进区新时代文明实践中心建设。区委常委、宣传部部长李永杰主持会议。区委宣传部（文明办）汇报新时代文明实践中心建设工作相关情况，与会单位作交流发言。（陈旭芬）

统一战线

【概况】 2020年，柯桥区指导区各民主党派建立新成员发展和基层委领导班子民主生活会制度，制定《柯桥区提升党外人士履职成效的意见》。建成党外人士信息管理系统，录入信息近2000条，申报各类培训245人，社会服务153人次，参政议政等履职558人次。制订年度协商通报计划，开展“智慧城市建设”等专题协商7次，提出意见建议57个。开展“加强小区物业管理”课题调研，各民主党派、知联会组建7个课题组，形成调研报告系列文集。激励各民主党派和知联会报送直通车建议12篇，其中7篇得到区委、区政府主要领导批示。《地方统战资源融入思政课程的逻辑关联和实践探索》理论文章和《充分发挥新乡贤作用积极参与基层矛盾化解的探索与实践》案例分别被评为省委统战部全省理论创新奖和实践创新优秀案例。提任党外干部3人，调整6人。组织统战系统培训25场次，千余人次参加。成立中国轻纺城跨境电商产业园e联盟，创建网络人士统战工作实践创新基地，并入选省级名单。开发乡贤数据库软件，收录乡贤信息8000余条。编辑《一封家书》寄送在外重点乡贤，为近300名重点在外乡贤父母落实看病预约和签约家庭医生等健康服务。制定激励机制引导乡贤回乡投资创业,高盾教育等项目落户柯桥。编成李兰娟院士抗疫纪念册送给李兰娟、郑树森夫妇。完成设立镇(街道)宗教工作机构方案,30家佛教场所委托会计师事务所代理,消减民间信仰场所10处。

【统战系统抗疫】 2020年,柯桥区全面摸排境外涉侨人员,重点核实入境华人华侨信息,面向海外侨胞、留学生及家长开设咨询热线、建立微信群、对接海外侨团侨领,提供帮扶指导。按照新冠肺炎疫情防控要求做好宗教场所有序开放和常态化防疫。选派统战系统优秀干部参加"党员突击队"、疫情防控专班。各民主党派和知联会有132名成员坚守医卫岗位,其中15人直接奋战在抗疫一线,另有70余人参与基层防控。统战成员筹措物资,累计捐赠口罩170万只,捐赠资金和其他物资8600余万元。推进"侨资企业服务年"活动,统战系统各部门选派助企、驻商会服务员21人,协助企业复工复产。

【柯桥区成全国第四批少数民族流动人口服务管理示范城市】 2020年,柯桥区发挥柯亭社区全国民族团结进步示范单位的辐射效应,做优"阿凡提工作室"等民族自治平台,培育柯桥街道创建省级民族团结进步创建单位。柯岩街道里庄村的回民墓于4月建成投用。柯桥区被命名为全国第四批少数民族流动人口服务管理示范城市,全省唯一。区少数民族群众服务管理中心获评浙江省第六次民族团结进步模范集体。

【整治基督教私设聚会点35处】 2020年,柯桥区检查基督教私设聚会点整治情况,建立整改工作定期通报制度。整治基督教私设聚会点35处,其中劝散16处,以"以堂带点"或"以会带点"等形式依法纳管19处。

【"政企面对面"座谈会】 2020年,柯桥区召开"政企面对面"座谈会10场,区委、区政府主要领导与会,收集问题建议138个,落实解决126个。指导4家企业申报并获批央行专项贷款。

【熊建平到柯桥调研】 2020年3月18日,浙江省委常委、统战部部长熊建平到柯桥区调研企业疫情防控和复工复产工作。熊建平一行走访绍兴博成纺织品有限公司、浙江捷众科技股份有限公司、浙江梅轮电梯股份有限公司,了解企业疫情防控、复工复产及生产经营等情况。

【宁波天南地北绍兴人联谊会迎新活动】 2020年1月3日,宁波天南地北绍兴人联谊会2020迎新活动在宁波举行。柯桥区政协党组副书记、常务副主席马芳妹出席活动,区委常委、统战部部长王静静致辞。会长杨焕江汇报联谊会成立后取得的成绩,在甬柯桥籍乡贤100余人参加活动。

【杭州市柯桥商会组团回乡考察】 2020年9月18日,杭州市柯桥商会组织会员企业和项目投资方一行30余人回家乡考察交流。柯桥区委副书记、区长赵如浪,区委常委、统战部部长王静静等参加座谈交流会。区投资促进中心、组织部(人才办)作关于投资环境和人才政策的介绍,7位企业家介绍项目情况。考察团一行参观宝业集团建筑研究院、金柯桥科技城人才创新创业服务综合体、梅轮电梯股份有限公司和齐贤街道光明居。

【乡贤参与基层矛盾化解工作部署会】 2020年8月20日,柯桥区召开乡贤参与基层矛盾化解工作部署会。会议部署乡贤参与基层矛盾化解工作,区委统战部、区委政法委、区信访局、区社会矛盾纠纷调处化解中心、区司法局等单位分管负责人,各镇(街道)统战委员、统战干事、乡贤联谊会会长,重点村(居委会、社区)书记代表,入驻区乡贤娘舅工作室的娘舅等近100人参加会议。与会人员赴柯岩街道余渚居乡贤娘舅工作室和安昌街道乡贤馆(乡贤娘舅工作室)参观学习。

2020年8月20日,柯桥区乡贤参与基层矛盾化解工作部署会召开
(区委统战部　供稿)

【乡贤娘舅参与化解矛盾纠纷】 2020年，柯桥区实施“和合柯桥”乡贤参与基层矛盾化解工作，组建一支1100余人的乡贤娘舅队伍，构建区、镇(街道)、村三级工作网络，建立入驻、会商、领办、反馈、激励五项工作机制。乡贤娘舅当年参与化解矛盾纠纷1200余件，其中化解市级信访积案40件。该工作得到浙江省委常委、统战部部长熊建平批示肯定。

【区民营经济代表人士培训班在浙江大学举办】 2020年12月3—6日，柯桥区民营经济代表人士培训班在浙江大学举办，新一届区工商联(总商会)执常委和区新生代企业家联谊会常务理事36人参加集中培训。区委常委、统战部部长王静静出席开班仪式并讲话。

【区委统一战线工作领导小组会议】 2020年12月11日，柯桥区举行区委统一战线工作领导小组会议。区委书记、区委统一战线工作领导小组组长沈志江主持会议。会议学习传达中央在统战工作领域的重要讲话、重要会议、重要文件精神，总结回顾全区统战工作情况，明确重点工作安排。区委党校(区社会主义学校)、区工商联主要负责人在会上交流发言，区委统一战线工作领导小组成员单位主要负责人参加会议。

【区网络界人士联谊会二届一次大会】 2020年12月23日，柯桥区网络界人士联谊会二届一次会员大会召开。区委宣传部、区委统战部、区民政局分管负责人，区各民主党派、工商联、知联会、新企联、新联会负责人以及网联会会员100余人参加会议。绍兴鑫隆计算机技术股份有限公司总经理舒长福当选为新一届会长。

【区新生代企业家联谊会二届一次大会】 2020年4月23日，柯桥区召开新生代企业家联谊会二届一次会员大会。区领导诸剑明、王静静、沈祖卫、吴晓炯、吴汉华出席会议。区相关部门、镇(街道)分管领导以及新生代企业家代表150余人参加会议。宝业集团股份有限公司总经理庞巍祥当选为新一届会长。(钟兴友)

机构编制

【概况】 2020年，柯桥区审议批复41个机关事业单位请示54件。核准112家机关事业单位年度用编计划681人，核准59个机关事业单位调整用编计划167人。办理机关事业单位人员进编手续1058项，出编手续835项，审核使用中层领导职数455个。办理机关事业单位编外人员增加手续114项，编外人员减少手续228项。对5个单位进行机构编制审计，对3个镇进行机构编制专项督查。设立事业单位24家，注销事业单位51家，变更事业单位192家。新发放机关、群团的社会统一信用代码证1家，变更1家。审查333家事业单位年度报告，在区政府网站进行公示。举办2020年度机构编制业务培训班和事业单位法定代表人培训班。出台《中共绍兴市柯桥区委机构编制委员会工作规则》，明确机构编制工作权限和程序规定等。出台《中共绍兴市柯桥区委机构编制委员会办公室工作细则》，明确区委编办机构性质、主要职责、会议制度等。出台《柯桥区机构编制评估办法(试行)》，明确运用定量和定性的评估办法，对机构编制申请事项和执行情况进行综合评价。承办全省机构编制统计年报汇审会暨机构编制监督检查与实名制工作现场会、全省编制乡镇(街道)“属地管理”事项责任清单工作部署会，柯桥区均在会上作经验介绍。

【“区镇一体、条抓块统”省级试点】 2020年，柯桥区作为“区镇一体、条抓块统”省级试点区，成立由区委主要领导任组长的试点工作领导小组，推进建立党委研究基层治理重大事项制度、科学规范“属地管理”等10项重点工作任务。柯桥区在全省率先公布涉及17个部门71项事项的责任清单，厘清镇(街道)与部门工作界面，绘制规范“属地管理”运行流程图，细化工作职责任务。在全省率先出台《关于规范镇(街道)“属地管理”的实施意见》和配套办法，纳入区对部门、镇(街道)岗位目标责任制考核。拓展清单电子化、数字化“基层治理四平台”场景应用，建立规范“属地管理”事项清单库，增设“责任清单”栏目和增加事项处置分类标签，按清单梳理10大类224小类事项，明确处置部门、处置流程，实现事项全生命周期闭环管理。试点工作获省委主要领导肯定，被《浙江日报》、浙江卫视、浙江之声、《绍兴日报》等媒体报道。

2020 年 5 月 26 日，柯桥区召开构建“区镇一体、条抓块统”模式提高基层治理能力试点工作部署会　（高越峰　摄）

【事业单位清理规范整合】 2020 年，柯桥区对照省定事业单位精简比例分档要求，完成事业单位清理规范整合工作，累计精简事业单位 43 家，精简比例 18.07%。通过分类制定模板，分组参与答疑，分线审核把关，完成 202 家事业单位“三定”工作。

【调整区镇权力清单】 2020 年，柯桥区动态调整区镇权力清单。区级有关部门完成权力事项认领 60 余项，事项颗粒化 30 余项；编制并推送镇（街道）权力事项 140 项，结合各镇（街道）实际修改完善事项信息。

【事业单位改革“回头看”】 2020 年，柯桥区组织开展事业单位改革“回头看”，梳理督查事项清单 12 项，组织自查自纠，开展专项检查，查摆工作漏洞。加强涉改事业单位变更注销登记管理，精简办理环节、缩短办理时限，实行简易注销登记，基本完成涉改事业单位变更、注销登记。

【五大领域综合行政执法改革基本完成】 2020 年，柯桥区新挂牌运行市场监管、生态环境保护、文化市场、交通运输、农业领域执法队伍 5 支，转隶执法人员 289 名，将 16 家相关机构的 40 个方面行政处罚、行政检查、行政强制职能，纳入到 5 支新组建的执法队伍，集中统一行使。

【疾病预防控制体系机构升格】 2020 年，柯桥区结合新冠肺炎疫情防控工作，开展全区疾病预防控制体系建设专题调研。将区疾病预防控制中心机构由正股级调整为副科级，新增事业编制 2 人。

【调整森林公安机关管理体制】 2020 年，柯桥区在保持森林公安职能不变的前提下，将其整体划转至市公安局柯桥区分局，由市公安局柯桥区分局直接领导管理，完成相应机构编制调整和人员转隶工作。

【数字赋能机构编制】 2020 年，柯桥区在全省率先完成机构编制实名制管理系统升级，对系统显示界面、数据查询方式、数据分析模块等 10 个方面进行优化，系统运行速度提高 1 倍以上。在全省率先实现自动分析全区面上、各领域、各部门（单位）等超编超配、实有人员等机构编制数据。全年编印机构编制分析月刊 12 期、季刊 4 期。

【国有企业机构设置和员额管理办法实施】 2020 年，柯桥区出台《柯桥区国有企业机构设置和员额管理办法》，明确企业机构设置、用工员额和领导职数、审批程序、监督检查等内容。审核同意 19 家国有企业新增用工计划 391 人，办理审核 5 家国有企业使用中层职数 56 人。（区委编办　供稿）

信访工作

【概况】 2020 年，柯桥区开展“两聚一化”专项行动，提升新时代信访工作专业化、法治化、信息化水平。依法处理信访活动中的违法犯罪行为 4 起，共 8 人。

【承办全省信访系统岗位练兵比武】 2020 年 6 月 29—30 日，浙江省“三比三化”岗位练兵比武总决赛在柯桥区社会矛盾纠纷调处化解中心举行，全省 11 个市和省直机关共 12 支代表队 60 余名信访干部参加。省委副秘书长、信访局局长王忠志，绍兴市委副秘书长、信访局局长孙建焕，柯桥区委副书记、区长赵如浪出席活动。

【信访超市接访群众 1060 人次】 2020 年，柯桥区印发《柯桥区信访“最多跑一次”改革实施方案》，深化区领导值守接访、部门联合接访机制，实行重点部门集中常驻、一般部门轮流入驻、涉事部门随叫随驻，建设信访矛盾化解终点站。至年底，信访超市共接待信访群众497批1060人次。

【信访案件化解】 2020年，柯桥区通过包案区领导、事权单位、属地镇(街道)、第三方力量，合力化解国家信访局交督办件14件、省级积案1件、市领导包案5件，105件市级积案化解96件，化解率91.4%。53件农村建房信访件全部化解。

【信访“2211”工作机制实行】 2020年，柯桥区信、访、网、电全面实行“2211”工作机制，实行主要领导“两签”(交办签、办结签)，信访事项“两办”(代办员代办、分管领导督办)，每周一会商、每件一回访，推动群众反映事项一次性解决。初次走访、来信和网信一次性化解率分别为95.6%、96.4%和99.4%。实行政务服务质效媒体公开，4月绍兴市12345政务热线服务指数实行后，柯桥区连续7次排名第一。(龚亚萍)

老干部事务

【概况】 2020年，柯桥区组织老干部理论研讨会2次、情况通报会4次、主题报告会2次，发放学习资料人均6册。开展离退休干部“颂歌献小康，建言现代化”考察调研活动，组织“讲好柯桥红色故事”主题征文活动。全年慰问困难老干部31人、困难遗属65人，落实帮扶金18.55万元。承办全市社区“四就近”工作暨离退休干部党建融入城市社区基层党建座谈会，划拨社区“四就近”工作经费8.8万元。老干部活动中心向市县各层面提供服务保障241次，承办各类综合性老年活动90次，有8000余人次参加活动。区委老干部局获评全省老干部工作部门十佳信息工作先进单位。区老年大学“致力打造老年教育‘半小时’学习圈”获评全省老干部工作优秀创新案例。区委老干部局机关党建调研成果《以“荣誉退休制”实施为契机，提升柯桥区离退休干部的党建工作新内涵》获市级二等奖。柯桥区退休干部沈霞红、马萍家庭分别被浙江省委老干部局评为“银尚达人”“银尚之家”。

至年底，全区有离休干部98人(党员离休干部65人)，其中易地安置在外8人；抗日战争前期入伍的2人，抗日战争后期入伍的13人，解放战争时期入伍的83人；享受厅(局)级待遇1人，县(处)级43人，副科级54人；行政单位31人，事业单位37人，企业单位30人。代管外省市易地到柯桥区安置的离休干部1人。代管副区级以上退休干部40人。

【“银领党建联盟”建立】 2020年，柯桥区召开离退干部工作会议，表彰“银领先锋”先进典型。建立“银领党建联盟”，推动离退休干部党建融入基层党建，创建14个“银领五星”规范化离退休干部党支部。

2020年8月20日，柯桥区召开离退休干部工作会议，会议表彰全区“银领先锋”先进个人和集体 (区委老干部局 供稿)

【干部荣誉退休制】 2020年，柯桥区印发《全面推行干部荣休制度的通知》，全区有80个单位为285名退休干部举办荣誉退休仪式。推行“专题谈话、举行仪式、服务对接、节日慰问、通报情况、推介平台”六项举措，引导退休干部争做党建工作指导员、扶工助企特派员、文明创建督导员、年轻干部引路员、关心下一代辅导员。统一编印老干部活动中心、老年大学(分校)、关工委、志愿服务团队等介绍手册，统一将新退休干部纳入老干部人才库，推行颁发光荣退休证、制作工作纪念册、发放退休纪念品等。

【“银耀柯桥”行动】 2020年，柯桥区推进“银耀柯桥”行动，邀请浙江省原省长沈祖伦出席活动，沈祖伦寄语柯桥广大干部继续发扬“靠作风吃饭”优良传统。发动1094名老干部捐款45.98万元，1200余名惠风志愿者参与新冠肺炎疫情防控。推进“家门口老年大学”建设，新设4所老年学校，全年开设104门课，惠及学员3500余人次。疫情期间开设“云上课堂”，推出直播课20堂，观看9000人次，录播课30堂，观看1.2万人次。

2020年9月27日，浙江省原省长沈祖伦（右侧左六）出席柯桥区离退休干部见面会（区委老干部局 供稿）

【“乐活驿站”试点】 2020年，柯桥区实施区、街道和社区三级“乐活驿站”试点建设，在柯桥街道建设2个居家养老服务综合体，颐养园提供特色品质服务，搭建自助互助平台，构建社会支持体系；柯东居家养老中心提供助餐、助洁、助医、教育培训、生活配送等服务。建设港越社区和鉴湖园社区2个社区样板，开设4个“达人工作室”。“乐活驿站”全年接待600余人次学习参观。

【文化养老在基层活动】 2020年，柯桥区开展文化养老在基层活动180余场。老年大学本部组织书画达人赴兰亭任家畈村、王坛孙岙等送春联，国学班学员马萍举办抗疫漫画作品展。柯桥分校剪纸班参与爱心娘子军公益剪纸义卖、爱在后备厢公益义卖，模特走秀班参与百旗争艳旗袍赛、爱满重阳幸福金秋活动。钱清分校组织老年人参加中国武协主办的全球太极拳网络大赛，获多个网络人气奖。华舍分校幸福家庭华舍人团队赴沙地王村、张娄村等10余个村（居委会）开展文化宣讲。平水分校组织学员参加绍兴市老年体协组织的体育舞蹈大型展示活动、全民健身日活动。杨汛桥分校组织学员参加“杨汛桥杯”中老年武术交流活动和“柯桥杯”环瓜渚湖持杖健走交流活动，其中在环瓜渚湖持杖健走交流活动中获优秀奖。兰亭分校组织教师下乡送学，在任家畈村、联合村等开展健康知识讲座。齐贤分校在齐贤村文化礼堂开展新年文艺演出和重阳敬老活动，选派学员参与传统小吃展。滨海分校组织舞蹈队赴宝善桥村、飞跃闸村等开展文艺演出。（董国华）

党史研究

【概况】 2020年，柯桥区立足党史资料搜集，重新梳理民主革命时期档案，扩大党史宣教阵地，利用课堂、微信、网站等多平台发声，为中国共产党成立100周年纪念准备宣传史料。

【梳理民主革命时期档案】 2020年，柯桥区着手梳理民主革命时期档案，将区方志馆馆藏柯桥区民主革命时期的100多册、共3000多份档案进行集中梳理，挖掘出大量有关党史的书信原件、口述记录、回忆文章和媒体报道等第一手资料，为纪念中国共产党成立100周年活动准备史料。

【党史宣教】 2020年，柯桥区扩大党史宣教阵地，利用课堂、微信、网站等多平台发声。主动联系基层，赴安昌街道大和、白洋、长乐等3个村开展“不忘初心、牢记使命”主题党课。在柯桥史志微信公众号上推送8期有关柯桥区党史人物和党史事件的微信。充实越地春秋网站上关于党史的内容，共增添党史人物16篇，党史文献8篇，党史胜迹2篇。向各镇（街道、开发区）、区级机关部门、企事业单位赠送《新闻媒体说柯桥》共450本，借中央和省级核心媒体的视角，向全区干部群众传递柯桥区在经济发展、干群作风和民生保障等领域的突出事件和辉煌历程。（史 志）

党校教育

【概况】 2020年，柯桥区党校举办计划内培训班

46期，受训人数5500余人次；举办社会培训班36期，培训学员3287人次。获批省级现场教学基地1个，获批市级现场教学示范课程3门，获评市级精品课程1门。全年获重点课题立项33项（其中省党校系统10项、省社科联2项），课题成果获奖12项。公开发表理论文章40余篇，其中省级7篇。出刊《区情研究》4期，编制《决策参考》7期。开展以习近平新时代中国特色社会主义思想，十九届四中、五中全会精神，浙江打造“重要窗口”等为主题的宣讲，共计207场次，受教育对象超11000人次。承接各类培训会议156场次，服务对象17653人次。

【区委党校被确定为新冠肺炎集中医学观察隔离点】 2020年1月26日，柯桥区委党校被确定为区级新冠肺炎集中医学观察点。从1月27日接收第一批留观人员到6月3日最后一名人员撤走为止，128天共接收留观人员315人，实现“零脱管、零感染、零差错、零投诉”，被中央党校《学习时报》点名表扬。

【“不一样的思政课”微课视频成办学亮点】 2020年，柯桥区利用微信平台和“小柯开讲”等新媒体平台，开发思政系列微课，建设“不一样的思政课”教学品牌。先后推出《什么是“步鱼计划”》《努力为建设“重要窗口”贡献柯桥力量》《五中全会精神系列解读》等23堂微课短视频，其中《经济的内循环和外循环》微课上“学习强国”平台。“不一样的思政课”教学品牌获浙江省委党校副校长陈立旭批示肯定。

【承办区管领导干部党的十九届五中全会精神集中轮训班】 2020年12月21—30日，柯桥区区管领导干部学习贯彻中共十九届五中全会精神集中轮训分3期在区委党校举办。800余名区管领导干部参加为期3天的集中培训。内容包括区委书记开班第一课、集中自学《习近平总书记在党的十九届五中全会上的重要讲话》《中共中央关于制定国民经济和社会发展第十四个五年规划和二〇三五年远景目标的建议》、小组研讨、专题辅导、观看视频、大会交流和撰写心得体会等。

【承办2020年柯桥区新一届村（社）干部集中轮训班】 2020年12月18—29日，柯桥区组织新一届村（社）干部集中轮训班，轮训分6期。其中，第一期在区委党校举行，对象为全区新任村（社区）党组织书记；后五期在棠棣乡村振兴实训基地举行，对象为新一届其余村社干部。培训内容包括村社干部履职、班子队伍建设、农村产业发展、基层治理方法、作风和廉政建设等。（叶燕苹）

2020年12月18—29日，柯桥区新任村（社区）党组织书记集中培训班在区委党校开班 （区委党校 供稿）

机关党务

【概况】 2020年，柯桥区深化“五星示范、双优引领”创建，推进“清廉机关、模范机关”建设。组织开展“三八”国际妇女节女职工慰问、“柯桥青年说”辩论、鉴湖人文讲座、“全民健康、活力柯桥”机关干部环湖健步走及涵盖多项球类、棋类及趣味运动赛等多项机关活动。

【党的政治思想建设】 2020年，柯桥区坚持把党的政治建设放在首要位置，持续强化理论武装，开展中共十九届五中全会精神学习培训，办好柯桥记忆“四千精神”专题讲座，督促区直机关各基层党组织落实周一夜学、主题党日等制度，倡导党员干部利用“学习强国”、柯桥区党员干部网络学院等平台开展学习。

【支部建设提升年活动】 2020年，柯桥区开展支部建设提升年活动，开展党支部标准化和信息化双提升，推动“三会一课”等基本制度全面落实。至年底，新成立党组织3个，撤销党组织1个，整转转出党组织1个。督促指导13个党组织完成换届、25个党组织进行支委增补，2个党组织完成升格。新发展党员33人，转正24人，为503名党员转接组织关系。

2020年6月23日，柯桥区直机关庆祝中国共产党建党99周年文艺展演在柯桥区文化馆举行　　（区委组织部　供稿）

【机关党员抗疫】 2020年，柯桥区组织160名有基层工作经验及专业技能的机关党员组成应急突击队，分成13支应急小分队奔赴重点一线开展新冠肺炎疫情管控工作。号召机关全体在职党员入列村（社区）志愿岗，参加门岗体温检测、隔离结对引导等工作。组织机关党员捐款支持新冠肺炎疫情防控。选派1842名“一对一”驻企服务员奔赴企业一线，支持企业复工复产。

2020年2月1日，柯桥区直机关党员应急突击队成立，全力抗击新冠肺炎疫情　　（区委组织部　供稿）

【争创“先锋工程”】 2020年，柯桥区结合“七一”建党，开展“党徽在岗位闪耀”特色文艺展演活动，展示一批共产党员先锋岗和先锋标兵，继续开展“三个最佳”（最佳服务举措、最佳制度创新、最佳项目推进）评选活动。至年底，评定“五星双优”机关基层党组织31个，机关优秀党务工作者30人和优秀共产党员405人。

【党建特色展评】 2020年，柯桥区创新机关年度党建述职评议，开展年度区直机关党建特色工作评选，引导培育机关党内文化，推进党建品牌建设。指导各基层党组织结合各自所在支部的工作实际和运行实践，总结提炼本单位党建特色，采取线上、线下投票、专家评审和现场集中展评等环节，形成区公安分局、区妇联、区退役军人事务局等一批机关党建品牌。（盛红仙）

服务深化

【概况】 2020年，柯桥区共收集“三服务”问题28686个，其中服务企业问题9506个、服务基层问题3928个、服务群众问题15252个，办理解决28435个，办结率99.13%。

【“政企面对面”活动】 2020年，柯桥区开设“政企面对面”活动，由区委区政府主要领导领衔。全年举办22期，其中人才、外贸等专场7期，累计对话企业家340人次，收集解决各类问题311件。

【机关干部“三服务”】 2020年新冠肺炎疫情期间，柯桥区选派区镇两级1842名机关干部进企业、联商户、联项目，帮助企业和商户对接落实相关扶持政策，中国轻纺城早于全国同类市场1个月复市，带动纺织全产业链复工复产，复工电力指数和产能恢复率在全省39个工业重点县市区中名列前茅，“用电消费券”做法列入全省抓工业十大最佳案例，“企业码”申领率在全市率先实现100%。柯桥区“三服务”做法获省委、省政府主要领导肯定。

【资金助企】 2020年，柯桥区面对新冠肺炎疫情和中美贸易摩擦双重影响，制定出台稳企业稳经济稳发展21条、工业经济稳生产七大行动、稳外贸拓市场十大行动等系列扶持政策，设立5亿元专项扶持资金、10亿元专项金融资金，累计为企业减免税（租）费39.7亿元，兑现政策资金4.6亿元。

【引进重大招商项目21个】 2020年，柯桥区签约引进旗滨新材料产业园、驭光科技、必维检测、方特绍兴国学文化博览园、高顿教育等21个重大招商项目，其中100亿元以上项目1个，50亿～100亿元项目2个，10亿～50亿元项目8个。

【出台人才新政】 2020年，柯桥区出台人才新政3.0版，首推全省人才服务一卡通，投放人才公寓千余套，常态化每周举行人才活动，累计引进省级以上领军人才182名。

【项目纾困】 2020年，柯桥区依法依规帮助企业解决历史遗留项目和问题，化解龙禧中心遗留问题，获省委巡视组肯定。处置精功集团债务风险，确保会稽山、精功科技、精工钢构、碳纤维四大核心产业稳定发展，获省委、省政府主要领导肯定。

【助力基层减负】 2020年，柯桥区围绕基层减负，落实关心关爱“基层十条”，建立健全容错纠错机制，压缩督查考核项目，削减“一票否决”事项。围绕基层增收难点，通过美丽乡村、美丽城镇建设，增加农村集体、农民增收渠道。

【助力基层换届】 2020年，柯桥区选派312驻村指导员和97名驻社指导员，发挥业务指导、思想疏导、工作督导、舆论引导等方面作用，与全区2100余名村社干部谈心谈话，帮助做好换届准备。（吴嘉欢）

执行编辑　陈飞燕

绍兴市柯桥区人民代表大会

综　述

【概况】 2020年，柯桥区人大常委会组织开展“局长·代表面对面”轻纺城专场交流活动，在区社会矛盾纠纷调处化解中心设立人大代表联络点，部署开展镇（街道）人大工作“守正创新”三年行动计划，总结和完善代表议案全程运行机制并获浙江人大工作与时俱进奖。全年召开常委会会议8次，主任会议12次，听取和审议专项工作报告22个，作出决定、决议和审议意见19个，组织执法检查、常委会视察和代表视察活动20次，依法任免国家机关工作人员96人次。（陈仲华）

重要会议

【区一届人大四次会议】 2020年1月8—10日，柯桥区第一届人民代表大会第四次会议在柯桥举行。会议应到区人大代表289人，列席人员240人。会议听取和审议区政府区长赵如浪作的政府工作报告、区人大常委会主任吴晓作的区人民代表大会常务委员会工作报告、区人民法院院长陈建民作的区人民法院工作报告、区人民检察院检察长周江作的区人民检察院工作报告，审议、批准区发改局局长方优美提交的关于绍兴市柯桥区2019年国民经济和社会发展计划执行情况的报告及2020年国民经济和社会发展计划（草案）的报告、区财政局局长余建林提交的关于绍兴市柯桥区2019年财政预算执行情况（草案）的报告，审议柯桥区2019年生态环境状况和环境保护目标完成情况的报告。会议依法选举朱晓董为柯桥区一届人大常委会主任，李东为柯桥区监察委员会主任，钱昌夫为柯桥区人民检察院检察长，于琪、冯文华、沈关祥、张根木为区一届人大常委会委员，表决通过杨高相为区一届人大社会建设委员会主任委员。票决确定2020年区政府民生实事项目10个。

会议期间，举行预备会议1次、全体会议4次、主席团会议5次。会议共收到区人大代表10人以上联名提出的议案7件，属于政府和有关组织职权范围内可以解决的问题，议案均转为代表建议、意见处理；收到代表提出的建议、批评、意见253件。两项合计260件。

2020年1月8日，绍兴市柯桥区第一届人民代表大会第四次会议在柯桥蓝天大剧院开幕　（区人大办　供稿）

【区一届人大常委会第二十七次至第三十四次会议】 2020 年，柯桥区人大常委会共召开 8 次会议，履行重大事项决定权、监督权和人事任免权。

1 月 3 日，区一届人大常委会举行第二十七次会议。会议听取和审议区一届人大代表变动情况的报告，表决通过该报告，依法补选丁贵为绍兴市八届人大代表，进行人事任免。

3 月 6 日，区一届人大常委会举行第二十八次会议。会议听取和审议区政府关于贯彻省、市依法全力做好新冠肺炎疫情防控工作的决定、依法全力做好疫情防控和推进复产复工情况的报告，进行人事任免。

3 月 31 日，区一届人大常委会举行第二十九次会议。会议听取区监委关于《中华人民共和国监察法》贯彻落实情况报告，听取和审议区政府关于开展打赢“蓝天保卫战”工作情况报告，进行人事任免。

5 月 28 日，区一届人大常委会举行第三十次会议。会议听取和审议区政府关于农业高质量发展工作情况报告和关于行政事业性国有资产管理工作情况报告，审议区政府关 2019 年度全区国有资产管理情况的综合报告，进行人事任免。

7 月 30 日，区一届人大常委会举行第三十一次会议。会议听取和审议区政府关于 2020 年国民经济和社会发展计划上半年执行情况和下半年工作意见的报告、关于 2019 年财政总决算和 2020 年上半年财政预算执行情况的报告、关于 2019 年度本级预算执行和其他财政收支的审计工作报告、关于 2020 年地方政府债券专项预算调整方案（草案）的报告，审议区人大常委会关于民生实事项目人大代表票决制的实施办法（修订），对有关事项进行表决批准，进行人事任免。

9 月 29 日，区一届人大常委会举行第三十二次会议。会议听取和审议区法院关于民事审判工作情况的报告、区检察院关于公益诉讼工作情况的报告，审议柯桥区荣誉市民称号授予办法（送审稿）等 6 个办法并表决通过，进行人事任免。

11 月 30 日，区一届人大常委会举行第三十三次会议。会议听取和审议区政府关于加快推进中国轻纺城转型升级议案决议实施、打造新时期“国际纺织之都”工作情况的报告、代表建议办理工作情况报告、2020 年绍兴市柯桥区政府民生实事项目完成情况报告、绍兴市柯桥区 2020 年财政预算调整方案（草案）报告，对有关事项进行表决，进行人事任免。

12 月 23 日，区一届人大常委会举行第三十四次会议。会议听取和审议关于召开柯桥区第一届人民代表大会第五次会议的决定（草案）、柯桥区第一届人民代表大会第五次会议筹备工作情况的报告、柯桥区第一届人民代表大会第五次会议有关组织领导机构和列席人员建议名单确定原则的汇报、区政府关于 2021 年区政府民生实事候选项目建议方案的报告，审议柯桥区人大常委会工作报告（送审稿）。

【区一届人大常委会第四十一次至第五十三次主任会议】 2020 年，柯桥区人大常委会共召开 13 次主任会议。

1 月 3 日，区一届人大常委会举行第四十一次主任会议。会议研究通过 2019 年岗位责任制考核人大工作得分和代表建议办理工作先进单位、先进个人以及区一届人大常委会第二十七次会议建议议程。

3 月 5 日，区一届人大常委会举行第四十二次主任会议。会议学习中央、省委、市委、区委关于统筹推进新冠肺炎疫情防控和经济社会发展工作会议精神，研究通过区一届人大常委会第二十八次会议建议议程，提出有关人事任免议案。

3 月 26 日，区一届人大常委会举行第四十三次主任会议。主任们视察德美科技园和朗莎尔维迪 MO 项目，听取区政府关于存量土地高效利用工作情况报告，研究通过区一届人大常委会第二十九次会议建议议程。

4 月 9 日，区一届人大常委会举行第四十四次主任会议。主任们视察浙江景岳堂药业有限公司，听取柯桥区中医药发展工作情况报告。

5 月 8 日，区一届人大常委会举行第四十五次主任会议。主任们视察钱清司法所和区公共法律服务中心，专题听取柯桥区公共法律服务体系建设情况的报告，研究绍兴市柯桥区人大常委会关于进一步监督和支持检察机关法律监督工作的意见，区一届人大社会建设委员会委员建议人选及区一届人大常委会第三十次会议建议议程。

5 月 28 日，区一届人大常委会举行第四十六次主任会议。会议研究关于楼颖为柯桥区人民法院代理院长议案。

6月10日,区一届人大常委会举行第四十七次主任会议。主任们视察柯岩街道退役军人服务站和叶家堰居退役军人服务站,听取柯桥区退役军人服务保障体系建设工作情况的报告。

7月16日,区一届人大常委会举行第四十八次主任会议。主任们视察宝业装配式建筑项目和润昇生物质废弃物资源化利用项目,听取区政府关于"无废城市"建设试点工作情况报告,研究关于充分发挥区人大专门委员会作用的若干意见、镇(街道)人大工作"守正创新"三年行动计划方案、民生实事项目人大代表票决制的实施办法(修订)及区一届人大常委会第三十一次会议建议议程。

2020年7月16日,柯桥区人大常委会主任会议与会人员视察浙江润昇新能源有限公司生物质废弃物资源化利用项目

(区人大办　供稿)

8月18日,区一届人大常委会举行第四十九次主任会议。与会人员视察柯岩街道阮社小学非遗基地和在建中的柯桥区非遗馆新馆,听取区政府关于柯桥区非物质文化遗产保护工作情况的报告,研究绍兴市柯桥区人大常委会关于对柯桥区国民经济和社会发展计划、财政预算执行及财政同级审情况报告的审议意见(送审稿)、绍兴市柯桥区人民代表大会社会建设委员会工作规则(送审稿),传达学习全省各级人大常委会主任学习会精神。

9月24日,区一届人大常委会举行第五十次主任会议。与会人员视察恒生·凤凰数字经济产业园和浙江绿筑集成科技有限公司,听取区政府关于柯桥区聚焦数字经济、再创制造业发展新优势工作情况的报告,研究柯桥区荣誉市民称号授予办法(讨论稿)、绍兴市柯桥区生态环境报告实施办法(讨论稿)、绍兴市柯桥区人大常委会实施人大街道工作委员会工作报告制办法(讨论稿)、绍兴市柯桥区人大常委会向人大街道工作委员会交办工作办法(讨论稿)、绍兴市柯桥区人大常委会加强街道预算和国有资产审查监督办法(讨论稿)、绍兴市柯桥区人大常委会街道工作委员会委员提名和任免办法(讨论稿)、绍兴市柯桥区人大常委会主任会议成员及内设机构联系镇(街道)人大工作制度(送审稿)、区一届人大常委会第三十二次会议建议议程。

10月16日,区一届人大常委会举行第五十一次主任会议。与会人员视察绍兴财经旅游学校和柯桥区职业教育中心,听取区政府关于柯桥区职业教育工作情况的报告。研究绍兴市柯桥区人大常委会关于区人民法院民事审判工作情况报告的审议意见(送审稿)、绍兴市柯桥区人大常委会关于区人民检察院公益诉讼工作情况报告的审议意见(送审稿)、关于2020年镇(街道)人大工作考评办法(送审稿)、关于开展人大代表"助推'四大'建设(省委提出全面开展大湾区、大花园、大通道、大都市区建设)助力'十四五'规划"主题活动实施方案(送审稿)。

11月23日,区一届人大常委会举行第五十二次主任会议。会议听取区政府关于柯桥区"十四五"规划编制工作情况的报告、区政府关于2019年度绍兴市柯桥区本级预算执行和其他财政收支审计查出问题整改情况的报告,研究绍兴市柯桥区推进开发区人大工作试行意见、区一届人大常委会第三十三次会议建议议程;常委会各副主任交流外出考察情况,对2021年常委会工作提出意见建议。

12月17日,区一届人大常委会举行第五十三次主任会议。会议听取区人大常委会各委、室2021年度工作思路的报告,书面交流各委、室2020年度工作总结,听取关于绍兴市柯桥区一届人大五次会议筹备工作情况的报告,研究区人大常委会工作报告(初稿)、绍兴市柯桥区人大常委会关于加快推进中国轻纺城转型升级议案决议实施、打造新时期“国际纺织之都”工作情况报告的审议意见(送审稿),以及区一届人大常委会第三十四次会议建议议程。(陈仲华)

人大建议

【概况】 2020年,柯桥区人大常委会完善代表建议督办和办理流程,开展重点督办建议的领衔代表、办理单位负责人、政府领办领导和人大常委会督办联系领导集中面商。区一届人大四次会议期间,大会秘书处共收到代表们提出的建议260件。区政府及69个主、会办单位全部办复,满意率99.6%。其中解决或基本解决的183件,占70.4%;部分解决或列入计划解决的63件,占24.2%;受条件限制留作参考或不可行的14件,占5.4%。

2020年柯桥区人大常委会重点督办代表建议情况

表7

建议号	领衔代表	所在小组	建议题目	主办单位	督办委室
7	董江兴	平水镇	关于创新发展新时代“枫桥经验”,提升我区基层社会治理现代化水平的建议	政法委	监察司法工委
28	吴红平	柯桥街道	关于规范共享单车使用并落实长效管理的建议	综合执法局	代表工委
48	郭奇斌	区直	关于加强物业管理监管工作的建议	建设局	社会建设工委
91	顾洁萍	华舍街道	关于要求本地服装企业参与时尚柯桥活动的建议	轻纺城建管委	城建环保工委
110	丁雅芬	湖塘街道	关于进一步完善养老服务体系,提升养老服务质量的建议	民政局	监察司法工委
168	叶燕芳	马鞍街道	关于提升我区中小学教育软硬件环境的建议	教体局	教科文卫工委
216	孙胜利	兰亭街道	关于加强粮食生产功能区建设的建议	农业农村局	农经工委
247	沈鸿炳	王坛镇	关于厘清汤浦水库集中式饮用水水源地所在南部三镇产业发展目录,支持南部三镇重建特色主导产业的建议	改革办	财经工委

(裘可钦)

主要活动

【民营企业中人大代表走访】 2020年，柯桥区人大常委会领导带队集中走访全区民营企业中区级及部分镇级人大代表，上门宣传《浙江省民营企业发展促进条例》和省、市、区出台的复工复产相关政策，了解民营企业中人大代表在企业疫情防控、复工复产等方面碰到的困难和问题，听取意见建议，帮助协调解决有关困难和问题。

【镇街人大工作】 2020年，柯桥区部署开展（镇街）人大工作"守正创新"三年行动计划，出台《关于推进街道人大工作和建设的实施方案》，设立镇、街道人大常委会办公室，制定34项镇、街道人大工作制度，印发《绍兴市柯桥区镇街人大工作手册》，在年底开展镇、街道人大工作考核。

【标杆代表联络站建设】 2020年，柯桥区人大常委会按照全国人大常委会委员长栗战书在浙江调研时提出的关于代表联络站建设的要求和省人大常委会《关于深化全省人大代表联络站工作和建设的指导意见》，设立柯桥区社会矛盾纠纷调处化解中心人大代表联络站，每月10日安排2名区人大代表参与接待工作，帮助协调反映和督促解决群众矛盾纠纷。全区有15个镇、街道出台人大代表联络站提档升级方案，其中柯桥、华舍、安昌、福全街道完成提档升级并投入使用。

2020年6月15日，柯桥区社会矛盾纠纷调处化解中心人大代表联络站揭牌 （区人大办 供稿）

【局长·代表面对面活动】 2020年5月9日，绍兴市"局长·代表面对面"活动启动仪式在柯桥街道人大代表联络站举行。启动仪式上，部分市、区人大代表、群众代表，就经济发展、疫情防控、知识产权保护、中小微企业融资、基层矛盾解决、社区管理、农贸市场提档升级等方面提出意见建议，市、区两级有关部门局长就相关问题作回应。9月28日，区人大常委会组织开展"局长·代表面对面"轻纺城专场交流活动，听取代表们对推进中国轻纺城智慧化、时尚化和国际化建设的意见建议。活动现场播放中国轻纺城"国际纺织之都"创新发展纪实专题片，相关局办负责人与代表们就中国轻纺城转型升级、做细做精专业市场、保障经营户合法权益、优化电商新业态、构筑"双循环"新发展格局等诸多方面进行现场交流。在市、区两级联动的基础上，全区16个镇（街道）对接市、区级部门负责人或部门站所负责人进站开展活动。

【组织集中视察】 2020年，柯桥区人大常委会组织区人大代表集中视察3次、常委会视察2次。4月17日，组织部分区人大代表视察柯桥区既有住宅加装电梯工作情况。代表们实地视察柯桥街道瓜渚风情小区和齐贤街道迎驾桥小区加装电梯现场，听取区政府关于柯桥区既有住宅加装电梯工作情况报告。6月23日，区人大常委会组成人员视察柯桥区打造"融杭接沪示范区、全国十强区"工作，提出相关意见建议。8月28日，组织部分区人大代表实地视察柯岩街道仁让堰小区电动自行车充电桩项目、中国轻纺城国际面料采购中心、红星美凯龙篮球公园，听取有关主办单位对建议办理工作的情况汇报。10月21日，组织部分区人大代表先后实地视察平水镇祝家村、合心村饮用水工程建设现场，听取区政府关于农村饮用水达标提标工程建设情况报告，提出相关意见建议。11月19日，区人大常委会组成人员先后视察柯桥区东盛慧谷产业创新服务综合体和国科人工智能创新中心，听取科技城建管委关于柯桥区民营科技园区建设工作情况报告，提出意见建议。

【举办“人大讲坛”】 2020年，柯桥区举办“人大讲坛”7次，内容有数字经济发展、生活垃圾分类、《浙江省街道人大工作条例》《中华人民共和国食品安全法实施条例》《中华人民共和国旅游法》、旅游新业态、《生产安全事故应急条例》《中华人民共和国监察法》等相关知识的专题讲座。相关党政干部、人大代表等1500余人次参加。

【人大信息宣传】 2020年，柯桥区开设“柯桥人大”公众号并推送文章600余篇，向上级人大提供稿件和信息资料，被评为省、市人大宣传信息工作成绩突出单位。全年编发“柯桥人大之窗”专版11期、《柯桥人大》杂志4期、《常委会会刊》3期、《人大办通报》15期，编辑常委会工作纪实、画册和《柯桥年鉴》人大部分等。

【获评第二届浙江人大与时俱进奖】 2020年，柯桥区健全代表议案列入人大会议议程机制，形成从提案、审议、表决、实施、监督到结案的整套程序，把论证、评估、评议等制度运用于议决和监督工作中，归正被边缘化的代表议案权，扩充人大行使重大事项决定权的内涵，增强人大监督工作刚性，解决一些重大民生问题。该项工作获得第二届浙江人大工作与时俱进奖。

【受理群众来信来访】 2020年，区人大常委会将人大信访与代表建议“直通车”、常委会监督工作结合起来，加大对信访案件办理和监督力度。全年受理群众来信39件，接待上访人员18批次27人次，通过加强与区信访局、各镇（街道）的协同配合，解决一批群众反映强烈的信访问题。（陈仲华）

执行编辑　祝元泰

绍兴市柯桥区人民政府

重要会议

【区政府一届七次全体(扩大)会议】 2020年3月29日,柯桥区政府召开一届七次全体(扩大)会议。区委副书记、区长赵如浪作报告。会议强调,全区政府系统要高举习近平新时代中国特色社会主义思想伟大旗帜,全面贯彻落实近期中央和省、市、区委系列会议精神,主动应对重大发展任务、重大疫情影响和重大奋斗目标,把握战略机遇、改革机遇、市场机遇、政策机遇,全局融入长三角一体化、杭绍甬同城化示范区等区域融合发展进程,推动全区经济社会发展迈上新台阶。要求政府系统干部树立“政府工作就是抓落实”理念,以高度的责任感、强烈的担当精神、务实清廉的工作作风,创新工作方法,抓实重点关键,确保柯桥区在激烈的区域竞争中脱颖而出。

【区政府一届八次全体(扩大)会议】 2020年8月15日,柯桥区政府召开一届八次全体(扩大)会议。区委副书记、区长赵如浪作报告。会议总结上半年工作,部署下半年工作,强调全区政府系统要以习近平总书记考察浙江重要讲话精神为指引,践行新发展理念,紧扣“排头兵、桥头堡”定位,落实“六稳”“六保”任务,坚持全力防疫情、抓工业、稳外贸、扩投资、促消费、提能级、建城市、优生态、惠民生、控风险,确保高水平全面建成小康社会和“十三五”规划收官。

【区政府常务会议】 2020年,柯桥区人民政府召开11次常务会议,审议政府相关工作。

1月20日,区政府召开第三十九次常务会议。会议听取并审议区教体局关于绍兴安利置业有限公司在J–45地块建设项目中开办高端民营幼儿园有关事宜的汇报,区综合执法局关于柯桥区城市化管理区域通告的汇报、关于柯桥区城乡生活垃圾分类处理三年行动方案(2020—2022)的汇报,区应急管理局关于2019年全区安全生产工作情况的汇报,区金融办关于2019年度金融支持实体经济发展考核奖励结果的情况汇报,区生态环境分局关于柯桥区美丽柯桥建设优胜镇(街道)的汇报,区农业农村局关于柯桥城区渔业资源捕捞权市场化运作实施办法的汇报,区市场监管局关于城区纺织品交易证照办理几点明确意见的汇报,区委组织部关于2019年度公务员嘉奖、三等功(不含区管领导干部)评选结果的汇报,区人力社保局关于2019年度区级先进单位、区级先进工作者(区管干部以下)评选结果的汇报,区司法局关于2019年度法治政府建设情况报告的汇报、关于2020年度区政府常务会议学法计划的汇报、关于柯桥区2020年行政执法监督工作计划的汇报,区政府办关于政府工作报告和民生实事工程任务分解情况汇报、关于2019年度柯桥区发展贡献奖(区长奖、经济发展贡献奖)评比结果的汇报、关于区政府一届七次全体(扩大)会议方案的汇报,区委改革办关于2019年度机关部门、镇街(平台)岗位目标责任制有关情况的汇报。

2月28日,区政府召开第四十次常务会议。会议学习传达中央和省、市统筹推进新冠肺炎疫情防控和经济社会发展工作部署会议精神,听取并审议常务副区长孙彦关于“三返”(返岗、返工、返学)应对工作情况的汇报、关于柯桥区下阶段“三返”工作部署和落实情况的汇报、关于柯桥区企业复工工作和下阶段工作部署的汇报，区人力社保局关于应对疫情影响支持企业复工复产政策意见实施细则的汇报，区总工会关于进一步加强“柯桥工匠”队伍建设等事项的汇报，区自然资源分局关于2020年度柯桥区经营性用地出让计划和工业用地及公益性项目划拨用地供地计划的汇报，区轨道交通集团关于杭绍城际铁路项目涉铁代建工程(三期)的情况汇报，区教体局关于第19届亚运会攀岩项目比赛场地有关事宜的情况汇报，区公安分局关于加强新时代柯桥公安工作实施意见的汇报，区发改局关于坚决打赢新冠肺炎疫情防控阻击战全力稳企业稳经济稳发展实施意见的汇报，轻纺城建管委关于中国轻纺城复业实施方案的汇报，区建设局关于建设新型冠状病毒疫情防控区级集中隔离点的情况汇报。

3月25日，区政府召开第四十一次常务会议。会议学习传达习近平总书记在决战决胜脱贫攻坚座谈会上的重要讲话精神，听取并审议区安委办关于开展“护航复工复产安全生产攻坚行动”的汇报，区财政局关于调整区对镇(街道、开发区)财政管理体制方案的汇报、关于柯桥区对口工作和山海协作工程的汇报、关于2020年柯桥区现代产业重点项目建设计划情况的汇报、关于国有投资(含政府投资)项目竞赛活动方案的汇报，区人才办关于柯桥区人才政策升级版操作细则的汇报，区生态环境分局关于柯桥区“无废城市”建设试点工作实施方案的汇报，区建设局关于2020年柯桥区拆迁计划及遗留项目“百日攻坚”专项行动方案的汇报，区自然资源分局关于2020年度柯桥区做地计划的汇报，区综合执法局关于实行城市化管理区域通告的汇报，区旅发集团关于要求调整柯岩风景区—鲁镇一台演艺项目剧场建设费及演艺制作采购方式的情况汇报，区农业农村局关于柯桥区强村消薄基金管理办法的汇报，区经信局关于柯桥区制造业发展“步鱼计划”行动方案的汇报，区政府办关于民营企业人大代表大走访意见建议办理工作的情况汇报、关于区政协“统筹推进农村疫情防控和春季农业生产工作”专题协商会议建议办理情况的汇报、关于区政府一届七次全体(扩大)会议方案的汇报，区投资促进中心关于全区第一季度项目招商进展的情况汇报，区司法局关于柯桥区重大行政决策程序规定的汇报。

4月26日，区政府召开第四十二次常务会议。会议学习传达习近平总书记在浙江调研时的重要讲话精神，省委书记车俊在柯桥调研时的讲话精神，听取并审议区应急管理局关于全区一季度安全生产工作情况的汇报，马鞍街道关于绍兴华为化工有限公司安全环保整治提升技改项目的汇报，区建设局关于柯桥区无障碍社区建设工作实施方案的汇报，湖塘街道、杨汛桥街道、齐贤街道关于拆迁遗留项目滞后的汇报，区委宣传部关于应对新冠疫情影响促进文化产业健康发展政策意见及实施细则的汇报，区教体局关于浙江毅腾足球俱乐部有关事宜的汇报，区商务局关于中国(绍兴)跨境电子商务综合试验区柯桥片区建设方案的汇报、关于应对疫情进一步做好稳外贸十大行动方案的汇报，区国际赛会服务中心关于柯桥区国际赛会服务中心运行体制建议方案的汇报，柯岩街道关于必维检测招商项目的情况汇报，区大数据中心关于柯桥区区级电子政务和信息化项目预审管理办法(试行)的汇报、关于基于“城市大脑”的新型智慧城市建设有关事项的汇报，轻纺城建管委关于吴海燕国际时尚研究院项目招引落户方案的情况汇报、关于坯布市场公司股权及服装服饰市场资产盈利承诺变更及补偿的情况汇报，区道路交通安全办、区治堵办关于2020年柯桥区城乡道路平安畅通提升行动方案的汇报，区公安分局关于给予赵一峰、曹霄鹏开除公职处分的汇报，区政府办关于2020年区政府领导领办区人大代表建议和政协提案方案的汇报，区民政局关于进一步规范公益性墓地管理相关规定的汇报、关于新时代加强党的领导提升现代社区治理水平实施意见的汇报。

5月27日，区政府召开第四十三次常务会议。会议学习《生产安全事故应急条例》，听取并审议区应急管理局关于柯桥区安全生产委员会组织结构设置及工作规则的情况汇报、关于柯桥区2020年安全生产责任制的情况汇报，马鞍街道关于浙江长华科技股份有限公司上市募投项目的汇报，区生态环境分局关于柯桥区生态环境损害赔偿制度实施方案（试行）的汇报，区财政局关于柯桥区进一步压减2020年度政府开支方案的汇报，柯桥街道关于龙禧中心租赁户债权处置有关事项的汇报，区自然资源分局关于自然保护地整合优化方案的情况汇报、关于绍兴市柯桥区生态保护红线评估调整建议方案的情况汇报，钱清街道、湖塘街道、华舍街道关于拆迁遗留项目滞后的情况汇报，区古镇保护中心关于柯桥古镇古玩花草市场项目运营方案的汇报，区委宣传部关于电视剧《天下布商》项目的情况汇报，区教体局关于柯桥区创建浙江省体育现代化区实施方案的汇报、关于促进体育消费推动体育产业高质量发展实施意见的汇报，区综合执法局关于提升柯桥区居民小区生活垃圾分类投放、收运体系建设方案的情况汇报，钱清街道、漓渚镇关于4月份控新拆违考核末两位的情况汇报，稽东镇关于会稽山研学实践国际营地项目的情况汇报，区农业农村局关于全区粮食生产的情况汇报、关于高水平建设新时代美丽乡村实施意见的汇报，科技城建管委关于西安理工大学柯桥研究院（谢赫特曼诺奖新材料实验室）项目有关情况的汇报，区司法局关于柯桥区行政执法监督规范化建设创新实践工作实施方案的汇报，区公安分局关于绍兴市柯桥区“122”机制工作方案的汇报，区经信局关于柯桥区工业经济稳生产七大行动方案的汇报，区委改革办关于调整蓝印时尚小镇管理体制有关建议的汇报，区道路交通安全办关于新增2020年柯桥区城乡道路平安畅通提升行动重点工作项目的汇报。

6月28日，区政府召开第四十四次常务会议。会议听取并审议柯桥经开区关于青旅羊山生态城综合开发项目处置意见的汇报、关于浙江汽车仪表智能驾舱制造项目的情况汇报，区建设局关于清理柯桥区人防政策的汇报，区自然资源分局关于柯桥区征地区片综合价和地上附着物及青苗补偿标准调整的情况汇报，钱清街道、湖塘街道、福全街道关于拆迁遗留项目滞后的情况汇报，区交通运输局关于柯桥城区旅游巴士开通方案的汇报，湖塘街道、夏履镇关于控新拆违工作滞后的情况汇报，柯桥水务集团关于越城区整合印染企业江滨水处理12万吨/日污水处理工程、柯桥滨海供水江滨水厂三期工程前期审批事项的情况汇报，区大数据中心关于2020年绍兴市柯桥区政府数字化转型工作要点的汇报、关于柯桥区国家电子证照应用试点实施方案的汇报，区经信局关于三季度继续对用电消费券和经济贡献度实施政策奖励意见建议的汇报，区商务局关于柯桥区促进汽车消费实施意见的汇报，区投资促进中心关于柯桥区与中国国际跨国企业促进会开展战略合作的情况汇报、关于2020年上半年项目招商进展情况的汇报，区农业农村局关于加快推动“三农”高质量发展若干政策意见的汇报，区发改局关于柯桥区“融杭接沪联甬”三年行动计划（2020—2022）的汇报、关于浙江省经济运行月度评价指数（MEI）2.0版的情况汇报，区生态环境分局关于柯桥区大气环境质量限期达标规划的汇报，区应急管理局关于定型机废气处理安全风险管控的情况汇报，柯桥街道关于浙江蓝天实业集团有限公司有关事项的汇报。

8月3日，区政府召开第四十五次常务会议。会议听取并审议区发改局关于进一步助力市场主体纾困促进高质量发展若干意见的汇报、关于柯桥区2020年度营商环境提升工作方案的汇报、关于2020年柯桥区政府投资及国有投资项目建设计划半年度调整情况的汇报、关于2020年柯桥区现代产业重点项目建设计划半年度调整情况的汇报，区应急管理局关于绍兴市柯桥区突发事件总体应急预案的汇报、关于绍兴市柯桥区第二轮安全生产综合治理三年行动计划的情况汇报、关于全区半年度安全生产工作的情况汇报，区消防救援大队关于柯桥区2020年上半年度消防安全形势分析和三年翻身仗行动工作开展情况的汇报，区建设局关于柯桥区加强住宅小区物业管理工作实施意见的汇报，华舍街道、湖塘街道、安昌街道、福全街道、兰亭街道关于拆迁遗留项目滞后的情况汇报，柯桥街道、王坛镇关于6月控新拆违工作滞后的情况汇报，科技城建管委关于旅悦集团与柯桥区全面战略合作有关情况的汇报，区民政局关于推进新时代民政事业高质量发展实施意见的汇报，王坛镇关于省农村综合改革集成建设项目实施方案的汇报，区司法局关于法治柯桥（政府）建设有关工作的汇报，区政府办关于区政府一届八次全体（扩大）会议方案的汇报。

8月31日，区政府召开第四十六次常务会议。

会议听取并审议区委改革办关于2020年镇(街道)、平台岗位目标责任制考核意见及2020年区机关部门岗位目标责任制考核意见的汇报,区生态环境分局关于柯桥区迎接第二轮中央生态环境保护督察协调保障工作方案的汇报,区财政局关于市对区财政管理体制有关情况的汇报,鉴湖度假区关于阮型路、新风路下穿萧甬铁路桥孔工程代建谈判的情况汇报,湖塘街道、钱清街道、福全街道关于拆迁遗留项目滞后的情况汇报,钱清街道、稽东镇关于控新拆违工作滞后的情况汇报,科技城建管委关于绍兴科大新材料协同创新产业园项目建设方案及新材料产业技术研究院情况的汇报,区委人才办关于绍兴柯桥印染产业工程师协同创新中心试点方案的汇报,区邮政管理局关于柯桥区快递业“两进一出”工程试点工作实施方案的汇报,区商务局关于绍兴柯桥中国轻纺城市场采购贸易方式试点工作推进方案的汇报,柯桥经开区关于深迪半导体项目有关政策的汇报,区司法局关于区政府及区政府办公室行政规范性文件专项清理结果的汇报。

10月20日,区政府召开第四十七次常务会议。会议听取并审议区综合执法局关于柯桥区综合行政执法事项划转工作的情况汇报、关于柯桥城区市政、园林工程管养移交管理办法的汇报,区建设局关于柯桥区单位自管住宅公房承租户处置实施细则的汇报,区教体局关于柯桥区学校网点布局规划(2020—2025)优化方案的汇报,区卫生健康局关于柯桥区加强公共卫生体系建设三年行动计划(2020—2022)的汇报,区应急管理局关于贯彻落实习近平总书记“9·28”特别重大交通事故重要指示精神和国务院安委办“9·28”特别重大事故回头看评估反馈问题整改落实情况的汇报,区发改局关于福全金三角未来社区试点建设模式和推进机制的汇报,区建设集团关于参与“信达风盛”等3家公司所持会稽山股份司法拍卖有关事宜的情况汇报,区委改革办关于调整完善开发区(度假区)管理运行体制机制补充意见的汇报,兰亭度假区关于绍兴国学文化博览园项目有关政策的汇报,柯岩街道关于天圣集团农业生态产业链项目招商的情况汇报,轻纺城建管委关于2020第三届世界布商大会、2020第二十二届中国绍兴柯桥国际纺织品博览会(秋季)、2020第八届柯桥时尚周等活动方案的汇报,柯桥经开区关于旗滨集团(绍兴)新材料产业园项目有关政策的汇报、关于滨会生物等医药项目有关政策的汇报,区经信局关于柯桥区制造业发展“步鱼计划”行动工作推进机制的汇报,区大数据中心关于柯桥区“912”工程工作方案的汇报,区投资促进中心关于全区1—9月项目招商进展情况的汇报。

11月24日,区政府召开第四十八次常务会议。会议听取并审议区政府办关于省政府2020年真抓实干成效明显地方激励支持政策梳理情况的汇报,区发改局关于2020年镇(街道)岗位目标责任制考核经济指标分解建议的汇报,区发改局、区商务局关于2019年度服务业企业“亩产效益”综合评价情况的汇报,区应急管理局关于柯桥区安全生产巡查工作制度的汇报、关于柯桥区“小化工”打非治违专项整治实施方案的汇报、关于全区三季度安全生产工作情况的汇报,杨汛桥街道关于精功纾困永利集团担保有关事项的汇报,柯桥水务集团关于将区水利投资公司实施的中小河流治理重点县综合整治及水系连通试点工程项目资产无偿划拨给柯桥水务集团方案的汇报,区委改革办关于2020年区直属国有企业经营业绩考核意见的汇报,柯桥街道关于绍兴求是民营医院项目有关情况的汇报、关于绍兴柯桥信息网络和数字文化投资项目有关情况的汇报,湖塘街道、柯桥街道、平水镇、稽东镇、钱清街道关于8—10月控新拆违工作滞后的情况汇报,区农业农村局关于柯桥区节水行动实施方案的汇报、关于柯桥区耕地土壤环境质量类别划分成果的汇报、关于柯桥区农村宅基地制度改革试点方案的汇报,区经信局关于柯桥区工业企业亩均效益综合评价实施办法的汇报,柯桥经开区关于“威纳激光”超薄散热VC项目有关政策的汇报、关于“福元科技”全流程绿色染整智能装备生产基地项目有关政策的汇报。

12月30日,区政府召开第四十九次常务会议。会议听取并审议区发改局关于柯桥区国民经济和社会发展第十四个五年规划和二〇三五远景目标纲要草案的汇报、关于柯桥区2020年国民经济和社会发展计划执行情况及2021年国民经济和社会发展计划草案的汇报、关于2021年柯桥区政府投资年度计划、政府投资项目建设计划及国有投资项目建设计划的汇报，区政府办关于加快柯桥区社会事业发展若干政策意见的汇报、关于政府工作报告（送审稿）的情况汇报，区防控办关于柯桥区2020年新冠肺炎疫情防控工作的情况汇报，夏履镇、漓渚镇关于11月控新拆违工作滞后的情况汇报，区财政局关于绍兴市柯桥区2020年财政预算执行情况及2021年财政预算（草案）报告的汇报，区生态环境分局关于柯桥区县级以上、"千吨万人"饮用水水源保护区划分方案的汇报，区政府办（外事办）关于2020年度柯桥区荣誉市民候选人建议名单的汇报，马鞍街道关于精功纾困引进宝武炭材投资项目有关事项的汇报，区自然资源分局关于2021年度柯桥区经营性用地出让计划和工业用地及公益性项目划拨用地供地计划的汇报、关于绍兴市柯桥区自然资源统一确权登记工作方案的汇报，区市场监管局关于2020年度柯桥区政府质量奖评审概况和拟奖单位的汇报，区司法局关于撤县设区前财政扶持政策文件专项清理结果的汇报，柯桥经开区关于旗滨集团（绍兴）新材料产业园项目地块场地处置情况的汇报、关于新宜中国临空产业创新中心项目有关政策的汇报，区亩均办关于2019年度柯桥区工业企业"亩均效益"综合评价情况的汇报，区科技局关于绍兴市柯桥区重点共建创新平台建设运营管理办法（试行）的汇报，区大数据中心关于绍兴市柯桥区电子证照管理办法（试行）的汇报，区投资促进中心关于全区2020年项目招商进展情况的汇报。（沈城钢）

政务信息

【概况】 2020年，柯桥区编辑政务信息刊物277期。《调研显示个税专项附加扣除政策实施一年多来出现"易填报、难核实"症结亟待关注》被国务院办公厅单篇专报录用。被省政府办公厅录用信息39篇，其中录用专报信息18篇、获省政府领导批示信息17篇、全省信息交流2篇。被市政务办公室录用信息143篇，其中录用专报信息2篇、获市政府主要领导批示1篇。政务信息考核排名全省第二。

【17篇信息获省领导批示】 2020年，柯桥区有17篇政务信息获省领导批示。具体是《5G基站建设遭遇多门审批、多头协调、多地拒进，亟需重视》《绍兴市柯桥区探索社区治理"三纲十目"新模式成效初显》《柯桥区高标准完成国家级循环化改造示范试点的主要做法》《柯桥区高标准完成国家级循环化改造示范试点的主要做法》《柯桥区纺织印染行业着力全产业链创新 逆境中企稳回升快速增长》《稳存量拓增量提质量——柯桥区积极克服疫情影响千方百计保就业》《柯桥区以服务大提升全力打造新时期"国际纺织之都"》《基层反映老年人家庭适老化改造供需两端对接不畅需关注》《柯桥区聚焦"重要窗口"建设大力推进铁路沿线环境整治工作》《聚力体育市场升级 赋能全域产业发展——柯桥区大力推动体育产业 高质量发展》《基层建议工程建设领域农民工工资发放两个环节需进一步完善》《全国首批排污许可证将于年底到期，企业或面临断贷风险》《柯桥区以"凤凰行动"带动产业转型升级纺织产业上市集群初步成形》《柯桥区以"凤凰行动"带动产业转型升级纺织产业上市集群初步成形》《绍兴柯桥区"三化"举措推进适老化改造民生实事》《柯桥区做好四篇文章助力打造世界级现代纺织产业集群显成效》《培育新业态提升新品质打造新体验——柯桥区全力打造特色安昌古镇推动旅游经济高质量发展》。（周莹芳）

协调督查

【概况】 2020年，柯桥区政府围绕年初的政府工作报告，省、市、区三级民生实事工程和阶段性中心工作，开展重点工作督查活动16次，省、市、区三级民生实事督查活动18次，编发《政务督查》14期、《督查通报》9期、《批示专报》36期、《工作简报》5期，办理市政府下达督办事项28件、市政府主要领导批示件300余件、区政府主要领导批示件340件。（孙　莹）

建议提案办理

【概况】 2020年，柯桥区政府承办区一届人大四次会议议案260件。其中，属于经济建设方面的 54 件，占 20.8%；城乡发展方面的 105 件，占 40.4%；民生社会方面的 82 件，占 31.5%；其他方面的 19 件，占 7.3%。至年底，260 件议案全部办复，满意率 99.6%。其中，解决或基本解决的 183 件，占 70.4%；部分解决或列入计划解决的 63 件，占 24.2%；受条件限制留作参考或不可行的 14 件，占 5.4%。

承办区政协一届四次会议提案 267 件。其中，有关经济、生态建设等方面的 63 件，占 23.6%；有关文化建设等方面的 58 件，占 21.7%；有关政治、社会建设等方面的 146 件，占 54.7%。至年底，267 件提案全部办复，满意率 100%。得到解决或基本解决的 157 件，占 58.8%；列入计划逐步实施的 101 件，占 37.8%；因条件限制留作参考的 9 件，占 3.4%。（孙　莹）

人事工作

【概况】 2020 年，柯桥区办理事业单位工作人员录用 575 人，其中机关事业单位 121 人、卫计类 256 人、教师 190 人、人才引进 8 人。

【事业人员职业全周期管理"一件事"改革】 2020 年 7 月 1 日起，柯桥区实施事业单位人员职业生涯全周期管理"一件事"改革，通过"一件事"平台集中办理事业单位人员公开招聘、调入、调出、退休、解聘、开除、岗位变动 7 项业务工作。全年办理业务 8000 余件，办理时间从最多 10 天缩短至 1 天。（陈海军）

行政审批

【概况】 2020 年，柯桥区办理各类审批事项 178 万件，日均办理 6095 件。行政许可准确率和承诺件按时办结率 100%，提前办结率 91.85%，提前率 88.27%，每份承诺件实际平均办结时间 0.83 天。

【企业投资项目审批"最多 80 天"改革】 2020 年，柯桥区开展企业投资项目审批"最多 80 天"相关改革工作。投资在线平台 3.0 应用向镇（街道）延伸，投资审批事项 100% 通过平台网上申报、审批、出具批文（包括电子印章、电子证照）。开展立项阶段"最多 15 天"工作，全年立项 531 个，立项阶段平均用时 0.78 天，一般企业投资项目立项阶段最多 15 天。至年底，"最多 80 天"实现率 100%。

【涉水项目行政许可即办化改革】 2020 年，柯桥区在实施区域"三合一"水影响评价地区，开展涉水项目行政许可即办化改革。制定区域涉水审批标准清单，并纳入"区域水评价"方案，将项目"水土保持方案""防洪影响评价报告""水资源论证报告"简化成备案即办事项。企业投资项目涉水审批材料从 15 件减至 1 件，办理环节从 12 个减至 2 个，审批时间从 5 个工作日减至 1 小时（负面清单内事项 3 个工作日）。全年完成备案项目 34 件，其中涉河 8 件、水保审批 26 件。

【排污权抵押方式创新】 2020 年，柯桥区创新排污权余量抵押方式。在首次排污权抵押登记后，可实施多次余量抵押；在银企双方自愿协商、风险自负基础上，允许突破政府收储价，按第三方评估价办理排污权抵押登记；针对大批企业排污许可证于年底到期未及更换的情况，允许企业在缴纳排污权有偿使用费后，签订银企排污权逾期抵押协议，享受超许可证有效期的排污权抵押登记。自区行政审批局成立后，有 54 家区内外银行为 132 家企业提供排污权抵押贷款，办理排污权抵押登记 494 笔，贷款金额 194.37 亿元。

【中介企业"网上竞价"】 2020 年，柯桥区升级"中介淘宝"系统，引导中介企业使用"网上竞价"。建立中介服务结果共用互认、业主中介机构双向公开选择、网上竞价和网上考核评价等机制，推进中介服务与投资项目审批无缝对接。全年发布 58 个项目，其中 42 个项目完成竞价，节约资金 20 万元，最高提速 30%。

【企业投资项目代办智能化服务平台开发】 2020 年，柯桥区开发企业投资项目代办智能化服务平台。2 月，启动前期准备工作；6 月，正式开发设计；8 月，完成开发及调试；9 月起，试运行并不断完善。该平台按照投资项目立项、规划许可、施工许可、竣工验收等 4 个阶段，梳理 32 个审批大项、55 个审批小项，集成在线申请、审批代办、进度监控和视频沟通等功能，实现企业审批从人工向网络服务转变。（徐一鸣）

公共资源管理

【概况】 2020年，柯桥区公共资源交易中心完成四项交易1082项，成交金额207.42亿元，其中建设工程159项，成交金额46.85亿元，节资7.71亿元，节资率14.13%；政府采购803项，成交金额22.04亿元，节资3.37亿元，节资率13.27%；土地交易68项，成交金额133.38亿元，增效27.31亿元，增效率25.74%；产权交易52项，成交金额5.14亿元，增效0.71亿元，增效率16.12%。

【招标投标"一件事"改革】 2020年，柯桥区实施招投标"一件事"改革，建设全流程"一网通办"线上平台，建立标前严格规范、标中严密监察、标后严督履约的全周期监管体系，健全工作流程机制，完善监管平台系统，开展信用新型监管，提升招投标的规范、公平和效率。柯桥区招投标"一件事"改革相关做法在《浙里改(领跑者)》第14期刊登，得到省委书记车俊等省领导批示，入选绍兴市直机关"最佳制度创新"案例。

【"不见面"开评标】 2020年，新冠肺炎疫情防控特殊时期，柯桥区搭建网上"虚拟开标大厅"，在全市率先推行工程建设、政府采购项目"不见面"开评标。投标人可在线实时参与开标，自行解密投标文件、提出异议、查看开标结果，为重点项目正常开工、企业有序复工复产提供保障。3月，完成首个"不见面"开标项目——兰亭景区"AAAAA"创建项目(停车场提升改造工程)。全年，完成建设工程限额以上"不见面"招标169项、限额以下"不见面"招标1298项。

【投标保证金减免10亿余元】 2020年，柯桥区为国家规定可以收取的投标保证金设定上限，规定保证金不得高于50万元，取消招标数额标准以下项目投标保证金，共减免投标保证金10亿余元，惠及企业约3万家次。

【推行工程建设投标保证金电子保函】 2020年，柯桥区推行工程建设投标保证金电子保函。7月，开出全市首单电子保函。全年允许申请电子保函项目120个，使用企业5871家次，替代现金缴纳保证金13.02亿元。

【公开招标平均办理时间缩至23天】 2020年，柯桥区依托综合性窗口科室，整合生成新工程建设招标申请表，实现"一表申请、一窗受理、一事通办"；对接银行、保险保函系统，实现数据互通，自动完成投标保证金网上缴退或保函网上投保缴费；推行承诺制、并联制，由招标人提交书面承诺，自行承担项目停滞风险，在提供初步设计批复、招标人确认的施工图纸后即可启动工程建设施工招标。是年，政府投资工程项目招标材料平均份数由6.6份精减至1.8份，公开招标平均办理时间由80天压缩至23天。

【招投标全周期监管体系建立】 2020年，柯桥区出台《关于进一步加强公共资源交易全周期监管的若干意见》，探索建立全周期监管体系。标前规范，制定政府采购三色清单、工程建设项目招标文件负面清单，修订完善招标文件示范文本，减少招标人自由裁量权。标中监察，线上线下相结合全年监察项目1800余个，发现存在不良行为的企业700余家，其中监察限额以下工程交易(含村居工程项目)1230项。标后督察履约，通过部门间联动执法，全年查处违法违规企业5家，从业人员3人，均给予限制投标处理。(蒋竞书)

重要接待

【概况】 2020年，柯桥区接待中央和部委、省、市、县各级领导等182批，5804人次，其中接待省部级及以上领导43批，59人次。

2020年柯桥区接待省部级及以上领导、考察团情况

表8

日期	考察人员	考察内容
1月2日	浙江省委副书记、省长袁家军	到柯桥区开展“深化‘三服务’、助推开门红”活动
1月30日	浙江省副省长陈奕君	到柯桥区实地走访
2月12日	浙江省委书记车俊	到柯桥区检查企业新冠肺炎疫情防控及复工复产情况
2月20日	浙江省副省长朱从玖	到柯桥区开展深化“三服务”，指导督查新冠肺炎疫情防控、复工复产工作
3月13日	浙江省人大常委会党组书记、副主任梁黎明	到柯桥区调研统筹推进新冠肺炎疫情防控和经济社会发展情况
3月18日	浙江省委常委、统战部部长熊建平	到柯桥区调研有关工作
4月9日	浙江省人民检察院党组书记、检察长贾宇	到柯桥区调研有关工作
4月22日	浙江省委书记车俊，浙江省委常委、秘书长陈金彪，浙江省委常委、常务副省长冯飞	到柯桥区考察有关工作
5月2日	上海市警备区原政委马家利	到柯桥区考察有关工作
5月9日	浙江省委副书记、宁波市委书记郑栅洁，浙江省委常委、浙江省委秘书长陈金彪，浙江省副省长高兴夫	到柯桥区参加全省开发区(园区)改革提升推进会现场考察活动
5月12日	浙江省政协副主席陈铁雄	到柯桥区调研有关工作
5月13日	浙江省副省长刘小涛	到柯桥区调研有关工作
5月14日	浙江省副省长陈奕君	到柯桥区调研建筑工业化情况
5月19日	浙江省副省长成岳冲	到柯桥区调研基层中医药工作情况
5月27日	浙江省人大常委会党组副书记、副主任李卫宁	到柯桥区调研有关工作
6月4日	浙江省政协副主席郑继伟	到柯桥区开展高水平全面建成小康社会补短板专项集体民主监督调研工作
7月2日	浙江省人大常委会副主任史济锡	到柯桥区开展乡村振兴和畜牧业发展调研工作
7月16日	浙江省人大常委会副主任赵光军	到柯桥区就《浙江省广告管理条例(修订草案)》进行立法调研
7月17日	浙江省政协副主席周国辉	到柯桥区开展人民调解工作专题调研并召开提案办理座谈会
7月30—31日	中国国际跨国公司促进会会长、十一届全国政协副主席郑万通	到柯桥区考察有关工作

续表 8

日期	考察人员	考察内容
7 月 30—31 日	浙江省委常委、宣传部部长朱国贤	到柯桥区参加全省宣传文化系统专题研讨班
8 月 13 日	中科院院士、民盟中央副主席田刚	到柯桥区考察有关工作
8 月 24 日	退役军人事务部党组书记、部长孙绍骋，退役军人事务部党组成员、副部长朱天舒一行，由浙江省副省长王文序陪同	到柯桥区参加学习推广新时代“枫桥经验”现场推进会
8 月 26 日	全国人大常委会委员、全国人大社会建设委员会副主任委员邓凯，全国人大社会建设委员会副主任委员、中华慈善总会会长宫蒲光，全国人大常委会委员、全国人大社会建设委员会委员邓丽，全国人大常委会委员、全国人大社会建设委员会委员、共青团中央书记处书记汪鸿雁	到柯桥区考察有关工作
9 月 8 日	浙江省副省长陈奕君	陪同督察组一行到柯桥区指导中央生态环保督察问题整改和生态环境整治工作
9 月 11—12 日	生态环境部党组成员、副部长庄国泰一行，由浙江省副省长陈奕君陪同	到柯桥区调研有关工作
9 月 14 日	浙江省副省长刘小涛	到柯桥区调研普速铁路沿线环境整治工作
9 月 16 日	浙江省委副书记、代省长郑栅洁	到柯桥区调研有关工作
9 月 16 日	浙江省政协副主席、党组书记孙景森	到柯桥区开展社会治理领域“最多跑一地”改革三级政协联动专项集体民主监督调研工作
9 月 17 日	中科院院士俞书宏	到柯桥区考察有关工作
9 月 27 日	浙江省原省长沈祖伦	到柯桥区参加见面会
10 月 14 日	浙江省副省长王文序	到柯桥区调研大学生就业、就业服务和创业园等工作
10 月 15—16 日	浙江省副省长彭佳学	到柯桥区参加 2020 年世界粮食日和粮食安全宣传周浙江主会场活动
10 月 26 日	浙江省副省长高兴夫	到柯桥区调研绍兴纺织产业集群工作情况，出席 2020 第三届世界布商大会、时尚周、纺博会开幕式

续表 8

日期	考察人员	考察内容
10 月 26—27 日	中国国际跨国公司促进会会长、十一届全国政协副主席郑万通	到柯桥区出席 2020 第三届世界布商大会、时尚周、纺博会开幕式等相关活动
11 月 6 日	浙江省副省长王文序，浙江省政协副主席张泽熙，浙江省慈善联合总会会长陈加元，江苏省慈善总会会长蒋宏坤，陕西省慈善协会会长吴前进	到柯桥区参加第七届“西湖论善”
11 月 16 日	浙江省委常委、秘书长陈金彪	到柯桥区调研有关工作
11 月 19—20 日	中国证监会党委委员、副主席阎庆民，由浙江省副省长朱从玖陪同	到柯桥区召开提高上市公司质量部分省市片区经验交流会并调研
12 月 3 日	中共中央政治局原常委、全国政协原主席贾庆林，由省政协主席葛慧君陪同	到柯桥区考察有关工作
12 月 14 日	陕西省政协副主席冯月菊	到柯桥区考察智慧养老体系建设情况
12 月 24 日	浙江省政协副主席郑继伟	到柯桥区开展酷玩小镇建设和“请你来协商”平台建设、政协工作向基层延伸等调研
12 月 28 日	浙江省智能制造专家委员会主任毛光烈	到柯桥区调研有关工作
12 月 30 日	全国政协人口资源环境委员会副主任、中国气象局原党组书记、原局长刘雅鸣	到柯桥区考察有关工作

（滕燕兰）

机关事务管理

【概况】 2020 年，柯桥区通过“84138399”维修热线和 24 小时值班制，确保区行政中心大院设施设备高效、顺畅运行。区行政中心、区公共服务大楼、区鉴湖大院共维修水、电、消防、木工等设备设施 3865 次，响应率 100%。通过严控餐饮安全、严格消杀制度、严防出入管控，防控新冠肺炎疫情。执行《会务标准化管理办法》，区行政中心会场共保障会议 838 场次，与会 52810 人次。行政中心大厅共布展 27 期；更换花卉、绿植 32800 棵，修剪草坪、灌木 150 余次。完成区“两会”、第三届世界布商大会、2020 招商项目签约仪式、2020 世界粮食安全宣传主会场启动仪式、全省投资项目开工仪式等重要会议和大型活动的后勤服务保障。重点公务用车累计运行里程 34.2 万千米，出车 4776 次。严格公务用车管理，与全区 20 个镇（街道、开发区）签订公务用车使用规范管理责任书。建立重点反恐单位台账档案，开展消防安全大检查，对安保人员开展军事化训练。开展“全国节能宣传周”活动。创建成功 1 家国家级节约型公共机构示范单位、2 家省级节约型公共机构示范单位，申报创建 30 家节约型机关单位，创建 4 家区级节水型机关单位。

【公共服务大楼广场改造】 2020 年，柯桥区完成区公共服务大楼东侧广场改造项目。项目由诸暨晨畅建设有限公司承建，4 月完立项和设计，5 月完成招标，6—7 月完成施工准备并进场施工，10 月底完成全部施工，12 月完成项目初验并投入使用，总投资 450 万元。改造后，新增沥青路面 490 平方米、挡土墙 25.3 米、路灯迁移管线 328 米，补种乔木

2020 年，改造后的柯桥区公共服务大楼东广场
（区机关服务中心　供稿）

101 株、草皮 265 平方米。

【办公用房效能管理】 2020 年，柯桥区搬迁区司法局办公用房，调整区矫正中心办公用房，调研、调配区疫情防控指挥部等 12 家单位的办公用房，调整搬迁及收回调配鉴湖大院原区委政法委、原会计核算中心办公用房。根据省委巡视组反馈意见，实地检查 9 家单位整改落实情况；对 2019 年下半年起完成办公用房调整搬迁的 12 家单位开展专项检查。审核区市场监管局等 5 家单位办公用房维修、装修改造经费安排；落实税务局第一稽查局办公用房维修、区检察院办案区案件管理中心建设的对接工作；更新区商务局等 14 家单位的标牌；评估处置行政中心废旧物资。

【涉案物资处置】 2020 年，柯桥区建立针对区纪委移送涉案财物依法、公开的处置程序，规范财物接收、保管、公开拍卖全过程。经招投标，委托杭州资产拍卖有限公司开展后续工作。全年，进行 4 次公开拍卖，总成交额 416353.45 元。未予拍卖的物品，按类别移交给相关部门处置。

【机关垃圾分类】 2020 年，柯桥区建设行政中心垃圾分类智能化示范“支点”，配置 2 台“大数据 + 物联网”智能垃圾分类回收箱、502 个垃圾桶，覆盖行政中心内 29 个单位。智能垃圾分类回收箱实行“一人一码一号”，通过积分返还形式鼓励垃圾分类。6 月，在《柯桥日报》上面向全区干部群众开展节能和垃圾分类知识竞赛，有 601 人参与比赛；开展“节能我承诺”活动，有 1000 余名机关干部参与。至年底，有 45 家单位创建为党政机关生活垃圾分类示范单位，37 家单位通过“无废机关”创建评审验收。

【机关食堂“厉行节约、反对浪费”活动】 2020 年，柯桥区开展“厉行节约、反对浪费”活动。在食堂门口、餐桌等醒目处，张贴节约粮食标语、摆放餐牌等宣传资料，在大厅、餐厅电子显示屏滚动播放“适量取餐、减少浪费”等宣传语。开展为期 1 周的“光盘行动”积分兑换活动，引导机关干部节约粮食，减少餐饮浪费，发放兑换卡 809 张，回收有效兑换卡 519 张，参与兑换率 64.1%。通过开设“3 元菜”窗口、推出“小份菜”“小碗面”等供应模式、定制健康养生菜单等，实现菜品多样化、差异化供应，促“光盘行动”。区机关服务中心联合纪委、区文明办等部门对餐饮浪费进行专项督查。活动开展后，食堂泔水量平均每天减少 1/4 以上。（张　弦）

2020 年，柯桥区行政中心食堂开展“光盘行动”积分兑换活动
（区机关服务中心　供稿）

执行编辑　王　翊

政协绍兴市柯桥区委员会

综　述

【概况】 2020年，政协绍兴市柯桥区委员会召开全体会议1次、常委会议8次、主席会议14次。全体会议期间，组织大会发言37篇，区委主要领导对其中7篇作出批示；围绕进一步做好政府工作，从6个方面提出53条协商意见；围绕“合力推进区域基层治理现代化”，组织开展界别协商会。围绕区委一届八次全体会议的决策部署、区委《关于制定绍兴市柯桥区国民经济和社会发展第十四个五年规划和二〇三五年远景目标的建议（征求意见稿）》，开展专题调研，召开常委会议，进行专题政治协商。利用“请你来协商”平台，围绕农村疫情防控、春季农业生产、学校复学中疫情防控、学前教育规划建设、城市违建管控、民营企业改革发展、“五星3A”创建后长效运行等议题，举行6场专题协商，形成协商纪要，供区委、区政府决策参考。围绕加快打造“融杭接沪示范区”主题，组建6个课题组，开展专题调研，调研报告得到区委主要领导批示。组建12个监督小组，分别就“公交融杭”“山区电商物流服务‘村村通’工程建设”“城乡道路平安畅通提升行动”“无障碍社区建设”等民生关键小事开展专项监督。镇（街道）政协工委按片组建的5个监督小组，围绕“农村居家养老服务照料中心建设”主题，政协领导、相关专委会共同参与，联动开展专项集中民主监督。召开主席会议，专题听取区法、检“两院”在基层治理中的工作情况通报，提出监督协商意见。继续开展“进百村、访千户”“慈善·助困”活动。举办中秋联谊、“有礼有爱”等活动，自2017年起第四年调研视察柯桥古镇，专题调研云门文化保护利用工作，赴镇（街道）书画采风，配合省、市政协做好有关文稿征集撰写工作。继续实行专委会向区政协常委会、镇（街道）工委向区政协主席会议集体述职评议以及区政协参加单位工作交流评议制度。探索“互联网+”履职新途径，全体会议期间使用电子阅文系统。（高晶彬）

重要会议

【区政协一届四次会议】 2020年1月7—9日，中国人民政治协商会议第一届绍兴市柯桥区委员会

2020年1月7—9日，中国人民政治协商会议第一届绍兴市柯桥区委员会第四次会议在柯桥召开　（凌　军　摄）

第四次会议在柯桥召开。会议审议通过区政协主席孟柏干代表区政协常务委员会所作的工作报告和区政协副主席吴汉华受区政协常委会委托所作的提案工作情况报告，听取并通过区政协提案委员会关于区政协一届四次会议提案受理情况的报告，表决通过区政协一届四次会议决议。与会委员列席绍兴市柯桥区第一届人民代表大会第四次会议，听取并讨论区长赵如浪所作的《政府工作报告》和其他报告，并围绕全区改革发展大局和群众关注的热点难点问题，提出协商意见。

【区政协一届十九次至二十六次常委会议】 2020年1月6日，柯桥区政协召开一届十九次常委会议。会议表彰2019年度区政协工作先进单位和先进个人，审议通过区政协一届四次会议日程、《提案受理情况的报告》报告人，确定提案截止日期，宣布会议期间各次大会常委会值日安排。

1月8日，区政协召开一届二十次常委会议，审议区政协一届四次会议提案受理情况的报告（草案）、中国人民政治协商会议第一届绍兴市柯桥区委员会第五次会议决议（草案），听取政协常委会工作报告、提案工作情况报告、政府工作报告讨论情况的汇报。

4月24日，区政协召开一届二十一次常委会议暨提高履职能力读书会。会议听取省政协研究室副主任黄甲寅作“发挥专门协商机构作用”专题辅导讲座，通报2019年度区政协常委会议出席情况，审议政协委员调整、专委会副主任职务任免等有关事项。

6月10日，区政协召开一届二十二次常委会议，重点协商“奋力争当‘融杭接沪示范区’的路径”。区政协各课题组分别围绕互联互通、交通先行，优化产业、转换动能，精准定位、规划引领，人才支撑、科创驱动，文旅融合、品赢未来，民生共享、互补共赢等方面作协商发言。区自然资源和规划分局、经信局、科技城建管委、文广旅游局、卫生健康局等有关部门主要负责人现场作互动回应。区委常委、常务副区长孙彦到会听取协商意见，区人大常委会副主任沈祖卫应邀与会。会后，形成区政协常委会建议案，报送区委、区政府供决策参考。

2020年6月10日，柯桥区政协召开一届二十二次常委会议，重点协商“奋力争当‘融杭接沪示范区’的路径”　　（凌　军　摄）

7月24日，区政协召开一届二十三次常委会议暨统战系统区委重大决策情况通报会议。会议听取区委改革办作的区委一届八次全体会议重大决策文件（征求意见稿）起草说明。区委书记沈志江出席并讲话。区委常委、统战部部长王静静，副区长方优美出席会议。

7月29日，区政协召开一届二十四次常委会议暨统战系统半年度经济社会发展情况通报会议。会议听取区委副书记、区长赵如浪作2020年上半年经济社会发展情况和下半年重点工作安排的通报。区委常委、统战部部长王静静出席会议。

11月16日，区政协召开一届二十五次常委会议。会议集中学习中共十九届五中全会精神，听取区政府关于2020年政协提案办理工作情况的通报，评议区政协各专委会2020年度履职工作情况。副区长方优美到会通报有关情况，区人大常委会副主任刘斌列席会议。

12月9日，区政协召开一届二十六次常委会议。会议听取区政协一届五次会议筹备工作方案汇报，审议通过召开区政协一届五次会议的有关事项。审议通过2020年度区政协工作先进单位和先进个人。听取2020年度反映社情民意信息工作情况报告，讨论修改区政协常委会工作报告和提案工作情况报告(送审稿)。

【区政协一届四十一次至五十四次主席会议】 2020年1月8日,柯桥区政协召开一届四十一次主席会议,审议修改《区政协一届四次会议决议(草案)》,研究决定召开区政协一届二十次常委会议。

1月22日,区政协召开一届四十二次主席会议,审议通过区政协领导班子主要工作分工调整事宜及区政协主席、副主席联系镇(街道)工作委员会调整事宜,区政协2020年工作要点、重点履职任务分解和责任分工方案。

3月3日,区政协召开一届四十三次主席会议,审议通过区政协"统筹推进农村疫情防控和春季农业生产工作"专题协商会议方案、2020年区政协委派民主监督小组工作的有关事项、区政协"奋力争当'融杭接沪示范区'的路径"重点协商课题调研方案、2020年区政协工作先进单位和先进个人考核评选办法以及2020年区政协反映社情民意信息工作考核评比办法。

3月25日,区政协召开一届四十四次主席会议,听取区政府关于群贤路、兴越路和轻纺城大桥综合整治、提升改造工程有关情况的通报以及区政协一届四次会议提案立案情况的报告,审议通过区政协"加强学校复学后疫情防控暨学前教育规划建设"专题协商会议方案以及2020年区政协关于深入开展"进百村、访千户"慈善助困行动的方案。

4月22日,区政协召开一届四十五次主席会议。会议审议通过"请你来协商"——区政协"切实加强城市违建管控工作"专题协商活动实施方案,研究确定2020年重点提案、重要提案及区政协领导、室(委)负责人督办方案,审议有关人事任免事项,研究决定召开区政协一届二十一次常委会议暨提高履职能力读书会议。

5月29日,区政协召开一届四十六次主席会议,审议通过区政协2020年度联动开展"城乡生活垃圾分类处理"专项集体民主监督实施方案,讨论关于在深化"请你来协商"平台建设中加强工作联动的实施细则(试行),研究决定召开区政协一届二十二次常委会议,集中协商"融杭接沪示范区"建设工作。

7月22日,区政协召开一届四十七次主席会议,民主监督区公安、法院、检察院工作。会议听取区公安分局、区人民法院和区人民检察院主要负责人所作的上半年工作情况和下半年工作安排的情况通报。会议审议有关人事任免事项,审议通过"请你来协商·支持促进民营企业改革发展"专题协商活动实施方案,研究决定召开区政协一届二十三次、二十四次常委会议。

8月12日,区政协召开一届四十八次主席会议,专题督查评议2019年度重点提案办理落实工作。会议听取区政协提案委关于2019年度重点提案办理落实工作督查评议意见的汇报,区政协主席会议成员对各自督办的重点提案作督查评议发言。区委常委、常务副区长孙彦到会听取督查评议意见。

9月14日,区政协召开一届四十九次主席会议,专题视察协商柯桥历史文化街区保护利用工作。与会人员实地视察柯桥历史文化街区建设工程现场,听取区古镇保护中心负责人有关情况介绍,开展集中协商。会议审议通过"请你来协商"——区政协"增强'五星3A'创建后长效运行、可持续发展的能力"专题协商活动实施方案。

10月14日,区政协召开一届五十次主席会议,集中评议2020年度区政协委派民主监督小组工作。区交通运输局、区供销社、区民政局等受派部门(单位)分别就"公交融杭"工程、山区电商物流服务"村村通"工程、居家养老服务机构建设等方面工作进展情况作通报,区政协各相关民主监督小组就各自民主监督工作情况作汇报,其他受派部门(单位)、民主监督小组分别作书面通报、汇报。区政协主席会议成员分别发表评议意见。区委常委、常务副区长孙彦到会听取评议意见。

10月28日,区政协召开一届五十一次主席会议,专题协商柯桥区"十四五"规划编制工作。会议听取区发改局有关柯桥区"十四五"规划编制工作情况的通报。区政协主席会议成员结合前期专题调研,分别就城市交通规划、民生保障服务、基层社会治理等相关内容发言,对规划编制工作发表协商意见。区委常委、常务副区长孙彦到会听取协商意见。会议研究决定召开区政协一届二十五次常委会议。

11月19日,区政协召开一届五十二次主席会议。会议听取各镇(街道)工委2020年度工作述职并进行评议。

12月9日，区政协召开一届五十三次主席会议。会议听取区政协一届五次会议筹备工作方案汇报，审议召开区政协一届五次会议的有关事项。会议审议2020年度区政协工作先进单位和先进个人，审议通过2020年度区政协反映社情民意信息工作先进单位和先进个人、优秀提案。会议讨论区政协常委会工作报告和提案工作报告、2021年区政协主要履职议题，研究确定“请你来协商”专题协商会方案。

12月30日，区政协召开一届五十四次主席会议，实地视察“清廉柯桥”建设示范点——区中医医院，专题听取2020年度全区党风廉政建设和反腐败工作情况通报。会议审议区政协委员增补事项、区政协关于加强和促进人民政协凝聚共识工作的实施意见（草案）、区政协一届五次会议期间提案截止日期（草案），提出补选区政协副主席候选人建议名单（草案）以及总监票人、监票人建议名单（草案），讨论选举办法（草案），研究决定召开区政协一届二十七次常委会议。（高晶彬）

政协提案

【概况】 2020年，柯桥区政协一届四次会议期间及会后，共受理党派团体和政协委员以提案形式提出的意见建议289件，经审查立案279件，作并案处理267件，作来信处理7件，作社情民意处理2件，不予立案1件。至年底，所有提案如期办复，解决或基本解决的157件，列入计划逐步实施的101件，分别占总数的58.8%和37.8%；因条件限制留作参考的9件，占3.4%。提案委员会收到委员对提案办理情况反馈意见表262件，满意率占反馈总数的100%。

2020年柯桥区政协重点提案情况

表9

提案号	提案人	主要内容	承办单位		反馈结果
			主办	会办	
7	区工商业联合会	关于推进中国轻纺城转型升级，着力打造新时期国际纺织之都的建议	轻纺城建管委	区商务局、区市场监管局	满意
2	民盟区基层委员会	关于加快推进柯桥区乡村旅游提质增效的建议	区文广旅游局	区农业农村局	满意
22	区政协柯桥街道工作委员会	关于加强城区街巷整治改造的建议	区综合执法局	区建设局	满意
5	农工党区基层委员会	关于合力推进柯桥区青少年近视防控工作的建议	区教体局	区卫健局	满意
3	民建区基层委员会	关于大力推进智能制造，打造全国印染产业新高地的建议	区经信局	区科技局	满意
28	区政协马鞍街道工作委员会	关于加强镇（街）道路交通治理的建议	区交通运输局	区公安分局、区综合执法局、区自然资源分局	满意

续表 9

提案号	提案人	主要内容	承办单位		反馈结果
			主办	会办	
39	区政协委员工委	关于加强社会工作专业人才队伍建设，加快推进柯桥区社会工作发展的建议	区民政局	区财政局、区人社局、区教体局	满意
1	民革区基层委员会	关于推进柯桥区“城市大脑”建设，赋能城市治理现代化的建议	区大数据中心	区综合执法局	满意
4	民进区基层委员会	关于全力破解技能型人才供需矛盾，助推柯桥区经济高质量发展的建议	区人社局	区委组织部(人才办)、区教体局	满意

（高晶彬）

主要工作

【“请你来协商”协商 6 场】 2020 年，柯桥区政协利用“请你来协商”平台举办协商 6 场。1 月 8 日，区政协围绕“合力推进区域基层治理现代化”议题，开展专题协商。11 名区政协委员，围绕加强基层党建、推进法治政府、提升教育质量、优化人居环境、发挥业委会和公益组织作用等方面作交流发言。区委办、区委组织部、区委统战部、政法委、信访局、发改局、经信局、教体局、民政局、自然资源分局、生态环境分局、建设局、市场监管局主要负责人参加会议并就委员协商发言内容作互动回应。区委书记沈志江到会听取协商意见。

3 月 5 日，区政协围绕“统筹推进农村疫情防控和春季农业生产工作”议题，以视频形式召开专题协商会议。会议在区行政中心设主会场，在福全街道、兰亭街道、平水镇设分会场。在听取区政协农业农村和人资环委作的调研情况汇报后，7 名区政协委员和界别群众代表围绕“春季农业生产”“三农服务”主题，分别就“春耕备耕农资准备”“春茶采摘员工保障”“南部山区毛竹加工项目立项审批”“助农金融贷款、贴息政策”“疫情期间蔬菜销售、资金保障、农业企业承包期”等，从不同层面作协商发言。区发改局、区经信局、区生态环境分局、区农业农村局、区金融办、兰亭街道、瑞丰银行有关负责人作回应。副区长吴晓炯到会听取协商意见。

2020 年 3 月 5 日，柯桥区政协利用“请你来协商”平台，围绕“统筹推进农村疫情防控和春季农业生产工作”议题，以视频形式召开专题协商会议
（凌　军　摄）

4 月 1 日，区政协围绕“优化营商环境”议题，开展专题协商。在听取区教体局关于学校复学中疫情防控和学前教育规划建设情况通报后，6 名

区政协委员和界别群众代表分别从“防疫物资保障”“上下学交通秩序维护”“新建小区配套幼儿园建设管理”“已规划幼儿园建设项目推进”等不同角度作协商发言。区经信局、区教体局、区公安分局、区自然资源分局、区建设局、区卫生健康局、柯桥街道办事处、华舍街道办事处负责人作互动回应。副区长祝静芝到会听取协商意见。

5月13日，区政协围绕“切实加强城市违建管控工作”议题，开展专题协商。会议播放柯桥区加强违建管控工作专题片。柯岩街道办事处和区行政执法局主要负责人先后通报违建管控工作进展情况。5名区政协委员围绕会议主题，从“加大宣传力度”“加强日常监管”“注重源头管控”“落实小区物业管理职责”“重视农民住房解困”“强化检查考核”等角度，分别协商发言。区综合执法局、区建设局、区自然资源分局、区农业农村局及柯岩街道办事处主要负责人作互动回应。副区长祝静芝到会听取协商意见。

8月26日，区政协围绕“支持促进民营企业改革发展”议题，开展专题协商。8名政协委员和界别群众代表分别作“发挥中信保独特作用稳定外贸基本盘”“促进减税降费落地生效等工作”“以人才战略推动柯桥区传统产业高质量发展”等发言，区商务局、区税务局、区人才办等相关部门（单位）负责人作互动回应。区委副书记、区长赵如浪到会听取协商意见。

9月17日，区政协围绕“增强‘五星3A’创建后长效运行、可持续发展的能力”议题，开展专题协商。会议听取区委组织部关于“五星3A”创建工作情况通报，9名区政协委员、界别群众和专业人士围绕主题，从培育发展文化产业、增强村级经济实力、加强从业人员培训、发挥党员示范作用、深化地域特色改造、凝聚乡贤智慧力量、加强旅游宣传推介等不同层面发言。区委组织部、宣传部、统战部，区人力社保局、区自然资源分局、区建设局、区农业农村局、区文广旅游局负责人作互动回应。区委副书记诸剑明到会听取协商意见。

【企业复工复产调研指导】 2020年2月13日，柯桥区政协主席孟柏干先后到安昌街道、齐贤街道、湖塘街道等地，深入浙江点金照明有限公司、浙江格洛博机械科技股份有限公司、浙江塔牌绍兴酒有限公司等企业，了解疫情防控和复工复产情况，指导做好相关工作。区政协主席会议成员也分头深入农村社区和委员企业，协助做好值班巡查、卡点检查、留观人员管控服务、帮助企业复工等工作。

【应对疫情发展商贸三产专题协商】 2020年3月11日，柯桥区政协在柯桥区科创大厦举行“中国轻纺城政协委员会客厅”2020年首场专题协商活动，由省政协委员、会客厅牵头人赵月萍主持，中国轻纺城商贸三产服务业经营者代表绍兴布婷纺织有限公司、中国轻纺城联托运协会、天虹柯桥商场、绍兴永泰酒店、东方山水乐园负责人围绕“积极应对疫情冲击 更好发展商贸三产”主题，结合经营实际，谈疫情期间碰到的困难和建议意见，会客厅牵头人赵月萍介绍复工复产政策，律师委员讲解特殊时期在用工和合同履行方面碰到的法律问题，企业家委员分享应对疫情凝聚员工人心、享受政策红利积极投身复工复产的经验。30人参加活动。市政协主席魏伟、副主席倪善贵，区政协主席孟柏干出席并听取意见。

【区政协履职能力提升培训班】 2020年8月31日至9月4日，柯桥区政协2020年度履职能力提升培训班在宁波市北仑区委党校举办。区政协领导

2020年8月31日至9月4日，柯桥区政协在宁波市北仑区委党校举办提升履职能力培训班　（董水娟　摄）

和区政协各室(委)、镇(街道)工委、参加单位负责人及部分区政协常委、政协委员共50人参加。培训采取课堂教学和现场教学相结合的方式,系统学习宏观经济形势与经济热点问题、《中华人民共和国民法典》解读、新时代统一战线理论与实践、两个百年未有之大变局与习近平外交思想等内容,现场参观港口经济和先进企业。

【报送调研报告等47篇(件)】 2020年,柯桥区政协围绕奋力争当“融杭接沪示范区”的路径、加快数字经济发展、打造现代纺织产业集群、农业防疫及春季农业生产、推进社会治理领域“最多跑一地”改革等工作,开展调查研究,形成调研报告37篇,其中区委、区政府主要领导分别对《关于云门文化保护利用工作的调研报告》作出批示。报送建议案2件、协商意见2件、“请你来协商”协商纪要6件。

【民主监督小组】 2020年,柯桥区政协委派12个监督小组,分别就“公交融杭”“山区电商物流服务‘村村通’工程建设”“城乡道路平安畅通提升行动”“无障碍社区建设”等民生关键小事开展专项监督。镇(街道)政协工委按片组建的5个监督小组,围绕“农村居家养老服务照料中心建设”主题,政协领导、相关专委会共同参与,联动开展专项集中民主监督。10月14日,区政协召开一届五十次主席会议,集中评议2020年度区政协委派民主监督小组工作,会后向区委、区政府报送监督评议意见。

【社情民意信息收集】 2020年,柯桥区政协开展社情民意信息收集工作,为党委、政府决策提供参考。全年收集社情民意信息315篇,被全国政协采用4篇、省政协采用4篇、市政协采用60篇(其中市领导批示2篇)。

【慈善助困行动】 2020年,柯桥区政协继续开展“进百村、访千户”慈善助困行动,累计走访困难户1214户,帮扶款物126.8万元。

【书画创作交流活动】 2020年,柯桥区政协组织开展书画创作交流活动5次。1月6日,组织山阴书画院在鉴湖大酒店举办“山阴新风——山阴书画院新人展”。6月15日,在柯桥区行政中心大厅由山阴书画院承办“有礼有爱——慈善主题书画作品展”,展出59件书画作品。7月13—14日,组织山阴书画院部分会员在夏履镇开展“夏履十二景”书画采风活动,书画家实地采风、构思、速写,举办现场笔会。9月24日,在柯桥区行政中心大厅展出采风活动成果,现场赠送“夏履十二景”书画系列书签500余套。11月17日,象山、柯桥两地政协书画院交流活动在越社举行。组织山阴书画院建成慈善文化长廊和慈善文化主题公园。(高晶彬)

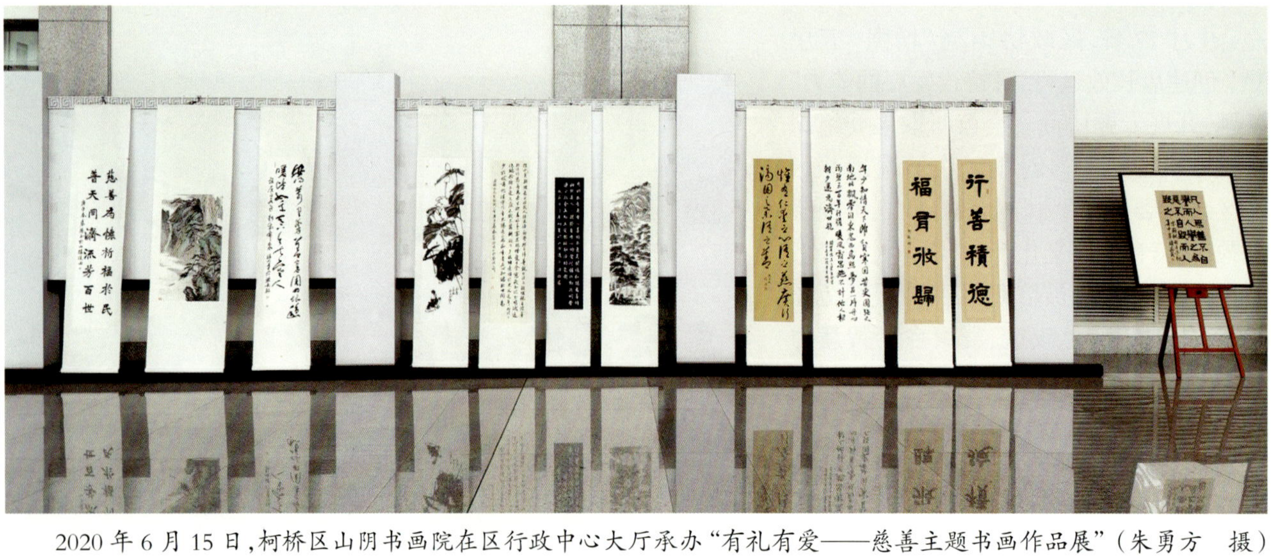

2020年6月15日,柯桥区山阴书画院在区行政中心大厅承办“有礼有爱——慈善主题书画作品展”(朱勇方　摄)

执行编辑　祝元泰

中共绍兴市柯桥区纪律检查委员会监察委员会

综　述

【概况】 2020年，柯桥区各级纪检监察组织围绕服务保障全区经济社会发展大局，紧扣高质量发展主题主线，统筹抓好习近平新时代中国特色社会主义思想、习近平总书记重要讲话精神和习近平总书记对柯桥工作重要指示批示精神落实情况的监督检查，推动解决问题87个、提出整改措施129项。落实省委巡视反馈问题整改，牵头的8个问题全部完成整改，移交的137件信访件办结122件。推进政治监督具体化常态化，围绕“三大攻坚战”“六稳”“六保”、优化营商环境、“步鱼计划”等中心工作实行清单式监督、项目化推进。

【全面从严治党主体责任落实】 2020年，柯桥区坚决贯彻《党委（党组）落实全面从严治党主体责任规定》要求，制定党风廉政建设专题例会制度。深化运行“两个责任”动态监管平台，推动构建“四责协同”机制，协助督促各责任主体报送主体责任事项13481项、监督事项1080项，对5起落实“两个责任”不力问题进行追责。严把干部选拔任用的政治关、廉洁关、形象关，回复党风廉政意见598人次。

【镇（街道）自办监察案件】 2020年，柯桥区强化镇（街道）纪（工）委、监察办对村（社区）监察工作联络站和村（居委会）务监督委员会的指导管理，形成三级联动、一体运行的工作格局。发挥乡镇（街道）纪检监察工作规范化建设省级联系点优势，全覆盖设立村（社区）监察工作联络站332个，选配纪检监察信息员807人，形成基层公权力监督体系，全区各镇（街道）共运用片区协作联解疑难信访16件、联办案件102件；处置问题线索569件、比上年增长14.3%，全面消除镇（街道）自办案件空白点。

【派驻机构规范化建设】 2020年，柯桥区推进派驻机构规范化建设，对37个部门（单位）开展驻点监督，共处置问题线索111件，比上年增长7.8%；立案33件，比上年增长73.6%。

【近距离常态化纪检监督】 2020年，柯桥区抓实近距离常态化纪检监督，深化运用“四种形态”，批评教育帮助和处理649人次，第一种形态、第二种形态、第三种形态、第四种形态占比分别为69%、19.8%、6.4%、4.8%。

·小资料·“四种形态”

第一种形态：党内关系要正常化，批评和自我批评要经常开展，让咬耳扯袖、红脸出汗成为常态。第二种形态：党纪轻处分和组织处理要成为大多数。第三种形态：对严重违纪的重处分、作出重大职务调整应当是少数。第四种形态：严重违纪涉嫌违法立案审查的只能是极少数。

【智慧纪检建设】 2020年，柯桥区继续加大“智慧纪检”建设力度，迭代升级廉政档案管理系统，优化完善“三重一大”决策监督系统，监察审核“三重一大”事项13351个，发现并督促整改510件次。

【纪检惩治】 2020年，柯桥区纪委保持惩治高压态势，突出重点削减存量，零容忍遏制增量，共立案276件，比上年增长25.5%；党纪政务处分268人，比上年增长24.7%。

【区委反腐败协调小组规则制定】 2020年，柯桥区制定区委反腐败协调小组工作规则，规范纪检监察机关与执法机关、司法机关之间的协作配合，共接收移送问题线索244件，涉嫌犯罪人员全部移送检察机关审查起诉。

【防逃工作专项检查】 2020年，柯桥区开展防逃工作专项检查3次，覆盖全区各有关部门（单位），重点检查省一级响应以后全区因私出国（境）人员和各单位证照管理情况，发现2个部门（单位）2人因对政策理解有偏差，均以目的地出入境时间作为审批时间，造成审批与实际出入境日期不符，2人受到所在单位批评教育。

【纪检办案安全责任制落实】 2020年，柯桥区落实纪检办案安全责任制，全面规范留置执行工作和“走读式”谈话，对办案安全问题逢会必讲，逢案必谈，开展集中学习安全审查调查工作知识，有关人员层层签订安全责任书，制定有关安全风险事项处置规程，增强现场监督力度，对照留置安全风险事项每日报告明细表逐项逐条检查，制止安全风险事项，要求有关部门立即整改存在问题。全年办理留置案件6件，未发生审查调查安全事故。

【“一案五必须”制度实施】 2020年，柯桥区对查办案件提出“一案五必须”要求，每查结一起典型案件都必须进行案件通报、查摆剖析、警示教育、整改建制、回访督促，形成研究问题、落实整改、完善制度的良性循环。全年对35个案件采取“一案五必须”措施。（李 巍）

巡察工作

【概况】 2020年，柯桥区落实上级关于巡视巡察工作决策部署，按照“三个聚焦”监督重点，组织开展一届区委第十、十一、十二轮常规巡察和第四、五、六轮村（居委会）延伸巡察，与市联动开展扶贫开发领域专项巡察。

【巡察6轮】 2020年，柯桥区完成常规巡察3轮，村（居委会）延伸巡察3轮，共巡察24个单位党组织和161个村级党组织。发现问题4060个，提出整改意见562条，移交问题线索75条，留置1人，党纪政务处分14人，移送司法2人，运用监督执纪“第一种形态”259人次，新建或完善制度309项，挽回经济损失1270余万元。一届区委常规巡察和村（居委会）延伸巡察覆盖率分别为89.01%、81.25%。

【区巡察整改】 2020年，柯桥区抓好巡察整改，落实村（居委会）延伸巡察镇、村两级党组织“双主体责任”机制，建立巡察反馈意见整改联审联签制度，对16个被巡察党组织开展“回头看”督查，确保整改彻底到位。

【省委巡视反馈问题整改】 2020年4—6月，浙江省委第十巡视组集中巡视柯桥区委，柯桥区把省委巡视反馈问题整改作为重大政治任务，编印300册《贯彻落实上级巡视巡察决策部署学习资料》，供区领导、区级部门（镇街）、区属国有企业“一把手”和全体巡察干部学习参考。在省委巡视期间，提供顺畅高效的联络对接和服务保障。至年底，省委巡视反馈的39个具体问题有38个完成或基本完成整改，给予党纪处分42人，政务处分16人，组织处理3人，辞退6人，诫勉（诫勉谈话）18人，教育提醒41人。

【接受省对区巡察工作专项检查】 2020年5月，浙江省委巡视办对柯桥区委巡察工作进行专项检查。柯桥区全面盘点2017年以后区委巡察工作开展情况，并将重要会议材料、领导讲话（指示）材料、政策文件材料等7个方面31项相关资料和信息装订成册提供给检查组。7月22日，省委巡视办向柯桥区委反馈检查意见。至年底，省委巡视办反馈的14个具体问题全部整改完成。

【“四式”巡察法开展村级巡察】 2020年，柯桥区开展下沉式、组团式、点穴式、回头式“四式”巡察法，推进区委巡察向村（居委会）延伸。全年开展3轮村（居委会）延伸巡察，并结合巡镇带村，对16个镇（街道）的161个村（居委会）开展集中巡察，个别谈话4191人次，受理信访412人次，发现问题3274个，提出整改意见（意见建议）488条，移交问题线索58条。柯桥区依托区纪检监察工作片区协作联动机制，由区纪委监委派驻机构成员提任组长和联络员，抽调镇（街道、开发区）党务、新农村建设、经管等领域业务骨干，常态化组建10个左右区委村级巡察组，异地执行巡察任务。“依托纪检监察工作片区协作机制抽调派驻机构干部参加巡察”的做法得到省委巡视办肯定，“四式”巡察法相继在《人民日报》、省纪委省监委官网和清廉浙江微信公众号等报道。

【巡察规范化建设】 2020年，柯桥区建立1支31人的巡察组长人才库和184人的巡察专业人才库，选优配强巡察机构干部。在每轮巡察集中进驻前举办全区巡察干部素质提升班，全年举办3期，邀请纪检监察、组织、财务、村级“三资”管理、公共资源交易等职能部门专家为巡察干部专题授课。严格执行巡察报告问题底稿制度，加强巡察档案归档，探索巡察档案规范化管理及利用，确定专人负责统一收集立卷，全年完成一届区委第一至十轮巡察和第一至四轮村（居委会）延伸巡察资料的制作，累计整理档案800余盒8000余件近20万页。聘请浙江越光律师事务所律师为常年法律顾问，接受巡察干部法律问题咨询。（冯　森）

党风政风监督

【概况】 2020年，柯桥区落实中央八项规定及其实施细则精神，紧盯元旦春节等重要节点，查处违反中央八项规定精神问题45起53人，党纪政务处分38人，通报曝光典型案例4起9人。认真贯彻习近平总书记“锲而不舍，持续发力，再创新绩”批示精神，紧盯形式主义官僚主义突出问题，查处贯彻决策部署只表态不落实、维护群众利益不担当不作为、重复检查多头填报等问题20起32人，党纪政务处分12人。

【廉政专项整治行动】 2020年，柯桥区深入开展“厉行节约、反对浪费”、违规收送礼品礼金、“烟票”背后“四风”问题、公共资源中私人会所整治“回头看”、基本农田非农化等专项整治，督促各相关职能部门履行主体责任，实现源头治理、长效治理，共开展各类监督检查700余次，发现问题328个，问责落实工作不力7人。出台《关于进一步规范廉政账户管理严禁违规收送礼品礼金的通知》，督促相关职能部门细化公务用车、津贴发放等制度，坚决防止反弹回潮。全年查处违反中央八项规定精神问题45起53人，党纪政务处分38人，通报曝光典型案例4起9人。

【扶贫工作专项巡查】 2020年，柯桥区开展扶贫工作专项巡查，实现调研督导扶贫项目全覆盖，查处扶贫领域腐败和作风问题11起14人。

【检举举报平台应用】 2020年，柯桥区全面应用检举举报平台和平台基层版，推进信访举报“三清三提升”专项行动，常驻矛盾纠纷调解中心。全年受理检举控告件279件，比上年下降35.6%，总量全市最低。

【清廉村居基层治理】 2020年，柯桥区全面开展“强化清廉村居建设，有力推动基层治理”专项工作，查处贪污侵占、虚报冒领、优亲厚友等腐败和作风问题47起57人，党纪政务处分27人。

【村社换届监督】 2020年，柯桥区对村社换届选风选纪开展监督工作，对6219名候选人进行资格联审，提出否决和不得提任意见19人。率先在全市出台“一肩挑”〔村（社区）党组织书记通过法定程序担任村（居）民委员会主任〕后加强村级组织权力运行监督管理实施意见，建立纪检监察干部联村监督制度，开发“三务”（党务、村务、财务）公开信息化平台，构建制约有效、务实管用的村级监督机制。（李　巍）

执行编辑　陈飞燕

民主党派

综 述

2020 年 9 月 30 日，柯桥区组织各民主党派、知联会开展“三下乡”活动 （区委统战部 供稿）

【**概况**】 2020 年，柯桥区 6 个民主党派基层组织共计 841 名成员，其中省人大代表 1 人，市人大代表 13 人、市政协委员 20 人，区人大代表 29 人、区政协委员 108 人。党派成员在各级人大、政协会议上共提交各类提案、建议 200 余件，上报直通车 11 篇，其中《构建以地铁为中心的城市公共交通系统的建议》《高起点加快建设钱杨新城和马鞍新城推动两翼齐飞融杭拥湾》《关于高水平打造大气治理现代化标杆区的建议》等 7 篇得到区委、区政府主要领导批示。

【**政党协商活动**】 2020 年，柯桥区开展政府工作报告征求意见专题协商、“加强小区物业管理”专题协商会、半年度经济社会运行情况专题协商、法检“两院”专题协商、“加快柯桥区智慧城管建设，提升城市管理精细化水平通报会”“党风廉政建设通报会”等 7 次协商活动，提出意见建议近 100 个。组建 7 个调研课题组，形成调研报告，汇编成册送区委、区政府主要领导。

【**党外人士信息管理系统建立**】 2020 年，柯桥区建立党外人士信息管理系统，通过移动端对党外人士社会服务、培训学习及履职成果情况进行采集，多维度显示分析。全年录入 841 名民主党派成员、105 名知联会会员信息共计近 2000 条。柯桥区各民主党派、知联会共开展社会服务 153 人次，参政议政 407 人次，民主监督 67 人次，参加中国共产党领导的政治协商 14 人次，参加各级各类培训学习 245 人。

【**网络人士统战工作创新实践基地建立**】 2020 年，柯桥区成立中国轻纺城跨境电商产业园 e 联盟，在

2020 年 11 月 23 日，柯桥区在中国轻纺城跨境电商产业园举行网络界人士统战工作实践创新基地揭牌仪式 （区委统战部 供稿）

中国轻纺城跨境电商产业园建立网络人士统战工作创新实践基地，被浙江省委统战部评为第三批省级新的社会阶层人士统战工作实践创新基地。（裘小娟）

民革柯桥区基层委员会

【概况】 2020年，民革柯桥区基层委员会（简称民革区基委会）有党员100人，其中市人大、政协委员3人，区人大代表2人、政协委员16人。民革区基层委下设3个支部，11月14—18日完成换届选举。

2020年1月7日，民革党员吴新竹在柯桥区政协一届四次会议上发言　（张炜娣　摄）

2020年11月14日，民革柯桥区基层委所属支部召开换届会议　（陈炜强　摄）

民革区基层委提交人大建议2件、政协提案22件、社情民意信息24篇、调研报告5篇。其中，提案《对标定向，对症施策，高质量推进“无废城市”创建》被列为重点提案，获市委书记领衔主办；社情民意信息《关于关爱环卫工人的建议》被市政协录用；《中职学校学生团员比例过低亟需引起重视》被市委办、市政协、民革省委会录用，《复学后部分学校出现“监禁式”管理和体育锻炼“缩水”不利于学生身心健康》被市委办录用；《海外疫情影响制造业企业复产，建议下调现行天然气价格降低印染企业要素成本》被市政协录用；《规范政府投资项目实施，切实减轻建筑企业负担》被民革省委会录用，《基层乡贤组织存“三缺失”建议完善机制充分发挥乡贤作用助力乡村振兴》被市委办录用；《省内部分小区地下车位售价持续走高需关注》被省委办录用；《出国留学生低龄化现象亟需引起警惕和重视》被市委办和民革省委会录用；《基层反映个税专项附加扣除项目填报与核实困难亟需引起重视》通过所在单位报送后，被中共中央办公厅录用。

民革区基层委组织党员参加区委区政府经济形势通报会、法检“两院”重点工作协商通报会以及小区物业管理、智慧城管建设等专题协商会，参与行风评议活动，在调研视察中发现和反映问题，针对性地提出意见和建议。参加绍兴市委对外宣传办公室民主监督、绍兴市商务局民主监督、绍兴市高新区河道管理视察、绍兴市级部门履职电视评议现场评议代表、绍兴市财政局治水投融资体制和资金使用监管工作监督调研等。对区教体局贯彻执行法律法规情况进行督查调研，参加柯桥区税务局行风监督活动，参加平水镇自然资源所行风监督活动，参加中国邮政绍兴公司行风监督活动，两次参加街道行风评议。

民革区基层委组织党员学习民革党史、中共统一战线和多党合作理论、习近平新时代中国特色社会主义思想，贯彻全国及省市区各级两会精神，落实民革绍兴市委会的工作部署，组织党员参加省委会、市委会、区人大、区政协、区统战部组织的学习班。基层委与各支部分别组织“不忘合作初心、继续携手前进”主题教育活动。4月29日，三支部组织考察柯桥区疫情防控和复工复产工作。5月22日，一支部组织考察稽东冢斜古村保护开发工作。8月8日，三支部赴新昌县镜岭镇外婆坑村开展扶贫结对活动。10月16—17日，三支部赴湖州长兴考察绿色经济产业。10月30日，二支部赴台州临海学习组织建设、参政议政等方面先进经验做法。10月31日，二支部赴台州天台调研浙东唐诗之路的振兴和发展。11月6—7日，一支部组织党员赴余姚四明山开展“不忘合作初心、传承红色精神”思想政治教育。三支部于6月13日、11月13日、11月27日分别接待嵊州支部、湖州安吉支部、新昌县基层委，交流示范支部创建工作和民革党员之家建设使用情况。

2月14日至3月29日，党员陈芬娟作为区唯一一位援鄂民主党派成员参加浙江省第四批驰援武汉医疗队，协助武汉协和医院抗击新冠疫情，并为湖北省希望工程办公室捐赠人民币10000元；4月26日起，党员罗娟参加绍兴市第十批援疆教育团队，赴新疆阿克苏地区阿瓦提县；7月9日至8月10日，党员胡天虹、严志红作为医疗领域专技人才赴四川省金川县参加扶贫对口支援。

民革区基层委获评2020年度民革全省宣传思想工作先进集体，基层委和三支部的民革党员之家分别获评2020年度示范五好民革党员之家、2020年度五好民革党员之家。党员陈芬娟获评浙江民革骄傲人物和民革中央抗击新冠肺炎疫情先进个人，党员陈显明、任祥、陈芬娟、舒毅、孟飞峰、钱秦明、严志红、马杨文获评浙江民革防控疫情先进个人，党员蒋婉英获评2020年度民革全省社会服务工作先进个人。（陈炜强）

民盟柯桥区基层委员会

【概况】 2020年，民盟柯桥区基层委员会（简称民盟区基层委）下属7个支部，有盟员127人，其中新加入盟员5人。有20名盟员担任人大代表、政协委员。召开专题学习会议6次，推进“不忘合作初心，继续携手前进”专题教育活动。参与区政府工作报告听取民主党派意见会2次，参与区政协“民生实事协商平台·有事好商量”2次，参加区政协“请你来协商”活动2次。完成省委会重要调研课题2项，完成市委会重点课题2项，完成统战部调研课题1项，撰写调研报告4篇。民盟区基层委

2020年8月21日，民盟柯桥区基层委员会副主委沈琴梅参加柯桥区2020年法检“两院”重点工作协商通报会　（区委统战部　供稿）

2020年2月14日，民革党员陈芬娟参加浙江省第四批驰援武汉医疗队　（陈炜强　摄）

向区两会提交人大建议、政协提案33则，包括集体提案5则，《关于健全公共卫生应急管理体系的建议》被列为重点提案，并获区委主要领导批示。向民盟市委会、区政协、区委统战部报送社情民意43篇，其中1篇被民盟中央录用、10篇被省委会录用、3篇被市政协录用，转送有关局办及区委办2篇。

民盟区基层委开展“同心服务”活动，进行法律、摄影、曲艺教学讲座和授课，惠及百姓及广大盟员近200人。文艺支部盟员参加柯桥区“精品曲艺下基层”巡演活动，活动覆盖全区各个镇（街道）。9月底，参加由区委统战部组织的“三下乡”活动。接待民盟内蒙古省委会、民盟杭州市委会等共计6批次，100余人。微信公众平台“古越盟情”全年发稿40余篇，印制《柯桥盟讯》4期。柯中支部、鲁高支部被民盟省委会评为“2020年度十佳特色基层组织”，11—12月，6个支部相继完成换届工作。

2020年2月6日，民盟柯桥区基层委员会主委祝静芝代表基层委向区教体局捐赠50台测温仪、200瓶免洗消毒液　（区委统战部　供稿）

2020年11月7日，民盟柯桥区基层委员会城建支部召开换届选举大会　（区委统战部　供稿）

动员盟员加入新冠肺炎抗疫志愿者队伍，捐款捐物累计65700元，定向捐赠免洗洗手液200瓶，体温计62个，提交社情民意8条，文艺支部盟员创作抗疫宣传文学作品绍兴莲花落。盟员祝静芝、沈琴梅、朱惠良、吴琼明、董红敏5人被民盟省委会评为抗击新冠肺炎疫情先进个人，基层委被评为抗击新冠肺炎疫情先进集体。（许达卡）

民建柯桥区基层委员会

【概况】 2020年，民建柯桥区基层委员会（简称民建区基层委）下属8个支部，有会员176人，新加入会员7人，有市、区人大代表和政协委员34人。组织会员参加培训学习40人次，与民建杭州市委会和民建绍兴文理学院支部开展两地基层组织面对面学习交流活动。民建区基层委被评为民建全省抗击新冠疫情先进集体，获2020年度优秀基层组织称号，会员黄勇被民建中央评为抗击新冠肺炎疫情先进个人，会员夏燕红被民建省委会评为抗击新冠肺炎疫情先进个人，会员阮丽娜、夏燕红被评为2020年度省级优秀会员。

民建区基层委向区两会提交集体提案1件，个人提案23件，其中《关于以智能制造为抓手，把滨海打造成为全国印染产业新高地的建议》获区领导批示。提交社情民意43篇，市委会录用30篇，会员陈金鲤撰写的《关于建立涉外管理服务网络平台，整合资源利用预防贸易风险的建议》被民建省委会和市政协录用。通过区委统战部上报直通车2篇，其中《关于应对人民币急升和海运费大涨叠加影响确保稳外贸的几点建议》获区领导批示。

民建区基层委参加各类通报会、协商会，在党风廉政建设、小区物业管理、法检两院工作、城市管理精细化水平等方面提出意见建议。会员中有20多人次担任各类特约监督员和机关作风效能建设监督员。参加与区财政局、区经信局、区市场监督管理局、柯桥经济开发区对口联系单位工作座谈会。

民建区基层委利用柯桥区党外人士之家中民建经济政策咨询工作室，每周一、三、五下午安排会员中管理服务部门资深业务人员为全区企业提供法律、社保、税务、环保等经济政策咨询服务，共接待咨询人员250人次。根据全省民建帮扶丰宁项目分解认领任务清单和消费扶贫承诺爱心认购数据表规定，认领帮扶资金1万元，各支部按民建市委会下达指标按时完成爱心认购，合计48000元。建中支部自2013年起第8年在平水镇王化小学建立扶贫助学基金。

民建区基层委参与抗击疫情，会员累计捐款90.8万元，捐赠口罩139.31万只，捐赠约9万元的防护服、消毒液、帐篷等各类物资。召开外贸企业座谈会，将企业在疫情期间的困难诉求和意见建议通过直通车形式上报区委区政府。（阮丽娜）

民进柯桥区基层委员会

【概况】 2020年，民进柯桥区基层委员会（简称民进区基层委）下属共9个支部，有会员159人，新发展会员11人、去世会员4人、调出1人。两会期间，22位人大代表、政协委员共递交建议案、提案29件，其中集体提案2件，基层委集体提案《关于全力破解技能型人才供需矛盾，助推我区经济高质量发展的建议》获得区领导批示，入选重点提案、优秀提案。上报调研课题8个，其中《关于进一步推进信访超市建设，实现群众信访“最多跑一地”的建议》获区领导批示。上报社情民意信息70多条、“我为家乡献一计”130多条，其中被全国政协单篇录用1篇，被民进中央录用7篇。

2020年7月，民进柯桥区基层委在区社区学院开展高考志愿填报公益讲座
（区委统战部　供稿）

2020年9月10日，民建柯桥区基层委建中支部赴平水镇王化小学开展“爱心助学”教师节慰问活动
（阮丽娜　摄）

开展“做新时代合格民进人”主题教育，举办暑期读书会、先进事迹宣讲、会章会史学习、“我向民进献祝福”等活动。修订完善《支部标准化建设2020年度考核细则》。《柯桥民进》出刊4期。民进区基层委获评民进浙江省优秀基层组织。微信公众号“开明·金

柯”编发推送75期90条，并以此开展互联网+公益课堂，开设教育、生活、法律、医疗等各类公益讲座16期，包括“新冠病毒知多少”网络课、《中华人民共和国民法典》解读系列公益讲座。采用线上线下同步进行的模式开展高考志愿填报公益讲座，线上收看点击率12.75万次。民进区基层委10名会员参加区委统战部的“三下乡”活动，赴夏履镇和平水镇开展医疗、书画下乡活动。向区慈善总会捐款5.8万元，其他途径捐款875元，捐赠口罩200个。会员参加卡口防疫、入户排摸等抗疫防疫工作，4名会员响应区委区政府开展的“一企一员，全面助力复工复产”活动，担任驻企服务员。民进区基层委获评民进浙江省优秀基层组织，会员任雁、李卫获民进中央、民进省委会参政议政奖项，会员俞宗周被浙江省慈善总会评为战疫群英优秀个人奖。（金红红）

2020年10月20日，农工党柯桥区基层委参加区“加快智慧城管建设，提升城市管理精细化水平”协商通报会　（许达卡　摄）

2020年9月，民进柯桥基层委会员到夏履镇参加书画下乡活动（区委统战部　供稿）

农工党柯桥区基层委员会

【概况】 2020年，农工党柯桥区基层委（简称农工党区基层委）下属5个支部，有党员161人，其中新加入党员6人，调出党员1人。农工党区基层委13位区政协委员参加柯桥区政协一届四次会议，以个人或联名形式提交提案15件，《关于医教协同、家校联动，推进我区近视眼防控工作的建议》被确定为区政协重点提案，得到区委主要领导批示。《关于全力加快“无废城市”建设试点工作的建议》《着力提升我市突发公共卫生事件防控及应急处置能力的建议》等市人大建议被列为市领导领办建议。基层委撰写《关于完善柯桥区物业专项维修资金管理与使用的调研报告》报区委、区政府主要领导决策参考，赴杭州进行拓展调研，以此主题作为省委会课题立项。基层委参与区政协组织的各类民主监督，参与居家养老中心建设，参与大气环境治理、蓝天保卫战，参与“打造健康教室”行动。在全区廉政建设通报会、“两院”工作通报会、加强小区物业管理协商通报会和加快智慧城管建设协商通报会上，基层委分别提出“聚焦关键小事，办好民生实事”“重视民法典普法宣传”“建设智慧平台，公开监管服务”“在智、制、知上下功夫”等意见建议。在区政协组织“请你来协商”系列活动中，围绕“统筹推进农村疫情防控和春季农业生产工作”“加强柯桥区学校复学过程中的疫情防控工作”提出相关意见建议。

修订通过《参政议政成果奖励发放办法

(新)》,出台《关于进一步加强党员履职激励的实施意见》。每月2期推送信息20余期,向农工党市委会、区委统战部微信公众号输送20余篇稿件;报送《建议进一步加强物资捐赠体制机制建设》等26篇社情民意信息供决策部门参考,其中6篇被省委会录用,1篇被省委统战部录用,2篇被市政协录用。

参与疫情防控工作,捐款2.5万元,捐赠口罩2200个,护目镜、防护服等数百余套。党员张云珍个人捐款20万元,党员袁庆提供车辆及司机运输防控生活用品。陈丽娜等5位党员被农工党省委会评为抗疫一线先进个人。上半年,通过微信、微医、丁香医生等平台开展线上义诊,服务患者千余人次。参加区委统战部组织的"三下乡"活动。开展环境与健康宣传周活动,定点服务孤寡老人、组织心理健康沙龙、给全区纪检监察干部作健康培训、每周一堂老年大学健康促进课、每月一次健康服务工作室咨询活动、参与矛调中心心理咨询等健康服务工作,服务活动20余场,服务群众2000余人次。农工党区基层委获农工党中央组织建设工作先进集体表彰,主委骆学新获评农工党中央先进个人。(蔡　伟)

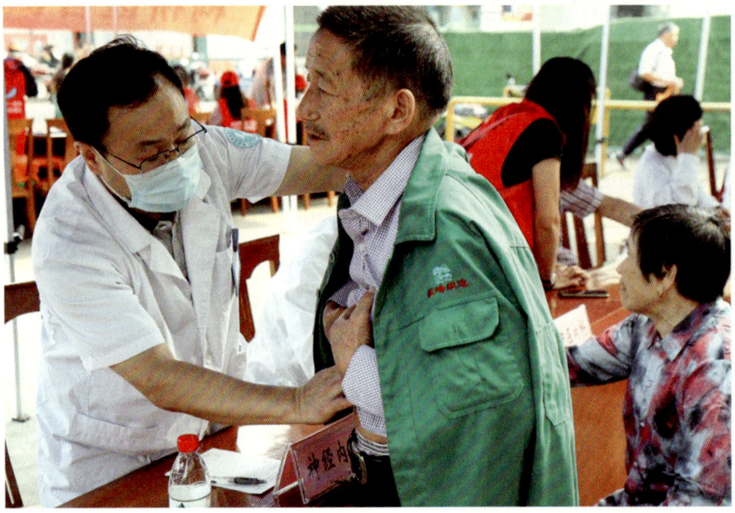

2020年9月30日,农工党柯桥区基层委参加区委统战部"三下乡"活动 (单明铭　摄)

九三学社柯桥区基层委员会

【概况】 2020年,九三学社柯桥区基层委(简称九三学社区基层委)下属4个支社,12月完成换届工作;有社员117人,其中新发展2人;省人大代表1人、市人大代表3人、市政协委员3人、区人大代表5人、区政协委员14人。两会期间,提交政协集体提案2件,得到区委领导批示。调研报告《培育发展业委会 为建设"重要窗口"贡献柯桥力量——关于我区业委会参与社区治理的几点建议》,作为重点课题报送区委、区政府供决策参考;《高起点加快建设钱杨新城和马鞍新城推动两翼齐飞融杭拥湾》《关于高水平打造大气治理现代化标杆区的建议》《加强原创花样版权保护,助力知识产权强区创建——中国轻纺城花样版权保护的现状、困境及对策》3篇调研报告,获区领导批示。共向区政协报送社情民意24件,其中市政协采用4件。在"柯桥统战"上连续刊登10篇人物报道,其中1篇被省政协采用、2篇被社省委采用。

2020年1月19日,九三学社柯桥区基层委召开年度工作会议暨对口联系部门工作会议 (区委统战部　供稿)

九三学社区基层委挂牌成立农特产品调研基地,开展茶种植、茶文化推广等服务。参加区委统战部组织"三下乡"活动。为抗疫募集捐款4.36万元。社员胡克飞为武汉捐赠9台价值90万元的无人机照明设备。社员陈明贤捐款25万元，定向用于新冠肺炎防控。社员祝自力为所在村捐款1.5万元作为抗击疫情专项资金。省委常委、统战部长熊建平到社员企业浙江捷众科技股份有限公司了解产能恢复、员工到岗等情况。九三学社区基层委获评九三学社全国优秀基层组织，被社省委评为浙江省抗疫先进集体。社员葛新华获评“九三学社抗击新冠肺炎疫情先进个人”，社员李睿、胡克飞获评九三学社省委抗疫先进个人，社员杨志新获评九三学社省委社会服务先进个人。（陶　莉）

2020年5月29日，柯桥区知识界无党派人士联谊会与绍兴潮汕商会在区中医医院联合组织开展“特别的爱给特别的你”“六一”国际儿童节残疾儿童慰问活动　（区委统战部　供稿）

柯桥区知识界无党派人士联谊会

【概况】 2020年，柯桥区知识界无党派人士有会员105人，其中理事40人。有市人大代表3人、市政协委员4人、区人大代表4人、区政协委员15人。下设5个分会。召开第三届二次会员大会，吸纳8名新会员。实施“金点子工程”，以人大议案、政协提案、政协大会发言、专题调研报告、社情民意信息等形式报送的建议案20余件，被区领导和有关部门采纳。通过经济社会形势通报会、政府工作报告意见征求会、“两院”工作专题协商会议、乡村振兴工作座谈会等专题会议建言献策。召开三届理事会二次会议对重点课题“加强和创新物业管理”进行集体讨论，赴齐贤街道开展加强与创新物业管理工作调研。在平水镇举办“集智广议”医养结合暨一分会联谊活动，就“关于加快推进柯桥区医养结合养老服务建设”开展专题讨论；在湖州市安吉余村组织开展二分会活动暨“集智广议”两山理论考察学习活动。知联会慰问湖塘街道陌坞村10户困难家庭。与绍兴潮汕商会在区中医医院联合组织开展“特别的爱给特别的你”“六一”国际儿童节残疾儿童慰问活动。参加区委统战部组织“三下乡”活动。向柯桥区慈善总会捐赠抗疫资金12.75万元，秦爱芬、高安良、许志鸿等企业家会员捐赠各类抗疫物资、善款超100万元。（孙　萍）

2020年12月18日，柯桥区知识界无党派人士联谊会召开第三届二次会员大会　（区委统战部　供稿）

执行编辑　章水清

群众团体

柯桥区总工会

【概况】 2020年,柯桥区增加工会组织167家、会员17879人,共有实名制工会组织1227家、会员308944人。区总工会走访基层工会128家次,收集、解决"三服务"问题203个。3月初,区总工会10名干部深入安昌仁昌酱园开展"当一周工人,助复工复产"活动,5名机关干部进驻5家企业,跟进企业复工复产工作进度。累计命名140家区级疗休养基地,推荐申报成功2家省级疗休养基地。分5批拨付206万元用于慰问抗新冠疫情一线工作人员及一线职工,慰问抗疫重点物资生产企业一线职工和疫情防控重点镇(街道)基层一线工作人员金额110万元。发挥工会志愿服务作用,区美容美发行业工会志愿者在疫情期间为一线"逆行者"提供免费理发服务600余人次。举办职工乒乓球比赛和教育系统"做幸福女教师"主题沙龙活动,组织参加"两手硬两战赢·记录最美瞬间"全市职工摄影比赛。承办浙江省反洗钱专业技能竞赛总决赛和管工(给排水)职业技能竞赛等省级竞赛2场、市级竞赛4场,举办区级竞赛13场。开展职工工资集体协商规范化建设,开展企业劳动用工法治宣传、"劳动法律体检"等活动,举办4期"遵法守法·携手筑梦"公益法律服务活动,在《柯桥日报》开辟《职工之窗》专栏,精选劳动用工领域内纠纷进行析理明法。出台《关于进一步加强"柯桥工匠"队伍建设的意见》《绍兴市柯桥区劳动模范评选管理暂行办法》,拍摄工匠展绝技视频17个。承办省总工会劳模工匠巡回宣讲柯桥站活动。建设劳模(工匠)创新工作室,推荐申报成功省级高技能人才(劳模)创新工作室1家、市级劳模(工匠)创新工作室3家,创建命名区级劳模(工匠)创新工作室6家。挖掘各行各业的先进典型,全年表彰10名柯桥区"杰出工匠",申报成功9名"绍兴工匠",全区获评全国劳模2人、省五一劳动奖章1人、市五一劳动奖章4人、市五一劳动奖状2个和浙江省先进职业操作法1个、浙江省工人先锋号2个。柯岩街道办事处被全国厂务公开协调小组评为全国推动厂务公开民主管理工作先进单位,推荐全国模范职工小家、全国优秀工会工作者各1个。

2020年10月23日,柯桥区承办浙江省管工(给排水)职业技能竞赛
(区总工会 供稿)

【柯桥区工人文化宫成立】 2020年5月,柯桥区工人文化宫在区文化宫挂牌,建筑面积1.5万平方米,通过资源共享、活动共联、购买服务等方式开展职工文化活动。实现区、镇(街道)、村三级文化宫网络覆盖,让更多职工享受到工会的文化服务。

【区劳模(工匠)宣讲团成立】 2020年,柯桥区成立区级劳模(工匠)宣讲团,召开劳模事迹宣讲报告会,先后组织劳模(工匠)赴10余所学校、企业开展宣讲,在职工中宣扬劳模精神、工匠精神、劳动精神,全年共宣讲20余场,受众2000余人次。

【区劳模(工匠)技术服务队成立】 2020年,柯桥区组建区劳模(工匠)技术服务队,以浙江工匠、浙江省万人计划高技能领军人才、浙江省首席技师蔡芝斌为队长,浙江省金蓝领宋华龙为副队长,浙江省金蓝领潘祺,柯桥区金梭奖、区技术能手张立平,绍兴市技术能手胡新强、张其峰等人组成柯桥区劳模(工匠)技术服务队(污水处理服务队),走进绍兴柯桥滨海工业区相关企业,为企业开展技术服务活动。5月13日,绍兴标榜丝想美容美发有限公司工匠杨建强带领美发志愿服务队,为行业从业人员提供免费培训。

【小微企业工会经费退返】 2020年,柯桥区为减轻企业负担,共缓减企业上缴工会经费4536.71万元,小微企业工会经费减免570.33万元。

【区域性党建带工建基层工会创建】 2020年,柯桥区创建区域性党建带工建,选树组织健全、服务到位、工作规范、作用明显、职工信赖的区域性党建带工建基层工会示范点3家。

【"职工悦读"系列活动】 2020年,柯桥区先后在宝业集团、永利梦想书院、区图书馆、瑞丰商学院举办4期主题读书会,每期参加职工200余人。第1期,由绍兴文理学院教授周一农主讲"书卷春秋 纺城经纬";第2期,由兰亭书法家协会喻革良主讲"喜闻乐见 生活有味";第3期,由北京大学临床医学博士、北京大学第三医院重症医学科副主任医师薄世宁主讲《医学通识讲义——一生需要上一次医学院》;第4期,由绍兴文理学院教授、越商研究院院长李生校主讲如何打通中国经济"双循环"。

【向全国职工书屋"你点我购"赠书活动】 2020年,柯桥区以"你订我送"的方式,向企业"职工书屋"选送一批卫生健康、心理疏导、人文关怀及其他有益身心的书籍,配送图书,建设职工书屋,申报省级工会职工书屋1家,劳模书架添置图书1家,为已建全国职工书屋配补书籍1家。

【第8届"金梭奖"职业技能大赛】 2020年,柯桥区举办第8届"金梭奖"职业技能大赛,设立广播电视安装维修、养老护理、茶艺、电工、青年教师教学技能、美发、焊工、装配式构建生产钢筋绑扎、民宿管家服务、织物分析等10个比赛项目,产生"金梭奖""银梭奖"各10个。

【法院工会工作室成立】 2020年12月23日,柯桥区成立驻法院工会工作室,开展"法律+工会"劳动争议多元化解工作,聘请9名资深律师为特邀调解员,每周定期开展调解工作。

【"清凉有礼 柯桥有爱"公益活动】 2020年,区总工会联合文明办、传媒集团等单位开展"清凉有礼、柯桥有爱"公益活动,在瑞丰银行、供销超市等处设立爱心冰箱,免费为环卫工人、外卖小哥等户外作业职工提供饮料、纯净水等清凉物资,展示城市文明有礼形象。

【"职工驿站"开设】 2020年,区总工会联合瑞丰银行、供销超市开设10家面向环卫工人、交警城管、市政园林、快递人员、出租车司机、路边停车收费员等户外劳动者的"职工驿站",解决户外职工普遍存在的喝水难、热饭难、歇脚难实际困难,为他们提供可休息的场所。(张　盈)

共青团绍兴市柯桥区委员会

【概况】 2020年,柯桥区有基层团委69个、基层团工委15个、团总支47个、团支部1387个,共青团员31857人。承办绍兴市"真善美"种子工程工作现场会暨红领巾学院观摩交流会和绍兴市第七届少先队争章技能风采展示活动。于莹莹、徐鸿、朱祖德、蒋晓倩4人的政协提案获全国唯一青少年模拟政协提案十佳模拟政协提案称号,柯桥街道大渡社区团支部获全国五四红旗团支部称号,柯桥小学学生李钰涵获全国优秀少先队员称号,何旭峰获全国青年五四奖章,钱清中学科技创新团队与绍兴市柯桥区智慧城管中心获2018—2019年度省级青年文明号集体称号，齐贤龙山星火党团队红色基地被评为首批浙江省青少年红色基因传承基地，柯桥区华舍街道团委、浙江工业大学之江学院机械工程学院团委、浙江金昌集团团委获2020年浙江省青年志愿服务项目大赛铜奖，马鞍中心小学滨海校区教师章骏君、中国轻纺城小学教师胡萍英获省级辅导员素质技能金奖(一等奖)，浙江材华科技有限公司获浙江省青工创新创效大赛创青春“创新绿色发展”项目竞赛铜奖，光明居荷塘人家青创农场、老陈家青创农场获2020年浙江省省级示范性青创农场称号。

【省级共青团基层组织改革综合试点】 2020年，柯桥区开展省级共青团基层组织改革综合试点工作，成立改革试点工作领导小组，出台11项改革制度，完成36项改革任务。实施“真善美”种子工程，建立贯穿青少年成长全过程党团队一体化阶梯式培养新模式，分层分类推进“真善美”行动，完成少先队省级改革试点工作。

2020年7月31日，柯桥区青年工作联席会议第一次全体会议暨共青团基层组织改革省级试点工作推进会在区行政中心召开
（团区委 供稿）

【村社团组织换届】 2020年，柯桥区完成336个应换届村社团组织换届，选举产生团组织班子成员1027人，平均年龄28.7岁，其中本科以上学历525人、硕士研究生学历12人；团组织书记兼任村社“两委”成员218人，占总数的64.9%。

【青年助力疫情防控】 2020年，柯桥区动员团员青年投身新冠肺炎疫情防控、复工复产工作，组建疫情防控青年突击队119支，公开招募抗疫青年志愿

2020年2月，柯桥区发动全区团员组建新冠肺炎疫情防控青年突击队
（团区委 供稿）

者457人，发起警团“路小二”行动，组建公益咨询团，累计开展服务739场次，服务时长47958小时。团属组织累计捐款203.9万元，捐赠抗疫物资550万元，发起全市第一笔“特殊团费”5000余元。

【“青优青悦”人才服务项目实施】 2020年，柯桥区成立由青企协、青农协成员组成的导师团队，带领40余位青年创业。建立“青创联盟”，吸引8家初创企业入驻，引入社会组织与专职社工，开展青年人才才智交流、人文体验、文体赛事、传统节会等活动。举办“青才悦动”青年人才篮球邀请赛、“悦柯桥 创未来”青年人才中秋民谣活动、“青游柯桥”人才游活动及“人才走亲”等活动8场。

【“青柯笛理”宣讲活动】 2020年，柯桥区挑选21名青少年组建宣讲团，以“线上微宣讲+线下订单式宣讲”相结合模式，开展宣讲活动。举

办“我最喜爱的习总书记的一句话”暑期大学生微宣讲赛、后浪眼中的小康柯桥微宣讲大赛、新柯桥人的青春故事、抗疫青春故事分享、“二十不惑 青春有理”返乡大学生专题宣讲等活动，观看人次累计超40万。依托融媒体平台推出“青游柯桥”“青味柯桥”等专栏，各类专栏累计阅读量破200万。

【“青柯护航”服务青少年】 2020年，柯桥区构建6个帮扶体系，凝聚政府部门、社会组织、志愿服务组织等力量，为62名青少年提供心理援助和法律援助，结对助学贫困儿童58人，为1000余名青少年实现微心愿1540个。组建青少年事务社工队伍，制定管理办法并将配备情况纳入岗位责任制考核。团区委机关配备社工3人，各镇（街道）配备16人。

【青年助力乡村振兴行动】 2020年，柯桥区开展“村村都有好青年”选培计划，61位好青年被列为村级后备干部、1名90后青年被任命为村（居委会）党支部书记，5名好青年进入换届选举试点村两委班子。打造“青柯助农”云带货品牌，吸引流量203万人次，销售金额21.5万元。引入协会优势资本，盘活农村闲置资产，形成“稻舍”“石苍山·隐”等网红旅游地。

2020年6月5日，柯桥区在华舍街道举行“村村都有好青年”风采展示活动 （团区委 供稿）

【红领巾学院成立】 2020年，柯桥区成立红领巾学院。以区青少年宫为区级总院，以“红色网上游”主题德育馆、齐贤龙山星火党团队红色基地为区级分院，全区21所小学设校级红领巾学院。以安昌古镇、齐贤光明居、海丰花卉、乔波滑雪场、柯岩路南村粮食基地为区级红领巾研学游实践基地，设立21条镇级红领巾研学游路线，累计组织红领巾学院学员开展活动20余场次。

【青年助力基层治理】 2020年，柯桥区鼓励大学生参与基层治理，在“家燕归巢”暑期社会实践活动中推出岗位71个，岗位锻炼人数147人，联合省内外知名高校，组织2000余名大学生赴镇（街道）、村（社区）实践，开展“小候鸟”夏令营、村社干部助理、大型赛事活动志愿服务。组织青年进矛盾调解处理中心志愿服务。

【“亲青帮”服务青年124人次】 2020年，柯桥区提升20家“青年之家”，发起“今天起，我们与你在一起”等4个“亲青筹”项目，筹集资金5.8万元，开展“悠游曹娥江畔 浪漫房车之约”等8场“亲青恋”活动，培育青年创业企业8家，开展青年创业创新活动10场，“亲青帮”帮扶124人次。（胡华杰）

柯桥区妇女联合会

【概况】 2020年，柯桥区发动各级妇联、巾帼文明岗、最美家庭、巾帼志愿者投身疫情防控和复工复产。组织动员区女企业家协会、区贤内助联谊会会员捐款捐物。开展赠送暖心大礼包等活动关爱援鄂医护人员和一线医护人员。帮助企业采购口罩、额温枪等，向女企协和区贤内助联谊会会员企业赠送防护用品，协助企业解决复工复产必需物资。通过微信公众号等媒体发布用工信息，助力企业解决用工难题。新建传媒集团妇委会、行政审批局妇委会、旅发集团妇联3个妇联组织。柯桥街道妇联获评全国三八红旗集体、浙江省示范乡镇（街道）妇联。福全街道张阿夫家庭获评第十二届全国五好家庭。漓渚镇“两农”妇委会获评浙江省示范新领域妇联组织。绍兴市公安局柯桥分局出入境管理大队获评抗击新冠肺炎疫情浙江省三八红旗集体。林玲获评浙江省巾帼建功标兵。

绍兴第二医院平水分院护理组等6个单位获评浙江省巾帼文明岗。陈祺、何甜甜2人获评浙江省百名巾帼云创客。3户家庭获评抗疫浙江最美家庭、1户家庭获评省级最美家庭、2户家庭获评省级绿色家庭。创建区级巾帼文明岗单位54家。

【“三八”国际妇女节系列活动】 2020年3月，柯桥区以“伊家同心、春暖花开”为主题，开展“三八”国际妇女节“伊家有爱、贴心守护”“伊臂之力、助企复工”“伊枝独秀、礼赞最美”等系列活动。活动内容涵盖关爱援鄂医护人员和一线医护人员、“春风送岗位”专场招聘、抗“疫”故事宣传等。其中“伊枝独秀、礼赞最美”活动表彰96位柯桥区“最美抗疫巾帼志愿者”，推荐产生3户省级抗疫“最美家庭”和30户市级抗疫“最美家庭”。

2020年3月5日，柯桥区表彰区最美抗疫巾帼志愿者
（区妇联　供稿）

【女性维权宣传咨询活动】 2020年，柯桥区妇联联合FM106.8电台亚红热线开展“肖姐姐有话说”女性维权宣传活动，邀请基层妇联干部、律师、家庭教育专家、心理咨询师等参与，通过伊家·法治微课堂、亚红深度报道等形式，探索热点问题、解读典型案例，提高妇女维权意识和能力。累计推出“肖姐姐有话说”深度报道3期、法治微课堂12期。

【“五爱吾家”系列活动】 2020年，柯桥区妇联围绕“国际家庭日”主题宣传，开展“五爱吾家”系列活动。包括“爱·生命”活动，邀请中医院援鄂巾帼团队与中国轻纺城第二小学学生面对面交流；“爱·乐游”活动由镇（街道）妇联组织亲子户外活动，增强孩子体能，增进家庭关系；“爱·分享”活动开设“伊家·微课堂”，分享儿童心理等知识；“爱·公益”活动为留守儿童等弱势群体送去爱心防疫包；“爱·成长”活动助力孩子幼儿园、小学衔接；共2500人参加。

【巾帼旅游推介活动】 2020年，柯桥区妇联依托“南山姐姐”创业创新联盟，整合南部山区平水、稽东、王坛三镇巾帼民宿、乡村旅游巾帼文明岗、妇字号农家乐等创业女性，建设“南山姐姐”养心之旅，拍摄综合篇、情侣篇、儿童篇等宣传短视频，以“南山姐姐＋线路＋打卡点＋女主人”的形式开展宣传推介工作，推动南部山区发展，助力乡村振兴。

【巾帼扶贫活动】 2020年7月，柯桥区妇联与区旅发集团、区传媒集团、区慈善总会、区民政局联合开展夜鲁镇·周末市集——“面包的诱惑”公益活动，吸引800余人参与活动，募得公益款项1.2万元，用于支援四川省金川县、凉山彝族自治州布拖县火烈乡扶贫项目。8月，柯桥区妇联、女企业家协会赴四川省阿坝州金川县开展对口帮扶工作。区妇联、区女企协捐助10万元用于贫困女大学生爱心助学；区女企协会员企业浙江朗莎尔实业股份有限公司捐赠8.5万元用于改善当地教育环境。

【美丽庭院建设】 2020年，柯桥区发挥巾帼力量，引导广大妇女开展庭院绿化美化，改造建设“微菜园”“微花园”“微果园”。组织美丽庭院创建工作“回头看”，全区整改“美丽庭院”2870户。组织开展巾帼志愿者活动，动员妇女参与环境卫生整治、庭院绿化美化、文明家风创建、垃圾分类宣传。（赵梦迪）

柯桥区工商业联合会（总商会）

【概况】 2020年，柯桥区组织天圣集团与吉麻良丝两家企业，各出资20万元，帮扶四川凉山州布拖县火烈乡地莫村、火烈村脱贫。发动所属25家中国轻纺城异地商会参与疫情防控和市场复业志愿工作。发动 14 家商会为柯桥中学等 17 所中小学捐赠红外线热成像测温门。发动 28 个商(协)会共捐款捐物 1520 万元。发动相关商会负责人通过协商沟通,促成原龙禧项目完成签约工作。区印染工业协会和潮汕商会获全国工商联抗击新冠肺炎疫情先进商会组织称号。区工商联被全国工商联授予全国先进基层工商联称号。

【区工商联(总商会)第一次会员代表大会召开】 2020 年 10 月,柯桥区召开区工商联(总商会)第一次会员代表大会,选举产生区工商联(总商会)第一届执行委员 131 名,陈瑾任主席(会长)。

【工商联服务省级优秀案例】 2020 年,柯桥区《组织跨界云直播、助企开拓新市场》入选全省工商联服务"两个健康"优秀案例,该案例由中国轻纺城窗帘布艺协会、柯桥区墙布商会联合对窗帘和墙布产品进行云直播。

【柯桥区墙布商会成立】 2020 年 9 月 18 日,柯桥区墙布商会在创意大厦成立,会长马列钢,会员 200 多家,作为政企沟通桥梁,服务行业发展。

【柯桥区纺织绣花商会成立】 2020 年 11 月 27 日,柯桥区纺织绣花商会在创意大厦成立,会长周国军。

【政企恳谈会】 2020 年,柯桥区举办 3 场政企恳谈会。5 月 22 日,与区发改局,主题是强信心、保增长,12 家企业参加,反馈 6 个问题,全部解决。10 月 23 日,与检察院,主题是服务"六稳""六保"、护航民企发展,8 家企业参加,提出 5 个问题,全部解决。12 月 14 日,与中国轻纺城股份集团公司,主题是聚焦市场,共谋发展,7 家商会会长参加,提出 3 个问题,均作现场答复。(裘王华)

柯桥区科学技术协会

2020 年 11 月 2 日,柯桥区举办第三十六届青少年科技创新大赛 (区科协 供稿)

2020 年 10 月 23 日,柯桥区在区检察院举办"服务'六稳''六保'、护航民企发展"政企恳谈会 (区工商联 供稿)

【概况】 2020 年,柯桥区新建院士(专家)工作站 5 家、学会服务站 1 家。《柯桥区建设"院士小镇"推进制造业高质量发展》在省委办《浙江信息 . 每日简报》刊登,人民网对"院士小镇"建设进行报道。组织院士进"柯桥大讲坛"活动,邀请与柯桥产业发展关系密切的院士到柯桥分享学术成果,中国科学院院士、高分子化学家、复旦大学原校长杨玉良在"柯桥大讲坛"上作题为"国内国际双循环"的专题辅导报告,相关企业与杨院士进行"面对面""零距离"交流。在“科技工作者日”举行“与科技工作者面对面”座谈会，十几位一线科技工作者围绕实施柯桥区制造业“步鱼计划”，结合本职岗位，谈科技创新促进区域经济发展的体会及建议。在“柯桥e科协”微信公众号推送科普文章563篇，在“柯桥e科普”抖音号推出微宣传作品40余个，总点击量超10万人次。2020年浙江省第三十四届青少年科技创新大赛，柯桥区共获奖13项。2020年绍兴市第三十六届青少年科技创新大赛，柯桥区共获奖74项。

【“柯桥院士小镇”列入首批“浙江院士之家”】 2020年9月，由省委人才办、省科协发文公布，“柯桥院士小镇”列入首批“浙江院士之家”。院士小镇坐落于浙江绍兴外国高端人才创新集聚区。

【《加油！科学+》开演】 2020年9月4日，柯桥区举办全国科普日活动。在安昌街道安华村开演国内首部大型科普情景剧《加油！科学+》柯桥专场，通过云犀视频网及“柯桥e科协”微信公众号进行现场直播，并在全区各村、社区远教广场播放。

2020年9月4日，柯桥区在安昌街道安华村演出大型科普情景剧《加油！科学+》（区科协　供稿）

【创建科普馆】 2020年，柯桥区创建天官第文创园、会稽山黄酒博物馆、蓝印时尚小镇、柯桥老街古生物化石科普教育基地4个市级特色科普馆。

【创建科普基地】 2020年，柯桥区创建安昌街道安华村月亮湾蔬菜科普基地、柯岩先锋果蔬合作社科普示范基地、兰亭国民家庭农场科普示范基地3个市级农村科普示范基地。

【科普宣传】 2020年，柯桥区开展多种形式科普宣传，5—9月在全区12条公交线路，150辆公交车上滚动播放科普宣传片8部，科普画廊更换挂图6次，制作一批科普宣传品向公众发放。组织开展科普“抗击新型冠状病毒、打赢疫情防控阻击战”“全国科技工作者日”有奖知识竞答活动2次，参与人数逾10万人次。

【青少年科技创新大赛】 2020年11月2日，柯桥区举办第三十六届青少年科技创新大赛，共收到各类作品及方案772件(个)。共评出获奖作品283件(个)，其中：科技创新成果一等奖21件，二等奖24件，三等奖22件；科技实践活动一等奖5个，二等奖5个，三等奖15个；科学幻想绘画一等奖40幅，二等奖52幅，三等奖70幅；科技辅导员作品(创新项目)一等奖4个，二等奖5个，三等奖6个；优秀组织奖7个，优秀参赛奖7个。(王建明)

柯桥区文学艺术界联合会

【概况】 2020年，柯桥区文学艺术界联合会辖直属协会12个，其中区级法人社团7个，心连心艺术团1个；镇(街道)文联16个。有国家级会员84人、省级会员285人、市级会员553人。区文艺界开展“防疫抗疫·复工复产”主题文艺创作，收到各类原创主题文艺作品365件；举办书法、美术、摄影、拼布等各级各类展览18场，线下现场观看达12000人次；《鉴湖》文艺双月刊深化改版，全年出刊6期；组织开展送春联送福字活动32场次，拍摄和美全家福5场次，心连心艺术团开展惠民演出8场次，讲座培训23场次；指导12个直属协会成立文艺志愿服务小分队，联系结对16个镇(街道)，开展“行走乡村·文化润乡”主题活动18场次。

【区文联第一次代表大会】 2020年11月5日，绍兴市柯桥区文学艺术界联合会第一次代表大会在区行政中心举行，会议听取并审议上届委员会工作报告，选举产生区文联新一届委员会委员，吴坚祥任区文联主席。

2020 年 11 月 5 日，绍兴市柯桥区文学艺术界联合会第一次代表大会在区行政中心举行　　（区文联　供稿）

【“鉴湖文艺讲堂”开讲】 2020 年 7 月 25 日，柯桥区举办“鉴湖文艺讲堂”。“鉴湖文艺讲堂”以“文学性、艺术性、普惠性、开放性”为定位，面向全区机关干部、文艺骨干及广大文艺爱好者，内容涵盖文学、书法、美术、戏剧、曲艺、音乐、舞蹈、摄影、影视、民间文艺等多个文学艺术门类。第一期邀请第三届“金话筒”奖获得者、浙江省朗诵协会会长刘忠虎，讲授“浅谈朗诵艺术”。

【基层文艺骨干培训班】 2020 年 9 月 26—30 日，柯桥区文联组织各直属协会及镇（街道）文联 30 余名文艺骨干，赴台州市椒江区委党校（台州大陈岛干部学院）开展基层文艺骨干培训，学习垦荒精神，课程包含专题讲座、现场体验式教学、座谈交流。专题课包括省精品课程“大陈岛垦荒精神及时代价值”“大陈岛与影视创作”“网络文学创作漫谈”“重要窗口建设”等。现场体验式教学走访大陈岛垦荒纪念碑、一江山岛纪念馆、烈士陵园、台州第一个党组织纪念馆、戚继光纪念馆、思归亭、台胞文史馆、青春广场等。柯桥区文联与椒江区文联及各直属协会开展座谈，双方就目前文艺发展现状、文艺发展路径、协会工作、政策扶持等方面开展工作交流，表示此后要进一步推动两地文艺交流。

【全国 14 个城市书法篆刻作品展】 2020 年 1 月 9 日，柯桥区文联联合重庆市渝北区、福建省厦门市集美区等 13 个城市的区（州、县）文联，在柯桥美术馆举办“文苑・墨缘——我为祖国添光彩”书法篆刻作品展。参展作品 100 件，800 人次参观。

【长三角书画名家作品邀请展】 2020 年 1 月 17 日，柯桥区文联与上海市闵行区文联联合主办、柯桥美术馆和江南书画研究院承办、浙江立尚文化传播有限公司协办的“江南画风——长三角书画名家作品邀请展”在柯桥美术馆展出。参展作品 80 件，2000 人次参观。

【绍兴柯桥・西宁湟中书法联展】 2020 年 3 月 22 日，越风湟韵——绍兴柯桥・西宁湟中书法联展在柯桥美术馆开展。展览由柯桥区委宣传部、西宁市湟中县委宣传部及两地文联联合主办，两地书法家协会和柯桥美术馆承办。参展作品 80 件，1500 人次参观。

【长三角地区高校艺术联盟当代艺术展】 2020 年 4 月 23 日，长三角地区高校艺术联盟当代艺术展在柯桥美术馆展出。展览由东华大学服装与艺术设计学院、中共柯桥区委宣传部、区文联主办，东华大学海派跨界创意艺术中心、柯桥美术馆承办。参展作品 80 件，1000 人次参观。

【沈洪波美术作品展】 2020 年 5 月 24 日，绍兴市鲁迅中学美术教师沈洪波美术作品展在绍兴市柯桥美术馆开展。此次展览由绍兴市美术家协会、柯桥区文联、柯桥区教育体育局联合主办。省市专家、业内同行及作者的同学和学生共 50 多人参与沈洪波创作座谈交流活动。参展作品 60 件，800 人次参观。

【长三角地区“中国书法名城・中国书法之乡”作品联展】 2020 年 6 月 15 日，相约兰亭——长三角地区“中国书法名城・中国书法之乡”作品联展在柯桥美术馆开展，来自上海、江苏、浙江、安徽书法家协会的部分参展书法家代表作为首批观众受邀参加活动。参展作品 200 件，2000 人次参观。

2020 年 6 月 15 日，相约兰亭——长三角地区“中国书法名城·中国书法之乡”作品联展在柯桥美术馆开展 （区文联 供稿）

【八墨社自创内容书画小品展】 2020 年 7 月 10 日，“芥子须弥 ——八墨社自创内容书画小品展”在柯桥美术馆开展。展览由浙江工业大学之江学院、柯桥区文联主办，区书法家协会八墨社承办。参展作品 40 件，1000 人次参观。

【柯桥区美术作品大展】 2020 年 7 月 14 日，“致敬与守望 ——柯桥区美术作品大展”在柯桥美术馆举行。参展作品 70 件，1200 人参观。展览由柯桥区委宣传部、区文联主办，区美术家协会、柯桥美术馆承办。7 月 28 日，作品捐赠仪式在柯桥美术馆举行，柯桥区文联党组书记吴坚祥代表区文联和区美协，向绍兴市中心医院医护工作者代表捐赠展览中的 13 件优秀作品。

2020 年 7 月 28 日，“致敬与守望 ——柯桥区美术作品大展”作品捐赠仪式在柯桥美术馆举行 （区文联 供稿）

【中国美术学院书法系艺术硕士主题书法创作十人展】 2020 年 8 月 5 日，“问道南山——中国美术学院书法系艺术硕士主题书法创作十人展”在柯桥美术馆举行。展览由中国美术学院书法系、柯桥区委宣传部、区文联主办，区书法家协会、柯桥美术馆承办。展出 87 件作品（含题贺作品 7 件），反映作者所在地域文化，凸显各地历史人文内涵，1500 人次参观。

【全国名家画柯桥写生作品展】 2020 年 8 月 28 日，由柯桥区委宣传部、区文联主办，柯桥美术馆承办，安昌街道、平水镇、漓渚镇及浙江立尚文化传播有限公司协办的“稽山鉴水行——全国名家画柯桥写生作品展”在柯桥美术馆开展。参展作品 80 件，1000 人参观。

【柯桥·上虞书法联展】 2020 年 9 月 18 日，由绍兴市文化广电旅游局、绍兴市文学艺术界联合会、绍兴市柯桥区委宣传部、上虞区委宣传部联合主办舜禹风华——上虞·柯桥书法联展在柯桥美术馆开展。展出两地书法作品 80 余件，1200 人次参观。

【江南书画名家作品邀请展】 2020 年 10 月 8 日，“诗书画柯桥行——江南书画名家作品邀请展”在柯桥美术馆举行。展览由上海市中外文化艺术交流协会、上海市闵行区文学艺术界联合会、柯桥区委宣传部、柯桥区文学艺术界联合会主办，柯桥美术馆、江南书画研究院承办。参展作品 75 件，1500 人次参观。

【抗美援朝 70 周年主题展】 2020 年 10 月 29 日，“铭记历史 捍卫和平——纪念中国人民志愿军抗美援朝出国作战 70 周年主题展”在柯桥美术馆举行。展览由区文联、区退役军人事务局、区档案馆主办，柯桥美术馆承办。参展作品 40 件，1000 人次参观。

【第六届“唯金杯”中国拼布创意设计大赛作品展】 2020 年 11 月 3 日，第六届“唯金杯”中国拼布创意设计大赛作品展在柯桥美术馆举行。展览由中国纺织服装教育学会、中国轻纺城建设管理委员会、浙江省拼布协会、浙江省民间美术家协会主办，中国轻纺城服装教育学会拼布艺术设计教育专业委员会、中国轻纺城创意产业服务中心等单位承办。参展作品1000件，1000人次参观。

【当代中青年书画名家瓷画邀请展】 2020年12月6日，"瓷语"——当代中青年书画名家瓷画邀请展在柯桥美术馆开展。绍兴市柯桥区文联、杭州市余杭区文联、杭州市余杭区陶艺协会主办，柯桥美术馆承办。参展作品70件，500人次参观。

【柯桥区首届特殊儿童书画作品展】 2020年11月17日，绍兴市柯桥区政协主办，绍兴市柯桥区慈善总会、绍兴市柯桥区残联协办，柯桥区育才学校承办的柯桥区首届特殊儿童书画作品展在柯桥美术馆开展。参展作品40件，200人次参观。

【山阴周氏四代书画作品展】 2020年12月20日，浙江省书法家协会、绍兴市委宣传部、柯桥区文联、民盟绍兴市委员会主办的"濂溪渊远——山阴周氏四代书画作品展"在柯桥美术馆开展。参展作品200件，600人次参观。（沈嵩妮）

柯桥区残疾人联合会

【概况】 2020年，柯桥区发放困难残疾人生活补贴34068人次，发放金额751万元；发放重度残疾人护理补贴67593人次，发放金额1234万元。开展残疾学生及残疾人子女助学助教工作，发放助学资金113万元。为65名残疾儿童发放康复补贴57.75万元，残疾人基本康复服务率和残疾儿童康复服务率均达100%。柯桥街道大渡社区凭借"因地制宜、全龄友好、普同通适"三大突出亮点，创建为省级及国家级无障碍社区，华舍街道绸缎社区创建为省级无障碍社区。对16个镇（街道）"残疾人之家"进行提档改造，完善设备设施和服务功能。13家"残疾人之家"达到3星级及以上。

【第30次全国助残日活动】 2020年5月17日，柯桥区举办主题为"助残脱贫决胜小康"的第30次全国助残日活动，活动包括区四套班子主要领导和区委区政府分管领导带队走访慰问残疾人机构和残疾人家庭，为他们送去22万余元慰问金。

【全区无障碍社区建设"三年行动"启动】 2020年，柯桥区启动全区无障碍社区建设"三年行动"，投入6500万元，按照"政府主导、部门协同、属地负责、因地制宜、统筹建设"原则，对全区所有社区进行无障碍建设，2020年完成15个社区无障碍改造。

2020年，柯桥街道大渡社区增设无障碍宣传小品（童佳萍　摄）

【困难残疾人家庭无障碍改造】 2020年，柯桥区投入119.61万元，对300户困难残疾人家庭开展"一户一设计、一户一方案"无障碍改造，改造内容包括卫生间改造、地面平整及坡化、辅助器具适配、净居

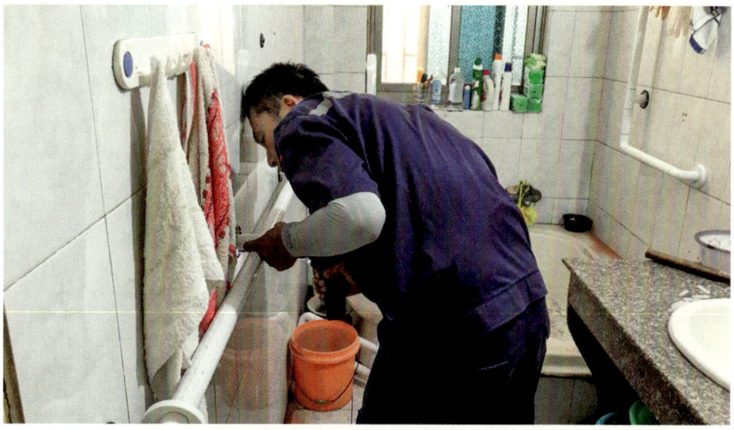
2020年9月10日，工作人员在华舍街道一户残疾人家中安装无障碍扶手（童宇浩　摄）

亮居改造等，改善残疾人居家环境。

【残疾人创业就业】 2020年，柯桥区鼓励和支持残疾人自主创业和灵活就业，为1459名自谋职业残疾人发放社保补贴567.14万元，为20名符合条件的残疾人发放就业创业补贴3.35万元。依法推动按比例就业，安置残疾人2100余人。完成国有企业安置1个残疾人的任务。（童佳萍）

柯桥区红十字会

【概况】 2020年，柯桥区建立村（社区）红十字会300个，会员9227人，基层专兼职干部600余人，全年开展志愿服务活动237场。总会、省、市级红会领导到柯桥区考察调研12次，承办省级现场学习1个班次。省红十字会党组书记、专职副会长陶竞自2018年起连续三次到柯桥区考察调研基层组织建设工作，对柯桥区红十字博爱家园和应急救援队伍建设工作给予肯定。培训初级救护员1954人，普及红十字现场救护知识1.6万人次。接受新冠肺炎疫情专项捐款1438.52万元，用于东西部扶贫115.16万元；筹集社会爱心款物208.81万元，用于东西部扶贫协作。区红十字会被浙江省红十字会授予“十三五”期间成绩突出集体单位称号，入选全省首批“群众身边的红十字会”县域试点单位。

2020年9月17日，柯桥区在玉兰社区开展世界急救日救护技能现场演练（区红十字会 供稿）

2020年3月4日，柯桥区红十字会联合爱心企业为援鄂医护人员家属代表送上鲜花与慰问金（区红十字会 供稿）

【区红十字会第一届理事会第三次（扩大）会议】 2020年4月22日，柯桥区红十字会第一届理事会第三次（扩大）会议召开，副区长祝静芝出席会议。会议审议通过2019年度区红十字会工作报告并部署2020年度重点工作，调整更替因工作变动的理事9人，区委办公室原副主任高卫军、区发改局原副局长高建强等10人，因机构改革和人事分工调整，不再担任区红十字会第一届理事会理事，拟分别改由区委办公室副主任陈建春，区发改局党组成员、副局长傅爱云等9人担任理事。区政府办公室副主任、区红十字会第一届理事会理事蒋志芬主持会议。

【新冠肺炎疫情防控捐赠款物收付】 2020年，柯桥区红十字会在新冠肺炎疫情发生后，发布接受社会捐赠公告，开通24小时捐赠通道，出台《疫情防控捐赠款物专项使用办法》，专款专用、专物专用，实现定向捐赠资金划拨不过夜，防控物资零滞留、零库存。区红十字会全年接受疫情专项捐款1438.52万元，物资23批（价值118.27万元），款物全部拨付完毕。联合区内爱心企业对全区12名援鄂医疗队员拨付慰问金24万元。联合区卫健局对奋战在本地感染病区、实验室核酸检测、现场调查采样、集中隔离点等的一线医护人员拨付慰问金 20 余万元。按照公开公示制度，在区红十字会门户网站、公众号、“柯桥发布”等平台向社会公布捐赠疫情专项款物接收和使用信息，累计公示 58 期。主动接受纪检监察、民政、审计部门监督检查，由监事会对捐赠款物使用和管理实施专项监督，出具监督检查意见书；配合区审计局对疫情防控资金和捐赠款物情况开展专项审计。

2020 年 11 月 27 日，杨绍庆成为柯桥区第六例造血干细胞捐献者
（区红十字会　供稿）

【造血干细胞捐献 2 例】 2020 年 11 月 20 日、27 日，中广有线柯桥分公司员工刘庆和从事装修行业的杨绍庆先后在浙江省中医院成功捐献造血干细胞，成为柯桥区第 5 例、第 6 例造血干细胞捐献者。

【人体器官等捐献 7 例】 2020 年，柯桥区人体器官捐献 2 例、遗体（组织）捐献 5 例。6 月 9 日，贵州青年冯某某因车祸意外去世，其家属决定捐出他的遗体；7 月 13 日，湖塘街道老人朱某某去世，家属遵照其遗愿捐出他的遗体；7 月 16 日，四川人陈某某因意外不幸去世，其家人决定捐出他的角膜和脑组织，陈某某为全区首位脑组织捐献者；7 月 31 日，湖北人贺某某因意外不幸去世，其家人决定捐出他的一对眼角膜、双肾和肝脏；9 月 14 日，贵州人何某某因意外不幸去世，其家人决定捐出他的一对眼角膜、双肾、肝脏和消化道组织，何某某为全区首例消化道组织捐献者；12 月 9 日，马鞍街道寿某某因病去世，家属遵照其遗愿捐出她的遗体、眼角膜和脑组织；12 月 31 日，安昌街道谢某某因病去世，家属遵照其遗愿捐出他的遗体。

【第三批公共场所 AED 配置安装】 2020 年，柯桥区安装第三批公共场所 AED 配置，累计配置 79 台。完成“健康柯桥”指标任务的 112%，实现公共场所每万人自动化体外心脏除颤器（AED）配备 1 台以上的目标。

【红十字医疗志愿服务】 2020 年，柯桥区发挥“应急救护”和“AED 应急救援”两支志愿服务队专业优势，30 名红十字志愿者利用国庆长假轮流驻守大香林龙华寺景区红十字救护站，为近 3 万名登山游客提供医疗保障服务；结合“世界急救日”等节点，为群众开展急救知识普及、救护技能现场演练、健康义诊、知识宣传等公益活动；发挥“让爱流动”和“生命关爱”志愿服务队力量，普及造血干细胞和人体器官（遗体、组织）捐献知识。

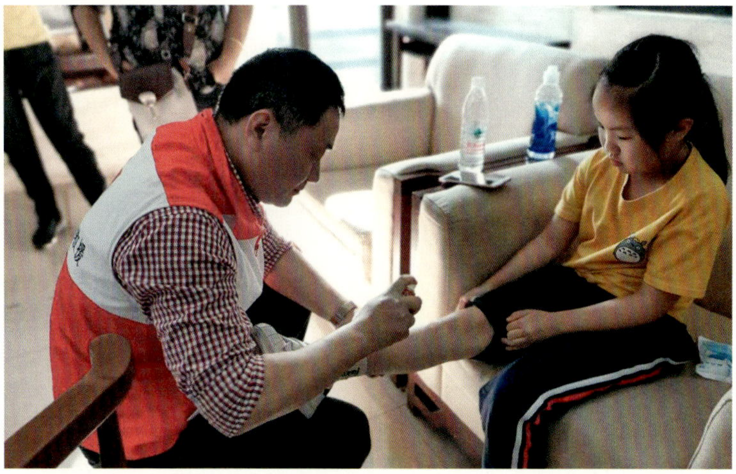

2020 年国庆期间，柯桥区红十字志愿者在大香林景区兜率天宫进行医疗救助志愿服务
（区红十字会　供稿）

【港越社区红十字会被评为全国红十字模范单位】 2020 年，柯桥街道港越社区红十字会红十字博爱基金运行管理规范，志愿服务内容丰富，博爱

家园品牌效益突出，被评为全国城市（社区）博爱家园试点单位，获全国红十字模范单位称号。

【红十字博爱送万家慰问活动】 2020年春节前期，柯桥区红十字会在全区范围内开展"情暖柯桥·红十字博爱送万家"为主题的慰问活动，慰问主要对象为城乡易受损贫困家庭、贫困学生、遭受突发意外家庭、麻风病患者和柯桥区"三献"[无偿献血、造血干细胞捐献及人体器官（遗体）捐献]家庭等，区本级红十字会慰问困难群众285人，慰问金额30.01万元。

【博爱救助项目惠及19506人次】 2020年，柯桥区红十字会继续实施"华康红十字爱心基金"、"外地务工人员大病救助博爱基金"、"生命接力"慈善博爱基金、"向日葵"儿童康复救助项目和"助残健走"康复救助项目，新增"快乐宝贝，从心出发"博爱救助项目，累计支出资金27.39万元，惠及19506人次。（丁　璐）

执行编辑　祝元泰

外事·侨务·港澳台事务

外　事

【概况】 2020年，受新冠肺炎疫情影响，因公出国(境)、外事接待、企业邀请外国人到华审核等常规外事工作基本停止。全年审核因公出国(境)1批1人次，受理除商务目的外“特殊通道”外籍入境人员2批11人，接待外国使领馆人员和记者代表团2批24人次；处理涉外事件13起16人次，处置答复外国使领馆照会3起。召开区委外事工作委员会第二次全体会议。修订《绍兴市柯桥区涉外突发事件应急预案》。保持与日本菊川市、菲律宾卡加扬省拉尔洛市、斐济塔武阿区等11个国际友好城市的交流合作。组织参与绍兴市第三届友好城市大会、绍兴发展大会、第三届世界布商大会、春秋两季纺博会、柯桥时尚周等市、区涉外活动。

2020年7月21日，斐济驻沪总领事陈玉茹一行考察柯桥区欣明集团　　（马国峰　摄）

【重大外事接待2次】 2020年7月21日，斐济驻沪总领事陈玉茹一行6人到柯桥区考察。考察团参观柯桥区欣明控股集团有限公司并与公司负责人座谈，了解公司运营状况和在斐济的投资情况。陈玉茹对柯桥区的经济社会发展情况表示赞赏，希望欣明集团能在斐济加大投资，加强合作。

11月12日，以东帝汶驻华大使桑托斯为团长的周边国家驻华使节和外媒记者参访团一行18人到柯桥区访问考察，参观黄酒小镇、轻纺城展示中心和联合市场。桑托斯对柯桥区的经济社会发展表示赞赏，希望能加强与柯桥区的合作与交流，邀请柯桥区企业去东帝汶投资。区委常委、副区长马忠伟陪同考察。

2020年11月12日，周边国家驻华使节和外媒记者参访团一行参观轻纺城展示中心　　（马国峰　摄）

【涉外新冠肺炎疫情防控】 2020年,柯桥区协调区大数据、公安、统战、教体、商务等部门及相关镇(街道),摸排境外入柯桥人员信息,累计摸排1.6万人,坚持常态化更新柯桥入境人员动态,及时全面掌握入境到柯桥人员基本信息。完成境外入柯桥人员点对点无脱管接送任务,累计接回境外到柯桥人员242批462人次。配合卫生检疫部门,对在柯桥外籍人员全员进行新冠肺炎防疫检测。向涉外企业宣传疫情防控政策。通过柯桥区官方媒体,发布中英文版《浙江省致外国人告知书》《致在绍外籍人士的一封公开信》《致在柯桥外籍人士的一封公开信》《柯桥区关于统筹抓好疫情防控和复工复产十项措施的通告》,向在柯桥外籍人员发放口罩。

【国际友城联系交流】 2020年,柯桥区与日本菊川市互赠防疫用品,菊川市向柯桥区捐赠1500只一次性防护口罩用于抗击新冠肺炎疫情,柯桥区向菊川市回赠80套工业用防护服以表心意。柯桥区区长赵如浪和菊川市市长太田顺一互寄慰问信件。(马国峰)

侨 务

【概况】 2020年,柯桥区新建海外侨务工作联络站1家(加拿大多伦多站),累计建立14家,建立浙江省侨联法顾委柯桥分站,处理涉侨来信来访6件,走访、服务侨商150余人次。与瑞丰银行、宁波银行等金融机构签订战略合作协议,为侨企提供金融支持。接待慰问侨界人士300余人次,"柯桥侨爱"基金向浙江工业大学之江学院发放助学奖金合计10万元。兰亭街道"侨胞之家"被评为2020年度全国侨联系统优秀"侨胞之家"。

【侨胞、留学生助力新冠肺炎疫情防控】 2020年,柯桥区动员侨界群众捐赠新冠肺炎防疫抗疫款物350余万元,向海外八国十五城海外侨胞和留学人员发放价值20余万元的防疫物资,新建3个涉侨微信群进行帮扶服务和舆情引导,发出温馨提醒,开设24小时服务热线,对接上级侨联和海外侨团帮助海外侨胞、留学生申领防疫物资。开展侨资企业服务年活动,建立健全联系侨界制度,帮助指导侨资企业尽快复工复产。

2020年,柯桥区深化侨界"三服务" (徐炎法 摄)

【柯桥区第一次归侨侨眷代表大会】 2020年8月14日,绍兴市柯桥区第一次归侨侨眷代表大会召开。会议回顾总结柯桥区侨联过去5年工作,研

2020年8月14日,柯桥区第一次归侨侨眷代表大会召开 (徐炎法 摄)

究确定此后5年的发展目标和任务。大会审议通过区侨联上一届委员会工作报告，选举产生区侨联第一届委员会及新一届区侨联领导班子。盛顺利当选区侨联第一届委员会主席，茹海燕、尹莹、孙潇筠、陈敏华、包海英、吴建栋、王君、濮森鑫、杨伟当选区侨联第一届委员会副主席，基层一线代表占91%，区侨联委员中基层一线委员占88%。

2020年9月22—25日，柯桥区举办侨联系统干部培训班

（徐炎法　摄）

【浙江省侨联法顾委柯桥分站成立】 2020年7月14日，浙江省侨联法律顾问委员会柯桥分站成立，这是绍兴市首家、全省第五家分站。该分站开展归侨侨眷保护法、华侨权益保护条例等涉侨政策法规宣传，构建维护侨胞权益联动机制，依法解决涉侨矛盾纠纷，为侨胞和侨企提供法律服务。成立仪式上，省侨联法顾委与柯桥区司法局、柯桥区侨联签订三方合作协议。省侨联副主席兼秘书长周松一，柯桥区委常委、统战部长王静静出席仪式并讲话。

2020年7月14日，浙江省侨联法顾委柯桥分站成立

（徐炎法　摄）

【举办侨干侨企培训】 2020年9月22—25日，柯桥区举办侨联系统干部培训班。区侨联委员、基层侨联干部、侨团负责人等30余人参加培训。培训班设置课堂讲授、现场教学等形式。培训期间，学员们前往安吉余村、吴昌硕纪念馆、侨企浙江东方基因生物制品股份有限公司等参观学习。邀请浙江绍兴瑞丰农村商业银行股份有限公司、浙江震天律师事务所、绍兴华侨财富管理有限公司等相关人士，为企业讲解企业融资担保、财务管理、投资理财、企业劳动用工纠纷处理等内容。

【全市首家侨文化馆建成】 2020年11月，兰亭侨文化馆建成。该馆位于第四批中国传统村落、著名侨乡兰亭街道紫洪山村，占地300平方米，建筑面积500平方米，投资250余万元，是绍兴市首家弘扬爱国爱乡精神的侨文化主题馆。“浙江省爱乡楷模”、兰亭籍侨港胞章传信出资100万元提供其故居作为主要馆址。该馆布展凸显侨元素，包括兰亭侨情侨史、涉侨知识宣传、重点侨胞事迹、书画作品等。

2020年11月，兰亭侨文化馆建成　（徐炎法　摄）

【柯桥区侨商会、海创会赴宁波考察交流】 2020年10月28日，柯桥区侨商会、柯桥区海创会组团赴宁波考察交流。柯桥区侨商会副会长、区侨联兼职副主席濮森鑫带队一行20余人参观考察宁波银行、宁波康赛妮集团有限公司，并与两家单位达成多项合作共识。

2020年10月28日，柯桥区侨商会、海创会赴宁波考察交流
（徐炎法 摄）

【"送福迎春 情满侨界"迎新联谊会】 2020年1月16日，柯桥区举行"送福迎春 情满侨界"迎新联谊会，柯桥籍华侨华人、侨团负责人、归侨侨眷、侨商侨企、留学生及家属代表100余人参加。区委常委、统战部部长王静静出席并致辞。区侨联党组书记、主席盛顺利通报区侨联2019年工作。海外侨领、归侨侨眷、侨商等代表发言。区海创会与瑞丰银行、浙江震天律师事务所负责人签订战略合作协议。会上，颁发柯桥区侨联2019年度"侨爱心公益奖""为侨奉献奖"，侨界朋友表演节目祝福祖国、祝福家乡柯桥。（徐炎法）

港澳台事务

【概况】 2020年，柯桥区接待慰问台胞、台属50余人次，走访台企10余次，省、市台办领导赴柯桥区台企指导复工复产3次。受疫情影响，柯桥区无赴台商务、公务考察团组。12月12—29日，在区行政中心大厅举办"伟哉中华"绍台书画展，展出柯台书画作品70余幅。9月12日，全国台企联妇女工作委会一行30余人参访考察轻纺城展示中心，并实地走访轻纺市场。11月1日全国台企联副会长、云南台丽集团总裁詹介文考察区文旅及物流项目，达成投资意向。根据《港澳台居民居住证申领发放办法》通知精神，协同有关部门办理台湾居民居住证26张。

【台资项目引进】 2020年，柯桥区引入台资企业37家，注册总资本596万美元，总投资642万美元，涉及新型科技、文化传播、针纺织品等领域。其中有雷博智能机器人（浙江绍兴）有限责任公司、绍兴隆芙力智能科技发展有限公司、绍兴护众科技有限公司、浙江培凯科技有限公司等4家科技类企业，绍兴有客行里文化创意发展有限公司等文创类企业。

【台商台胞"看浙江、看绍兴、品柯桥"活动】 2020年，柯桥区开展在柯台商"品柯桥、看绍兴"活动，参访衢州江山廿八都古镇、江山江郎山，夏履镇萧绍古道等地。全年组织活动2次，50余人次参加。

2020年，在柯桥台商参访衢州江山廿八都古镇（区委办 供稿）

【2名柯桥籍学生被台湾地区大学录取】 2020年，2名柯桥区新生分别被台湾"公立"清华大学、淡江大学录取，2人均为硕士研究生。（沈建庆）

执行编辑 高 锋

法　治

政法委及综治

【概况】 2020 年，柯桥区坚持和发展新时代“枫桥经验”。完善“一中心四平台一网格”机制，通过“基层治理四平台”上报各类事件 31.49 万件，处置完成率 99.85%。规范网格划分，建立动态更新机制，定期开展网格员业务培训和定向拉练，2020 年，网格员共上报各类事件 20.32 万件。坚持数字赋能，建设区域社会治理“标杆区”，在全省县级社会矛盾纠纷调处化解中心建设互学互比视频交流会上作为优秀典型代表以《构建三级“共同体”打造解纷“终点站”》为题交流发言。承办全市乡镇社会矛盾纠纷调处化解中心建设现场推进会。出台《柯桥区重大决策社会风险评估实施细则》，规范重大决策社会风险评估工作，从源头上防范社会风险；共立项备案 184 件，比上年增长 163%。

2020 年 7 月 1 日，绍兴市乡镇社会矛盾纠纷调处化解中心建设现场推进会在柯桥区召开　（沈晨璐　摄）

这年，柯桥区未发生危害国家安全和政治稳定的案事件、暴力恐怖事件、群体性事件及其他“一票否决”案事件，从 2006 年开始连续第十五年获评省“平安区”。柯桥区委政法委被浙江省委、浙江省政府评为平安护航中华人民共和国成立 70 周年工作成绩突出集体、全省扫黑除恶专项斗争成绩突出集体、2018—2019 年度平安浙江建设先进集体。

【柯桥区获省首批“一星平安金鼎”】 2020 年 4 月 14 日，柯桥区被浙江省委、省政府授予全省建设平安浙江工作首批“一星平安金鼎”奖项。“一星平安金鼎”是全省市、县（市、区）在平安建

2020 年 4 月 14 日，柯桥区委书记沈志江（右二）赴杭州主会场参加全省建设平安浙江工作会议，捧回全省首批“一星平安金鼎”　（区委政法委　供稿）

设方面的最高奖项，连续15年获评平安市或平安县（市、区）的才可获得奖项。

【解纷闭环处置机制建立】 2020年，柯桥区构建矛调中心三级体系，包括区（县、市）、乡镇（街道）、村（社区）三级社会矛盾纠纷调处化解体系，实行“一窗受理、多元联调、跟踪评估”闭环运作机制，发挥警调、诉调、检调、访调、专调“五调”联动优势，情、理、法、德多元手段结合，寓调处于服务，使群众诉求反映、矛盾纠纷化解“最多跑一地”。三级矛调中心全年受理矛盾纠纷4.83万件次，调处化解4.80万件次，办结率99.49%。

2020年7月30日，浙江省委政法委常务副书记朱晨（左二）调研柯桥区社会矛盾纠纷调处化解中心 （沈晨璐 摄）

【“四平台”闭环处置“110”警情事件】 2020年，柯桥区实施“基层治理四平台”闭环式处置110警情模式，打通“110”接处警和“基层治理四平台”系统，实现“110”警情在“基层治理四平台”统一组织指挥下，由公安一家为主处置转变为“党政主导、部门联体、社会联动”。7月份全区推广后，共推送各类警情3.16万起，其中分流非警务类警情1.99万起，占比62.97%。

【扫黑除恶专项斗争】 2020年，柯桥区推进“十大专项行动”和“六清”行动，推动建立行业治理常态化长效机制。专项斗争以来，累计侦办黑恶团伙56个，其中黑社会性质组织4个、恶势力犯罪集团28个，对1880名十类黑恶犯罪嫌疑人采取刑事强制措施，查封扣押冻结非法资产2.45亿元，起诉涉黑涉恶案件52件298人，一审审结涉黑涉恶案件52件296人，查处涉黑涉恶腐败和“保护伞”48人。

· 小资料 · “十大专项行动”

指打深打透大案要案、线索核查清仓见底、案件诉讼提质增效、“打伞破网”深挖彻查、黑恶罪犯教育改造和检举揭发、行业乱象和治安乱点整治、基层组织建设薄弱地区整治、网络空间滋生漏洞整治、舆论宣传报道正面引导、长效常治机制巩固建设。

· 小资料 · “六清”行动

指线索清仓、逃犯清零、案件清结、伞网清除、黑财清底、行业清源。

【处置“龙禧中心”】 2020年，柯桥区处置“龙禧中心”租赁户债权，绍兴柯桥聚毅房地产开发有限公司以4.86亿元的价格竞得“龙禧中心”项目。截至年底，租赁户债权人签约率89.71%。

【全省政法宣传舆论工作会议在柯桥举行】 2020年，由浙江省平安办主办，绍兴市委市政府、柯桥区委区政府承办的全省政法宣传舆论工作会议暨全省政法系统第二届“永不落幕”微党课比赛、第二届平安浙江“三微”比赛颁奖活动在柯桥区举行，省委政法委、省委网信办、省政法各单位等领导及全省各县（市、区）政法系统领导参加活动。颁奖晚会以“忠诚铸铁军担当护‘两战’”为主题，省委政法委常务副书记朱晨出席颁奖活动并致辞。

2020年10月22日，浙江省政法宣传舆论工作会议在柯桥区召开 （沈晨璐 摄）

【平安宣传活动】 2020年,柯桥区运用广播、电视、“平安柯桥”微信公众号等宣传载体,发动网格员、平安志愿者等力量,开展形式多样的平安宣传活动,提升“平安三率”,促进群众主动参与平安创建。分发平安宣传页88万份,张贴平安宣传海报2万余张,发送短信100万余条,举办各类平安宣传活动50多场。

·小资料· “平安三率”

“平安三率”指群众安全感满意率、平安建设群众参与率、电信网络诈骗犯罪防范知识知晓率。(沈晨璐)

法治政府建设

【概况】 2020年,柯桥区印发2020年法治柯桥建设工作要点、法治政府建设工作要点,编制法治柯桥建设“十四五”规划。区委理论学习中心组(扩大)专题学习《中华人民共和国民法典》,制定区政府常务会议学法计划,全年专题学法7次。开展党政主要负责人专题述法工作,范围扩大至企事业单位、人民团体,共101个单位上交述法报告,该项工作被《浙江日报》专题报道。专题开展领导干部法治思维和治理能力提升培训,组织79名领导干部参加任前法律知识考试。将法治建设内容纳入区委对部门、镇(街道)的巡察清单。法治建设通报12次,发送败诉案件问题整改函17个。选聘首届法治监督员47人,开展专项法治监督活动。建立纪检监察机关与行政复议机构沟通协调工作机制,明确行政应复、应诉工作追责机制,行政败诉案件追责1起。公开遴选区政府法律顾问8人,在镇(街道)、区政府各部门法律顾问全覆盖的基础上,实现公办学校、公办医院法律顾问全覆盖,组织各部门参加公职律师培训,提高公职律师配备比率,有公职律师45人。

2020年6月29日至7月1日,柯桥区举办2020年领导干部法治思维和治理能力提升培训班　(区司法局　供稿)

不定期在区政府网站上公开新冠肺炎防疫信息、政策解读等,依法打击哄抬物价、制售假冒伪劣防护物资等违法犯罪行为。定期上报全省新冠肺炎疫情防控期间规范性文件审查报备情况。复工复产期间,组织“百名律师进千企”活动,参与排查涉企矛盾纠纷1240件。组织编写《柯桥区企业应对后疫情时期法务手册》,电子法务手册浏览量12541次。

推广使用浙江省行政规范性文件管理系统,开展区级行政规范性文件合法性审查22件,受理部门备案26件。开展涉及优化营商环境、野生动物保护领域以及民法的行政规范性文件清理3次,共废止8件,修改4件。出台本级重大行政决策程序规定、重大决策社会风险评估实施细则等文件,完成重大决策社会风险评估备案184件。组织开展重大行政决策目录化管理专项行动,推进镇街合法性审查全覆盖。

2020年9月23日,柯桥区召开镇(街道)合法性审查全覆盖工作推进会　(区司法局　供稿)

【综合行政执法改革】 2020年,柯桥区成立柯桥区综合行政执法改革领导小组,赵如浪为组长,5支综合行政执法队挂牌,划转395项综合行政执法事项。在杨汛桥街道开展"一支队伍管执法"试点工作。构建"区镇一体、条抓块统"基层管理模式,出台镇街"属地管理"事项责任清单。

【行政执法】 2020年,柯桥区开展行政执法"三项制度"落实情况"回头看"活动及行政执法证件专项清理,重点执法部门均按要求配足执法仪器。启用浙江省统一行政处罚办案系统,完善行政执法流程。全区26个部门通过"互联网+监管"平台(浙政钉掌上执法系统)开展"双随机一公开"执法检查,掌上执法检查率99.52%,信用规则应用率85.36%,跨部门监管率20.07%。

·小资料· 行政执法"三项制度"

行政执法"三项制度"指行政执法公示制度、执法全过程记录制度、重大执法决定法制审核制度。

【行政执法监督】 2020年,柯桥区出台行政执法监督规范化建设创新实践方案,以规范执法倒逼责任落实。制定年度行政执法监督工作计划,出台民生领域行政执法专项监督、行政败诉案件个案监督、行政执法与刑事司法衔接、行政执法监督与司法监督协作等办法,开展齐贤街道行政执法监督试点。选聘特邀行政执法监督员9人,组织行政执法人员业务培训。开展5次专项监督检查,涉及12个重点执法单位和4个镇(街道)。

【政务公开事项标准目录制定】 2020年,柯桥区制定政务公开事项标准目录1530条,优化区政府门户网站信息公开栏目。健全重大行政决策事项目录公开发布机制、政府常务会议信息公开常态化机制、重大建设项目批准和实施领域专题信息公开机制,首批9个重大建设项目全生命周期批准和实施信息全部进行公示。

【柯桥区获评浙江省"最多跑一次"改革成效突出县(市、区)】 2020年,柯桥区新增9项国家和省级改革试点,25个重点改革试点项目进展顺利。5月,被省人民政府评为推进"最多跑一次"改革成效突出县(市、区),7项改革做法被省委改革办《竞跑者》推介,5项改革做法入选《决策参考(领跑者)》。机关内部"最多跑一次"、军人全生命周期"一件事"、招投标"一件事"全周期监管等改革不断深化。开展"无证明城市"创建,梳理民生领域证明事项保留清单。推进互联网+政务服务,"柯桥e证通"在浙里办、浙政钉上线,超10万名用户下载使用,日均调用电子证照量超5000次。落实《"10+N"营商环境便利化系列行动方案》,实现企业开办全流程一日办结常态化,企业投资项目实现竣工验收前审批"最多跑一次""最多90天"。

【全省首创智慧企业法治体检平台】 2020年4月8日,柯桥区智慧企业法治体检平台启动,为全省首创。为12897家企业及市场经营主体提供"法治体检",生成有效报告11078份。

2020年4月8日,柯桥区智慧企业法治体检平台正式启动
(区司法局 供稿)

【全省首个区级矛调中心《运行管理实施意见》出台】 2020年,柯桥区把"最多跑一次"引入社会治理领域,整合全区纪检、政法、信访、司法、行政机构和社会组织的调解功能并入"一中心",出台全省首个区级矛调中心《运行管理实施意见》,得到省委常委、政法委书记王昌荣批示肯定,有22个部门、15个专业性、行业性调解组织常态化入驻。人大代表联络室、政协委员工作室、"伊家"工作室、"乡贤娘舅"工作室相继设立。

【行政争议府院联动调解机制】 2020年,柯桥区建立区行政复议咨询委员会,构建"行政争议调解中心”“行政复议窗口”进驻矛调中心双进驻格局。建立行政复议“1+N”调解模式，办结行政复议案件113件，调撤案件51件，调撤率45.13%，居全市第一，经办的2起案例被评为省级典型案例。（韩春红）

2020年11月3日，柯桥区召开预防和化解行政争议工作联席会议暨全区法治政府建设推进会议　（区司法局　供稿）

公　安

【概况】 2020年，柯桥区公安部门有内设机构和派出机构51个，其中内设机构、直属机构32个，派出所19个。有民警921人，其中大学及以上学历810人、专科及以下学历111人。接警总量34.47万起，其中有效接警总量16.72万起，分别比上年下降1.3%、1.6%。全年共打处各类刑事犯罪嫌疑人2557人，比上年下降9.74%；治安拘留3396人，比上年下降15.31%。5起现发命案继续实现全破，破获当地命案积案5起，其中20年以上积案2起；先后破获部督“4·17”网络贩卖枪支、“5·29”盗掘古墓葬、295号网络贩卖毒品案等一批大要案，“雷霆”打击行动总体绩效全市第一。受理电信网络诈骗案件2613起，比上年下降6.41%；打处电诈犯罪嫌疑人681人，比上年增长24.72%，打处绝对数和增幅均居全市第一。

有18个集体、150名民警立功受奖，区少数民族服务管理中心被评为全省民族团结进步模范集体，区拘留所被评为全国一级拘留所，出入境管理大队被评为全省巾帼文明岗和抗击新冠肺炎疫情“三八”红旗集体，刑事科学技术室被评为全国示范技术室。

【“5·29”盗掘古墓葬案】 2020年5月29日，柯桥区抓获以熊某、杨某等人为首的特大盗贩文物团伙21人，缴获被盗文物砖1万余块。2018年起，该团伙长期驾车流窜于浙江杭州、金华、绍兴等多个地市，盗掘古墓葬，并将文物砖块贩卖非法获利，共查证被盗掘古墓葬19处。

【“1·16”骗取出口退税专案】 2020年6月30日，柯桥区抓获以王某、阿沙（化名）等人为首的涉嫌骗取出口退税、虚开增值税专用发票、非法经营犯罪团伙3个，共抓获犯罪嫌疑人22人，扣押汽车2辆、银行卡28张、手机23部、电脑5台等作案工具，冻结银行账户135个，冻结金额200万元，扣押赃款254万元，挽回税款损失3000余万元。该案系王某等人为骗取国家出口退税款，经嫌疑人介绍从境外购买美金，以绍兴某针纺有限公司等名义，采用增值税专用发票大量虚进、虚出的方式，骗取国家出口退税款。该案涉及全国19个省、市、自治区，涉嫌虚开企业196家，涉案金额103亿元；骗税企业56家，涉案金额50.1亿元。（徐　金）

检　察

【概况】 2020年，柯桥区办结“四大检察”领域各类案件3604件，一线检察官人均结案150.17件。全年批准逮捕各类犯罪嫌疑人482人，提起公诉1650人。对诈骗群众钱财、拒不支付劳动报酬及“村霸”恶势力实施强迫交易等犯罪行为开展专项打击，对290余名涉案人员依法提起公诉，为264名农民工追回欠薪570余万元。联合公安机关加大对新型电信网络诈骗、P2P平台非法集资、“套路贷”“套路敲”以及侵犯公民个人信息等犯罪的打击力度，依法批准逮捕31人，提起公诉197人。办理司法工作人员徇私枉法案件1件3人，协助办理海关系统职务犯罪案件1件2人。依法严惩涉疫违法犯罪，批准逮捕涉疫刑事犯罪1人、提起公诉14人。侦诉审联动，24小时办结全省首例虚构熔喷布诈骗案。利用“三远一网”等远程办案系统，为

165 名省内外律师提供“远程阅卷”和“远程会见”服务。开展公益诉讼“回头看”,助力辖区内最大的豆制品生产园区复工复产。推进信访“最多跑一地”和“群众来信件件有回复”,“12309”检察服务中心接访群众 654 批次,7 日内程序性回复、3 个月内办理过程或结果答复均做到“两个 100%”。

2020 年 2 月 25 日,柯桥区开展公益诉讼“回头看”(王　菁　摄)

打击侵害未成年人犯罪,批准逮捕 17 人,提起公诉 30 人,立案监督、追诉漏犯、纠正漏捕共 7 人。推进涉未民事支持起诉工作,全年办理涉未监护权、抚养权、抚养费纠纷支持起诉案件 10 件,均获法院支持。探索涉未行政公益诉讼检察工作,针对校园周边商户向学生出售“三无”(无生产日期、无质量合格证以及无生产厂家)产品问题发出检察建议。持续落实最高检“一号检察建议”,出台教育行业入职查询和从业禁止工作规定。开展“检护利剑、法润兵心”检察官送法进军营活动。开展行政争议案件实质性化解工作,帮助生活陷入困境的劳动者或其家属索回赔偿款 80 余万元,减免不当罚款 15 万元。

2020 年 8 月 19 日,柯桥区在武警绍兴支队机动大队开展“检护利剑、法润兵心”检察官送法进军营活动　（王　菁　摄）

【“扫黑除恶”专项斗争】 2020 年,柯桥区批准逮捕黑恶势力犯罪嫌疑人 28 人,提起公诉 106 人,办理省检察院挂牌督办重大案件 1 件。监督立案 1 件 2 人,追加起诉 25 人,不批准逮捕 1 人、不起诉 4 人。建立线索分析研判机制,落实“一案三查”,开展案件“回头看”,移送“保护伞”线索 3 条;出台黑恶财产处置工作指引,引导侦查机关查封、扣押、冻结涉黑恶财产和违法所得,每案向法院提出财产处置意见;推行“一案一整改”,铲除黑恶犯罪滋生土壤。

·小资料·　“一案三查”

既要查办黑恶势力,又要追查黑恶势力背后的“关系网”和“保护伞”,还要倒查党委、政府的主体责任和有关部门的监管责任。

【优化法治营商环境】 2020 年,柯桥区依法打击破坏市场经济秩序犯罪,审查逮捕 78 人,审查起诉 168 人。对犯罪情节轻微的 78 名涉企人员作出不捕、不诉决定,让企业“活下来”。在办理涉企案件过程中适用认罪认罚从宽制度。新冠肺炎疫情期间办理的张某刚虚开增值税专用发票案,在督促其补缴税款 600 余万元后,建议法院依法给予从轻处罚,该案被评为全省服务民营经济专题精品案件。开展涉民营企业刑事诉讼挂案“回头看”专项监督,督促公安机关对 5 起事实不清、证据不足的涉企案件作撤案处理。

【司法救助】 2020 年,柯桥区开启“司法救助 + 爱心捐款、心理救助、民政救助、助学救助”多元救助模式,开展司法救助 27 人次,累计发放司法救助金及爱心捐助款 50 余万元。拓展资金筹措渠道,建立涉案困难家庭同籍商会共同帮扶制度。赴安徽省阜阳市涉案贫困户王某家乡,将 10 万余元司法救助金发放到位,与当地镇政府、村委确定养殖扶贫方案,该

2020 年 10 月 12 日，柯桥区检察院检察长钱昌夫赴安徽王某家开展司法救助　（王　菁　摄）

项工作被《人民日报》报道。参与“控辍保学”行动，跨省协调帮助 2 名涉案困难群众家庭子女在柯桥入学，落实结对帮扶。

【刑事诉讼监督】 2020 年，柯桥区检察官办公室正式入驻公安执法办案中心。监督立案 17 人，监督撤案 47 人，纠正漏捕 4 人，追诉漏罪漏犯 52 人，纠正侦查违法活动 10 件次。提起刑事抗诉 8 件，二审改判和发回重审 4 件。对涉嫌犯罪但无需逮捕的，决定不批捕 210 人，不捕率 30.35%；对犯罪情节轻微的决定不起诉 575 人，不诉率 25.61%。在适用认罪认罚从宽制度中发挥主导作用，实现该制度“消除对立，化解矛盾”的立法本意。认罪认罚适用率 87.31%，确定量刑建议率 86.30%，法院采纳率 96.11%。发送刑事执行监督方面检察建议 5 份，发送纠正违法通知书 19 件。全面落实新颁布的《中华人民共和国社区矫正法》，对全区社区矫正对象开展联合执法检查。

【民事诉讼监督】 2020 年，柯桥区聚焦民间借贷、企业破产等领域“假官司”频发问题，借助“智慧检察”监督平台，运用大数据分析深挖线索，突破追索劳动报酬虚假诉讼系列案。办理某资产管理有限公司执行异议之诉生效裁判监督案，维护债权人利益，该案被评为全省民事检察精品案件。移送涉拒不执行判决裁定罪线索 5 件，开展限制出境强制执行措施专项监督。

【行政诉讼监督】 2020 年，柯桥区出台行政争议实质性化解工作实施办法，破解行政诉讼“程序空转”困局，化解 10 起行政争议案。其中一起行政复议阶段的工伤纠纷行政争议化解案获评全省典型案例。助力解决国土领域违法案件“裁执分离”执行难、司法裁定“白条化”问题，发出检察建议 6 件，撰写情况反映层报上级，获省院检察长和区委主要领导批示肯定。

【公益诉讼监督】 2020 年，柯桥区办理公益诉讼案件 73 件，重特大案件占比显著提升。办理公租房整治专项监督案件，获评全省典型案件和指导性案例。牵头联合萧山、越城、上虞、余姚、江北五地检察机关，建立联合巡查、案件会商等 13 项长效保护机制，在太平桥公园建立浙东运河保护公益诉讼实践基地，以“检察蓝”守护“运河绿”。加强对古树名木的公益保护，建立完善养护、复壮责任制度。拓展公益诉讼检察新领域，办理古建筑文物文化遗址保护、限高杆整改、窨井盖修缮、渣土车监管等公共安全专项监督案件，取得“办理一案、治理一片”的社会效果和法律效果。（严奇彪）

2020 年 6 月 17 日，柯桥区开展“守护美丽河湖”暨福寿螺专项清除活动　（王　菁　摄）

法　院

【概况】 2020 年，柯桥区受理案件 24111 件，办结 24192 件（含旧存，下同），比上年分别下降 1.2%、

3.3%。未结案件2185件，比上年下降3.6%，一线法官人均结案369件。

推进无纸化办案，案件从“立、审、调、判”到结案归档全流程无纸化，实现办案办公模式变革，无纸化立案率、在线签章率、上抗诉案件移送率等100%。深化“互联网+司法公开”，上网裁判文书20900份，直播庭审5952场。举办新闻发布会、公众开放日4场，公众号12次入选浙江政法微信影响力排行榜。利用微课堂等形式开展干警培训3000余人次。屠建伟获评省二等功、第九批省市优秀援疆干部人才，倪华华被省高级人民法院政治部评为在抗击新冠肺炎疫情工作中表现突出的先进个人。18篇调研成果、学术论文和精品案例获省级以上奖励或表彰。3篇论文获全省法院一二等奖，1篇论文获全国法院二等奖。畅通群众监督渠道，落实反馈院长信箱、群众投诉建议42条。

落实宽严相济刑事政策，对初犯、偶犯等439名具有从轻情节的被告人依法适用缓刑。实行律师辩护全覆盖，为634名未聘请律师的被告人通知援助律师到庭辩护。开展送法进校园，完善未成年犯延伸帮教机制，开展庭前辅导、判后释法、回访谈心等工作，帮助失足青少年早日回归社会。

【刑事案件审理】 2020年，柯桥区新收一审刑事案件932件，审结934件，比上年分别下降16.6%、16.5%，判处罪犯1759人。依法严惩妨害疫情防控犯罪行为，审结相关犯罪案件10件13人，其中陈某某涉熔喷布诈骗案入选全国法院依法惩处妨害疫情防控犯罪典型案例。审结“黄赌毒”“盗抢骗”等犯罪案件486件1061人。审结虚开增值税专用发票、非法吸收公众存款、集资诈骗等经济犯罪案件91件197人。审结交通肇事、危险驾驶等危害公共安全犯罪案件152件157人。审结破坏环境资源犯罪案件19件25人。审结贪污贿赂、渎职等职务犯罪案件6件7人。

【黑恶案件审理】 2019—2020年，柯桥区审结黑恶案件52件308人。其中判处五年以上有期徒刑119人，判处财产刑273人3079万元，没收全部财产6人。立案执行71件，执结率100%，执行到位金额3013.8万元。开展黑恶财产网络“一元拍”，累计成交170.5万元。

【民事案件审理】 2020年，柯桥区审结涉就业、消费、医疗、教育等案件802件。审结婚姻、继承、抚养等案件777件，发出人身安全保护令6份，被全国妇联授予维护妇女儿童权益先进集体称号。审结交通事故、医疗事故等案件994件。处置虚假诉讼2件8人，对恶意提出管辖权异议的当事人罚款3万元。派驻律师提供法律咨询1930件次，为困难当事人缓减免诉讼费285万元，发放执行救助金95.7万元。当场登记立案率95%，通过24小时自助法院立案24件，立案诉讼服务入选全区机关单位“三个最佳”项目。

【区法院入驻区矛调中心】 2020年，柯桥区人民法院组建“天平调解团队”入驻区社会矛盾纠纷调处化解中心，开展诉前调解等工作，发挥调解指导、诉调对接、诉前鉴定、司法确认等职能。区人民法院在矛调中心设立审判庭并组建速裁团队入驻，对于无法调解的简易案件安排庭审速裁，打通矛盾纠纷化解调处“最后一公里”，实行一站式受理、调解、诉讼立案、速裁，实现矛盾纠纷一揽子化解，变“大接访平台”为“矛盾化解平台”、矛盾“中转站”为问题“终点站”。至年底，诉前引调7563件，调解成功2891件，诉前化解率38.2%，民商事收案比上年下降9.6%。

【行政案件审理】 2020年，柯桥区新收一审行政案件178件，审结180件，比上年分别下降8.2%和6.7%，审理的涉柯桥行政机关败诉率10.5%。1起国有土地使用权出让合同纠纷案例入选全国法院产权保护行政诉讼典型案例。1起土地行政管理案例获全国法院行政审判优秀调研成果二等奖。协调化解案件38件，涉柯桥行政机关负责人出庭应诉率98.8%。

【执行案件执结9118件】 2020年，柯桥区新收执行案件8997件，执结9118件，比上年分别下降0.2%、2.5%，执行到位金额19.7亿元。开展“越剑雷霆”等专项执行行动，列入失信被执行人名单库4810人，限制高消费5046人，限制出入境1402人，司法拘留58人，罚款3222人140.7万余元，以拒执罪判处25件34人。健全“自动履行为主、强制执行为辅”的执行长效机制，强化诉前释明、诉中告知、诉后督促，自动履行率56.4%，比上年提升6.9个百分点，居全市第一。

【法院结案率 99.99%】 2020 年，柯桥区法院正常审限内结案率 99.99%，12 个月以上未结案件清零。累计 393 件案件纳入监管，改判发回瑕疵率 0.37%，比上年下降 0.48 个百分点。开展案款清理专项活动，共清退 966 笔 2.5 亿元。深化民事案件繁简分流改革，简易程序适用率 81%，平均审理天数 56.7 天。细化陪审员随机参审、庭前准备和庭后合议规定，一审普通程序陪审率 90.6%。

2020 年 11 月 2 日，柯桥区举行轻纺城人民法庭揭牌仪式 （区法院　供稿）

【兰亭人民法庭暨旅游巡回法庭揭牌】 2020 年 4 月 23 日，柯桥区在兰亭街道举行兰亭人民法庭暨旅游巡回法庭揭牌仪式。浙江省高级人民法院党组成员、副院长徐建新，绍兴市委副书记、政法委书记陈澄，市中级人民法院党组书记、院长唐学兵，柯桥区委书记沈志江等领导出席揭牌仪式。兰亭人民法庭辖区镇(街道)主要领导、人大代表以及乡贤、人民调解员代表等人参加。兰亭人民法庭负责办理兰亭街道、福全街道和漓渚镇的部分一审民商事案件，参与社会矛盾多元化解和基层治理。旅游巡回法庭与兰亭人民法庭合署办公，管辖柯桥区范围涉及旅游纠纷案件审理。

2020 年 4 月 23 日，柯桥区举行兰亭人民法庭暨旅游巡回法庭揭牌仪式 （徐罗杰　摄）

【轻纺城人民法庭等揭牌仪式】 2020 年 11 月 2 日，柯桥区在创意大厦举行轻纺城人民法庭暨知识产权巡回法庭、涉外商事巡回法庭揭牌仪式。浙江省高级人民法院党组成员、副院长徐建新，绍兴市委副书记、政法委书记陈澄为轻纺城人民法庭揭牌。绍兴市中级人民法院党组书记、院长唐学兵，柯桥区委书记沈志江为知识产权巡回法庭揭牌。揭牌当天轻纺城人民法庭 2 号法庭公开开庭审理 1 起花样版权侵权案。（徐少华）

司法行政

【概况】 2020 年，柯桥区司法行政系统推进“两战两赢”、法治护航村社组织换届、“七五”普法终

2020 年，柯桥区宪法文化公园二期建设完成 （区司法局　供稿）

期验收等工作,在统筹法治建设、推进公共法律服务体系建设和维护社会稳定等方面实现新突破。柯桥区获2019年度法治浙江(法治政府)建设先进单位,区司法局被浙江省司法厅评为公共法律服务体系建设成绩突出集体、全省"枫桥式"司法所建设成绩突出集体,区公共法律服务中心被省司法厅评为司法行政部门进驻社会矛盾纠纷调处化解中心示范窗口,钱清司法所被司法部评为全国司法行政系统特赦实施工作突出贡献单位。

【"七五"普法终期验收通过】 2020年,柯桥区开展"服务大局、普法先行"法治宣传教育活动,通过线上线下多种形式,开展"疫情防控、法治同行""法治护航村社换届"、《中华人民共和国民法典》宣讲等专项法治宣传活动。继续开展民主法治村(社区)指导创建工作,创成省级民主法治示范村21家、市级33家、区级21家,创成数继续保持全市第一。"法律明白人"培育工程领跑全省,新培育"尊法学法守法用法示范户"1850户、"法治带头人"524人,"法律明白人"1883人。建成以"一园一道一街区、多基地多阵地"集群建设的中国轻纺城法治文化圈,完成宪法文化公园二期建设。完成"七五"普法各项目标任务,通过绍兴市验收组"七五"普法终期验收。

【全省首创法律援助"五办"工作法】 2020年,柯桥区开展法律援助"最多跑一次",全省首创全市通办、网上办、律师代办、容缺办及主办责任制的"五办"工作法。全年受理法律援助案件1096起,为群众免除法律服务费超180万元,挽回或避免损失超1580万元。重点开展"农民工讨薪"专项行动,全年受理农民工讨薪案件58件、工伤赔偿案件72件,追回欠款550余万元。全年解答法律咨询7327人次,"12348"公共法律服务热线满意度均96%以上,法律援助受援人对律师办案满意率100%。

【社区矫正工作】 2020年,柯桥区多渠道学习宣传《中华人民共和国社区矫正法》,创编《中华人民共和国社区矫正法》宣传绘本《小蕉回正途》,获司法部等各级领导肯定,累计收到全国140家司法行政单位的宣传需求。设立"社区矫正沙龙"学习品牌,通过资深工作人员、派驻民警、检察官等师资授课交流,累计开办7期。调整绍兴市柯桥区社区矫正委员会及下属办公室,完善工作运行架构,明确工作办法。全区接收社区矫正对象343人,比上年减少324人,实际在册社区矫正对象545人,训诫处分35人次,警告处分31人次,提请撤销缓刑、收监执行0人,再犯罪案件0起,无脱管、漏管和严重再犯罪情况发生。

2020年,柯桥区创编《中华人民共和国社区矫正法》宣传绘本《小蕉回正途》 (区司法局 供稿)

【全市首创线上专用调解平台"云e调解"】 2020年,柯桥区定制全市首个线上专用调解平台"云e调解",整合网上受理、网上调处、咨询预选、赔损预测、数据共享等功能。推动人民调解组织入驻矛调中心,区人民调解委员会和15个区级行业性专业性人民调解委员会均以常驻、轮驻、设置联系点的方式进驻区矛调中心。对全区所有人民调解委员会的组织建设、队伍建设、信息化建设、经费保障等进行全面规范。推进品牌特色人民调解工作室建设,新培育2家,累计共26家。各级调解组织共调处各类矛盾纠纷6011件,调处成功率100%。(虞永扬)

执行编辑 章水清

军 事

国防教育

【概况】2020年,柯桥区按照“奋进新时代、聚力强军梦”全民国防教育主题,举办国防图片展、红色电影展播、祭奠烈士英模、社会各界话国防等活动。推进“一张红色资源网、五首红色经典歌、十节红色教育课、千场红色体验会、万名红色继承人”的“个十百千万”工程。在中国轻纺城小学投资300余万元扩建红馆,组织辖区8000余名高一新生开展军训,两堂“国防教育”优质课获全市第一,鲁迅中学、柯岩中心小学被评为全国国防教育特色学校。

【中国轻纺城小学获评省国防教育基地】2020年5月,柯桥区中国轻纺城小学被浙江省委、省人民政府、省军区评为浙江省国防教育基地。2005年,中国轻纺城小学开启“红色网上游”系列主题活动。15年来,该校组织少先队员开展“游红网、重走红军长征路”“游红网、知晓抗战史”“唱红歌、立红志、振精神”“情系雅安义卖活动”“知红史、走进红色革命老区——四明山”等一系列教育实践活动;配合活动开发“红色网上游”PPT电子课程,在学校“红色网上游”专题网站开展自主研究式学习和线下实践体验活动。

2020年5月15日,中国轻纺城小学挂牌浙江省国防教育基地
(区人武部 供稿)

【全国国防教育特色学校】2020年9月,鲁迅中学、柯岩中心小学获评第三批全国国防教育特色学校。至此,柯桥区有柯桥中学、钱清中学、区职业教育中心、区实验中学、柯桥小学共7所全国国防教育特色学校。(丁东凯)

军民共建

【概况】2020年,开展“最美退役军人”“最美民兵”学习宣传活动。重大节日慰问各类优抚对象和立功受奖现役官兵、驻军部队5200余人,发放慰问金1023.94万元。发放抗美援朝90周年纪念章。(丁东凯)

兵役工作

【概况】2020年,柯桥区召开联席会议,部署征兵宣传工作具体方案。在城区和各镇(街道)投放征兵宣传短片,《柯桥日报》开辟征兵工作和“最美军人”宣传专栏,营造全社会关心国防建设、支持征兵

工作氛围。完成年度征兵任务。

【省征兵首检日仪式在柯桥区举行】 2020年8月1日，浙江省征兵首检日仪式在柯桥区征兵体检站举行，受新冠肺炎疫情影响，征兵体检工作按照疫情常态化防控要求，采取小批量多批次方式组织。省委常委、省军区司令员冯文平出席仪式并视察柯桥区征兵体检工作。（丁东凯）

2020年8月1日，浙江省征兵首检日仪式在柯桥区征兵体检站举行

（区人武部 供稿）

民兵预备役

【概况】 2020年，柯桥区组织专职人民武装干部、民兵干部、教学组训骨干、民兵应急分队、专业分队和特殊力量进行军事训练，开展民兵岗位练兵比武和专项任务分队临战训练，训练合格率100%。联合越城、诸暨等四地民兵参加为期4天的区内协作联演联训。抓好正规化建设试点工作，设置作战室、值班室、战备资料室、战备器材库、战备图库和军事职业教育学习室，配齐办公、生活、战备设施。4月21日，浙江省军区副司令员刘建伟率领军区推进正规化建设工作集训活动成员到柯桥区人武部现场观摩。柯桥区人武部被省军区评为全面建设先进单位、战备训练先进单位。

【民兵参与新冠肺炎疫情防控】 2020年新冠肺炎疫情暴发，柯桥区人武部建立专班，启动重大疫情处置预案，建立疫情“零报告”制度。集结民兵队伍，组成疫情防控应急分队开展排查所属辖区内园区宿舍外地职工，逐户登门询问，逐一登记。参与辖区内高速路口及主道路入口疫情监控，参加高铁北站疫情防控执勤。

【重要目标防卫演练】 2020年11月24—26日，柯桥区举行重要目标防卫行动演练，以应对重大军事行动为基本课题，突出在组织重要目标防卫行动过程中的“四种能力”研练，并拍摄微课视频。（丁东凯）

2020年4月21日，浙江省正规化建设现场观摩会在柯桥区召开

（区人武部 供稿）

武　警

【概况】 2020年，武警柯桥中队与柯桥区监管中心开展监管羁押对象防逃联合演练8次。中队在上级组织的群众性大练兵比武竞赛中，夺得团体第一名，叶佳丽获立三等功一次，8人获嘉奖。武警柯桥中队持续开展“军营开放日”活动，邀请社会各界人士走进军营。“八一”建军节前夕，柯桥区群文美术团队到中队开展“绿色的背影”军营采风写生活动。（慎泽非）

2020 年“八一”建军节前夕，柯桥区群文美术团队在武警柯桥中队开展“绿色的背影”军营采风写生活动　　（郑闫龙　摄）

人民防空

【概况】 2020 年，柯桥区开展人防战备资源统计，完成区、镇（街道）、社区等战备物资普查。按照省、市人防办最新要求，确定 1 个单位作为防护试点单位，组建防空工作领导小组，接入人防视频会议系统。开展新中国人民防空成立 70 周年系列宣传活动，在全区所有重要经济目标单位开展人防宣传活动。在中小学、镇（街道）和社区投放人防宣传视频，发放 2000 余册人防法规手册和人防知识宣传卡。创建人防示范点，建立人防宣传教育体验点。承办绍兴市暨柯桥区人民防空杭绍城际铁路防护专项演习。

【人防设施建设融入控规】 2020 年，柯桥区把人防设施建设融入控制性详细规划，编制全市首个人防控规《柯桥区柯西片人防控制性详细规划》并通过评审。柯桥区兰亭度假区兰亭 LT-06 管理单元控规、兰亭 LT-01.LT-02 管理单元、平水 PS-02 管理单元控规、平水 PS-05 管理单元控规和柯桥经济技术开发区（滨海工业区）BH-1 单元控规等 5 个控规落实人防设施。（徐志君　谢抑非）

执行编辑　章水清

农业农村经济

综 述

【概况】 2020年，柯桥区粮食生产功能区提标改造面积0.53万亩，稳定粮食生产功能区面积14.16万亩。引进展示早晚稻新优品种27个，建立水稻新品种示范展示点3个，优质稻米品牌获评2020年度“浙江好稻米”优质奖。新增省级农业“机器换人”示范基地1个、示范乡镇1个，创建茶叶产业“机器换人”示范区。农业水田价格综合改革8.47万亩，通过市级验收，农田有效灌溉系数达到0.625，取得省级农业水价综合改革年度工作绩效考评优秀。

全区生猪总饲养量13.69万头，其中存栏生猪4.69万头（含能繁母猪0.48万头），出栏9万头。创建省级农业绿色发展示范区2个、市级4个，实施病虫害专业化统防统治13.7万亩，创建千亩以上省级绿色防控示范区1个、区级绿色防控示范方3个，推广绿色防控技术应用面积14.6万亩次，农药减量8.2吨，控制农业面源污染。清洁能源利用率85.7%，农作物秸秆综合利用率96.72%，农药废弃包装物回收率92.3%、处置率100%。省级农产品例行风险监测合格率98.9%，新增农产品质量安全可追溯点30家，三大类生产主体中使用合格证比例90.56%。“三品一标”认证面积22.25万亩，主要食用农产品绿色优质比率57.28%，规模养殖场免疫密度100%。

柯桥日铸茶中心项目完成主体建设。玉龙茶业年产800吨名优茶出口项目和昌祥茶叶年产2万吨绿茶加工项目完成。2020年，区农业企业参加省农博会、“绍兴周”线下线上各类展会18次，参展企业116家次。参展的兰花、香榧、日铸茶、安昌香肠等各类农产品受到群众欢迎，其中五百岗农场鹅峰牌香榧获评第13届义乌国际森林产品博览会金奖。

开展“五园一场”美丽示范创建，建成兰亭花坞茶谷、平水日铸茶业园、王坛大越山农风情茶园、丹家高山茶叶公园、稽东茶韵广场等五大核心美丽茶园；新增省级生态茶园4家、市级生态茶园6家、省级示范性家庭农场2家、区级示范性家庭农场8家，马鞍镇宏芳家庭农场入选全国家庭农场典型案例。创建省级水产健康养殖示范场6家。

创建省、市级美丽乡村示范乡镇各1个，省级和市级美丽乡村特色精品村分别为3个、6个。54个新时代美丽乡村达标村、18个精品村通过省级验收。

村级集体经济年收入20.15亿元，村社平均614.42万元。村级集体经济经营性收入9.12亿元，村社平均278.09万元。所有村集体经济年收入均在100万元以上，村集体年经营性收入均在50万元以上。328个村股份经济合作社完成换届选举。16个镇（街道）全部实行会计委托代理制，全区村级集体经济组织全面实施农村集体“三资”去现金化管理改革。获评浙江省2020年度茶叶产业“机器换人”示范县、2019年度浙江省实施乡村振兴战略优秀单位。（赵　灵　顾　巍）

农业产业化经营

【概况】 2020年，柯桥区有区级以上示范性农民专业合作社 23 家，其中国家级 1 家、省级 3 家、区级 19 家。区级及以上示范性家庭农场 40 家，其中省级 23 家、区级 17 家。区级及以上认定农家乐 36 家，其中省级 8 家、市级 13 家。

开展示范性家庭农场认定，新认定区级示范性家庭农场 8 家、省级示范性家庭农场 2 家。全区共有工商注册家庭农场 128 家，其中省级示范性家庭农场 23 家、区级示范性家庭农场 17 家。

建成兰亭花坞茶谷、平水日铸茶业园、王坛大越山农风情茶园、丹家高山茶叶公园、稽东茶韵广场等五大核心美丽茶园。柯桥日铸茶中心项目完成主体建设。完成玉龙茶业年产 800 吨名优茶出口项目和昌祥茶叶年产 2 万吨绿茶加工项目。创建生态茶园省级 7 家、市级 11 家，创建美丽茶园市级 7 家、区级 10 家。26 家“平水日铸”专卖店、19 家茶楼开进鲁迅故里、沈园、柯岩景区。（王卓琴 胡 萦）

【农民专业合作社建设】 2020 年，柯桥区开展农民专业合作社负责人培训。至年底，新注册农民专业合作社 6 家，累计有各类农民专业合作社 244 家，覆盖全区主导产业和农机、植保等农业服务业。

【宏芳家庭农场入选国家级典型案例】 2020 年，柯桥区马鞍镇宏芳家庭农场入选全国家庭农场典型案例，农业农村部全国家庭农场典型案例共 2 批 76 个，浙江省首次入选共有 2 个。

【农家乐接待游客 89.8 万人次】 2020 年，柯桥区在传统农家乐休闲旅游业态基础上衍生出骑行游、亲子游、登山游等新型乡村旅游业，带动农民就业增收和农产品销售。全区有区级以上农家乐村点 36 家，其中省级特色村 3 个、特色点 5 个。全年接待游客 89.8 万人次，直接营业收入 0.91 亿元，带动游客购物收入 3031 万元。（平晨晓）

种植业

【概况】 2020 年，柯桥区粮食作物面积和产量国调数据分别为 18.76 万亩和 8.17 万吨，面积比上年增加 0.64%，产量比上年减少 2.0%。单季晚稻面积 11.97 万亩，连作晚稻 0.81 万亩，早稻面积 0.81 万亩，小麦面积 1.03 万亩，其他旱粮面积 4.12 万亩。蔬菜播种面积 13.24 万亩，比上年增加 0.46%；总产量 28.49 万吨，比上年增加 2.26%；总产值 9.67 亿元，比上年增加 0.63%。（张惠泽 徐晓鹭）

保护粮食生产功能区种粮属性，稳定粮食生产功能区面积 14.16 万亩。开展提标改造工程意向调查，结合其他农业建设项目，重抓提标改造工作，漓渚、柯岩、湖塘、福全、马鞍、兰亭、王坛 7 个镇（街道）承担建设任务，创建面积 0.53 万亩。

对 19 个农业“两区”土壤污染防治监测点开展监测，采集土壤样品 19 个、灌溉水 10 个、农产品 10 个，完成年度总结报告。开展耕地土壤环境质量类别划分，成果经浙江省农业农村厅集中验收。结合农田土壤污染防治实践，采购叶面肥、石灰、钙镁磷肥、土壤调理剂等专用物资，实现技术全覆盖。（陶娟花）

【菜篮子基地建设】 2020 年，柯桥区有蔬菜基地 4 个，其中新建 2 个，面积 146 亩；提升改造 2 个，面积 280 亩，总投资 524.7 万元。

【粮功区退苗还粮整治】 2020 年，柯桥区以福全街道徐山村、兰亭街道联合村为试点，召开现场会，推进粮功区退苗还粮整治行动。粮功区内清退苗木 4300 亩，降低非粮化比率，恢复粮功区种粮属性。（夏先中）

2020 年 11 月，福全街道徐山村退苗还粮地块晚稻收割
（倪 攀 摄）

【粮食高产示范创建】 2020年,柯桥区继续开展粮食高产示范创建,申报晚稻示范方16方、高产攻关田6个。评选水稻绿色示范方13方、高产攻关田5个,最高亩产790.8千克/亩。创建水稻新品种展示点3个,展示早晚稻新优品种27种。水稻主导品种面积12.99万亩,主导品种率94.06%,主推技术率95%以上。开展优质稻米建设,免费发放水稻优质新品种315公斤,惠及大户6个,示范展示面积110亩。建设优质稻米品牌,有稻米注册商标5个,新建市级水稻病虫害绿色防控示范区3个。(张惠泽)

【挽回农作物病虫害产量损失9.16万吨】 2020年,柯桥区在福全、钱清、安昌等地建立8个病虫观测点,开展病虫定期调查监测,发布《病虫情报》14期,重大病虫预测准确率近100%。通过多种途径,把病虫情报和防治信息传递到农户,指导农户开展科学防治。全区主要粮油、蔬菜作物发生病虫草鼠面积243.3万亩次,防治面积246.1万亩次,挽回产量损失9.16万吨。

【绿色防控技术推广14.6万亩次】 2020年,柯桥区推广绿色防控技术应用面积14.6万亩次,建成省级绿色防控示范区1个、区级绿色防控示范方3个,实施病虫害专业化统防统治13.7万亩,农药减量8.2吨。(金　亮)

【储备农作物种子8万余千克】 2020年,柯桥区细化早稻种子市场供需情况调查,动用储备种子(中早39)1.6万千克,其中省级储备种子0.6万千克、区级储备种子1万千克。启动2020年度储备种子工程,新增油菜种子(越优1203)储备,储备8.04万千克。(张惠泽)

【完成2个市级农田土壤修复试点】 2020年,柯桥区完成平水镇和兰亭街道2个市级土壤修复试点工作,筛选形成一批效果好、成本低、可持续、易操作的土壤镉污染修复技术措施。项目实施3年(2017—2019年),总经费185万元,其中市财政60万元、区财政配套125万元。

【4个点位开展化肥减量增效试验】 2020年,柯桥区根据省局布点安排,设67个点位开展取土测土工作。开展肥料试验项目4个,其中平水镇会稽村开展叶面肥筛选试验,福全街道兴联村开展水稻田降酸试验,兰亭街道任家畈村开展水稻氮肥利用率试验,兰亭街道黄贤村开展有机肥对比试验。(陶娟花)

2020年4月16日,浙江省农业农村厅农技专家到柯桥区指导早稻生产　(王　镇　摄)

【高标准农田建设】 2020年,柯桥区马鞍、柯岩、湖塘、福全、漓渚等5个镇(街道)开展高标准农田建设,总投资777.94万元,实施面积3121亩,其中高效节水灌溉面积855亩。(李国华)

养殖业

【概况】 2020年,柯桥区生猪总饲养量13.69万头,其中存栏生猪4.69万头(含能繁母猪存栏0.48万头),出栏9万头。家禽总饲养量74.25万羽,其中存栏30.78万羽、出栏43.46万羽。兔饲养量0.56万只,羊饲养量0.88万头。禽蛋产量2458.07吨,肉类总产量7113.88吨。系统化开展养殖场和定点屠宰场畜禽产品质量安全抽样。开展监督、风险抽样43家次,抽取生猪尿液33个、猪肝样品24个、猪肉样品25个、禽肉禽蛋样品18个。协同省、市部门到规模养殖场、定点屠宰场,开展监督、风险、例行等形式的抽样37家次,抽取各类样品113个。

摸底排查养殖场(户),登记应免的散养畜禽及新补栏和超过免疫保护期的畜禽。全区规模场的口蹄疫、猪瘟和高致病性禽流感的防疫密度均达100%,散养免疫密度97%以上。联合绍兴文理学院开展白对虾苗种疾病检测,全年检测56个批次。

【猪场建设】 2020年,柯桥区实施两个猪场建设项目,分别是浙江科强生态养殖有限公司年出栏3万头生猪养殖扩建项目(简称科强项目)、科盛生态农业有限公司年出栏10.2万头生猪养殖建设项目,12月,科强项目建成投产。

2020年12月,浙江科强生态养殖有限公司年出栏3万头生猪"六化"养殖扩建项目建成投产 (方建民 摄)

【抗体检测5264份】 2020年,柯桥区计检测抗体5264份。其中,O型口蹄疫抗体618份,合格率84.66%;H5亚型抗体1838份,合格率94%;H7亚型抗体1838份,合格率96.6%;猪瘟抗体603份,合格率98.34%;猪高致病性蓝耳病抗体145份,合格率85%;小反刍兽疫抗体111份,合格率90.92%;布病非免疫抗体111份,均为阴性。

【生猪屠宰及肉品检疫】 2020年,柯桥区完成生猪屠宰检疫17.01万头,检疫不合格生猪188头、不合格肉品1.01万千克,不合格生猪及肉品全部无害化处理。(杨鸣洲)

【省级水产健康养殖示范场新增6家】 2020年,柯桥区滨海金秋家庭农场等6家养殖单位被授予浙江省水产健康养殖示范场称号。全区累计获省部级水产健康养殖示范13家。(朱 迪)

林 业

【概况】 2020年,柯桥区林地面积86.24万亩,占土地面积的53.92%,总蓄积290.49万立方米,森林覆盖率52.58%。完成营造林面积2623亩,有重点公益林地面积23.17万亩。新增"一村万树"示范村9个。王坛镇上王村被授予"浙江省生态文化基地"称号,王坛镇丹家村被认定为省级森林人家,绍兴市若耶源森林氧吧、绍兴巷深竹缘森林氧吧、绍兴刻石山雅居森林氧吧被评为浙江森林氧吧。范云军被浙江省人民政府评为"森林浙江"建设工作突出贡献个人。新增万亩国土绿化面积2623亩,退化林修复13091亩。清理枯死松树面积13091亩,投入劳力18000余工。全区组织野生动物疫情防控人员1638人次,检查场所986处,巡护里程2685千米。2020年12月31日起,柯桥区不再保留区森林公安建制。2020年3月11日,柯桥区在柯岩街道阮型路义务植树,区四套班子领导、区绿委员成员单位负责人100余人参加。各单位机关干部组

2020年3月9日,绍兴市人大常委会副主任傅陆平(右四)到会稽山国家森林公园专题调研 (区自然资源分局 供稿)

织各种形式的植树活动，4000人次参与义务植树3.6万株。

【“一村万树”示范村创建】 2020年，柯桥区命名“一村万树”示范村9个，分别为柯桥区柯岩街道河塔村、马鞍街道山外村、平水镇剑灶村、杨汛桥街道江桃村、稽东镇龙东村、安昌街道大山西村、福全街道梅峰村、齐贤街道齐贤村、钱清街道凤仪村。

【松木检疫执法行动】 2020年，柯桥区开展林业检疫执法专项行动，针对全区木材加工利用企业、涉木市场、涉及松木包装材料生产（经营）的企业（个人）、使用松木包装材料的单位以及房前屋后松疫木清理情况，按镇（街道）自查、区核查形式，对各单位、个人进行实地核查，出动执法人员24人次，检查涉木企业10家，3个镇（街道）10个村。未发现违反植物检疫法规进行加工、经营、使用的松木及其制品、擅自存放、使用染疫松科植物及制品的行为。

【野生动物保护】 2020年，柯桥区救护野生动物46起，救助野生动物110只。其中，猫头鹰、鹦鹉等国家级保护野生动物78只。

【森林公安执法】 2020年，柯桥区森林公安部门每天组织人员对区内野生动物养殖场所、活动歇息地、经营利用单位等进行巡查检查，参与检查470余场，宣传禁食野味及防疫知识380余次。打击野生动物违法行为，协同地方公安，破获各类涉野刑事案件15起，抓获犯罪嫌疑人19人。组织禁种铲毒行动，联合公安、农业农村等开展巡查检查，未发现种植毒品源植物。

【立案查处涉林案件12起】 2020年，柯桥区开展“绿卫2020”专项行动，办理涉林行政案件12起，收缴罚款12.5万元。办理市长热线及群众来信、来访15件。处理社会应急联动警单126件，出警186人次，收缴乱捕滥猎野生动物工具黏鸟网15张，放归国家级、省级保护野生动物53只（条）。（阮蒙恩）

农业服务

【概况】 2020年，柯桥区农业机械总动力14.52万千瓦，其中柴油机4.72万千瓦、汽油机0.37万千瓦、电动机9.44万千瓦。报废淘汰变型拖拉机623台，完成率96.89%。水稻生产耕、种、收综合机械化率80.24%。稽东月华山和平水平阳2个园区获评浙江省农业绿色发展示范区，柯岩路南、兰亭黄贤、兰亭宏大和平水卉丰4个园区获评绍兴市农业绿色发展示范区。马鞍街道和兰亭街道各建设1条1000米以上的生态沟渠，两条沟渠资金补助37.85万元。建立1个市级秸秆示范点、2个市级秸秆全量利用示范方、1个市级秸秆离田利用示范点，落实年度120户秸秆利用样本户的调查补助资金2.4万元。（陈培仙 胡广洲）

【基层农技推广体系建设】 2020年，柯桥区完善基层农技推广体系，组建粮油、蔬菜、畜牧、水产、特产、农机6个区级产业技术创新与推广团队，植保、土肥、农业执法、美丽乡村建设等5支农业农村保障服务团队，共有专家83人；培育农业科技示范户198户、省级高品质绿色科技示范基地4家。

【“三联三送三落实”活动】 2020年，柯桥区开展“三联三送三落实”（联村、联企、联基地，送政策、送技术、送帮扶，落实防疫、生产、发展任务）活动。由1名中层干部和4名懂技术、懂政策的人员负责组建22支服务团队，联系80个村、50个企业、50个基地，落实防疫、生产、发展任务。全年服务农业农村主体（人才）777次。

【农业主导品种主推技术遴选】 2020年，柯桥区遴选农业主导品种64个、主推技术41项。其中，种植业主导品种45个、主推技术16项，畜牧业主导品种11个、主推技术10项，渔业主导品种8个、主推技术7项，综合类主推技术8项。（胡广洲）

【新型职业农民培育】 2020年，柯桥区实施新型职业农民（高素质农民）培育计划，培训新型职业农民359人。以平水日铸茶品牌经营、漓渚田园综合体建设为主题，以南部山区茶产业从业者和漓渚及周边乡镇花木从业者为培训对象，联合浙江农业商贸职业学院，培训农民108人（其中送省级代培7人）；以农产品电子商务为培训主题，联合乡镇成校，培训省级高素质农民251人。

【农村实用人才培训】 2020年，柯桥区实施千万农村实用人才培训计划，组织镇（街道）成人文化技术学校开展居家养老、母婴护理、电子商务、餐饮面点等职业技能培训，培训农村实用人才53期2642人。

【农民综合素质提升培训】 2020年，柯桥区以现代农业技术培训为重点,结合生产环节开展农民综合素质提升培训,全年培训农民7期403人次。培训按教培合一类、继续教育类、扶贫助农类、重点产业类分类实施。

【观光农业经营专业中专班教育】 2020年,浙江省农业广播电视学校绍兴市柯桥区分校与平水镇成人文化技术学校联合办班,招收2020级观光农业经营专业中专班学员70人。7月,62名2018级农业中专班学员毕业。至年底,2019级和2020级在校学员140名。

【87名职业农民通过技能鉴定】 2020年,柯桥区组织89名学员参加全国供销合作总社职业技能鉴定中心颁证的初级农产品经纪人专业的技能鉴定,通过87人,合格率97.75%。

【职业农民高校报考】 2020年,柯桥区组织4名职业农民参加领军人才考试,录取3名;组织24名职业农民参加高职院校扩招报考,录取14名。

【农技知识培训】 2020年,柯桥区分7批组织51名区、镇(街道、开发区)两级农业产业团队专家和农技指导员到浙江省农科院、浙江大学农业技术推广中心、嘉兴职业技术学院等培训基地进行省级集中培训。组织农技人员远程知识更新培训17期1853人次。(张晓平)

【农业机械投资】 2020年,柯桥区有302户农户购置415台(套)各类农业机械,总投入资金719.37万元。享受中央补贴资金195.04万元、省级补贴资金31.976万元、区级配套资金47.964万元、追加补贴66.718万元、中央报废更新补贴15.23万元,农户自筹362.442万元。

【农产品监测】 2020年,柯桥区开展农产品定量监测905批次,其中省部级294批次、市级202批次、区级409批次。蔬菜农残快检13946批次,屠宰场猪尿快检9700余批次。地产农产品省级例行风险监测合格率98.9%。

【食用农产品合格证管理】 2020年,柯桥区推进生产主体合格证使用,把新增规模以上生产主体及其他主体纳入省级监管平台信息库,新增可追溯主体30家,农业企业、家庭农场、农业专业合作社三大类生产主体使用合格证比例90.56%,全区157家生产主体打印“一证一码”信息码750228张。柯桥区农业农村局与区市场监管局联合下发《关于开展食用农产品产地准出与市场准入有效衔接工作的通知》,明确实施范围和准入准出条件。

【绿色优质农产品认证】 2020年,柯桥区开展绿色食品、地理标志农产品认证,新认证绿色食品4个,有效期内“三品一标”认证面积22.25万亩,优质农产品比率57.28%。推进平水日铸茶精品绿色农产品基地建设,有8个规模主体茶园通过绿色食品认证,涉及面积4186亩,5家规模主体2320亩茶园通过农业部绿色食品认证一审评审。

【农产品质量安全“利剑”专项整治】 2020年,柯桥区开展覆盖蔬菜、水果、禽蛋(鸡蛋、鸭蛋、鸽子蛋)、猪肉、牛肉、羊肉、日本沼虾等重点产品“利剑”专项整治。参与人员463人次,检查主体290家次;监督抽查196批次,不合格1批次;发现问题3起,其中立案1起;指导培训3场次,培训144人次,发放宣传资料1072份。(张美平)

【标准农田占补(置换)审核】 2020年,柯桥区审核标准农田占补(置换)14个批次205.6376公顷,其中一等田184.6064公顷、二等田20.9142公顷、三等田0.117公顷,补入农田等级数量符合要求。

【农业水价综合改革】 2020年,柯桥区实施农业水价综合改革,完成农业水价综合改革8.47万亩,累计完成21.57万亩,通过市级验收,农田有效灌溉系数0.625,获浙江省农业水价综合改革年度工作绩效考评优秀。(李国华)

农村经营管理

【概况】 2020年,柯桥区村级集体经济328个,建立村民主理财小组328个,村级集体经济组织均为股份经济合作社。328个村股份经济合作社完成换届选举。16个镇(街道)全部实行会计委托代理制,涉及328个村集体。16个镇(街道)、328个村级集体经济组织全面实施农村集体“三资”去现金化管理改革。

利用“乡愁网”等平台,重点建设王坛、平水、夏履3条闲置农房激活示范带,培育10个闲置农房激活全域激活示范点。全区引入社会资本4.25

亿元，开发项目354个，激活农房建筑面积14.86万平方米，激活土地、山林1327.82亩，增加农户收入2755.57万元，增加村集体收入1459.65万元，新增农创客114人，带动农户就业1063人。

2020年3月12日，绍兴市委书记马卫光赴柯桥区平水镇平水岔路口村调研“闲置农房激活”工作 （区农业农村局 供稿）

2020年，柯桥区村级集体经济年收入总计20.15亿元，村社平均614.42万元。村级集体经济经营性收入总计9.12亿元，村社平均278.09万元。各村村级集体经济年收入均100万元以上，经营性收入均50万元以上。举办农村集体“三资”管理培训班，时间2天，参加培训人数99人。按照“三年一轮审”的要求，采用社会化服务方式，委托4家会计师事务所开展农村集体财务审计，审计村级集体经济154个，出具审计报告154份。（宣吉华 洪 锋 王国根）

【农村集体“三资”去现金化管理改革】 2020年，柯桥区16个镇（街道）328个村级集体全面实施去现金化改革。328个村办理村务卡576张，开通一码通，安装村集体资金审核支付系统，审核支出28.67万笔，资金74152万元。通过去现金化改革，杜绝村级集体坐收坐支、以据抵现、虚报冒领、不合规支出等行为。“‘去现金化’改革让集体收支透明高效”被农业农村部选为20个全国农村财务管理规范化建设典型案例。

【农村集体资产公开交易】 2020年，柯桥区开展农村集体产权流转交易，农村集体资产资源公开交易360宗，交易金额4438.5万元。实施村级集体大宗物资采购交易，全区有供应商672家，全年交易978宗，交易金额4468.96万元。印发《关于柯桥区农村集体大宗物资采购交易情况的通报》2期、《关于部分供应商违规行为的处罚通报》15期。（王国根）

农业行政执法

【概况】 2020年8月，柯桥区整合农业执法大队行政执法职责和渔业等行政执法职责组建区农业综合行政执法队。执法巡查225次，出动执法人员631人次、执法车（船）259次，处理各类举报611件，清缴非法渔具5664只（张），查获渔业违法案件94起，收缴行政罚款4.5万元，其中电、毒、炸鱼刑事案件61起，移送司法处理89人。开展“绿剑”春季集中执法行动和农资打假专项行动，组织巡查检查65次，出动执法人员236人次，抽检农资产品104批次。派员参加全市交叉执法检查，立案9起，办结9起。创建市级放心消费示范单位2家，

2020年8月，柯桥区在大坂湖开展清网行动 （沈 潇 摄）

调解生产事故1起，为农户挽回经济损失8.5万元。（何　英）

农产品抽检391批次，其中省级107批次、市级84批次、区级200批次（监督抽检95批次）。全年初级水产品抽检215批次，其中省级28批次、省风险监测58批次、市监督抽检18批次、风险检测10批次、区级101批次。全年抽检农资产品104批次。2020年，柯桥区调整红火蚁、黄瓜绿斑驳花叶病毒等12个疫情监测点设置。各镇（街道）开展加拿大一枝黄花春防、秋防，海丰花卉基地等20多个重点区域开展红火蚁等疫情监测调查。（许春水　陈　甫）

2020年9月30日，齐贤屠宰场节前夜查　　（杨　成　摄）

【生猪屠宰监管】 2020年，柯桥区生猪屠宰监管方面重点开展生猪扫雷行动和百日行动，加强重点区域、重点场所、重点人员的监督检查频次和力度，取缔私屠滥宰。出动执法人员147人次，开展执法检查47次，捣毁私屠滥宰窝点1个，其中联合执法32次。（俞　峰）

【农药废弃包装物回收处置率100%】 2020年，柯桥区农药废弃包装物回收27.33吨，完成率92.3%；处置27.33吨，完成率100%。

【限用农药管理】 2020年，柯桥区规范农药经营，组织执法巡查10次和回头看2次。根据饮用水源地保护区管控要求，重点对辖区内农资经营店进行巡查，实行32种禁、限用农药退市措施。（许春水）

执行编辑　徐建良

工业经济

综 述

【概况】 2020年2月初，成立工业企业复工复产工作组和工作专班，建立每日会商、监测评估、问题交办三机制。下发《关于推进全区企业复工复产工作的通知》，实行企业复工线上申报“备案＋承诺制”。统筹推进网上轻纺城和轻纺城实体市场、市场与产业、生产与物流等全产业链协同复工复产。安排4亿元财政资金用于新冠肺炎防疫工作专项支出，为企业减本降负提供支持。

全区有规模以上工业企业1181家，年主营业务收入超亿元企业293家，其中超10亿元企业（集团）22家、超50亿元的企业（集团）2家。实现规模以上工业总产值2073.97亿元，规模以上工业主营业务收入1632.34亿元，利润125.86亿元。

【“步鱼计划”启动】 2020年3月，柯桥区出台《柯桥区制造业发展“步鱼计划”行动方案》，实施“322”制造业发展“步鱼计划”，以现代纺织、现代住建、黄酒“3”大重点制造业集群为支撑，时尚产业、智能制造“2”大优势制造业为主攻方向，新材料、生物医药“2”大新兴产业为发展方向，构建柯桥现代制造业高质量发展新体系。制定年度重点工作清单，建立季度督查通报制度，落实各项工作。4月8号，浙江卫视新闻联播专题报道《“步鱼”之“静”换主业之“精”，柯桥启动制造业提升计划》。（缪碧鸿）

转型升级

【概况】 2020年，柯桥区纺织工业创意设计基地企业设计服务收入3.23亿元，比上年增长10.5%；带动服务对象形成销售381.9亿元，比上年增长10.2%。有纺织类高新技术企业135家、省级高新技术企业研究院29家、省级（重点）企业研究院5家。

2019—2020年，柯桥区有148家纺织印染规模以上企业实施智能化改造，累计完成智能化改造投资578720万元。浙江迎丰科技股份有限公司、浙江精功科技股份有限公司被认定为省级智能工厂（数字化车间），上云企业数量9000多家。

有98个先进制造业项目被列入区现代产业重点项目建设计划，66个项目被列入市重点工业计划项目、86个项目被列入市智能化改造项目，114个

2020年7月25日，《柯桥区：创新驱动推进传统制造业改造提升》被评为2020浙江省县域经济高质量发展创新优秀案例 （缪碧鸿 摄）

项目被列入省千亿技术改造投资工程，10个项目被列入省“四个百项”重点技术改造示范项目计划。纺织集群内59家纺织企业通过国家高新技术企业省评审。“创新驱动推进传统制造业改造提升”的做法被评为浙江省县域经济高质量发展创新优秀案例。用电消费券的做法被评为全省抓工业十佳典型案例。

【一项目入选2020年工信部规划司先进制造业集群名单】 2020年7月，由浙纺院牵头参与的“浙江绍兴现代纺织产业集群”项目入选工信部规划司2020年先进制造业集群名单，全省仅5个。该项目以“两化”深度融合国家综合性示范区建设为核心，启动科技园、轻纺城创意园、金柯桥科技城建设，实施以自动化、机联网、厂联网、物联网为主要内容的“机器换人”现代化技术改造专项行动。（缪碧鸿）

投资装备

【概况】 2020年，柯桥区工业投资比上年增长8.1%，高出全市平均4.9个百分点，其中制造业投资比上年增长5.3%。集中开工11个重点工业项目，计划总投资375.4亿元。“迎丰科技”“屹男印染”等7个总投资5亿元以上重大制造业项目基本建成投产。共复核工业项目产业导向和固定资产投资39个，投资强度超300万元/亩。

【企业转产抗疫物资】 2020年疫情期间，柯桥区有浙江吉麻良丝新材料股份有限公司等9家企业转产或新建口罩生产线。“马能无纺布”新上全市最大熔喷无纺布生产线，产能1吨/天；“蕾笛笙纺服”“伊凡服饰”等企业配套生产缝制型口罩防护芯片；浙江精功机器人智能装备有限公司研发全自动一拖二平面口罩机，预定120台以上。

【工业相关激励政策兑现资金3.8亿元】 2020年，柯桥区兑现工业相关激励政策资金3.8亿元，其中兑现2019年度振兴实体经济（传统产业改造）推动产业发展（设备购置）财政专项资金7805.56万元，惠泽98家企业（101个项目）；兑现2019年度工业机器人购置奖励资金83.34万元，惠及企业26家，拨付时间比上年提前3～6个月。金阳纺织获省级防疫应急物资生产技术改造补助78.28万元。（田小琴）

新型墙材

【概况】 2020年，柯桥区有新型墙材企业16家，其中蒸压加气砌块类企业2家、烧结砖类企业2家、板材类PC结构生产企业1家、混凝土砖生产企业11家。完成新型墙体材料产量5.65亿标砖，比上年下降5.99%；销售5.25亿标砖，比上年下降4.87%。新墙材应用比例87.66%以上，节土864.6亩、节能3.25万吨标煤。（袁宁蕾）

企业服务

【概况】 2020年，柯桥区不断完善中小微企业梯度培育体系建设，增加国家专精特新“小巨人”企业1家、省“隐形冠军”培育企业6家、“小升规”企业125家、省“专精特新”培育企业300家。柯桥区入选2021年浙江省小微企业园建设提升重点县（市、区），增加省级小微企业园5家。落实多项企业减负降本措施，为企业减负130.8亿元，其中出口退税89.3亿元。

【中小微企业梯度培训】 2020年，柯桥区完善中小微企业梯度培育体系建设，鼓励企业走专精特新发展道路。浙江捷众科技股份有限公司、三力士股份有限公司、墙煌新材料股份有限公司、浙江宝纺印染有限公司、浙江点金照明有限公司、绍兴电力设备有限公司6家企业认定为省“隐形冠军”培育企业。12月，浙江东进新材料有限公司入选工信部第二批专精特新“小巨人”企业名单，成为全区首家国家专精特新“小巨人”企业。

【柯桥区入选2021年浙江省小微企业园建设提升重点县（市、区）名单】 2020年，柯桥区增加“东盛慧谷”、恒生凤凰数字经济产业园、浙江壹迦科技产业园、昌盛小微园区、贝嘉制衣园区5家省级小微企业园，累计通过省级认定小微企业园23家，数量居全市第一、全省第七。其中柯桥区科技园被认定为省四星级小微企业园、省数字化示范小微企业园。12月，柯桥区入选2021年浙江省小微企业园

2020 年 12 月 7 日，柯桥区科技园被认定为省四星级小微企业园（韩　炜　摄）

建设提升重点县（市、区）名单，获 750 万元省级专项激励。（吴晗青）

行业提升

【概况】 2020 年，柯桥区开展行业整治提升。淘汰落后产能涉及企业 36 家；整治“低散乱”企业 216 家，其中关停淘汰 119 家。钱清临杭产业园区通过市级考核验收。6 月，全省印染行业绿色制造现场交流推进会在柯桥区召开，向全省推广柯桥区印染行业在绿色转型发展方面的经验和技术。

2020 年 6 月 23 日，浙江省印染行业绿色制造现场交流推进会在柯桥区召开（金　丹　摄）

【化工园区规划评价】 2020 年，柯桥区围绕省级化工园区评价认定管理办法和申报要求，从规划布局、安全生产、环境保护、绿色发展、数字化发展等方面规范管理。编制全区化工产业发展规划（2020—2025），协调相关部门和镇（街道、开发区）开展园区试评，梳理完善申报资料台账，向上对接争取。至年底，完成化工园区认定评价，滨海工业区化工集聚区被列入浙江省化工园区合格园区。（金　丹）

【“低散乱”行业整治】 2020 年，柯桥区出台《2020 年柯桥区“低散乱”行业整治提升工作方案》，常态化梳理，排查整治无证无照、无安全保障、无合法场所、无环保措施，以及工艺装备、能源消耗、产品质量等不达标的“低散乱”企业。至年底，整治“低散乱”企业 216 家，构建起企业、镇（街道），区级有关部门三级责任体系，完善职能部门联动机制，形成条块结合、分级负责、上下联动的工作格局。（李　慧）

印染集聚

【概况】 2020 年，柯桥区印染行业实现产值 435.5 亿元，比上年增长 5.1%。新增 14 家国家高新技术企业，“宝纺”“乐高”2 家企业获工信部印染企业规范公告。承接越城区印染企业工作开展顺利，七色彩虹、国周、龙翔、飞越 4 个组团厂房在建，鸿大组团打桩施工，总投资超 30 亿元。

柯桥印染产业工程师协同创新中心正式运行。42 家印染企业开展智能化改造，5 家企业获批厂房改建改造。培育“天马”“宝纺”“富强宏泰”“恒晨”等规模龙头企业。

【印染组团开工】 2020 年 3 月 28 日，绍兴市区印染化工产业跨区域集聚提升，七色彩虹、龙翔、飞越三个组团项目开工，其中七色彩虹项目计划总投资 6.8 亿元，总用地面积 79 亩；龙翔项目计划总投资10亿元，总用地面积119亩；飞越项目计划总投资10亿元，总用地面积105亩。10月28日，鸿大印染组团项目开工仪式在蓝印时尚小镇举行，项目由14家印染企业整合而成，总投资20亿元，绍兴市区印染产业跨区域集聚提升工程所有印染组团全部开工。

【印染产业工程师协同创新中心运行】 2020年9月8日，绍兴柯桥印染产业工程师协同创新中心揭牌仪式在中纺CBD“东方米兰”国际时尚发布中心举行，现场还进行柯桥区“智慧印染”项目、AI智能验布系统项目等项目的三方签约仪式和印染产业人才科技项目对接会。该中心按照政府主导，市场主体的思路，整合区内外人才资源和创新要素，致力打造专业化的工程师队伍和类淘宝式的撮合交易服务平台，打通服务链、金融链和供应链，构建纺织印染产业链协同创新生态系统。是日，中心注册入库工程师289人，涵盖染整技术、机械装备、材料化工、绿色环保等专业领域。(张　伟)

二次开发

【概况】 2020年，柯桥区制定出台《柯桥区低效工业用地“二次开发”操作细则》，细化优化审批环节，推进全区低效闲置土地“二次开发”工作。全区共开发“二次项目”18个，通过“二次开发”盘活低效工业用地644亩。

【深化“亩均论英雄”】 2020年12月，柯桥区出台《柯桥区工业企业亩均效益综合评价实施办法》，深化“亩均论英雄”综合评价体系，按亩均税收、亩均工业增加值、单位能耗工业增加值等指标评价工业企业，并实施财税、用能、排污等资源要素差别化配置政策。参评的规模以上工业企业1186家，占地3亩以上的规模以下工业企业692家，建筑工业化企业11家。(陈立峰)

创新发展

【概况】 2020年，柯桥区新认定10家市级以上企业技术中心(其中省级企业技术中心1家)。以浙江越剑智能装备股份有限公司为牵头单位申报的智能化纤装备企业共同体，列入浙江省产业链上下游企业共同体名单。浙江梅轮电梯股份有限公司ML-K超高速有机房乘客客梯和浙江捷众科技股份有限公司64S007001高精度汽车后雨刮电机注塑齿轮2项产品被认定为浙江省装备制造业重点领域省内首台(套)。浙江越剑智能装备股份有限公司YJ-10VF系列四层卷绕加弹机、浙江精工钢结构集团有限公司大跨空间钢结构产品等5个产品被认定为浙江制造精品。有6项科技研发项目列入浙江省重点技术创新项目和省重点高新技术产品开发项目计划，116项工业新产品(新技术)列入省级工业新产品(新技术)研发计划。通过鉴定(验收)的省级工业新产品(新技术)92项、省重点高新技术产品开发项目3项、省重点技术创新项目为3项。(祁大忠)

2020年9月5日，“新经济·新未来”沙龙在柯桥区举行
(杨　君　摄)

数字经济

【概况】 2020年，柯桥区开展编制全区数字经济发展“十四五”规划，印发全区数字经济发展五年倍增计划2020年度重大工作清单。召开数字经济评

价工作部署会，开展数字经济评价相关指标调查，与中国移动通信集团绍兴公司签订5G战略合作签约。9月5日，由柯桥区人民政府主办的“新经济·新未来”沙龙在柯桥举行，探讨柯桥传统产业数字化转型升级的路径模式。

【数字经济建设】 2020年，柯桥区恒生·凤凰数字经济产业园二期开工建设，重点布局云计算、大数据、集成电路、人工智能、智能硬件等领域，集聚数字经济核心产业企业40多家。引进数字经济核心产业企业项目，新签约旅悦集团总部项目，引进投资10亿元的MEMS芯片项目。探索基金招商模式，设立总规模5亿元的驭光专项基金，助力建成首条年产1000万套精密微纳光学器件生产线。推进5G基站建设“一件事”集成改革，编制《柯桥区5G通信基站专项规划》，规划5G基站2416个，建设完成5G基站1486个。

【工业互联网平台建设】 2020年，柯桥区鼓励企业从资源上云逐步向管理上云、业务上云、数据上云升级，累计上云企业数量超1万家，浙江海士电子科技有限公司列入省级行业云平台，绍兴兴明染整有限公司、绍兴禾盛印染股份有限公司列入省级大数据应用示范企业。环思纺织行业工业互联网平台列入第一批省级工业互联网平台，精工智慧建筑工业互联网平台列入省级工业互联网平台创建名单。（杨　君）

盐业管理

【概况】 2020年，柯桥区对食盐储备单位绍兴市盐业有限公司开展“2019年度柯桥区食盐储备承储”储备量情况专项审计。根据2019年度柯桥区食盐储备项目采购文件有关规定，兑现财政补贴34.5344万元。开展区政府食盐储备公开招投标，中标企业绍兴市盐业公司按要求完成全区640吨小包装口食盐的储备工作。向食品经营使用单位宣传国家关于盐业管理的法律法规，印制分发食盐相关宣传海报500份，检查食盐销售单位200家次，检查生产企业、餐饮单位等食盐使用单位276家次，开展监督抽检6批次，检测结果全部合格。（陈　霞）

能源工业

【概况】 2020年，柯桥区规模以上工业综合能源消费量715.83万吨标煤，比上年下降0.7%；工业增加值综合能耗比上年下降5.3%；工业原煤消费总量484万吨（不包括滨海热电统调发电用煤），比上年下降5.1%。全社会用电总量158.51亿千瓦时，比上年下降4.31%；其中工业用电量135.91亿千瓦时，比上年下降4.81%，占全社会用电量的85.74%。全社会（不含福全、兰亭、漓渚、平水）用气量77816.56万立方米，比上年下降10.01%。热电厂供热量3288.44万吨，比上年下降3.81%。

全区有热电企业5家，装机容量144.1万千瓦。其中，地方公共热电企业4家，装机容量37.6万千瓦，供热量1739.07万吨，供电量17.58亿千瓦时。省统调热电企业1家（浙能滨海热电），装机容量106.5万千瓦，对外供热量1501.44万吨，供电量43.51亿千瓦时。地方公共热电企业中资源利用热电企业1家（龙德环保热电），装机容量5.4万千瓦，对外供热量380万吨，供电量2.82亿千瓦时。2家综合供能站（福全、漓福）完成建设及验收。

【对40%以上重点用能企业开展节能监察】 2020年，柯桥区加强能源监察力度，开展对重点用能行业单位产品能耗限额标准执行情况监督检查，全面推行“双随机”（监察对象、监察人员均随机抽取）抽查监管办法，采取省、市、区联动模式，对45家重点用能企业开展节能监察，对存在问题的21家企业下达整改通知书。各镇（街道、开发区）“双控”目标完成情况，按节能形势十分严峻、比较严峻、基本顺利划分“红、黄、绿”三级预警，并按月开展节能指标通报。

【验收11个光伏发电项目】 2020年，柯桥区对11个光伏发电项目进行验收，装机容量25.04兆瓦的分布式太阳能光伏电站并网发电。安装家庭屋顶光伏100户，总装机容量997千瓦。推广新能源汽车，至年底新能源公交车辆占总客车96%以上。（诸旷怡）

上市企业

【浙农集团股份有限公司】 2019年4月，浙农集团股份有限公司与浙江华通医药股份有限公司达成资产重组意向，由浙农股份控股股东浙农控股收购华通医药控股股东华通商贸部分股权取得上市公司控制权。2020年第四季度完成资产交割、定向发行和公司更名等一系列工作，公司全称由浙江华通医药股份有限公司变为浙农集团股份有限公司。2021年1月8日，举行上市更名仪式。2020年，营业收入287.47亿元，净利润7.80亿元。

【浙江越剑智能装备股份有限公司】 浙江越剑智能装备股份有限公司创始于2000年，以智能装备的研发、制造和销售为主业。2020年4月15日在上海证券交易所挂牌上市。2020年营业收入7.39亿元，净利润1.24亿元。

【浙江西大门新材料股份有限公司】 浙江西大门新材料股份有限公司创始于1997年，是集窗饰产品研发、设计、生产、销售于一体的综合性公司，专业生产室内外遮光、隔热、防尘、防紫外线节能环保的新型装饰类产品。2020年12月31日在上海证券交易所挂牌上市。2020年营业收入3.54亿元，净利润0.78亿元。（黄　琳）

招商引资

【概况】 2020年，柯桥区结合机器人世界杯新闻发布会、成都绍兴周、绍兴发展大会等重要展会进行招商引资推介16场次。签约引进重大项目34个，计划总投资552.66亿元，其中100亿元以上项目2个，50亿～100亿元项目1个，20亿～50亿元项目5个。新落地亿元以上招商项目46个，内资到位126.39亿元。

【开展“云招商”】 2020年，柯桥区面对疫情影响和国内外形势，开展“云洽谈”“云签约”等招商新方式。组织“投资柯桥会客厅”直播活动，讲解柯桥区产业情况和相关政策。通过视频连线，加快韩国福元、荷兰施托克、意大利MS等项目合作推进。通过云平台，分别与中国宝武钢铁集团有限公司、中科院资本管理有限公司、中国国际跨国公司促进会，签订《产业发展合作备忘录》《关于进一步深化战略合作的框架协议》《战略合作协议》。（徐利祥）

执行编辑　王　翊

建筑业

综述

【概况】 2020年，柯桥区建筑业总产值1343亿元，其中省内产值804亿元，比上年增长0.04%，居绍兴市第一；建筑安装工程投资322亿元，比上年增长10.1%；建筑产业现代化产值780亿元，比上年增长15.2%。建筑业实缴区内税收14.9亿元，比上年增长0.72%，其中纳税超1000万元企业31家、超5000万元企业4家。全年创省级以上优质工程96项，其中国家级优质工程26项，包括鲁班奖4项、国优工程5项。实施装配式建造项目总建筑面积317万平方米，占新建项目建筑面积的41.38%，其中保障性住房、政府投资或以政府投资为主的新建公建项目100%实施装配式建造，建筑面积69.4万平方米；中心城区内新建项目100%实施装配式建造，建筑面积242万平方米；其他区域新建装配式民用建筑占比41.5%，建筑面积73.5万平方米。（陈晔华）

2020年5月26日，柯桥区召开建筑业发展大会

（区建设局　供稿）

市场拓展

【概况】 2020年，柯桥区签订建筑工程业务合同额1297亿元，承揽一大批高附加值的项目。承办2020世界建筑产业互联网大会，推动“建筑产业数字经济”与“互联网信息技术”深度融合，帮助建筑企业借助互联网平台拓展市场。

【组织区内建筑企业赴安徽考察】 2020年10月14—17日，柯桥区委常委马海明率有关部门负责人和区建筑业协会第五届常务理事专程到安徽、杭州等地学习考察，了解当地建筑市场和投资环境，并与当地相关部门进行对接。（陈晔华）

质量管理

【概况】 2020年，柯桥区出台《柯桥区全装修住宅工程分户质量检验管理暂行规定》。推进预拌砂浆应用，执行《关于进一步规范建设工程禁止现场搅拌工作的通知》，工程主体验收前要求项目部先做一块样板，区安质管中心分3次参与区“禁现”（禁止现场搅拌混凝土）大检查，共检查在建工程21项，总建筑面积149

万平方米。对存在问题建设项目的施工、监理人员作扣分处理。把施工质量差、内部管理薄弱的工程，高层建筑密集城区的工程和幕墙、民用建筑节能、住宅工程作为质量监督重点工程。

【建筑工程质量专项检查】 2020 年，柯桥区开展在建工程商品砼质量专项检查，检查工程 12 项，总建筑面积 104.5 万平方米。开展在建工程人防工程检查，检查工程 4 项，总建筑面积 32.6 万平方米。开展在建住宅工程质量通病防治专项检查，检查在建住宅工程 17 项，总建筑面积 197 万平方米。重点抽查施工资料（主要原材料相关资料、设计变更联系单、图审内容落实情况等）、主体质量实测、观感质量评估、保湿节能落实情况。（陈大鹏）

行业管理

【概况】 2020 年，柯桥区批准资质或引进建筑企业 65 家，其中二级以上施工总承包企业 6 家。入选全国 500 强企业 1 家，入选全国民营企业 500 强 1 家，入选全国建筑业承包商 80 强 3 家，上榜全国建筑业 AAA 级信用企业 1 家。浙江精工钢结构集团有限公司被列入首批先进制造业和现代服务业融合发展国家试点，为全省两家入围企业之一。浙江建业幕墙装饰有限公司建立院士专家工作站和博士后工作站。（陈晔华）

安全生产

【概况】 2020 年，柯桥区出台《关于印发〈柯桥区建设工地护航复工复产安全生产攻坚行动方案〉的通知》《关于印发 2020 年绍兴市柯桥区建筑施工“安全生产月”和“安全生产万里行”活动方案的通知》《2020 年柯桥区建设工地打赢蓝天保卫战攻坚行动实施方案》《柯桥区建设工地建筑垃圾管理制度》《柯桥区建设工程施工现场扬尘在线监测制度》。召开全区建筑工地安全质量工作会议、全区建筑工地文明测评动员会议、全区扬尘整治工作会议等会议 20 余次。开展节前安全生产专项检查、节后复工检查、新冠肺炎疫情防控检查、起重机械检查、文明测评专项检查、脚手架及模板支撑专项检查、消防安全隐患排查、扬尘整治行动、安全综治三年行动等安全文明施工检查 16 次，联合应急管理、综合执法等部门开展专项执法检查 12 次，累计检查城乡工地 940 余项次，建筑面积 800 万平方米，出具整改意见 400 余条，整改率 100%，对 44 项工地提交行政处罚，对 2 家机械一体化单位处以暂停承接业务资格。

【极端天气建筑业安全生产管理】 2020 年，柯桥区在极端天气多发时期，传达上级政府部门应急响应通知精神，多次分组开展安全隐患排查，重点排查工地围墙、深基坑、脚手架、临时设施、起重机械等易受恶劣天气影响的重点部位和关键环节，累计排查工地围墙 240 余座，深基坑 35 个，悬挑脚手架 95 个，临时设施 260 余栋，起重机械（包括塔吊、人货梯）240 余台。

【建筑项目掌上执法检查】 2020 年 10 月中旬，柯桥区从建筑项目库中随机抽取工地进行检查，重点检查安全管理机构设置、安全管理人员到岗履职、安全生产台账资料、安全防护措施落实情况，跟踪问题至整改完毕，对随机抽查做到全程留痕、责任可追溯，将随机检查全过程实时同步到“浙政钉·掌上执法系统”，实时归集执法信息。

【建筑扬尘监管】 2020 年，柯桥区在建筑工地发放 200 余份扬尘管控责任书及宣传资料，制作板报 80 余块、宣传窗 80 余处、横幅 150 余处，设置公益广告围墙 5 万余米，疏通（修复）沉淀池（槽）100 余处，新增（修补）围墙 1 万余米，覆盖土方 12 万立方米，累计安装扬尘在线监测设备 180 余台（套），引入 30 余台（套）自动冲洗、塔吊喷淋、脚手架喷雾等控尘新设备。（汤杨毅）

勘察设计

【概况】 2020 年，柯桥区开展建筑节能和绿色建筑、装配式建筑及勘察设计工作综合检查自查 35 项，抽查 9 项。建设民用建筑绿色建筑二星级以上 35 项，占全部民用建筑的 60.34%。实施绿色建筑面积 332.27 万平方米，公共建筑节能改造面积 5.98 万平方米，居住建筑节能改造面积 9.8 万平方米，建成太阳能等可再生能源建筑应用面积 117.58 万平方米，创建公共建筑用能监管示范工程2项，建成屋顶太阳能光伏家庭568户。全年主编或参编国家级行业标准2项、地方标准13项。获发明专利6项、实用新型专利42项、国家级QC（质量控制）成果4项，创建省级以上施工工法16项。（陈晔华）

执行编辑　祝元泰

房地产业

综　述

【概况】 2020年，柯桥区房地产市场运行从抑到扬，再到平稳。新建商品房成交15784套，比上年下降8.06%；成交面积195.42万平方米，比上年下降5.36%；成交金额360.33亿元，比上年增长15.78%；成交均价每平方米18439元，比上年增长22.36%。新建商品住房成交14758套，比上年下降5.93%；成交面积181.04万平方米，比上年下降2.65%；成交金额348.50亿元，比上年增长17.79%；成交均价每平方米19250元，比上年上涨20.99%。

【商品住宅成交均价趋稳】 2020年，柯桥区房价总体平稳。一季度受疫情影响，销售量有所下降，3月份随着乡镇楼盘集中开盘，成交均价回落。第三季度大坂绿园、香湖印月园和天空之城小区等楼盘热销，量价齐升。到年末，城区、乡镇成交量各占一半。柯桥区严控备案价、实施有序网签，全区新建商品住宅成交均价基本平稳。

【新建住宅全装修】 2020年，柯桥中心城区出让土地新建住宅，基本实行全装修和成品交付。出台《关于进一步做好住宅全装修工作的补充通知(试行)》，明确规定全区新建住宅项目全装修实施范围、装修标准、预售管理、质量管控、交付使用以及扶持政策。至年底，全区在建在售楼盘51个，其中全装修项目24个。(包一娜)

开发投资

【概况】 2020年，柯桥区房地产投资245.78亿元，比上年增长16.97%；商品房累计开工面积318.56万平方米，比上年增长41.06%；商品房累计竣工面积45.14万平方米，比上年下降64.43%。房地产税收累计上缴63.23亿元，比上年增长9.35%，占全区总税收收入的35.96%。(包一娜)

住房保障

【概况】 2020年，柯桥区核准城镇中等偏下收入住房困难家庭43户，核准新就业大学生、创业创新人员及军队转业干部住房保障77户。8月20日，柯桥区人才专项租赁住房一期交付202套，建筑面积7776.18平方米。为6428户公租房租户发放租赁补贴，政府投资公租房保障人数占城镇常住人口数的1.2%，公租房保障人数10310人，公租房申请“一件事”网办率81.86%。完成政府购买公租房运营管理服务试点工作。对保障家庭进行上门核查，清退违规转租户54户。

【公租房网上申请办理】 2020年，柯桥区公租房承租资格确认申请业务上线“浙里办”App，通过手机申请办理。至年底，网上办理公租房12套。

【抗疫一线人员购房优惠活动】 2020年，柯桥区对抗击新冠肺炎疫情一线工作人员推出购房优惠活动，时间从4月1日至5月31日。共有11家房地产企业参与此次活动，推出房源142套，总面积18145.66平方米，房源优惠幅度为备案价的9折。(杨　明)

物业管理

【概况】 2020年，柯桥区出台《柯桥区无障碍社区建设工作实施方案的通知》，全区7个街道17个社区开展无障碍社区建设工作并全部完工，其中柯岩街道梅墅水庄社区、竹林社区提前完成2021年度建设计划。市对区年度考核指标电梯加装完工33台，全年开工87台，完工50台。制定《柯桥区加强住宅小区物业管理工作实施意见》，联合镇（街道）定期抽查小区物业，通报批评2家存在失管行为的物业企业，其中1家列入黑名单。结合文明城市创建和平安创建等活动，联合综合执法局和消防大队检查抽查60个小区，对存在问题督促整改并下发5份通报。全区80家物业企业（含外地进驻企业）完成省物业服务企业信用等级评定。

【物业从业人员培训】 2020年，柯桥区开展物业从业人员专业技能培训，6—7月，培训物业保安员103人、垃圾分类督导员57人。9月，开展居民小区灾害信息员培训，参加培训120余人。（杨水良）

交易市场

【概况】 2020年，柯桥区二手房成交9026套，比上年增长2.60%；成交总面积110.04万平方米，比上年增长8.93%；成交金额124.36亿元，比上年增长19.15%。其中住宅成交7868套，比上年增长5.16%；成交总面积94.66万平方米，比上年增长6.31%；成交金额115.26亿元，比上年增长20.30%。（包一娜）

住房公积金管理

【概况】 2020年，柯桥区归集住房公积金176469.71万元，完成年度计划的136%，比上年增长9%；支取住房公积金157170.37万元，比上年增长21%；归集余额376201.12万元。发放住房公积金贷款48816.80万元，比上年增长41%；收回贷款43211.91万元，比上年增长16%；贷款余额295257.99万元，存贷比78%。实现业务收入11864.77万元，其中委托贷款利息收入9449.60万元；业务支出5999.52万元，其中住房公积金利息支出5581.86万元。实现公积金增值收益5865.25万元，收益率1.59%。提取贷款风险准备金3519.15万元，占增值收益60%；提取管理费用596.82万元，占增值收益10%；提取城市廉租住房建设补充资金1749.28万元，占增值收益30%。新增扩面职工14806人，完成年度计划的164%；净增职工2815人，净增率3.67%。住房公积金贷款逾期率0.007%。开通“刷脸办”，增设提取途径，打通支付通道，实现贷款信息共享，引进自助征信机，通过多项便民措施，做到群众“最多跑一次”乃至“跑零次”。

【实施住房公积金抗疫政策】 2020年2月21日起，柯桥区实施住房公积金阶段性支持政策。受新冠肺炎疫情影响经营困难的企业可以向区公积金中心申请，在2020年6月30日前缓缴、停缴住房公积金；确因新冠肺炎疫情影响无法复工的企业，公积金中心及时与企业沟通，掌握相关情况，在企业复工后指导企业及时办理缓缴、停缴或补缴业务；至2020年6月30日，允许企业在12%以内自主确定缴存比例。企业缓缴、停缴期间，视同正常缴存，缴存时间连续计算，不影响职工提取和正常申请住房公积金贷款；对因感染新冠肺炎住院治疗或隔离人员、疫情防控需要集中隔离或居家隔离观察人员、一线医务人员等参加疫情防控工作人员以及受疫情影响暂时失去收入来源的人群，未能正常偿还住房公积金贷款造成逾期的，经借款人申请，逾期记录可不计入住房公积金信用体系，不报送征信部门，并不计收罚息；对支付房租压力较大的职工，按每户每月1500元标准提取住房公积金，职工可灵活选择提取时间。

【公款竞争性存放公开招标】 2020年7月8日，柯桥区完成4亿元住房公积金存款竞争性存放公开招标，资金存放期限为1年。中国农业银行股份有限公司绍兴柯桥支行中第一标段，可存储资金1亿元；浙江绍兴瑞丰农村商业银行股份有限公司中第二标段，可存储资金9000万元；中国工商银行股份有限公司绍兴支行中第三标段，可存储资金8000万元；中国银行股份有限公司柯桥支行中第四标段，可存储资金7000万元；中国建设银行股份有限公司柯桥支行中第五标段，可存储资金6000万元。

2020年12月23日，柯桥区完成2.82亿元公积金增值收益存款竞争性存放公开招标工作，资金存放期限为1年。工商银行绍兴支行可存储资金1.462亿元，建设银行柯桥支行可存储资金1.358亿元。

【住房公积金提取新规实施】 2020年8月10日起，柯桥区实施住房公积金提取新规。允许"全省通办"购房提取，缴存职工在省内异地购买住房的，可参照在本市行政区域内购买住房提取办法，提取住房公积金用于支付购房款、偿还购房贷款本息。允许缴存职工及其直系亲属提取住房公积金，用于支付既有住宅加装电梯个人分摊费用，用于支付列入全市老旧小区改造计划，实施改造的自住住房改造个人分摊费用。提高租房提取额度，在本市无自有产权住房职工租住商品住房的，允许按每人每月最高不超过1000元标准提取住房公积金用于支付房租费用。支持提供增值服务，经职工授权同意，公积金业务承办银行可根据个人住房公积金缴存信息，规范提供消费贷款，用于居民合理消费。（朱明智）

执行编辑　祝元泰

商贸业

综 述

【概况】 2020年，柯桥区10个重点商贸服务业建设项目投资50.3亿元。举办“越惠悦生活”系列促消费活动，鼓励商家出台叠加优惠措施，开展乐购、寻味、宜居行动。引导万达、银泰等商业综合体减免租金2405万元。鼓励实体店铺与电商平台合作，推广微信群、公众号、短视频、网络直播等新型营销模式。组织品牌直播、导购现场直播等活动8262场，累计观看851万人次；美团、饿了么线上销售额7.88亿元，比上年增长9.73%。

销售散装水泥130.32万吨，比上年增长4.7%，水泥散装率91.2%。供应预拌混凝土815.1万立方米，比上年增长20.1%；生产供应预拌沙浆46.6万吨，比上年增长35.0%。加强企业日常清洁生产督查管理，开展建设工程“禁现”（禁止现场搅拌混凝土和砂浆）、防疫守小门和安全生产检查，通过省绿色清洁生产认定混凝土生产企业14家。柯桥区社会消费品零售总额354.3亿元，比上年下降2.1%；其中限额以上社会消费品零售总额121.9亿元，比上年下降0.7%。

【消费专班工作机制建立】 2020年，柯桥区成立消费专班，出台《绍兴市柯桥区消费专班工作方案》，明确全年工作目标及各成员单位工作职责。在“六稳”“六保”（稳就业、稳金融、稳外贸、稳外资、稳投资、稳预期，保居民就业、保基本民生、保市场主体、保粮食能源安全、保产业链供应链稳定、保基层运转）工作机制建立后唯一对外公布的5月专班考核中，柯桥区消费专班目标完成度得分7.02分，位列全市第一，MEI（消费工作推进）指数得分为3.78分，全市第一、全省第四。三季度最佳案例（柯桥区依托优势资源禀赋，全面推动夜间文旅消费持续向好）代表柯桥区上报市政府。成功申报为省政府批零改造提升督查激励区（县、市），是全市唯一一个申报成功的区（县、市）。成功申报省级夜间经济培育城市，柯岩夜间经济集聚区成为全省夜间经济坐标。（沈 琴 陈 瑛）

批发零售业

【概况】 2020年，柯桥区批发零售业销售额3356.6亿元，比上年增长3.6%，其中批发业销售额2936.0亿元，比上年增长3.7%；零售业销售额420.6亿元，比上年增长2.8%。限额以上批发零售业销售额1594.7亿元，比上年增长3.2%，其中限额以上批发业销售额1494.9亿元，比上年增长3.4%；限额以上零售业销售额99.8亿元，比上年下降0.2%。实施便民放心早餐网点建设等民生实事项目，30家便民放心早餐店改造提升项目通过验收。柯桥区永进邻里中心建成投运。

【2020柯桥城市购物节】 2020年9月28日至10月18日，柯桥区举办以乐享消费，美好生活为主题的2020柯桥城市购物节，组织13场主题活动，40余家商贸企业参与，其中8家监测企业销售额1.13亿元。商家优惠力度空前，沉浸式体验消费升温，线上网红评选呈热点，喜宴消费表现突出。（徐 洁 许胜男）

粮油购销

【概况】 2020年，柯桥区轮换出库粮食30633吨，补库粮食29133吨。小麦、早稻100%订单收购。完成粮油、冻猪肉等物资储备，增储成品粮3500吨。对6家粮油批发和零售点加强价格监测力度，及时反馈粮油价格异动信息。推进粮食依法行政，对粮油市场、放心粮油配送企业及示范店开展定期不定期执法检查。规范救灾物资储运管理。2020年世界粮食日和粮食安全宣传周浙江主会场活动在柯桥区举行。

【柯桥区中心粮库被评为省三星级粮库】 2020年，柯桥区开展粮库规范化建设，全省政策性粮食库存检查中"一符四无"（账实相符，无虫害、无变质、无鼠雀、无事故）鉴定合格率100%。全年未发生粮食安全事故。柯桥区中心粮库被评为浙江省三星级粮库。（诸旷怡）

供销合作商业

【概况】 2020年，柯桥区所有供销网点都由柯桥新供销公司直接供货，形成城乡商贸一体化。该公司是中粮福临门大米、佳格多力油等多家一线品牌的区域总代理，代理年销售1254万元，商品销售覆盖绍兴市及周边城市。公司全年销售5719万元，推动本地商品尤其是农副产品销售，入驻本地企业121家，其中农特产品类38家，商品合计300余种，农产品销售1568万元。柯桥区供销社分别与四川金川、凉山、广元及衢州江山等开展扶贫帮困，帮助销售各类农副产品1242万元。2020年，柯桥区供销合作社总营业收入55.5亿元，商品总销售35.5亿元。获评2019年度全国供销社系统百强县级社，2019年度综合业绩考评省级优秀单位。

【山区电商物流服务"村村通"工程建成】 2020年，柯桥区山区电商物流服务"村村通"工程建成，涉及湖塘、夏履、平水、稽东和王坛5个山区镇（街道），建成87个行政村综合服务站，平水、湖塘2个区域中转站，入选2020年柯桥区十大民生实事项目。12月1日起邮政快件通过"村村通"工程网络系统投运，山区快递物流服务实现行政村全覆盖。

【柯桥片区农合联果蔬产业分会成立】 2020年，柯桥区以柯岩街道里庄村先锋果蔬基地为中心，依托农民合作社、家庭农场、个人作坊等生产制作经营主体开展横向联合，成立柯桥片区农合联果蔬产业分会。运作以会员的需求为导向，以生产、供销、信用服务为基础，经营性服务与公益性服务相结合，与片区农合联上下联动、分工协作，开展综合服务。有会员32个，会长单位是绍兴市柯桥区柯岩先锋果蔬专业合作社。

2020年9月25日，柯桥片区农合联果蔬产业分会授牌暨首期农技培训在区供销社会议室举行　（区供销社　供稿）

【齐贤片区农合联藕粉产业分会成立】 2020年，柯桥区以陶里田藕专业合作社为中心，成立齐贤片区农合联藕粉产业分会。有会员31个。为会员提供农资服务、藕粉制作培训、技术指导服务、销售营销服务、申请注册商标和农产品质量安全检测等服务。（洪益炯）

住宿餐饮业

【概况】 2020年，柯桥区住宿餐饮业营业额39.5亿元，比上年下降3.5%。其中住宿业营业额5.8亿元，比上年下降8.0%；餐饮业营业额33.7亿元，比上年下降2.6%。限额以上住宿餐饮业营业额8.5亿元，比上年增长0.5%。其中限额以上住宿业营业额4.0亿元，比上年下降2.4%；限额以上餐饮业营业额4.5

亿元，比上年增长3.1%。（许胜男）

楼宇经济

【概况】 2020年，柯桥区楼宇经济管理系统录入楼宇114幢，总建筑面积480万平方米，可租售面积371万平方米，入驻面积263万平方米，入驻率70.8%。登记入驻单位8905家，其中企业（包括个体工商户）8529家、非企业376家。楼宇入驻单位纳税销售额1360亿元，纳税额34.6亿元。（许胜男）

汽车服务业

【概况】 2020年，柯桥区有成品油经营企业（点）56家、油库1家，其中加油站48家、民营加油点7家、管理公司1家。全年销售成品油26.39万吨，比上年下降2.0%，其中汽油19.77万吨，比上年下降2.8%；柴油6.61万吨，比上年增长0.2%。重点商场超市累计投入675万元，健全微型消防站32家，落实应急救援人员168人。各加油站累计投入113万元，健全微型消防站35家，落实应急救援人员369人。在万达广场组织开展大型商场消防救援和反暴恐应急演练，252家商户450余人参与演练和观摩。中石化漓渚加油站迁建项目规划实施审批，13家成品油经营企业变更、到期换证等初审上报。编制全区成品油零售体系“十四五”发展规划，会同区自然资源和规划、交通、发改、建设等部门联合行文上报市局。柯桥区重点监测的23家限上汽车销售企业销售汽车23373台，销售额52.01亿元，比上年增长3.0%。全区有备案二手车市场4家，二手车交易36245辆，成交额16.48亿元。

【加油站油气回收综合治理专项行动】 2020年，柯桥区摸排并制订年销售汽油5000吨以上加油站油气回收在线监测设施安装任务清单15家，10家完成安装，累计投入资金220多万元。

【6个综合供能服务站建成投用】 2020年，柯桥区完成杭绍台高速稽东停车区东西侧、光明、长洪闸、兴滨路、柯南等6个综合供能服务站建设项目审批、验收和经营资格申领工作，各站在12月底前先后对外营业。

【汽车促消费政策实施】 2020年6月18日至7月17日，柯桥区实施汽车促消费政策，对24家限额以上汽车销售企业购置新车的消费者进行补贴。在车展促销、车企让利等多重因素叠加刺激下，30天内全区汽车销售企业产生购车订单5161辆，销售额11.43亿元，补贴2750.2万元。（阮忠意 徐 洁）

会展业

【概况】 2020年，中国轻纺城国际会展中心举办各类会展项目19个，总展览面积17万平方米，吸引参观客商近14万人次。

【第22届中国绍兴柯桥国际纺织品博览会（秋季）】 2020年10月27—29日，第22届中国绍兴柯桥国际纺织品博览会（秋季）在中国轻纺城国际会展中心举行。此届展会由中国纺织工业联合会、中国商业联合会指导支持，中国国际贸易促进委员会纺织行业分会和绍兴市柯桥区人民政府主办，设1270个展位，展览面积3.4万平方米，参展企业510家，主要展品为纺织面料（辅料）、家用纺织品、创意设计等。入场46086人次，比上届秋季纺博会增长5.1%。此届展会首次开启线下展会+线上云展模式，展会期间线上到访采购商51018人次，其中境外采

2020年10月28日，采购商在2020中国绍兴柯桥国际纺织品博览会（秋季）参观选购 （施 斌 摄）

购商 15132 人次。

【2020 绍兴柯桥中国轻纺城窗帘布艺墙布展览会】 2020 年 7 月 30 日至 8 月 2 日，2020 绍兴柯桥中国轻纺城窗帘布艺墙布展览会在中国轻纺城国际会展中心举行。此届展会由中国家用纺织品行业协会、绍兴市柯桥区人民政府主办，以“云丝路，涌品牌，迎融合”为主题，共设 531 个展位，展览面积 15000 平方米，参展企业 242 家，吸引客商 14370 人次。

2020 年 7 月 30 日，2020 绍兴柯桥中国轻纺城窗帘布艺墙布展览会上，众多采购商参观采购 （施 斌 摄）

【2020（绍兴）国际墙材屋面材料生产装备博览会】 2020 年 11 月 11—14 日，2020（绍兴）国际墙材屋面材料生产装备博览会在中国轻纺城国际会展中心举行。此届展会由全国墙材科技信息网、《砖瓦》杂志社、中国硅酸盐学会房建材料分会、中国硅酸盐学会智能化与装备技术分会、中国墙体屋面材料发展中心、国家建材工业墙体屋面材料质量监督检验测试中心联合主办，展览面积 19000 平方米，参展企业 200 家，客商 4324 人。

【2020 中国绍兴柯桥坯布纺织新材料展】 2020 年 12 月 3—5 日，2020 中国绍兴柯桥坯布纺织新材料展在中国轻纺城国际会展中心举行。此次展会由中国长丝织造协会、绍兴市柯桥区人民政府主办，展览面积 19000 平方米，吸引参展企业 300 余家，客商 7953 人。

2020 年中国轻纺城国际会展中心会展情况

表 10　　单位：个

序号	展会名称	时间	主办单位	承办单位	展位数量
1	柯桥迎新春年货展销会	1 月 4—9 日	杭州百纳展览有限公司	杭州百纳展览有限公司	100
2	绍兴第三十六届中国轻纺城（春季）汽车博览会	6 月 18—21 日	绍兴市柯桥传媒集团有限公司	绍兴市柯桥日报有限公司	850
3	2020 绍兴春季房交会（春季）	6 月 18—21 日	绍兴市柯桥传媒集团有限公司	绍兴市柯桥日报有限公司	100
4	2020 第七届绍兴柯桥中国轻纺城窗帘布艺展览会	7 月 30 日至 8 月 2 日	中国家用纺织品行业协会、绍兴市柯桥区中国轻纺城建设管理委员会	绍兴市柯桥区中国轻纺城窗帘布艺协会	1222

续表 10

序号	展会名称	时间	主办单位	承办单位	展位数量
5	全新梅赛德斯－奔驰 GLA SUV & CLA Coupe & CLA Shooting Brak 绍兴地区上市品鉴会	8月8日	杭州联睿广告有限公司	杭州联睿广告有限公司	100
6	贝壳·绍兴站｜激流·勇进者 2020 二季度英雄大会	8月18日	绍兴枫城文化传播有限公司	绍兴枫城文化传播有限公司	250
7	华舍小赭村择房抽签活动	8月21日	柯桥区华舍街道办事处	柯桥区华舍街道办事处	100
8	绍兴第三十七届中国轻纺城(秋季)汽车博览会	9月11—14日	绍兴市柯桥传媒集团有限公司	绍兴市柯桥日报有限公司	1000
9	华舍街道小赭城中村改造择房	9月15—20日	华舍街道办事处	华舍街道办事处	100
10	新一代梅赛德斯奔驰长轴距E级车绍兴地区上市盛典	10月16日	绍兴大谷广告有限公司	绍兴大谷广告有限公司	100
11	第22届中国绍兴柯桥国际纺织品博览会(秋季)	10月27—29日	中国国际贸易促进委员会纺织行业协会、绍兴市柯桥区人民政府	绍兴市柯桥区中国轻纺城建设管理委员会、绍兴市柯桥区会展业发展中心	1020
12	2020时尚周(秋季)	10月27—29日	柯桥区人民政府	绍兴市柯桥区中国轻纺城建设管理委员会	
13	2020中国柯桥国际纺织工业展览会&2020中国柯桥国际纺织品印花工业展览会	10月27—29日	艾特怡(亚洲)展览有限公司上海歌华展览服务有限公司、上海艾歌展览服务有限公司	艾特怡(亚洲)展览有限公司、上海歌华展览服务有限公司、上海艾歌展览服务有限公司	411

续表 10

序号	展会名称	时间	主办单位	承办单位	展位数量
14	第二十三届国际墙体屋面材料生产技术与装备博览会	11 月 13—15 日	全国墙材科技信息网、《砖瓦》杂志社、中国硅酸盐学会房建材料分会中国硅酸盐学会智能化与装备技术分会、中国墙体屋面材料发展中心、国家建材工业墙体屋面材料质量监督检验测试中心	陕西砖瓦杂志社有限公司	926
15	绍兴第三十八届中国轻纺城汽车博览会(冬季)	11 月 20—23 日	绍兴市柯桥传媒集团有限公司	绍兴市柯桥日报有限公司	850
16	2020 绍兴冬季房交会(冬季)	11 月 20—23 日	绍兴市柯桥传媒集团有限公司	绍兴市柯桥日报有限公司	150
17	全能设计师主播大赛	11 月 30 日	柯桥区人民政府、中国轻纺城建设管理委员会	绍兴市柯桥区中国轻纺城建设管理委员会、中国美术学院服装研究院、吴海燕国际时尚研究院、浙江省创意设计协会和杭州璐德影视文化公司杭州特伦斯凯拉进出口有限公司	100
18	2020 中国柯桥坯布纺织新材料展	12 月 3—5 日	中国长丝织造协会、绍兴市柯桥区中国轻纺城建设管理委员会、绍兴市柯桥区会展业发展中心、绍兴市柯桥区国际赛会服务中心、浙江中国轻纺城集团股份有限公司	全球纺织网、网上轻纺城 、绍兴易纺会展有限公司	800
19	2020 柯桥名优农产品展销会	2020 年 12 月 25 日至 2021 年 1 月 3 日	杭州百纳展览有限公司	杭州百纳展览有限公司	100

（金明高 施 斌 沈伟伟）

执行编辑 祝元泰

商务服务

法律服务

【概况】 2020年，柯桥区有律师事务所15家，执业律师212人，实习律师29人，办案7722件，担任法律顾问923家、收费1.5亿元。基层法律服务所8家，法律服务工作者64人，担任法律顾问64家、办案1988件、收费1022万元。公证处办案3271件，收费954万元。柯桥区加强青年律师培养，结合柯桥区外贸产业高速发展优势，培育具有特色法律服务的律师，开展涉外金融、知识产权、跨境电商、海商海事等专项法律服务。柯桥区2家中小律师事务所参与绍兴市中小律师事务所结对共建活动，加强与2家浙江省著名律师事务所学习交流，加强律师事务所规范管理和律师人才培养。有5名律师分别当选为市人大代表、区人大代表、区政协委员。注册律师行业党建商标“律动纺都”，1家律师事务所党支部创建为第一批浙江省“三强双进”律师事务所党组织。

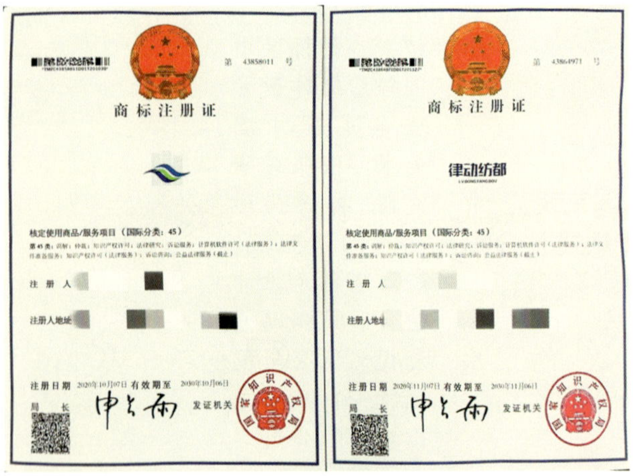

2020年11月7日，柯桥区注册律师行业党建商标“律动纺都” （陈 曼 摄）

2020年6月21日，柯桥区司法局与区委组织部联合开展后疫情时期企业劳动关系与《中华人民共和国民法典》适用问题培训 （郭秀清 摄）

【法律“三服务”活动】 2020年，柯桥区开展打造最佳营商环境法律服务专项行动，推动律师事务所参与“僵尸企业”（处于停业状态的企业）处置，免费为中小企业提供法律顾问。引导律师、基层法律服务工作者、公证员形成法律服务合力，细化企业法治体检工作，开展巡回法律咨询活动，推进市场主体法律顾问服务网格化全覆盖，为民营企业及轻纺市场经营主体提供各类专业法律服务。法律顾问主动参与村（居委会、社区）法治创建和平安建设，法治护航村（社）组织换届选举。

【提升法律服务能力】 2020年，柯桥区开展企业劳动关系与《中华人民共和国民法典》适用问题培训，举办“扬帆行动”青年律师刑辩夏令营、青年律师训练营暨道德纪律教育培训，开设多次青年律师实务分享会，参与律师1050人次。

【法律服务行业“教育整治年”活动】 2020年，柯桥区按照全市律师和基层法律服务行业“教育整治年”活动和《律师行业违规违纪行为查处集中攻坚行动方案》要求，全面检视整改，电话回访810次，法院调阅案卷1650件，比对裁判文书网3300件，检查律师事务所27次，检查看守所周边5次，发现问题线索123条，核实线索121条，确定问题7个，发出责令整改通知书2份，通报批评3件，移送市律师协会立案查处1件。发现6名律师在企业违规兼职，均整改完毕。

2020年1月19日，柯桥区召开律师和基层法律服务行业“教育整治年”活动动员部署会 （郭秀清 摄）

【律师参与办理扫黑除恶案件72件】 2020年，柯桥区律师参与扫黑除恶专项斗争涉及案件共计72起，内含41件法律援助案件。其中，寻衅滋事犯罪10件、敲诈勒索犯罪15件、强迫交易犯罪4件、黑社会性质犯罪15件、聚众斗殴犯罪3件，其他类型犯罪37件。办结案件46件，区司法局现场指导监督案件18件。（谭承琪）

公证服务

【概况】 2020年，柯桥区接受各类公证咨询4853人次，办理各类公证事项3492件，其中国内公证事项2733件，涉外类及中国港、澳、台地区公证事项759件。农房确权案件初步建档17887宗，完整建档6090宗。协同办理银行抵押登记、注销抵押登记事务6420件。外出核实公证事项521件，其中继承公证517件（协助农房24件），涉外公证4件，发现问题公证共13件，其中买卖类4件，故意隐瞒继承人的9件。补证15件。办理政府采购现场监督公证277场388件，政府项目建设工程招投标公证141场141件，国有土地出让“招拍挂”现场监督公证60场60件。办理国有建设用地使用权出让合同公证63场63件，国有资产产权拍卖现场监督公证16场575件。

【农房确权公证】 2020年，柯桥区设立公证处农房业务部，下设遗产继承公证专项办证组4个，机动组4个，赴平水等16个镇（街道）和各所辖村（居委会）开展培训、辅导、咨询、调查、统计、建档、受办等工作。8月，新设立巡回公证组，接受咨询359次，受理公证案件75件，下基层“现场咨询、集中办理、上门服务”16次，办结送达继承公证案件48件。新拓展分家析产协议书公证及代办代批事项。开展农房确权登记发证相关工作，查询复制档案25625件，实地核实2055件，初步确权2252件（其中涉及补批955件，

2020年6月21日，柯桥区公证人员在华舍街道为沙地王村城中村改造择房抽签公证 （区公证处 供稿）

涉及申报 1297 件),内部联审 351 件,提交镇(街道)824 件,镇(街道)联审 405 件,公告 356 件,登记发证 508 件。

【公证处参与司法辅助】 2020 年,柯桥公证处参与送达司法文书 1783 件,解决基层法院长期面临的“送达难”困境。9 月,柯桥公证处联合柯桥法院,通过“公证云”平台现场实时取证,线上快速存证,后期云端公证的方式,实现“无接触、零跑腿”便民服务。公证与司法的云端融合为司法审判提供在线化、智能化、全过程(事前、事中、事后)证据应用思路和解决方案,降低取证成本,提高取证效率。柯桥公证处与区法院组建中国轻纺城法庭合作,就知识产权保护、民商案件调解、调查取证、财产保全等方面开展司法辅助工作,帮助当事人快速解决纠纷。

【公证金融服务平台构建】 2020 年,柯桥公证处入驻区内金融机构,为农业银行、中国银行、工商银行、建设银行、瑞丰银行办理抵押登记 1966 件,注销抵押登记 4454 件,为瑞丰银行办理登簿 629 件,为银行查找出各类问题 2433 起。

【国内公证事项办理】 2020 年,柯桥区办理继承公证 933 件(其中小额遗产继承 112 件),委托公证 805 件,声明 38 件,遗嘱 6 件,婚姻状况、亲属关系、收养关系 85 件,身份、经历、学历、学位、职务、职称 1 件,公司章程 1 件,签名、印鉴 90 件,合同(协议)146 件,现场监督 589 件,文本相符公证 90 件,有无违法犯罪记录 107 件,办理保全证据 115 件,证书、执照 287 件;涉及金融类的赋予强制执行效力 13 件,执行证书 1 件,提存 3 件。

2020 年 11 月 11 日,柯桥区公证人员在瓜渚绿洲公寓法院强制执行现场进行保全证据公证 (周倩倩 摄)

【涉外公证事项办理】 2020 年,柯桥区办理各类涉外及涉中国港澳台公证事项 759 件,其中涉港澳 17 件、涉台 9 件。所办公证主要用于旅游、商务、留学、移民、工作,使用地包括日本、韩国、德国、美国、澳大利亚、加拿大、法国、阿根廷、意大利、乌兹别克斯坦等 51 个国家和中国台湾地区。(周倩倩)

会计服务

【概况】 2020 年,柯桥区有会计师事务所 5 家(兴业会计师事务所、集财会计师事务所、宏泰会计师事务所、中审会计师事务所、中景会计师事务所),其中有限责任事务所 2 家,普通合伙事务所 3 家。全区会计师事务所从业人员 110 人,其中注册会计师 37 人。全年会计师事务所业务收入合计 2204.49 万元,其中审计收入 1683 万元,其他收入 521.49 万元。至 2020 年年底,柯桥区有会计人员 29482 人,其中硕士及以上学历人员 144 人、本科学历 6321 人、大专学历 8566 人,具有高级及以上职称 118 人、中级职称 1669 人、初级职称 5613 人。(寿彩琴)

广告服务

【概况】 2020 年,柯桥区新增广告经营单位 91 家,累计 699 家。经营额 3600 万元,其中房地产广告经营额 1500 万元、汽车广告经营额 900 万元,分别列广告经营额前二位。中国轻纺城广告创意产业园有广告专业企业 63 家,园区关联类企业 293 家,广告创意人才 1000 人,园区全年产值 12600 万元。(吴建江)

商标服务

【概况】 2020 年,柯桥区申请并注册商标 5028 件,累计注册商标 28327 件。开展企业商标权质押融资,商标权质押贷款 27100 万元。新建中国轻纺城品牌指导服务站和中国轻纺城转移印花行业品牌指导服务站。

【在省品牌指导服务站工作现场会上介绍经验】 2020年8月，柯桥区在浙江省品牌指导服务站工作现场会上介绍平水农产品品牌指导服务站工作经验。服务站主要用法律法规宣传、注册申请指导、产权管理指导、线上线下互联、政策分析建议以及行政工作指导，“一站式”为企业提供商标服务、专利、商业秘密保护认证等服务。（吴建江）

执行编辑　祝元泰

开放型经济

综 述

【概况】 2020年，柯桥区开放型经济保持稳定发展。受全球新冠肺炎疫情蔓延、主要产品原材料价格下降、国际航运紧张、人民币升值等多重因素叠加影响，对外贸易额较上年有所下降。自营进出口893.38亿元，比上年下降1.94%。继续推进“丝路柯桥·布满全球”行动，组织1596家次企业参加春（秋）季广交会、上海面料展等境内外展会138场次。创新探索智能云展，破解全球疫情蔓延造成人员流动受阻、展会延期或取消困局，联合境外社团、展会公司，举办线上美国纽约国际服装面料展、美国拉斯维加斯国际服装面料展、意大利展、越南展等自办展6场。与200个国家和地区有贸易往来，其中出口超1000万元的国家和地区138个，比上年增加7个。

完成浙江省“订单+清单”监测预警管理系统4045家企业填报。鼓励企业参加出口信用保险，中国出口信用保险公司绍兴办事处为柯桥企业开拓市场承保22.81亿美元，比上年增长68.49%，为柯桥企业挽回损失1970万美元。新冠疫情发生以后，区商务部门走访企业1383家次，收集企业反映各类问题289个，组织686家次企业参加线上线下培训28场次，帮助协调解决企业实际困难。

推进服务企业办事“零跑次”“不见面”“即受即办”，实现原产地证全程电子化网上注册企业、原产地证审核，网上注册企业260家，占新注册企业总数的82%；全面推广一般原产地证自主打印，打印40352份，占全部打印量的76%；在册企业3565家，比上年增加392家，累计签发一般原产地证52718份，比上年下降29.53%；出口额21.55亿美元，占全区出口额的17.14%，签证量在全省同类机构中领先。

新冠肺炎疫情发生后，实时发布境外疫情形势和外商出入境注意事项等资讯，定期推送疫情动态摘报双语信息，全天候畅通渠道为外商释疑解惑250余次。（沈　琴　陈　瑛）

对外贸易

【概况】 2020年，柯桥区自营进出口893.38亿元，比上年下降1.94%。其中出口864.60亿元，比上年下降0.28%；进口28.77亿元，比上年下降34.55%。进出口额、出口额均居全市第一。出口增幅低于全国平均4.28个百分点，全国占比48.21‱，比上年降低2.13‱。一般贸易进出口881.16亿元，比上年下降2.0%；加工贸易进出口12.04亿元，比上年下降1.8%。纺织品出口633.81亿元，比上年下降18.2%，占全区出口总额的73.3%。

对外贸易进出口实绩企业4853家，其中出口实绩企业4725家，比上年增加69家。出口实绩企业中，贸易型出口企业3957家，比上年增加107家；出口717.32亿元，比上年增长4.33%。其中轻纺市场出口企业2008家，比上年减少7家；出口304.88亿元，比上年下降10.5%。生产型出口企业768家，比上年减少38家；出口147.29亿元，比上年下降17.9%。

对外贸易进出口国家和地区首次达到200个，其中出口国家和地区198个，出口超1000万元的国家和地区138个。“一带一路”沿线国家和地区出口464.82亿元，比上年下降6.0%，占全区出口总额的53.8%。出口额前三大洲为亚洲、非洲、欧洲，分别出口434.79亿元、138.52亿元、112.01亿元；出口增幅前三大洲为大洋洲、北美洲、非洲，分别比上年增长133.3%、47.7%、1.5%。出口额居前五位国家分别是美国、越南、印度尼西亚、阿联酋、埃及，分别出口67.07亿元、52.35亿元、33.35亿元、31.83亿元、31.75亿元，分别比上年增长44.0%、-2.7%、-40.7%、-32.5%、6.8%。

2020年，柯桥区首次探索智能云展，以应对出境参展困局，联合境外社团、展会公司举办线上美国纽约国际服装面料展、美国拉斯维加斯国际服装面料展、意大利展、越南展等自办展6场。组织543家次服装面料企业参加首届2020全球纺织云展会、2020丝路柯桥布满全球云展会；组织813家次企业参加浙江出口网上交易会、网上广交会、浙江名品纺织行业线上展等各类云展120场次。

2020年7月21—25日，柯桥区组织40家企业参加2020浙江（绍兴柯桥）出口网上交易会暨7月美国纽约国际服装面料展

（孟舒璐　摄）

2020年5月15日，柯桥区举行第127届网上广交会参展企业培训会

（孟舒璐　摄）

【出口专班工作机制建立】 2020年，柯桥区成立出口专班，依托“订单+清单”监测预警，邀请专家开展知识产权、税务、风险防范等专题培训，组织686家次企业参加线上线下培训28场次。先后出台《关于柯桥区新一轮稳外贸稳外资工作的若干意见》等5个稳外贸相关政策，参展补助“即展即兑”，提高信保补助金额至3500万元，撤去单个企业补助上线和财政贡献限制，扩大小微企业联保覆盖面，实现年出口额2500万以下小微外贸企业全覆盖。兑现2019年外贸激励政策资金3389万元，惠及企业1343家次。

【柯桥区企业参加美国纽约国际服装面料展】 2020年7月，柯桥区组织40家企业参加美国纽约国际服装面料展，结识意向客户857个，发起视频会议预约1710次，通过文字、视频方式完成采购商对接655次，寄样对接69家，意向成交额525万美元。

【柯桥区企业参加美国拉斯维加斯国际服装面料展】 2020年9月16—20日，柯桥区组织80家柯桥企业参加美国拉斯维加斯国际服装及面料展，展期在线登记注册买家2750个，企业展示产品2300余款，产品客户浏览量7万余次，客户对接986次，意向客户寄样125个，意向成交额460万美元。

【自办出口网上交易会意大利专场】 2020年9月11—15日，柯桥区在“浙货云展”线上平台以自办展的形式，自办2020浙江（绍兴柯桥）出口网上交易会（意大利站—纺织面料专场），59家企业参加，120家意大利采购商上线对接，完成匹配184次，寄样对接22家，达成意向采购额约200万美元。

2020年9月11—15日，柯桥区组织59家企业参加2020浙江（绍兴柯桥）出口网上交易会（意大利站—纺织面料专场）

（区商务局 供稿）

【自办出口网上交易会越南专场】 2020年10月12—16日，柯桥区在云商展线上平台自办2020浙江（绍兴柯桥）出口网上交易会（越南站—纺织面料专场），41家企业参加，有效注册会员总数202个，其中越南用户135个、中国企业67家，观看直播以及企业产品观看数量2308次，企业进行线上交流与对接500余次，其中采购商与面料企业线上达成意向合作并发送调样邮件106条，展会达成意向采购金额200万美金。

【轻纺城市场采购贸易方式试点】 2020年9月，商务部等七部委联合发文明确在中国轻纺城开展市场采购贸易方式试点。柯桥区通过百日攻坚，完成联网信息平台开发和监管场所改造，制订14项配套管理政策，出台相应激励政策措施，提高轻纺城市场经营者的参与度。11月25日开通首单业务，12月25日实现批量报关，全年完成市场采购贸易出口65票688.8万美元。至年底，在联网信息平台备案的供货商、外贸公司、报关行等各类主体42家。（孟舒璐）

利用外来资金

【概况】 2020年，柯桥区新设立外资企业186家，来自25个国家地区，增资14家，减资1家，合同外资88975万美元，实到外资22798万美元，其中柯桥经济技术开发区（含马鞍街道、齐贤街道、安昌街道、柯桥街道、华舍街道、钱清街道）实到外资19019万美元，占全区实到外资总量的83.4%。

【新设总投资1000万美元以上企业6家】 2020年，柯桥区新设立总投资1000万美元以上企业6家。其中绍兴禹鸿房地产开发有限公司为区内首家从事房地产开发经营的外资企业，总投资29748万美元，合同外资10412万美元，实到外资5206万美元。

【新设三产类企业158家】 2020年，柯桥区新设三产类企业158家，净增33家，比上年增长26.4%。三产类企业合同外资72016万美元，比上年增长93.6%，实际到资17935万美元，占全区实到外资总量的78.7%。（詹月宝）

对外经济合作

【概况】 2020年，柯桥区新批（备案）境外投资企业3家，增资1家，总投资1277万美元，其中中方投资额1187万美元，比上年减少86.22%。完成对外承包工程实际营业额2947万美元，比上年增长8.7%。全区累计有获批准（备案）的境外投资企业509家，分布于68个国家和地区。

【对外承包工程逆势增长】 2020年，在境外新冠疫情不断蔓延加重、出国务工人员出入境严重受阻、境外不少国家停工停产严重的情况下，柯桥区工程企业排除万难，开拓境外工程，实现新签对外承包工程合同额1030万美元，完成实际营业额2947万美元，比上年增长8.7%，成为全市唯一一个实现实际营业额正增长的区（县、市），新签数和完成率两项指标均位列全市第一。

【境外经贸类纠纷和突发事件应急预案出台】 2020年，柯桥区制定《柯桥区境外经贸类纠纷和突发事件应急预案》，由区政府统一纳入《关于印发柯桥区突发环境事件应急预案等14个专项预案的通知》并予以发布。预案包含总则、风险评估、组织体系及职责、预防预警、应急处置程序、后期处置、应急保障、预案管理、附则九大块内容，给柯桥区经商务系统备案或核准的对外投资合作企业和机构在参与境外投资、对外承包工程、对外劳务合作、境外展览等境外经贸商务活动时,预防和处置经贸类纠纷和突发事件提供可操作性意见。

【80余家企业参加推介对接】 2020年,柯桥区组织80余家企业参加浙江境外经贸示范区全域资源线上对接会、第三届浙江国际工程联盟拓市对接会、浙江—缅甸投资合作线上对接会、凤凰工业园投资推介会、浙江—东盟经贸合作线上对接会等线上线下推介对接活动8场次,80余家企业参加推介对接。

【8家境外投资企业获得奖补资金】 2020年,柯桥区有8家境外投资企业获2019年度柯桥区促进民营经济高质量发展财政专项激励资金(引导企业加快“走出去”),共82万元。分别为柯桥街道1家、华舍街道1家、齐贤街道4家、安昌街道1家、杨汛桥街道1家,其中齐贤街道1家企业还获得2020年中央外经贸发展专项资金(对外投资合作)70万元。(王小玲)

服务贸易

【概况】 2020年,柯桥区服务贸易进出口41.64亿元,比上年增长3.5%。其中服务贸易出口38.32亿元,比上年增长7.0%,进出口额、出口额均居全市第一。服务贸易总额占对外贸易总额比重4.5%。运输、旅行、个人文化娱乐服务列服务贸易进出口前三位,分别占比44.9%、25.7%、16.0%。承接国际服务外包离岸合同4320.22万美元,其中服务外包离岸执行额4099.13万美元,比上年增长1.56%;发包地主要来自墨西哥、美国和西班牙;有服务外包认定企业117家。

【服务贸易统计监测】 2020年,柯桥区有21家服务贸易实绩企业进入浙江省国际服务贸易统计监测系统,审核通过合同945份;有5家服务外包实绩企业进入商务部服务外包业务管理和统计系统,审核通过合同715份。

【组织企业参加服务贸易展会14场次】 2020年,柯桥区组织8家企业分别赴北京、杭州参加中国国际服务贸易交易会、浙江服务贸易设计服务展等线下服务贸易展会3场次;组织22家企业参加浙江出口网上交易会、中国国际数字和软件服务交易会云展大会、浙洽会等云端推介活动11场次。

【提升服务贸易质量】 2020年,柯桥区组织77家企业参加出国参展国际理念的建立与实际操作、服务贸易发展现状及深化创新发展探索等专题培训4场次。协调解决服务贸易企业技术进出口合同登记、纺织产品开发基地申报等实际困难10余个。提升绍兴柯桥国际服务外包示范园承载能力,结合“楼宇经济”“数字楼宇”开展主体孵化,培育“迅实科技”“环思智慧”等科技型企业,推动服务外包业务从单一的知识流程外包(KPO)向信息技术外包(ITO)扩展。(卢耀华)

跨境电商

【概况】 2020年,柯桥区启动中国(绍兴)跨境电商综试区柯桥园区建设,累计完成“9610”验放通关47.6万单,金额213.94万美元。新增跨境电商B2B应用企业252家、出口通关服务平台备案企业39家。建成中国轻纺城跨境电商公共服务中心和中国轻纺城跨境电商监管中心,浙江工业大学之江学院、绍兴市柯桥区职业教育中心、绍兴柯桥中纺跨境电商服务有限公司、绍兴通纺云电子商务有限公司被评为绍兴市跨境电商人才培训基地。组织10余家企业28人赴深圳有棵树、通拓、深圳跨境电商协会等5家大型跨境电商企业和单位考察学习。

2020年10月27日,浙江省电子商务促进中心主任陈巧艳(右)和绍兴市商务局局长钱肖华(左)为中国轻纺城跨境电商公共服务中心揭牌
(区商务局　供稿)

小资料·“9610”

“9610”是境内个人或电子商务企业通过电子商务交易平台实现交易，并采用清单核放、汇总申报模式办理通关手续，海关监管方式代码为“9610”。

【实现全市两项首单】 2020年6月29日，柯桥区举办中国（绍兴）跨境电子商务综合试验区“9610”首单业务开通仪式，浙江金蝉布艺股份有限公司出口976件跨境包裹成为绍兴市“9610”首单。10月20日，浙江元鸿纺织科技有限公司向柯桥区税务局申报退税人民币1602.85元，实现全市跨境电商“9710”模式下首单出口退税。

小资料·“9710”

“9710”简称“跨境电商B2B直接出口”，指国内企业通过跨境电商平台开展线上商品、企业信息展示并与国外企业建立联系，在线上或线下完成沟通、下单、支付、履约流程，实现货物出口的模式，海关监管方式代码为“9710”。

【亚马逊孵化班】 2020年9月24日，柯桥区跨境电商公共服务中心亚马逊孵化班（中国轻纺城跨境电商公共服务中心政府采购项目中的企业孵化板块）开班暨新外贸扶持计划启动。亚马逊孵化班采取课堂教学与实战演练相结合的教学方式，帮助企业提升运营能力及组建跨境电商运营团队。至12月，亚马逊和速卖通孵化班培养孵化企业39家，覆盖100余人次，开店41家。

【纺织产业集群跨境电商发展高峰论坛】 2020年10月27日，2020绍兴柯桥纺织产业集群跨境电商发展高峰论坛在中国轻纺城国际会展中心举办。活动以“发展跨境电商 建设国际纺都”为主题，邀请阿里巴巴全球速卖通官方代表、亚马逊全球开店官方代表，跨境电商领域的大卖家、高校代表、重点外贸企业和电商企业负责人出席。围绕跨境平台营销和最新方向、纺织产业海外市场、企业盈利模式、跨境电商人才需求及培养方向等内容，共同探索全球贸易互联发展新途径。

【阿里巴巴全球速卖通跨境人才计划启动】 2020年，中国轻纺城跨境电商公共服务中心与绍兴职业技术学院、浙江工业大学之江学院、浙江树人大学三所院校在柯桥跨境电商论坛上签订校企战略合作协议，策划启动阿里巴巴全球速卖通跨境人才计划。公共中心与绍兴职业技术学院、浙江工业大学之江学院共建跨境电商产业学院，每年定向为企业输送不少于30名优秀毕业生。组织4家跨境企业赴浙江树人大学杭州校区、浙江越秀外国语学院参加商学院和经贸学院的双选会。（沈 琴 陈怡梦）

外商服务

【概况】 2020年，柯桥区接待临时出入境外商23622人次，比上年减少74.0%；办理居留许可2009人，比上年减少53.6%。增加国（境）外企业常驻代表机构47家，累计1567家；增加外商投资商业企业113家，累计997家，出口20.89亿元，占全区出口额的2.4%。区商务局联合区教体局审核外籍子女入学28人次。邀请60余名外商参加2020第三届世界布商大会、绍兴第三届国际友城大会、在绍国际友人中秋茶话会等各类政务活动。组织外商参加“同心战疫”系列之境外经贸合作区防疫知识培训专场、疫情防控和企业安防知识培训专场等线上疫情防控培训2场次。

【新冠肺炎疫情期间外国企业常驻代表机构年检】 2020年，绝大部分国（境）外企业常驻代表因新冠肺炎疫情被困本国无法返回柯桥，致使其常驻代表机构出现因2020年度年检无法办理而面临逾期罚款等问题。区商务局与区市场监管局协调沟通，通过容缺受理和承诺申报合力提出实际解决方案，最终年检率92.4%，与往年基本持平。

【急需入境返岗重点企业相关外国人到华入浙邀请】 2020年，柯桥区在落实境外疫情输入常态化防控机制基础上，通过外国人到华“快捷通道”，为急需入境返岗重点企业相关外国人办理到华入浙邀请函，确保应返尽返、尽快投入工作。累计向164人次发出邀请函，涉及近25个国家。

【适当延长外国人居留许可有效期限】 2020年，柯桥区商务局与区公安局出入境管理大队联合完成“关于适当延长外国人居留许可有效期限的建议”，对符合相关资格条件之一的常驻柯桥外商给予适当延长其居留许可有效期限，最长3年，累计完成常驻外商居留许可延期办理38件。（朱兰萍）

2020年柯桥区外贸出口分类情况

表11

类别名称		出口额(万元)	比上年增长(±%)	占比(±%)	比重(±%)
企业类型	外贸公司	7173171	4.33	83.0	3.7
	生产企业	1472856	−17.94	17.0	−3.7
贸易方式	一般贸易	8554583	−0.41	98.9	−0.1
	加工贸易	90471	11.71	1.0	0.1
产品类型	纺织品	6338112	−18.18	73.3	−16.0
	纺织面料	6050935	−19.14	70.0	−16.3
	化纤长丝	153567	−15.5	1.8	−0.3
	无纺布	53832	78.58	0.6	0.3
	服装	287177	9.03	3.3	0.3
	机电产品	1039919	197.14	12.0	8.0
	高新技术	62682	128.89	0.7	0.4

2020年柯桥区外贸出口主要市场

表12

国家(地区)	出口额(万元)	比上年增长(±%)	占比(±%)	比重(±%)
全区	8646028	−0.28	100.0	0.0
亚洲	4347930	−2.68	50.3	−1.2
欧洲	1120097	−4.64	13.0	−0.6
英国	137818	51.28	1.6	0.5
德国	118616	2.16	1.4	0.0
俄罗斯	111552	4.48	1.3	0.1
希腊	96202	−6.02	1.1	−0.1
意大利	93803	−29.58	1.1	−0.5
拉丁美洲	972064	−13.52	11.2	−1.7
巴西	300015	−23.03	3.5	−1.0

续表 12

国家(地区)	出口额(万元)	比上年增长(±%)	占比(±%)	比重(±%)
墨西哥	184483	−17.73	2.1	−0.5
哥伦比亚	87893	−10.43	1.0	−0.1
智利	86229	12.71	1.0	0.1
阿根廷	62978	−7.22	0.7	−0.1
非洲	1385194	1.52	16.0	0.3
埃及	317465	6.75	3.7	0.2
尼日利亚	158430	12.77	1.8	0.2
阿尔及利亚	145414	−13.71	1.7	−0.3
南非	113552	−14.56	1.3	−0.2
摩洛哥	88287	−15.26	1.0	−0.2
北美洲	758455	47.73	8.8	2.9
美国	670737	43.98	7.8	2.4
加拿大	87718	84.69	1.0	0.5
大洋洲	62162	133.26	0.7	0.4
澳大利亚	50259	161.48	0.6	0.4
新西兰	7539	97.45	0.1	0.0
区域(经济)组织				
中东	1467073	−6.57	17.0	−1.1
东盟	1711378	3.56	19.8	0.7
欧盟	781926	−10.71	9.0	−1.1

说明:根据浙江省商务厅要求,自 2020 年 4 月起英国不再列入欧盟国家统计范围。

2020年柯桥区"一带一路"沿线国家(地区)主要出口市场

表13

国家(地区)	出口额(万元)	比上年增长(±%)	占比(±%)	比重(±%)
全区	8646028	−0.28	100.00	0.00
一带一路	4648198	−6.02	53.76	−3.28
越南	523469	−2.69	6.05	−0.15
印度尼西亚	333506	−41	3.86	−2.63
阿联酋	318287	−33	3.68	−1.76
埃及	317465	7	3.67	0.24
马来西亚	302409	82	3.50	1.59
孟加拉国	290396	−20	3.36	−0.83
印度	283444	−10	3.28	−0.37
巴基斯坦	266858	−35	3.09	−1.65
泰国	205204	48	2.37	0.78
伊拉克	184908	27	2.14	0.46
沙特阿拉伯	179464	8	2.08	0.16
也门共和国	126461	8	1.46	0.11
乌兹别克斯坦	112151	111	1.30	0.69
俄罗斯	111552	4	1.29	0.06
菲律宾	105117	49	1.22	0.40
伊朗	98767	100	1.14	0.57
新加坡	94377	271	1.09	0.80
柬埔寨	78287	−22	0.91	−0.25
斯里兰卡	75363	−13	0.87	−0.13
缅甸	65279	29	0.76	0.17
其他	575435	−19	6.66	−1.54

(沈　琴 孟舒璐)

执行编辑　陆　杨

中国轻纺城

综 述

【概况】 2020年，柯桥区推进中国轻纺城转型升级步伐，维护市场稳定发展，坚持线上线下协同发力，上线“智护纺城”管理系统，实行闭环管理，早于全国同类市场1个月复市。全年新注册市场主体5280家，其中贸易公司1876家。轻纺城市场群实现成交额2163.25亿元，比上年增长8.15%。

围绕“合作共赢·责任发展”理念，举办第三届世界布商大会、秋季纺博会、柯桥时尚周。世界布商大会首次采用“线下大会+线上全球直播”模式，线下参会人数500余人。举办窗帘布艺、坯布、新材料等纺织产业展3个，举行线上线下时尚活动231场。

2020年7月30日至8月2日，中国轻纺城窗帘布艺墙布展览会在中国轻纺城国际会展中心举行　　（轻纺城建管委　供稿）

完成“最多跑一次”清单任务35项，轻纺城市场服务大提升改革工作在全省“最多跑一次”改革工作例会上进行经验交流，获浙江省委常委、常务副省长冯飞肯定。轻纺城东升路市场、国际面料采购中心、南区市场列入省“五化”（便利化、智慧化、人性化、特色化、规范化）市场创建试点。

推进市场采购贸易方式国家级试点建设，建成投用海关监管中心、联网信息平台，日均出口额330万美元。“丝路柯桥·布满全球”行动组织226家次优秀市场经营户赴深圳、上海、成都、西安等产业集群开展精准对接。（沈　力）

轻纺市场

【概况】 2020年，中国轻纺城围绕新时期“国际纺织之都”建设目标，市场群实现成交额2163.25亿元，比上年增长8.15%，其中面料市场成交额1525.52亿元，比上年增长10.61%。市场共有注册经营户33100家，其中公司13669家。联托运货运量670.75万吨，比上年增长3.37%。市场外贸出口实绩企业2008家，出口额304.9亿元。网上轻纺城实现在线交易额607.05亿元，比上年增长15.28%。

【中国轻纺城国际面料采购中心开业】 2020年3月15日，中国轻纺城国际面料采购中心开业。采购中心是中国轻纺城西市场改造升级项目，融汇传

2020年3月15日，由老市场改造升级的中国轻纺城国际面料采购中心开业　　（轻纺城建管委　供稿）

统纺织品交易与现代创意设计为一体。1—3楼以面料销售为主，4楼由设界（面料设计公司）、百思（服装设计工作室）、丰云汇（互联网电商企业）、博亚（私人订制中心）、中国轻纺城版权服务中心等组成公共服务专区，开辟网络直播间视频发布中心，免费为2000多家经营户提供直播场地及设备，形成趋势发布、原创设计、版权保护、高级定制、直播带货、外贸营销等多元业态布局的一站式服务生态闭环。开业后，市场日均客流量4000余人次，累计成交额突破100亿元。

2020年11月23日，中国轻纺城综合服务中心迁址中国轻纺城国际面料采购中心一区五楼　　（轻纺城建管委　供稿）

【市场采购贸易方式试点】 2020年9月，中国轻纺城成为第五批国家级市场采购贸易方式试点，在试点推进过程中先后建成投用海关监管中心和联网信息平台。11月25日，绍兴纽特克思进出口公司一批价值13万美元的货品通关，装车后从中国轻纺城市场采购监管中心驶出，发往吉尔吉斯斯坦，这是柯桥区以市场采购贸易方式出口的首单货物，标志以市场采购贸易方式出口的外贸新业态新模式在柯桥正式启用。

·小资料·　市场采购贸易方式

市场采购贸易方式是指由符合条件的经营者在经国家商务主管部门认定的市场集聚区内采购的，每批次货值在15万美元以下，并在海关指定口岸办理出口商品通关手续的贸易方式，是专门为“单小、货杂、品种多”、自身不具备外贸能力的企业和商户参与外贸出口创设的一种新型贸易方式，具有通关快、便利化、免征增值税等特点。

【中国轻纺城综合服务中心搬迁投运】 2020年11月23日，中国轻纺城综合服务中心搬迁至中国轻纺城国际面料采购中心一区五楼，并正式投运。中心建筑面积1600余平方米，有窗口服务区、公共服务配套区、办公区、办公配套区四大区域。共设税务、市场监管、营业房转租转让中心、交通、商务等51个窗口。

【轻纺城建管委获全国纺织行业抗疫先进集体称号】 2020年，柯桥区抓好疫情防控，坚持线上线下协同，上线“智护纺城”管理系统，实行闭环管理，守住“小门”防线，中国轻纺城市场群未出现确诊病例。深化驻企服务和市场指导员两项制度，累计帮助市场经营户减免费用3276万元，兑现“两直”（新增财政资金直达市县基层、直接惠企利民）补助4522万元。轻纺城市场早于全国同类市场一个月复市，轻纺城建管委获全国纺织行业抗击新冠肺炎疫情先进集体荣誉。（沈　力）

丝路柯桥

【概况】 2020年，中国轻纺城推动柯桥纺织企业和市场经营户走出去，“丝路柯桥·布满全球”行动组织开展云展会、深圳大湾区展、上海家纺和面料展等7次大型活动，不断提升中国轻纺城国际品牌和影响力。

【中国轻纺城云展会】 2020年4月8—15日，“丝路柯桥·布满全球”中国轻纺城云展会在线上举办，169家中国轻纺城优质商家参展，展品3193个。136家商家开通直播、92家直播探店，4.5万人次观看云展会直播，访问量11.5万人次，完成在线意向订单330余笔，交易额近2000万元。

【柯桥轻纺城走进大湾区展】 2020年7月15日，“丝路柯桥·布满全球”——柯桥轻纺城走进大湾区展在深圳举办，是当年“丝路柯桥·布满全球”首个线下活动。中国轻纺城展团组织“皮尔波澜纺织”“驰美富莱雅纺织”“夏梦纺织”“惠达纺织服装”等22家柯桥优选企业参展，展出蕾丝、绣花、天丝、莫代尔、莱卡、空气层、醋酸面料等1万余款精选产品。开展首日，展厅接待采购商6000余人次。

【参加中国国际家用纺织品及辅料(秋冬)博览会】 2020年8月24—26日，中国轻纺城展团参加在上海国家会展中心举办的中国国际家用纺织品及辅料(秋冬)博览会，组织近20个轻纺城优质品牌企业展位联合参展，设立柯桥馆，共有208平方米的特装展位。现场组织有奖互动及云直播活动，吸引线上、线下展商客商5万人次观看，近3500家采购商询价、剪样和参与互动活动。

【参加中国国际纺织面料及辅料(秋冬)博览会】 2020年9月23—25日，中国轻纺城展团参加在上海国家会展中心举办的2020中国国际纺织面料及辅料(秋冬)博览会，展厅面积300平方米，展出优质面料5000余款，线上云展7天。中国轻纺城参展企业近800家，占全部参展企业的近25%。开展首日，轻纺城实体展厅接待客商3000余人次，登录轻纺城云展区及企业直播5000余人次。

2020年9月24日，中国轻纺城企业在2020中国国际纺织面料及辅料(秋冬)博览会轻纺城展团云直播间“直播带货”

(轻纺城建管委　供稿)

2020年8月24—26日“丝路柯桥·布满全球”柯桥展团在中国国际家用纺织品及辅料(秋冬)博览会展出　(轻纺城建管委　供稿)

【“丝路柯桥·布满全球”在成都办展】 2020年10月13日，“丝路柯桥·布满全球”——走进成都在成都举办，活动共有32家柯桥优质纺织面料企业和100余家成都服装品牌企业、面料批发企业参加。

【“丝路柯桥·布满全球”在西安办展】 2020年11月15—17日，“丝路柯桥·布满全球”——走进西安在西安举办，精选柯桥优质面料商30家，在绍兴“千年风物新丝路——越地国粹”展设立柯桥时尚纺织馆，展馆面积近300平方米，分为流行趋势区、科技创新区、时尚品牌区，以静态展的形式，展示柯桥纺织“科技、时尚、绿色”姿态。举办发布秀，优选“金晟纺织”“美儒纺织”“开卷纺织”“杨世纺织”等4个柯桥本土服装品牌，展出近百套原创设计产品。

【“丝路柯桥·布满全球”在深圳办展】 2020年12月7日，“丝路柯桥·布满全球”——走进深圳品牌发布和产业精准对接会在深圳会展中心举办。活动中，米兰·柯桥馆第一次展出，将意大利进口面料在国内集中展示，重点围绕以“柯桥优选”为代表的32家中国轻纺城优质面料供应商和121家深圳、广州、虎门等服装品牌企业交互展开。通过面料趋势专区展示、时尚品牌走秀、产品趋势解读、产业精准对接等多种形式，展现绍兴和深圳两地在纺织产业供应链上下游之间的精准匹配度和高依存度、高融合度。（金钜锋）

2020年10月26—29日，2020第三届世界布商大会现场
（轻纺城建管委　供稿）

世界布商大会

【概况】 2020年10月26—29日，第三届世界布商大会、第二十二届中国绍兴柯桥纺博会（秋季）、第八届柯桥时尚周在柯桥区举行。大会特别邀请申洲国际、山东如意、魏桥纺织、浙江荣盛、浙江恒逸等国内纺织行业前20强企业参加。通过主题大会、纺博会、时尚周、圆桌会议、参观考察等一系列活动，“线上＋线下”“国内＋国外”同步举行，共同探讨全球纺织供应链整合、数字化转型、可持续时尚创新等核心议题。

【第三届世界布商大会】 2020年10月26—29日，柯桥区举办第三届世界布商大会，以“合作共赢·责任发展”为宗旨，以“产业新价值·纺织新贡献——世界经济重启中的纺织行业责任担当”为主题。26日，在鉴湖大酒店举行主题大会，阿里巴巴集团副总裁、阿里云智能事业群新零售事业部总裁肖利华、陈文兴，申洲国际集团控股有限公司董事局主席马建荣等分别作“全速重构·数智驱动新增长”“纺织科技展望”“疫情之下如何应对国际产业链的挑战”等主题演讲，探讨全球纺织产业链重塑、科技创新、数字转型、可持续发展等议题。会上举行“2020年绍兴柯桥轻纺城海外联合商会成立仪式暨纺城海外火种计划全球发布仪式”“中国柯桥气候行动宣言”“中国印染博物馆揭牌仪式”“世界布商大会理事会理事授聘仪式”等活动。

【世界布商国际合作联盟视频发布】 2020年10月26日，世界布商国际合作联盟以“携手并进·共同发展”为宗旨在世界布商大会上进行视频发布。来自美国、英国、瑞士、法国、韩国、巴西、越南等50余个国家和地区的行业代表，对进一步深化产业协同、市场开拓等产业未来发展建言献策，传递与中国纺织业合作的方向和需求。

【柯桥轻纺城海外联合商会成立】 2020年10月26日，绍兴柯桥轻纺城海外联合商会成立，“纺城海外火种计划全球发布”启动，对美国、巴西、马来西亚、

2020年10月26日，2020年绍兴柯桥轻纺城海外联合商会成立仪式暨纺城海外火种计划全球发布仪式召开　（轻纺城建管委　供稿）

印度尼西亚、土耳其、菲律宾、埃塞俄比亚、意大利、英国、缅甸、越南、阿联酋 12 家海外分商会进行授牌。绍兴柯桥轻纺城海外联合商会是地方非营利性组织，计划逐步覆盖全球主流纺织市场并在海外多个国家和地区设立海外分商会。

【秋季纺博会】 2020 年 10 月 26—29 日，柯桥区在中国轻纺城国际会展中心举办第二十二届中国绍兴柯桥国际纺织品博览会（秋季）。设展位 1270 个，参展企业 510 家，展览面积 3.4 万平方米，主要展品为纺织面料（辅料）、家用纺织品、创意设计等，吸引采购商 4.6 万人次，较上届增长 5.1%。

2020 年 10 月 27—29 日，第二十二届中国绍兴柯桥国际纺织品博览会（秋季）在中国轻纺城国际会展中心举行 （轻纺城建管委 供稿）

【云上纺博会】 2020 年，中国绍兴柯桥国际纺织品博览会（秋季）首次创办“云上纺博会”，在展会现场开设云直播专区及形象展示区，开启“疫情挑战・内外贸行情解析圆桌会”“买手来了・设计师带你直播逛展”“重点展商直播・纺博会品牌展商专场”“设计师有话说・2021 流行趋势沙龙”等十余场直播及大牌展商直播新品发布等活动。通过线上展示、发布、直播、交流等多个功能，实现线上线下高效联动。

【第八届柯桥时尚周】 2020 年 10 月 26—29 日，柯桥区在中国轻纺城国际会展中心举办以“时尚源、创新地”为主题的第八届柯桥时尚周。活动从秀、展、播、赛 4 个层面展开，分为品牌发布会、“柯桥优选”直播、时尚设计展、设计交流、设计赛事、“米兰・柯桥馆”开馆活动六大板块 70 余项时尚创意活动，展现柯桥纺织产业的创新活力与时尚生态。

钱清中国轻纺原料城

【概况】 2020 年受新冠肺炎疫情影响，钱清中国轻纺原料城成交量 637.73 亿元，比上年增长 2.67%。原料市场于 2 月 18 日复市，到 3 月底 100% 复市，交易活跃。落实相关减免政策，惠及经营户 757 户，减免税费 436.97 万元。

创意产业

【概况】 2020 年，柯桥区提升时尚创意产业，兑现奖励（补助）企业纾困资金 1078.4 万元，减免创意大厦在园创意设计企业（机构）房屋租金 33.64 万元。柯桥区纺织工业创意设计基地企业设计性服务收入 3.23 亿元，比上年增长 10.5%；带动服务对象形成销售 381.9 亿元，比上年增长 10.2%。

2020 年，浙江省现代纺织工业研究院、绍兴市柯桥皓质华琚纺织品设计有限公司被认定为中国纺织行业工业设计中心（企业），浙江宝业现代建筑工业化制造有限公司、浙江迅实科技有限公司、绍兴纺织机械集团有限公司、墙煌新材料股份有限公司、浙江吉麻良丝新材料有限公司、浙江建科减震科技有限公司、浙江原色科技有限公司等 7 家企业被认定为绍兴市市级工业设计中心。浙江大树纺织科技有限公司、绍兴舒美针织有限公司、浙江神盾纺织有限公司等 3 家企业，分别被授予国家醋酸及聚酯时装面料产品开发基地、国家针织休闲面料产品开发基地和国家涤粘色纺面料产品开发基地称号；浙江金晟纺织有限公司被认定为国家功能性涤粘正装面料流行趋势研究与发布中心。

2020 年，浙江宝业现代建筑工业化制造有限公司被评为浙江省“十佳”工业设计企业，浙江精工钢结构集团有限公司、浙江极客桥智能装备股份有限公司、浙江宝业现代建筑工业化制造有限公司、浙江迅实科技有限公司等4家公司被评为绍兴市“十佳”工业设计企业。浙江极客桥智能装备股份有限公司胡克飞被评为浙江省“十佳”工业设计师，浙江极客桥智能装备股份有限公司胡克飞、浙江建科减震科技有限公司杜汉华、浙江梅轮电梯股份有限公司沈福、浙江精工钢结构集团有限公司王强强、浙江格洛博机械科技股份有限公司万重相等5人被评为绍兴市“十佳”工业设计师。

2020年，中国轻纺城建设管理委员会被授予第七届绍兴工业设计国际邀请赛优秀组织奖。浙江海士电子科技有限公司的沉浸式文旅虚拟导览系统等1件作品获产品设计类金奖；浙江极客桥智能装备股份有限公司的便携式系留视频直播监控无人机、会稽山绍兴酒股份有限公司的会稽山“大师兰亭”等2件作品获得产品设计类银奖，浙江工业大学之江学院的智能牙科医疗小推车等1件获创意设计组银奖；浙江迅实科技有限公司的BlackRay专业级高精度桌面3D打印机等1件作品获产品设计类铜奖。

【创意设计人才“经纬计划”实施】 2020年，柯桥区制定《绍兴市柯桥区创意设计人才“经纬计划”实施意见(试行)》，先后于7月和12月，分两批次组织实施高层次设计人才评审，全年新引育“经纬大师”等高端创意设计人才24人，包括中国美术学院教授、服装设计师吴海燕等。

【“2020天天时尚”活动计划实施】 2020年，柯桥区实施“2020天天时尚”活动计划，推出“时尚战疫，柯桥在行动”云课堂、云上秀、云发布、云对接等专题时尚活动，先后开展第八届柯桥时尚周、第六届“唯金杯”中国拼布创意设计大赛等各类时尚活动231场次，其中线下活动69场、线上活动162场次。

【开展全国性时尚赛事6场】 2020年，柯桥区举办全国十佳纺织面料设计师评选、中国时尚面料设计大赛、全国拼布艺术设计大赛、“敦礼为衣”服装设计大赛等全国性创意设计赛事4场。创新举办首届中国全能设计师主播大赛、VFM国际时尚主播大赛等两项时尚赛事。大批大赛头部获奖人才与柯桥企业开展合作。

2020年11月29日，星耀之夜—VDS 2021SS新品发布暨VFM国际时尚主播大赛颁奖典礼在中纺CBD东方米兰国际时尚发布中心举行

（轻纺城建管委　供稿）

【“柯桥优选”品牌直播活动】 2020年，柯桥区推出“柯桥优选”直播计划，分别于6月和10月举办，优选出纺织面料类30种、窗帘布艺类10种、服装服饰类20种，并颁发“柯桥优选”入选品牌证书，以集体品牌输出方式，提升纺城整体形象。(吴　军)

联托运业

【概况】 2020年，柯桥区新增托运部31家，注销12家。至年底，轻纺城联托运市场共有物流经营户313家(指联托运经营业户)，其中在国际物流中心131家、柯东仓储50家、其他区域132家。以经营性质分，有个体经营户62家、个人独资95家、有限公司156家。其中，AAAA级物流企业2家、AAA级物流企业3家。物流运输遍及30个省(市、区)的87个城市。全年联托运运量670.75万吨，比上年增长3.37%；周转量1044559.5万吨千米，比上年增长8.13%。(包明敏)

执行编辑　陆　杨

旅游业

综 述

【概况】 2020年，柯桥区围绕浙江省“大景区”“大花园”建设部署，开展全域旅游示范区创建、“百千万”景区化发展建设，推进文旅产业融合发展，获浙江省首批AAAAA级景区城和首批全域旅游示范区。全区有国家AAA级以上旅游景区11个。全年接待国内外游客2949.25万人次，旅游收入306.13亿元，比上年分别增长1.63%和1.68%。（严绍南）

2020年12月，柯桥古镇夜景 （翁林军 摄）

景区建设

【概况】 2020年，柯桥区推进绍兴龙之梦、东方山水乐园二期、柯桥历史文化街区改造（一期）等40个项目，总投资434亿元，当年累计完成投资58.58亿元。根据省文旅厅《2020年全省文化和旅游项目投资情况通报》，全区文旅项目投资推进综合指数评价得分73.65分，列全省县市区中第五位。全区引进文旅项目东方山水、浙江国际赛车场、兰亭野生动物园等，推出“诗路柯桥”特色游线、柯桥历史文化街区（柯桥古镇）、运河水上游线、夜鲁镇等夜游景区、周末市集等特色夜间活动品牌。优化旅游服务，推出旅游快捷巴士3条，其中观光“夜巴士”为浙江省首创。投资100万元，开发全域旅游App“柯好玩”。引进品牌酒店7家，新增精品民宿3家，投资96.5亿元；培育放心消费美食街2条，“柯桥十碗”美食体验店16家，旅游精品购物街2条；旅悦集团总部完成签约，龙之梦、温德姆酒店项目落户。创建和美家园社区4个、五星达标社区39个，酒源叶家堰、大渡社区成为精品景区村（社区）；改造城市景观小品7处、新增门户形象2处，建设百花戏曲文化、管墅工匠特色文化街巷2条，开发瓜渚湖、大小坂湖、鉴湖三大城市休闲湖泊，优化环湖绿道22.5千米。统计在册乡村民宿57家，客房853余间，床位1454余床。

【8个镇（街道）9个村达到省AAA级景区标准】 2020年，柯桥区落实省“百千万”景区化建设工程，经省文化和旅游厅、绍兴市文广旅游局评定，安昌街道、兰亭街道、漓渚镇、平水镇、王坛镇、齐贤街道、杨汛桥街道、夏履街道8个镇（街道）

达到浙江省 AAA 级景区镇(街道)标准;兰亭街道兰亭村、稽东镇大桥村、柯桥街道管墅社区、王坛镇上王村、王坛镇新联村、柯岩街道三佳居、安昌街道安华村、马鞍街道湖安村、夏履镇双叶村 9 个村(居)达到浙江省 AAA 级景区村庄标准。

【3家民宿获评省银宿级】 2020 年,柯桥区稻舍(夏履镇)、刻石山民宿(平水镇)、合筑文宿(安昌街道)荣获浙江省银宿级民宿荣誉。

【柯桥创建为省首批 AAAAA 级景区城】 2020 年,柯桥区创建浙江省首批 AAAAA 级景区城,区域范围总面积 48 平方千米,东至镜水路—区界,西至龙池路—鉴水路—越州大道,南至高尔夫路—104 国道南复线—104 国道—柯南大道,北至柯袍线。(严绍南)

旅游营销

【概况】 2020 年,柯桥区取得首届世界休闲节举办权,举办首届柯桥文旅产品网络消费季直播活动,建设柯桥文旅夜经济柯桥模式,升级改版 2020 “老绍兴·金柯桥”文化旅游节节庆活动,创建“跟着小百花 享游金柯桥”戏曲+旅游品牌。柯岩、湖塘、安昌等 8 个镇街主任(镇长)成立抖音主播团,为“老绍兴·金柯桥”品牌代言,推出抖音系列作品。借助布商大会、中国国际纺博会“会展+旅游”、金柯桥文化旅游节“节会+市集”、全域旅游酷玩消费季“线上+线下”优惠联动等形式,提升“老绍兴·金柯桥”影响力。“老绍兴·金柯桥”城市品牌发布事件入选“2019 浙江文化和旅游推广优秀案例”。

【文旅推介活动】 2020 年,柯桥区组织旅游企业参加文旅推广活动。参加“诗画浙江”文旅周暨 2020 浙江(北京)旅游交易会、2020 海丝之路(中国·宁波)文化旅游产业博览会和成都、西安、深圳、上海等地“绍兴周”文旅推介推广活动 10 次。利用同程 OTA 专业平台、抖音直播平台网络营销,整合文旅资源,线上线下推广“老绍兴·金柯桥”品牌。

2020 年 11 月 17 日,西安“绍兴周”绍兴文化旅游推介会召开
(区文广旅游局 供稿)

2020 年 9 月 27 日,金柯桥文化旅游节(节会演艺)开幕
(区文广旅游局 供稿)

【文旅夜间经济柯桥模式建设】 2020 年,柯桥区推出“夜鲁镇·周末市集”活动 10 场;投运全省首个夜景旅游观光巴士专线,停靠站点 20 个,串联景区夜游、夜间文娱、夜间购物、夜间餐饮特色节点。探索打造文旅夜经济柯桥模式,以东方山水为核心,联动安昌古镇、鲁镇、柯桥古镇历史文化街区,推出景区城水上巴士夜游、安昌古镇夜游、东方山水夜游、鲁镇夜游重点夜游景区,提升蓝天、万达、宝龙三大商圈住宿餐饮业态,开拓“夜游+电商”“景区+市集”等夜间文旅消费。柯桥文旅夜间经济相关经验在

浙江省夜间文旅消费工作推进会上作典型发言。

【柯桥文旅长三角推广季活动】 2020年,柯桥区推出“跟着小百花 享游金柯桥”柯桥全域旅游长三角推广季系列活动,赴上海、杭州、温州地区主要商圈和剧院,唱响“戏曲+旅游”的乐章。配套完成“玩转四十八·享游七十二”——2020年柯桥区全域旅游长三角推广季金秋旅游线路产品推介活动(杭州站、宁波站)。首届“老绍兴·金柯桥”柯桥文旅产品网络消费季直播活动,1小时观看人数超200万人次。(徐志海)

2020年7月12日,首届柯桥文旅产品网络消费季直播活动举行
(区文广旅游局 供稿)

旅游接待

【概况】 2020年,柯桥区观光、休闲、会展、商务、度假等综合性旅游业态全方位展开,全年接待国内外游客2949.25万人次,旅游收入306.13亿元,比上一年分别增长1.63%、1.68%。继续实施绍兴人免费游绍兴惠民政策。(严绍南)

行业管理

【概况】 2020年,柯桥区有省级旅游度假区1个,国家AAA级以上旅游景区11个,三星级以上旅游饭店4家。全年文化旅游行业培训2次,参训110人次。暂退10家符合条件旅行社质量质保金320余万元。受理各类信访投诉123件次,结案率100%,无一例群体性上访事件和较大以上旅游投诉发生。(严绍南 虞秦翡)

【旅游行业安全生产整治】 2020年,柯桥区开展旅行社安全生产专项整治。通过多轮联合检查、规范旅游包车合同、公布具有旅游包车资质运输企业等措施,做好旅游安全工作。(虞秦翡)

【文旅企业疫情补助1880万元】 2020年,柯桥区出台文旅企业新冠肺炎疫情补助政策,兑付各类疫情补助资金1880万元,向游客发放400余万元文旅消费券,安排35万元培训经费、100万元营销经费。面向全国游客推出免费游、特惠政策,24家A级景区免费、9家酒店和19家民宿全年特惠。(周 莉)

执行编辑 徐建良

财政 · 税务

财 政

【概况】 2020 年，柯桥区财政总收入 202.04 亿元，比上年增长 2.3%。其中，一般公共预算收入 137.23 亿元，比上年增长 4.5%；一般公共预算支出 129.69 亿元，比上年增长 2.1%。

落实稳企业稳经济稳发展 21 条和支持企业复工复产实施细则 5 条，创新财政资金拨付办法，由镇(街道)转拨调整为部门直拨，兑现完成 6.49 亿元惠企资金。加强财政金融联动，1.01 亿元财政贴息撬动央行再贷款 72.6 亿元，促进经济企稳回升。通过夯实融资平台转型基础、盘活财政资金、国有企业资产等方式，化解政府隐性债务风险。抓住政府债券发行政策窗口期，创新地方债券申报“政金联盟”模式，全年争取债券 57.1 亿元，其中新增债券资金 27 亿元，再融资债券额度 30.1 亿元，拉动有效投资 305.2 亿元。

【“两直”资金兑付率 100%】 2020 年，柯桥区成立“两直”（指直达市县基层、直接惠企利民财政资金）工作专班，争取到新冠肺炎抗疫特别国债、惠企利民资金等“两直”资金 4.61 亿元。强化储备项目筛选、补助对象甄别，确定补助项目和扶持对象，全流程监管资金分配，“两直”资金兑付率 100%，惠及小微企业和个体工商户 1.35 万户。

【王坛镇省级农村综合改革集成建设项目申报成功】 2020 年，柯桥区王坛镇省级农村综合改革集成建设项目申报成功。项目试点总面积 41.1 平方千米，计划总投资 2.3 亿元，争取省级资金 6000 万元，吸引社会投资 9160 万元。按照“产业兴旺、生态宜居、乡风文明、治理有效、生活富裕”的要求，通过村级土地流转、集体闲置房屋激活、建设绿色农业产业链、村容村貌改造等实现经济、社会、生态三方面效益。

【“数字财政”建设】 2020 年，柯桥区加快“数字财政”建设，开启预算指标管理“钉时代”，将预算指标管理嵌入“钉钉”应用平台，实现预算指标申请、审核、审批业务贯通。“政采云”柯桥精品馆首次举办“政府采购日走进柯桥”活动，达成意向合同 980 万元。构建非税收入电子化、一体化收缴体系，在 4 家公立医院推行医疗电子票据，实现行政事业单位电子票据全覆盖。市民卡作为“一卡通”发放载体，将 88 项补贴纳入公共服务平台发放，补贴 1.9 亿元，惠及群众 34 万人次。

【产业扶持资金兑现 11.75 亿元】 2020 年，柯桥区筹措资金 5.5 亿元用于传统产业提升和新兴产业培育，构建“5+3+4”现代产业体系，3.65 亿元支持建设人才生态与科技创新最优区，安排 2.6 亿元用于数字经济建设。

【政府产业基金运作】 2020 年，柯桥区设立政府产业基金 37.3 亿元，投资和引进项目 9 个。其中，设立总规模 20 亿元龙磐生物医药基金，引进生物医药项目 4 个，参与设立 15 亿元规模长三角数字文化产业创新基金，直投方式投资 8000 万元引进驭光科技项目、投资 5000 万元支持迅实科技项目、投资 1 亿元支持科盛生态项目。重新修订产业基金管理办法，完善投资方向、出资比例、投资程序以及收益管理，规范产业基金运作。

【民生支出 102.04 亿元】 2020 年，柯桥区安排民生支出102.04亿元，比上年增长0.6%，占一般公共预算支出比重78.7%。安排12.5亿元支持基本医疗服务均等化，推进医共体建设，落实公立医院综合改革、基层医疗卫生机构补偿机制改革。安排30.2亿元支持教育现代化建设。安排5.21亿元支持“三农”发展，重点扶持助力“五星达标、3A争创”“美丽乡村”、国家级田园综合体等建设项目。

【项目审核719个】 2020年，柯桥区制定《柯桥区全面落实预算绩效管理工作行动计划》《柯桥区事前绩效评估管理暂行办法》《柯桥区预算绩效运行监控管理办法》《柯桥区项目支出绩效评价管理办法》等制度，确保全区预算绩效管理有规可循、有章可依。累计审核70个预算部门、719个项目、4373条绩效指标，涉及项目资金69亿元。

【政府开支压减9.48亿元】 2020年，柯桥区清理部门沉淀资金，盘活存量资金，全年累计压减政府开支9.48亿元，将压减资金用于填补减税降费带来的支出缺口、疫情防控和扶持企业复工复产等领域。严控“三公”经费〔指政府部门人员因公出国（境）经费、公务车购置及运行费、公务招待费产生的消费〕等一般性支出，“三公”经费比上年减少10.2%。（王森剑）

税 务

【概况】 2020年，柯桥区税收收入（财政口径）181.31亿元，其中一般公共预算收入116.51亿元。全年办理出口退税80.95亿元，其中生产企业16.14亿元、外贸企业64.81亿元；审核通过免抵税额5.71亿元，比上年下降23.36%；办理免抵调库8.4亿元，比上年增长123.81%。全年减免各类税费44.21亿元，其中“五减”政策减免税费5.76亿元，降本减负政策减免税费38.45亿元。

通过更新税收法治教育内容、配备专（兼）职管理员和讲解员等方式，加强基地软硬件建设，帮助纳税人理解税法、遵守税法，7月获评浙江省唯一“全国税收普法教育示范基地”。

建设“信用柯桥”，完成167户涉税专业服务机构的信用评价，5.13万户企业纳税人开展信用等级评价。规范信用管理，做好修复、补评、复评工作，全年通过系统进行自动修复等级，帮助企业疫情期间重塑信用。

【首次综合所得汇算】 2020年，柯桥区完成新个人所得税法实施后首次综合所得汇算工作，全区13.09万人办理综合所得个人所得税年度汇算。其中，补税人数6677人，补税人数中享受豁免申报4104人，实际补税1030.67万元；退税人数6.58万人，退税金额3011.50万元；不补不退5.83万人。

【社会保险费征收56.86亿元】 2020年，柯桥区建立信息共享、联动合作的工作机制，全年累计征收各项社会保险费56.86亿元，其中养老保险费入库24.93亿元、医疗保险费入库20.27亿元、失业保险费入库1.02亿元。

【企业所得税后续审核】 2020年，柯桥区对3412户企业开展2019年度企业所得税汇算清缴和后续审核，其中自审企业3395户、税务机关审核168户。调整应纳税所得额22620.58万元，调整应纳税额86.18万元，减少本年度亏损22505.31万元，弥补2019年度亏损2101.24万元，补缴企业所得税4653.88万元。

【司法途径入库税款1.93亿元】 2020年，柯桥区通过司法途径入库1.93亿元。其中，通过组织核实破产企业欠税费情况，向区法院申报破产债权48户次，申报破产债权12626.04万元（含滞纳金），受领破产分配款3414.29万元；通过司法拍卖“一件事机制”，向区人民法院申请参与分配司法拍卖款185户次，受领法院拍卖分配款62户次，入库税费15896.27万元。有8户破产“僵尸企业”的资产全部或部分处置。

【税收风险对象应对3029户】 2020年，柯桥区税务局针对低中高三类风险等级，采取提示提醒、纳税评估、移送稽查局不同应对措施，应对税收风险对象3029户，入库税费（含滞纳金和调减留抵）3939.49万元。

【城乡居民医保征缴新模式】 2020年，柯桥区搭建“职能部门—乡镇街道—村（社区）”三级平台的城乡居民医保征缴新模式，通过“先核后征”方式，开展“银行卡批量扣缴为主、支付宝微信缴费为辅、银行柜面及税务大厅缴纳为补充”城乡居民医保征缴，新模式在全省税务系统推广。全区城乡居民医疗保险费参保35.46万人,入库医疗保险费1.86亿元。

【增值税电子发票开具602万份】 2020年,柯桥区倡导企业使用税务机关免费提供的税务Ukey,依托全国统一的综合服务平台,实现增值税电子普通发票全国通用、统验。全年向纳税人免费发放税务Ukey8106个,全区企业开具增值税电子普通发票602万份,增值税普通发票电子化率99.85%。

【出口退(免)税企业分类管理9880户】 2020年,柯桥区根据《退税规范》2.0版和《出口退(免)税企业分类管理办法》规定,分类管理评定全区9880户备案且正常开业出口退税资格认定企业,符合评定条件的一类企业131户(占比1.33%),二类企业5776户(占比58.46%),三类企业2835户(占比28.69%),四类企业1138户(占比11.52%)。按照分类管理办法,对四类企业实施差别化出口退税申报受理和退税管理,鼓励企业规范申报、诚信纳税。

【"非接触办税"】 2020年,柯桥区推行"非接触办税",搭建征纳沟通平台。全年开展实体纳税人培训11场,培训纳税人1.69万户次。建立各类税企交流群组115个。平台企业及个体工商户用户数6.49万户,平台月均活跃度50%以上,企业纳税人全部导入平台激活率100%。运用平台开展3次在线直播,累计播放1万余次。通过征纳沟通平台推送消息155条,已读56.2万人次。征纳群推送信息、纳税人学堂视频、文档已读10.2万人次,宣传辅导88万余次。

【税收网格化管理】 2020年,柯桥区建立111个基础网格、6个特色网格,逐步构建"全覆盖、全过程、全方位、全事项、全税(费)种、全行政流程"网格化管理服务体系。推进落实463个工业小区、117个商业楼宇信息采集,强化"一园一楼"税收管理。

【土地增值税入库税额26.05亿元】 2020年,柯桥区完成土地增值税清算项目49个,入库土地增值税26.05亿元,比上年增收4.16亿元,比上年增长19%。其中,通过审核增加土地增值税清算补税9021.77万元。

【纳税人信用贷款服务】 2020年,柯桥区开展便民办税春风行动,发挥"银税互动"作用,实现"纳税信用"与"融资信用"无缝对接,全年为3881户纳税人提供信用贷款13.8亿元。

【税收协查案件办结513起】 2020年6月,柯桥区税务局设立发票协查组,全年完成异地协查系统受托协查案件266起,完成系统外纸质受托协查案件247起,补缴入库相关税费1379万元,滞纳金315万元,调增应纳税所得额616万元。

【防疫物资生产企业留底退税】 2020年,柯桥区落实疫情防控重点保障物资生产企业留底退税政策,支持企业发展。全年累计为13户重点防疫物资生产企业退增量留抵税581.17万元。(孙佳佳)

执行编辑　徐建良

金融业

综 述

【概况】 2020年,柯桥区有银行机构28家;保险机构22家,其中产险单位14家、寿险单位8家;证券机构22家;期货公司1家;小额贷款公司10家。形成以银行为主体,证券、期货、保险、担保、基金和地方金融组织协调互补的金融体系。金融业增加值76.54亿元,比上年增长11.44%,占全区GDP和服务业增加值的5.0%和10.29%。

增加各项贷款444.69亿元,除市本级外居全市首位,其中企业贷款新增195.48亿元。落实金融惠企政策,争取央行三轮再贷款资金135.58亿元,银行减免利息5885.91万元,延期和展期贷款29.22亿元。"无还本续贷"产品余额91.08亿元,信用贷款余额121.78亿元。

加强银行存贷款月度动态监测,出台金融支持实体经济考核办法。全年处置不良贷款29.43亿元,不良率0.74%,与年初持平,低于全市平均0.16个百分点。关注类贷款率1.05%,比年初下降0.96个百分点,低于全市平均0.64个百分点。针对资金链、担保链问题,2020年帮助企业出具协调协商函件58次,召开银企协调会9次。

增加上交所主板上市企业2家,过会企业1家,报深交所创业板企业1家,报省证监局辅导备案企业3家,股份公司55家。越剑智能4月15日在上交所主板上市,募集资金8.63亿元,为2020年绍兴市首家上市企业;西大门12月31日在上交所主板上市,募集资金5.08亿元;迎丰股份上交所主板首发上市于9月10日获证监会发审委审核通过;金道科技创业板上市申请于12月29日获深交所受理;金道科技、万丰化工、优创科技分别于8月10日、8月28日、11月9日报省证监局辅导备案。柯桥区以"凤凰行动"推动纺织企业上市集群相关做法被浙江政务信息专报录用,得到副省长朱从玖、高兴夫批示肯定。邀请上交所、深交所专家及金融顾问上门指导,帮助企业明确上市意向,排定上市计划。全年开展上市相关活动5场次:3月31日全区人才企业三年行动计划上市动员会、4月17日邀请上市专家召开人才企业上市后备初审会、5月14日全区创业板注册制培训会、5月26日协助全市金融顾问座谈会、7月3日开展"人才面对面(人才+金融)"专场活动。10月29日专题调研"凤凰行动",解决企业上市困难。

银 行

【概况】 2020年,柯桥区有瑞丰银行、浙商银行、上海银行、滨海银行、泰隆银行、工商银行、农业银行、中国银行、建设银行、交通银行、绍兴银行、中信银行、招商银行、华夏银行、浦发银行、民生银行、村镇银行、邮储银行、义乌农商行、杭州银行、民泰银行、宁波银行、北京银行、广发银行、嘉兴银行、平安银行、台州银行、兴业银行28家银行。其中,总行级银行1家(瑞丰银行),一级法人银行1家(村镇银行),分行级银行4家(浙商银行绍兴分行、上海银行绍兴分行、泰隆银行绍兴分行、天津滨海银行绍兴分行),科技支行1家(杭州银行绍兴科技支行),小微企业专营支行6家(民泰银行、宁波银行、广发银行、嘉兴银行、平安银行、台州银行)。至年底,金融机构本外币存款余额 2399.29 亿元，比上年增加 236.72 亿元，比上年增长 10.95%。其中，个人存款余额 1243.71 亿元，比上年增加 141.52 亿元，比上年增长 12.84%；非银企业存款余额 783.89 亿元，比上年增加 156.87 亿，比上年增长 25.02%。期末银行业金融机构本外币贷款余额 2313.37 亿元，比年初增加 444.69 亿元，比上年增长 23.80%，连续 37 个月保持两位数增长。其中，住户贷款 1028.85 亿元，比年初增加 249.21 亿元，比上年增长 31.96%；非金融企业及机关团体贷款 1284.49 亿元，比年初增加 195.48 亿元，比上年增长 17.95%。全年银行存、贷款指标呈逐渐攀升态势，国内生产总值考核指标中的年末存贷款增速 19.06%，居全市各县（市区）首位。

2020 年，瑞丰银行获浙江省服务业百强、浙江省文明单位称号。章伟东获全省扶贫开发和消除集体经济薄弱村工作成绩突出个人。“银政联盟 1+N” 模式入选 2020 年浙江省改革创新最佳实践案例，内刊《百年瑞丰》获全国农村金融十佳内刊称号，瑞丰银行微生活获浙江省农信系统“十佳微信公众号”。柯桥联合村镇银行落实“0123” 工作法，建设“勤劳者” 特色品牌，获全国百强村镇银行荣誉称号。2020 年 2 月 20 日，浙江省副省长朱从玖调研上海银行绍兴分行，肯定上海银行绍兴分行在解决防疫产品生产企业资金需求、主动降低受疫情影响行业企业融资成本支持实体经济的举措。

2020 年 12 月，浙商银行绍兴分行获评 2020 年浙江省“平安单位” 暨省级“智安单位”，为区域内唯一获此荣誉的全国性股份制商业银行。2020 年，中国银行柯桥支行拓展大公司大项目的储备和投放。主要大项目批复 8 个，金额 17.1 亿元；主要大项目投放 8 个，金额 13.47 亿元。

【瑞丰银行慈善捐款 972.6 万元】 2020 年 1 月 13 日，瑞丰银行举行“助困助村助学　共治共建共享” 慈善捐助暨新闻发布会，发布融入社区治理实践报告，活动现场捐助 872.6 万元。2020 年 1 月 28 日，瑞丰银行向柯桥区慈善总会定向捐赠 100 万元，助力抗击新型冠状病毒肺炎疫情。瑞丰银行配套专项信贷资金 1 亿元，为区域内防控工作相关生产企业、服务性企业开辟绿色通道。

【瑞丰银行“双百行动”现场会】 2020 年 3 月 21 日，瑞丰银行在蓝天大剧院中心广场举办“创新落实‘双百行动’全力服务区域经济——瑞丰银行‘五大工程’建设活动现场会”。发布服务 150 个小微园区、投放 100 亿元信贷资金、创建 100 个示范村举措，支持区域经济发展。

2020 年 3 月 21 日，瑞丰银行举办“五大工程” 建设活动现场会
（瑞丰银行　供稿）

【瑞丰银行支小再贷款发放 109.19 亿元】 2020 年，瑞丰银行落实央行 5000 亿支小再贷款政策，16 天走访小微企业 1.4 万家，发放支小再贷款 36.77 亿元。全年发放支小再贷款 109.19 亿元，创浙江省记录，被省政府列为防疫复工突出贡献金融企业，向证监会作专题推介。

【瑞丰银行农户小额普惠贷款推进会】 2020 年 8 月 19 日，瑞丰银行在福全街道举办柯桥区农户小额普惠贷款推进会。推动实施全国 400 亿元综合授信的普惠金融工程。

【瑞丰银行 350 万元建立“益梦 · 书舍”爱心基金】 2020 年 9 月 27 日，瑞丰银行出资 350 万元建立柯桥区“益梦 · 书舍” 爱心基金暨榧香书舍，支持乡村书舍建设，落成开放仪式在稽东镇举行，省慈善联合总会会长陈加元，市、区领导丁如兴、马芳妹、李永杰、吴晓炯等参加。

2020年9月27日，瑞丰银行出资350万元助力柯桥区“益梦·书舍”爱心基金　（瑞丰银行　供稿）

【柯桥联合村镇银行发放低息资金4.97亿元】 2020年，柯桥联合村镇银行发放低息资金4.97亿元。其中，发放5000亿元复工复产专项再贷款2.5亿元，支持小微企业户数203户，户均123.15万元；发放1万亿元复工复产专项再贷款2.47亿元，支持小微企业户数477户，户均51.78万元。

【柯桥联合村镇银行捐献抗疫物资6.66万元】 2020年2月3日，柯桥联合村镇银行为柯桥城区、钱清、漓渚、齐贤、安昌多个村镇、街道、社区捐赠6.66万元物资，支持抗击新型冠状病毒肺炎疫情防控。

【泰隆银行绍兴分行和绍兴市知识产权局签订战略合作协议】 2020年4月20日，泰隆银行绍兴分行参加绍兴市知识产权局举办的知识产权宣传周活动，与市知识产权局签订战略合作协议。绍兴市市场监管局（知识产权局）党委书记、局长王永明、泰隆银行绍兴分行行长周跃军出席本次活动。

【工行绍兴支行支持实体经济贷款120亿元】 2020年，工行绍兴支行在城镇建设、专业市场、民营经济、制造业领域加大信贷投放力度，支持实体经济，全年投放人民币贷款超过120亿元，其中项目贷款投放40亿元。

【工行绍兴支行服务小微企业和个体工商户】 2020年，工行绍兴支行加强小微企业金融服务，为小微企业定制金融服务方案，全年为600多户小微企业和个体工商户解决资金难题。

【农行绍兴柯桥支行小微企业贷款余额增加8.59亿元】 2020年，农行绍兴柯桥支行推广“小微网贷”“简式贷”等产品，帮助小微企业解决融资难题。至年底，有小微企业贷款客户629户，比上年增加294户；贷款余额16.83亿元，比年初增加8.59亿元。

【农行绍兴柯桥兰亭支行助力当地水蜜桃产业】 2020年7月10日，2020兰亭水蜜桃文化节上，农行绍兴柯桥兰亭支行现场预授信，给予兰亭水蜜桃合作社整体预授信1000万元、农牧业300万元、漫田旅生态科技（浙江）有限公司100万元、桃农代表冯建荣30万元。“银政农”合作被绍兴新闻联播、柯桥发布、越牛新闻、水墨兰亭等新闻媒体报道。

【中国银行柯桥支行发放知识产权质押贷款3500万元】 2020年，中国银行柯桥支行为浙江金蝉布艺股份有限公司知识产权质押融资，金蝉布艺用“TPU全遮光面料”实用新型专利贷款3500万元，缓解企业融资压力。

【中国银行柯桥支行时点存款余额33.55亿元】 2020年12月底，中国银行柯桥支行行政事业单位时点存款余额33.55亿元，比年初增加15.09亿元。参加公款招投标24次、中标13次，中标金额6.19亿元。落地绍兴市柯桥区医疗保

2020年4月20日，泰隆银行绍兴分行与绍兴市知识产权局签订战略合作协议　（泰隆银行绍兴分行　供稿）

障管理服务中心医保资金账户(城乡居民医疗及医疗救助金),中标国库集中支付代理业务。

【华夏银行绍兴柯桥支行参与政府专项债项目】 2020年,华夏银行绍兴柯桥支行通过总、分、支三级联动,参与柯桥区财政局政府专项债“一案两书”制作,落实政府专项债资金8.5亿元。

【广发银行柯桥支行抵押易新版】 2020年,广发银行柯桥支行推出房屋抵押贷款升级产品抵押易新版,额度最高1000万元,期限最长20年,成数最高7成,还款6种方式,全年落实贷款67笔。

保 险

【概况】 2020年,柯桥区有人保财险、太保产险、平安产险、天安财险、中华联合、华安财险、太平财险、安邦财险、都邦保险、阳光财险、国寿财险、长安责任、安诚保险、浙商保险14家产险机构,中国人寿、太保寿险、平安人寿、泰康人寿、新华人寿、太平人寿、富德生命、人保人寿8家寿险机构。保费收入22.36亿元,比上年增加0.24亿元。其中,财险保费收入10.53亿元,比上年增加0.55亿元;寿险保费收入11.83亿元,比上年减少0.31亿元。各项赔款支出7.50亿元。

2020年9月29日,人保财险柯桥支公司志愿者在华舍金色年华养老服务中心中秋慰问 (人保财险柯桥支公司 供稿)

【人保财险柯桥支公司防疫投保】 2020年2月,中国人保财险柯桥支公司为238人的新冠肺炎疫情防控青年志愿服务队每人投保11万元,总保额2618万元。2月26日,中国人保财险柯桥支公司为柯桥区旅游发展集团有限公司1183名员工提供雇主责任险附加传染病责任组合保险,参保人员因新冠肺炎导致其死亡或残疾的,每人赔偿限额10万元,支持区旅游企业复工复产。

【人保财险柯桥支公司承保极客桥航空无人机】 2020年3月5日,中国人保财险柯桥支公司为浙江极客桥智能装备有限公司提供航空无人机第三者责任保险,参保无人机或无人机上物品坠落对第三者造成人身和财产损失,赔偿限额50万元/架,总保额250万元。

【人保财险柯桥支公司与区气象局签订战略合作协议】 2020年3月20日,中国人保财险柯桥支公司与区气象局签署“保险+气象”战略合作协议,双方将共建柯桥区保险气象工作站,共同在气象与保险相结合领域开展探索实践,扩大气象指数保险应用范围,提升保险方案的科学性和实用性。区气象局副局长黄贞、柯桥支公司总经理助理胡晓彬代表双方签署合作协议。

【人保财险柯桥支公司承保27家新型农业经营主体】 2020年6月,中国人保财险柯桥支公司承保27家新型农业经营主体综合险项目,保费收入43万余元,保费由区财政和投保主体自缴组成,其中区财政按保费90%补助,每家农业经营主体不超过2万元。该综合保险参保对象可根据自身生产及风险情况自由选取责任和保险金额。

【人保财险柯桥支公司出具全市首单“地摊保”】 2020年6月12日,中国人保财险柯桥支公司出具绍兴市首单“地摊保”。该产品从地摊主、中小商户意外风险入手,涵盖公众责任保险、食品安全责任保险、雇主责任保险。

【人保财险柯桥支公司协助客户追回37万美元货款】 2020年10月21日,中国人保财险柯桥支公司协助绍兴某进出口有限公司追回部分拖欠货款37万多美元,折人民币246万余元。

典 当

【概况】 2020年，柯桥区有绍兴天业典当有限责任公司、绍兴翰越堂典当有限责任公司、绍兴汇银典当有限责任公司、浙江兴发典当有限公司、台州市鼎盛典当有限责任公司绍兴柯桥分公司、绍兴瑞兴典当有限责任公司、浙江盛兴典当有限责任公司7家典当公司，注册资本8058万元。开展典当业务239笔，典当总额33835万元；典当余额6012万元，其中动产3850万元、房地产1662万元、财产权利500万元。

证券期货

【概况】 2020年，柯桥区有财通柯桥、财通钱清、财通福全、中信证券、国元证券、浙商柯桥、浙商钱清、信达证券、银河证券、山西证券、华林证券、光大证券、东北证券、天风证券、东吴证券、东方财富证券、联储证券、长城证券、方正证券、国信证券、华福证券、开源证券22家证券机构。全年证券机构交易额8204.62亿元；12月，客户保证金15.58亿元，比上年增长11.60%。

有大越期货柯桥营业部1家期货机构。全年累计交易额839.27亿元；12月，客户权益数0.35亿元，比上年增长1.18%。

企业上市

【概况】 2020年，柯桥区有上市公司14家，其中境内11家(6家主板、5家中小板)、境外3家，累计融资210.6583亿元。直接融资236.7亿元。新三板挂牌企业8家，累计实现挂牌14家。浙江股权交易中心挂牌400家(91家成长板、309家创新板)。

小额贷款

【概况】 2020年，柯桥区有小额贷款公司10家(汇金、永利、富邦、华联、贤盛、日月、宏泰、兴发、屹男、振东)，合计注册资本18.20亿元。全年累计发放贷款1258笔，总金额20.26亿元，12月末贷款1064笔，余额19.48亿元。

融资担保

【概况】 2020年，柯桥区有浙江中轻融资担保有限公司、绍兴市柯桥区经济技术融资担保有限公司2家融资担保公司，合计实收注册资本1.4亿元。全年累计提供担保30笔，合计金额4365万元；在保业务共计27笔，在保余额1.36亿元。(黄　琳)

执行编辑　徐建良

国土资源管理

综　述

【概况】 2020年,柯桥区开展“812”土地整治工程,推行耕地保护补偿机制,发放耕地保护补偿资金1179.61万元。开展乱占耕地建房清查整治行动、国土资源领域扫黑除恶斗争和第三次全国国土调查。至年底,征收土地165宗4073.96亩,办理被征地农民“即征即保”审核1207人,不动产抵押登记1708件,涉及企业国有建设用地面积72094.46亩,抵押金额596.65亿元,查处国土资源违法案件30件。

·小资料· “812”土地整治工程

是指2020年,完成浙江省垦造耕地80万亩,建成高标准基本农田1043万亩,综合整治农村建设用地20万亩。

土地资源管理

【概况】 2020年,柯桥区履行招拍挂审批程序,完成土地成交70宗2745.71亩。争取各类新增建设用地计划指标3688.1亩,外购跨市建设用地增减挂钩节余指标(含耕地占补平衡指标)952.53亩。划拨供地38宗848.20亩;集体使用14宗44.15亩。争取新增建设用地规划指标4098.79亩,获得匹配规划指标2002.47亩,11个乡镇276个项目规划修改和数据入库共3676.88亩。依法完成土地征收165宗,计4073.96亩。办理被征地农民“即征即保”审核1207人。

【“812”土地整治工程实施】 2020年,柯桥区深化“812”土地整治工程。全年垦造耕地352.3亩,旱地改水田374.5亩,农村土地综合整治立项463.8亩、验收项目127.81亩,表土剥离再利用312.7亩。

【土地整治与生态修复项目获省部级立项】 2020年,柯桥区漓渚镇全域土地综合整治与生态修复工程列入自然资源部试点项目,马鞍街道寺桥等5个村、福全街道容山等3个村、钱清街道九岩村全域土地综合整治与生态修复项目获省级批复立项,总整治面积4.02万亩。

【土地成交70宗】 2020年,柯桥区成交土地70宗2745.71亩,成交金额134.33亿元。其中,经营性用地出让22宗1127.69亩,出让金额127.65亿元;工业用地出让48宗1618.02亩,出让金额6.68亿元。

【乱占耕地建房整治】 2020年8月,柯桥区开展乱占耕地建房清查整治专项行动,对2013年1月1日后存量乱占耕地建房情况,做到一户一档,至2020年12月底,发现新增违法41宗,全部停工和拆除。

【建设用地计划指标新增】 2020年,柯桥区在浙江省新增建设用地指标减少的形势下,争取各类新增建设用地计划指标3688.1亩。其中,省国土厅年度存量盘活挂钩指标1631.2亩,重大产业项目预支指标162.4亩,新增(调整)建设用地指标284.4亩,规模猪场配套指标6亩,争取跨省增减挂钩新增建设用地指标249.4亩,农民建房专项指标107亩,重大(单选)项目专项指标601.7亩,追加建设用地指标646亩。审批农转用25个批次及3个单选项目共249个项目,新增建设用地4172.6亩(其中使用盘活调整历年节余指标486.3亩)。

【工业用地“标准地”出让】 2020年,柯桥区开展探索工业用地“标准地”(通过在土地供应前设定好相关指标体系,在企业拿地前就约定好开发利用土地的相关标准）改革，在省级及以上平台施行工业项目用地“标准地”出让。全年出让“标准地”45 宗，面积 1541 亩。

【存量土地盘活 2144 亩】 2020 年，柯桥区实施存量建设用地盘活通报机制，推动批而未供土地消化利用和存量土地盘活，消化利用批而未供土地 3562 亩，盘活存量土地 2144 亩，城镇低效用地再开发项目供地 63 宗 2223 亩。

【永久基本农田占补平衡】 2020 年，柯桥区因杭州经绍兴至台州铁路建设，拟占用永久基本农田 0.29 亩，经浙江省级有关部门论证并落实补划数量、质量和空间布局相当的地块。柯桥区发放耕地保护补偿资金 1179.61 万元。

【企业融资】 2020 年，柯桥区帮助企业解决融资难题，办理不动产抵押登记 1708 件，涉及企业建设用地面积 7.21 万亩，抵押金额 596.65 亿元。为企业、银行提供抵押、查封信息查询 3.07 万次。办理审批临时用地项目 24 个，批准临时用地 414.86 亩。

【不动产业务受理】 2020 年，柯桥区受理不动产业务 1.59 万件，发放不动产权证 11.24 万本，其中不动产权证书 6.43 万本、登记证明 4.82 万份，办结司法查、解封业务 2423 件，抵押注销业务 1.91 万件。

【自然资源违法案件查处】 2020 年，柯桥区开展巡查 2065 次。查处涉土涉矿行政处罚案件 30 件，面积 138.4 亩，收缴罚款 176.82 万元；涉林行政处罚案件 12 件，收缴罚款 15.8 万元。

【第三次全国国土调查通过国家级复核】 2020 年 10 月，柯桥区第三次全国国土调查工作（以下简称“三调”）通过国家三调办复核。该工作自 2018 年 7 月起启动开展，2019 年 3 月下旬完成初步调查。2020 年 3 月形成初始调查成果数据库。同步开展时点更新调查，6 月完成时点更新内业核查、外业举证、汇总、合库、质检工作。三调成果应用于柯桥区国土空间规划、耕地保护、乱占耕地建房及水域调查等领域。（赵　英）

地质环境保护

【概况】 2020 年，柯桥区多次发生滑坡、崩塌和泥石流等小型地质灾害，主要分布于南部山区，由短时强降雨及不规范工程活动引发。全区有地质灾害突发性易发区面积 594.22 平方千米，占全区面积的 55.74%；所有地质灾害隐患均落实综合治理措施，设置 4 处专业监测点进行永久监测。

【地质灾害防治】 2020 年，柯桥区编制完成《2020 年度地质灾害防治方案》，修编《柯桥区突发地质灾害应急预案》，更新《突发地质灾害应急操作手册》。汛期累计发布地质灾害气象风险预警 23 次，预警短信 8500 余条，4 处专业监测点记录数据 6000 余条；开展地质灾害隐患治理工程 2 处，治理即查即治地质灾害应急排险小规模工程 66 处，发放财政治理资金 1200 余万元。全年没有发生一起因地质灾害形成的人员伤亡事故。（邵　弘）

矿产资源管理

【概况】 2020 年，柯桥区有探矿权单位 3 家，有采矿权单位 5 家，其中具有经营性采矿权的 4 家(2 家金属矿产、2 家建筑石材矿产)，有工程性采矿权单位 1 家。依法规范矿产资源勘查开采和监督管理工作，落实矿业权人信用监管制度。全年统一组织开展矿山储量动态检测 24 次，定期进行矿山动态巡查 450 余次。结合浙江省地矿综合监管系统和浙江省地矿信用信息公示平台，对矿业权人矿产资源勘查开采信息公示工作进行督促指导与服务，监督检查矿业权人公示信息的真实性、完整性，规范开展实地核查。推进绿色矿山建设专项行动，全区经营性生产矿山均完成绿色矿山建设工作。

【废弃矿山生态修复】 2020 年，柯桥区推进废弃矿山生态修复专项行动。至年底，6 处治理工程交工验收，为原绍兴县福全中祥石料场、原绍兴县广佳建材有限公司、原绍兴县稽东国柱石料矿、原绍兴县王坛镇王坛建筑石料矿、原绍兴县杨汛桥台达石料场、原绍兴县杨汛桥镇江桃村建筑石料矿。

【矿山环境粉尘专项整治行动】 2020 年，柯桥区开展矿山环境粉尘专项行动，把经营性露天矿山纳入检查范围。根据《浙江省矿山粉尘防治管理暂行办法》《浙江省矿山粉尘防治技术规范（暂行）》文件要求，每月定期对矿山粉尘防治情况检查打分，对重点环节粉尘防治措施内容提出问题、强调整改，建立矿山粉尘防治管理台账。（邵　弘）

执行编辑　徐建良

环境保护

综　述

【概况】 2020年，柯桥区国家考核断面（曹娥江大闸前断面）水质为Ⅱ类，达到Ⅲ类水环境功能区目标要求。5个省控及以上断面Ⅰ～Ⅲ类比例为100%，28个市对区考核断面中，Ⅰ类水断面2个，Ⅱ类水断面18个，Ⅲ类水断面8个，断面水质满足功能要求，达标率100%；跨行政区域10个交接断面中，水质为Ⅱ类断面7个，Ⅲ类断面3个，满足功能要求。空气质量优良率89.3%，$PM_{2.5}$均值每立方米31微克。柯桥区被省生态环境厅评为“蓝天之星”，在全省大气污染防治专题例会上柯桥区作露天禁烧工作典型发言。绍兴市生态环境局柯桥分局被省政府评为生态省建设集体三等功，被国务院第二次全国污染源普查领导小组办公室评为表现突出集体。（赵晓丰）

环境监察与稽查

【概况】 2020年，柯桥区强化涉水、涉气案件查处，依法打击各类环境违法行为，维护区域环境安全。组织开展“蓝剑”行动6次、“碧海”行动3次、“清废”行动1次。开展执法大练兵，抽调执法人员参加“蓝天保卫战”夏季臭氧污染防治监督、重点区域督查帮扶、省级交叉执法检查、市级交叉执法检查。加强应急管控，区域内无重大环境突发事件发生。出动检查人员200多人次，对19家医疗单位开展4轮督促废水消杀纳管和废物收集、贮存的检查；出动检查人员40余人次对绍兴水处理发展有限公司和绍兴华鑫环保科技有限公司开展多轮检查，确保终端治理达标。

【第二轮中央环保督察迎检整改】 2020年，柯桥区开展第二轮中央环保督察整改，累计交办信访件80件（重点件4件），占全市13.74%，比第一轮交办信访件数量下降163件，降幅67.1%，居全市首位。

【环境违法案件查处】 2020年，柯桥区查处环境违法案件74件，行政处罚金额930.5万元，移送公安案件1件，刑事拘留12人。其中，涉气案件立案查处48件，罚款金额342.3万元。

【超标柴油车处理】 2020年，柯桥区开展柴油车联合路检53次，出动人员318人次，检查车辆399辆，其中超标116辆，处罚3.32万元。开展非道路机械

2020年4月27日，绍兴市生态环境局柯桥分局会同区交警大队、交通运输局开展柴油货车联合执法行动

（市生态环境局柯桥分局　供稿）

使用执法监测，5起超标案件立案调查。

【环境信访满意率95%以上】 2020年，柯桥区设置夜间应急值班小组，应对和处置各类突发环境污染事件。全年受理信访投诉1157件，比上年下降25.5%，调处回复率100%，群众满意率95%以上。（赵晓丰）

环境监测及管理

【概况】 2020年，柯桥区完成区政府空气站联网国家环境空气质量监测网改造，建成柯桥妇保空气站并联网国家网。提交各类监测、检测报告442份，其中政府常规指令性监测报告149份、重点污染源监督性监测报告55份，执法监测301批次，参加应急演练3次、应急监测6次。全区38个市级河长制水质断面，其中Ⅰ类断面1个，Ⅱ类断面11个，Ⅲ类断面24个，Ⅳ类断面2个；36个Ⅰ～Ⅲ类断面水质满足功能要求，达标率94.7%。

【环境质量预警函发出9份】 2020年，柯桥区推行镇（街道、开发区）环境质量预警机制，对河道断面水质状况超过预警值或者排名落后的镇（街道、开发区）发出信函督促整改。全年发出环境质量预警函9份，落实并整改。

【空气质量优良率89.3%】 2020年，柯桥区空气质量优良率89.3%，比上年增长10.9%。其中，$PM_{2.5}$年均值每立方米31微克，臭氧均值每立方米146微克，二氧化氮均值每立方米29微克，二氧化硫均值每立方米7微克，PM_{10}均值每立方米51微克，一氧化碳均值每立方米1.0毫克。

【农村集中式饮用水源地水质达标率100%】 2020年，柯桥区4个农村集中式饮用水源地水质每月均保持在Ⅱ类及以上。开展平水江水库63项指标检测，确保饮用水源地水质安全。（赵晓丰）

污染防治管理

【概况】 2020年，柯桥区坚持“水、气、土”合治，推进区域环境空气质量提升和污染防治工作。加强机动车尾气监管，全年检测车辆238668辆，累计淘汰老旧车396辆。

【工业废气治理】 2020年，柯桥区开展纺织印染企业无组织废气集中整治专项行动，检查企业111家（113厂区），出动检查人员427人次，检查车间249个，发现问题312个，其中立行立改201个，限期整改111个，涉及生产设备停产整治的企业11家。

【燃气锅炉低氮改造】 2020年，柯桥区1蒸吨以上工业锅炉低氮改造涉及174台，其中完成改造142台、停用或拆除32台。下发符合补助条件的122台锅炉补助金额1510万元。

2020年，绍兴市生态环境局柯桥分局工作人员对某企业开展废气监测　（市生态环境局柯桥分局　供稿）

【土壤污染调查修复】 2020年，柯桥区开展企业用地详查工作，完成80个地块采样，采集土壤样品1053套，地下水样品192套。落实建设用地调查评审制度，评审地块77个。治理修复3块污染地块，累计投入治理修复资金1704万元，完成土壤修复方量15952.65立方米，修复面积20242平方米。

【“无废城市”建设试点】 2020年，柯桥区推进“无废城市”建设试点，蓝印小镇列入全国“无废城市”建设现场会参观点，完成37项责任清单、42项任务清单、25 项项目清单和 53 项指标体系建设,创建 67 个“无废细胞”,编制柯桥区“无废城市”建设试点工作终期评估报告。

【饮用水水源环境保护】 2020 年,柯桥区对照 2018 年版饮用水源保护区划定的技术规范,开展平水江水库、鹅湖水库、上灶江、小舜江南溪“划、立、治”工作,划定一级、二级保护区,建立标志牌,开展保护区内农业、生活、工业、交通等点面源污染治理,落实水源保护区内及周边沿线公路防护设施建设。

【排污权交易】 2020 年,柯桥区废水排污权交易 14 宗,废水交易成交量 1822.3 吨,总交易金额 3047.02 万元。废气排污权储备指标交易 34 宗,涉及二氧化硫指标 264.16 吨、氮氧化物指标 506.318 吨,总交易金额 843.333 万元。(赵晓丰)

生态建设

【概况】 2020 年,柯桥区开展美丽柯桥建设(生态文明示范创建行动),创建省级绿色学校 3 所,新增省级生态文明教育基地 1 个,生态环境质量公众满意度得分 85.97 分。开展各类生态宣传活动,朋友圈广告推送曝光 78.83 万次,社区(办公楼宇)投放电梯广告 1800 幅。根据新版省级生态文明建设示范区创建管理规程,涉及 44 个指标开展两轮自查,编制《柯桥区省级生态文明建设示范区创建技术报告》。

2020 年,柯桥区 137 家非碳交易、7 家碳交易纳入企业 2019 年碳报告,完成 2020 年监测计划填报和初审,协助 48 家企业省级核查、2 家企业省级复查、15 家企业市级核查。

2020 年 6 月 4 日,绍兴市生态环境柯桥分局在柯桥裕民农贸市场开展“六五”世界环境日主题宣传活动

(市生态环境局柯桥分局 供稿)

【生态环保宣传】 2020 年,柯桥区围绕“美丽柯桥、我是行动者”主题,举办“进市场 送围裙 宣蓝天保卫战”、生态环境达人短视频大赛、柯桥生态漫画秀多项活动。加大“柯桥生态环境”新媒体宣传,全年推送消息 48 篇,阅读量 5.6 万次。开展生态满意度模拟调查 4 次,参与 4800 人次。(赵晓丰)

执行编辑 徐建良

水 利

综 述

【概况】 2020年，柯桥区完成水利投资3.85亿元，继续实施曹娥江综合整治工程（柯桥段），完成钱塘江一线海塘加固工程，农村饮用水达标提标清盘验收，规模化供水覆盖人口比例99.17%；加固1座病险水库，整治中小河流3.6千米，新增美丽河湖3条（个）。编制2项规划，《浙江省海塘安澜千亿工程柯桥区规划方案》获批复，《柯桥区水安全保障"十四五"规划》通过省级评审。划界区（县）级以下1377.2千米河道管理范围，轮疏监测41千米河道断面，河湖清淤22.6万立方米，创建43.60千米无违建河道。辖区内水利基础数据更新至省级水利数据仓。柯桥区成为浙江省第一批水利工程"三化"改革示范县（区）创建对象，被水利部授予全国第一批深化小型水库管理体制改革样板县称号，鉴湖江成为河长制工作全省唯一标准化河道。（胡飞珍）

【柯桥区水利学会第七次会员大会】 2020年1月15日，绍兴市柯桥区水利学会召开第七次会员大会，通过新章程修订并开始实施。区农业农村局副局长茹国顺当选第七届理事长。（祝　娟）

水资源管理

【概况】 2020年，柯桥区出台《绍兴市柯桥区节水行动实施方案》《绍兴市平水江水库饮用水源安全保障达标建设实施方案》。柯桥区节水展览馆被浙江省水利厅和省节约用水办公室列为省节水教育宣传基地。利用第28届"世界水日"和第33届"中国水周"、城市节水周开展水资源宣传活动，通过传统纸媒、公交移动新媒体等面向社会公众开展水情教育，提高公众节水、护水、爱水的意识。组织开展大学生节水宣传暑期实践活动，为公众讲解节水知识。2020年，柯桥区完成运行五年的钱清、福全淤泥固化中心项目，平原河网清淤22万立方米，同时完成轮疏特征断面测量。

【节水型社会建设】 2020年，柯桥区推进节水型社会建设，开展企业水平衡测试13家，创建节水型企业13家、节水型公共机构4家，完成企业清洁生产审核37家，命名2个节水标杆小区。（孙国定）

【取水口标准化建设】 2020年，柯桥区根据《绍兴市柯桥区水资源强监管综合改革试点实施方案（2019—2020年）》，分批次推进取水口标准化建设，编制《柯桥区取水户取水工程（设施）建设管理指南》，作为新、改、扩建取水工程建设与管理的指南，全年完成33家取水企业的取水口标准化建设。

【浙江省节水宣传教育基地创建】 2020年12月29日，位于柯桥区柯岩街道马臻纪念馆内的柯桥区节水展览馆，获评第二批浙江省节水宣传教育基地，成为柯桥区落实最严格水资源管理制度的一张节水工作新名片。展馆以现代、简洁展示的形式，多层次、开放式展示柯桥区节水宣传、节水新科技推广和节水成果。观众可以观看节水纪实、节水成果、水知识、节约用水、水资源稀缺、节水洗车、节水器具展示等几十种不同类别的展项，通过现场体验加深对水的了解。

【落实水资源费减免政策】 2020年7月1日起，柯桥区根据浙江省新型冠状病毒肺炎疫情防控工作领导小组《关于进一步助力市场主体纾困促进高质量发展的若干意见》文件，落实水资源费按规定标准80%征收政策，2020年全区减免征收水资源费500万元，助力市场纾困发展。（濮永金）

【新一轮水域调查】 2020年3月，柯桥区统筹现有水域资料，查清柯桥区河道、湖泊、水库、山塘、人工水道、池塘等水域基础信息和空间数据，厘清水域保护和岸线管控范围，划定水面线、临水线、水域管理范围线“三线”空间。按照数据“统一编码、统一格式、统一口径”要求，整理汇总各镇（街）水域调查成果，建立全区统一水域管理信息系统和水利行业信息平台，调查成果于2020年8月通过市级审查。（祝 娟）

【美丽河湖创建】 2020年，柯桥区滨海大河、南北溪、三江大河被评为“美丽河湖”；柯桥街道、柯岩街道、湖塘街道被评为“乐水小镇”；河塔、三佳、新风、叶家堰、九岩、麒麟、安华、大和、信诚、兰亭、古筑、棠一、舒村、娄家、剑灶15个村，被评为“水美乡村”。（冯柏松）

【鱼苗放流】 2020年，柯桥区在柯岩、平水江等水域开展渔业资源增殖放流活动，放流花鲢、白鲢、黄尾密鲴苗种1323万尾。（陈 甫）

2020年11月，柯桥区在平水江水库开展冬季渔业资源增殖放流活动 （沈 潇 摄）

水利工程建设

【概况】 2020年，柯桥区建设绍兴市曹娥江综合整治工程（柯桥段），完成钱塘江一线海塘加固、小舜江南溪综合治理等工程。推进农村饮用水达标提标行动，完成17个行政村农村饮用水达标提标任务。除险加固四亩坝水库，整治山塘20座，配合浙东引水6.4亿立方米。编制《柯桥区水安全保障“十四五”规划》。2020年7—11月，柯桥区新三江闸、马山闸、滨海闸通过省、市安全鉴定。新三江闸被审定为省级“一类闸”、马山闸为市级“一类闸”、滨海闸为市级“二类闸”。2020年，柯桥区加大面上水利基础设施投入，全年完成灌溉泵站5座，渠道建设7.8千米、机耕路3.3千米。（董利斌 祝 娟）

【曹娥江综合整治工程（柯桥段）三标开工】 2020年，柯桥区继续实施绍兴市曹娥江综合整治工程（柯桥段），一标、二标，三标于2020年11月27日开工建设。工程被列为浙江省重点工程，概算投资4.45亿元，建设内容为护岸工程4.97千米，堤顶道路提升12.62千米，巡查通道提升24.28千米，沿河配套绿化景观提升19.45万平方米，堤防沿线水闸、桥梁改建等。工程防洪标准100年一遇。全年完成堤顶道路提升项目路基、4座改建桥梁的下部结构施工和梁板架设。

【小舜江南溪综合治理工程完工】 2020年12月，柯桥区小舜江南溪综合治理工程完工。工程累计完成投资约4000万元，新建堤防73.69米，新建护岸1890.13米，堤脚加固1800.11米，改造原有堰坝4座，河道疏浚1万立方米，绿化提升1130米。（董利斌）

【钱塘江一线海塘加固工程完工】 2020年11月，柯桥区钱塘江一线海塘加固工程完工。工程总投资9869.62万元，完成板桩堤脚防冲工程2.6千米、集装箱段护坦补强工程3.2千米、挡浪墙修复5.8千米。工程由绍兴市柯桥区水利投资开发有限公司投资建设。钱塘江海

塘防洪标准为100年一遇。（董利斌 沈闻雄）

2020年5月，柯桥区钱塘江一线海塘加固工程施工现场
（吕建明 摄）

【水库山塘整治】 2020年，柯桥区完成四亩坝水库加固改造，整治稽东镇龙东村高湖庵、王坛镇上王村下加塘等20座山塘。主要开展以除漏、坝坡护砌、库内清淤、修建上坝道路、重建放水设施等内容的整修加固。（韩越峰）

2020年7月，柯桥区稽东镇高湖庵山塘完成加固整修
（严邦飞 摄）

【水文防汛"5+1"工程项目（一期）完工】 2020年，柯桥区水文防汛"5+1"工程项目（一期）项目完工。建设内容主要有新建平原水文站1个（滨海闸站），新建自动测站2个，新建超标准人工水尺8处、应急四增配4套、雷达水位计2套、北斗卫星/4G双信道建设4套、视频水尺1套、遥测终端备份3套、视频会商系统1套，改造水库水位站8个。柯桥区水文防汛"5+1"工程项目用两年时间分二期实施，工程施工单位为浙江滴石信息技术有限公司。一期7月开工，投资200万元。（傅永平）

【平水江水库灌区2渡槽维修加固工程完工】 2020年5月，柯桥区平水江水库灌区镇山、寒溪渡槽维修加固完工。工程投资概算461.26万元。工程2019年11月开工，主要对槽身、排架和基础进行加固。镇山渡槽维修加固长度530.5米，净跨504米，共42跨；寒溪渡槽维修加固长度152.5米，净跨96米，共8跨，对渡槽槽身采用每平方厘米300克碳纤维布补强加固，局部破损采用丙乳砂浆修复。

【平水江水库灌区新山头渡槽拆除重建工程开工】 2020年12月，柯桥区平水江水库灌区新山头渡槽拆除重建。建设内容为拆除原渡槽，重建新山头渡槽，重建渡槽长度40米，分为4节，每节10米，新建上下游渠道连接段、修复沥青路面等。工程计划总投资75万元。（李红波）

【山区溪流整治】 2020年，柯桥区整治漓渚、杨汛桥、平水、湖塘、福全等镇街山区溪流6条，治理总长度3.7千米。（唐伟强）

执行编辑 徐建良

经济管理

发展改革管理

【概况】 2020年，柯桥区争取到上级资金奖励38.7亿元、土地指标639.75亩。杭绍临空经济一体化发展示范区被列入杭绍一体化创建试点，杭绍一体化合作先行区被列入全省唯一重点支持的省内一体化合作先行区。绍兴滨海工业园区国家级循环化改造试点工作通过国家发改委验收。柯桥区福全街道金三角社区被列入全省第二批未来社区建设试点名单，计划投资68.8亿元。对境内4家单位的6条过境油气管线开展安全生产监管，全年无安全事故发生。中共柯桥区委员会被党中央、国务院授予全国脱贫攻坚先进集体称号，柯桥区对口工作领导小组获2020年浙江省东西部扶贫协作组织工作奖，柯桥区获2020年度中国营商环境百佳示范县市称号。

【固定资产投资增长6.8%】 2020年，柯桥区固定资产投资比上年增长6.8%，高于全市平均0.1个百分点。制造业投资占比26.3%，高于全市6.1个百分点；民间投资占比76.1%，高于全市7.9个百分点。举行重大项目开工仪式3次，总投资532.4亿元的23个重大项目集中开工。市县长项目工程落地率100%。

【省重点项目增加13个】 2020年，柯桥区通过省重点建设项目、省重大产业项目争取更多土地指标，通过发行债券等方式进行融资。列入省重点建设项目计划13个，列入全省第一批争取国家用地指标项目3个，列入省重大产业项目3个。列入2020年浙江省级服务业重大项目名单7个，项目总投资266.79亿元。国际会展中心一期B区等6个项目获得政府专项债券支持25亿元。国家发改委批准发行柯岩建投2020年城市停车场建设专项债券（企业债券）12亿元。

【东西部扶贫协作】 2020年，柯桥区开展东西部扶贫协作百日攻坚战行动，落实东西部扶贫协作专项资金2565万元，派遣党政干部和专业技术人才46人，向对口帮扶地区捐赠款物1690万元，帮助中西部22省建档立卡贫困人员在柯桥区就业14588人，接收结对地区贫困学生到柯桥区就读中职院校26人。开展山海协作建设，拨付对口地区援建资金182万元和结对帮扶资金30万元。

【企业减负46.95亿元】 2020年，柯桥区编印政策汇编手册，在政府网站、惠企政策平台上发布《临时降低企业用气用水用电价格》等惠企政策近30个。惠企政策给企业减负46.95亿元。

【投资项目审批“最多90天”】 2020年，柯桥区实现投资项目93项审批事项全流程网上审批。18个项目完成赋码至竣工验收，“最多90天”实现率100%。（诸旷怡）

国有资产管理

【概况】 2020年，柯桥区依法履行政府出资人职责，实现国有资本保值增值。至年底，资产总额2786.9亿元，净资产745.6亿元，资产负债率73.3%，国有资产总量714.8亿元；营业收入总额44.6亿元；国有企业从业人数6348人，其中职工数6160人。出台《关于加强柯桥区国有企业人才引进和培育的若干意见》以及具体操作细则，改变人才招聘方法、聘用形式、薪酬待遇、人员编制等方面原有模式，对高端紧缺人才引进突破企业员额制管理，实行市场化薪酬管理方式，建立需求导向的人才培训计划。

【“国企专班”成立】 2020 年，柯桥区组建“国企专班”工作小组，建立月度工作赛马机制、监测评估机制、定期会商机制、信息通报机制，实行“清单化”管理机制，按照“季目标、月评比、专班干、重激励、争高分”要求，摸排和梳理国有建设项目 61 个，提供一对一的保姆式服务，深入企业一线，协调解决企业生产经营和项目建设中存在的困难和问题。

【“减息降本”专项行动】 2020 年，柯桥区利用金融降息窗口期，开展“减息降本”专项行动，全区国有企业原高利率的存量贷款成本平均下降 0.5%，融资平均成本从 2019 年的 5.47% 降至 2020 年的 4.69%。

【机关部门所属经营性资产处置】 2020 年，柯桥区在对全区机关部门所属经营性资产进行调查摸底基础上，出台资产处置方案，通过资产划转、企业划转、股权清理等方式，完成 10 处资产、12 家公司股权的划转和 5 家全民所有制企业公司制改制。

【国有企业退休人员社会化管理】 2020 年，柯桥区落实重点企业、重点档案专人“点对点”清单管理，推进国有企业退休人员社会化管理。区直属国有企业退休人员综合移交完成率 100%。移交国有企业退休人员的社区管理服务工作、人事档案、党员组织关系，分类处理统筹外费用，衔接社会保障关系。10 月底前，国有企业退休人员由镇（街道）和社区（村、居委会）实行社会化管理。

【培训国有企业财务人员】 2020 年 11 月 17—20 日，柯桥区组织全区 200 余名国有企业财务管理人员分 2 批次在区委党校参加专题财务培训。（王森剑）

市场监督管理

【概况】 2020 年，柯桥区增加市场主体 26010 家，比上年增长 12.2%；在册市场主体 151200 家，其中公司等企业 57200 余家，居全市第一；个体工商户 94000 余户。新增“个转企”（个人工商户转型升级成企业）443 家，新增科技型小微企业 248 家。形成以“银行贷款 + 政府风险池基金 + 财政补贴”为特点的知识产权质押融资“柯桥模式”，全年质押金额超 12 亿元。数字化赋能补助小微企业和个体工商户 13456 家，兑付总金额 2.32 亿元，均排名绍兴市第一。对市场、超市、药店等开展全面摸排，严查哄抬价格、囤积居奇、出售假冒伪劣产品等违法行为，稳价格、稳秩序、保稳定。创建放心消费单位 4743 家，柯桥区市场监督管理局获 2020 年度浙江省“放心消费在浙江”成绩突出集体称号。（洪　彬）

2020 年，柯桥区创建知识产权质押融资“柯桥模式”
（区市场监管局　供稿）

【冷链食品监管】 2020 年，柯桥区全面掌握冷链食品供应链流向，213 家单位全部完成“浙冷链”主体信息登记，累计扫码 30885 次、赋码 11911 次，整改问题 1872 个。（洪　彬）

【助企复工复产】 2020 年，柯桥区对新冠肺炎防疫用品生产企业实行“企业开办直通车”服务，帮助取得相关审批备案。出台《柯桥区小微企业和个体工商户“两直”补助工作实施方案》，全程数字化赋能补助小微企业和个体工商户 13456 家，兑付总金额 2.32 亿元，均排名全市第一。向 3350 余家新办企业免费赠送首套公章和税控设备，为企业节省成本 105 万元。（洪　彬）

【企业开办一日办结】 2020 年，柯桥区建立“企业开办”一日办结制度，开办企业涉及的企业设立登记、公章刻制、银行开户、发票申领、住房公积金登记、社保登记等多个联办事项，在一个工作日(8个工作小时）内通过企业开办平台办结。(李　尧)

【小微企业增加6901家】 2020年，柯桥区推进小微企业三年成长计划，新增小微企业6901家，其中八大重点产业小微企业1483家，完成个转企443家，新增科技型小微企业248家，向小微企业开放科研设施和仪器1394台次、开放实验室服务976批次。柯桥区获评2020年度全市“小微企业三年成长计划”工作优秀单位。(范晓波)

【“放心消费在柯桥”行动】 2020年，柯桥区创建各类放心消费单位4743家，其中放心工厂1366家和无理由退货承诺单位1569家。培育天虹商场和万达广场2个放心消费商圈。通过“12345”信访平台、浙江省“12315”行政执法系统、全国“12315”互联网平台，受理并调处各类投诉、举报、咨询7507件。(朱利丹)

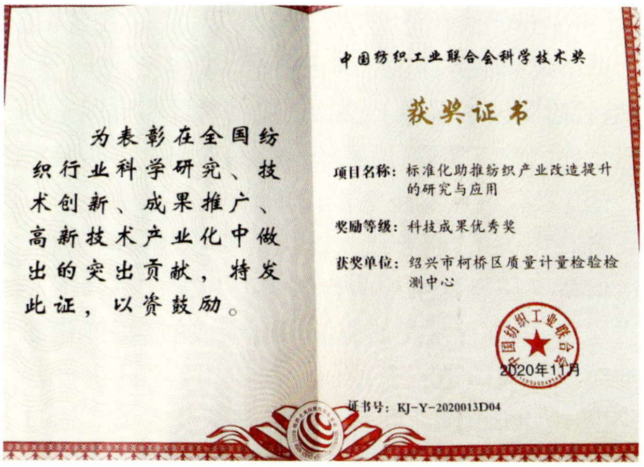

2020年11月，柯桥区“标准化助推纺织产业改造提升的研究与应用”项目获中国纺织工业联合会科技成果优秀奖　　(区市场监管局　供稿)

2020年，柯桥区在300人以上的101所学校食堂及11家特大型餐饮服务单位设立“智能阳光厨房”　　(区市场监管局　供稿)

质量技术监督管理

【概况】 2020年，柯桥区品牌企业和实施浙江制造标准企业销售占比从2019年的15.7%提升至30.9%，浙江精工钢结构集团有限公司、绍兴电力设备有限公司分获浙江省人民政府质量管理创新奖、绍兴市级表彰奖励项目(质量奖)。柯桥区52个课题参评绍兴市优秀QC(质量管理)小组，获一等奖14个、二等奖18个、三等奖20个，参评课题数和一等奖数均居绍兴市首位。《“十四五”柯桥区质量发展规划(评审稿)》通过专家组评审，成为柯桥区“十四五”专项规划25个A类规划之一。(洪　彬)

【“品牌强区”建设】 2020年，柯桥区梳理分析工业产值前一百强企业，以“一企一策”的形式将符合条件的重点企业纳入三年提升行动培育计划，确定“品字标”重点培育企业15家，当年增加“品字标”企业8家，比上年增长60%。发布浙江制造标准10项，比上年增长25%。(寿　叶)

【“标准化+”工程实施】 2020年，柯桥区主导制定国家标准2项，参与制定13项，每千个国家标准中为主或参与制(修)订指数8.44，比上年增长42%。3月，浙江天圣化纤有限公司牵头制定的《聚酯涤纶产品取水定额》国家标准发布，成为柯桥区2007年以来牵头制定的唯一一项纺织类标准。6月，柯桥区创新创业政务服务“最多跑一次”改革浙江省标准化战略重大试点项目以91分通过专家组验收，为全省创新创业政务服务改革提供“柯桥样本”。12月，柯桥区主导的《企业投资项目集成式审批工作规范》

《涉审中介评估联合服务平台运行规范》正式发布，为全市政务服务提供标准化依据。（寿 叶黄 华）

【检验检测技术服务】 2020年，柯桥区引进国家纺织品检测重点实验、国家丝类商品检测重点实验室2个国家级重点实验室，与杭州海关技术中心达成战略合作关系，联合成立纺织全产业链检测中心。由柯桥区质量计量检验检测中心和浙江省轻工业质检院、中国标准化研究院联合完成的《标准化助推纺织产业改造提升的研究与应用》项目获2020年度中国纺织工业联合会科技成果优秀奖。通过线上引导网络客户、强化“浙里检”新媒体宣传、线下物联网技术开发等方式，完成高质量管家式检验检测服务300多批次；免费检测纺织品600余批次，为企业累计减免检测费用120万余元；有3万多台（套）强制检定计量器具通过检定，为企业累计减免强制检定费用500余万元。帮扶1家企业通过CE认证，3家企业通过GRS全球回收标准认证。（童珈珈）

【特种设备安全监管】 2020年，柯桥区检查特种设备使用单位1208家，检查特种设备3666台（套），发出《安全监察指令书》43份，消除安全隐患665处，未发生特种设备安全责任事故。实施“智慧电梯”运行管理，做好平台及第一、二批1961台公共场所（安置小区、保障房）垂直乘客电梯物联网监控系统的日常维护和管理，实现困人故障第一时间报警，应急人员第一时间发现，维保人员第一时间处置。监测到故障报警208092起，不文明乘梯现象超142万起，发生困人报警1398起，解救被困人员932人，平均救援时间缩短至12.1分钟，低于国家规定的30分钟时限，较未接入信息化系统平均救援时间提速1倍以上，协助处置“119”接入告警10起。（余定贤）

食品药品监督管理

【概况】 2020年，柯桥区开展浙江省食品安全区跟踪评价工作，创建8家首批省名特优食品作坊和亮化达标小微食品生产企业，改造提升省级农村家宴放心厨房16家，创建省级放心市场10家、“五化”（便利化、智慧化、人性化、特色化、规范化）市场提升7家，新增“送药上山进岛”便民服务点3个。抽样检测食品4502批次，合格率96.8%。公众对食品安全总体满意度87.74分，全年未发生重大食品药品安全事件。区市场监督管理局被评为全省放心农贸市场建设工作成绩突出集体。（洪 彬）

【浙江省食品安全区跟踪评价】 2020年，柯桥区食品安全工作投入经费1.4亿元。区、镇层面分别出台党政领导干部食品安全责任清单，印发《2020年柯桥区食品安全工作要点》《柯桥区2020年度镇（街道）食品安全长效管理目标责任考评办法》。16家镇（街道）食品安全办公室全部参加省级基层食安办分类评价，创建三星级食安办16家，其中钱清街道、齐贤街道通过四星级评价，四星级数量占全市的2/3。组织开展食品安全委员会成员单位及16个镇（街道）食品突发事件应急培训，开展食品安全社会监督员履职活动16次。深化食品安全宣传周等宣传活动，制作发放宣传用品4万余份，通过《中国食品安全报》《绍兴日报》等媒体发布食品安全宣传报道90余期。（娄 婷）

【“智能阳光厨房”建设】 2020年，柯桥区在300人以上的101所学校食堂及11家特大型餐饮服务单位开展“智能阳光厨房”建设，探索智慧餐饮监管新模式，利用物联+、人工智能，将信息数据归集赋能并进行展示，实现数字化应用场景，可监控、可查视、可点接、可感知。该做法获省长袁家军点名表扬，获市长盛阅春批示肯定。（任颖佳）

【“送药上山进岛”便民服务】 2020年，柯桥区在华舍街道亭西村、漓渚镇和杨汛桥街道展望村增设3个“送药上山进岛”便民服务点，增加医用口罩、创可贴、酒精棉球（片）等家用医疗器械产品的“送械”服务，提供药品、医疗器械3000种以上。以“药品线上浏览+在线支付+线下配送”的模式为支撑，在柯桥、安昌、华舍、钱清、柯岩、齐贤6个街道设立16个服务点，实行24小时“网订店送”药品销售配送，依托美团外卖、饿了么、京东到家等平台，平均每天为消费者提供送药服务300余单。（王 樱）

【食药械化安全专项治理】 2020年，柯桥区开展食品安全百日系列行动，对野生动物、散装食品、冷藏冷冻食品等专项整治20余次，全年办结食品药品医疗器械化妆品案件535件，移送案件18件，罚没款210.52万元。“潘某等销售有毒有害食品案”被列为国家市场监督管理总局督办案件；“食品添加剂为原料制售人造海蜇丝、粉丝制品系列案”被浙江省市场监督管理局评为食品安全抽检核查处置典型案例一等奖、入选长三角地区食品安全抽检核查处置“十佳案例”。（洪 彬）

知识产权管理

【概况】 2020年，纺织面料花样版权数据中心及人工智能比对系统入选省委1号工程观星台优秀项目。建立专利快速审查、授权通道，逐步实现与国家级、省级平台数据互联共享，加快外观设计以及实用新型专利审查和授权，授权时间由6个月压缩至7天。新增专利申请6844件，发明专利申请1526件，比上年增长40.5%；专利授权5990件，其中发明专利授权871件，比上年增长47.6%；通过PCT（《专利合作条约》）申请80件，比上年增加247.8%；拥有有效发明专利2177件。20余家企业开展国家知识产权优势（示范）企业、省级专利示范企业培育，100余家企业通过知识产权贯标认证。18家企业的45件专利和4件商标通过中国银行、交通银行、瑞丰银行、农业银行、建设银行、工商银行等银行质押，质押合同登记金额12.7亿元，比上年增长275%。

【全国首家纺织行业知识产权快速维权中心成立】 2020年，柯桥区以国家知识产权强县工程试点区建设为契机，获批建设全国首家纺织行业知识产权快速维权中心——中国绍兴柯桥（纺织）知识产权快速维权中心，成立全省首个区级知识产权保护中心——绍兴市柯桥区知识产权保护中心。（吴建江 汪国林）

价格管理

【概况】 2020年，柯桥区制定市场价格异常上涨事件应急预案，保障新冠肺炎疫情防控期间生活物资，对疫情期间重要民生商品、“菜篮子”、防疫用品等民生价格进行重点监测，确保特殊时期全区市场价格稳定有序。

【水、电、气降价给企业减负】 2020年，柯桥区开展管道燃气配气成本等12项成本监审，核减不合理定价成本费用2.74亿元。放开全区机动车检测检验服务收费，建立非居民生活垃圾收费制度。落实省市区用气、用水、用电价格降成本政策，降低非居民用天然气价格，企业用气价格降幅25%。全年为用水、用电、用气企业减负8.77亿元。（诸旷怡）

审 计

【概况】 2020年，柯桥区安排审计项目26个，审计发现问题金额3.35亿元，其中管理不规范金额2.97亿元，违规金额3752万元；移送处理事项12件，移送处理金额74万元。撰写《审情参考》8期、《审计提醒您》12期、《审计专报》27期，获领导批示38期，审计信息被各级刊物采用68篇次。3个审计报告被评为市优秀审计报告，4个审计项目被评为市优秀审计项目，其中低收入群体公共扶持政策落实情况专项审计调查项目被评为省优秀审计项目。柯桥区内审项目获得省优秀、省表彰各1个。

【政策跟踪审计】 2020年，柯桥区以政策跟踪为主线的“+政策”审计模式安排5个政策跟踪审计项目，重点关注政策落实、工作推进、财政资金、项目绩效等情况，查找体制机制缺陷和管理漏洞，力促政策措施更好地推动区域高质量发展。

【预算执行情况审计】 2020年，柯桥区在实施2019年一级预算单位预算执行情况审计项目中，对所有采用国库集中支付的单位进行大数据分析，确定18个数据模型，对16家部门及5个项目进行现场核实，发现审计问题23个，推动区财政局出台多项规范性制度，健全部门预算管理制度体系，提高财政资金使用绩效。

【经济责任审计】 2020年，柯桥区完善《绍兴市柯桥区领导干部经济责任审计对象分类管理办法》，将经济责任审计对象分为A、B、C、D四类，提高经济责任审计的针对性、科学性和效率性。做好领导干部离任交接指导，在交接内容上新增债务管理、审计整改等，促进领导干部依法用权、秉公用权、廉洁用权。柯桥区经济责任审计工作开展情况在全省新任局长培训班上作经验介绍。

【政府投资项目审计】 2020年，柯桥区开发“智慧投审”系统，召开区政府投资项目审计联系会议，整合相关部门信息、工程造价信息、国家审计项目信息、历史数据信息以及法律法规信息，进行项目智能化分析和全周期、全亮化、全要素管理。至年底，完成政府投资造价结算审计项目（标段）69个，送审价28.82亿元，审定价28.77亿元，净核减金额482.01万元。

【内部审计监督指导】 2020年，柯桥区强化内审定点联系，由区审计局领导班子带队定点联系41家镇（街道）、部门（单位）和国有企业的内审机构，推动建立或完善内部管理制度16项。组织228名内审人员参加上级内审业务培训，为内审人员提供相互学习借鉴、交流平台。构建以“风险清单督导”为重点的国家审计和内部审计协同机制，结合卫健系统国家审计和内部审计发现的问题，会同区卫健局梳理，编制《绍兴市柯桥区卫健系统内部审计风险防范清单》。（邵凯瑜）

统　计

【概况】 2020年，柯桥区安排人口普查经费2674万元，分16个镇（街道）、340个普查区（村居级）、6016个普查小区，选聘普查指导员、普查员、管理员4818人。开展前期筹备、综合试点、业务培训、划区绘图、宣传推动、清查摸底、短表登记、长表登记、比对复查中的户籍地核查等阶段性工作，完成清查摸底、短表登记、长表登记、比对复查四大阶段工作。撰写统计分析36篇，其中6篇获区主要领导批示，《区情研究》录用3篇，1篇统计分析被《柯桥信息（专报）》录用。撰写统计快讯118篇，其中1篇获区委书记批示，两办录用49篇。“柯桥统计”微信公众号发布文章50篇，阅读量超过2万人次。

【统计方法制度改革】 2020年，柯桥区实行建筑业“一企业一档案”。总产值亿元以下建筑企业建立完整的工程档案，健全统计台账。实行规模以下工业企业样本5年1轮换，建立区级和镇级数据监测模板，监测355家在库企业数据。摸排可新增样本企业信息，新增非目录企业14家。按照国家统计局地区生产总值统一核算改革部署，结合浙江省统计局印发的《浙江省季度地区国内生产总值核算方案(2019)》，利用四经普数据修订普查年份与非普查年份GDP和各产业数据。（刘　弘）

执行编辑　祝元泰

应急管理

安全生产监管

【概况】 2020年，柯桥区发生各类事故6起、死亡7人、受伤6人，事故起数比上年下降33.33%，死亡人数比上年下降22.22%。其中，工矿企业发生事故1起、死亡2人、受伤6人，事故起数比上年下降50%，死亡人数与上年持平；生产经营性道路交通发生事故5起、死亡5人，事故起数、死亡人数分别比上年下降28.57%、28.57%。推进第二轮安全生产综合治理三年行动，组织3个专项督查组，到13个专项牵头部门开展安全生产综合治理专项督查。三年行动工作专班召开工作会议3次，碰头会10次，发布专刊9期，收集各类报表15份。开展安全生产培训，线上线下培训2.8万人次。

2020年8月26日，柯桥区召开第二轮安全生产综合治理三年行动专班工作会议　（区应急管理局　供稿）

【开展首轮安全生产巡查】 2020年，柯桥区出台《绍兴市柯桥区安全生产巡查工作制度》，12月14—18日对杨汛桥、漓渚2个镇（街道）和农业农村、文广旅游2个部门开展首轮区级安全生产巡查，和17位部门（镇街）干部谈话，抽查企业17家，发现隐患111条，巡查组均开具整改清单，交付属地镇街和部门督促落实整改。按照2～3年对各镇（街道、开发区）和区级重点部门实现全覆盖巡查要求，全年完成巡查率24%。

【危化品企业整治】 2020年，柯桥区对危险化学品生产、经营、运输、储存、使用和装卸环节开展综合监管，13家危化品生产企业18个涉爆车间人数均控制在3人以下。每月检查5家危险货物运输企业，对液氯使用、涉及硝化工艺、危险化学品重大危险源、爆炸危险性化学品四类企业开展安全生产专项整治。

【纺织品仓库消防专项整治】 2020年，柯桥区管控纺织品仓库消防安全风险，排查1000平方米以上仓库1597处，其中安装或者部分安装“双自”系统616处。检查34家发生定型机及其废气处理设施火灾事故的印染企业。（李　成）

消防救援

【概况】 2020年，柯桥区消防救援大队完成两会、国庆中秋双节安保任务，处置“4·11”齐贤街道光昊机械科技有限公司火灾、“8·2”漓渚镇槽罐车事故等急难险重任务。接处警1441起，其中火警777起、抢险救援459起、社会救助183起、勤务保卫21起、虚假警1起。大队明珠路消防救援站被浙江省消防救援总队评为先进消防救援站，消防救援大队被绍兴市消防救援支队评为基层建设先进单位、消防安全三年翻身仗先进单位和消防宣传工作先进单位。绍兴市第十四届多种形式消防队伍业务技能比武竞赛中柯桥区获得团体第一名。

成立三年行动工作专班，从12个部门抽调12人进行实体化办公。教育、民政、文广、卫健、民宗等12个部门开展行业消防安全标准化建设。对17家存在严重消防安全隐患的单位挂牌整改。开展印染纺织行业消防安全综合整治，强化对定型机的火灾风险管控。出台消防安全重点单位《星级达标管理暂行办法》，234家重点单位全部实行标准化管理，出台《便民利民八项措施》，解决问题152个。

【古镇古建筑“智慧消防”建设】 2020年，柯桥区制定柯桥古镇消防保障方案并通过专家评审，安昌古镇投入700万元对老旧房屋消防改造，柯桥区民宗局投入350万元对89个宗教活动场所增设消防设施。（区消防救援大队　供稿）

自然灾害防治

【概况】 2020年，柯桥区跨镇（街道）整合治安、消防、民兵、森防、志愿者等救援资源，加强应急救援联动。组建森林灭火、地质灾害、防汛防台、危险化学品4支区级专业救援队伍，培育蓝天、战狼、雄鹰3支社会救援队伍。促成浙江极客桥智能装备公司组建无人机照明侦察辅助保障型社会救援队伍，形成“就近救援、相互补充、立体高效”的救援体系。

对700多处防汛薄弱环节进行检查，开展危险区人员排查和“浙江安全码”赋码。防御梅雨和“黑格比”台风对柯桥区影响，平安度汛。组织开展首届森林消防技能培训和比武活动，全区130余处高位监控24小时实时监测森林火情，利用全区4500余处农村应急广播滚动播放森林防火应急宣传提醒。

2020年8月4日，柯桥区召开“黑格比”台风防御工作视频会议（区应急管理局　供稿）

2020年10月13日，柯桥区森林灭火应急救援队挂牌成立（区应急管理局　供稿）

对照避灾安置场所项目化、清单式推进避灾安置场所规范化建设，完成市定28处避灾安置场所规范化建设，对居家养老服务中心远程监控系统布控线路、端口优化升级。全区116处规范化避灾安置场所安装视频监控探头，规范化避灾安置场所视频监控覆盖率100%。

【首届森林消防技能培训和比武】 2020年10月21日，柯桥区组织全区14个镇（街道）的森林消防引水灭火队伍骨干、高压水泵操作手、水带铺设手80余人开展首次森林消防技能培训。11月12日，柯桥区举行首届森林消防技能比武，全区 14 个镇（街道）引水灭火队伍 140 余人参赛。比武活动将场地设置在 400 米左右起伏的山地，从附近的水库用水泵抽送水源扑灭明火。专题辅导、实地练习，各支队伍相互切磋，练精技能。（李　成）

执行编辑　徐建良

城镇建设与管理

综　述

【概况】 2020年，柯桥区围绕“绍兴大城市建设的排头兵、接轨沪杭都市圈的桥头堡”战略定位，加快新型城市化进程，加强科学规划，提升城市品质。完成拆迁面积151万平方米，完成率151%；完成“三改”面积498.57万平方米，完成率415.5%。拆迁“三改”完成总量、完成率均排名全市第一。完成改造老旧小区12个。开展美丽城镇建设，开工项目128个，完成投资32.28亿元，总体投资完成率100%。柯桥区被评为浙江省新时代美丽城镇建设2020年度优秀单位，安昌街道、王坛镇被评为2020年度新时代美丽城镇建设省级样板，齐贤街道、兰亭街道被评为市级样板。（潘朝霞）

规划编制

【概况】 2020年，柯桥区加强规划编制统筹管理，区、镇两级国土空间总体规划稳步推进，基本完成生态保护红线评估调整工作，生态保护红线面积由206.5平方千米调整为187.57平方千米。开展城镇开发边界试划、基本农田优化调整，保障过渡期空间规划。开展城区沙地王区块控规编制，局部调整城区KQ-03、KQ-08、KQ-09管理单元控规，控规报批7个管理单元（福全FQ-02、FQ-03，兰亭国家森林公园周边区域、LT-01、LT-02，平水镇PS-02、PS-05）。

【羊山—上方山、沙地王区域城市规划编制】 2020年，柯桥区规划将羊山—上方山、沙地王区域总体定位为杭州湾未来之城，形成“一脊四片、双核六心、两带多廊”布局结构，重点形成未来社区片、科创示范片、科教总部片、智慧教育片四大片区，形成石佛文化禅意休闲体验区、休闲康体山地户外运动区。

【商业布局规划研究】 2020年，柯桥区开展商业布局规划研究，按照区级商圈面积40万～50万平方米、片区级商圈面积10万～20万平方米、社区商业中心面积3万～5万平方米的商业体系等级规模标准，构建“一心双圈，三节点八街区”商业发展格局，城区“一轴三片，一主四副”商业空间格局，实现“十四五”规划期末人均拥有商业网点面积1.0～1.2平方米/人。（管丽圆）

城区建设

【概况】 2020年，柯桥区开展政府性投资项目6个，其中续建1个、新建5个，完成投资1.15亿元，完成率100%；国有投资项目1个，完成投资1.5亿元，完成率100%。

【背街小巷（三期）改造工程实施】 2020年，柯桥区推进老城区环境整治，实施背街小巷（三期）改造工程，总投资约2000万元，对育才路西侧、瓜渚路北侧人行道进行重新铺设、侧平石修复、树池改造，改造城区候车亭43个，提档升级双渎路与钱陶公路交叉口、双梅路与绿洲路交叉口、瓜渚湖公园西侧绿地3个节点。

2020 年 12 月 15 日，柯桥区背街小巷(三期)改造工程完工图
(张文波 摄)

【瓜渚湖区域海绵城市建设微改造】 2020 年，柯桥区实施瓜渚湖区域海绵城市建设微改造工程，8 月 26 日开工，12 月 23 日完工，工程投资 658.35 万元，施工单位浙江盛业建设有限公司，改造包括瓜渚湖区域内 23 个雨水终端排出口、北岸公园(戏水浅湾)、瑞丰商学院西南侧(旱溪)、南岸新世纪广场。采取生态滤池、生态浮床、下凹绿地、碎拼铺装等低影响开发措施，盘活现有荒废景观设施，改善瓜渚湖区域水体质量，结合智能水质、降雨等监测设备，对比降雨前后水质环境，用数据指导海绵城市建设。

【联网路建成】 2020 年，柯桥区联网路主要项目绸缎中路(张溇段)建成，该路东起华舍街道民生路交叉口，西至越州大道交叉口，项目于 2019 年 11 月开工建设，2020 年 9 月完工，工程全长 823 米，施工单位绍兴宏力园林建设有限公司，工程投资 8388.70 万元。

【老旧小区“污水零直排 + 海绵”改造】 2020 年，柯桥区以华舍街道双周小区为试点，在分散化改造项目中融入海绵城市建设内容，将低影响开发措施以“一点一设计、一点一形态”方式纳入老旧小区污水零直排微改造，解决小区雨污分流问题，达到雨水在小区内自然积存、自然渗透和自然净化效果，使小雨无积水、大雨全分流。

2020 年 6 月 10 日，柯桥区对华舍街道双周小区实施“污水零直排 + 海绵”改造
(张文波 摄)

2020 年 9 月 28 日，柯桥区联网路主要项目绸缎中路(张溇段)建成
(张文波 摄)

【老旧小区改造】 2020 年，柯桥区改造老旧小区 12 个，其中柯桥街道 10 个、王坛镇 1 个、平水镇 1 个。改造内容主要包括小区外墙立面、场外绿化、小区道路、公共设施改造、地下强弱电管线、雨污水管线等。项目总投资 8900 万元，涉及房屋 224 幢，户数 5670 户，建筑面积 70.68 万平方米。(张文波)

城管执法

【概况】 2020 年，柯桥区引入公证执法

服务，解决现场执法证据随时灭失的难点，在线出具公证书，为执法和行政复议、诉讼提供合法有效证据。完善重大案件集体讨论会议制度，通过视频电话集体讨论事实清楚、法律明确、当事人承认的重大案件，提高重大案件办案效率。推进城管执法办案考核，全年办理一般程序案件 2075 件，完成办案指导数的 156.9%，处罚没金额 4.5 亿元。

【综合行政执法事项调整】 2020 年 7 月，柯桥区启动新一轮区级综合行政执法事项梳理工作，涉及 12 个部门，其中划出 154 项，划入 256 项。调整后，区综合行政执法局履行的执法事项由 299 项扩大至 395 项。

【高档住宅小区违建挂牌联系制实施】 2020 年，柯桥区对 82 个高档商品住宅小区实施违法建筑挂牌联系制，每个小区确定 1 名挂牌巡查员，每周不少于两次定期巡查联系小区，巡查员由 16 个镇（街道）综合行政执法中队在编执法人员担任。（金燕琴）

环境卫生管理

【概况】 2020 年，柯桥区对部分乡镇、村（居委会）垃圾分类质量不高现状，在全市首推垃圾分类“红黑榜”，倒逼“黑榜”单位加快整改提升，鼓励“红榜”单位不断提高水平。改造城区垃圾中转站 8 个。开展全城大清洗活动 3 次，出动环卫工人 200 余名，雾炮车 4 辆、冲洗车 4 辆、洒水车 12 辆、高压冲洗车 13 辆，小型冲洗车 30 辆，对主城区开展夜间全面冲洗行动，改善城区空气质量。城区有 219 个小区、160 个公共机构、29973 个企业单位开展生活垃圾分类工作，分类覆盖率 98.48%。农村 214 个行政村全部开展生活垃圾分类工作，分类覆盖率 100%。

【疫情相关生活垃圾运输】 2020 年新冠肺炎疫情期间，柯桥区环卫管理中心出动 38 辆清运车辆，定车、定人、定线路清运新冠肺炎隔离点、留置点产生的生活垃圾，车辆在运输过程中保持密闭。日出车 60 余趟，总清运量 45 吨。消毒生活垃圾收集点和作业场所周边 2 ~ 3 米。清运车辆装载卸料 1 轮后作 1 次整车消毒。全天作业完成后进行整车冲洗和整车消毒。

【生活垃圾分类宣教中心成立】 2020 年 7 月 8 日，柯桥区成立全市首个高标准生活垃圾分类宣教中心，中心分为沉浸式垃圾分类宣教中心及体验中心，科普垃圾分类重要性、收集运输和处理方式等知识。至年底，宣教中心累计对外宣传培训 50 余次，接纳社区（村、居）工作人员、物业人员、社区志愿者、中小学校团体 1100 余人次。

2020 年 7 月，柯桥区成立生活垃圾分类宣教中心

（区综合执法局　供稿）

2020 年 5 月，柯桥区开展全城大冲洗　（区综合执法局　供稿）

【再生资源体系运营服务项目运行】 2020 年，柯桥区引入第三方综合服务，运行再生资源体系运营服务项目，包含

129个再生资源回收站点、7个政府大院再生资源回收站点和2个再生资源分拣中心，覆盖全区16个镇（街道），日均回收再生资源50余吨。

【公共自行车手机扫码借还服务实施】 2020年，柯桥区在新建小区、商圈、办公楼、高铁站等区域新设100个无桩智慧站点，投入2000辆新型智能公共自行车，升级原有公共自行车站点，在全市率先实施公共自行车手机扫码借还服务，市民和外地游客均可通过支付宝或永安行App注册后扫码用车，免去办卡、补卡等环节。至年底，公共自行车借车还车次量180.3万次。（楼军凯）

2020年12月，柯桥区新型智能公共自行车投用

（区综合执法局　供稿）

城区交通管理

【概况】 2020年，柯桥区继续推进治堵保畅工程，实行“一路口一方案”管理模式，落实民警站高峰岗工作制度，提高路面见警率、管事率。组建“铁骑警队”36人，实现巡逻、处警、疏道、管理相结合，加快突发事件响应及处置速度。落实网格化警力设置，与巡特警、派出所等巡防力量形成互补。拓展“警保合作”机制，引导保险公司力量参与交通管理，确保轻微事故快处快赔。加快城区智能交通建设，强化交通秩序管理，推进城市交通拥堵治理。

【智能交通系统改造升级】 2020年，柯桥区城市主干道路口交通信号灯、电子警察和视频监控覆盖率98%以上。组建信号灯优化团队，即时调整信号灯配时，85%以上路口交通信号灯实现联网控制协调。在城区裕民路、瓜渚路、育才路、金柯桥大道、钱陶公路、杨绍线、柯南大道等9条道路上设置绿波带，车辆平均速度提升11.9%以上。

【各类交通违法行为查处】 2020年，柯桥区从严查处酒驾毒驾、无牌无证、“三超一疲劳”等重点违法行为，从严管理“两客一危”车辆（指从事旅游的包车、三类以上班线客车和运输危险化学品、烟花爆竹、民用爆炸物品的道路专用车辆）、中重型货车、工程运输车、电动自行车等重点车辆。全年现场查处违法行为32.9万起，其中酒驾2211起、中重型货车违法7.8万起、非机动车违法13.9万起、“两客一危”车辆（从事旅游的包车、三类以上班线客车和运输危险化学品、烟花爆竹、民用爆炸物品的道路专用车辆）违法645起。（徐　金）

拆迁安置

【概况】 2020年，柯桥区实施拆迁项目31个，建筑面积150.99万平方米。其中新增拆迁项目19个，建筑面积102.69万平方米；遗留结转项目12个，建筑面积48.3万平方米。全年完成拆迁项目31个，完成拆迁面积150.99万平方米。

【“三改”项目实施】 2020年，柯桥区实施“三改”（指城市规划区内旧住宅区、旧厂区和城中村的改造）项目34个，其中旧住宅区改造项目11个、城中村改造项目9个、旧厂区改造项目14个。全区完成“三改”建筑面积498.57万平方米，其中旧住宅改造完成356.41万平方米，城中村改造完成75.18万平方米，旧厂区改造完成66.98万平方米。

【陶里安置小区A区建成】 2020年，柯桥区陶里安置小区A区（又名“贤陶佳苑”）建成。项目位于柯桥区齐贤街道步锦路以南、齐陶北路以东，建设8幢11层小高层住宅，各类户型374套，总用地面积19614平方米，规划净用地面积19303平方米，总建筑面积53503.21平方米（地上建筑面积43610.84平方米，地下建筑面积9892.37平方米）。

【湖塘跨湖苑二期建成】 2020年，柯桥区湖塘跨湖苑二期建成。项目位于湖塘街道湖塘村，建设26幢5层公寓，各类户型510套，停车位512个，总用地面积57862平方米，净用地面积51773平方米，总建筑面积76923.62平方米，住宅建筑面积64445.01平方米。（金泳涛）

供排水

【概况】 2020年，柯桥区全年安全供水2.46亿吨，实际供水能力96.6万吨/日；收集污水1.94亿吨，截污能力100万吨/日；污水达标处理2.87亿吨，污水处理能力110万吨/日，化学需氧量削减21.44万吨。高层次、高技能人才蔡芝斌入选2020年度国务院政府特殊津贴人员名单。

【生活污水运维“全国样板”建设】 2020年，柯桥区完善农村生活污水运维模式，委托第三方运维全区324座生活污水处理终端和240座村居生活污水泵站，推行等级制代管监管模式，实行量化指标、分级考核、分级付费。检测污水管网4928千米，城市生活污水集中收集率通过省市级考核。柯桥区入选全国农村生活污水治理示范县（市、区）20强名单，自2017年起第四年在省、市两级考核中获得优秀等次。

【1.85万名山区群众喝上放心水】 2020年12月，柯桥区平水、王坛、稽东、夏履、钱清5个镇（街道）22个行政村39个自然村饮用水达标加压延伸建设工程完工，1.85万名山区群众喝上放心水。该工程于2019年9月开工，工程投资2亿元，建设单位为绍兴柯桥供水有限公司。

【生活污水处理出水达到省标】 2020年12月，柯桥水务集团下属绍兴水处理公司生活污水深度处理工程建成投运，污水处理能力达30万吨/日，生活污水出水由一级A排放标准提升到地表准IV类水标准，提前达到浙江省城镇污水处理厂主要水污染物排放标准。工程于2019年7月开工，工程投资9751万元，建设单位为绍兴水处理发展有限公司。

2020年12月22日，柯桥区30万吨/日生活污水深度处理工程完工 （周国栋 摄）

2020年，柯桥区湖塘街道铜井村生活污水运维终端（周国栋 摄）

【除臭系统处理能力达64.1万立方米每小时】 2020年12月，柯桥区除臭自动化控制系统和污水处理池除臭加盖工程完工，实现臭气在线数据监测、设备操控和现场监控，累计加盖总面积7

万平方米，除臭系统处理能力64.1万立方米/时，排放气体达到恶臭污染物排放标准。工程开工于2017年12月，工程投资14294万元，建设单位为绍兴水处理发展有限公司。（周国栋）

2020年11月18日，柯桥区污水处理池除臭加盖工程完工
（周国栋 摄）

供 电

【概况】 2020年，柯桥区投资电网建设2.4亿元，开工建设110千伏及以上输变电工程12个，开工容量69万千伏安，投产项目8个，投产容量45万千伏安。全社会用电量158.51亿千瓦时，比上年减少4.32%。最高用电负荷248.04万千瓦，比上年增长3.61%。新冠肺炎疫情防控期间，实时监测5038家重点复工企业用电负荷，建立一对一电力保障联络机制，制定用电检查及隐患消除方案。全区高、低压平均接电时长分别压降10.20%、10.39%。城区范围内低压接入容量限额提升至160千瓦，实现按需定制、灵活计量、直供到户。

【供电可靠率升至99.99%】 2020年，柯桥区优化电网结构，新增线路138.94千米，投运公变145台，新增容量131430千伏安。新建7组核心区域标准双环网，实现主城区双环网接线模式全覆盖。馈线自动化FA（配电线路自动化）累计投运24组。供电可靠率升至99.99%，居绍兴市首位。

【全省率先实施“旁路+热倒”综合不停电作业】 2020年，柯桥区启用中、低压发电车保供电新模式。在全省率先实施“旁路+热倒”综合不停电作业，取消柯桥街道10千伏计划停电作业，并逐步扩大取消范围。

·小资料· 旁路作业

是配网综合不停电作业中难度最大、作业流程最复杂的一种，需要将旁路引流线、柔性电缆、中间接头、移动开关车等旁路设备进行组合，形成一个临时的旁路通道，从而保证检修过程中线路后端的用户正常用电。

【电力降价减免政策实施】 2020年，柯桥区执行电力降价减费政策，减免企业电费支出5.81亿元。为地方政府创新发放用电消费券提供电力数据支撑，发放用电消费券2475.9万元，惠及电力用户925户次。

【污染企业“云监测”】 2020年，柯桥区开展污染企业“云检测”工作，试点10家企业，安装113个电监测点，实施监管环境质量。向污染企业发放《优化用电建议书》，增加环保用电提示。

【“专线用户改接至公线”高效能接线模式试点】 2020年，柯桥区采用“N供1备”高效能接线模式，推动运行负荷较低专线用户改接至公线（环网站），缓解滨海工业园区的电力供需矛盾。完成4937千瓦负荷改接，释放4个系统间隔资源，4家用户由单电源供电转变为多电源供电，增强区域电网弹性。（杨丹荔）

乡村振兴

【概况】 2020年，柯桥区推进农村人居环境整治提升，加快“强村消薄”工作进程。全区创建五星达标村214个，AAA级景区化建设示范村25个。开展各类河道巡查117次，累计巡查河道长度超2300千米。立案查处涉水违法案件7件，查处违法侵占水域面积603.99平方米。作出行政处罚（处理）决定7件，罚款3.842万元。申请法院强制执行案件7件。强制清理涉水违法建筑1处，恢复水域面积131.6平方米。批复建设项目水土保持方案报告表

2020年5月，柯桥区省美丽乡村特色精品村马鞍街道国庆村
（区农业农村局　供稿）

9件、报告书20件，动态跟踪水土保持项目后续设计、方案落实、水土流失监测、竣工验收等。创建省美丽乡村示范乡镇1个（安昌街道）、市美丽乡村示范乡镇1个（华舍街道），省美丽乡村特色精品村3个（安昌街道安华村、马鞍街道国庆村、杨汛桥街道蒲荡夏村）、市美丽乡村特色精品村6个（稽东镇家斜村、马鞍街道寺桥村、马鞍街道童家塔村、王坛镇上王村、王坛镇新联村、夏履镇莲东村）。有54个新时代美丽乡村达标村、18个精品村接受省调研评估。（沈伟娟　俞圣达）

【农村人居环境年度考核全市第一】 2020年，柯桥区拨付奖补资金约2400万元，组建农村环境整治专职考核组，全年抽考330个村（居委会），列出整改问题363条，整改率90.9%，获市对区农村人居环境季度测评考核全市第一。（沈伟斌）

2020年11月，柯桥区对杨汛桥街道竹园童村进行环境整治检查
（区农业农村局　供稿）

【"无违建河道"创建11条】 2020年，柯桥区开展"无违建河道"创建，其中涉及4条县级河道（三江大河、漓渚江、项里江、型塘江）和7条乡镇级河道（鉴江村河、山下湖、解放居前庙江、管墅直江、上灶江、百丈江、念鹅江），创建河道总长43.595千米，拆除违章面积687平方米。

【水土保持遥感图斑现场复查】 2020年，柯桥区结合水利部和省水利厅、市水利局要求，赴生产建设项目现场复查188个遥感图斑，审核项目扰动情况和属性信息，拍摄现场照片，复核率100%。（俞圣达）

2020年7月，稽东镇下金山水电站完成整改　（李剑超　摄）

【水电站清理整改】 2020年，柯桥区清理整改水电站17座，其中9座退出类电站，采取封堵取水口，拆除压力管道和发电设备，消除安全隐患；8座整改类电站，采取生态流量改造、设施设备安全改造、厂房修缮、标准化创建等措施，达到安全运行。

【农村饮用水达标提标工程实施】 2020年，柯桥区投资6100万元，继续实施农村饮用水达标提标工程。至年底，34个行政村99个自然村饮用水达标提标，受益人口2.10万人。（韩越峰）

村级工业物业改造

【概况】 2020年，柯桥区改造提升5个村级工业物业项目，其中一般工业用地项目3个、商业用地项目2个，盘活村级低效用地235亩。至年底，福全街道福全山村村级工业物业改造提升试点地块准备挂牌出让，齐贤街道镜湖村、杨汛桥街道园里湖居委会及展望村村级工业物业改造提升试点、安昌街道盛陵村村级工业物业改造提升试点地块进行项目招商洽谈。（蒋佳伟）

鉴湖旅游度假区建设

【概况】 2020年，鉴湖旅游度假区完成政府性投资19亿元，接待游客300万人次，旅游总收入45亿元。完成社会性投资4亿元，房地产投资19亿元。实缴税收本级7000万元、房地产项目税收3亿元。出让经营性土地约300亩。鉴湖旅游度假区在全省旅游度假区2018—2019年考核中获全市唯一考核优秀，获长三角最佳文旅融合旅游度假区（景区）称号。

【鉴湖休闲小镇规划】 2020年，鉴湖旅游度假区完成鉴湖休闲小镇规划。小镇汇集休闲观光、体育运动、项目体验、赛事运营、体育产品销售等功能，提供冰雪运动、水上运动、山地运动、极限运动等体育项目，打造“慢生活·酷运动”“有味道·有风情”全民化休闲型体育小镇。

2020年，乔波滑雪馆内冰雪运动者　　（鉴湖旅游度假区　供稿）

【黄酒小镇入选第四批省级特色小镇】 2020年12月24日，在浙江省新时代美丽城镇和特色小镇建设工作推进会上，绍兴黄酒小镇入选第四批省级特色小镇。黄酒小镇按照“一镇两区”模式创建，东浦片区依托酒乡古镇资源，重点发展黄酒文化旅游产业；湖塘片区依托黄酒产业基础，重点发展黄酒酿造产业。自2015年创建后，小镇投入近50亿元，接待游客超130万人次。

【2020亚太国际金融论坛柯桥峰会】 2020年1月11日，2020亚太国际金融论坛柯桥峰会开幕式在鉴湖旅游度假区东方山水金沙酒店举行。论坛主题为“金融重塑创新 服务实体经济”，有4场主题演讲、1场圆桌论坛、4个平行分论坛，探索金融服务实体经济新路径。上市公司、拟上市企业负责人、高净值投资人等1000余人参加会议。

【柯桥旅游快捷巴士专线开通】 2020年9月11日，柯桥旅游快捷巴士专线开通并试运营。柯桥旅游快捷巴士设置“印象之旅”“享游之旅”“夜景之旅”3条旅游专线，连接绍兴北站、轻纺城、航站楼、会展中心、时尚商圈、酒店和柯桥核心景区，满足多元化旅行需求。

【柯南足球场扩建】 2020年，鉴湖旅游度假区扩建柯南足球场，完工后将作为亚运会训练基地。项目位于柯岩街道育才路与春望路口，总投资1亿元，总用地面积52577平方米，新增用地面积32159平方米，采用绿凯3号国际标准草坪，建设68米×105米标准足球场1块，标准训练足球场地(60米×90米)3块，宿舍楼1幢，规划总建筑面积约7790平方米。

【鉴湖江南岸二期慢行系统夜间景观亮化工程完工】 2020年6月16日，鉴湖江南岸二期慢行系统夜间景观亮化工程全线完工。工程于2019年3月12日开工，总投资1040万元，项目东起香林大道西至余渚路，全长4.5千米，由华煜建设集团有限公司负责施工，完成鉴湖江夜间轮廓照明、桥梁照明和亭子、栈道、休息廊架等景观小品照明。

【鉴湖江游步道二期工程完工】 2020年，鉴湖游步道二期工程完工，项目东起香林大道、西至余渚路，总长度4.5千

2020 年 5 月 31 日，鉴湖游步道二期工程完工
（鉴湖旅游度假区　供稿）

米（湖塘段 3.2 千米、柯岩段 1.3 千米），总投资 3 亿元。游步道二期 1 标段于 2018 年 5 月 2 日开工，2020 年 4 月 10 日完工，由浙江镜湖建设集团有限公司负责施工。游步道二期 2 标段于 2018 年 12 月 1 日开工，2020 年 5 月 31 日完工，由浙江才缘建设有限公司负责施工。二期工程完工后，建成全线骑行道、塑木栈道，3 处游客服务接待点、2 处停车场、3 处游船码头、14 座景观桥，形成火树栾花休闲健身、步目观湖生态田园和醉品鉴湖文化体验 3 个主题段和跨湖揽月、酒香醉湖、步目观湖、烹泉看竹、乌篷起橹、鉴湖溯源 6 个景观节点。

【"酷玩黄金周 · 烟花音乐节"】 2020 年国庆期间，柯桥区东方山水乐园酷玩王国举办"酷玩黄金周 · 烟花音乐节"，每晚 9 时上演烟花秀，活动持续 8 天，游客总数 20 万人次，最高日 2.5 万人次。柯桥酷玩小镇成为浙江省级夜间经济培育城市重点建设坐标之一。（吴嘉颖）

2020 年国庆期间，柯桥区东方山水乐园酷玩王国举办"酷玩黄金周 · 烟花音乐节"
（鉴湖旅游度假区　供稿）

兰亭文化旅游度假区建设

【概况】 2020 年，兰亭文化旅游度假区签约投资超 50 亿元重大项目 2 个，拆迁 20 万平方米，腾出发展空间 500 余亩，土地征收 300 亩、流转 1000 亩，新储备并做地 1000 亩以上，实现土地出让 250 亩，出让金收入超 10 亿元，获 14 家银行证券机构 230 亿元意向授信，到位融资 25 亿元。兰亭森林公园提升改造项目列入柯桥国有投资项目建设计划，兰亭休闲度假中心列入现代产业重点项目计划，一期 79.6 亩地块完成出让。创建省级旅游度假区，制作专题宣传片，推出《兰亭文旅山居图》专刊，开发"无榧不醉酒"文旅产品，获 2020 "东亚文都 · 诗画江南"绍兴市文化和旅游产品大赛金奖。举办浙东唐诗之路云门文化研讨会、"绍兴摄影名家走进兰亭文化旅游度假区"专题摄影采风、柯桥南部十大人气打卡地评选、"墨上花开、兰香四溢"摄影大赛、小小少年研学兰亭文化旅游度假区等活动。

【华强方特绍兴国学文化博览园签约】 2020 年 9 月 29 日，华强方特绍兴国学文化博览园项目落户兰亭文化旅游度假区。项目选址兰亭文旅核心区，兰亭风景区西侧，总用地面积约 1000 亩，计划总投资额约 60 亿元。项目以弘扬优秀国学文化为宗旨，采用方特集团高科技表现形式，将现代健康理念和休闲度假理念融合为一，集山湖景色、智能科技、文化创意、度假休闲于一体的旅游目的地。项目预计于 2024 年建成，建成后预计年客流量 300 万人次，实现年营业收入 8 亿元以上，新增就业 1500 余人。

【中南兰亭旷谷旅游综合体项目签约】 2020年11月14日，兰亭文化旅游度假区管理委员会与浙江中南文旅集团有限公司签署《中南兰亭旷谷旅游综合体项目框架协议》。按照协议，中南兰亭旷谷旅游综合体项目规划总用地面积约3000亩，其中建设用地约1400亩，计划总投资额约100亿元。项目依托漓铁历史风貌，打造铁矿工业遗址体验区、中南IP动漫体验区、中南卡通数字文创和研学产业区、越文化艺术体验区等4个板块，分两期实施，一期计划3年建成并开园。项目建成后，预计年游客参观量500万人次，新增就业岗位约5000人。

【兰渚大道改建提升工程动工】 2020年9月，兰渚大道改造提升工程完成招标进场施工，项目北至福漓公路，南接绍大线，总长4千米，改造道路宽度34米，总投资超4亿元，施工单位为杭州市市政工程集团有限公司。至年底，工程完成总工程量的40%。

【浙江漓铁集团移交】 2020年12月10日，浙江漓铁集团移交签约仪式在兰亭文化旅游度假区管委会举行。绍兴市兰亭文化旅游度假区管理委员会与绍兴市产业发展集团有限公司、浙江漓铁集团有限公司共同签署《浙江漓铁集团有限公司交接协议书》，绍兴市产业集团将漓铁集团土地、房产、铁路、股权等相关资产整体移交给绍兴市兰亭文化旅游度假区，漓铁改革完成阶段性任务。（徐　军）

古镇保护

【概况】 2020年，柯桥历史文化街区完成方家汇、新街、下市头直街区块、西入口区块等场外市政景观工程，占地面积约8.3万平方米，总投资约5000万元。完成永丰桥西区块修缮工程、B-31地块文化休闲区新建工程、B-29地块传统建筑修缮工程等新建项目，总建筑面积约2.9万平方米，总投资约9000万元，完成古玩市场工程、B-24地块文化艺术中心工程、下市头直街传统建筑修缮工程等续建项目约2.9万平方米。启动董希文纪念馆项目，建筑面积4977平方米，投资金额6098万元。编制《柯桥省级历史文化街区核心保护区消防设计》《柯桥省级历史文化街区核心保护区防火安全保障方案》。

【大寺区块传统建筑修缮工程完工】 2020年6月16日，柯桥区历史文化街区大寺区块传统建筑修缮工程完工，项目于2019年2月25日开工，建筑面积7191平方米，投资1886万元，建筑以整体修缮整治、拆除后期加建的方式进行保护利用，恢复其传统街巷式建筑风格。更换、修复地面老石板，拆除后期搭建、加建，更换、修补破损木构架，修复破损墙体，参照柯桥本土样式修复门窗、部分建筑采用现代门窗，翻修屋面，屋面按需要增设防水层，建设单位为绍兴柯桥历史文化街区开发利用投资建设有限公司。

【B-31地块文化休闲区新建工程完工】 2020年3月7日，柯桥区历史文化街区B-31地块文化休闲区新建工程开工，9月20日完工。项目建筑面积1939平方米，投资536万元，总体布局形成南北两幢建筑，北侧建筑为商业休闲功能，南侧建筑主要为配套服务用房。建设单位为绍兴柯桥历史文化街区开发利用投资建设有限公司。

【古玩市场工程完工】 2020年11月13日，柯桥区历史文化街区古玩市场工程完工，项目于2019年6月5日开工，建筑面积8067平方米，投资3977万元，建筑功能以商业休闲、文化创意为主，北侧为慢行活动区，以穿越建筑架空层的步行街和传统建筑保护区围合形成广场；南侧为特色文化商业街区，在建筑空间内围合形成不同尺度庭院。建设单位为绍兴柯桥历史文化街区开发利用投资建设有限公司。

【B-24地块文化艺术中心工程完工】 2020年11月13日，柯桥区历史文化街区B-24地块文化艺术中心工程完工。项目于2019年5月14日开工，建筑面积8239平方米，投资2977万元，项目建设5幢2层建筑，形成南侧创意休闲区、中部文化展示区、北侧交流体验区3个片区。建设单位为绍兴柯桥历史文化街区开发利用投资建设有限公司。

【下市头直街传统建筑修缮工程完工】 2020年9月14日，柯桥区历史文化街区下市头直街传统建筑修缮工程完工，项目于2019年8月15日开工，建筑面积5077平方米，投资2071万元，恢复传统街巷式建筑风格，更换、修复地面老石板，拆除后期加建，更换、修补破损木构架，修复破损墙体，参照柯桥本土样式修复门窗，翻修屋面，屋面按需要增设防水层。建设单位为绍兴柯桥历史文化街区开发利用投资建设有限公司。

【永丰桥西区块传统建筑修缮工程完工】 2020年2月15日，柯桥区历史文化街区永丰桥西区块传统建筑修缮工程开工，9月1日完工，项目建筑面积13041平方米，投资3912万元，修缮区块内保留木结构建筑，立面改造建筑质量较高的砖混房屋，拆除质量较差建筑，补形新建部分建筑，建设单位为绍兴柯桥历史文化街区开发利用投资建设有限公司。

【B-29地块传统建筑修缮工程完工】 2020年4月15日，柯桥区历史文化街区B-29地块传统建筑修缮工程开工，9月14日完工。项目建筑面积2048平方米，投资620万元，异地迁建保护5个台门建筑。建设单位为绍兴柯桥历史文化街区开发利用投资建设有限公司。

【B-28地块传统建筑修缮工程完工】 2020年9月28日，柯桥区历史文化街区B-28地块传统建筑修缮工程开工，12月28日完工。项目建筑面积5395平方米，投资1619万元，恢复传统街巷式建筑风格，保护改造现有厂房，拆除后期加建，更换、修补破损木构架，修复破损墙体，参照柯桥本土样式修复门窗，翻修屋面，屋面按需要增设防水层。建设单位为绍兴柯桥历史文化街区开发利用投资建设有限公司。

【方家汇区块场外景观工程完工】 2020年3月9日，柯桥区历史文化街区方家汇区块场外景观工程开工，12月31日完工。项目占地面积6300平方米，投资354万元，更换、修复地面老石板，设置老石材树池3个、景观小品1处，新增、修复破损石销墙，提档场地内绿化、照明，铺设供水管、雨水管、污水管、电力管线。建设单位为绍兴柯桥历史文化街区开发利用投资建设有限公司。

【新街区块场外景观工程完工】 2020年6月25日，柯桥区历史文化街区新街区块场外景观工程开工，10月22日完工。项目占地面积6000平方米，投资284万元，开展景观铺装，景观绿化，景观小品，驳岸修复，桥梁、场外给排水，场外照明亮化。建设单位为绍兴柯桥历史文化街区开发利用投资建设有限公司。

【下市头直街区块场外景观工程完工】 2020年9月18日，柯桥区历史文化街区下市头直街区块场外景观工程开工，12月31日完工。项目占地面积6000平方米，投资496万元，开展景观铺装，景观绿化，景观小品，驳岸修复，场外给排水，场外照明亮化。建设单位为绍兴柯桥历史文化街区开发利用投资建设有限公司。

【大寺区块场外景观工程完工】 2020年9月25日，柯桥区历史文化街区大寺区块场外景观工程开工，12月31日完工。项目占地面积2.1万平方米，投资1278万元，开展景观铺装，景观绿化，景观小品，驳岸修复，桥梁，场外给排水，场外照明亮化等。建设单位为绍兴柯桥历史文化街区开发利用投资建设有限公司。

【西入口区块场外景观工程完工】 2020年10月21日，西入口区块场外景观工程开工，12月31日完工，项目占地面积约1.2万平方米，投资929万元，开展景观铺装，景观绿化，景观小品，驳岸修复，桥梁，场外给排水，场外照明亮化，建设单位为绍兴柯桥历史文化街区开发利用投资建设有限公司。

【老柯亭桥改造工程完工】 2020年10月29日，柯桥区历史文化街区老柯亭桥改造工程开工，12月31日完工。项目投资92万元，包括拆除原104国道北半幅西侧6跨，东侧5跨，保留过河及过河两侧共计3跨。拆除老桥后进行整体PC仿石砖铺装，设置条石台阶接顺保留桥跨，并在保留桥跨上设置连廊。建设单位为绍兴柯桥历史文化街区开发利用投资建设有限公司。

【寺岔河以南区块场外景观工程完工】 2020年10月28日，柯桥区历史文化街区寺岔河以南区块场外景观工程开工，12月31日完工。项目占地面积2.1万平方米，投资947万元，开展景观铺装，景观绿化，景观小品，驳岸修复，桥梁，场外给排水，场外照明亮化。建设单位为绍兴柯桥历史文化街区开发利用投资建设有限公司。

【B-31及柯亭桥以东区块场外景观工程完工】 2020年10月31日，柯桥区历史文化街区B-31及柯亭桥以东区块场外景观工程开工，12月

31日完工。项目占地面积1.1万平方米，投资479万元，开展景观铺装，景观绿化，景观小品，驳岸修复，桥梁，场外给排水，场外照明亮化。建设单位为绍兴柯桥历史文化街区开发利用投资建设有限公司。

【历代名匾馆室内展陈工程完工】 2020年5月12日，柯桥区历史文化街区历代名匾馆室内展陈工程开工，6月30日完工。项目投资98万元，场馆陈列展示一批自明代至清代、民国时期的历代匾额，建设单位为绍兴柯桥历史文化街区开发利用投资建设有限公司。

【董希文纪念馆项目启动】 2020年10月20日，柯桥区历史文化街区董希文纪念馆项目开工，项目建筑面积4977平方米，投资6098万元，计划于2022年6月工程完工。场馆分为生平资料区、作品展示区、教育区。建设单位为绍兴柯桥历史文化街区开发利用投资建设有限公司。（翁林军）

执行编辑　董思思

交通运输 · 邮政

交通建设

【概况】 2020年,柯桥区完成综合交通项目投资56.2亿元,完成全年计划的133%,在各县(区、市)中排名第一。杭绍台高速公路鉴湖互通以南段、31省道绍大线北延柯桥至萧山段、柯海线提升改造工程和安昌路北延等项目完工通车,杭绍城际铁路、杭州中环高架桥改建工程、杭州湾环线高速公路(杭甬段)柯桥互通改扩建工程、镜水路南延等一大批综合交通建设重点项目加速推进,杭绍甬高速公路柯桥段、杨江西路接03省道东复线、杨绍线福全段改建工程和尹大线改造工程等项目开工建设。

2020年,镜水路南延工程现场　　（区建设集团　供稿）

杭绍城际铁路朝着2021年通车的目标推进,杭州中环高架部分形象进度至18%;杭甬高速北互通形象进度至38%;杭金衢至杭绍台高速连接线完成初步审计和施工图报批,进行PPP招标公告。相继开通柯桥至下沙大学城客运专线、杭州地铁5号线公交专线,公交545路延伸至萧山区益农镇。(包明敏)

【安昌路北延工程完工】 2020年4月17日,由柯桥区建设集团投资建设的安昌路北延工程(萧山段)完工正式通车。该项目投资0.31亿元,是连接柯桥区安昌街道与萧山区瓜沥镇两地的交通主干道,工程主线起于方党线(塘路),顺接安昌路北延柯桥区段,路线全长253米,另对终点平角口的八柯线进行调整优化,改造长度318米。项目采用双向四车道二级公路标准,同时兼顾城市道路功能,设计速度每小时60千米,萧山段主路线路基宽度为22米,八柯线改造段路基宽度33米,沿线设置(优化)交通安全设施、绿化、照明等配套设施。(吴　剑)

【柯海线提升改造工程完工】 2020年4月,柯海线提升改造工程完工通车。该工程于2019年4月开工,是印染产业集聚区重要配套基础设施项目,总投资3.8亿元。起于金柯桥大道交叉口,途径安昌、齐贤、马鞍3个街道8个行政村,终于迎海路口,全长9.6千米。主要改造内容为双向四车道改六车道,增设慢行系统,对沥青路面及上跨杭甬高速桥进行大修,同步完善全线交通安全、排水、绿化及照明等设施。(邵志凤)

【钱滨线安昌支路西延接成虎路建设工程开工】 2020年8月17日，钱滨线安昌支路西延接成虎路建设工程开工。工程起于柯桥钱滨线止于萧山成虎路，全长870米，宽7.5米，含桥梁1座，概算投资3200万元，由柯桥区安昌街道和萧山区瓜沥镇分段实施。（陈志屏）

【杭绍甬高速公路柯桥段开工】 2020年9月，杭绍甬高速公路柯桥段工程开工。该工程是国高网（国家高速公路网）G92N杭州湾环线并行线的重要组成部分，经过杭州下沙经济开发区、大江东经济技术开发区、萧山区和柯桥区、上虞区，全长52.74千米。其中绍兴段长29.30千米（柯桥区段5.50千米）；总投资291.60亿元，其中绍兴段投资166.97亿元（柯桥区段16.70亿元），设马鞍互通1个。（包明敏）

【杨绍线福全段改建工程开工】 2020年9月，由柯桥区建设集团投资建设的杨绍线福全段改建工程正式开工。该项目总投资9.5亿元，起点位于杨绍线与镜水路交叉位置附近的柯岩交界处，终点位于杨绍线与尹大线交叉口，总体呈西北向东南走向，全长4.11千米，设计速度每小时60千米，采用双向六车道一级公路标准，兼顾城市道路功能。项目分2个施工标段，第Ⅰ标段施工单位为浙江良和交通建设有限公司，第Ⅱ标段施工单位为中国五冶集团有限公司。

【31省道绍大线北延柯桥至萧山段竣工】 2020年11月6日，由柯桥区建设集团投资建设的31省道北延绍兴至萧山段工程（柯桥区段）正式竣工通车。该项目总投资12.9亿元，是浙江省重点建设项目，全市“六横八纵”快速路网之一，柯桥区融杭路网建设主干道之一。项目起于G329国道后诸互通，终于钱滨线，全长5.63千米，路基宽45.5米，双向六车道，项目沿线途径齐贤街道、马鞍街道的7个行政村，征用土地625亩，拆迁房屋2.4万平方米。工程内含柯桥区最大跨径110米的柘林江桥和总长1860米的大源互通主线特大桥。

【杭金衢连接线接03省道东复线工程开标】 2020年12月30日，由柯桥区建设集团投资建设的杭金衢连接线接03省道东复线工程（又称杨江西路接03省道东复线工程）在柯桥区公共资源交易中心开标，中标单位为中铁二局集团有限公司。该项目总投资2.81亿元，起点位于杨渔线与杭金衢高速绍兴连接线交叉口，终点至萧山区与03省道东复线相交，路线总长约2.50千米，采用二级公路标准，全线设计速度每小时60千米。（吴　剑）

轨道建设

【概况】 2020年3月10日，杭绍城际铁路建设全线复工，多个施工班组开展混凝土结构施工、钢结构吊装、站场综合管网埋设等工作。至年底，完成当年投资23亿元，累计投资114亿元，完成总投资的90%。车站建设基本完工，机电施工、弱电、供电施工全面开展，接触网在牛头山隧道、车辆段、试车线施工。完成香樟路站站内及站后折返线铺轨、钱清站到杨汛桥站区间铺轨（除U型槽），完成柯西区间1-10#桥墩整体道床、西沙路站岔区和笛扬路站左线小里程岔区施工。

2020年11月6日，31省道北延绍兴至萧山段工程（柯桥区段）正式竣工通车　（区建设集团　供稿）

【88亿元银团贷款获批】 2020年，杭绍城际铁路项目获批88亿元银团贷款，1月9日，首笔3亿元银团贷款资金顺利发放。该贷款项目是国家开发银行全国首笔成功报批的区级平台轨道交通项目，创柯桥区单一项目融资最大金额记录。

【车辆基地建设】 2020年3月18日，

杭绍城际铁路工程万绣路车辆基地SG-9标项目控制大楼结顶。控制中心面积4847平方米，内部设行车调度控制系统，负责杭绍城际铁路所有车辆调度。杭绍城际SG-9标项目占地233亩，由中铁三局集团承建，工程主要包括地下室、综合楼、培训中心、宿舍楼、控制中心、综合维修中心、食堂等12个单体建筑，总建筑面积135679.77平方米。9月15日，万绣路车辆基地完成所有高架工程（车辆基地与铁路正线的连接线，作用与公路立交桥匝道相似）。万绣路车辆基地内出入段线分为西沙路出入段线(987米)、湖安路出入段线(932.05米)，桩基、主体结构及相关附属结构。除出入段线外，车辆基地还配备用来测试地铁列车性能的内试车线、寄存列车的停车线、架空轨道的检修线和进出车库的出入库线。

2020年9月24日，杭州至绍兴城际铁路工程电动客车项目首列电客车到达万绣路车辆基地　（区轨道交通集团　供稿）

2020年3月18日，杭绍城际铁路工程万绣路车辆基地SG-9标项目施工现场　（区轨道交通集团　供稿）

【杭绍城际铁路首列客车上轨试跑】 2020年7月30日，杭绍城际轨道交通首列电客车运输至广东江门型式试验场地并开展牵引制动性能、动静态噪声以及5000千米稳定性等一系列试验验证工作。

【杭绍城际首列客车交付】 2020年9月24日，杭州至绍兴城际铁路工程电动客车项目首列电客车接车仪式在万绣路车辆基地举行。杭绍城际项目全线配置车辆18列/108辆，采用4动2拖6辆编组的B2型鼓形车。列车全长约120米，车体最宽处2.88米，最高运行时速每小时100千米，全线运行小于30分钟。车体采用铝合金全焊接结构；色带设计结合水乡的清溪如带；侧面屏风挡板图形设计来源于绍兴市树香榧树枝干的造型；车灯设计灵感来源于纺织这一柯桥最具代表的文化，车头灯采用氙气大灯及环形LED照明。

【全线桥梁主体贯通】 2020年10月

2020年10月10日，杭绍城际铁路全线桥梁主体贯通　（区轨道交通集团　供稿）

10日，由中铁十六局承建的杭绍城际铁路SG-7标最后一片跨度30米简支梁浇筑完成，杭绍城际铁路全线桥梁主体贯通。杭绍城际铁路工程SG-7标项目为杭绍城际铁路的其中一个标段，线路全长4.5千米，主要工程内容为3座高架车站和4座高架区间。

【车站基本完工】 2020年年底，杭绍城际铁路车站工程建设基本完成。其中钱清站、笛扬路站全部完工，柯华路站、衙前站、杨汛桥站、稽山路站、柯桥西站、西沙路站、湖安路站均完成主体结构验收，附属结构陆续进入尾声。

【基本实现洞通】 2020年年底，杭绍城际铁路建设工程基本实现洞通。其中香樟路站—衙前站区间、柯笛区间、柯风区间均于10月底前实现左右线洞通；稽风区间、衙前站—杨汛桥站区间于12月中旬实现左右线洞通；湖安—稽山区间12月底实现左线洞通。

交通设施管养

【概况】 2020年，柯桥区境内公路总里程为1523.447千米，其中国道53.36千米（含国家高速公路12.29千米，普通国道41.07千米），省道76.65千米（含苏台高速21.08千米），县道407.16千米，乡道300.85千米，专用公路11.44千米，村道673.99千米。全区有桥梁954座，其中国家高速23座、普通国道37座、省道55座（含苏台高速11座）、县道335座、乡道151座、村道353座。隧道29道〔（青坛隧道、王城隧道、元宝山隧道左侧、元宝山隧道右侧、兰亭隧道左侧、兰亭隧道右侧、古博岭隧道左侧、古博岭隧道右侧、日铸岭隧道、凤凰山隧道左侧、凤凰山隧道右侧、型塘岭隧道、杨汛桥隧道、大岩头山隧道左侧、大岩头山隧道右侧、平水隧道（左、右）、黄大罗山隧道（左、右）、泉井山隧道（左、右）、洋中隧道（左、右）、车头隧道（左、右）、玄风岭隧道（左、右）、铜盘山隧道（左、右）〕。建制村公路通达率100%。按公路技术等级划分：高速44.51千米，一级126.90千米，二级201.47千米，三级107.70千米，四级918.35千米，准四级124.52千米。

2020年，柯桥区加大干线公路养护巡查频率和力度，每天组织人员对全区县道及以上公路开展2次以上巡查，全面推进道路保洁常态化、标准化、精细化。根据道路特点合理配置清扫车、洒水车等机械设备，对机械化作业清扫不到位的边沟、绿化带等部位结合人工辅助清扫，定时定人加大洒水车清扫频率，抑制公路扬尘，保证管养公路路面干净、整洁、畅通，提升公路路容路貌。

2020年，柯桥区洒水车对路面进行洒水　（区交通运输局　供稿）

针对雨雪冰冻等恶劣天气对公路通行造成的影响，完善应急抢险工作方案。调整应急抢险队伍，落实应急抢险物资及抢险设备，确保物资储备充分。加大对重点路段、临水临崖、可能发生水毁等路段巡查监测力度，做到及时发现及时处置。

【普速铁路沿线环境整治】 2020年7月起，柯桥区推进杭绍甬城际铁路（萧甬铁路）柯桥段两侧沿线重点整治提升工作。在对15.90千米的铁路进行全线提升整治中，除了对铁路两侧乱搭建、广告牌等进行拆除外，综合开展拆违章、种树木、改立面等专项行动，消除铁路周边区域历史遗留安全隐患和市容问题。其中一期10千米范围内4家企业搬迁、拆迁45万平方米，拆违2.5万平方米，种植绿化25万平方米；二期5.9千米投入9亿元同步整治。到9月1日，省定问题整治完成率、验收率及自查问题整治完成率均100%。9月17日，全省普速铁路沿线外部环境安全隐患综合治理专班业务培训暨全省现场会在柯桥区召开。

2020年7月起，柯桥区推进杭绍甬城际铁路（萧甬铁路）柯桥段两侧沿线重点整治提升工作　　（区交通运输局　供稿）

【“四好农村路”建设】 2020年，柯桥区按照低等级公路升级改造要求，重点在绍甘线、车谷线、分后线等7条道路上实施，将路灯亮化工程列入市、区两级民生实事。至年底，完成乡村道以及县道公路亮化工程33千米，新建和提升改造农村公路127千米，新建美丽经济交通走廊60千米。（包明敏）

海事管理

【概况】 2020年，柯桥区有定级航道46条，通航里程320.12千米。其中，四级航道2条（柯甬运河、曹娥江），通航里程50.52千米；五级航道1条（绍海甲线），通航里程12.8千米；六级航道5条（萧余线、南塘线、钱陶线、钱海线、柯海线），通航里程99.8千米；七级航道13条，通航里程80.6千米；准七级航道25条，通航里程76.4千米。有货运码头11个，均为300吨级以上，其中厂矿自备码头7个。浙能绍兴滨海热电有限公司码头年进港电煤360万吨，为全市进港量最大的码头。取得港口经营许可证的客运码头1个，柯岩景区和瓜渚湖景区游船靠泊点6处。全区共有货船116艘、客船24艘，计61336载重吨、974个客位，货船平均吨位528.76吨，平均吨位为历年最高值。有水运企业6家，其中水路普通货物运输企业4家，有货船71艘，运力36655载重吨。水路客运企业2家，有客船24艘，运力974个客位。完成水路货运量207.7万吨，比上年增长11.2%；水路货物周转量3.2741亿吨千米，比上年增长6%。完成水路客运量36万人次，比上年下降39%；水路旅客周转量43.97万人千米，比上年下降40.68%。港口吞吐量698万吨，与上年基本持平。

【船舶生活垃圾污水上岸处置常态化】 2020年，柯桥区改善锚泊服务区公共服务设施，增设船员休息区、便民超市、船舶修理、水上加油、大型电子屏、岸电桩、智能垃圾箱、船舶生活污水接收等设施。港口码头、锚泊服务区、船舶修造厂污染物接收点全部安装污染物接收二维码，运输船舶通过手机扫码处置船舶污染物。落实防污染主体责任，与环卫、危废处置单位签订污染物转运处置协议，规范接收处置船舶生活垃圾、生活污水和油污水。全年接收处置船舶生活垃圾5.64吨、船舶生活污水385.80吨、船舶油污水0.20吨，船舶生活垃圾、污水上岸处置常态化。

【码头防污整改】 2020年，柯桥区整改各港口码头、锚泊服务区喷淋设施不使用、货物堆场覆盖不完全等问题，处罚码头未落实防扬尘措施案件1起，罚款1万元。全区港口码头输送带全封闭，除作业场所设喷淋装置外，另配置洒水车、雾炮等抑尘设施14台，岸电箱27套，码头防污染初见成效。

【船舶尾气污染整治】 2020年，柯桥区整治船舶尾气污染，开展运输船舶燃油硫含量检测，检测不同船籍港运输船舶柴油硫含量29艘次，对检测结果不符合国标要求的2艘船舶罚款1.1万元。最后2艘20年以上老旧运输船舶退出运输市场。

【集散两用船发展成趋势】 2020年，柯桥区集散两用船舶发展渐成趋势。增加最大参考载货量1316吨的两用船舶3艘。此类两用船舶既可装载集装箱2层36标箱，也可装载超千吨的散装货物，是绍兴市最大的内河集散两用船舶。

【杭甬运河柯桥区段创建为省级美丽航道】 2020年年底，杭甬运河柯桥区段通过省级部门验收，创建为省级美丽航道。该项目于2018年11月启动，总投资超3800万元，完成沿线22千米的航道两岸绿化提档升级、航道浅滩疏浚，升级改造沿河建筑物，新建公园式节点水泽4个，新建船舶生活污水、油污水接收处置设施2套，改建公园式锚泊服务区1个。

【新增船舶集中停泊点1处】 2020年，柯桥区投资350万元，在杭甬运河杨汛桥韩家沿航段设置应急系缆桩12颗，疏浚浅滩3万余立方米，改善航道基础设施，解决船舶集中停泊难点问题，避免航道堵塞。

【港口码头建设工程】 2020年，柯桥区新增绍兴越华商品混凝土有限公司码头500吨级泊位1个，4月投入营运后吞吐量达50万吨。在建改扩建工程、自备码头新建工程各1项。其中浙江永利热电码头改扩建工程近尾声，增加500吨级泊位2个；浙江润昇新能源公司自备码头在建，建设规模500吨级泊位3个（杂货泊位、多用途泊位、待泊泊位各1个）。（包明敏）

公共交通发展

【概况】 2020年底，柯桥区公共交通以城乡公交、中长途班线和出租客运为主，有一级客运站1个（柯桥客运中心），城区及镇（街道）公交站场共26个。有产权的13个，分别为之江学院公交站、柯华站、湖东站、会展中心公交站、柯南公交站、滨海公交站、平水客运公交站、柯北公交站、齐贤公交站、兰亭公交站、漓渚公交站、稽东公交站、王坛公交站，其余6个公交站产权为镇（街道）所有。另有租用借用停车场7个，分别是体育中心、秋湖、绍兴客运中心、客运西站、大香林、乔波滑雪馆、湖光桥公交站。

全区有道路旅客运输经营业户14家，其中公交企业1家（绍兴市公共交通集团第二有限公司）、客运站（场）经营业户1家（柯桥客运中心）、班车客运企业3家、包车客运企业4家、巡游出租车客运企业5家。有营运客车600辆（不含公交），其中班线客车34辆、省内外旅游包车101辆、巡游出租汽车465辆。

绍兴市公共交通集团第二有限公司有公交车辆743辆，其中在用运营车辆724辆（清洁能源、新能源车辆702辆，占总运营车辆的94.48%）。有公交线路104条（不含65条学生通勤公交），其中跨区30条、区内34条、二级40条。受新冠肺炎疫情影响，2020年营运里程和客运量比上年有所下降，全年营运里程3949.46万千米，日均里程10.82万千米。全年客流量3310.32万人次，日均载客量9.07万人次。全年发班51.43万趟次，平均日发班次4149趟次。有从业人员1176人，其中公交驾驶员893人，公交人车比1.20∶1。

柯桥客运中心有进站班线57条，其中始发班线35条、补员22条；进站车辆89辆，其中始发56辆、补员33辆，最长线路为723千米（柯桥至临泉）。按线路类别，有县际客运班线4条，分别为柯桥至嵊州、诸暨、嵊州岭北、新昌；市际客运班线（含途径）22条，分别为柯桥至杭州、萧山机场、东阳、义乌、磐安、浦江、兰溪、石浦、玉环、仙居、丽水、沈家门、缙云、平湖、安吉、南浔、桐乡、海盐、临安、新安江、桐庐、富阳；跨省（市）的长途客运班线（含途径）31条，分别为无锡、江阴、张家港、淮阴、靖江、盛泽、吴江、盐城、海门、连云港、宿迁、德兴、乐平、祁门、亳州、浦城、商丘、淮滨、临泉、周口、常熟、扬州、宿州、安庆、南通、姜堰、黄桥、吴江、常州、启东、上海。柯桥客运中心全年日均发送旅客416人次，单日最高1558人次（1月16日），全年运送旅客15.2万人次，旅客周转量1824万人千米。

2020年6月6日，王坛公交站投入运营　（区建设集团　供稿）

【公交基础设施建设】 2020年，柯桥区投资1500万元新建王坛公交站，占地面积9866平方米，5月启用，是王坛镇公交综合枢纽站。新建公交候车亭32个，累计1891个。新建电子站牌20个，累计88个。

【新能源公交车占比超90%】 2020年，柯桥区投入资金1725万元，新购置25辆纯电动公交车，清洁及新能源公交车总量702辆，占总运营车辆的94.48%。在安昌、滨海、柯南3处公交站共新建充电桩25个，为纯电动新能源公交车运营提供保障。

【智慧公交服务】 2020年，柯桥区在全市率先完成公交移动支付一体机改造安装工作，实现公交移动支付全覆盖。通过"一分钱坐公交、5折乘公交"等活动载体，让市民共享移动支付带来的便捷，确保非现金客流70%以上。通过数据共享对接4个App查询平台、多个微信公众号、1个微信小程序、88处电子站牌以及城乡主要站点二维码，实现多元化多渠道的公交实时信息查询。在全部运营公交车上张贴绍兴公交乘车实名制登记新冠肺炎防疫码，确保乘客乘车轨迹可查、可询、可追溯。

【复工返校通勤公交专线定制】 2020年，柯桥区为滨海印染集聚区复工返岗人员量身定制返岗专线，累计往返接送人员超5000人次。开行学生通勤公交线路65条，承担起全区8000余名学生的上下学接送工作。为浙江树人大学杨汛桥校区外地大学生开辟定制公交，运送大学生2000余人。

【融杭公交线路新增3条】 2020年，柯桥区新增融杭公交线路3条。4月23日开通杭州地铁5号线至绍兴火车站公交专线，全程8个站点，在柯桥区设有区行政中心、上午头、钱清小马路口3个站点；11月6日开通柯桥至下沙大学城专线车，沿途在柯桥区跨镜电商园(CBD)、基金小镇、科技园和杭州下沙大学城分别设置有3个站点。12月28日，将公交545路延伸至萧山益农公交站。

【调整、新增线路31条】 2020年，柯桥区按照建设乡村特色小镇和打造全域旅游示范区、培育科技城等重大产业布局，结合钱滨线、兰亭度假区成立等实际情况，通过开辟新线路、优化原线路、延伸旧线路，全年调整、新增线路31条。其中，810路(夜)、590路、570路改造为微1001路、微1002路、微1003路特色微公交线路。新开线路3条，新开快896路，解决滨海居民到柯桥万达、蓝天商圈出行问题；新开专1011路，解决平水至职教中心学生出行问题；新开专1020路，解决平水至绍兴旅游财经学校学生出行问题。延伸线路3条，快893延伸至天圣公交站，118路延伸至绍兴市立医院，812路延伸至柯桥客运中心。为配套王坛新公交站启用，对公交专1002路、502路、507路、509A路、531路、532路6条线路进行优化调整；为配合轻纺城大桥改造，对公交809路、811路、812路、816路、817路、823路、831路、857路、868路、892路10条线路进行优化调整。其他如168路调整至汤公路运营、178支线改为快178路、调整快101路、调整863路至杭金衢连接线运营解决江桃村民出行、调整526路解决稽江小学拆并后的学生出行。

2020年11月6日，31省道北延(柯桥段)工程正式通车暨柯桥—下沙大学城客运专线开通仪式举行　　（区建设集团　供稿）

·小资料·　公交线路变更情况

1. 新增专1011路，线路走向：柯桥区职教中心—越州大道—柯袍线—S308—二环西路—二环南路—绍甘线—平水公交站。全程38千米，投入3辆车，每周五3趟，首班车时间16:30，末班车时间17:00。

2. 新增570A路，线路走向：夏履小学—夏履村级公路—钱茅线—越王峥。全程5千米，投入1辆车，日发6趟。首班车时间5:50，末班车时间17:40。

3. 新增快101路，线路走向：柯桥区客运中心(北)—兴华路—金柯桥大道—

云集路—凤林西路—二环西路—二环南路—解放南路(下白线)—工商路—绍甘线—平水大道—平水公交站。全程32.8千米,投入2辆车,日发8趟。首班车时间6:00,末班车时间17:30。

4. 新增518路,线路走向:平水公交站—平水大道—公园路—绍甘线—人民路—平平线—平水大道—十赵线—兵康村级公路—兵康。全程9.5千米,投入2辆车,日发8趟。平水首班车时间7:50、末班车时间14:05,兵康首班车时间6:20、末班车时间18:15。

5. 新增518C路,线路走向:平水公交站—平水大道—公园路—绍甘线—人民路—平平线—平水大道—十赵线—同康村级公路—同康。全程16.5千米,投入2辆车(与518路共用),日发8趟。首班车时间6:20,末班车时间18:15。

6. 调整518E路,线路走向:平水老街—人民路—平平线—平江村级公路—平水大道—平水镇小。全程9.5千米,投入1辆车,日发6趟,首班车时间6:30,末班车时间16:30。

7. 调整502路,线路走向分别为下行:王坛公交站—绍甘线—镇中路—民兴路—王崇线—岭头山;上行:岭头山—王崇线—民兴路—平王线—绍甘线—王坛公交站(北)。全程23.5千米,投入4辆车,日发14趟。王坛首班车时间5:45、末班车时间16:15,岭头山首班车时间6:00、末班车时间16:50。

8. 调整507路,线路走向:官培溪—车谷线—寨南线—镇中路—民兴路—平王线—绍甘线—王坛公交站。全程17.5千米,投入3辆车,日发14趟。王坛首班车时间7:00、末班车时间16:45,稽东首班车时间6:20、末班车时间16:26。

9. 调整509A路,线路走向:平水公交站—平水大道—绍甘线—公园路—平水大道—平王线—绍甘线—王坛公交站(北)。全程29.3千米,投入2辆车,日发4趟。平水首班车时间5:50、末班车时间16:40,王坛首班车时间6:35、末班车时间17:15。

10. 调整526路,线路走向:雄鹰村—雄鹰村村级公路—绍甘线—车竹线—稽东镇小。全程11.5千米,投入1辆车,日发2趟。首班车时间6:40、末班车时间15:30。

11. 调整531路,线路走向分别是下行:王坛公交站—绍甘线—镇中路—民兴路—平王线—下双线—张蒋;上行:张蒋—下双线—平王线—绍甘线—王坛公交站(北)。全程25千米,投入3辆车,日发18趟。王坛首班车时间5:50、末班车时间16:30,张蒋首班车时间6:15、末班车时间17:00。

12. 调整532路,线路走向:王坛公交站(北)—绍甘线—镇中路—民兴路—平王线—绍甘线—腾豪村村级公路—王九线—九曲。全程19.1千米,投入3辆车,日发18趟。王坛首班车时间5:50、末班车时间16:10,九曲首班车时间6:20、末班车时间16:40。

13. 调整536路,线路走向:王坛公交站—绍甘线—南岸村级公路—绍甘线—新华村级公路—绍甘线—镇中路—王坛市场。全程17千米,投入1辆车,日发2趟。首班车时间6:20、末班车时间15:30。

14. 调整545路,线路走向:益农公交站—兴贸路—信益线—三益线—新围路—启源路—迎海路—宝善路—柯海线—通济村级公路—通济村口。全程17.8千米,投入2辆车,日发20趟,首班车时间6:00、末班车时间18:00。

15. 调整118路,线路走向:市立医院北大门—越剑路—中兴南路—城南大道—山阴路—环城西路—霞西路—104国道—绍齐公路—洋江西路—绿云路—群贤中路—站前大道—兴越路—镜水路—怡华北路—绍齐公路—环镇南路—镜水北路—柯海公路—齐安线—安华北路—柯北大道—安昌公交站。全程34.7千米,投入16辆车,日发116趟。首班车时间5:50、末班车时间21:00。

16. 调整118A路,线路走向:市立医院北大门—越剑路—中兴南路—城南大道—山阴路—环城西路—霞西路—104国道—绍齐公路—洋江西路—绿云路—群贤中路—站前大道—兴越路—镜水路—怡华北路—绍齐公路—环镇南路—镜水北路—柯海公路—齐安线—安华北路—柯桥区职教中心。全程35.1千米,投入3辆车,日发6趟。首班车时间5:50、末班车时间16:30。

17. 调整168路,线路走向:公路客运西站—杨绍线—二环西路—胜利西路—越西路—霞西路—环城北路—中兴大道—三江路—汤公路(延伸段)—柯海公路—宝善路—圆驾桥路—钱滨线(因圆驾桥路处于施工暂绕行,柯海线—宝善路)—党老线—迎海路—启源路—镜海大道—马鞍公交站。全程 33 千米,投入 24 辆车,日发 132 趟。首班车时间 5:50、末班车时间 18:10。

18. 调整快 178 路,线路走向:客运中心—中兴大道—三江路—汤公路(延伸段)—柯海公路—秋实路—新围路—兴滨路—北十一路—柯海公路—天圣公交站。全程 34 千米,投入 2 辆车,日发 12 趟。首班车时间 6:45、末班车时间 17:00。

19. 调整专 1002 路,线路走向:柯桥区公共服务大楼—华齐路—金柯桥大道—兴越路—湖东路—云集路—镜水路—胜利路—绍齐公路—杨绍线—城南大道—绍甘线—王坛公交站。全程 59.4 千米,投入 2 辆车,日发 8 趟。柯桥区公共服务大楼首班车时间 9:10、末班车时间 16:30,王坛首班车时间 6:20、末班车时间 14:00。

20. 调整 1020 路,线路走向:绍兴财经旅游学校—杨绍线—二环西路—二环南路—绍甘线—平水公交站。全程 33.7 千米,投入 1 辆车。每周五、周日起点终点各发 1 趟,时间 16:30、14:30。

21. 调整 809 路,线路走向:柯桥客运中心(东)—双渎路—纺都路—湖中路—裕民路—镜水路—青峰路—百舸路—云集路—湖东路—104 国道—香林大道—永鉴线—宾舍村级公路—江灶溇。全程 24.6 千米,投入 8 辆车,日发 64 趟。首班车时间 6:00、末班车时间 18:00。

22. 调整 812 路,线路走向:柯桥客运中心(北)—兴华路—笛扬路—绸缎路—金柯桥大道—万商路—育才路—柯南大道—香林大道—钱茅线—横山岭。全程 23 千米,投入 10 辆车,日发 80 趟。首班车时间 6:00、末班车时间 18:00。

23. 调整 811 路,线路走向:柯北公交站—梅林路—西环路—柯北大道—金柯桥大道—兴华路—湖东路—绸缎路—湖中路—钱陶公路—金柯桥大道—万商路—育才路—柯南大道—柯南公交站。全程 19.5 千米,投入 64 辆车,日发 8 趟。首班车时间 6:00、末班车时间 18:00。

24. 调整 811A 路,线路走向:柯北公交站—梅林路—西环路—柯北大道—金柯桥大道—兴华路—湖东路—绸缎路—湖中路—钱陶公路—金柯桥大道—万商路—育才路—柯南大道—香林大道—杨绍线—绍兴财经旅游学校。全程 25.5 千米,投入 1 辆车,日发 2 趟。首班车时间 6:15、末班车时间 16:30。

25. 调整 816 路,线路走向:湖光桥—湖东路—云集路—金柯桥大道—鉴湖路—笛扬路—兴越路—越州大道—安华北路—柯北大道—齐大公路—下大线—盛陵。全程 17.2 千米,投入 14 辆车,日发 140 趟。首班车时间 6:00、末班车时间 18:35。

26. 调整 816A,线路走向:绍兴财经旅游学校—杨绍线—香林大道—104 国道—湖东路—云集路—金柯桥大道—鉴湖路—笛扬路—兴越路—越州大道—安华北路—柯北大道—齐大公路—下大线—盛陵。全程 26 千米,投入 1 辆车,日发 2 趟。首班车时间 6:10、末班车时间 16:30。

27. 调整 823 路,线路走向:华阳农贸市场—笛扬路—兴华路—金柯桥大道—万商路—育才路—柯南大道—香林大道—钱茅线—福漓公路—兴业路—新街—漓渚公交站。全程 35.1 千米,投入 2 辆车,日发 12 趟。华阳农贸市场首班车时间 7:45、末班车时间 17:30,漓渚首班车时间 6:00、末班车时间 15:50。

28. 调整 830 路,线路走向:湖光桥—湖东路—云集路—湖西路—鉴湖路—金柯桥大道—钱陶公路—湖东路—兴华路—金柯桥大道—柯北大道—镜水路—环镇南路—羊山路—振贤街—齐马公路—环镇东路—齐贤公交站。全程 18 千米,投入 2 辆车,日发 8 趟。首班车时间 18:30、末班车时间 21:00。

29. 调整 857 路,线路走向:之江学院—越州大道—群贤路—育才路—104 国道—柯岩大道—杨绍线—二环西路—中心路—分后线—兰亭公交站。全程 30.6 千米,投入 10 辆车,日发 68 趟。首班车时间 6:00、末班车时间 18:00。

30. 调整 863 路,线路走向:柯桥客运中心(东)—双渎路—纺都路—笛扬路—群贤路—育才路—瓜渚路—太平路—双周路—鉴水路—钱陶公路—钱门大道—南复线—紫薇路—杨江大道—远瞻路—杭金衢连接线—江夏线—杨汛桥公交站。全程 30.6 千米,投入 16 辆车,日发 96 趟。首班车时间6:00、末班车时间18:00。

31.调整868路,线路走向:柯东公交站—裕民路—湖西路—万商路—育才路—轻纺城大道—香林大道—独山路—兴工路—杨绍线—南复线—文化路—二环路—镇前路—钱门大道—钱清公交站(梅盛布业)。全程24.2千米,投入12辆车,日发96趟。首班车时间6:00、末班车时间18:00。

32.调整快892路,线路走向:柯东公交站—裕民路—金柯桥大道—万商路—育才路—104国道—香林大道—独山路—鉴水路—柯南大道—湖安路—杭金衢连接线—钱茅线—夏履公交站。全程23.5千米,投入2辆车,日发16趟。首班车时间6:00、末班车时间18:00。

33.调整893快线,线路走向:湖光桥—湖东路—云集路—湖西路—鉴湖路—金柯桥大道—钱陶公路—镜水路—齐大公路—尹大线—柯海公路—镜海大道—秋实路—新围路—柯海公路—滨中路—兴滨路—北十二路—天圣公交站。全程39千米,投入2辆车,日发12趟。首班车时间6:00、末班车时间18:00。

34.调整快896路,线路走向:之江学院公交站—越州大道—群贤路—笛扬路—钱陶公路—镜水路—柯海大道—镜海大道—兴滨路—天圣公交站。全程36千米,投入4辆车,日发32趟。首班车时间6:00、末班车时间21:00。

35.终止线路817A路、1015路、536支路、518路支5、570支2、1002支、1003支。(包明敏)

道路运输监管

【概况】 2020年,柯桥区按照机构设立先行、制度建设并行、运行模式试行的工作思路推进交通综合执法改革,事业单位数量从原来的5家整合至3家。配强交通执法力量下沉到镇(街道),在全省率先建立"1+5"(1个科技执法队+5个镇街道片区执法队)执法模式。开展客、货运输市场专项整治,驾培、维修行业集中整治和公交车辆规范停靠现场整治活动,实现行业安全有效监管,有效保障客、货运市场正常秩序,推动现代物流业快速有序发展。

至年底,有货运车辆4016辆(其中危货车69辆),共计52244载重吨。全年运送货物4132.1万吨、周转量329341.8万吨千米。有道路危险品运输企业5家、危货运输车辆69辆。维修企业328家,其中一类维修企业18家、二类维修企业94家、三类维修企业(含快修)216家,维修从业人员3987人。有驾校16家,教练车1136辆,教练员1785人(其中理论教练员58人、驾驶操作教练员1727人),全年汽车驾驶员报名人数39798人(手动挡39761人、自动挡37人)。

【春运客流大幅下降】 2020年春运期间,柯桥区投放营运客车1294辆,累计客位数27151个。受阴雨天气和新冠肺炎疫情影响,春运期间,探亲、旅游、商务出行等弹性客流全面下降,返岗等刚性客流大幅下降,共运送旅客252.2万人次,比上年下降54.27%;旅客周转量2195.1万人千米,比上年下降47.4%。客运中心完成跨区以上长途班线旅客1.70万人次,比上年下降54.38%。

【客运卡口新冠肺炎防疫】 2020年,柯桥区采取严管严控举措,管理高铁北站、柯桥客运中心等重点区域新冠肺炎防疫卡点,完善进出站旅客测温、验码、日常消毒和设置隔离场所等措施,落实重点管控人员转运途径全程管理。向卡点派出防疫人员4000余人次,核查人员151.6万人次(其中重点风险国家、地区人员1.83万人次),转运核查6152人次。

【运输乘运新冠肺炎防疫】 2020年,柯桥区加强交通运输行业新冠肺炎防疫检查力度和冷链运输闭环监控。严防城市道路、水路客运疫情,公交、出租车(含网约车)驾驶员测温上岗,规范口罩佩戴。开展行业疫情防控专项检查18次,检查行业企业23家次,确保进口冷链食品运输车辆按照远离人群、全程监控原则规划运输路线,实现点对点、无接触、可追溯的闭环管理。

【智慧交通平台建设】 2020年,柯桥区交通运输管理部门归集完善大交通数据,全量接入区公安1900个卡口数据,实现区内40多条主要道路覆盖,扩充接入高位监控49路,及104国道高架、钱滨线等主要道路监控视频50余路,实现信息数据共享共通。设置柯桥区电子围栏,强化非法营运监测预警,日均分析黄牌车辆22万余辆次,实现入区营运异常车辆的实时预警、轨迹预测等功能,同步推送至移动终端。优化公众号，提供公交出行精细化服务，即时完善公交时刻表查询，在“浙里办”上架开放“绍兴公交实时查询”应用，及时发布交通出行信息，累计阅读量60万次以上，公众号（小程序）用户超25万个。（包明敏）

交通运输安全

【概况】 2020年，柯桥区交警部门办理机动车注册登记12040件，机动车转移登记35898件，变更登记5616件，抵押登记9930件，注销登记217件，补换行驶证、牌照、登记证书6480件，核发临时号牌5048件，办理电动车上牌业务10627件。全年发生道路交通事故78748起，其中一般程序221起，亡人事故75起，死亡75人，比上年下降18.48%；受伤193人，比上年上升23.72%；发生生产经营性事故5起，死亡5人，比上年下降28.57%。

【道路运政执法行动130余次】 2020年，柯桥区交通执法部门先后组织开展客运市场联合整治、企业接送车辆隐患治理、无证网约车整治、柴油车联合整治等执法行动130余次，加大对开发区、主要景区、高速出入口等重点区域无证经营行为的整治力度。累计开展无证营运车辆、网约车整治行动20余次，清理非法组客点16个，查处违章车辆511辆次，其中黑车（网约车）16辆。全年办理行政处罚案件537件（其中一般程序397件、简易程序140件）；累计罚款137.03万元。

【交通安全隐患排查】 2020年，柯桥区交警部门与相关部门配合，排查公路客运车辆、危险品运输车、学生接送车和公路危险路段的安全隐患。查获酒驾2211起，其中醉酒162起。现场查处交通违法32.9万起，其中重点交通违法25.64万起。查处超限车3089辆，其中处理改拼装50辆；处理非现场执法案件2010件，卸载货物3.4万吨。

【多渠道开展交通安全宣传教育】 2020年，柯桥区交警部门坚持“三进”宣传等常态化宣传工作，进企业176次，进学校182次，进村居924次。对外卖、快递小哥等开展线上交通安全知识培训及宣传；开展“幸盔有你”微博直播活动，宣传正确佩戴安全头盔等交通安全知识；通过媒体、微信公众号等渠道加大重点违法行为车辆和驾驶员黑名单曝光力度。至12月31日，发放宣传材料14万余份，张贴宣传海报800余份、开展学习讲座1010余场，播放警示教育片8900余场，通过媒体曝光重点违法行为1400余次，终身禁驾人员12人、重点违法车辆2300余辆次。（徐　金　包明敏）

邮政　快递

【概况】 2020年，柯桥区快递服务企业业务量9179.3万件，比上年增长24%；业务收入7.9亿元，比上年增长28.3%，增速全市第一。其中，港澳台业务量6.5万件，业务收入423.6万元；国际业务量54.5万件，业务收入7994.7万元。全区有以邮政EMS和顺丰、德邦、申通、圆通、中通、百世汇通、韵达、天天快递等为代表的18个国有和民营快递品牌及16个国际快递企业，以直营或加盟方式参与柯桥快递经营业务的企业共33家（含柯桥分公司），营业网点135个。邮政业务监管部门全年检查快递网点133家，下发整改通知书18份，立案查处11起，清理关停3家，核查各类信访投诉110起，行政处罚20万元；行业内无安全事故发生。

【全区行政村快递服务全覆盖】 2020年，柯桥区创新“交邮+供销”“邮政+快递”合作方式，完善区

2020年12月，柯桥区村级综合服务站（快递进村服务网点）建成并开展试运营　（孟丽莎　摄）

级中转、镇级分拨、村级配送的三级物流配送体系建设，建成2个区域中转站、新建改造201个村级综合服务站，建设13处快递智能柜，实现柯桥辖区214个行政村快递服务全覆盖。“交邮+供销”模式入选全国首批25个农村物流服务品牌。

【“快快合作”示范点创建】 2020年，柯桥区深入摸排本地纺织、家居及印染机物料寄递需求，引导快递企业采取供应链管理、定制化服务、入厂物流、仓配一体化等方式，推进产业融合。与此相配套，滨海“快快合作”共配中心于4月份建成，分拣操作场地3000平方米，位于滨海工业区“天马印染”厂区内，由马鞍区域的韵达、中通、申通、百世快递4个品牌快递承包商负责运营，实行联收联投，日均业务量2.56万件。

【“绿色快递”推广】 2020年，柯桥区快递行业电子面单使用率100%，“瘦身胶带（宽度变窄）”使用比例90%，65%的电商件不再二次包装，各快件处理场地循环中转袋使用率90%以上，所有快递营业网点设置快递包装回收装置并完成提档升级。（孟丽莎）

2020年，柯桥区建成南部区域电商物流共配中心

（区邮管局　供稿）

执行编辑　陆　杨

科技·信息化

高新技术

【概况】 2020年，柯桥区认定国家高新技术企业144家，其中新增105家，重新认定39家，累计369家。规模以上高新技术产业增加值175.25亿元，比上年增长1.6%。浙江省津膜印染废水深度处理及资源化利用研究院、浙江兴明绿色染整省级企业研究院、浙江省东进功能性复合面料研究院、浙江省同正高性能塑胶管道研究院被认定为省级企业研究院。精功固体发动机综合试验及筒体对接装置省级高新技术企业研发中心等9家企业研究开发中心被认定为省级高新技术企业研究开发中心。（应洁敏）

2020年柯桥区新增国家高新技术企业名单

表14

序号	企业名称
1	绍兴市原生空品纺织品设计有限公司
2	绍兴市柯桥区图瑞尔花型设计有限公司
3	绍兴舜佳纺织科技有限公司
4	绍兴柯桥源盛针纺印花纸股份有限公司
5	绍兴正兴复合材料有限公司
6	绍兴鹏企纺织科技股份有限公司
7	绍兴柯桥华通纺织有限公司
8	浙江元鸿纺织科技有限公司
9	绍兴恒美染整有限公司
10	绍兴华兴汽车零部件有限公司
11	绍兴市美儒纺织品有限公司
12	浙江宝业现代建筑工业化制造有限公司

续表 14

序号	企业名称
13	绍兴涂之泰数码印花科技有限公司
14	绍兴兴宽五金塑料有限公司
15	浙江联佳科技有限公司
16	浙江瀚腾文化传播有限公司
17	绍兴柯桥迅驰数码纺织有限公司
18	绍兴发靓内衣有限公司
19	绍兴逸派纺织科技股份有限公司
20	绍兴电力设备有限公司
21	绍兴鸿骏机械有限公司
22	绍兴天澄新能源开发有限公司
23	绍兴柯桥梓豪纺织有限公司
24	绍兴柯桥舒发纺织有限公司
25	绍兴柯桥琪煜化纤有限公司
26	绍兴柯桥宇笑纺织有限公司
27	绍兴湖丰化纤有限公司
28	浙江金隆家纺服饰有限公司
29	绍兴奋勇针纺服饰有限公司
30	绍兴美纶化纤有限公司
31	绍兴柯桥久运纺织有限公司
32	浙江高洁纸杯彩印包装有限公司
33	浙江正云智能科技有限公司
34	绍兴高氏源工贸有限公司
35	绍兴鑫俐纺织有限公司
36	绍兴柯桥佳隆针纺有限公司
37	绍兴市高峰印染有限公司
38	浙江华东纺织印染有限公司
39	浙江新益印染有限公司

续表 14

序号	企业名称
40	绍兴宇华印染纺织有限公司
41	绍兴市柯桥区宏晟纺织品有限公司
42	绍兴华为化工有限公司
43	绍兴微创电子科技有限公司
44	绍兴国泰印染有限公司
45	绍兴长木新材料科技有限公司
46	浙江绍兴中环印染有限公司
47	浙江德欧化工制造有限公司
48	绍兴超超染整有限公司
49	浙江金典印染有限公司
50	绍兴金牡印染有限公司
51	绍兴祥龙精密机械有限公司
52	浙江梅盛新材料有限公司
53	绍兴市柯桥区怡中染整有限公司
54	新发纺织印染(绍兴)有限公司
55	浙江科盛宠物食品有限公司
56	浙江嘉华印染有限公司
57	绍兴市城投建筑工业化制造有限公司
58	浙江昕欣数码科技股份有限公司
59	浙江滨康印染有限公司
60	浙江金塔生物科技有限公司
61	绍兴九洲科技有限公司
62	浙江蓝盾药业有限公司
63	浙江元筑住宅产业化有限公司
64	浙江恒祥检测技术服务有限公司
65	绍兴柯桥区鑫亿旺针织有限公司
66	绍兴柯桥云萍针织有限公司

续表 14

序号	企业名称
67	绍兴市柯桥区意隆织造有限公司
68	浙江绍兴福元科技有限公司
69	浙江芯云家居科技有限公司
70	绍兴奕艺经编织造有限公司
71	绍兴海兰劳雷智能科技有限公司
72	绍兴利锋线带有限公司
73	绍兴市柯桥红宇窗饰有限公司
74	绍兴精盛液压件有限公司
75	绍兴柯桥东萌针纺有限公司
76	绍兴市柯桥区客源纺织有限公司
77	绍兴市齐悟网络科技有限公司
78	浙江诺派建筑系统有限公司
79	浙江染化宝检测服务有限公司
80	绍兴乙龙科技有限公司
81	浙江贝玲达针织有限公司
82	浙江隆生数码纺织科技有限公司
83	绍兴柯桥华绍纺织有限公司
84	浙江恩慈纺织有限公司
85	浙江汇豪机械制造有限公司
86	绍兴祥铭机械科技有限公司
87	绍兴知乐电子科技有限公司
88	浙江远大勤业住宅产业化有限公司
89	浙江帅龙针织有限公司
90	绍兴柯桥科诺纺织有限公司
91	绍兴互生印花有限公司
92	浙江泊森机电科技有限公司
93	绍兴富强泓云新材料有限公司

续表 14

序号	企业名称
94	浙江明牌珠宝科技有限公司
95	浙江飞峰体育用品有限公司
96	绍兴华懿智能科技有限公司
97	绍兴宏通机械有限公司
98	绍兴晓汇针纺有限公司
99	绍兴南翔电缆有限公司
100	绍兴柯桥亮剑机械有限公司
101	绍兴金帝乐门业有限公司
102	绍兴源奥汽车配件有限公司
103	绍兴柯锐医疗用品股份有限公司
104	绍兴至味食品有限公司
105	绍兴市荣士达衬布有限公司

2020年柯桥区重新认定国家高新技术企业名单

表 15

序号	企业名称
1	绍兴中纺联检验技术服务有限公司
2	绍兴正昕智能科技股份有限公司
3	浙江吉麻良丝新材料股份有限公司
4	浙江来福模具有限公司
5	索密克汽车配件有限公司
6	三力士股份有限公司
7	绍兴骏马机械制造有限公司
8	浙江精功科技股份有限公司
9	浙江精工钢结构集团有限公司
10	浙江绍鸿仪表有限公司

续表 15

序号	企业名称
11	浙江精功精密制造有限公司
12	绍兴百嘉汽车电子仪表有限公司
13	绍兴柯桥长海电子科技股份有限公司
14	绍兴兴明染整有限公司
15	浙江元曜阀业有限公司
16	浙江银鹿新材料有限公司
17	精功(绍兴)复合材料有限公司
18	浙江红绿蓝纺织印染有限公司
19	浙江大爱窗饰有限公司
20	浙江诺亿毛纺印染有限公司
21	绍兴旭源新材料科技有限公司
22	精功(绍兴)复合材料技术研发有限公司
23	浙江鸿程传动机械有限公司
24	浙江绍兴永利印染有限公司
25	浙江必维申越检测技术有限公司
26	浙江格洛博机械科技股份有限公司
27	绍兴俊吉能源科技有限公司
28	绍兴科泰斯纺织品检验有限公司
29	浙江绿筑集成科技有限公司
30	绍兴纺织机械集团有限公司
31	绍兴中科移联信息科技有限公司
32	浙江点金照明有限公司
33	浙江晶茂科技股份有限公司
34	绍兴朱丽叶医疗器械有限公司
35	绍兴永乐纺织机械有限公司
36	浙江恒胜消防设备有限公司
37	浙江同正管道技术有限公司

续表 15

序号	企业名称
38	浙江恒道科技有限公司
39	浙江宇光照明科技有限公司

2020 年柯桥区新增省级高新技术企业研究开发中心名单

表 16

序号	研究开发中心名称	依托单位
1	精功固体发动机综合试验及筒体对接装置省级高新技术企业研发中心	浙江精功精密制造有限公司
2	(浙江新乐纺织面料)省级技术企业研究开发中心	浙江新乐纺织化纤有限公司
3	景岳堂中药颗粒剂省级高新技术企业研究开发中心	浙江景岳堂药业有限公司
4	钱江亚润特殊管材省级高新技术企业研究开发中心	绍兴钱江亚润家居用品有限公司
5	东盛绿色印染省级高新技术企业研究开发中心	浙江东盛印染有限公司
6	精工绿筑集成装配式建筑省级高新技术企业研究开发中心	浙江绿筑集成科技有限公司
7	美华鼎昌医药省级高新技术企业研究开发中心	浙江美华鼎昌医药科技有限公司
8	迅实 3D 打印技术省级高新技术企业研究开发中心	浙江迅实科技有限公司
9	宝仁和中水刺非织造布省级高新技术企业研究开发中心	浙江宝仁和中科技有限公司

(区科技局　供稿)

科技创新

【概况】 2020 年,柯桥区完成研发经费 55.5 亿元,实施各级科技计划项目 379 项,其中国家级重点研发计划项目 1 项,省级新产品试制计划 256 项,市级项目立项 1 项,区级"揭榜挂帅"科技计划项目 16 项,区级防疫专项项目 25 项,区级社会发展项目 80 项。新增省科技型中小企业 271 家,累计 1750 家,新增区科技成长型企业 100 家。2020 年,精功(绍兴)复合材料有限公司与浙江理工大学合作的"固体火箭发动机壳体用先进复合材料国产化替代项目"入选绍兴市首批重点项目攻关"揭榜挂帅"立项项目,浙江屹男印染有限公司"印染污水恶臭废气生物治理技术"等 16 个项目被列入区级重点项目攻关"揭榜挂帅"项目,"果酸换肤联合 LED- 红蓝光治疗轻中度痤疮的临床研究"等 80 个项目被列入区级社发类经费自筹科技计划项目,绍兴标点纺织科技股份有限公司的"抗冠状病毒 PAN/HPMC 复合载药纤维关键技术开发"等 25 个项目被列入区级防疫专项科技项目。

【国家级重点研发计划】 2020 年,浙江精膜环境科技有限公司"高新区印染废水近零排放及资源化利用技术研究及示范"项目入选全市首个国家级重点研发计划。(张珊珊)

2020年柯桥区新冠肺炎疫情专项研发科技计划项目立项名单

表17

序号	项目编号	申报单位	项目名称	项目负责人
1	2020FY01	绍兴标点纺织科技股份有限公司	抗冠状病毒PAN/HPMC复合载药纤维关键技术开发	刘娜
2	2020FY02	瑞创生物技术有限公司	同种异体双阴性T（DNT）细胞药用于治疗新型冠状病毒肺炎的可行性研究	LI MING YANG
3	2020FY03	浙江海士电子科技有限公司	防疫隔离可穿戴测温设备的研发和数据管理云平台	李瑾晓
4	2020FY04	浙江美华鼎昌医药科技有限公司	抗疫药品米诺环素缓释制剂的研发和生产	王传跃
5	2020FY05	绍兴盖科生物科技有限公司	酸性氧化电位水生成器系列设备开发项目	赵仕芳
6	2020FY06	绍兴君斐生物科技有限公司	新型冠状病毒高通量药物筛选体系的建立与靶向抑制病毒细胞膜融抗病毒药物研发	黄耀伟
7	2020FY07	浙江赛尚医药科技有限公司	全封闭自动化细胞扩增系统快速制备“通用型－即用型”NK细胞治疗2019新型冠状病毒肺炎	荆杰
8	2020FY08	绍兴鼎界科技有限公司	单兵人脸识别和红外测温AR增强现实智能头盔产业化	栾林林
9	2020FY09	绍兴惠群新材料科技有限公司	杂化型金属纳米材料抗病毒原液中试及其防疫制品应用技术开发	孙宾
10	2020FY10	浙江跃维新材料科技有限公司	一次性消毒型医用护目镜眼镜防雾湿巾的研制	李银勇
11	2020FY11	浙江技立新材料股份有限公司	可再生使用的抗菌抗病毒防护用品研制	杨世玉
12	2020FY12	绍兴柯桥马能无纺材料有限公司	长效电荷存储聚丙烯熔喷滤芯关键技术及产业化	朱立峰
13	2020FY13	绍兴市柯桥区中医医院	绍兴市柯桥区重大传染病医院标准化防控体系建设研究	陈丽娜
14	2020FY14	绍兴第二医院	新冠肺炎疫情防控期间住院糖尿病患者临床特征分析及诊治模式研究	毛齐彬

续表 17

序号	项目编号	申报单位	项目名称	项目负责人
15	2020FY15	绍兴第二医院	新冠肺炎疫情期间公共预防对慢性阻塞性肺病急性加重期患者院内感染的控制效果	王卫彪
16	2020FY16	绍兴第二医院	中医心理危机干预技术对新型冠状病毒肺炎疫情阶段各级人员的推广应用	黄益麒
17	2020FY17	绍兴市中心医院	新型冠状病毒疫情下 CSSD 应急管理与个人防护的实践研究	甘密密
18	2020FY18	绍兴市中心医院	医共体模式下公共卫生疫情应急防控优势	胡丽敏
19	2020FY19	绍兴市中心医院	“新冠”疫情期间医学观察人员的心理学调查研究	吕小伟
20	2020FY20	绍兴市中心医院	新型冠状病毒肺炎疫情期间口腔诊间气溶胶防控研究	桑炜荣
21	2020FY21	绍兴市中心医院	基于 SAS 量表对隔离住院病人的心理研究和护理干预	沈爱芝
22	2020FY22	绍兴市中心医院	新冠状病毒疾病疫情下医共体模式孕产妇网格化管理初探	夏亚娣
23	2020FY23	绍兴市中心医院	构建基层医院手术室应对新冠疫情防控流程的实践	谢珠红
24	2020FY24	绍兴市中心医院	高分辨率 CT 在新型冠状病毒肺炎临床分型、预后、转归中的应用	郑静
25	2020FY25	绍兴市中心医院	消化道内镜清洗消毒在新型冠状病毒肺炎的应用	陈炜

2020 年柯桥区新增省级科技型中小企业名单

表 18

序号	企业名称
1	绍兴纤逸纺织科技有限公司
2	绍兴柯桥佳宇兴腾染整有限公司
3	绍兴市天铭厨房设备有限公司

续表 18

序号	企业名称
4	绍兴柯桥丰润服饰有限公司
5	绍兴悦品文化传播有限公司
6	浙江紫竹梅印染有限公司
7	浙江中科德商科技发展股份有限公司
8	浙江中科微瑞新材料股份有限公司
9	浙江华晨印染有限公司
10	绍兴寻臻纺织有限公司
11	绍兴禾盛印染股份有限公司
12	绍兴市柯桥区绅辉布业有限公司
13	浙江稽山印染有限公司
14	绍兴读图网络科技有限公司
15	绍兴振辉针纺有限公司
16	绍兴勇舜印染有限公司
17	绍兴市寅创科技有限公司
18	绍兴布泰纺织印染有限公司
19	绍兴协兴弹簧制造有限公司
20	绍兴赤兔龙机械科技有限公司
21	浙江染化宝检测服务有限公司
22	绍兴市俱和环保科技有限公司
23	绍兴柯桥汉唐纺织有限公司
24	绍兴九洲科技有限公司
25	绍兴柯桥杰坝针纺科技有限公司
26	绍兴柯桥紫裕绣品有限公司
27	绍兴柯桥洪如绣品有限公司
28	绍兴柯桥坤莱绣品有限公司
29	绍兴本合纺织有限公司
30	绍兴柯桥竿佑绣品有限公司

续表 18

序号	企业名称
31	绍兴柯桥千国纺织有限公司
32	绍兴柯桥康蓝纺织有限公司
33	绍兴柯桥紫腾绣品有限公司
34	绍兴市高晟绣品有限公司
35	绍兴柯桥胜尚绣品有限公司
36	绍兴柯桥紫倾绣品有限公司
37	绍兴市洪妙纺织有限公司
38	绍兴得功纺织有限公司
39	绍兴丽邦纺织有限公司
40	绍兴市柯桥谦贵纺织品有限公司
41	绍兴丰光纺织有限公司
42	绍兴盛和建设有限公司
43	绍兴市柯桥冰秀绣品有限公司
44	绍兴柯桥东东绣品有限公司
45	绍兴麦泰纺织品有限公司
46	绍兴市柯桥源悦绣品有限公司
47	绍兴朗初贸易有限公司
48	绍兴木火科技有限公司
49	绍兴中岛纺织品有限公司
50	绍兴川页装饰有限公司
51	绍兴市成睿纺织品有限公司
52	绍兴市柯桥金灶沐绣品有限公司
53	绍兴柯桥醉好绣品有限公司
54	绍兴柯桥格林包装材料有限公司
55	绍兴市柯桥坤宝绣品有限公司
56	绍兴轩彗绣品有限公司
57	浙江金柯文化传媒有限公司

续表 18

序号	企业名称
58	绍兴柯桥春纺纺织有限公司
59	绍兴世俊针纺有限公司
60	绍兴双文绣品有限公司
61	绍兴嘉泊纺织有限公司
62	绍兴亚球纺织品有限公司
63	绍兴迈晟纺织有限公司
64	绍兴柯桥钱清植绒有限公司
65	绍兴市柯桥区星沛纺织品有限公司
66	绍兴市柯桥区孙娟纺织品有限公司
67	绍兴柯桥互邦绣品有限公司
68	绍兴市绅淏绣品有限公司
69	绍兴柯桥旭惠纺织有限公司
70	绍兴冈帝精密机械有限公司
71	绍兴市柯桥区龙钱纺织品有限公司
72	绍兴祥发刺绣有限公司
73	绍兴柯桥祺旺植绒有限公司
74	绍兴直宽纺织有限公司
75	浙江贝玲达针织有限公司
76	绍兴凌丰汽车维修服务有限公司
77	绍兴嘉垚纺织服饰有限公司
78	绍兴柯桥鼎申锻造有限公司
79	绍兴枫城文化传播有限公司
80	绍兴汇恒建设管理有限公司
81	绍兴华懿智能科技有限公司
82	绍兴绒荣纺织科技有限公司
83	浙江越锋项目管理有限公司
84	绍兴圣祥电缆有限公司

续表 18

序号	企业名称
85	绍兴达索电梯科技有限公司
86	绍兴柯桥赛邦纺织有限公司
87	绍兴麦浪暖通工程有限公司
88	绍兴浙日纺织有限公司
89	绍兴柯桥区瀚云桥纺织科技有限公司
90	绍兴柯桥金绸纺织品有限公司
91	绍兴永盛工贸有限公司
92	绍兴生恒圆纺织品有限公司
93	绍兴方向纺织品有限公司
94	绍兴友机针织有限公司
95	绍兴市柯桥欣逸轩布业有限公司
96	绍兴越缇纺织服饰有限公司
97	浙江都耀纺织有限公司
98	绍兴柯桥锭垒纺织品有限公司
99	绍兴东舟企业管理有限公司
100	绍兴市柯桥区更生家具有限公司
101	绍兴柯桥莱美缘针纺有限公司
102	绍兴铂顿纺织品有限公司
103	绍兴柯桥人之本纺织有限公司
104	绍兴碧元纺织科技有限公司
105	绍兴莱邦科技信息咨询有限公司
106	绍兴世通光电科技有限公司
107	绍兴市皇尚纺织有限公司
108	绍兴有一纺织有限公司
109	绍兴柯桥韵朵纺织有限公司
110	绍兴市柯桥区华舍政伟纺织品有限公司
111	绍兴柯桥尊福纺织品有限公司

续表 18

序号	企业名称
112	绍兴易创广告传媒有限公司
113	绍兴盛赞纺织有限公司
114	绍兴创裕信息科技有限公司
115	绍兴盖科生物科技有限公司
116	绍兴柯桥广多纺织有限公司
117	绍兴柯桥友和纺织品有限公司
118	绍兴柯桥赞福纺织品有限公司
119	绍兴韩优针纺织有限公司
120	浙江汉飞纺织科技有限公司
121	绍兴超超染整有限公司
122	绍兴塞特印染有限公司
123	绍兴长木新材料科技有限公司
124	绍兴东联印铁制罐股份有限公司
125	绍兴华景护栏制造有限公司
126	浙江中诺检测技术有限公司
127	浙江远大勤业住宅产业化有限公司
128	浙江天霸纺织科技有限公司
129	绍兴明宇印染有限公司
130	绍兴宝庆印染有限公司
131	绍兴富强泓云新材料有限公司
132	绍兴市可安安防设备有限公司
133	绍兴浙宁纺织品有限公司
134	绍兴久恒计算机有限公司
135	绍兴博瑞挤出设备有限公司
136	绍兴方圆检测科技有限公司
137	绍兴宏烁纺织有限公司
138	绍兴市中耀财务管理咨询有限公司

续表 18

序号	企业名称
139	绍兴雅兰烫印箔膜有限公司
140	浙江金蝉布艺股份有限公司
141	浙江天澄新能源开发有限公司
142	绍兴日铸茶业有限公司
143	绍兴钢锋机械科技股份有限公司
144	绍兴知心化纤有限公司
145	绍兴微创电子科技有限公司
146	浙江绍兴中环印染有限公司
147	浙江大爱窗饰有限公司
148	绍兴柯桥春生水务科技有限公司
149	绍兴柯桥雨杭纺织有限公司
150	绍兴亚臣花型设计有限公司
151	绍兴斑玛花型设计有限公司
152	绍兴柯桥姝画花型设计有限公司
153	绍兴柯桥尚意花型设计有限公司
154	绍兴城岩建筑装饰工程有限公司
155	浙江有柴科技有限公司
156	绍兴众阖纺织有限公司
157	绍兴颂亮纺织有限公司
158	绍兴高温印染有限公司
159	绍兴知乐电子科技股份有限公司
160	浙江昕欣数码科技股份有限公司
161	浙江梅轮电梯股份有限公司
162	绍兴创彩针纺科技有限公司
163	绍兴集锦针纺面料有限公司
164	绍兴柯桥诗路花雨纺织有限公司
165	绍兴柯桥纬宇纺织有限公司

续表 18

序号	企业名称
166	绍兴步帆纺织科技有限公司
167	浙江欧佩亚海洋工程有限公司
168	绍兴柯桥顺时针纺织有限公司
169	浙江威格尔传动股份有限公司
170	绍兴柯桥锦尼纺织有限公司
171	绍兴市柯桥区帕斐纺织品有限公司
172	绍兴市柯桥区华景针纺织有限公司
173	绍兴柯桥福周针纺有限公司
174	舒普林印染有限公司
175	绍兴华威化工有限公司
176	浙江百诺环境管理服务有限公司
177	绍兴捷策针纺有限公司
178	浙江科强生态养殖有限公司
179	绍兴橙氧科技有限公司
180	绍兴好柔纺织品有限公司
181	绍兴金凤凰家纺科技有限公司
182	绍兴柯桥卡本纺织品有限公司
183	绍兴欣盛财务咨询有限公司
184	绍兴熠尚纺织品有限公司
185	浙江毕昌煜文化艺术发展有限公司
186	绍兴柯桥亿泽纺织有限公司
187	绍兴汤氏纸业有限公司
188	浙江恒隆芳纶科技有限公司
189	绍兴柯桥常发纺织有限公司
190	浙江松井纺织有限公司
191	绍兴市齐悟网络科技有限公司
192	绍兴花香纺织品有限公司

续表 18

序号	企业名称
193	绍兴实赞商贸有限公司
194	绍兴鹏悦纺织有限公司
195	绍兴东雀纺织品有限公司
196	绍兴筑邦科技有限公司
197	绍兴百立杰环保科技有限公司
198	绍兴宏强印染有限公司
199	浙江隆生数码纺织科技有限公司
200	浙江新益印染有限公司
201	绍兴华满鑫纺织有限公司
202	绍兴百立康医疗科技有限公司
203	浙江百立盛新能源科技有限公司
204	绍兴金诚达纺织股份有限公司
205	绍兴艾乐格思纺织有限公司
206	绍兴市柯桥区宝龙涂层有限公司
207	绍兴柯桥华绍纺织有限公司
208	绍兴中钧环境建设工程有限公司
209	绍兴柯桥斗金纺织品有限公司
210	绍兴玖珍针纺有限公司
211	绍兴永繁针纺有限公司
212	绍兴卿荣针纺有限公司
213	绍兴搏水环境科技有限公司
214	绍兴橙果网络科技有限公司
215	绍兴盛麒纺织有限公司
216	绍兴益润纺织有限公司
217	绍兴纳尚生物科技有限公司
218	绍兴市意百居纺织有限公司
219	绍兴卡洛针纺有限公司

续表 18

序号	企业名称
220	绍兴珠之峰薄膜有限公司
221	绍兴精和机械有限公司
222	绍兴市迪聪网络科技股份有限公司
223	绍兴欧潮纺织有限公司
224	绍兴市翼辉汽车饰品有限公司
225	绍兴必安防护科技有限公司
226	绍兴冠固机械制造有限公司
227	绍兴柯桥新可隆针纺有限公司
228	绍兴柯桥盈景纺织品有限公司
229	绍兴天瑞环保科技有限公司
230	绍兴中厦混凝土有限公司
231	绍兴奇纹纺织有限公司
232	浙江卓越新能源汽车有限公司
233	浙江恩慈纺织有限公司
234	绍兴互生印花有限公司
235	绍兴柯桥旭源针纺有限公司
236	绍兴饶松纺织有限公司
237	绍兴市柯桥区业青纺织品有限公司
238	绍兴富强宏泰印染有限公司
239	绍兴柯桥杰超玻璃有限公司
240	绍兴柯桥美朵绣品有限公司
241	绍兴柯桥天宝纺织有限公司
242	绍兴柯桥荣辉包装有限公司
243	绍兴市力博科技有限公司
244	浙江绍兴福元科技有限公司
245	绍兴雷速登纺织科技股份有限公司
246	绍兴恒美染整有限公司

续表 18

序号	企业名称
247	绍兴依念纺织品有限公司
248	绍兴市柯桥区意隆织造有限公司
249	绍兴精盛液压件有限公司
250	绍兴柯桥建沃纺织品有限公司
251	绍兴利锋线带有限公司
252	绍兴柯桥区乐乐家纺有限公司
253	绍兴鹏企纺织科技股份有限公司
254	绍兴晓汇针纺有限公司
255	绍兴晔佳纺织品有限公司
256	绍兴柯桥区鑫亿旺针织有限公司
257	绍兴鑫山绣品有限公司
258	绍兴市柯桥区客源纺织有限公司
259	绍兴海瑜针织有限公司
260	绍兴连湖纺织有限公司
261	绍兴阔宇纺织有限公司
262	绍兴旺盛包装材料有限公司
263	绍兴柯桥恒惠纺织有限公司
264	绍兴开晟针纺有限公司
265	绍兴市柯桥区卓洲针纺有限公司
266	绍兴力争化纤有限公司
267	绍兴市锦波针纺有限公司
268	绍兴市柯桥区爱茜纺织品有限公司
269	绍兴力丰经编有限公司
270	浙江绿筑集成科技有限公司
271	绍兴淡菊纺织品有限公司

2020年柯桥区新增省级众创空间名单

表19

序号	众创空间名称	依托单位
1	布码头众创空间	绍兴布码头展览服务有限公司
2	启迪众创工社	绍兴启迪凤凰庄科技发展有限公司
3	绍兴通纺云跨境电商众创空间	绍兴通纺云电子商务有限公司
4	蒲公英电商服务中心	绍兴市迪聪网络科技有限公司

（区科技局　供稿）

科技合作

【概况】 2020年，柯桥区新增市级以上企业研发机构46家。推进西安工程大学柯桥纺织产业创新研究院、东华大学绍兴创新研究院、绍兴工业互联网学院（研究院）、江南大学柯桥轻纺产业技术转移中心等校地合作平台建设，依托俞书宏院士团队、陈文兴院士团队，引进中国科技大学绍兴新材料产业技术研究院、浙江理工大学绍兴研究院等高水平校地合作平台。外国高端人才创新集聚区拓展升级，浙江（绍兴）外国高端人才创新集聚区入选省级“院士之家”和国际学术交流中心创建试点。累计对接外国人才项目20余个，南非科创中心、意大利联合人才科技创新中心落地运营。推动科技大市场建设，全年实现技术交易额21.27亿元，实施发明专利产业化项目30个，共有326个项目获科技成果登记。柯桥区印染产业工程师协同创新中心、现代纺织鉴湖实验室揭牌。推广创新券，全年发放创新券841.29万元，使用585.64万元，比上年增长33.86%。新舒纺织高效短流程印染技术市级企业研究开发中心等33家企业研发中心被认定为市级企业研发中心。“布码头”众创空间等4家众创空间被认定为省级众创空间，绍兴创梦天地等6家众创空间被认定为市级众创空间，柯桥区科技园被认定为国家级孵化器，德美高科专业孵化器被认定为市级孵化器。

【科大绍兴新材料产业技术研究院成立】 2020年，柯桥区与中国科技大学合肥微尺度物质科学国家研究中心合作成立中国科技大学绍兴新材料产业技术研究院。研究院围绕新一代环保生物基复合材料、纺织纤维功能材料、高端装备制造材料、医用仿生材料、清洁能源、能量存储和转化、半导体、碳材料等应用领域，建设集技术研发、公共服务、产业化为一体的新材料应用技术工程化研究机构。

【浙江理工大学绍兴柯桥研究院成立】 2020年，浙江理工大学绍兴柯桥研究院成立，加强纺织新材料、纺织设计与加工、纺织生态染整、纺织智能制造等领域关键技术研发，建设以科技创新为驱动、科技创新要素融合、创新创业人才集聚、创业条件不断优化、科技资源高效利用和支撑服务不断完善的示范性创新创业载体。

【“科技超市”设立】 2020年，柯桥区设立“科技超市”，面向长三角及周边地区高校、科研院所、柯桥地区科技人才企业，征集契合柯桥产业实际、近期可产业化的科研成果。结合“3+2+2”制造业发展特点，“科技超市”征集首批可产业化科研成果57项，技术交易额1.5亿元，涵盖现代纺织、现代住建、智能制造、新材料、生物医药、节能环保等行业（领域）。

【科技交流对接活动】 2020年，柯桥区组织科技交流对接活动，全年收集企业技术需求信息160项，诊断企业50家，举办江山·柯桥装备制造（工业设计）产学研对接会等活动21场次，“改性聚酰胺/聚酯复合超细纤维制备关键技术及产业化”等13个项目实现成果落地转化。

【柯桥区科技园升格为国家级科技企业孵化器】 2020年，柯桥区科技园被认定为国家级科技企业孵化器。园区入驻企业97家，其中国家高新技术企业15家、科技型中小企业26家，培育孵化美华鼎昌、环思智慧、迅实科技等20余家创新产品领头企业。集聚各类创业创新人才1200余人，其中国家引才计划人才20人、青年引才计划人才15人、省级引才计划人才18人。申报专利近610项，其中发明专利368项。获得风投融资3亿余元。新增创新创业团队7个。园区定位科技孵化，引入智慧大脑数据化可视平台、智慧园区管理平台、智能物联平台三大平台，完善园区数字化建设，搭建园区数字化产业生态。投入使用智慧停车、智慧道闸、智慧安防、智慧党建、智慧能耗管理、线上会议室租赁、人才公寓租赁等模块，优化管理服务，降低创业成本，沉淀核心运营数据。建成全区首家一站式人才创新创业服务综合体，设立“人才驻停港”，开辟一站式服务窗口。2020年，园区累计举办各类活动40余场，近2000人参与。

2020年5月6日，柯桥区科技园　　（区科技局　供稿）

2020年柯桥区新增省级企业研究院名单

表20

序号	研究院名称	依托单位
1	浙江省津膜印染废水深度处理及资源化利用研究院	浙江津膜环境科技有限公司
2	浙江兴明绿色染整省级企业研究院	绍兴兴明染整有限公司
3	浙江省东进功能性复合面料研究院	浙江东进新材料有限公司
4	浙江省同正高性能塑胶管道研究院	浙江同正管道技术有限公司

（区科技局　供稿）

科技成果

【概况】 2020年，柯桥区326个项目登记科技成果，3个项目获浙江省科学技术进步奖，8个项目获柯桥区创新奖。

2020年柯桥区获浙江省科学技术进步奖名单

表21

序号	项目名称	申报单位	完成人员	奖励等级
1	低能耗铜材制造新技术的开发	浙江力博实业股份有限公司	徐高磊、陈国权	二等奖
2	交错桁架钢结构体系建筑成套关键技术与应用	浙江绿筑集成科技有限公司、中南大学、重庆大学、浙江精工钢结构集团有限公司、浙江省建筑设计研究院	蒋路、周期石、徐国军、甘丹、陈劲、李杰、常康辉	三等奖
3	基于数字光处理技术的齿科3D打印机开发与产业化	浙江迅实科技有限公司、浙江大学医学院附属口腔医院	金良、陈勇、金伟刚、陈悦、包海峰、张靖、张思财	三等奖

2020年柯桥区创新奖名单

表22

序号	项目名称	申报单位	完成人员	奖励等级
1	北京新机场航站楼核心区主体钢结构工程建造技术研究	浙江精工钢结构集团有限公司	刘中华、王留成、陈君、苏英强、王强强、高良、周鹏洋、马国良、黄利顺、邱仙荣、李建洪、万涛平、杨林、马洁烽、李银标	一等奖
2	杭绍地区典型软土基坑工程环境效应及防治对策研究	绍兴市柯桥区建设工程安全质量管理中心	胡立锋、刘念武、陈庆华、许明辉、张建华、马明、虞辰杰、路琦、程元晖、王旭强、王良良、龚晓南	一等奖
3	交错桁架钢结构体系应用技术研究与示范	浙江绿筑集成科技有限公司	蒋路、马荣奎、徐国军、张洋、李瑞锋、常康辉、张军伟、孙杰、王晓涛、杨文若、陈雪英、李勇	二等奖
4	MRS联合DCE-MRI在乳腺癌早期诊断与疗效评估中的应用研究	绍兴市中心医院	徐阿巧、翁小波、郑静、鲁君敏、张盛箭、徐国奇、荣增辉、娄纪祥、李军、黄丽丹、何红琴、山关心、李芝清	二等奖

续表 22

序号	项目名称	申报单位	完成人员	奖励等级
5	加味小陷胸汤联合顺铂胸腔内化疗治疗恶性胸腔积液及调控 VEGF 等因子的临床研究	绍兴第二医院医共体总院	骆学新、洪国标、童海江、徐建锋、肖建军、周罗瑜	二等奖
6	JCTX300 型千吨级碳纤维生产线	浙江精功科技股份有限公司	金越顺、吴海祥、王永法、卫国军、傅建根、孙海梁、倪建勋、张鹏铭、陈慧萍、陈尧鹏、韩宝灯、朱吉元、来迪文、陈建林、周德明、吴钟翔、傅春峰、孙力峰、赵森江、郭林、蒋斌斌、徐飞、张瑜	三等奖
7	生态超纤面料	浙江梅盛新材料有限公司	钱国春、隋晓峰、林国武、田贵彪、赵家琪、石中榕、张宝弟	三等奖
8	三维断层超声显像技术对胎儿胼胝体生长发育的研究	绍兴第二医院医共体总院	袁彩娣、鲁敏、夏国园、陈建荣、江珍珍、金美英、金家华、曹刚、黄立坚	三等奖

（区科技局　供稿）

电信通信

【概况】 2020 年，中国电信柯桥分公司安装 5G 基站 260 个，实现主城区、重点乡镇以及重点融合应用区域 5G 覆盖。加快新一代千兆光网建设，全区光纤接入端口 38 万个。推进云基础设施建设，提升 IDC（互联网数据中心）节点承载能力，提高计算、存储和网络吞吐能力，助推柯桥区数字化转型。

【金柯桥科技城园区大脑管理平台开建】 2020 年，中国电信柯桥分公司承建金柯桥科技城园区大脑管理平台项目，该平台通过智能数据挖掘技术，实时采集园区物联数据，统计分析园区运营数据，实现涉及园区资产、财务、党建、物业、园企协同、企业成长分析管理等一体化运营管理。（单爱萍）

移动通信

【概况】 2020 年，中国移动柯桥分公司参与完成柯桥区 5G 通信基站专项规划编制工作，2020—2022 年三年内共建设移动 5G 基站建设 1700 个，2020 年建设 5G 节点机房 63 个，铺设光缆 900 余千米，开通 5G 宏站 1040 个、5G 室内分布站点 105 个、高速高铁沿线 5G 基站 65 个。完成柯桥城区、高速高铁沿线 5G 信号全覆盖，覆盖区域最高网速 1G 以上，平均网速 600M。开展宽带提速工作，完成光改小区 40 个 26500 户，完成柯岩街道、柯桥街道、马鞍街道等镇（街道）“五星 3A”“五星和美”线路整治。开通 16 个历史遗留难点基站，完成绍兴柯桥中国轻纺城窗帘布艺展览会、中国轻纺城第三届世界布商大会、中国绍兴柯桥国际纺织品博览会、柯桥时尚周、柯桥宝龙广场开业等多个重大活动通信保障工作。完成柯桥区教育系统各类网络、门户网站和重要应用系统升级改造，加快教育系统推进 IPv6 基础网络设施规模部署和应用系统升级。

【承建柯桥区电子政务外网采购万兆因特网出口带宽项目】 2020 年，中国移动柯桥分公司承建柯桥区电子政务外网采购万兆因特网出口带宽项目。（史国祥 郑灵芬）

联通通信

【概况】 2020 年，中国联通柯桥分公司新增 5G 网络基站（含共享）511 个，累计开通 534 个，覆盖城区、重点乡镇和部分热点工业园区室，5G 网络人口覆盖率 51.8%。新开通 4G 基站 95 个，累计开通 4G 基站 927 个，覆盖城区、二三类校园、交通干线、乡镇、部分热点行政村，4G 网络人口覆盖率从 91% 提升至 92%，4G 全网良好覆盖率 96%。完成核心网云化工程，覆盖话音、数据、MEC、切片、电信云、自动驾驶网络。2 月 21 日，浙江省通信管理局党组书记、局长徐建华一行到绍兴联通调研，听取员工防控保障服务、复工管理服务、营业厅公众服务、协助企业复工等方面的工作汇报。11 月，绍兴联通全量客户运营室获“2020 年通信行业质量信得过班组”国优称号，全国排名第七。（苏 崚）

通信工程

【概况】 2020 年，铁塔柯桥分公司推进 5G 通信基站布局部署，累计建成 1486 个 5G 基站，5G 基站室分系统改建投资超 1 亿元，实现主城区、重点乡镇、开发区、高校园区、重点企业、重要旅游景点等区域 5G 信号覆盖，推动 5G 商用提速。

【“通信塔”向“数字塔转变”】 2020 年，铁塔柯桥分公司开放铁塔资源，面向政府提供共享新平台，推动“通信塔”向“数字塔”转变。累计提供高空瞭望 130 处、大气监测 20 处、智慧消防 1000 处，助力柯桥区数字经济县乡智能一体化。

【铁塔保障通信应急】 2020 年，在抗击疫情、抗击台风“黑格比”等事件中，铁塔柯桥分公司做好通信应急支撑工作，建设开通运营商 5G 防疫重保站 11 处，累计出动人员 125 人次，车辆 60 辆次，确保政府、医疗机构、隔离区域、交通枢纽等重点场景的通信畅通。（铁塔柯桥分公司　供稿）

数字政府

【概况】 2020 年，柯桥区继续推动政府数字化转型、产业数字化转型和民生数字化转型，超额完成“912”工程替代任务，完成 537 台终端替代，开发全省首个移动端电子证照便民应用“柯桥 e 证通”，建成“城市大脑”一期平台。多业务协同应用“退役军人全生命周期‘一件事’服务改革信息化系统”和“中国轻纺城纺织面料花样版权数据中心 AI 比对系统”两个项目入选省观星台优秀应用，优秀项目数居全市第一、全省第二。开展全区浙政钉 1.0 版本至 2.0 版本的迁移工作，完成所有单位人员迁移激活、信息完善、头像规范、应用迁移，人员激活率 100%，信息完善率 100%。

【柯桥区与阿里云签订战略合作协议】 2020 年 5 月 14 日，柯桥区与阿里云计算有限公司签订协议，

2020 年 5 月 14 日，柯桥区人民政府与阿里云计算有限公司签订战略合作协议
（区传媒集团　供稿）

开展“城市大脑”“数字政府”建设合作，纺织产业数字化转型合作、新型城市管理合作，深化探索智慧应急、智慧环保、智慧健康、智慧教育、城市安全、城市管理等模式，助力柯桥区建设新型智慧城市。

【“城市大脑”总平台建成】 2020年，柯桥区完成“城市大脑”一期平台建设，上架布线与安装调试物理服务器109台、网络设备34台，安装云计算平台，部署数据超市，测试数据安全软件产品，接入32亿条数据。平台采用总分架构，提供计算服务ECS、数据库服务RDS、对象存储服务OSS、负载均衡服务SLB。

【国家电子证照应用试点】 2020年5月，柯桥区被列为国家电子证照应用试点，开发全省首个移动端电子证照便民应用“柯桥e证通”。至年底，在浙里办、浙政钉上线客户端，在相关业务窗口部署办事端。上线证照104个，开发落地应用场景30个。

【政务数据归集】 2020年，柯桥区完成102套信息系统普查工作，归集27个部门154个目录53亿条数据，目录更新率和归集率均为100%。

【省级公共数据资源开发利用试点】 2020年，柯桥区“i出行——基于车位和气象数据融合的智慧化交通出行平台”入选浙江省公共数据资源开发利用试点，为全市唯一入选省级试点的应用场景。（袁瑜琴）

广播电视传输

【概况】 2020年，柯桥区研发的“柯桥区退役军人信息管理服务平台”获2020年浙江省广播电视科技创新项目金潮奖科技成果与应用类三等奖。承办2020年柯桥区“金梭奖”有线广播电视机线员职业技能大赛，全区16个镇街共42名选手参加比赛。

【智慧云社区管理平台】 2020年，中广有线柯桥分公司研发新型基层治理平台项目“智慧云社区管理平台”，平台设计围绕“N+X”架构，建立N个社区共性需求功能，X个社区特色功能，完成与柯桥区基层治理“四平台”综合信息系统对接，获2020年浙江省广播电视科技创新项目金潮奖基层优秀科技创新类（县级）一等奖。（中广有线柯桥分公司　供稿）

执行编辑　高　锋

教 育

综 述

2020 年 11 月,绍兴鲁迅中学代表队参加浙江省中小学生艺术节
（区教体局 供稿）

【概况】 2020 年,柯桥区有各级各类学校 204 所,其中全日制普通高校 2 所、普通高中 8 所、职业高中 2 所、初中 19 所、小学 53 所、幼儿园 102 所、特殊学校 1 所、社区学院 1 所、成教中心 16 所。全区有教职员工 10433 人、在校学生 124914 万人。

出台《柯桥区学校班主任和中层及以上干部考核奖励指导意见(试行)》,制定《学校中层及以上干部、班主任考核奖励实施细则(试行)》,按照学校干部、教师所担责任大小、工作量、工作实绩等,设立班主任和学校中层及以上干部考核奖励政策。

召开全区中小学校心理健康教育工作视频会议。越崎中学、区职业教育中心、区实验中学、华舍中学、中国轻纺城第二小学的心理健康咨询室通过省级示范点现场验收。至此,有 14 所学校的心理健康咨询室获省示范点称号。

参加省中小学生艺术节艺术表演类比赛,有 5 个节目获一等奖、9 个节目获二等奖。参加艺术作品类比赛,有 17 件作品获一等奖、21 件作品获二等奖、5 件作品获三等奖。柯桥区教体局、柯桥区中国轻纺城小学获优秀组织奖。

14337 名学生进入高一级学校,其中被高中段学校录取 7825 人,被普通高校录取 4920 人,被高职单考单招录取 866 人,被中高职一体化培养及高职技能保送等其他类型招生录取 726 人。

柯岩中心小学、中国轻纺城第二小学等 11 所学校(幼儿园)被浙江省教育厅、浙江省人民政府教育督导委员会办公室评为首批浙江省现代化学校。有 1 名教师获省“万人计划”教学名师称号,4 名教师获省“春蚕奖”称号。(钟建宇)

【推广普通话宣传周活动举行】 2020 年 9 月 14 日,绍兴市第 23 届全国推广普通话宣传周活动在柯桥区华舍小学启动。绍兴市语委副主任、市人民政府副秘书长周宝林讲话并宣布推普周开幕。柯桥区语委主任、副区长祝静芝致辞。活动主题为“同讲普通话　携手进小康”。其间,柯桥区学校作为推广普及普通话的基础阵地,开展演讲比赛、朗诵比赛等宣传活动。

【"国旗下讲话"系列活动颁奖暨赠书仪式举行】 2020年10月12日，绍兴市"国旗下讲话"系列活动颁奖暨赠书仪式在柯桥区齐贤中学举行。活动由市教育局、市关工委、市老团干联谊会联合主办，组织师生代表观摩以"一粥一饭、当思来之不易"为主题的"国旗下讲话"。主办方为柯桥区获奖代表颁奖，一等奖5篇、二等奖8篇、三等奖3篇，并向齐贤中学赠送征文作品汇编读本。

2020年10月12日，绍兴市"国旗下讲话"征文活动颁奖暨赠书仪式在柯桥区齐贤中学举行 （区教体局 供稿）

【柯桥区通过省语言文字工作督导评估】 2020年12月29日，浙江省语言文字工作督导评估专家组走访党政机关、新闻媒体、学校、公共服务单位、城市街区、乡镇农村，查阅电子档案资料、召开座谈会、问卷调查、实地查看，开展评估。30日，柯桥区语言文字工作督导评估会在区行政中心召开，宣布柯桥区通过浙江省语言文字工作督导评估。

【教育投资项目建设】 2020年，柯桥区教育列入区投资项目建设计划36个，其中列入政府投资项目计划35个（列入教体局本级项目27个，总投资43.15亿元；列入镇街项目8个，总投资1.63亿元），柯桥中学西校区新建工程列入国有投资项目计划，总投资3.90亿元，由区轨道交通集团负责。续建项目17个，其中列入教体局本级15个，总投资25.16亿元，当年投资6.63亿元，轻纺城小学裕民路校区新建工程、蓝天实验学校扩建工程、秋瑾幼儿园扩建工程、华舍中学扩建改建一期工程8月竣工并投入使用；列入镇街项目1个，总投资0.36亿元，当年度投资0.26亿元；列入国有投资项目1个，总投资3.90亿元，当年度投资2亿元。新建项目11个，其中列入教体局本级5个，总投资4.06亿元，当年投资1.97亿元；列入镇街项目6个，总投资0.82亿元，当年度投资0.15亿元。储备项目8个，其中列入教体局本级7个，总投资13.93亿元；列入镇街项目1个，总投资0.45亿元。

【教育系统新冠肺炎防控】 2020年新冠肺炎疫情爆后，柯桥区教育系统下发《关于成立新型冠状病毒感染的肺炎疫情防控工作领导小组的通知》《关于做好新型冠状病毒感染的肺炎疫情防控工作的紧急通知》，发出《柯桥教体致全体师生的一封信》《柯桥区教体局致全区师生家长的公开信》等，开展全区14万名中小学师生员工摸排工作。落实学校校长作为校园疫情防控第一责任人，检视全区183所学校（幼儿园）各项防控措施。执行"校门"受控（问询、测温、亮码、登记、戴口罩）措施和知晓全省一码、长三角健康码互认。强化校外培训机构负责人主体责任，对210家合法培训机构实行防控责任落实情况督查全覆盖。落实各类健身场馆主办方的管控责任，对16个百姓健身房、23个登记在册的社会体育场馆负责人开展一对一询问；对未登记在册的健身场所积极联系属地镇街开展守小门工作管控。

【教师招聘】 2020年，柯桥区教体系统深化改革面向全国知名高校校园招聘优秀毕业生办法，招聘190名优秀毕业生入编（含报备员额制幼儿教师22名及报备员额制保健教师5名），其中招录"211""985""双一流"等优秀高校毕业生113名、研究生31名。

【教育结对帮扶】 2020年，柯桥区选派2位教师援藏，8位教师援疆，15位教师援川，进行对口支援培训指导工作。与四川金川援助结对薄弱学校20所，招收四川省贫困学生就读职业学校。其中，结对帮扶中西部职业教育支教6人次，培养师资50人次，接收学生12人。（钟建宇）

学前教育

【概况】 2020年，柯桥区有幼儿园102所，其中公办幼儿园80所、民办幼儿园22所。在园幼儿29845人，学前三年入园率100%。教师学历合格率100%，教师资格证持有率100%。实现浙江省等级幼儿园全覆盖，其中浙江省二级以上幼儿园58所(一级幼儿园12所)、市标准化幼儿园94所。建设幼儿园14所，其中3所投入使用。成立六一幼儿园教育集团和马鞍中心幼儿园教育集团，柯桥区六一幼儿园教育集团大越府园区和马鞍中心幼儿园教育集团新海园区开园。

2个幼儿园课程入选浙江省精品课程，获浙江省先进教研组2个，5个幼儿园名师(青年教师成长)工作室举行现场展示活动。

2020年9月10日，马鞍中心幼儿园教育集团新海园区举行落成典礼 （区教体局 供稿）

【"规范幼儿园办学行为"通过省专项督查】 2020年11月，浙江省人民政府督导委员会委托省教育考试院对柯桥区"规范幼儿园办学行为"进行专项督查。督查组听取《政策保障 加强管理、促进学前教育优质均衡普惠》的工作汇报，走访2所公办幼儿园和1所民办幼儿园，对柯桥区办园行为规范、政策制度落地、师资队伍建设等方面给予肯定评价。

【课程改革成果展示】 2020年12月，绍兴市《活教育·越课程·共成长》赠书仪式暨绍兴市幼儿园课程改革阶段性成果展示交流会在柯桥区马鞍中心幼儿园举行。绍兴市幼儿园课程改革专业指导组全体成员及各区县(市)幼教办负责人、教师等100人参加。柯桥区专场汇报区域推进课程改革成果。

2020年12月31日，柯桥区承办《活教育·越课程·共成长》赠书仪式暨绍兴市幼儿园课程改革阶段性成果展示交流会 （区教体局 供稿）

【省级幼儿园创建】 2020年12月，柯桥区安昌中心幼儿园、马鞍中心幼儿园通过浙江省一级幼儿园评估，2所幼儿园被评定为浙江省三级幼儿园。4所幼儿园被评定为绍兴市标准化幼儿园。（傅丽芳）

小学教育

【概况】 2020年，柯桥区有小学53所，其中区属小学2所、镇(街道)小学51所，教学班1232个，在校学生49234人。小学教育普及程度100%，6～12周岁少年入学率、巩固率、完成率100%。在新冠肺炎疫情期间，集中组织为期10周的线上教学活动，录制网络课500余节。

成立由管宁实验小学、夏履镇中心小学组成的绍兴市柯桥区管宁实验小学教育共同体，设群贤路校区和夏履校区。举行“开学前一课”暨红领巾学院齐贤党团队基地授牌仪式。柯岩中心小学、中国轻纺城第二小学等11所学校（幼儿园）被浙江省教育厅、浙江省人民政府教育督导委员会办公室评为首批浙江省现代化学校。中国轻纺城第二小学被浙江省委、省人民政府命名为浙江省文明校园。

【市第七届少先队争章技能风采展示活动举行】 2020年10月13日，绍兴市第七届少先队争章技能风采展示活动在柯桥区中国轻纺城小学举行。该活动由共青团绍兴市委、绍兴市教育局、绍兴市少工委联合主办，共青团绍兴市柯桥区委、柯桥区教体局、柯桥区少工委、中国轻纺城小学承办。各区县（市）25名优秀少先队辅导员参加活动。柯桥区5位少先队辅导员获5枚个人金奖及团体金奖。其中，2名辅导员代表绍兴市参加第十六届浙江省少先队争章技能展示活动，获省级辅导员素质技能金章。

【市真善美种子工程工作现场会暨红领巾学院观摩交流会召开】 2020年11月6日，绍兴市真善美种子工程工作现场会暨红领巾学院观摩交流会在柯桥区召开。活动由共青团绍兴市委主办，共青团柯桥区委员会、柯桥区教体局、柯桥区少工委、柯桥区齐贤街道办事处承办，以“传播真善美、引领好队员”为主题。第八届全国少工委委员李沧海、团绍兴市委副书记石生元以及42名柯桥区红领巾学院首批少先队学员代表和21名少先队辅导员参与活动。

【2020年小学教育工作会议召开】 2020年11月，柯桥区小学教育工作会议在华舍小学召开。会议以“规范办学、科学提质”为主题，各小学就学校文化、德育课程、劳动教育、教学评价等方面进行经验交流。会上，区教体局作《科学提质要以规范办学为准则》的专题报告，区教师发展中心作2019学年柯桥区小学课改及教学质量的分析报告。

【中国轻纺城小学“红色网上游”主题德育馆建成】 2020年12月，柯桥区中国轻纺城小学“红色网上游”主题德育馆建成。该馆建筑面积500余平方米，投资260余万元，馆内珍藏着中共中央总书记习近平（时任浙江省委书记）在2005年给学校全体少先队员的回信。15年来，学校持续开展“红色网上游”活动，受到时任国务院副总理刘延东、时任浙江省委书记夏宝龙等领导的肯定。

【柯桥小学学生李钰涵赴京领奖】 2020年，柯桥小学学生李钰涵创作的《星星之火，绍兴的第一颗革命火种——记绍兴独立党支部纪念馆》，在由环球网主办、中央宣传部宣教局指导的“追寻先烈足迹”短视频比赛中，获个人创作优秀作品。该作品以视频的形式讲解中共绍兴独立支部纪念馆、红领巾广场、团建广场等红色教育场所。12月17日，成果发布会在中国人民革命军事博物馆举行。

【红领巾抗疫宣传】 2020年2月5日，柯桥区少工委向全区少先队员征集红领巾助力“抗击疫情”文艺作品，鼓励少先队员们与家庭成员一起创作，通过书画、诗歌等形式，抒发对奋战在抗疫一线人员的崇高敬意。累计收到视频150余个、书画作品350余件。（钱钰萍）

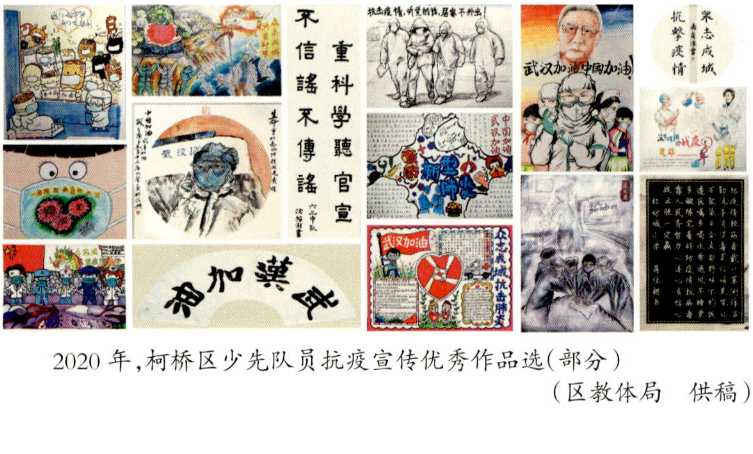

2020年，柯桥区少先队员抗疫宣传优秀作品选（部分）

（区教体局　供稿）

初中教育

【概况】 2020年，柯桥区有初中19所，其中区属3所、镇（街道）初中15所、民族中学1所，教学班583

个，在校学生22693人。初中教育普及率100%，12～15周岁少年入学率、巩固率、完成率均100%。推行思维课堂（课堂教学目的是培养学生思维能力）和基础性课程分层走班教学改革，教育质量总体呈良好发展态势。

【柯桥区西藏民族中学学生包机返校复学】 2020年4月，柯桥区教体局发函至四川航空，申请在藏60名学生统一乘坐专机返回学校。4月14日，包机抵达杭州萧山国际机场。这是柯桥区第一次以包机的形式接藏族学子回校。《人民日报》专题报道此事。

【2020年初中教育工作会议】 2020年11月，柯桥区召开以"规范办学、科学提质"为主题的2020年柯桥区初中教育工作会议。会议要求各初中学校以问题为导向，树立规范的办学意识，坚持正确的办学方向，重视科学的提质手段；要求各初中学校真正落实"轻负担高质量"，围绕立德树人，认真开展德育活动、全面加强劳动教育及养成教育，注重学生核心素养的培养，铺厚学生的人文底蕴；要求向党建要质量，向行为要质量，向流程要质量。各初中校长、业务副校长、德育副校长等100余人参加会议。

【第九届"树人风"长三角初中课堂观察研讨会】 2020年12月，柯桥区在鲁迅外国语学校举办第九届"树人风"长三角初中课堂观察研讨会。柯桥区各初中、绍兴文理学院外国语学院师生代表150余人到校参会。研讨活动采取"线上线下、同步直播"的方式进行，有1632人次通过线上观摩、评论互动参与此次研讨活动。（盛建兔）

普通高中教育

【概况】 2020年，柯桥区有普通高中8所，教学班335个，在校学生13531人。其中，有省一级特色示范高中2所、省二级特色示范高中4所、省一级民办高中1所，有省级文明单位2个、省文明学校1所，有全国绿色学校1所、省绿色学校2所。

越崎中学接受石油工业出版社向学校捐赠的《孙越崎文集》《石油精神——文献石油70年》等著作。绍兴文理学院"艺术硕士(MFA)专业学位研究生联合培养基地"授牌仪式在绍兴鲁迅高级中学艺术楼会议室举行。柯桥区高中学生首个马克思主义研究社在钱清中学成立。

参加普通高校招生考试报名5083人，其中普通类4531人、艺术类431人、体育类121人。普通类被录取4368人，录取率为96.40%；艺术类被录取392人，录取率为90.95%；体育类被录取110人，录取率为90.91%。9名学生被北京大学，5名学生清华大学录取，82名学生被浙江大学录取。柯桥中学学生汤齐宇因参加2019年全国青少年物理奥林匹克竞赛成绩优秀，获全国金奖，进入国家队集训并被保送北京大学。

4人获物理、化学、信息学奥赛浙江省赛区一等奖，23人次获五大学科奥赛浙江省赛区二等奖。柯桥中学、鲁迅中学各1名学生成为人民海军、空军飞行学员。共获作文、英语、地理等竞赛活动全国一等奖162人次、全国二等奖293人次、省一等奖195人次。一项作品获浙江省青少年科技创新大赛一等奖，2项作品获二等奖，一名学生的发明成果获国家发明专利。柯桥中学、鲁迅中学、钱清中学选送的艺术节目获浙江省中小学生艺术节比赛一等奖。

【鲁迅中学暑期社会实践获市"优秀团队"】 2020年1月，在2019年度绍兴市大中学生暑期社会实践"优秀团队"评比中，绍兴鲁迅中学"教育关爱·情暖柯桥"暑期社会实践团队获得该荣誉称号。该团队的学生走进天工集团，为员工子女开设包括暑假作业辅导、艺术拓展、科学实验、自护教育、思政小讲堂在内的特色课程。

【钱清中学机器人团队在省级比赛中获冠亚军】 2020年10月，在"电魂杯"第一届"智圣"机器人及智能创客大赛中，钱清中学机器人团队派出3个参赛队伍，参加无人驾驶对抗赛并在比赛中收获1个冠军、2个亚军的好成绩。"机器人及智能创客大赛"作为"电魂杯"第一届"智圣"智力运动产业博览会的正式比赛项目之一，旨在通过培养青少年的编程思维、创新思维和动手实践能力，提升选手对人工智能的整体认知和应用水平，赛事围绕自动停车、路标识别等多项无人驾驶技术设置比赛规则，让选手能够通过动手实践理解无人驾驶的概念及技术要点，为无人驾驶技术的发展和应用培养人才。

2020 年 10 月，钱清中学机器人团队在“电魂杯”第一届“智圣”机器人及智能创客大赛中获奖　（区教体局　供稿）

【省数学会第十二届理事会 2020 年会暨陈建功教育思想研讨会举办】 2020 年 11 月，浙江省第十二届理事会 2020 年会暨陈建功教育思想研讨会在绍兴鲁迅中学举办。活动由浙江省数学会主办，省市数学界的专家、教师 100 余人参加年会。全国数学教育研究会副理事长、浙江省基础教育研究中心副主任张维忠教授做题为“陈建功与中国数学教育”主题报告。（李国权）

职业教育

【概况】 2020 年，柯桥区有职业高中 2 所，在校学生 9469 人；总占地面积 30.10 万平方米，建筑面积 20.03 万平方米。职业教育遵循专业设置围绕产业转型转和人才培养围绕岗位需求转原则，根据区委区政府着力打造的“五大千亿产业”，设置调整主体专业，深化产教融合，密切校企合作，创新育人模式，设轻纺食品类、土木水利类、加工制造类、交通运输类、信息技术类、财经商贸类、旅游服务类、文化艺术类、农林牧渔类、公共管理类 10 个大门类 39 个专业，拥有省级实训基地（含综合性实训基地 1 个）8 个、省级校企合作共同体 3 个、省级产学研联合体 2 个、省级职教集团 1 个。

浙江省人大常委会办公厅副主任邵中一行来柯桥区专题就职业教育发展基本情况与经验做法、当前职业教育发展中存在的主要困难与问题等进行调研。柯桥区一届人大常委会第五十一次主任会议专题听取职业教育工作情况。出台《关于进一步促进职业教育校企合作的实施办法》，每年安排校企合作专项经费由 300 万元增加到 800 万元。

浙江省高职单招单考柯桥区本科上线 130 人，上线率 100%，本科人数和上线率创历史新高。区职教中心学生余浩、徐耀栋分别为建筑和汽修专业省状元。自 2014 年起第四年获浙江省职业教育发展考核优秀县区。

【柯桥高级技工学校成立】 2020 年 2 月，经浙江省人力社保厅评审决定，批复同意成立柯桥高级技工学校。5 月，中共绍兴市柯桥区委机构编制委员会办公室同意绍兴市柯桥区技工学校更名为绍兴市柯桥区高级技工学校。区高级技工学校有学生 3773 人，其中高级工班 16 个 652 人。

【国家职业教育提质培优项目申报】 2020 年 9 月，柯桥区申报由教育部等 9 个部门印发的《职业教育提质培优行动计划（2020—2023 年）》，承接项目 70 项，自 2021 年始，开展为期 4 年的建设工作。项目涉及德育、学校建设、专业建设、师资培养、校企合作等方面。

【项目入选省“中职教育质量提升行动计划”】 2020 年 11 月 6 日，柯桥区职教中心“精工钢构”校企合作共同体、“芯控智造”创新创业教育实验室项目入选浙江省教育厅办公室公布的 2020 年省“中职教育质量提升行动计划”。“精工钢构”校企共同体由柯桥区职教中心与浙江精工钢结构集团有限公司绍兴制造分公司合作成立，设立数控专业校外实践基地，组织开展学生职业体验、轮岗实习、顶岗实习等实践教学活动。柯桥区职教中心“芯控智造”创新创业教育实验室集电子制作、机械加工、程序设计、3D 建模等功能于一体，形成一个以单片机编程为主，单片机硬件开发、3D 模型设计和创新实验为辅的多功能的综合性创新实验室。

【第十四届职业学校学生技能大赛举行】 2020 年 11 月 21 日，柯桥区第十四届职业学校学生技能大赛在区职教中心、绍兴财经旅游学校两个赛区同时举行。该届大赛分 12 个大类，设有 50 个赛项，825 名学生参赛，为历届赛项覆盖面最广、参赛学生最多的一届技能大赛。大赛决出一等奖 91 人、二等奖 145 人、三等奖 222 人。（沈益农）

高等教育

【概况】 2020 年，柯桥区有浙江工业大学之江学院、浙江树人大学杨汛桥校区 2 所全日制高等教育学校。浙江工业大学之江学院有二级学院 11 个、教学部 1 个，设本科专业 39 个，涉及工学、理学、文学、法学、管理学、经济学、艺术学七大学科门类，全日制在校本科学生 9200 人左右。有教职工 607 人，其中专任教师 455 人。学院通过浙江省首批应用型建设试点示范学校建设验收。在第三方评价中，综合实力列全国同类院校第四，教师创新能力列全国同类院校第一。

浙江树人大学杨汛桥校区有学院 9 个，设专业 50 个，其中本科 44 个、专科 6 个。全日制在校学生 7062 人，其中本科学生 4819 人、专科学生 2243 人。有教职工 941 人，其中专任教师 347 人。获浙江省普通高等学校第二批省级产教融合示范基地 1 个。成立体美劳教育中心和公共实验教学中心。获批浙江省科技厅国际科技合作基地 1 个，获省高校思政名师工作室 1 个、省教育科学研究优秀成果二等奖 1 项，入选省"万人计划"青年拔尖人才 1 人、"浙江省高校领军人才培养计划" 9 人。学校男篮在省大学生篮球联赛中获亚军。新媒体宣传工作蝉联"浙江省高校新媒体综合力十强"。

绍兴市柯桥区浙江树人大学杨汛桥校区建设管理中心更名为绍兴市柯桥区高校合作服务中心，负责与本地高校、合作高校联系交流，推进产学研深度融合；负责校地合作人才共享机制建设，为高校科研人员从事地方应用研究提供对接服务；负责校地合作项目联系服务工作。资助之江学院、树人大学赴国（境）外高层次人才进修深造 4 人，拨付之江学院、树人大学高校人才生活补助及一次性资助 533 人次，发放资金 948.7 万元。（孙 俊 刘 俊 娄华军）

【之江学院线上线下一体化教学】 2020 年，之江学院实行线上线下一体化教学，有 334 名教师在线开课 438 门，在线开课率 93.39%，126 门课程实施线上线下混合教学，线上教学学生满意度 98.05%。

【之江学院精英人才培养新模式】 2020 年，作为学院创新人才的实验基地，之江学院首届"致知"精英班毕业生有 15 人转入浙江工业大学学习，14 人录取研究生，3 人出国留学，继续深造率 42.5%。鼓励学生以科研实习生身份加入教师科研项目团队，有 2 名科研实习生撰写的科研论文被国家 A 类期刊录用。

【之江学院毕业生工作】 2020 年，之江学院举办网络招聘会 3 场，举办线上招聘宣讲活动 100 余场，发布招聘信息 16000 余条，推送就业政策及就业相关信息近 4000 条，提供就业、实习岗位 5000 个，招聘人数逾 3 万人，覆盖学院 2020 届全体毕业生。举办小型专场招聘会 12 场，提供就业岗位 1 万余个，开展优质企业宣讲招聘活动 30 余场。2020 届本科毕业生 2169 人，一次性签约率 91.19%，就业率 93.50%，继续深造率 9.67%，创业率 1.15%。

【之江学院科研师资队伍建设】 2020 年，之江学院省部级及以上科研项目立项总数比上年增长 23%，纵向科研立项总经费比上年增长 50%，师均横向科研经费比上年增长 22.3%。获省科技进步奖三等奖 1 项、2020 年度中国商业联合会科学技术奖——全国商业科技进步奖二等奖 1 项，入选浙江省数字化转型重要平台"观星台"优秀应用研发成果 1 项。5 项教师科研团队的研究成果获浙江省主要领导批示。签约产学研合作协议 16 份，建研究中心、产学研合作（示范）基地 13 家。引进"省千人才" 1 人，引进博士、副教授 8 人，申报"省高校领军人才培养计划"领军人才 1 人、青年优秀人才 3 人。

【之江学院教育成果】 2020 年，之江学院获教育部校企合作协同育人项目 7 项，3 项"1+X"等级证书通过考核站点申报，立项省级"新形态"教材项目 3 部，获省级"互联网 + 教学"优秀案例特等奖 1 项、一等奖 2 项、二等奖 2 项,获第二届长三角民办高校教师教学竞赛二等奖 1 人、三等奖 1 人。机械工程专业入选省级一流本科专业建设点。学生体质健康抽测合格率 93.5%。学院体育运动代表队竞技成绩获国家级奖项 9 项、省级奖项 12 项,申报首批浙江省高校省级足球俱乐部建设项目 1 项。

2020 年 11 月 27 日,浙江工业大学之江学院教师何喜玲(左一)、潘钰(左二)分获第二届长三角民办高校教师教学技能大赛二等奖和三等奖 (之江学院 供稿)

【之江学院学科竞赛获奖】 2020 年,之江学院学科竞赛总成绩继续位列省内同类院校第一,组织学生参加教育行政管理部门举办的学科竞赛(一类赛事)29 项,获得国家二等奖 3 项、三等奖 2 项,省一等奖 13 项、二等奖 39 项、三等奖 74 项。组织参加绍兴市学科竞赛,获市一等奖 8 项、二等奖 26 项、三等奖 42 项。获国家级大学生创新创业训练计划项目立项 15 项。第六届"互联网 +"大学生创新创业大赛累计参赛学生 2313 人次,累计参赛项目 275 项,参赛率 26.85%,6 个项目获铜奖,学院获"浙江省互联网 + 大学生创新创业大赛"优秀组织奖。(孙 俊)

【树人大学杨汛桥校区二期工程投用】 2020 年 9 月,浙江树人大学杨汛桥校区二期工程投入使用。该工程系省重点工程,总投资 8.9 亿元,总用地面积 378 亩,总建筑面积 16 万平方米。新建教学行政用房(含实验室及教学科研附属用房)、学生宿舍、食堂、体育场地等 22 幢单体建筑,满足新增 6000 人的办学需求。工程于 2017 年 12 月开工,2020 年 8 月竣工验收并交付使用。(娄华军)

【王文序到杨汛桥校区调研】 2020 年 10 月 14 日,浙江省副省长王文序到浙江树人大学杨汛桥校区调研大学生就业创业工作,走访毫末书院、图书馆、师生办事大厅和食堂,了解学校开展产教融合、协同育人的应用型人才培养模式,并予以肯定。

【张泽熙到杨汛桥校区调研】 2020 年 11 月 6 日,浙江省政协副主席张泽熙到浙江树人大学杨汛桥校区调研,对学校教学环境、教学设施和学习氛围给予高度评价,肯定学校在教学科研、产学研合作、人才培养、创新创业等方面成效。

【浙江省首家钢结构行业学院成立】 2020 年 11 月 6 日,浙江树人大学和浙江钢结构行业协会共同成立浙江省首家钢结构行业学院,探索"政校协企"深度融合新模式。中新网、《浙江日报》、浙江新闻、浙江在线等多家媒体连续报道浙江省首家钢结构行业学院在浙江树人大学成立。2008 年,浙江树人大学城建学院创办钢结构专业方向,培养钢结构应用型特色人才。至 2020 年,培养 500 余名钢结构方向的专业人才。

2020 年 11 月 22 日,浙江工业大学之江学院获"中铁工业杯"第九届全国大学生机械创新设计大赛二等奖 (之江学院 供稿)

2020 年 11 月 6 日，浙江树人大学、浙江省钢结构行业协会签约暨钢结构行业学院成立仪式举行（郑伟进 摄）

【树人大学主体在杨汛桥校区落成】 2020 年，树人大学实现管理学院、城建学院、人文与外国语学院、现代服务业学院、艺术学院、基础学院、马克思主义学院、继续教育学院、体美劳教育中心 9 个教学单位立足杨汛桥校区办学，成为树人大学主体。在杨汛桥校区实施学生苑区书院制管理，成立商德、宸阳、明哲、青懋和毫末五大书院。

【树人大学"双百金课"建设】 2020 年，树人大学开展"双百金课"（百门金课程、百个金课堂）建设。其中，城建学院楼旦丰老师《材料力学》课程将结构设计竞赛和课堂教学相融合，入选国家级线下一流本科课程。学校累计获批省级各类金课 26 门、省高校"互联网＋教学"优秀案例 8 个、示范课堂 12 个。

【入选浙江省"五个一批"组建名单】 2020 年，浙江树人大学"浙江省家政服务业产教融合联盟"入选浙江省"五个一批"（一批产教融合联盟、一批产教融合示范基地、一批产教融合型试点企业、一批产教融合工程项目、一批产学合作协同育人项目）组建名单。该联盟由浙江树人大学牵头发起，联合三替家政、巾帼西丽、中大金石等龙头企业和行业协会，协同浙江省民政厅、浙江省人社厅、浙江省商务厅等政府部门共同建立，由多所高职、中职学校参与。

【杨汛桥校区获省级及以上学科竞赛奖】 2020 年，浙江树人大学杨汛桥校区学科竞赛获国家铜奖 1 项，省一等奖 10 项、二等奖 18 项、三等奖 17 项、优秀奖 9 项、优秀组织奖 2 项。1 名学生作品入选生态环境部"2020 年世界环境日主题海报"。（刘 俊）

特殊教育

【概况】 2020 年，柯桥区有 3 ～ 17 周岁残障少儿 339 人。其中，学前段儿童 39 人，幼儿园随读 19 人，康复机构康复 18 人，育才学校就读 2 人，入园（康复）率 100%。义务教育段适龄残障少儿 199 人，通过特殊学校就读、随班就读、送教上门服务等方式，入学率 100%，初中毕业 14 人，入学率 86.14%。高中段学生 101 人，特殊教育学校就读 27 人，随班就读 26 人，送教上门 34 人。

柯桥区育才学校有在校学生 79 人，教学班 8 个。其中，义务教育班 5 个（含卫星班 1 个）、学前班 1 个、职教班 2 个。专任教师 22 人，其中在编 20 人。投入 100 余万元，改建大拇指艺术社团演艺厅，开发拓展性课程，开设"非遗剪纸、书法、绘画、文创"等精品社团。配置自闭症精准康复平台、海豚屋、动感虚拟教室，加强自闭症儿童教育康复实践研究基地建设。依托浙江省个别化教育信息平台，从组织、管理、队伍、专业 4 个层面推进柯桥区特殊教育个别化教育。

【首届特殊儿童书画作品展举办】 2020 年 11 月 18—23 日，柯桥区首届特殊儿童书画作品展在区美术馆举办。作品展由柯桥区政协、柯桥区残联、柯

2020 年 11 月 18 日，柯桥区首届特殊儿童书画作品展在区美术馆举办（区教体局 供稿）

桥区育才学校联合发起。主题为“我的视界一样出彩”，展出特殊学生所创作的100余幅书画作品。作品《珠湖渔隐》（书法）、《猫头鹰》（国画）被柯桥区美术馆收藏。

【随班就读资源教师省基本功大赛获奖】 2020年12月6日，柯桥区随班就读资源教师通过区市选拔，参加由浙江省教育厅举办的浙江省首届随班就读资源教师基本功大赛。2人获一等奖（全省16人获一等奖），1人获二等奖。

【育才学校职业教育成果在浙江电视台展播】 2020年12月7日，柯桥区育才学校职业教育成果“柯桥育才学校：让残疾孩子有一技之长”在浙江电视台钱江频道展播。柯桥区育才学校职业教育部成立后，学生们学习洗车、烹饪、手工、园艺、经营超市、制作奶茶。（姚　斌）

2020年10月28日，浙江省政府督学组专家到钱清成校现代化社区学校评估　（区教体局　供稿）

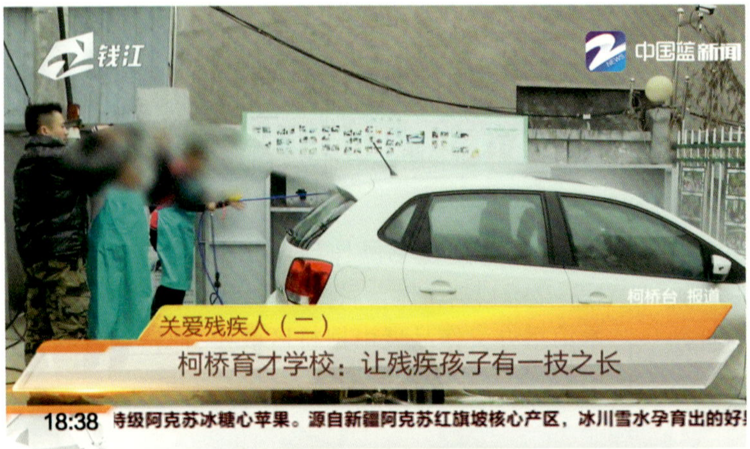

2020年12月7日，《柯桥育才学校：让残疾孩子有一技之长》在浙江电视台钱江频道范大姐栏目播出　（区教体局　供稿）

成人教育

【概况】 2020年，柯桥区有区级社区学院1个、社区学院分院16个，其中省级标准化成校16所、省现代化成校13所。开展农特专业户培训、印染工培训、特种工培训、企业管理人员培训、生产工人培训、家庭工业业主培训。成人教育和社区教育各类培训224845人次，其中农民培训81594人次，企业职工培训55254人次，社区教育培训66679人次，其他培训21318人次。预备劳动力培训127人，506名农村成人获高中学历、技能双证。通过成校培训取得职业资格5771人，其中，中、初级证书5085人，高级证书686人。社区学院、成教中心和成校培训创收801.96万元。马鞍成校、华舍成校、漓渚成校、齐贤成校、钱清成校5所学校创建为浙江省现代化社区学校。

有浙江广播电视大学柯桥学院、浙江工业大学之江学院成人高等教育函授站、绍兴柯桥新时代培训中心和柯桥区依米培训学校4个成人高等教育函授站（点）、现代远程教育校外学习中心。

浙江广播电视大学柯桥学院制定《浙江电大柯桥学院面授导学课程管理的补充规定》《浙江电大柯桥学院学生形成性考核、管理补充规定》，加强一村一专业集中实践教学和本科集中毕业辅导。对新生进行入学水平测试和网上学习技能、计算机操作技能培训，整合国家开放大学在线和省电大教学资源，创建微信导学群，开启“云教室”。被评为省电大招生先进集体、省电大新闻宣传先进单位、省电大教材发行管理先进单位。

【电大招生任务超额完成】 2020年，浙江广播电视大学柯桥学院春季招生195人，秋季招生306人，共招生501人，超额完成原定400人招生任务。全校注册人数1989人，其中本科621人、专科1368人。获省招生先进集体。

【电大柯桥学院省级比赛获奖】 2020年，浙江广播电视大学柯桥学院在省首届教务管理创新案例评选活动中，获三等奖；在全省电大首届思想政治理论课教学展示活动评选中，获三等奖；在全省网上教学活动比赛中，获三等奖；在全省“同心战役　书写青春”防疫抗疫故事征文比赛中，获三等奖。（王　芳）

【第九届全民终身学习活动周举行】 2020年10月29日至11月4日，柯桥区举办第九届全民终身学习活动周，以“全民智学、助力‘双战双赢’”为主题。推出各类学习、文体、培训等活动500余场，其中200余场活动进农村文化礼堂（文化家园），11万余人参与活动周。

【多项目纳入省中职教育质量提升行动计划建设名单】 2020年11月6日，柯桥区有1所成校2个项目被纳入浙江省教育厅办公室发布的2020年浙江省“中职教育质量提升行动计划”项目建设名单。其中稽东成校上榜浙江省现代化成校，社区学院“‘智慧父亲’的摇篮——‘父范学堂’培训工程”，柯桥成校“社区治理的助推器——柯桥街道‘一社一品’培育工程”2个项目上榜浙江省成教品牌项目名单。

【社区教育进农村文化礼堂】 2020年，柯桥区落实专项资金，推进社区教育进农村文化礼堂工作，培训服务836场次，209个文化礼堂全覆盖。其中，柯桥街道“用书香浸润柯桥，以阅读美化生活——柯桥领读者”获浙江省首批社区教育进农村文化礼堂学习品牌。（高　巍　张宏泰）

2020年12月11日，“柯桥领读者”获浙江省社区教育进农村文化礼堂学习品牌　（区教体局　供稿）

招生考试

【概况】 2020年，浙江省普通高校招生考试继续采用“语数英加7选3”的模式进行，不分文理科，只分普通类、艺术类、体育类三类，按总分高低分三段进行录取工作。柯桥区普通高校招生考试报名5083人，上一段分数线1391人、上二段分数线3488人、上三段分数线4880人，上线率96.01%；录取4920人，录取率96.79%。

高职院校单招单考报名931人，上线860人，上线率92.37%；录取866人，录取率93.02%。初中毕业生学业水平考试报名7676人，高中段学校录取新生8076人，其中普通高中录取4673人，职业高中录取3403人。成人高校招生考试报名2721人，自学考试报名1051人；报名参加全国英语等级考试1064人、全国计算机等级考试598人。柯桥区教育考试中心被评选为浙江省考试招生工作先进集体。

【招考管理平台升级改造】 2020年，柯桥区落实财政专项资金760.5万，对区教育考试指挥中心、西藏民族中学及其他8所普通高中、2所职业高中国家教育考试综合管理平台升级改造，打造“一个平台、五大系统、一张转网”的考试综合管理平台建设。其中，五大系统包括视频会议系统、网上巡查系统、身份验证系统、作弊防控系统和试卷流转系统。

【招飞工作】 2020年，柯桥区柯桥中学王嘉成和鲁迅中学马飞扬分别被中国人民解放军空军航空大学和中国人民解放军海军航空大学飞行技术专业录取。鲁迅中学裘佳奇，鲁迅高级中学袁帅奇、周家骏、季超逸、丁豪峰、倪蒙战，越崎中学胡涛、王扬等8名学生分别被中国民用航空飞行学院、中国民航大学、南京航空航天大学飞行技术专业录取。自1989年实行在高中生中招收飞行员制度后，柯桥区累计选送空军、海

2020 年 8 月 12 日，柯桥中学学生王嘉成（左）被中国人民解放军空军航空航天大学飞行技术（航空飞行与指挥）专业录取

（区教体局　供稿）

军飞行学员 72 人，民航飞行学员 79 人。

（杜国平）

师资管理

【概况】 2020 年，柯桥区有教职员工 10433 人，其中专任教师 8799 人（在编教师 6996 人）。专任教师中任教于普通高中 1381 人、职业学校 623 人、初级中学 1977 人、小学 2822 人、幼儿园 1976 人、特殊教育 20 人；高级职称教师 1359 人、中级职称教师 3409 人、初级职称教师 2695 人。

普通高中、职业学校（含成人学校）、初级中学、小学、幼儿园专任教师学历合格率 100%。其中普通高中专任教师中研究生 181 人，占 13.1%；本科 1198 人，占 86.75%。职业学校专任教师中研究生 80 人，占 12.85%；本科 529 人，占 84.92%。初级中学专任教师中研究生 81 人，占 4.10%；本科 1846 人，占 93.38%；专科 50 人，占 2.5%。小学专任教师中研究生 60 人，占 2.13%；本科 2421 人，占 85.79%；专科 332 人，占 11.77%；高中 9 人，占 0.32%。幼儿园专任教师（含园长）中研究生 19 人，占 0.97%；本科 1342 人，占 67.92%；专科 597 人，占 30.22%；高中 19 人，占 0.97%。

【名优教师培育】 2020 年，柯桥区评出 2019 学年特级教师和名师工作室一等奖 43 个、二等奖 47 个、三等奖 21 个；青年教师成长工作室一等奖 67 个、二等奖 68 个、三等奖 35 个。祝旭东等 5 人被评为 2020 年柯桥区名校长，裘永丰等 10 人被评为 2020 年柯桥区名师，金彩娥等 10 人被评为 2020 年柯桥区青年名师，鲁明儿等 10 人被评为 2020 年柯桥区美丽教师。评出区三星级教师 34 人、二星级教师 71 人、一星级教师 225 人。评审通过 1 名正高级教师。

【教师干部梯队建设】 2020 年，柯桥区出台《关于进一步加强学校干部队伍培养的实施方案》，推动理论素养、管理能力、梯度培养、成长协同 4 项工程建设，提任学校干部 24 人（其中学校党政正职 4 人、副职 20 人）；交流调任学校干部 29 人（其中学校正职 11 人、学校副职 18 人），明确职级干部 6 人，退任 13 人（其中正职 5 人、副职 8 人），原校长兼党委（总支）书记留任党委（总支）书记 2 人。新提任非党干部 2 人，占比 9%；35 周岁以下年轻干部 6 人，占比 25%；女干部 11 人，占比 46%。

【教师职称自主评聘改革试点】 2020 年，柯桥区新增柯桥中学、鲁迅中学、鲁迅高级中学、钱清中学、豫才中学 5 所学校开展教师职称自主评聘省级试点改革，规范评聘设岗计划制订、自主评聘程序安排、职称分类评价标准等操作环节。评聘程序公开透明、评审结果无争议无投诉。

【教师队伍建设管理新规出台】 2020 年，柯桥区出台《关于全面禁止中小学教师违规补课的管理规定》《柯桥区教体系统 2020 学年“拒绝违规补课集中教育月”活动方案》，针对有偿补课问题，摸排教师居住较为集中的村（社区）和来信来访较为集中的社会培训机构，开展网格化检查，做到发现一起、严查一起。

【校长职级制度实施】 2020 年，柯桥区出台《关于绍兴市柯桥区推行校长职级制度的实施意见》，将校长职级设置为初级、中级、高级、特级四级共 11 等，各级校长数量保持合理的比例，由区评审专家组考核、测评。评审总分 = 任职年限折合分 ×20% + 民主测评折合分 ×20% + 上一年度学校岗位目标责任制考核折合分 ×30% + 区评审专家组考核分 ×30%。

职级评审由校长个人先行申报，职级待遇在评审公示后兑现。（操梅霞）

教育研究

【概况】 2020 年，柯桥区创新研训方式，提升研训水平。普高段围绕新课程、新教材，落实高效课堂，推进走班教学。初中段 9 个精品课程（群）获 2020 年绍兴市精品课程（群）。小学段建设"活力课堂"，进行农村小班化实验学校课堂"5 个 100%"。幼教段抓园本课程建设，召开 2020 年全市农村幼儿园课程园本化建设现场会，2 个幼儿园获省优秀教研团队，2 篇学科论文获省一等奖。职业学校教师在全国职业能力大赛中获 1 枚银牌，在浙江省大赛中获 1 枚金牌、2 枚银牌。

柯桥区被中央电化教育馆命名为"在线教育应用创新项目区域"，被省教育系统网络安全和信息化工程领导小组评为浙江省人工智能教育实验区。柯桥中学化学组、鲁迅中学语文组、区中心幼儿园、区六一幼儿园入选省先进教研组，850 名教师获得心理 C 级考试证书。

有 42 项省级课题立项，省级课题获奖 14 项，长三角征文获奖 3 项。教师在省级以上教育教学报刊上公开发表论文 2364 篇，其中高中教师发表 379 篇、初中教师发表 398 篇、小学教师发表 439 篇、幼儿园教师发表 1148 篇。教师公开出版 43 部教育教学书籍，在省级以上公开发表、获奖、展出音乐、美术、文学作品 135 件，其中音乐舞蹈作品 5 件，书画、摄影作品 42 件，文学作品 88 件。指导学生在省级以上公开发表、获奖、展出音乐、美术、文学作品 4054 件，其中音乐、舞蹈作品 36 件，书画、摄影作品 3017 件，文学作品 1001 件。

2020 年柯桥区学生在省级及以上学科竞赛中获奖情况

表 23

竞赛名称	获奖情况
全国高中数学联赛（浙江赛区）	全国二等奖 1 人、二等奖 10 人、三等奖 12 人
全国中学生物理竞赛（浙江赛区）	省赛区二等奖 4 人、三等奖 8 人
全国高中化学竞赛（浙江省赛区）	省赛区一等奖 2 人、二等奖 3 人、三等奖 3 人
全国中学生生物学联赛（浙江赛区）	全国二等奖 1 人、三等奖 13 人
全国青少年信息学奥林匹克竞赛（浙江省赛区）	省一等奖 1 人、二等奖 4 人
全国中职技能竞赛	全国二等奖 2 人，浙江省一等奖 2 人、二等奖 2 人、三奖 2 人
"地球小博士"全国地理科普知识大赛	全国一等奖 8 人、二等奖 32 人、三等奖 34 人
浙江省中小学艺术节	省一等奖 23 个、省二等奖 30 个、三等奖 10 个

【中高考试题研究组成立】 2020年10月30日，柯桥区中高考试题研究组成立大会暨首次培训活动在柯桥区教师发展中心举行。210名初中、高中优秀教师入选中高考试题研究组成员。中高考命题研究组研究命题规律，分析命题趋势，编制命题计划，总结命题经验，模拟考试命题等。

【体艺综合培育】 2020年新冠肺炎疫情期间，柯桥区开设线上音乐、美术课。在省、市优质课评比中，3门学科获省一等奖，20门学科获市一等奖；艺术类教师获省一等奖1人，市一等奖1人；体育类教师获省一等奖1人，市一等奖2人；综合实践教师获市一等奖2人。

【教师线上研训活动】 2020年，柯桥区组织全区学校进行为期10周的线上教育，8198人次教师参与录制16374节在线课堂，覆盖99.9%的学生。评出优质课程资源1106节，向省教育厅基教处推荐线上经验和教学典型案例22篇，组织学校申报省教研室"抗疫情"项目学习案例15项，省教科院与省师干训中心防疫课题10项。教师自主选课后实际参训率99.3%，"教评学"完成率100%，"学评教"满意率99.53%；90学分及以上匹配率92.61%。74所学校信息化校本平台申报86项目，参训10527人次，研修成果作品累计1万余件。

【STEAM教育科研】 2020年，柯桥区建立STEAM组织框架，制订3年规划，确定各类试点学校，召开全区STEAM教育专项会议。实验中学构建面向全体学生的"三级"STEAM课程体系入选浙江省"STEAM教育学校实践样态"，"风能项目"在省第三届STEAM教育大会上进行项目展示，并获大会展示最佳项目奖。小学科学全面启动STEAM的项目式学习教学活动，取得阶段性成果。教师王华震主持的基于STEAM教育的科学问题意识培养实践研究获浙江省教师教育规划课题成果一等奖。

2020年12月9—11日，"网络学习空间人人通"专项培训浙江柯桥班在柯桥区湖塘中心小学举行 （吴　雁　摄）

【教师智慧课堂系列活动】 2020年，柯桥区推行天天智慧课堂，直播展示493节，评出优质课85节，有59个课例在第十三届全国创新课堂大赛中获全国奖项。开出研修课堂92节、教师工作坊24场，18名学员课例在第十三届全国创新课堂大赛获全国奖项，5位学员的论文获省一等奖，4位学员论文获"和教育杯"全国论文评比奖项。组织参加省市微课程征集活动，11门课程获省级优秀微课程，16门课程获省级合格微课程。直播展示新型教学空间课堂150节。组织培训教师20余场，参加人数近1000人次。（吴　鸿）

2020年11月17日，柯桥区STEAM教育专项会议在中国轻纺城二小举行 （谢国民　摄）

执行编辑　徐炳荣

文化·传媒

专业文化

【概况】 2020年，绍兴市柯桥区小百花越剧艺术传习中心有演出剧场1个，从业人员90人(编外合同制用工25人)，其中正高职称13人、副高职称16人、中级职称26人。抗击新冠肺炎疫情期间，绍兴小百花创作越歌《满江红·战疫吟》《被花恼·战疫吟》《心吟》，歌曲《众志成城志气豪》，绍兴莲花落《冬天过去就是春》，朗诵《众志成城，共克时艰》《天使颂歌》等一系列抗疫作品，用"越音"传递力量。调整演出排练工作，开展传统越剧《何文秀》复排。

第六代演员陈蒙尔、张亦斐登上央视"一鸣惊人"舞台，青年演员陈雯婷、娄周英分别获绍兴戏剧兰花奖·表演奖和提名奖。绍兴小百花越剧团作曲徐建航、编剧钱斌斌入选文旅部2020戏曲人才培养高级研修班，钱斌斌现代越剧《绸娘》获第六期浙江省中青年剧本扶持计划、"戏剧中国"2019年度作品推选活动戏曲类潜力剧本，编剧吴巧娜小戏《胎毛笔》获首届常州市原创小剧本大赛一等奖。

2020年，绍兴小百花复排经典越剧《何文秀》　（童斑斑　摄）

【范派名家名票抗击疫情网络演唱会】 2020年2月17日，范派弟子以及范派爱好者们"云"集网络，举行"风雨同心·范音长吟"范派名家名票抗击新冠肺炎疫情暨越剧宗师范瑞娟先生逝世三周年网络纪念会，用网络演唱会的形式纪念范瑞娟老师逝世3周年。范派弟子及部分再传弟子共同缅怀恩师范瑞娟先生。当晚，数万戏迷与观众集聚网络平台，点击率超30万人次。

【绍兴小百花参加"Young Live 戏乐汇"直播】 2020年5月19日，中央广播电视总台文艺节目中心戏曲频道与"央视频"共同发起"Young Live 戏乐汇"直播，绍兴小百花4位梅花奖得主吴凤花、陈飞、吴素英、张琳与5名青年演员在浙江绍兴参加直播。北京、浙江两地直播，京剧、越剧隔空互动，双现场同步在线。

【越剧电影《李慧娘》获多个奖项】 2020年9月25日，越剧电影《李慧娘》在柯桥蓝天国际影城举行首映式。该片由中国戏剧家协会、绍兴市柯桥区小百花越剧艺术传习中心、绍兴市加东文化传播有限公司联合拍摄，参加第十届北京国际电影节戏曲电影展映、第五届中国戏曲

2020 年 9 月 25 日，越剧电影《李慧娘》在柯桥蓝天国际影城举行首映式 （童珽珽 摄）

电影论坛展映、嵊州献映礼等活动。8 月 30 日获第五届中国戏曲电影论坛展映优秀戏曲电影奖，11 月 28 日获第 33 届中国电影金鸡奖最佳戏曲片提名奖，12 月 18 日获第三届中国戏曲电影展“优秀戏曲电影”等荣誉。

【“名家名品下基层”文化惠民演出】 2020 年 10 月 2 日起，绍兴小百花推出“名家名品下基层”文艺惠民演出，走遍全区 16 个镇(街道)，连演 20 场，“梅花奖”获得者吴凤花、吴素英、陈飞、张琳轮番上演。12 月 5 日、7 日，绍兴小百花名家版《五女拜寿》分别到上虞区、越城区开展“文化走亲”活动。

【《云水渡》首演】 2020 年 12 月 9 日，绍兴小百花都市题材当代越剧《云水渡》在百花剧场进行首演。《云水渡》是绍兴小百花团队于 2020 年创排的现实主义力作。该剧聚焦中国轻纺之都柯桥，以女主角——越商柯鸿的人生际遇与奋斗历程，映照柯桥轻纺业与中国轻纺城在时代春潮中的蓬勃发展与升级转型，由国家一级演员、梅花奖得主陈飞主演。（钱斌斌）

2020 年 12 月 9 日，《云水渡》在百花剧场首演 （童珽珽 摄）

2020 年 10 月 2 日起，绍兴小百花推出“名家名品下基层”文艺惠民演出 （童珽珽 摄）

社会文化

【概况】 2020 年，柯桥区开展“欢乐柯桥”闹新春“我们的中国梦”文化进万家活动，举办“中国梦、幸福年”——“我们的村晚”“鼠你最棒”2020 第十届柯桥区少儿迎春晚会。承办绍兴市第三届音乐新作演唱(演奏)大赛、“融合 · 合力”浙江省七县(区)文旅融合写生创作系列活动启动仪式。“精品曲艺下基层”文艺巡演活动 16 场，覆盖全区所有镇(街道)。

柯桥区创编扶贫攻坚题材的绍兴莲花落小戏《阳光路上》参加由省文化旅游

厅主办的2020浙江省新农村建设题材小戏会演，获金奖。创编抗疫题材小品《再等等》参加由省文化旅游厅主办的浙江省第三十一届戏剧小品邀请赛，获银奖。创作文旅融合题材油画作品《即将消失的风景之二、三》获由省文化旅游厅主办的"诗画浙江"浙江省群星美术写生汇报展金奖。

3月3日，柯桥区图书馆重启开放，全年服务读者60万余人次，外借图书59万余册次，新增借阅卡4229张，累计有效读者卡78688张。完成柯亭、福全等8家城市书房建设，提前一年完成全部20家城市书房民生实事工程。

【"欢乐柯桥"文化系列活动】 2020年新春期间，柯桥区组织开展"欢乐柯桥"系列活动，丰富城乡居民节日生活。"欢乐柯桥"闹新春"我们的中国梦"文化进万家活动在柯桥街道、华舍街道举行。"鼠你最棒"2020第十届柯桥区少儿迎春晚会，有400余名演员参加演出，微信直播1.5万人次观看，现场观众近1000人。"中国梦、幸福年"——"我们的村晚"和"云"上元宵灯谜会活动，让群众不出家门欢度春节元宵。

"鼠你最棒"2020年柯桥区第十届少儿春晚活动现场

（孙昌隆　摄）

【抗疫主题系列文艺活动】 2020年，柯桥区组织系列"抗疫"主题文艺活动。创作绍兴莲花落《天上星星为你亮》《柯桥加油》、歌曲《逆行英雄》、快板《相聚请你再等等》等抗疫题材作品。在数字文化馆网站、微信公众号推出"风雨同舟抗疫情"主题作品展示。推出"经典回声"系列节目，以网络视频演出的方式，每周两期推送经典作品和演出活动。

【"幸福水乡才艺秀"——百村文艺云上行展演】 2020年6月起，柯桥区组织开展"幸福水乡才艺秀"——百村文艺云上行展演活动，活动分为动态类和静态类两部分。动态类由各镇（街道）组织选送优秀文艺节目70个进行录制，参演人数上千，组成4台文艺晚会，通过文广旅游局、文化馆等微信公众号、网站平台线上发布的形式进行展播，由各文化站向各村文化礼堂推广，每场节目的点击率均在30万人次以上。通过网上投票，评选出每场展演活动的优秀节目若干。静态类为书法、摄影、绘画作品评选，共有160余件作品参选。9月27日，在明珠广场举行颁奖晚会，评出动态类心动节目奖20个、最佳节目奖20个，静态类"心怡奖"作品24件。

【承办市第三届音乐新作演唱（演奏）大赛】 2020年7月31日，由绍兴市文化广电旅游局主办，绍兴市文化馆、柯桥区文化广电旅游局承办的绍兴市第三届音乐新作演唱（演奏）大赛在区文化馆音乐剧场举行。大赛共有来自市馆、越城、柯桥、诸暨、上虞、嵊州、新昌7个地区的23

2020年7月31日，绍兴市第三届音乐新作演唱（演奏）大赛在柯桥区文化馆举行

（金利泳　摄）

个作品参赛，涉及民乐五重奏、独唱、组唱、器乐合奏、独奏、表演唱、重唱、吉他弹唱等多种表演形式。其中，柯桥区文化馆组织选送的女生独唱《钗头凤·思故人》、小组唱《瓜渚湖》等2个原创音乐作品参赛，均获金奖。

【浙江省七县（区）文旅融合写生创作系列活动在柯桥启动】 2020年9月18日，“融合·合力”浙江省七县（区）文旅融合写生创作活动在柯桥区启动。活动由浙江省文化馆主办，杭州市萧山区、宁波市江北区、海宁市、德清县、绍兴市柯桥区、金华市婺城区、丽水市莲都区七县（区）文化部门共同承办。来自全省七县市的群文画家们走进安昌古镇进行3天美术写生。9月18日起在柯桥区文化馆明珠艺术馆进行为期1个月的作品展览，共展出七地画家写生作品58件。

2020年，柯桥区对基层文艺骨干进行培训　　（徐　凯　摄）

2020年9月18日，“融合·合力”浙江省七县（区）文旅融合写生创作系列活动在柯桥启动　　（祝　铭　摄）

【“明珠课堂”免费开放】 2020年，柯桥区统筹场馆、人力资源，免费开放“明珠课堂”。推出免费培训项目，培训共举办3期，线上一期，线下二期。推出戏曲、乐器、舞蹈、声乐、书法、美术、地方曲艺等共30余门课程，招收学员600余人。

【基层文艺骨干培训】 2020年，柯桥区根据各镇（街道）的文化需求，在文化馆设置基层文艺骨干需求的戏曲、曲艺、音乐、舞蹈化妆、音控等艺术课程，派出对口业务干部进文化礼堂、文化分馆进行培训辅导，全年举办10余次课程。

【精品曲艺下基层文艺巡演】 2020年，柯桥区组织精品曲艺下基层文艺巡演，巡演由柯桥区文化广电旅游局主办，柯桥区文化馆、绍兴小百花实验曲艺团承办。节目选自近两年来原创的获奖作品，包括参加曲艺最高奖“牡丹奖”的绍兴莲花落《天意》《孝子的服务》，2020年浙江省新农村题材小戏会演金奖节目绍兴莲花落小戏《阳光路上》，曲艺最高奖牡丹表演奖获得者潘家富的绍兴莲花落《借大衫》，绍兴小百花实验曲艺团原创的绍兴宣卷《镰刀锤头耀百年》，绍兴摊簧《布街旧事》等。活动组织巡演16场，覆盖全区各个镇（街道）。

2020年，“精品曲艺下基层”文艺演出现场　　（杨丽芳　摄）

【城市书房建设】 2020年，柯桥区提前一年完成2019年民生实事工程——三年20家城市书房建设任务，建成数全市第一。覆盖9个镇（街道），配置纸质藏书14万册，按标准配置自助借还机、办证机及电子报刊借阅设备80余套，数字图书8.5T。城市书房总建成面积约6000平方米，可为周边共计约30万人提供公共阅读服务，新冠肺炎疫情后，累计借还图书29968册，总流通人次接近8万人。在已建成城市书房中，由镇（街道）和社会力量参与建设的城市书房有16家，协作建设比率80%，除财政投入外，吸引社会力量投资接近900万元。

【图书馆线上服务】 2020年，柯桥区推进数字图书馆建设，优化全区文献信息资源建设，实现文献信息资源全省一键检索、一站发现、统一揭示。利用浙江图书馆“信阅”借阅和绍兴图书馆“好书快借”服务载体，将服务范围覆盖柯桥全区，加快图书资源向基层和农村下沉，使基层和农村群众能均等享受足不出户在线选书借阅、快递到家服务。持续推进地方文献和古籍数字化，向公众提供免费在线服务。推出现场讲座及线上讲座46场，现场展览及线上展览22场；举办“我们的中国梦——文化进万家”“浪漫诗词与你有约 网络诗词大赛”等读者公益活动128场。（沈建萍 陈银倩 余其斌 陈关根）

2020年8月2日，柯桥区地下文物考古发掘现场

（陆菊仙 摄）

文博事业

【概况】 2020年，柯桥区启动乡村文物资源振兴三年行动计划，实施第一批乡村文物修缮工程，加强对文物修缮工程的日常监管。配合公安机关鉴定被盗古墓16座，抓获21名犯罪嫌疑人，缴获1万余块魏晋南北朝时期古砖。柯桥区向省文物局报批越东路快速工程（柯桥区段）等7处地下文物考古地块，抢救性发掘兰亭兰陵路修缮工程20座古墓葬，完成柯桥经济开发区文物保护区域评估，完成平水镇四丰村安置小区等3个地块项目选址行政许可，涉及面积664万平方米。

柯桥区博物馆全年面向社会有序开放，先后举办“一眼千年——杭绍台高速柯桥段考古成果展”“会飞的花——中国蝴蝶图片展”“浙江大地十亿年”“陶魂彩韵——甘肃彩陶展”“钱江潮——浙江现代革命历史陈列图片展”“青云窑——深山里的‘海丝’记忆”“非凡的心声——世界非物质文化遗产中的中国古琴”和“修我戈矛——越国青铜兵器展”等临时展览。严格遵守防疫要求，免费提供饮水、宣传册、便民服务、消毒防疫物品，全年接待各类参观团体及参观者37100余人次，其中未成年人参观者19300余人次，获评国家三

2020年11月26日，浙江工业大学之江学院师生参观柯桥区博物馆

（何 旷 摄）

级博物馆。(吴树瑾 朱佩雯 何 旷)

【乡村文物资源振兴三年行动计划启动】 2020年,柯桥区组织开展全区乡村文物资源现状评估,编制实施《柯桥区乡村文物资源振兴三年行动计划(2020—2022年)》,按照修缮一批、巩固一批、利用一批的基本思路,加强乡村文物资源安全保障设施建设,活化利用乡村文物资源。当年启动第一批乡村文物修缮工程,对舜王庙、六社庙、严朱庙、蔡氏宗祠、白鹤庙、耀峰土谷祠等12处文保单位(点)进行修缮。(吴树瑾)

2020年4月8日,兰若寺宋代大墓环境综合整治工程施工现场(汪永祥 摄)

【舜王庙基础抢险加固工程】 2020年,柯桥区实施国保单位舜王庙基础抢险加固一期、二期工程。一期工程于2019年12月启动,2020年11月中旬竣工,工程投资852万元,主要包括舜王庙南侧边坡加固、舜王庙建筑地基灌浆加固两项内容。二期工程于2020年9月启动,工程投资520万元,主要包括北侧边坡、建筑西北侧地基加固、舜王庙建筑地基注浆、舜王庙文物建筑本体修缮(包括山门、戏台、大殿、后殿、看楼、配殿地面、墙体、木构架、屋面等,面积1568.02平方米)。

2020年9月29日,舜王庙基础抢险加固工程施工现场(汪永祥 摄)

【兰若寺宋代大墓环境综合整治工程通过验收】 2020年9月,兰若寺宋代大墓环境综合整治工程通过专家验收。兰若寺宋代大墓是2018年1月公布的柯桥区区级文保单位,被评为2017年度浙江八大考古重要发现之一和2017年度全国十大考古新发现提名奖。按照浙江省文物局对大墓保护的总体部署及大墓实际保护需要,于2019年年底启动整治工程。工程投资152.20万元,包括原土回填、墓地隔离层铺设、墓地排沟设置、液绿喷播及养护等。

【古纤道碑亭公园环境整治工程(一期)】 2020年7月至11月,柯桥区实施全国重点文物保护单位古纤道局部抢修工程,抢修范围80余米,工程费用10万余元。先期于5月至8月启动对古纤道碑亭公园处的环境提升改造,实施古纤道碑亭公园环境整治工程(一期),工程投资

2020年6月1日,古纤道碑亭公园环境整治工程(一期)施工现场(汪永祥 摄)

121万元，包括对公园南入口、西入口（小佐桥桥坡入口）改造、绿化改造提升、碑亭移位、文化景墙设置等内容。（朱佩雯）

【博物馆进村入校举办巡回展】 2020年，柯桥区博物馆开展以巡回展览和研学游为主的教育活动。推出“会飞的花——中国蝴蝶展”“浙江大地十亿年”两个图片展，分别在王坛镇长岭村、上王村、银沙村、孙岙村文化礼堂，华舍街道东周社区、龙城社区文化礼堂和实验小学、钱东小学、湖塘中心小学、型塘小学等多个社区学校展出20余次。（张　依）

2020年9月8—9日，倪齐全抢救性记录工程正式启动（沈　莹　摄）

2020年10月，柯桥区博物馆举办“与时空对话 寻访越地文明——柯桥区博物馆研学游”活动（申伊欣　摄）

非物质文化遗产保护

【概述】 2020年，柯桥区有各级非物质文化遗产代表性项目113个，各级代表性传承人58人，各级非遗保护传承基地35个，省非物质文化遗产旅游景区2个，市级非物质文化遗产旅游景区5个，市级非物质文化遗产研学游基地2个。新增云门寺传说等4个市级非遗代表性项目和周如珍等10名市级代表性传承人。绍兴王星记扇、绍兴黄酒酿制技艺、平水日铸茶制作技艺等3个非物质文化遗产项目3件非物质文化遗产产品入选浙江省第二批优秀非遗旅游商品名单。柯桥区非遗馆新馆装修布展项目基本完成。非遗保护工作整体水平位居全省前列，2019年度柯桥区非遗保护工作指数列全省第3位，自2018年起，连续3年位列全省前三。

开展第五批柯桥区级非遗代表性传承人申报认定，公示22名区级代表性传承人名单。开展传承人抢救性记录工程，记录拍摄绍兴莲花落国家级代表性传承人倪齐全，抢救性记录5名70岁以上市级代表性传承人。举办2020浙江省传统戏曲师带徒绍兴莲花落培训班。选送绍

2020年9月7日，柯桥区选送绍兴莲花落和绍兴宣卷的3个节目参加2020全国非物质文化遗产曲艺周线上展播，图为绍兴莲花落《回娘家》（沈　莹　摄）

兴莲花落和绍兴宣卷的3个节目参加2020全国非遗曲艺周线上展播，在开幕式上聚齐各级代表性传承人和弟子集体表演绍兴莲花落《曙光》。安昌腊肠制作技艺和扯白糖技艺获"非遗薪传"浙江传统美食展评活动优秀展演奖，区非遗保护中心获优秀组织奖。（沈　莹）

【非遗馆新馆装修布展完成】 2020年12月底，柯桥区非物质文化遗产馆新馆项目完成装修布展。以"稽山郁郁鉴水长"为展览主题，主要内容分为序厅、第一单元"一脉蕴柯桥"、第二单元"一水醉江南"、第三单元"一坊兴百工"、第四单元"一曲流越韵"、第五单元"一河承古今"和尾厅七个部分。集中展示柯桥区开展非遗保护工作后，调查挖掘、搜集整理的十大类90余个最具特色的非遗代表性项目。新馆用地面积约2975平方米，总建筑面积5000平方米，其中地上两层2700平方米、地下一层2300平方米。展馆由主展厅、临展厅、传习体验区、多功能厅、曲艺书场、非遗文创产品售展区、藏品库房等组成，综合运用场景还原、实物呈现、趣味互动、沉浸体验等多种形式展现地域文化。（王　雷）

【非物质文化遗产传承人抗疫创作】 2020年，柯桥区非物质文化遗产传承人先后创作绍兴莲花落、绍兴宣卷、花雕、扇艺、铜雕、剪纸等新冠肺炎抗疫类主题作品100余件，柯桥非遗微信公众号连续刊登20期"战疫情——柯桥非遗人作品集锦"。绍兴莲花落《消灭病毒不留情》登上"学习强国"浙江学习平台，越歌《一江水》在中央电视台戏曲频道播出，有两件作品在浙江省"安吉杯"非物质文化遗产抗疫作品评选活动中获奖。（王　雷）

【"文化和自然遗产日"浙江省主场城市（绍兴）系列活动在安昌开幕】 2020年6月13日，以赓续浙江文脉，共建美好生活为主题的2020年"文化和自然遗产日"浙江省主场城市（绍兴）系列活动在省级非遗旅游景区安昌古镇启幕，活动由浙江省文化和旅游厅、浙江省文物局、绍兴市人民政府共同主办，浙江省非物质文化遗产保护中心、绍兴市文化广电旅游局、绍兴市文物局、绍兴市柯桥区人民政府联合承办。活动启动仪式和系列活动的开展主要以线上形式进行，通过腾讯大浙网在线直播。线上活动包括购・云端非遗集市、享・成果集锦show、赏・文博故事会、听・非遗"好声音"等四大系列。线下活动与景区文化有机结合，有"水乡印象"非遗旅游展示，古水龙、水乡婚礼、水乡社戏、水上集市、乌篷汉服秀等水乡特色风俗活动，"百县千碗"绍兴十碗头

2020年6月13日，安昌古镇举办水上婚礼民俗体验活动
（邓鹏军　摄）

2020年5月22日，吴金荣创作的绍兴花雕作品《钟南山、李兰娟》在"安吉杯"疫情防控主题非物质文化遗产优秀作品评选活动中获优秀奖
（吴金荣　摄）

推广品尝活动，绍兴酱文化体验活动，绍兴市非遗传承人抗击疫情优秀作品展、现场技艺展示和游客互动体验“非遗购物节”展销等多项本地特色项目。485.9万人次观看参与线上直播，线下接待游客1.5万人次。（王　雷）

【非遗宣传展示活动】 2020年，柯桥区组织开展非遗宣传展示活动40余场次，受众10万余人。4月，区文广旅游局组织10家非遗企业35种产品参与省非遗养生购线上平台交易，销售额25万元。5月，联合绍兴陈宝良黄酒文化传播中心举办“非遗有爱，黄酒有礼”520为爱献礼活动。以非遗馆为平台，推出《水乡拾遗》社科普及短视频栏目。区传媒集团广播电台开办《学说绍兴话》广播节目，每天播出10次节目普及推广绍兴方言。6月，7家企业11个线上店铺参加由阿里、京东、拼多多等电商平台联合举办的非遗购物节，组织安昌古镇10余家店铺线下参加“非遗购”，在6月13日“遗产日”当天销售额19万元。9—11月，在安昌古镇举办“我们的节日”2020年中秋祭月暨绍兴摊簧传承演出活动，在漓渚镇九板桥村举办“绍兴有戏——非遗兴乡大巡游”柯桥站活动，在王坛镇开展非遗三进演出及活态展示活动。11月初，组织王星记扇、越窑青瓷烧制技艺2个项目、2家企业参加第15届中国（义乌）文化和旅游产品交易博览会，获3个银奖。12月，组织8家企业参加2020“东亚文化之都”绍兴市文化创意产品暨旅游商品大赛，获1枚银牌、2枚铜牌。12月初，联合浙江工业大学之江学院图书馆举办“绍兴黄酒与中国传统文化”和“剪纸”非遗项目进校园主题活动。（沈　莹）

2020年11月29日，第四届柯桥非遗嘉年华之互动体验区（朱江峰　摄）

【第四届非遗“嘉年华”】 2020年11月28—29日，柯桥区在安昌古镇景区举办第四届非遗嘉年华活动。围绕“乐享非遗 健康生活”主题，包括匠·心、舌·味、声·韵、传·续、妙·手、品·魅六大系列活动，现场设立“酱天下”“醉柯桥”“匠艺铺”“扇之工”“茶之韵”“布生活”6个专题馆。邀请绍兴地区其他县（市、区）的非遗项目以及萧山、南浔、吴兴、定海等省内兄弟县市的7个国家级、省级非遗项目进行“非遗走亲”，60余个非遗项目进行为期两天的展示展演销售，参展的非遗代表性传承人35人。活动期间，参观人数3.5万人次，参与互动区域人数1000余人次；在“一直播”平台直播期间，观看流量1000万人次以上。（沈　莹）

2020年10月1日，“绍兴有戏——非遗兴乡大巡游”柯桥站活动在漓渚镇九板桥村举行（朱江峰　摄）

【第三届绍兴宣卷交流演唱会】 2020年12月4日，第三届绍兴宣卷交流演唱会在柯桥区文化馆音乐剧场举行，演唱会由柯桥区文化广电旅游局主办。绍兴市

柯桥区、越城区、杭州市萧山区的51个绍兴宣卷班社200余人参加，评出23个优秀奖、29个演出奖。（沈 莹）

文化产业

【概况】 2020年，柯桥区实现规模以上文化产业增加值62.2亿元，比上年增长12.3%，新增规模以上文化企业33家，累计285家，综合实力继续居全市首位和全省重点发展行列。引进旅悦集团、中南兰亭旷谷旅游综合体、方特国学文化博览园等文旅项目11个，总投资187.7亿元。9家文化企业、园区、街区获省级荣誉。其中，浙江明牌珠宝股份有限公司第三次获评省重点文化企业，中国轻纺城创意园获评省重点文化产业园区（全市唯一），鲁镇文创街区、群贤创E工场获评省文化创意街区，浙江立尚文化传播有限公司等3家企业获评省成长型文化企业，绍兴金沙旅游发展股份有限公司、绍兴乔波冰雪世界体育发展有限公司被评为省重点行业领跑者企业，获评数量居全市第一。

2020年8月29日，夜鲁镇——周末市集之我心中的十碗头活动现场 （区文广旅游局 供稿）

【文化产业项目建设】 2020年，柯桥区30个重点文化产业项目总投资278亿元，完成投资额40亿元，完成率110%，累计完成投资超116亿元。其中，安昌酱醉制品文创园建成运营，群贤198文创园、绍兴国际会展中心、柯桥历史文化街区改造等重点项目快速推进。（胡李川）

农村文化礼堂建设

2020年，漓渚镇棠棣村文化礼堂 （区委宣传部 供稿）

【概况】 至2020年底，柯桥区累计建成行政村农村文化礼堂214家，在全市率先实现行政村农村文化礼堂全覆盖。建成300家“智慧礼堂”，整合人社、卫健、科技、民政等17个部门提供的八大类30个小项千余条服务信息和内容供给，涉及民生、医疗、政务、文化、志愿服务等，推动政府公共服务资源向农村、向门口、向指尖延伸和转移。

【农民主播大赛】 2020年8月5日，“智慧礼堂”杯乡村振兴农民主播大赛总决赛在柯桥区马鞍街道宝善桥村文化礼堂举行，20名经过选拔的“村播”为农货打CALL、为家乡代言。活动通过笛扬APP和全区智慧礼堂全程直播，最终评选出最佳主播、最佳人气主播、优秀主播及优胜奖。所有获奖主播签约“柯小微”主播团队，参加助农公益活动，共同为柯桥的特色民宿、农产品、文化旅游、时尚纺织、休闲餐饮等代言。

2020年8月5日，柯桥区委宣传部主办的"智慧礼堂"杯乡村振兴农民主播大赛总决赛在马鞍街道宝善桥村文化礼堂举行

（区委宣传部　供稿）

档案事业

【概况】 2020年，柯桥区档案馆馆藏全宗339个，馆藏档案总量208776卷390503件，资料12040册，纸质照片档案84264张，实物档案998件。编纂310个馆藏单位的全宗卷和全宗介绍，完成151991条民国档案文件级重点目录规范性著录项目。以《记忆柯桥》系列丛书编纂为抓手，系统性推进档案文化建设。与越崎中学、柯桥实验中学、鲁迅中学、柯桥小学开展馆校共建，开设青少年第二课堂，拓展档案馆文化传播途径。开展涉民领域重点建设项目和专业档案业务数据登记备份，登记备份75家单位的文书、业务、民生档案，异地备份2020年档案。收集建档32家新增农村文化礼堂资料。6月，总建筑面积2万平方米的档案馆专用库房建设工程项目开工。

2020年6月，总建筑面积2万平方米的柯桥区档案馆专用库房建设工程项目开工

（区档案馆　供稿）

【档案服务】 2020年，柯桥区档案馆15个政务服务事项全部纳入浙江政务服务平台，实现便民服务中心一窗受理，落实省内跨馆查档24小时办结。深化异地查档、跨馆服务，实现民生档案全市域一站式远程查询和全方位布点现场出证。查阅大厅全年为6245人次提供档案查阅服务，出具证明24956份。

【档案数字化建设】 2020年，柯桥区档案馆利用区内政府OA平台，开展电子文件归档和移交接收，接收13家单位电子档案3948件，容量超6G。完成39家单位1.7万余卷、28.5万余件电子档案的数字化加工质检和1021122页进馆档案数字化扫描，新增电子目录案卷级7512条、文件级203676条。对馆藏出生医学证明档案存量12.5万条和新增婚姻档案13.8万条进行梳理、数据归集，实现数据有条件共享。推动教育和卫生系统数字档案室建设。区内机关、团体、事业单位中87家进馆单位通过数字档案室测评，示范数字档案室和规范数字档案室的比例分别为20.7%和74.7%。

【档案法制建设】 2020年，柯桥区出台《绍兴市柯桥区档案服务外包工作质量评分细则(试行)》，加强档案服务中介监管，评定25家单位的档案外包服务项目质量。开展区级部门文件归档检查、档案安全管理检查，按时执行行政村(社)档案年检、双随机检查。指导全区村(社)选举档案、行政审批文件材料归档等业务，开展全区卫健系统、教育系统等单位的档案业务专题培训，开展上门指导服务50余次，赴区属国有企业实地业务讲解、检查20余次。(钟燕萍)

地方志事业

【概况】 2020年,柯桥区开展史志编修宣教、史志数据库建设和地情资料挖掘研究工作,9月,作为唯一一家县级地方志机构代表,在全国地方志系统信息化工作研讨会上作先进经验交流。抢抓全省打造诗路文化带历史机遇,发挥柯桥在浙东唐诗之路上的重要节点优势,开展《诗路柯桥》项目研究,形成5000余字的项目可行性报告。集中攻坚《绍兴县志(1990—2013)》,增删近百万文字,补充图照至1000张,最终形成43编460万字的排版稿,进入出版程序。

2020年9月15日,柯桥区史志研究室在全国地方志系统信息化工作研讨会、信息化业务培训班上作大会交流

(区史志研究室　供稿)

【村志普修工程】 2020年,柯桥区加速村志普修,其中福全街道启动村志编修全覆盖。史志研究室为《大和村志》《蜀阜村志》《沙地村志》《桑渎志》提供编修指导,《宋家店村志》《西泉村志》《大桥村村志》公开出版(详见《区人著述·书目提要》)。

【志书数字化加工及质量提升工程完成】 2020年,柯桥区在前期基础上开展浙江省一轮志书质量提升工程,对标题、段落、图表进行标注,形成PDF/A-1a成果,实现精准检索。完成浙江省一轮省志补充部分数字化加工44册3.4万页,浙江省一轮志书数字化加工质量提升175册15万页,按10%比例抽检,项目文字识别错误率小于1/10000。

【数据库平台扩容】 2020年,柯桥区开展“互联网+史志”工程,先后对馆藏123册1.2万页一轮《绍兴县志》初稿资料、157幅绍兴师爷手稿、960页师爷抄本、355幅绍兴名人手札(民国)、1630页兰亭书法相关书籍插图等资料进行数字化加工。依托55万余页数字化成果,开展史志数据库平台建设,年底前完成平台开发、测试和上线。

【《柯桥年鉴(2020)》出版】 2020年11月,《柯桥年鉴(2020)》由方志出版社出版。新设改革纪实、“三服务”纪实、招商引资纪实、中国经纺城中央商务区建设、轨道建设等专辑。(详见《区人著述·书目提要》)(陆　杨)

报　纸

【概况】 2020年以来,《柯桥日报》围绕区委、区政府工作大局,在报纸版面推出58个栏目,包括“建设重要窗口　贡献柯桥力量”“实施步鱼计划　推进制造业高质量发展”“全面建成小康社会”“四季冲　全年赢——五中全会精神在基层”等重点栏目报道。为配合全国文明城市创建,推出“赢战文明大考 展示重要窗口”栏目。刊发“‘十五秒扶起救护车’最美救护群像”“最萌鞠躬照”“司机集体让车”“老人遭遇车祸众人合力救援”等一系列暖新闻报道。在策划报道上,推出“我们的小康生活”大型融媒主题报道、“政府民生实事工程提升百姓幸福指数”十件政府民生实事工程报道,以及“致春节——我在柯桥过大年”迎新春主题报道等。(陈　凯)

广播电视

【概况】 2020年,柯桥区主打新闻栏目《柯桥区新闻》,播出时长从16分钟延长到23分钟。开设30多个主题栏目,播发相关新闻报道近千篇。开展新设备新系统操作培训,按计划完成电视信号从标清到高清的播出升级。推出首档舆论监督类栏目《笛扬关注》,每周两档,时长5分钟,通过舆论监督推进各项工作,各类问题有效整改率72%。

【《行风广播对话》升级】 2020年,柯桥区广播电视总台将开播22年的舆论监督品牌节目《行风广播对话》打造成大型融媒体舆论监督访谈节目,实现广播、移动客户端笛扬App、微信公众号多点多屏、音视频同步直播。这档监督类广播品牌节目实现可听、可看、可互动,全年有39个区级机关部门(单位)参加行风广播对话。

【《我,为家乡代言》获省级奖项】 2020年,柯桥区广播电视台总选送的活动《我,为家乡代言》获浙江省广播电视局、浙江省广播电影电视学会2020年度广播电视对农节目奖(电视对农活动)二等奖。(陈　凯)

网络媒体

【概况】 2020年,柯桥区网络媒体向新媒体端转型,传统网站集群保持良好发展势头,客户端、微信公众号及抖音短视频平台流量大幅增加。各类门户网站较为齐全,其中包括官方性新闻综合门户网站中国柯桥网,商务性网站全球纺织网、网上轻纺城,专题类网站落伍者站长论坛、图来旺、瓦栏网等。柯桥区区属地互动社区网站及论坛有3家,以柯桥发布、柯桥日报、柯桥警方、享游柯桥等为代表的新媒体公众号的影响力持续增长,各区级机关、企事业单位、社会团体、学校有微博、微信公众账号、微信视频号、抖音号及移动客户端等平台170个,以柯桥在线、透明售房网绍兴站等为代表的区域性影响较大的民间微信公众号4个。

【柯桥融媒】 2020年,柯桥区在各个发布平台推出《众志成城,打赢疫情防控阻击战》《建设重要窗口贡献柯桥力量》《赢战文明大考　展示重要窗口》《走向我们的小康生活》《走前列当标兵》《践行两山理念打造最美纺都》等专栏、专版80多个(组),采制播发相关报道2000多篇。进行视频图文直播80余场,制作各类防疫公益短视频10多个、公益宣传广告260条。新媒体用户总数超180万个,新媒阅读量10万+人次的文章100余篇。年初新冠肺炎疫情期间推出的"最萌鞠躬礼",经过《人民日报》等央级媒体的转发,阅读量超3.6亿次;"15秒绘就最美救护群像",阅读量近6000万人次,得到省委书记车俊的批示点赞。

【"笛扬新闻"App上线】 2020年2月,柯桥区"笛扬新闻"App正式上线,累计下载量81万次,粉丝超9万人,实现区域内重大事件100%首发,成为区域范围内老百姓爱看爱用的融媒体移动终端。新冠肺炎疫情前期,"笛扬新闻"App连续40天24小时不间断新闻推送,推送消息2500多条,点击量超130万次,全媒体叠加突破100万+的超100条。

【网上轻纺城(全球纺织网)云展会产品助力线上拓市】 2020年,柯桥区网上轻纺城以"信息+服务+交易"的发展思路,新增直播系统、采购商体系、推送体系等功能,增加展会产品线,打造以"易展通"("浙货云展")为案例的云展会产品。新冠肺炎疫情期间,研发"智护纺城登记系统——中国轻纺城经营户复业及采购商登记系统",于2月16日上线,协助市场经营户复业申请及采购商线上预约登记管理,配合"健康码"进行排查和检疫。"智护纺城"共登记经营户54183例、采购商22295例、其他类6295例、境外45例。至12月底,网站移动端下载量突破5万次,全站会员数223万人,建立商铺10万余家,全站UV(打开网站之后浏览页面的深度)比上年增长29.34%,PV(一个IP24小时之内访问网站的次数)比上年增长34.39%,注册数增长205.8%。(吴海明)

执行编辑　陆　杨

卫 生

综 述

【概况】 2020年，柯桥区有医疗机构515家。其中，三级乙等综合医院2家，二级甲等中医医院1家，二级乙等综合医院1家，妇幼保健院1家，皮肤病专科医院1家，皮肤病防治所1家，民营医院10家（民营综合医院1家、民营口腔医院6家、民营中医骨伤医院1家、民营眼科医院1家、民营护理院1家），妇幼保健技术服务中心1家，社区卫生服务中心10家，卫生院5家，社区卫生服务站（村卫生室）327家，门诊部15个，企事业单位、社团医务室70个，诊所69家，影像诊断中心1家。“120”急救分站4家、急救点5家。另有疾病预防控制机构1个，卫生健康行政执法队1个，卫生进修学校1所，计划生育协会秘书科1个，党建服务中心1个，老龄健康服务中心1个，卫生健康信息中心1个。

出台《关于印发柯桥区加强公共卫生体系建设三年行动计划(2020—2022年）的通知》。签约浙江大学医学院附属第二医院柯桥院区。开展医疗卫生领域“最多跑一次”改革。通过国家卫生城市省级综合评审，创建为浙江省健康促进区，居民健康素养水平35.07%。全区316730人参加居民健康体检，参检率81.14%，其中60周岁以上老年人参检115373人。全区居民期望寿命为83.82岁（校正后83.71岁），其中男性82.24岁（校正后82.12岁），女性85.48岁（校正后85.37岁）。医疗机构总诊疗8987880人次（不包括健康检查402751人次），其中门急诊8679715人次，出院110497人次。每千人床位数、千人医生数、千人护士数分别为6.5张、3.56人、2.96人。启动绍兴第二医院兰亭院区（康复医院）、第三医院易地新建建设，齐贤分院医疗用房综合改建工程、华舍分院原门诊楼和食堂改造、王坛分院门诊综合楼新建项目，推进绍兴第二医院和绍兴市中心医院发热门诊改造、区级应急指挥中心、区级集中留置点建设。柯桥区健康浙江建设获得2019年度考核优秀等级，全民健身行动、中小学健康促进行动、“蓝天碧水净土”清废行动等七项行动获得健康浙江行动省级示范试点。制定《健康浙江行动(2020—2022年）三年实施方案》。

区疾控中心裘静渊获国家卫生健康委、中国

2020年4月17日，柯桥区举行仪式欢迎援鄂医疗队员返回柯桥
（黄 晗 摄）

红十字会总会、中央军委后勤保障部卫生局颁发无偿献血奉献奖金奖。绍兴市中心医院内科第一党支部被中共浙江省委评为浙江省先进基层党支部。绍兴第二医院平水分院被省妇联授予省级巾帼文明岗。夏履分院毛焕荣被浙江省红十字会评为2020年浙江省突出贡献红十字志愿者。区卫生健康局、绍兴市中心医院、绍兴市柯桥区中医医院、柯桥区疾控中心、第二医院感染性疾病科获绍兴市抗击新冠肺炎疫情先进集体称号。绍兴第二医院、绍兴市中心医院被市卫健委授予首批绍兴市"五星三名"示范医院称号。

【柯桥医疗队援川】 2020年，绍兴市中心医院医共体总院中医康复科主治医师李金松(服务时间1.5年)、绍兴第二医院医共体总院肿瘤外科副主任医师金永锋(服务时间1.5年)、绍兴市中心医院医共体总院麻醉科副主任医师冯海(服务时间7个月)、绍兴第二医院医共体总院呼吸内科副主任医师韩红燕(服务时间7个月)、柯桥区妇幼保健院儿科主治医师谷国华(服务时间7个月)派至四川省阿坝州金川县人民医院，工作任务为援助专技人员。

【儿童康复中心启用】 2020年1月18日，柯桥区中医医院康复楼暨柯桥区儿童康复中心落成启用，为柯桥区首家专业康复中心，该项目投资3500万元，配备开放床位120张，主要开展以中医药技术为主导的老年康复、儿童康复、卒中康复、骨康复等中医传统康复治疗，特色康复护理和各项康复评估服务。

【安昌分院提升改造工程完工】 2020年7月，柯桥区安昌分院提升改造工程开工，于9月完工，改造医院外墙面、内墙面、屋面，总投资220万元。

【湖塘分院综合服务能力提升工程完工】 2020年4月，柯桥区湖塘分院综合服务能力提升工程开工，于12月完工，对公共卫生服务楼与食堂后勤楼标准化装修、场外地面硬化与绿化、燃气接入、消防水管改造、污水处理，配电房与电气化改造，增设相关设备设施，总投资700万元。(朱敏芝)

基层卫生

【概况】 2020年，柯桥区实行基层医疗卫生机构补偿机制改革。绍兴第二医院医共体平水分院达到"优质服务基层行"省级推荐标准。全区316730人参加居民健康体检，参保人员体检率达81.14%，其中60周岁以上老年人参检115373人。

【家庭医生签约服务覆盖率86.02%】 2020年，柯桥区开展家庭医生签约服务活动，全区家庭医生签约服务规范率42.29%，重点人群覆盖率86.02%。绍兴市中心医院医共体钱清分院、柯桥区中医医院医共体柯岩分院被确定为2020年全省家庭医生签约服务示范点。第二医院医共体王坛分院医生章亮亮被评为浙江省"优秀家庭医生"称号，柯桥区中医医院医共体柯岩分院余渚团队被评为浙江省"优秀家庭医生团队"。(朱敏芝)

疾病预防控制

【概况】 2020年，柯桥区累计报告甲乙类传染病1312例(新型冠状病毒肺炎9例)，报告发病率131.17/10万，处置疫情115起，包括未定级突发公共卫生事件3起(均为新冠肺炎)；新确诊报告艾滋病76例，治疗率82.9% (63/76)。全年报告结核病292例，筛查发现学生活动性肺结核病4例，累计登记耐多药肺结核患者58例。完成采矿业，制造业，电力、燃气及水的生产和供应业等重点行业职业病危害现状调查。经地方病防治三年攻坚行动年度评估，柯桥区达到地方病防治工作国家消除标准。全年报告户籍死亡个案4419例，死亡率为6.45‰。2020年度前5位死因依次为恶性肿瘤、脑血管病、心脏病、呼吸系统疾病、损伤和中毒外部原因。至年底，全区登记高血压患者93664例，糖尿病患者27587例。新增严重精神障碍患者1087人，累计登记4476人，报告患病率4.54‰。为2682名学生提供免费窝沟封闭服务。通过无纸化体检和智能统计开展学生常见病监测，辖区学生近视率56.88%，比上年下降1.04%。完成默沙东9价人类乳头瘤病毒疫苗三期临床研究第Ⅰ阶段工作。

【儿童免疫规划8万余人】 2020年，柯桥区免疫规划0～6岁管理儿童数80051人，其中新建卡儿童14689人。接种免疫规划疫苗23.43万剂次，非免疫规划疫苗制品18.26万剂次，全市首个完成儿童预防接种门诊“浙江省疫苗和预防接种综合管理信息系统”全覆盖。

【监测食品等样本1400余份】 2020年，柯桥区监测饮用水样本136份，总体合格率89.71%；监测食源性疾病271例，检出阳性病原体63例，分别为沙门氏菌36例、副溶血性弧菌26例、志贺氏菌1例；监测食品安全风险样品1110份，检出致病菌样品17份、化学污染物及有害因素超标26份。

【重点人群结直肠癌筛查】 2020年，柯桥区开展重点人群结直肠癌筛查，风险评估24664人，开展粪便潜血试验完成结直肠癌筛查23674人，结肠镜检查1807人，发现结直肠癌患者12例、癌前病变302例、其他良性病变663例。

【流感疫苗免费接种64586剂次】 2020年，柯桥区首次开展老年人流感疫苗免费接种，接种老年人流感疫苗64586剂次，其中65～69周岁24997剂次，70周岁以上39589剂次，投入资金200万元，接种量和接种率居全市第一。

【国家居民健康素养和中医药健康文化素养监测】 2020年，柯桥区被列为国家居民健康素养和中医药健康文化素养监测点，开展面对面入户问卷调查，完成850份居民健康素养问卷和240份中医药健康文化素养问卷，回收有效问卷801份，全区居民健康素养水平为35.07%，其中基本知识和理念素养水平为47.04%，健康生活方式与行为素养水平为38.71%，基本技能素养水平为37.90%。

【社会心理服务体系建设】 2020年，柯桥区卫生健康局整合优化区心理危机干预应急机动队、区心理健康素养专业委员会，成立区级心理服务专业队伍30人。10月，在区疾控中心设立社会心理服务中心，中心设有心理评估室、团体心理咨询区、个体心理咨询区、身心放松训练区、沙盘区、宣泄室，配备心理自助仪、心理健康测评系统、身心反馈型音乐放松椅、智能互动宣泄仪、身心调适运动放松系统等设备。（朱敏芝）

爱国卫生

【概况】 2020年，柯桥区新创建健康促进学校8所，其中铜牌学校3所、银牌学校3所、金牌学校2所，全区健康促进学校占全部学校的65.06%。开展讲座1528场，受益173531人次。推进184个文化礼堂健康素养建设。创建市级健康村（社区）25个，培育市级生活垃圾分类示范单位9家。福全街道五洋村等47个村成功创建成浙江省卫生村，柯岩街道河塔村等63个村通过浙江省卫生村复审，实现全市首个县（市、区）省卫生村全覆盖。通过国家卫生城市省级综合评审，创建为浙江省健康促进区，居民健康素养水平35.07%。

【病媒生物防治】 2020年，柯桥区在柯桥街道、柯岩街道、华舍街道、湖塘街道、福全街道、安昌街道、钱清街道、马鞍街道、杨汛桥街道9个镇（街道）开展病媒生物监测，邀请第三方开展除“四害”密度监测，通过国家病媒生物控制水平C级标准评估认可。16个镇（街道）实行公共外环境病媒生物消杀市场化运作。全区布雷图指数均值为3.70。（朱敏芝）

卫生监督

【概况】 2020年，柯桥区完成国家级、省级卫生监督双随机抽检分别为254户次、425户次。至年底，全区有医疗机构518家（实际营业516家），放射卫生机构49家，职业健康检查机构2家，公共场所1397家，集中式供水单位3家，二次供水单位9家，学校84家（其中高校2家），消毒产品生产企业13家（暂停营业2家），餐饮具集中消毒单位1家。全省试点建设中小医疗机构智慧监管系统，12家基层医疗单位纳入该系统，实时在线监管医疗机构超范围诊疗行为。实行民营医疗机构信息公示，公示内容包括医疗机构执业许可证、医务人员一览表、依法执业相关规章制度等。开展“无废城市”建设试点，全区487家营业且产生医疗废物的医疗机构与医废处理公司签订协议，以“小箱进大箱”模式收集处置医疗废物。21家镇卫生院（街道社区卫生服务中心）安装电子远程监控系统，实时监控医疗废物分类收集和转运。绍兴市柯桥区卫生监督所更名为绍兴市柯桥区卫生健康行政执法队。

【卫生处罚案件办理】 2020年，柯桥区办理卫生处罚案件654件（简易程序143件、一般程序511件），移送案件1件，罚没款182万元。要案35件，其中

5万元以上大要案11件，案值最大的案件罚没款12万元。柯桥区“绍兴某有限公司未对从事接触噪声职业病危害作业的劳动者组织在岗期间职业健康检查案”“张某非医师行医案”2起案件被绍兴市卫生健康行政执法队评为“2020年绍兴市卫生行政处罚优秀案件”。

【医疗美容监督执法】 2020年，柯桥区卫生健康部门检查非法行医场所130户次，查处案件46件，其中移送公安机关1件，罚款金额60.74万元，没收违法所得1.78万元，没收药品器械71件。实行医疗美容监督执法专项行动，立案处罚26起，罚没款10.97万元。

【尘肺病防治攻坚行动】 2020年，柯桥区开展尘肺病防治攻坚行动，将矿山、冶金等易发高发行业作为粉尘危害专项重点整治对象，实现辖区内粉尘危害重点企业走访全覆盖，立案查处粉尘危害案件14起，警告16项，责令限期整改16项，查处金额41.50万元。（朱敏芝）

妇幼保健

【概况】 2020年，柯桥区产妇总数4473人，早孕建卡4381人，早孕建卡率97.94%。产后访视4464人，产后访视率98.24%。孕产妇系统管理4377人，孕产妇系统管理率96.32%。住院分娩活产数4544人，住院分娩率100.00%。围产儿死亡10例，围产儿死亡率2.20‰。发放出生医学证明6656份，当年签发率为98.10%，废证率为0.14%。补办出生医学证明337份。7岁以下儿童37718人，健康管理率96.70%；3岁以下儿童16887人，健康管理率96.63%、系统管理率95.56%。5岁以下儿童死亡率、婴儿死亡率、新生儿死亡率分别为1.98‰、1.54‰和0.88‰。母乳喂养率95.71%，纯母乳喂养率81.94%，新生儿访视率99.25%，儿童死亡率维持在较低水平。新增儿童眼保健项目0～6岁儿童基本公共卫生服务。新生儿疾病筛查6130例，筛查率99.58%。听力筛查6124人，听力筛查率99.48%。新增托育机构3家，新增托位100个。

【新生儿先天性心脏病筛查】 2020年，柯桥区首次将新生儿先天性心脏病筛查列入出生缺陷预防实施项目，3家接产机构对4028例新生儿开展先天性心脏病筛查，双指标法筛查阳性55例。

【孕产妇管理】 2020年，柯桥区筛选出高危孕产妇3467人，高危管理率和住院分娩率均100%，成功抢救18例急危重症孕产妇，3家区级接产单位剖宫产2464例，剖宫产率40.28%。平水、王坛、兰亭、福全、马鞍、齐贤6个镇（街道）宫颈癌筛查13697例，乳腺癌筛查14643例。孕产妇艾滋病、梅毒、乙肝检测率100%，筛查管理艾滋感染孕产妇4例、梅毒感染孕产妇42例、乙肝表面抗原阳性孕产妇410例，按要求实施母婴阻断措施，总阻断率为100%。

【在园儿童体检28984人】 2020年，柯桥区有在园儿童29042人，体检28984人，其中患龋齿7762人，患病率26.78%；超重、肥胖2086人，患病率7.20%；轻中重度贫血1175人，患病率4.05%；视力检查20955人，视力不良人数1941人，视力不良患病率9.26%。

【0～3岁儿童发育监测与筛查】 2020年，柯桥区全面铺开0～3岁儿童发育监测与筛查工作，全区16个镇（街道）发育监测15763人，发育筛查13549人，0～3岁儿童发育筛查率为87.84%。，筛查出可疑或异常1037人。（朱敏芝）

医政管理

【概况】 2020年，柯桥区基层医疗机构门诊503万人次，出院0.94万人次，县域内就诊率90.02%，基层就诊率65.15%。启动医保支付方式改革，12家提供住院服务的医疗机构按疾病诊断相关分组点数法付费。新增社会办医47家。委托第三方调解医疗纠纷8起，调解成功率100%。医疗纠纷赔款额74.7万元，有20家单位未发生重大医疗纠纷。全区有7644人次无偿献血，献血量262.3万毫升，占临床用血比例为116%。绍兴第二医院被授予国家标准化房颤中心示范中心称号，被列入现代医院管理制度省级试点。

【新增3个“120”急救站点】 2020年，柯桥区提升公共卫生应急救援能力，新增区妇幼保健院、绍兴市中心医院医共体齐贤分院、绍兴第二医院医共体福全分院3个“120”急救站点，急救站点配备专职护士、医师，急救车配备生命监护仪、便携式呼吸机、吸引器、十二导联心电图等车载医疗设备。

2020 年 8 月 20 日，绍兴市急救中心柯桥区妇幼保健院急救分站启用 （区妇幼保健院　供稿）

【许树强调研医改工作】 2020 年 12 月 4 日，国家卫生健康委体改司司长许树强一行至柯桥区调研紧密型县域医共体建设工作，实地走访绍兴市中心医院医共体总院、绍兴市中心医院医共体钱清分院、九岩村卫生服务站(村卫生室)，召开综合医疗改革座谈会，对柯桥区做法表示肯定。

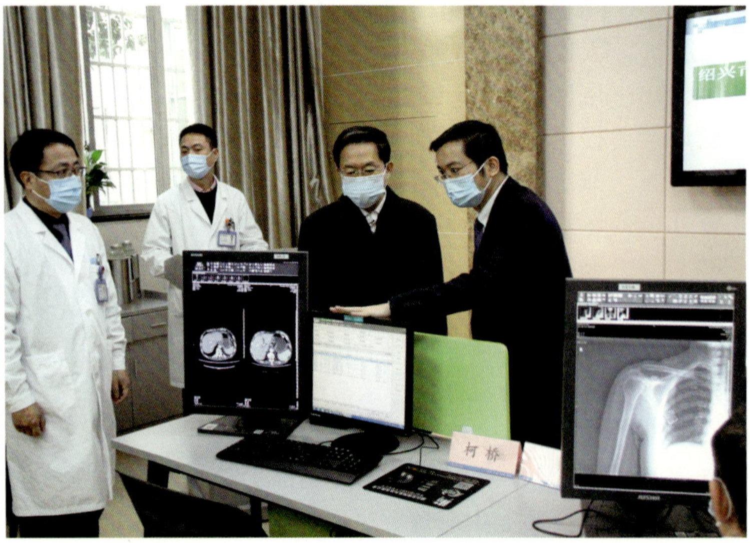

2020 年 12 月 4 日，国家卫生健康委体改司司长许树强(右二)到柯桥区调研紧密型县域医共体建设工作 （黄　晗　摄）

【医疗卫生领域“最多跑一次”改革】 2020 年，柯桥区落实区级医院 20 项服务措施，推进基层医疗机构“最多跑一次”服务措施，其中区级医疗机构门诊智慧结算率 80.31%、住院智慧结算率 77.66%。基层医疗机构中开展门诊智慧结算的医疗机构占比 100%、开展住院智慧结算的医疗机构占比 100%。“互联网 + 医疗”“互联网 + 护理”、智慧药房建设逐步拓展，医后付、移动付、云影像共享等服务实现全覆盖。

【社会办医疗机构约谈】 2020 年 6 月，柯桥区出台《柯桥区社会办医疗机构约谈工作制度(试行)》，对 1 个月内连续发生两起有效医疗投诉的、同一事件连续发生两起有效投诉的、连续两个月均有有效医疗投诉的、在日常监管中发现未按要求注册医护人员的、发现较大医疗问题隐患的 4 家社会办医疗机构主要负责人进行约谈，制作约谈记录单，并由约谈双方签字确认，4 家医疗机构均按照要求整改，并通过复查。(朱敏芝)

医教科研

【概况】 2020 年，柯桥区有 35 个卫生健康科研项目通过省、市区级评审，14 篇医学论文被美国《科学引文索引》收录，10 篇论文在国家级医学杂志上发表。加强与浙一、浙二、邵逸夫医院和省中医院等省级院校合作，新建名医工作室 6 个。承办国家级继教项目肿瘤微无创治疗高峰论坛、基层医院慢性病规范化管理及实践论坛。承办省级继教项目互联网 + 智慧医共体慢性病管理、医共体模式下基层医院医院感染规范化管理与风险控制学习班、“三六九”伤科治疗脊柱退行病变的应用进展等 26 个项目。承办绍兴市中医药学会内分泌专业委员会暨基层医院糖尿病慢性并发症中西医防治学习班、绍兴市医学会眼视光专业委员会学术年会暨近视防控论坛、中医护理适宜技术推广与质量管理提升培训班、基层医院 0 ~ 3 岁儿童基础保健及疾病筛查学习班等 142 个活动。承办绍兴市中西医结合学会临床药学专业委员会学术年会、绍兴市医学会眼视光专业委员会学术年会、绍兴市外科护理年会。绍兴第二医院心血管病学通过第五批省级医学龙头学科验收。柯桥区卫生健康单位在绍兴市卫生系统职工技能竞赛中获得三等奖以上奖项 16 项，区卫生健康单位有 7 个项目获区级以上科技奖。

2020 年 11 月 4 日，柯桥区人民政府与浙江大学医学院附属第二医院战略合作意向书签订仪式在区行政中心举行　（单明铭　摄）

2020 年柯桥区新建名医专家工作室

表 24

名医专家工作室名称	专家姓名	专家单位	科室	成立时间	期限
葛明华名医工作室	葛明华	浙江省人民医院	甲状腺外科	2020 年 11 月	2 年
陈高名医工作室	陈　高	浙江大学医学院附属第二医院	神经外科	2020 年 9 月	3 年
郑良荣名医工作室	郑良荣	浙江大学医学院附属第一医院	心血管病科	2020 年 6 月	3 年
邹多武名医工作室	邹多武	上海瑞金医院	消化内科	2020 年 10 月	3 年
胡海名医工作室	胡　海	上海东方医院	胆石症	2020 年 10 月	2 年
赵文和名医工作室	赵文和	浙江大学医学院附属邵逸夫医院	乳腺外科	2020 年 9 月	3 年

（朱敏芝）

中医中药

【概况】 2020 年，柯桥区启动中医防近视技术推广活动。加强中医药青年创新人才培养，柯桥区中医医院彭涛被列入 2020 年浙江省中医药“新苗”计划项目培养对象，柯桥区中医医院傅声涛、绍兴第二医院周罗瑜 2 名医生被列入绍兴市“越医新苗”计划项目培养对象。（朱敏芝）

执行编辑　董思思

体 育

综 述

【概况】2020 年，柯桥区完成民生实事工程“体育 + 公园”建设项目 15 个，新增足球场 1 个、游泳池 2 个、社区多功能公共运动场 5 个、百姓健身房 16 个，小康体育村升级工程 18 个，建设体育公园 2 个，体育健身设施进公园 8 个。开展 200 余项“周周有赛事、天天有活动、人人来参与”群体活动。举办柯桥区第四届运动休闲时尚周，创建绍兴市首个新型体校。参加绍兴市第三届军体运动会，柯桥区获体质测试总平均分绍兴市团体第一名，鲁迅中学、越崎中学、柯桥中学获绍兴市普高组平均分前三名。柯桥区体育产业的先进做法得到浙江省副省长成岳冲的批示。

2020 年柯桥区基层体育场地建设情况

表 25　　单位：个

名称	数量	单位
浙江省小康体育村升级工程	18	柯岩街道丰项村，安昌街道长乐村，齐贤街道迎驾桥村，福全街道五洋村、信诚村，钱清街道梅东村、南钱清村、清风村、三西村，杨汛桥街道杨江村，兰亭街道谢家桥村，漓渚镇六峰村，夏履镇莲中村，平水镇新平阳村、黄壤坞村、中眉岙村，王坛镇长岭村，稽东镇金丰村
足球场	1	马鞍街道童家塔村足球场
多功能运动场	5	柯岩街道埠头居、杨汛桥街道群众体育中心、马鞍街道山外村、兰亭街道任家畈村、漓渚镇中义村多功能运动场
百姓健身房	16	柯桥街道柯迎社区、柯岩街道高尔夫社区、华舍街道人利社区、齐贤街道兴齐居委会、杨汛桥园里湖社区、安昌街道西扆村、齐贤街道八字桥村、湖塘街道五丰村、福全街道福庆村、钱清街道九岩村、杨汛桥街道麒麟居、马鞍街道飞跃闸村、漓渚镇九板桥村、夏履镇联华村、王坛镇上王村、稽东镇稽江村
体育公园	2	齐贤体育公园、杨汛桥西小江公园
体育设施进公园	8	湖塘街道宾舍村、福全街道锦坞村、杨汛桥街道江桃村、杨汛桥街道联社村、兰亭街道里木栅村、柯岩独山社区、福全街道对旗山、王坛镇民兴公园

2020 年 7 月，安昌街道西泉村百姓健身房落成（区教体局　供稿）

学、安昌中学被认定为全国青少年校园足球特色学校，轻纺城第二小学被认定为全国青少年校园排球体育传统特色学校，柯岩小学、浙光小学钱东校区被认定为全国青少年校园冰雪体育传统特色学校，平水镇中心幼儿园、马鞍中心幼儿园被认定为全国青少年校园足球特色幼儿园。鲁迅高级中学、夏履镇中心小学被认定为 2020 年浙江省青少年校园足球特色学校；柯岩街道、福全街道、安昌街道、王坛镇中心幼儿园被认定为浙江省青少年校园足球特色幼儿园。（钟建宇）

【承办浙江省青少年校园足球文化节】 2020 年 10 月 29—31 日，柯桥区承办浙江省青少年校园足球文化节，来自柯桥区、义乌市、西湖区、鄞州区、苍南县、椒江区 6 个全国青少年校园足球试点县（区）教育体育局的分管领导、足球代表队就校园足球工作经验与成果进行深度交流。

【入选全国青少年校园足球最佳阵容】 2020 年 9 月，在全国青少年校园足球夏令营中，钱清中学学生徐丹娣入选全国最佳阵容，获国家一级运动员称号；学生高秋敏入选全国青少年校园足球分营，获国家二级运动员称号。

2020 年 9 月 26 日，柯桥区举行中小学阳光体育运动会校园足球比赛（区教体局　供稿）

【《柯桥区体育设施布点专项规划》编制】 2020 年，柯桥区投入 25 万元，委托越州都市规划设计院编制《柯桥区体育设施布点专项规划》，以柯桥、柯岩、华舍、湖塘、齐贤、安昌 6 个街道为重点，统筹布局公共体育场地设施，城市社区和行政村实现基本公共体育设施全覆盖。

【青少年校园体育特色学校认定】 2020 年，华舍小

竞技体育

【概况】 2020 年，柯桥区在全国、省级各类比赛中获金牌 69 枚，其中全国级 2 枚、省级 67 枚。组织举办 11 场阳光系列学校体育竞赛。

2020年柯桥区籍运动员在全国和省级比赛中获金牌情况

表26

姓名	比赛名称	时间	地点	项目	组别
谢震业	2020年上虞全国田径锦标赛	10月	上虞	200米	男子
	2020年上虞全国田径锦标赛	10月	上虞	100米	男子
倪笑坤	2020年浙江省青少年高尔夫球锦标赛	8月	温州	高尔夫	女甲
白翊岑	2020年浙江省青少年高尔夫球冠军赛	9月	绍兴	高尔夫	女甲
刘泳廷	2020年浙江省青少年高尔夫球冠军赛	9月	绍兴	高尔夫	女丙
李佳钰	2020年浙江省青少年皮划赛艇锦标赛	8月	宁波	皮艇	女子甲组200米K2
李家琳	2020年浙江省青少年皮划赛艇锦标赛	8月	宁波	皮艇	女子甲组200米K2
徐卓伟	2020年浙江省青少年皮划赛艇锦标赛	8月	宁波	划艇	男子甲组200米C1
宋景颢	2020年浙江省青少年皮划赛艇锦标赛	8月	宁波	划艇	男子甲组1000米C2
娄志鸣	2020年浙江省青少年皮划赛艇锦标赛	8月	宁波	赛艇	男甲(轻)单人双桨6000米
许诗蔚	2020年浙江省青少年激流回旋皮划艇锦标赛	8月	绍兴	激流回旋皮划艇	女子单人皮艇(甲组)
张庭翌	2020年浙江省青少年儿童乒乓球锦标赛	8月	慈溪	男子单打	男子A组
	2020年浙江省中小学生乒乓球冠军赛第一站	8月	萧山	乒乓球	男子0203组
	2021年浙江省中小学生乒乓球冠军赛第二站	1月	永康	乒乓球	男子0203组
	2021年浙江省中小学生乒乓球冠军赛第二站	10月	永康	乒乓球	男子0203组
	2020年浙江省中小学生乒乓球冠军赛总决赛	11月	绍兴	乒乓球	男子0203组单打
	2020年浙江省中小学生乒乓球冠军赛总决赛	11月	绍兴	乒乓球	男子0203组双打
陈奕帆	2020年浙江省青少年儿童乒乓球锦标赛	8月	慈溪	男子双打	男子A组
陈书豪	2020年浙江省青少年儿童乒乓球锦标赛	8月	慈溪	男子双打	男子A组
姚卓岑	2020年浙江省青少年击剑锦标赛	8月	义乌	佩剑	男子丁组团体赛

续表 26

姓名	比赛名称	时间	地点	项目	组别
蒋凌宸	2020年浙江省青少年击剑锦标赛	8月	义乌	佩剑	女子丁组团体赛
孙楼琰	2020年浙江省青少年击剑锦标赛	8月	义乌	佩剑	男子丙组团体赛
赵浩然	2020年浙江省青少年击剑锦标赛	8月	义乌	佩剑	男子丙组团体赛
吴 涛	2020年浙江省青少年儿童田径锦标赛	8月	浦江	60米	13岁甲组男子
	2020年浙江省青少年儿童田径锦标赛	8月	浦江	100米	13岁甲组男子
	2020年浙江省青少年田径锦标赛	7月	浦江	100米	13岁以下组
樊丁旭	2020年浙江省青少年儿童田径锦标赛	8月	浦江	铅球	12岁以下组
王露瑶	2020年浙江省青少年田径锦标赛	7月	浦江	4×100米接力	13～18岁女子
	2020年浙江省青少年田径锦标赛	7月	浦江	4×400米接力	13～18岁女子
章恩浩	2020年浙江省青少年田径锦标赛	7月	浦江	跳高	中学生组
陶飞宇	2020年浙江省青少年跆拳道锦标赛	8月	武义	跆拳道	男子甲组
胡 蝶	2020年浙江省中小学生乒乓球冠军赛总决赛	11月	绍兴	乒乓球	女子0203组单打
	2020年浙江省中小学生乒乓球冠军赛总决赛(团体)	12月	绍兴	乒乓球	女子超级组
徐欣然	2020年浙江省中小学生乒乓球冠军赛总决赛	11月	绍兴	乒乓球	女子04组双打
林田宜	2020年浙江省中小学生乒乓球冠军赛总决赛	11月	绍兴	乒乓球	女子04组双打
王奕恒	2020年浙江省中小学生乒乓球冠军赛总决赛	11月	绍兴	乒乓球	男子0203组
傅楚尧	2020年浙江省中小学生乒乓球冠军赛总决赛(团体)	12月	绍兴	乒乓球	女子超级组
徐欣然	2020年浙江省中小学生乒乓球冠军赛总决赛(团体)	12月	绍兴	乒乓球	女子超级组
娄思雨	2020年浙江省中小学生乒乓球冠军赛总决赛(团体)	12月	绍兴	乒乓球	女子超级组
施懿航	2020年浙江省中小学生乒乓球冠军赛总决赛(团体)	12月	绍兴	乒乓球	女子超级组

续表 26

姓名	比赛名称	时间	地点	项目	组别
潘　瑜	2020 年全国 u 系列赛	11 月	台州	100 米	U20
王迪宇	2020 年全国 u 系列赛	11 月	台州	1500 米	U20
周子恒	浙江省青少年皮划艇赛艇锦标赛	8 月	宁波	男子甲组 6000 米 双人双桨	男子甲组
叶一帆	“洲克杯”第 40 届“迎春杯”浙江省青少年(儿童)游泳锦标赛	8 月	金华	50 米蝶泳	男子 15 岁以上组
王雨沁	2020 年浙江省青少年阳光体育射击赛	8 月	绍兴	激光气步枪	中学生组
翁戈哥	2020 年浙江省青少年阳光体育射击赛	8 月	绍兴	激光气步枪	中学生组
魏奕扬	2020 年浙江省青少年射击锦标赛	8 月	长兴	射击 10 米气步枪	甲组团体
	2020 年浙江省青少年射击锦标赛	8 月	长兴	射击	女甲团体
李屹巍	2020 年浙江省青少年射击锦标赛	8 月	长兴	射击 10 米气步枪	甲组团体
吴昊昊	2020 年浙江省青少年射击锦标赛	8 月	长兴	射击 10 米气步枪	丙组团体
黄李万林	2020 年浙江省青少年射击锦标赛	8 月	长兴	射击 10 米气步枪	丙组团体
吴昊昊	2020 年浙江省青少年射击锦标赛	8 月	长兴	射击	丙组
翁戈哥	2020 年浙江省青少年射击锦标赛	8 月	长兴	射击	丙组
许鑫岚	2020 年浙江省青少年射击锦标赛	8 月	长兴	射击	女甲团体
王雨沁	2020 年浙江省青少年射击锦标赛	8 月	长兴	射击	女甲团体
鲍彦妮	2020 年浙江省青少年阳光体育武术套路赛	9 月	温州	24 式太极拳	女乙
毛京京	2020 年浙江省青少年攀岩锦标赛	8 月	绍兴	攀岩	C 组全能
	2020 年浙江省青少年攀岩锦标赛	8 月	绍兴	攀岩	C 组难度
	2020 年浙江省青少年攀岩锦标赛	8 月	绍兴	攀岩	C 组速度
	2020 年浙江省青少年攀岩公开赛	10 月	绍兴	攀岩	U13 组全能
	2020 年浙江省青少年攀岩公开赛	10 月	绍兴	攀岩	U13 组攀石
	2020 年浙江省青少年攀岩公开赛	10 月	绍兴	攀岩	U13 组速度

续表 26

姓名	比赛名称	时间	地点	项目	组别
徐娅露	2020 年浙江省青少年击剑冠军赛	8 月	绍兴	击剑	女甲团体
张宇菲	2020 年浙江省青少年摔跤锦标赛	8 月	临安	摔跤	女子 63 公斤
朱鼎盛	2020 年浙江省青少年攀岩锦标赛	8 月	绍兴	攀岩	B 组全能
	2020 年浙江省青少年攀岩锦标赛	8 月	绍兴	攀岩	B 组攀石
	2020 年浙江省青少年攀岩锦标赛	8 月	绍兴	攀岩	B 组速度
尹博涵	2020 年浙江省青少年排球锦标赛	8 月	绍兴	湖州	排球丙组
方钰鑫	2020 年浙江省青少年排球锦标赛	8 月	绍兴	湖州	排球丙组

（张国海）

2020 年 8 月 24—25 日，毛京京在浙江省青少年攀岩锦标赛中获 C 组全能第一，图为毛京京获奖证书　　（区教体局　供稿）

【阳光系列学校体育竞赛】 2020 年，柯桥区组织举办 11 场阳光系列学校体育竞赛。

2020 年 4 月，柯桥区举行中小学阳光体育运动会棋类比赛
（区教体局　供稿）

2020年柯桥区组织举办学校体育竞赛情况

表27

名称	时间	获奖情况
柯桥区中小学阳光体育运动会初中组篮球决赛	9月21—23日 9月28—30日	西藏民族中学、杨汛桥中学、柯岩中学、王坛镇中学获初中组男子团体一等奖，兰亭中学、稽东镇中学、秋瑾中学、鲁迅外国语学校获初中组女子团体一等奖
柯桥区中小学阳光体育运动会校园足球技能测试赛	9月26日	安昌小学、阮社小学、浙光小学、管宁实验小学、柯桥小学获小学组一等奖，实验中学、浙光中学、安昌中学获初中组一等奖，钱清中学、鉴湖中学获高中组一等奖
柯桥区中小学阳光体育运动会中小学生乒乓球比赛	9月29—30日 10月9—11日	实验中学、浙光中学、柯岩中学获初中男子团体一等奖，实验中学、秋瑾中学、马鞍中学获初中女子一等奖，轻纺城小学、浙光小学、秋瑾小学获小学男子组团体一等奖，柯桥小学、秋瑾小学、轻纺城小学获团体小学女子组团体一等奖
柯桥区中小学阳光体育运动会高中生篮球比赛	10月14—17日	鉴湖中学、职教中心、鲁迅中学获高中男子组一等奖，钱清中学、职教中心获高中女子组一等奖
柯桥区中小学阳光体育运动会游泳比赛	10月16日	轻纺城小学、华舍小学分获小学甲组、乙组团体一等奖，华舍中心幼儿园、中心幼儿园教育集团获幼儿组团体一等奖
柯桥区中小学阳光体育运动会校园足球比赛初中组比赛	10月20—24日	实验中学、西藏民族中学、柯岩中学、鲁迅外国语学校获初中男子组一等奖，浙光中学、鲁迅外国语学校、齐贤中学、安昌中学获初中女子组一等奖
柯桥区中小学阳光体育运动会校园足球比赛高中组比赛	10月27—31日	柯桥中学、鉴湖中学获高中男子组一等奖，钱清中学获高中女子组一等奖
柯桥区中小学阳光体育运动会高尔夫比赛	11月1日	轻纺城小学获男子甲组团体第一名，柯岩小学获得乙组团体第一名，轻纺城小学获丙组团体第一名
柯桥区中小学阳光运动会击剑比赛	11月25日	轻纺城第二小学、轻纺城小学、实验小学获团体一等奖
柯桥区小学生篮球邀请赛	12月3—4日	轻纺城第二小学、稽东镇中心小学、轻纺城小学、实验小学获男子团体一等奖，实验小学、轻纺城小学、安昌小学获女子团体一等奖
柯桥区中小学阳光体育运动会攀岩比赛	12月10—11日	轻纺城小学、轻纺城第二小学获团体一等奖

（张海平）

群众体育

【概况】 2020年，柯桥区承办浙江省女子体育节趣味冰雪比赛、乒乓球比赛，开展全民健身日展示活动、乡村篮球赛、排舞比赛、龙舟邀请赛、荧光酷跑节、生态古道游、环湖健身跑、公开水域邀请赛等群众性体育活动200余场。开展太极拳、健身操、网球、排舞等社会体育指导员培训，培训200余人。

2020年10月，柯桥区举行第三届“天工杯”乡村篮球比赛
（区教体局　供稿）

【全民健身日活动举行】 2020年8月7日，柯桥区全民健身日活动启动仪式暨主题展示活动在瓜渚湖北岸公园举行，800人参加。活动以“推动全民健身、助力全面小康”为主题，包括启动仪式、主题展示、幸福畅游、环湖健行、百姓健身房启动等活动。

【“体育+公园”工程建设】 2020年，柯桥区实施“体育+公园”工程建设，计划用两年时间(2020—2021年)，投资2000万元，在城区公共区域建设体育设施并配置二代健身器材。安装二代智能健身路径6条，位于西岸公园、中和公园、明珠广场、蠡园、瓜渚御景园沿河绿地、国杰实验学校东侧公园。建成“体育+公园”5个，位于柯岩客厅、坂湖公园、瓜渚湖西岸、瓜渚湖北岸公园、国杰实验学校东侧公园。建成运动场地6个，为红星美凯龙3片屋顶篮球场、外国高端人才集聚区1片屋顶足球场、老年体育中心3片气排球场。（蒋建英）

2020年12月，国杰实验学校东侧公园内二代智能健身路径落成
（区教体局　供稿）

体育产业

【概况】 2020年，柯桥区出台《绍兴市柯桥区人民政府办公室关于印发柯桥区促进体育消费推动体育产业高质量发展实施意见的通知》，举办第四届运动休闲时尚周活动，培育省级体育特色小镇“酷玩小镇”，发展竞赛表演业、体育服务业和体育彩票业。柯桥区“聚力体育市场升级、赋能全域产业发展”体育产业做法受到浙江省副省长成岳冲批示。承办第四届绍兴国际马拉松赛、浙江·绍兴柯桥攀岩精英赛、浙江省第四届冰雪运动嘉年华活动、浙江省青少年校园足球文化节、浙江省青少年击剑冠军赛、浙江省第三届女子体育节趣味冰雪、乒乓球等大型赛事和活动。

柯桥区人民政府被国家体育总局登山运动管理中心授予2020年全国青少年攀岩推广突出贡献单位称号，柯桥区教体局被浙江省体育局授予浙江省第四届冰雪运动嘉年华最佳组织奖，乔波冰雪世界被国家体育总局冬季运动管理中心评为2020全民冰雪公开课示范点，东方山水运动休闲基地和浙江国际赛车场被省体育局、省文化和旅游厅分别授予浙江省运动休闲旅游示范基地和浙江省运动休闲旅游优秀项目称号。

【第四届运动休闲时尚周】 2020年，柯桥区举办第四届运动休闲时尚周，举行开幕式、游泳、龙舟、健

2020 年 7 月，浙江省第三届女子体育节趣味冰雪比赛在柯桥区举行
（区教体局　供稿）

身排舞、网球等 10 项活动和比赛。腾讯网、新浪网、省体坛报等 31 家媒体对时尚周进行专题报道。

【酷玩小镇活动】 2020 年，柯桥区酷玩小镇东方山水乐园承办绍兴市体育产业嘉年华活动，接待游客 90.1 万人次，营业额 8105 万元。乔波冰雪世界承办长三角第三届夏日欢乐冰雪季暨中国滑雪积分赛（浙江绍兴柯桥站），接待游客 18.4 万人次，营业额 3267 万元。浙江国际赛车场接待游客 5 万人次，营业额 4500 万元。鉴湖高尔夫球场承办 2020 汇丰全国青少年高尔夫比洞赛（绍兴站）。

【体育彩票销售】 2020 年，柯桥区有体彩门店 227 家，销售中国体育彩票 2.22 亿元，完成市体彩中心下达指标的 118.17%，排名绍兴市第一，筹集体彩公益金 1027.96 万元。（黄赛波）

2022 年杭州亚运会

【概况】 2020 年，柯桥区建设亚运会竞技攀岩比赛、排球比赛和足球比赛训练场地的场馆。

【亚运会柯桥区筹委会成立】 2020 年 9 月 21 日，根据《国务院办公厅关于同意成立 2022 年第 19 届亚运会组委会的函》，参照《2022 年 19 届亚运会主要工作职责内设机构和人员编制规定》和《2022 年第 19 届亚运会绍兴筹备委员会组织机构及工作职责》，经区委、区政府研究，成立 2022 年第 19 届亚运会绍兴市柯桥区筹备委员会。筹委会负责组织、协调亚运会柯桥比赛（训练）项目和相关活动的筹办工作，定期向亚组委和区委区政府汇报工作进展情况；落实亚运柯桥比赛（训练）项目筹办专职人员，组建亚运专班；落实亚运筹备其他相关

羊山攀岩中心（竞技攀岩比赛）设计图　　（区教体局　供稿）

2020 年 11 月，浙江绍兴柯桥攀岩精英赛举行　（区教体局　供稿）

工作。筹委会下设办公室、竞赛组织部、宣传策划部、场馆建设部、安全保卫部、医疗卫生部、志愿服务部、环境保障部、综合服务部、财务保障部、监察审计部11个工作机构。

【亚运场馆建设】 2020年2月，绍兴市柯桥区羊山攀岩中心新建工程列入2020年柯桥区政府投资计划。至年底，新建工程完成招标，中标单位为浙江宝业建设有限公司。中国轻纺城体育中心体育馆场馆改造工程由浙江凯邦建设有限公司施工中标，至年底，室内部分装饰工程竣工初验。柯南足球训练场改扩建工程开工建设，至11月，向亚组委请示将柯桥区柯南足球场确定为2022年第19届亚运会足球训练场地。（李振宇）

2020年12月，中国轻纺城体育中心体育馆场馆改造工程（室内）竣工 （区教体局　供稿）

执行编辑　徐炳荣

外地媒体话柯桥

篇目辑要

2020年省级及以上媒体报道柯桥区情况

表28

媒体	标题	日期
CCTV1	浙江 民宿 农家乐“网络直播”带动游客下单	4月26日
CCTV1	2020年征兵体检工作全面展开	8月1日
CCTV2	浙江民宿、农家乐直播 乡村旅游行情看好	4月27日
CCTV2	添设施、备食材 浙江民宿、农家乐为“五一”做足准备	4月27日
CCTV2	关注出行安全 浙江绍兴:老人被卷入大货车底 众人合力救援	11月20日
CCTV13	浙江柯桥 保产业链供应链稳定 在创新产业链上寻求发展商机	5月7日
CCTV13	浙江:保产业链供应链稳定 在创新产业链上寻求发展商机	5月7日
CCTV13	跨境电商+直播带货 浙江绍兴商贸企业前五月销售额两位数增长	6月4日
CCTV13	浙江绍兴:发力跨境电商 前五月销售额两位数增长	6月4日
CCTV13	浙江 复苏图谱 地方经济半年报 政府服务再“加码”打造最优营商环境	8月3日
CCTV13	钟山:多措并举稳外贸稳外资促消费	8月8日
CCTV13	海关总署署长倪岳峰 防疫情稳外贸统筹推进	8月11日
CCTV13	乘势而上奋勇前进:防疫情稳外贸统筹推进	9月23日
CCTV13	浙江绍兴 盗掘40余座古墓 盗窃文物团伙落网	9月25日

续表 28

媒体	标题	日期
CCTV13	透过时装周看纺织产业复苏：九月以来纺织业会展经济再现活跃	11月4日
CCTV13	浙江绍兴：老人被卷入大货车底　爱心人士合力救援	11月19日
CCTV13	浙江柯桥 加快数字化转型 重构产业格局	12月16日
CCTV13	浙江柯桥 打造数字经济 纺织业逆市上扬	12月17日
《人民日报》	感恩的瞬间，温暖了整个冬天	2月26日
《人民日报》	古道边	3月7日
《人民日报》	注重培养选拔 鼓励担当作为 越来越多年轻干部脱颖而出建功立业	4月21日
《人民日报》	服务企业 服务群众 服务基层 绍兴"三服务"带来新风气	4月28日
《人民日报》	绍兴柯桥区建立污水管理人才储备机制 补齐育才短板 推动智慧治水	5月12日
《人民日报》	刘建明代表——心系乡村 助力振兴	5月18日
《人民日报》	绍兴柯桥 深化"五水共治"创建"美丽河湖"越州河湖佳境 清波好水柯桥	5月28日
《人民日报》	浙江活化利用传统技艺与民俗文化 非遗之美 融入日常	6月11日
《人民日报》	浙江：助人才顺利创业就业	6月24日
《人民日报》	浙江绍兴强化清廉村居建设——监督小微权力 优化基层治理	6月26日
《人民日报》	技能人才 人尽其才 蓝领，撑起一片蓝天	6月28日
《人民日报》	浙江绍兴柯桥评选身边榜样——唱响向善歌 小城好人多	8月13日
《人民日报》	各地推动更多资源下沉，为基层放权赋能——办事效率高了 干事底气足了	8月17日
《人民日报》	浙江绍兴柯桥区水源地保护区居民拿到"绿色"补贴	8月24日
《人民日报》	浙江绍兴柯桥区检察院探索多元司法救助——暖心帮扶 防止因案致贫	10月28日
《人民日报》	绍兴柯桥区拓展公益诉讼新领域——一纸检察建议 保住村里古建	11月13日
《人民日报》（海外版）	捏成一个拳头 打出"五水共治"	8月6日
《人民日报》（海外版）	绍兴女司机	9月19日
人民网	柯桥基层派驻机构进街道集中办公 部门下沉到一线"末梢神经"更敏锐	1月5日

续表 28

媒体	标题	日期
人民网	绍兴:无水印染,或助印染业摘掉"污"帽子	1月6日
人民网	绍兴:柯桥、新昌县跻身首批AAAA级景区城	1月7日
人民网	2019亚太国际金融论坛柯桥峰会在绍兴举行	1月8日
人民网	绍兴举办纪念阳明先生逝世491周年活动	1月9日
人民网	绍兴:办好关键小事 用心留住人才	1月19日
人民网	绍兴齐贤街道冒出一批"好房东"10余个园区业主为企业减免租金超千万	2月5日
人民网	防控举措严不严?记者实地走访省内多家药房——查口罩测体温做登记,一个都不能少	2月5日
人民网	绍兴市商务局(贸促会)为企业出具全国延期复工最长的不可抗力事实性证明	2月7日
人民网	柯桥年轻干部奔赴战"疫"火线	2月8日
人民网	绍兴指导企业把好防疫关 复工前,厂里来了网格员	2月11日
人民网	为打赢疫情防控阻击战贡献党校力量——全国党校(行政学院)系统服务保障疫情防控医学观察点纪事	2月12日
人民网	绍兴:服务"不见面" 办事"不打折"	2月13日
人民网	战"疫"当前,奖罚分明	2月18日
人民网	最萌的鞠躬礼,最深情的赞美	2月23日
人民网	全球疫情冲击"金三银四",记者探访"国际纺织之都"——看柯桥外贸企业如何共克时艰	3月24日
人民网	探访"国际纺织之都"看绍兴柯桥外贸企业如何共克时艰	3月25日
人民网	外贸依存度80%以上"纺织强区"如何化解疫下危机?	3月27日
人民网	我省新建续建重大项目提速 夯实"压舱石",为发展聚力	3月30日
人民网	设下减肥连环骗局 半年获利1500万　绍兴柯桥:一团伙27人因诈骗被判刑	3月31日
人民网	绍兴柯桥区启动人才企业上市三年行动计划	4月1日
人民网	绍兴:鼓励人才企业"借梯登高"	4月2日
人民网	绍兴柯桥谋划外贸逆势突围	4月8日
人民网	律师驻点答疑 审计全程跟踪 村民代表监督　柯桥征迁安置出新招	4月10日

续表 28

媒体	标题	日期
人民网	“互联网 +”赋能 绍兴茶产业转型升级	4月13日
人民网	以规范化标准化建设提高民主党派基层组织建设水平	4月13日
人民网	藏族学子们达到杭州萧山国际机场	4月15日
人民网	绍兴 :杨汛桥“融杭新城”提档增速	4月21日
人民网	绍兴持续以清廉文化打造清廉之城	4月24日
人民网	绍兴柯桥 :向海内外创业精英发出“英雄帖”	4月25日
人民网	“五一”出游寻新意	5月1日
人民网	绍兴柯桥 :全区村社党组织书记进考场	5月3日
人民网	绍兴 :“团团直播”助力乡村振兴	5月9日
人民网	绍兴柯桥产业基金助力企业创新	5月13日
人民网	浙江绍兴 :探求破解印染产业人才荒	5月15日
人民网	绿色循环助力印染产业提质　绍兴柯桥区高标准完成国家级循环化改造示范试点	5月19日
人民网	绍兴 :柯桥发放1亿元“企业用电券”	5月21日
人民网	我省代表委员豪情满怀赴两会——当好“重要窗口”建设者维护者展示者	5月21日
人民网	柯桥推出亿元用电“消费券”　生产多 用电多 奖励多	5月21日
人民网	绍兴 :柯桥“电商换市”跑出加速度	5月25日
人民网	电影《疯狂熊孩子2》在绍兴东方山水乐园举行开机仪式	5月25日
人民网	3000多家小微企业出口基础性保险全部由政府买单　绍兴柯桥十大行动稳外贸拓市场	6月8日
人民网	浙江试点推进退役军人全生命周期服务管理工作	6月10日
人民网	柯桥 :向海而盛 融在当下	6月10日
人民网	绍兴 :柯桥吹响“纺企优选”集结号	6月12日
人民网	“文化和自然遗产日”期间全省推出210余场活动　赓续浙江文脉 共建美好生活	6月14日
人民网	300多个事项“驾云”跨区域联动　柯桥萧山政务服务一网通办	6月16日
人民网	中国轻纺城果蔬市场谢幕	7月3日

续表 28

媒体	标题	日期
人民网	浙江省上市公司突破 600 家	7 月 10 日
人民网	跨境电商销售额上半年保持两位数增长——柯桥 :“电商换市”加速跑	7 月 19 日
人民网	以“服务功能”提升政治功能和组织功能——各地大力建设覆盖广泛集约高效的党群服务中心	7 月 30 日
人民网	柯桥选树身边典型推进公民思想道德建设——凡人善举汇成小城大爱	8 月 5 日
人民网	浙江 :开展涉民企民事执行专项监督活动——帮雪上加霜的企业救急脱困	8 月 12 日
人民网	推动长三角一体化高质量发展的“产业新城”经验	8 月 31 日
人民网	刮码产品无保障,完美公司提醒消费者通过正规渠道购买	8 月 31 日
人民网	矛盾纠纷“一站化解”公平正义提速增效——全国法院一站式多元解纷和诉讼服务体系建设综述	9 月 1 日
人民网	全国抗击新冠肺炎疫情先进个人名单	9 月 9 日
人民网	绍兴柯桥印染产业工程师协同创新中心正式揭牌运营	9 月 9 日
人民网	绍兴 :柯桥政府采购商品不平价就下架	9 月 10 日
人民网	浙江安徽河南严肃查处长深高速江苏无锡“9 · 28”特别重大道路交通事故案相关责任人	9 月 12 日
人民网	浙江持续发力整治基层微腐败 今年前 8 月处理 3556 人	9 月 13 日
人民网	2020 中国面料之星系列活动发布仪式举行	9 月 24 日
人民网	进一步激活新“夜”态——绍兴 :“金柯桥文化旅游节”启幕	9 月 29 日
人民网	做强老产业,拥抱“新蓝海”,柯桥加快新旧动能转换—— 一块布里乾坤大	10 月 16 日
人民网	会稽山讲坛柯桥开讲——传承伟大抗疫精神	10 月 19 日
人民网	疫情时期人文与科学需要这样对话——第四届会稽山讲坛暨第十二届文化中国讲坛举办	10 月 19 日
人民网	浙江消保委点名飞猪 :大数据杀熟区别对待	10 月 21 日
人民网	共襄盛举 共话未来 2020 第三届世界布商大会开幕	10 月 26 日
人民网	聚合 70 余项时尚创意活动 2020 第八届柯桥时尚周启幕	10 月 27 日
人民网	第 22 届中国绍兴柯桥国际纺织品博览会(秋季)开幕	10 月 27 日

续表 28

媒体	标题	日期
人民网	绍兴：新与潮是“主打色”——第 22 届中国绍兴柯桥秋季纺博会开幕	10 月 28 日
人民网	2020 第八届柯桥时尚周闭幕	11 月 3 日
人民网	绍兴柯桥：全力“四季冲”确保“全年赢”	11 月 3 日
人民网	关爱贫困户 冬日送温暖	11 月 24 日
人民网	老叶学车记	11 月 25 日
人民网	绍兴柯桥印染“循环革命”成效凸显	11 月 25 日
人民网	绍兴柯桥纺织业迈向高质量发展新阶段	11 月 26 日
人民网	柯桥智慧化破解垃圾分类难题——垃圾桶装芯片，分类识别有“慧眼”	12 月 6 日
人民网	打造“鉴水课堂”——绍兴柯桥湖塘中心小学“鉴水香林”教科节落下帷幕	12 月 23 日
人民网	择优入园 退散进集 退低进高——绍兴高质量推进小微企业园建设	12 月 28 日
人民网	绍兴柯桥创建“枫桥式”执法队伍	12 月 29 日
《新华每日电讯》	浙江积极动员机关党员干部充实基层一线力量	2 月 9 日
《新华每日电讯》	浙江：公共场所“提速增效”，为发展“找回时间”	8 月 7 日
《新华每日电讯》	正是江南好风景——践行“两山”理念 15 载　绘就之江新画卷	8 月 14 日
《新华每日电讯》	“经历了无数次失败，我们坚持了下来”—— 一位钟情于建筑产业革命的民营企业家的感悟	8 月 23 日
《新华每日电讯》	浙江省“三美融合”驱动新时代美丽乡村建设	11 月 25 日
《新华每日电讯》	绍兴运用“枫桥经验”加强基层纪检监察	11 月 29 日
《新华每日电讯》	双循环支撑稳发展——在“国际纺织之都”感受中国制造的韧性与潜力	12 月 7 日
《新华每日电讯》	一匹布上的“百花”印记——越剧《云水渡》里的“染缸”之变	12 月 18 日
新华社	网上轻纺城今天全面复业 绍兴柯桥区有序推进企业复工市场复业	2 月 10 日
新华社	浙江柯桥：以“互联网 +”助力企业安全复工	2 月 12 日
新华社	浙江柯桥中国轻纺城复业迎客	2 月 18 日
新华社	最纯真的鞠躬，最深情的还礼——一个世纪后的经典重现！	2 月 23 日
新华社	全国首家纺织业知识产权快速维权中心落户绍兴柯桥	10 月 28 日

续表 28

媒体	标题	日期
新华社	发力“云端”开新局 从三大盛会看柯桥纺织业破茧新生	10月30日
新华社	浙江绍兴向海外学子招募“城市合伙人”	12月4日
《光明日报》	让监督有形更有效	1月13日
《光明日报》	绍兴柯桥区 :从纺织之都迈向时尚之都	8月17日
《光明日报》	文化节,应让文化站C位	11月11日
《中国县域经济报》	中国轻纺城市场今日复业 纺城经营户有序开门迎客	2月18日
《中国县域经济报》	产业新价值 纺织新贡献——2020第三届世界布商大会在浙江省绍兴市柯桥区举行	10月27日
《中国县域经济报》	“时有境·尚无界”——2020第八届柯桥时尚周华丽启幕	10月27日
《中国县域经济报》	第22届中国绍兴柯桥秋季纺博会整装再出发	10月28日
《中国县域经济报》	第三届世界布商大会在浙江绍兴柯桥区举行	11月2日
《中国县域经济报》	浙江绍兴柯桥区 :政务服务“三级联动”,打造15分钟服务圈	11月9日
《工人日报》	两个月20.54亿元,知识产权质押融资增长129% 浙江用活知识产权资产助力企业复工复产	4月10日
《工人日报》	六位浙江劳模工匠走近年轻职工面对面交流——一场激发“后浪”感触的劳模宣讲	6月2日
《工人日报》	弧光父子	8月17日
《中国教育报》	浙江绍兴“五权”下放 激活办学	10月20日
《中国教育报》	严查中小学教师到培训机构兼职	12月31日
《检查日报》	绍兴柯桥 :法律监督还原事实真相助法院再审改判	8月2日
《法制日报》	案外人以虚假租赁关系提出执行异议 检察官揭开虚假诉讼真相	11月14日
《法制日报》	柯桥,秋雨送黄昏	11月22日
《法制日报》	盗用原创面料恶意抢注商标——汉服市场乱象调查	12月7日
《法制日报》	“追寻先烈足迹”短视频网上征集展示活动成果发布会在京举办	12月20日
《浙江日报》	2020,爱你爱你!	1月2日
《浙江日报》	袁家军赴省交通集团和绍兴调研时强调“三服务”要突出问题导向目标导向效果导向	1月3日
《浙江日报》	对话宝业集团股份有限公司董事长 庞宝根 :最大挑战是拒绝诱惑	1月3日

续表 28

媒体	标题	日期
《浙江日报》	浙江唯一的全国“无废城市”试点——变废为宝,绍兴展身手	1月8日
《浙江日报》	沈志江代表谈“亩均论英雄” 明思路 增动力	1月14日
《浙江日报》	代表委员热议深入推进政府数字化转型——把先发优势转化为强大治理效能	1月17日
《浙江日报》	当年的“上访村”如今人心齐事业兴,看绍兴柯桥路南居的逆袭奥秘 工作现场 “抠”细节不厌其烦	1月21日
《浙江日报》	用全域土地综合整治积极推动乡村有机更新 绍兴:乡村蝶变正当时	1月22日
《浙江日报》	爱心助力疫情防控	1月25日
《浙江日报》	我省全力保障急缺防护物资供应 开足马力 支援一线	1月26日
《浙江日报》	面对疫情,柯桥企业主动担当——不减员 多关爱	2月14日
《浙江日报》	办证“不见面”服务“不打烊” 绍兴自然资源系统 打响非常时期服务战	2月14日
《浙江日报》	首单开张 打包发货	2月16日
《浙江日报》	中国轻纺城全面复业	2月19日
《浙江日报》	柯桥钱清:共克时艰 春回大地	2月25日
《浙江日报》	我省两万余名驻企健康指导员助力企业防控工作 派出“特种兵”护航开复工	3月1日
《浙江日报》	外籍住户众多的柯桥龙城社区开发APP加强智控 定制“通行证”,管得精准用得方便	3月11日
《浙江日报》	防疫战线上,柯桥税务便民办税“不打烊”	3月11日
《浙江日报》	绍兴:全域“放心消费” 服务“美好生活”	3月13日
《浙江日报》	乡村振兴春风暖 幸福花开美人心——打造具有江南水乡特色的乡村振兴柯桥样板	3月17日
《浙江日报》	柯桥税务三帖“固心剂”护航轻纺城	3月24日
《浙江日报》	复工复产按下快捷键	3月28日
《浙江日报》	绍兴机关干部驻村驻社驻企全覆盖 大小难事,件件有着落	3月29日
《浙江日报》	“网上办”“掌上办”“就近办”……疫情期间,政务服务不断档——“云端”办事畅如行云	4月1日
《浙江日报》	行有道,爱无疆——落在实处、润物无声的金昌公益模式	4月3日

续表 28

媒体	标题	日期
《浙江日报》	柯桥启动人才企业上市计划	4月8日
《浙江日报》	我省开展开学前准备工作专项检查——织好复学“安全网”	4月10日
《浙江日报》	我省推动资源要素向优质企业、区域集中　亩均论英雄 培育优等生	4月13日
《浙江日报》	新冠肺炎疫情检验我省医改成效　基层医院，这样战“疫”	4月13日
《浙江日报》	以乡镇（街道）为关键 走好市域社会治理现代化“最初一公里” 新时代“枫桥经验”的绍兴实践	4月13日
《浙江日报》	绍兴“一树一策”保护古香榧群	4月14日
《浙江日报》	我省3个设区市、42个县（市、区）获首批一星平安金鼎——坚定不移走好新时代的平安之路	4月15日
《浙江日报》	消费意愿下降、海外订单滑坡怎么办？　纺织业：补链强链，链中寻机	4月24日
《浙江日报》	柯桥向对口扶贫地区捐赠口罩	4月28日
《浙江日报》	绍兴省级以上工业园数量“砍”掉九成，效益不减反增——这道减法，“减”出了高质量	4月29日
《浙江日报》	干部向一线下沉 情况在一线掌握 力量在一线汇聚 问题在一线解决　绍兴：“三驻三服务”精准保长效	4月30日
《浙江日报》	在复工复产中转型升级	4月30日
《浙江日报》	一手抓防控，一手抓复苏，绍兴打出组合拳——疫情“寒冬”后，文旅业如何“探春”	5月6日
《浙江日报》	中国轻纺城国际面料采购中心线上拓销路　登云出海“布”局全球	5月8日
《浙江日报》	推进法治建设干得怎样，浙江各市、县一把手年终须单独述法——让法治成为底线思维	5月8日
《浙江日报》	信心·民心·决心——写在十三届全国人大三次会议开幕之际	5月22日
《浙江日报》	代表委员热议乡村振兴——如何让农民挑上“金扁担”	5月26日
《浙江日报》	绍兴柯桥区漓渚镇棠棣村党总支书记刘建明代表：扬长避短发挥村庄独特优势	5月28日
《浙江日报》	柯桥激活共建单位资源，合力助推基层治理　社区来了“轮值主席”	6月4日
《浙江日报》	避免一桥多名、多桥重名，绍兴1.2万座桥梁——3个区有9座“太平桥”	6月9日

续表 28

媒体	标题	日期
《浙江日报》	城水相融 人水相亲　绍兴现代生态水城与经济高质量发展齐头并进	6月9日
《浙江日报》	深化“五星达标、3A争创”　开辟农村生活垃圾分类的绍兴路径	6月11日
《浙江日报》	杭州湾明珠 宜居新钱清　绍兴市柯桥区钱清街道美丽蝶变侧记	6月11日
《浙江日报》	柯桥经开区:“三式”并举,推动警示教育走心入心	6月17日
《浙江日报》	共建共享体育活力之城	6月19日
《浙江日报》	柯桥“所长说法”助推乡村普法	6月23日
《浙江日报》	柯桥人大:健全代表议案制度 善用重大事项决定权	6月23日
《浙江日报》	柯桥“以赛引才”集结“最强大脑”　五届海创大赛58个获奖项目落户41个	6月26日
《浙江日报》	民族一家亲 同心共筑梦——浙江省民族团结进步事业五年回眸	6月29日
《浙江日报》	进一扇门 解百姓忧　柯桥:构建矛盾调解新体系 打造民生服务新标杆	6月30日
《浙江日报》	景区餐饮多方联动 点亮柯岩“夜经济”	7月6日
《浙江日报》	义诊进社区	7月9日
《浙江日报》	柯桥以基金为线 串起产业链创新链	7月9日
《浙江日报》	“凤凰行动”有力推进 转型升级成效显著——我省上市公司突破600家	7月10日
《浙江日报》	中国轻纺城天窗改为可移动、人行横道错时开放——服务,凝聚在点滴改变中	7月14日
《浙江日报》	数字经济兴起,共享员工、灵活就业层出不穷——新就业,未来已来	7月15日
《浙江日报》	从单点创新到系统突围“布”局未来——柯桥区实施“步鱼计划”锚定县域经济高质量发展	7月17日
《浙江日报》	柯桥网上出口交易会启幕	7月23日
《浙江日报》	征程万里风正劲——浙江着力推进经济高质量发展综述	7月24日
《浙江日报》	绍兴发布文旅IP——“小白鹅”畅游百城千湖	7月24日
《浙江日报》	柯桥 救护车翻车,路人合力抬车救人 给力的15秒	7月25日
《浙江日报》	柯桥7个招商项目签约	7月29日

续表 28

媒体	标题	日期
《浙江日报》	“让国防意识深入每个人的心中”——记绍兴市国防教育委员会办公室干事朱小强	7月30日
《浙江日报》	省委巡视组向绍兴市柯桥区等5个县(市、区)反馈巡视情况	8月1日
《浙江日报》	老焊工丁卫松把儿子领进“电焊门”——爱上那道炫酷的弧光	8月4日
《浙江日报》	协同治理、情法兼顾,看柯桥如何——为外卖小哥系牢“安全带”	8月4日
《浙江日报》	山阴聚才子 柯桥芳菲时——绍兴市柯桥区持之以恒涵养最优人才生态	8月6日
《浙江日报》	在长三角区域内补强产业链——柯桥按下融杭接沪“快进键”	8月7日
《浙江日报》	绍兴为现代制造业广觅人才——千名硕博士对接产业集群	8月7日
《浙江日报》	千年酿得黄酒香	8月7日
《浙江日报》	杭绍两地流域共治	8月10日
《浙江日报》	柯桥区湖塘街道 :夯实基层基础 助推乡村振兴	8月10日
《浙江日报》	正是江南好风景——践行“绿水青山就是金山银山”理念15载绘就之江新画卷	8月14日
《浙江日报》	融入大湾区 做好桥头堡——柯桥经开区跻身全省八强开发区	8月19日
《浙江日报》	现代纺织,在阵痛中蝶变——浙江传统优势产业链调查	8月24日
《浙江日报》	绍兴率先打造全域化信访和矛盾化解体系——有事好商量 矛盾早化解	8月26日
《浙江日报》	柯桥 :诉求件件有回音——百姓吃下“定心丸”	8月26日
《浙江日报》	柯桥试点新型产业用地点“废”成“金”——废旧厂房变身创业热土	8月29日
《浙江日报》	柯桥王坛 :紧抓美丽城镇建设契机 探索农旅融合新篇章	9月1日
《浙江日报》	柯桥启动印染废水近零排放项目—— 一张膜滤出污染物	9月3日
《浙江日报》	减来源 提能力 强保障	9月9日
《浙江日报》	“无废城市”怎么建 看绍兴试点经验	9月12日
《浙江日报》	国际纺都金柯桥	9月16日
《浙江日报》	川越千里 携手战贫	9月17日
《浙江日报》	绍兴提升退役军人服务保障水平——线上线下“一站式”服务	9月17日
《浙江日报》	“一码办事”不带证	9月17日

续表 28

媒体	标题	日期
《浙江日报》	郑栅洁在杭州绍兴调研时强调：大力推进产业创新科技创新双联动 更好赋能全省经济高质量发展	9月18日
《浙江日报》	织密保障网 提升获得感	9月18日
《浙江日报》	柯桥重点项目比优比实	9月20日
《浙江日报》	守好初心担使命 久久为功抓落实——柯桥区16年如一日抓深做实驻村指导员制度	9月22日
《浙江日报》	柯桥集结青年力量探索创新服务模式——“跑小青”跨城跑腿	9月23日
《浙江日报》	匠心逐梦“未来社区”	9月24日
《浙江日报》	丰收时节，听老乡说小康——浙江省“老乡说小康”农民故事大赛决赛速写	9月25日
《浙江日报》	柯桥：迅速行动 细查力改	9月25日
《浙江日报》	这个指导员专治薄弱村——驻过绍兴5个后进村的陶招贵，村村因他大变样	9月25日
《浙江日报》	三大国字号开放平台落户 绍兴构筑全面开放新高地——拓展新蓝海 打造新引擎	9月27日
《浙江日报》	做大文创走廊 做强社会效益——绍兴：文创赋能 融合发展	9月29日
《浙江日报》	发现举报有积分 捕捞上缴有赏金——柯桥全民大战福寿螺	9月30日
《浙江日报》	“三强一制造”再发力 柯桥品牌成色足	9月30日
《浙江日报》	杭绍城际铁路项目工地，各标段工人——瞄准通车全力冲刺	10月3日
《浙江日报》	假日里，我省各地积极响应“厉行节约、反对浪费”倡议——“舌尖上的节俭”蔚然成风	10月5日
《浙江日报》	火热乡村游	10月7日
《浙江日报》	重塑生态新经济——培育壮大新动能	10月9日
《浙江日报》	绍兴：名士之乡“峰”云再起——写在2020中国·绍兴“名士之乡”人才峰会开幕之际	10月10日
《浙江日报》	县级融媒体中心东西协作交流公益项目启动——我省5家单位参与	10月14日
《浙江日报》	柯桥王坛镇：紧抓农村综合改革契机 项目建设带动乡村振兴	10月14日
《浙江日报》	我省举行世界粮食日宣传活动	10月17日
《浙江日报》	柯桥12个创新平台签约揭牌	10月17日

续表 28

媒体	标题	日期
《浙江日报》	熊猫乳品登陆创业板，成为浙江第500家境内上市公司——“500+”时代，看浙股风起云涌	10月19日
《浙江日报》	“银政联盟1+N”融入社区治理的“瑞丰探索”	10月21日
《浙江日报》	三大顶级盛会联袂来袭 国际纺都再掀发展浪潮——第三届世界布商大会10月26日在柯桥召开	10月23日
《浙江日报》	绍兴跨区域集聚传统产业，开创发展新模式—— 一场特殊的成长式“迁徙”	10月27日
《浙江日报》	第三届世界布商大会开幕	10月27日
《浙江日报》	富民兴疆，越地情深	10月28日
《浙江日报》	全国首家 柯桥设纺织知识产权快速维权中心	10月28日
《浙江日报》	秋季广交会“加把火”，不少企业接单忙——变局之下，浙江外贸正突围	11月3日
《浙江日报》	助力慈善事业高质量发展	11月7日
《浙江日报》	村社换届 干事为先——绍兴“事业选人”换届不松劲	11月12日
《浙江日报》	绍兴 聚焦高质量发展 开启城市新征程	11月13日
《浙江日报》	柯桥团区委引导青年有序参与基层治理——为市域治理现代化注入青春活力	11月16日
《浙江日报》	中国加入全球最大自贸“朋友圈”后——RCEP下的浙江机遇	11月18日
《浙江日报》	奋力书答卷 浙里万象新——“十三五”浙江税务深入实施“六大工程”纪实	11月18日
《浙江日报》	柯桥：在融杭联甬接沪的浪潮中激流勇进	11月24日
《浙江日报》	5年磨一剑 柯桥湖塘街道助推黄酒小镇成功命名	11月25日
《浙江日报》	柯桥区打造最美铁路沿线	11月27日
《浙江日报》	破属地管理之惑，浙江试点“县乡一体、条抓块统”模式——为基层赋能	11月27日
《浙江日报》	柯桥市场采购贸易方式首单通关	11月27日
《浙江日报》	“双体”贯通打造“县乡强院”	11月29日
《浙江日报》	让每一个社区都成为共同体——绍兴推进基层党建和社区治理深度融合纪事	11月30日
《浙江日报》	柯桥高新区：开新局 谋新篇——以高质量发展推动区域发展	12月2日

续表 28

媒体	标题	日期
《浙江日报》	增“颜值”提“气质”——绍兴“三改一拆”七年攻坚,城市面貌实现美丽蝶变	12月2日
《浙江日报》	外来不做“外人”——“新乡贤”参与基层社会治理	12月3日
《浙江日报》	绍兴深圳12个合作项目“结姻缘”	12月8日
《浙江日报》	《大潮起之江“窗口”看小康》走进绍兴柯桥——一湖鉴水漫酒香	12月10日
《浙江日报》	柯桥马鞍街道入选全国农村公共服务典型案例——闲置空间变身休闲空间	12月16日
《浙江日报》	金融活水润古城——工行绍兴分行精准服务小微企业	12月17日
《浙江日报》	构建一体化治理格局	12月18日
《浙江日报》	点开小程序就可租赁农房——柯桥王坛试点镇级闲置农房使用权流转平台	12月22日
《浙江日报》	绍兴黄酒小镇:古酒新梦融世界	12月22日
《浙江日报》	走进现代版古越江南——绍兴美丽城镇建设交出亮眼答卷	12月23日
《浙江日报》	绍兴市柯桥区乡村振兴缩影——马鞍街道“八个一”惠民工程入选第二批全国农村公共服务典型案例	12月25日
《浙江日报》	亮了道路 美了村容 暖了民心	12月30日
《浙江日报》	绍兴全域激活闲置农房,持续为乡村振兴赋能——“沉睡的农房”变身“钱袋子”	12月31日
《浙江日报》	柯桥“户籍化”治理超限超载	12月31日
《浙江日报》	守住“饭碗田”留与子孙耕	12月31日

（魏金金）

执行编辑　宋如玲

区人著述

综　述

2020年,《区人著述》收录对象为柯桥区籍人士和在柯桥区工作、离休、退休的区外籍人士所编著、创作、表演的作品。篇目选辑限收在省级以上报刊发表和在省以上展出的作品,仅收录文学艺术类,教育、卫生等系统的大量业务性学术论文,在有关编目汇总提及,不予一一收录。书目提要收录经正式出版社公开发行的书籍。

篇目选辑

2020年柯桥区在省级及以上报刊发表作品情况

表29

作品	类别	作者	发表情况
《兽医是门技术活》	小说	朱建平	《江南》增刊 2019—2020年
《被风吹走的两张牌》	诗歌	鲍文贤	《青年文学家》2020年8月第8期
《牵挂》	诗歌	鲍文贤	《青年文学家》2020年8月第8期
《蛰伏的岁月初心不改》	诗歌	鲍文贤	《青年文学家》2020年8月第8期
《感恩》	摄影	傅金可	《人民日报》2020年2月26日公益版整版
《感谢有你》	摄影	傅金可	《人民摄影》2020年2月26日头版
《一定要平安回来》	摄影	傅金可	《浙江画报》2020年3月
《感恩》	摄影	傅金可	《浙江画报》2020年4月封面

2020年柯桥区在省级及以上展出艺术作品情况

表30

作品	类别	作者	发表情况
《最美鞠躬》	摄影	傅金可	2020年9月，入选全国“最美的光”第五届全国医务人员摄影大展
《古镇工匠》	摄影	成金元	2020年9月，入选浙江省第十八届摄影艺术展纪实类
《窗口》	摄影	成金元	2020年10月，入选第22届全国艺术摄影赛，获优秀奖
行书	书法	陈希霜	2020年8月，入展浙江省书法家协会主办的浙江省农民书法篆刻大赛，获优秀奖提名
行书	书法	魏和麟	2020年8月，入展浙江省书法家协会主办的浙江省农民书法篆刻大赛
行书	书法	唐君龙	2020年8月，入展浙江省书法家协会主办的浙江省基层会员书法篆刻大赛
行书	书法	谭建红	2020年8月，入展浙江省书法家协会主办的浙江省公职人员书法篆刻大赛
行书	书法	王征宇	2020年8月，入展浙江省书法家协会主办的浙江省公职人员书法篆刻大赛
隶书	书法	陈伟	2020年8月，入展浙江省书法家协会主办的浙江省农民书法篆刻大赛
隶书	书法	杨旺达	2020年8月，入展浙江省书法家协会主办的浙江省基层会员书法篆刻大赛
隶书	书法	田国华	2020年8月，入展浙江省书法家协会主办的浙江省基层会员书法篆刻大赛
楷书	书法	李亲惠	2020年8月，入展浙江省书法家协会主办的浙江省基层会员书法篆刻大赛，获优秀奖
楷书	书法	裘阳	2020年8月，入展浙江省书法家协会主办的浙江省基层会员书法篆刻大赛
楷书	书法	裘阳	2020年8月，入展浙江省书法家协会主办的浙江省公职人员书法篆刻大赛
楷书	书法	李亲惠	2020年8月，入展浙江省书法家协会主办的兰亭书法节“兰亭杯”全国农民书法大赛
篆刻	书法	朱毫挥	2020年8月，入展浙江省书法家协会主办的浙江省公职人员书法篆刻大赛

续表 30

作品	类别	作者	发表情况
《江南》	油画	陈君	2020 年 8 月，入展中国美术家协会主办的第二届深圳国际水彩画双年展
《江南遗梦》	油画	陈君	2020 年 9 月，入展浙江省美术家协会主办的“乡村振兴和美奉化”浙江省美术作品展
《儿时那块地儿》	油画	陈君	2020 年 9 月，入展第三届全国人民教师水彩画展
《古镇印象 1》	油画	陈君	2020 年 9 月，入展第三届全国人民教师水彩画展
《古镇印象 2》	油画	陈君	2020 年 9 月，入展第三届全国人民教师水彩画展
《村口》	油画	陈君	2020 年 9 月，入展第三届全国人民教师水彩画展
《桥头》	油画	成志勇	2020 年 10 月，入展浙江省文化馆主办的“融合·合力”浙江省七县(区)文旅融合写生创作展
《有石榴树的老台门》	油画	成志勇	2020 年 10 月，入展浙江省文化馆主办的“融合·合力”浙江省七县(区)文旅融合写生创作展
《安昌风情》	油画	成志勇	2020 年 10 月，入展浙江省文化馆主办的“融合·合力”浙江省七县(区)文旅融合写生创作展
《ORANGE 果园》	油画	成志勇	2020 年 10 月，入展浙江省文化馆主办的“融合·合力”浙江省七县(区)文旅融合写生创作展
《宁静的小船》	油画	陈海淼	2020 年 10 月，入展浙江省文化馆主办的“融合·合力”浙江省七县(区)文旅融合写生创作展
《茶馆》	油画	陈海淼	2020 年 10 月，入展浙江省文化馆主办的“融合·合力”浙江省七县(区)文旅融合写生创作展
《安昌老街》	油画	陈海淼	2020 年 10 月，入展浙江省文化馆主办的“融合·合力”浙江省七县(区)文旅融合写生创作展
《老茶馆 2》	油画	陈海淼	2020 年 10 月，入展浙江省文化馆主办的“融合·合力”浙江省七县(区)文旅融合写生创作展
《秋意》	油画	蔡信宝	2020 年 10 月，入展浙江省文化馆主办的“融合·合力”浙江省七县(区)文旅融合写生创作展
《烟雨安昌》	油画	蔡信宝	2020 年 10 月，入展浙江省文化馆主办的“融合·合力”浙江省七县(区)文旅融合写生创作展
《水城安昌》	油画	余红	2020 年 10 月，入展浙江省文化馆主办的“融合·合力”浙江省七县(区)文旅融合写生创作展
《安昌茶馆》	油画	余红	2020 年 10 月，入展浙江省文化馆主办的“融合·合力”浙江省七县(区)文旅融合写生创作展
《安昌古庙》	油画	丁东江	2020 年 10 月，入展浙江省文化馆主办的“融合·合力”浙江省七县(区)文旅融合写生创作展
《烟雨江南》	油画	丁东江	2020 年 10 月，入展浙江省文化馆主办的“融合·合力”浙江省七县(区)文旅融合写生创作展

续表 30

作品	类别	作者	发表情况
《老台门一瞥》	油画	赵玲玲	2020 年 10 月，入展浙江省文化馆主办的“融合·合力”浙江省七县(区)文旅融合写生创作展
《胜利桥上》			
《胜利桥边》			
《斜桥廊下》			
《斜桥一角》	油画	赵海	2020 年 10 月，入展浙江省文化馆主办的“融合·合力”浙江省七县(区)文旅融合写生创作展
《快乐海滩》	油画	丁东江	2020 年 10 月，入展浙江省美术家协会主办的“大成之境”浙江省油画作品展
《和美故乡》	油画	王银飞	2020 年 10 月，入展浙江省美术家协会主办的“大成之境”浙江省油画作品展
《前线》	国画	蒋雪平	2020 年 7 月，入展由省文联、省卫健委主办的“时代答卷”浙江省抗疫文艺作品特展
《黄杜村党员张根才》			
《最美治水人黄琪》	国画	蒋雪平	2020 年 8 月，入展由浙江省委宣传部、省文联主办，浙江画院承办的两山理论提出 15 周年中国画展

书目提要

【《宋家店村志》】 属“柯桥区村志丛书”。宋家店村志编纂委员会编，主编宋智亮。浙江人民出版社出版，2020 年 4 月第一版第一次印刷。上限宋建炎三年(1129)，下限 2018 年，分村庄、村民、村级组织、农业、工商业、教育卫生、文化、风俗、人物、丛录等十章。志书全面记录宋家店村的历史沿革、村庄风貌、传统文化，展示宋家店村的特色与经济发展情况。全书 19.2 万字，定价 98 元。

【《西扆村志》】 属“柯桥区村志丛书”。西扆村民委员会编，主编李贤生。中国广播影视出版社出版，2020 年 9 月第一版第一次印刷。上限起于大禹治水传说时期，下迄 2016 年底，部分事物作必要延伸。分为村庄、村民、村政、党群团体、农业、工业、商贸服务业、教育卫生、文化、人物、丛录等 11 章，详细记录西扆村村民生活状态的新旧变化，关注村民自治、村务管理，关注人与自然环境的相互影响和变化。全书 60.9 万字，定价 280 元。

【《大桥村志》】 属“柯桥区村志丛书”，大桥村志编纂委员会编，浙江古籍出版社出版，2020 年 9 月第一版第一次印刷，为稽东镇首部村志。上限起于明正统年间大桥村胡氏始祖迁居上沩、后坞，下迄 2016 年底，部分事物进行必要延伸。分为村庄概况、村庄建设、村民、人民生活、农业、工商业、村级组织、教育、公益事业、人物、民风习俗等 11 章 41 节以及丛录。《大桥村志》行文简明，言语质朴，实事求是记叙历史发展的实情、艰苦创业的实况、现实生活的实际。特别在于复盘台门人家分布情况，详细记录 3 个自然村的 42 个台门村民居住情况；还原山村生产生活习俗；记录带领村民创业干事的共产党员事和质朴人生。全书15.5万字，定价78元。

【《柯桥年鉴(2020)》】 地方综合年鉴。中共绍兴市柯桥区委、柯桥区人民政府主办，绍兴市柯桥区地方志编纂委员会编，主编马良。方志出版社出版，2020年10月第一版第一次印刷，是该鉴创刊以来的第20卷。按事物属性和主次，分总情、经济、政治、文卫、建制镇（街道）、统计资料选刊、附录和索引8个板块，设特载、专记、大事记、农业农村经济、工业经济、社会事务、建制镇与街道等46个类目，有292个分目、1308个条目、11个小资料、351幅图照、58张表格，全面、系统、翔实反映2019年柯桥区在政治、经济、文化、社会、生态文明建设等方面取得的新进展新成就和新经验。全书86.9万字，433页，印数1100册，定价280元。（史　志）

执行编辑　陈飞燕

社会事务

计划生育

【概况】 2020年，柯桥区公立医院实现计生特殊家庭优先就医、诊疗服务。全区出生人口4542人，违法生育120人，计划生育率97.36%，自然增长率-0.08‰。全区办理生育登记5197例，办理再生育审批83例。全员人口数据库户籍人口69.3万人、流入人口63.48万人，人口信息系统准确率和完整率95%以上。向户籍地通报各类出生（怀孕）信息6862条，反馈接收53条。有12910人享受奖励扶助金，1027人享受特别扶助金，829人享受关爱金，69人享受计划生育公益金。完成免费婚检7590人，婚检率93.50%。完成免费孕前优生检查3635对。落实免费增补叶酸预防神经管缺陷项目，累计发放叶酸3557人份。完成产前筛查6550人，筛查率107.08%。新增1个企业流动人口计生协示范点，确定柯桥区妇幼保健院为8类基本避孕手术定点医疗单位。柯桥区被国家卫健委评为2018—2020年全国计划生育优质服务先进单位。柯桥区创新探索医疗机构计生协服务模式获省计生协十佳改革创新案例入围奖。"优生优育进万家"赠险活动获中国计生协优秀组织奖。柯桥区被国家药具中心评为2020年度避孕药具不良反应先进监测点。

【区计划生育协会机关成立】 2020年9月30日，中共绍兴市柯桥区委机构编制委员会印发《绍兴市柯桥区计划生育协会机关职能配置、内设机构和人员编制规定》，明确绍兴市柯桥区计划生育协会（以下简称区计生协会）是区委领导的全区性群团组织，是党和政府联系广大育龄群众和计划生育家庭的桥梁纽带。协助政府贯彻落实国家和省、市、区有关计划生育及家庭发展的法律、法规和政策。组织开展计划生育宣传教育、生殖健康咨询服务、优生优育指导、计划生育家庭帮扶、权益维护和流动人口服务相关工作。推进生育关怀行动。（郭柏宏）

【避孕套发放15515人次】 2020年，柯桥区新增自助避孕药具发放机10台，4家区级医院避孕自助发放机全覆盖。全区有121台自助机，发放避孕套15515人次，推广应用浙江省免费避孕药具发放服务信息系统。

【设立首个暖心家园】 2020年7月，柯桥区计生协认定柯桥街道暖心家园为首家区级暖心家园。家园位于柯桥街道居家养老中心颐养园，为失独人员提供交流、活动的固定场所，由计生协会员、心理咨询师、医生、律师、教师、社会爱心人士组建暖心服务志愿者队伍，为城区49户计生特殊家庭80人（其中失独人员23户40人）开展服务。（朱敏芝）

民政工作

【概况】 2020年，柯桥区新增注册登记社会组织21家，变更登记48家，注销22家，全区有注册登记社会组织840家，备案管理社会组织3338家。全区福利彩票总销量1.81亿元，其中电脑彩票16716万元、即开彩票1400万元，筹集区级公益金785万元。坚持建管并举，完成417家社会组织年检工作。开展向困难群众送温暖慰问活动，发放慰问金692.76万元，受惠群众8021人次。全年发放低保金3930.79万元，发放临时救助金85.55万元。发放各类助学金 252.83 万元，救助学生 871 人次。办理结婚登记 4430 对、离婚登记 1241 对，补办登记 1696 对，登记合格率 100%。新建柯桥、柯岩、华舍、马鞍、稽东、王坛镇 6 家镇（街道）社会工作站，新增王坛镇舜越、沙地、娘舅和马鞍街道曦阳社会工作服务机构 4 家。新增社会工作专业岗位数 64 个。平红娟、朱栋芳、赵巍巍等 3 人获绍兴市第三届城市社区工作“十佳”领军人才称号。“助力残疾儿童，圆行走梦”“用心用情情暖老兵 共同参与社区建设”2 个案例入选绍兴市十佳社会工作案例。（陶红洪 杨 嵘 许敏智 刘 婷 鲁海江 陶青峰）

【建立全天候救助工作机制】 2020 年，柯桥区向区内流浪乞讨人员提供临时性救助，发布滞留受助人员寻亲公告，查清患有精神障碍且身份不明流浪者身份信息，全年累计救助 123 人次，通过护送离站、联系亲属接回方式妥善安置 21 人。（陈 斌）

【社会组织培育】 2020 年，柯桥区培育社会组织 32 家，创建社区社会组织党群服务中心市级示范点 2 家，管理社会组织党支部 1 家，选派 18 名联络员下基层指导党建工作，补助社会组织 140 家 14.2 万元，实施公益创投项目 46 项 84 万元，支持社会组织开展社会服务 200 余场，参与志愿者 980 余人次，直接服务 1 万人次。（徐红霞）

【低保及边缘对象管理】 2020 年，柯桥区开展低保对象核查清理工作，规范低保审批流程，新增低保对象须经镇（街道）初审、业务科室审核、分管负责人审批 3 道程序，所有低保对象进行网上公示，接受社会监督。至年底，新增低保对象 275 户 418 人，注销 288 户 518 人；新增低保边缘对象 70 户 232 人，注销 390 户 1106 人；累计低保对象 3269 户 4584 人，低保边缘对象 709 户 1863 人。（许敏智）

【村（社区）组织换届选举】 2020 年，柯桥区在安昌街道先行试点的基础上完成 336 个村（社区）组织换届选举工作，实现党组织书记、村（居）委会主任、经济合作社主任“一肩挑”。全区有选民 50.8 万人，选民平均参选率 96.04%。选举产生 1126 名村（居）委会成员，其中主任 336 人、副主任 300 人、委员 490 人。新当选主任 116 人，占主任数的 34.5%；村（居）委会妇女成员 443 人，占委员总数的 39.3%。推选产生村民代表 16512 人，其中女性 6361 人，占村民代表总数的 38.5%。

2020 年 8 月 22 日，柯桥区安昌街道国际社区居民委员会正式选举现场（区民政局 供稿）

2020 年 10 月 30 日，柯桥区民政局党总书记喻光耀（左一）在区社会组织孵化基地给青年社工和志愿者们宣讲党性知识，分享慈善故事（区社会组织服务中心 供稿）

【殡葬管理】 2020 年，柯桥区治理裸露坟墓 185 穴，治理率 92%。根据新冠肺炎疫情联防联控需要，清明期间各公墓停止集中祭扫，采用网上祭扫和预约祭扫，开展“万枝鲜花寄情思”绿色文明祭扫公益活动。发放殡葬基本补助及生态葬奖励资金 599 万余元，其中惠民补助 555 万元、生态葬奖励 44 万元。全区死亡 4323 人，全部实行火化。（田刚强）

【地名信息管理】 2020 年，柯桥区提升地名信息管理水平，在省区划地名综合平台录入 2020 年新增地名数据 62 个，补充 2015—2019 年存量地名数据 285 个。有 44 个词条收入浙江省标准地名词典。清理不规范地名 5 个，规范化命名住宅、建筑物 40 个，优化路名 42 个。安装门(楼)牌 3044 块，更换道路门牌 808 块，核发门牌证 284 本。

【五星和美社区创建】 2020 年，柯桥区开展第二轮五星和美社区创建工作，申报美家园社区 4 个、五星达标社区 24 个，发放五星和美奖补资金 2520 万元，建设社区居民会客厅 20 家，有两个和美家园社区、20 个五星达标社区通过市级考核验收。

【国家社会工作职业水平测试通过 258 人】 2020 年，柯桥区有 1173 人参加全国社会工作职业水平考试，258 人通过考试，其中初级 157 人、中级 101 人。（鲁海江）

·小资料·　全国社会工作职业水平考试

是对社会福利、社会救助、社会慈善、残障康复、优抚安置、卫生服务、青少年服务、司法矫治等社会服务机构中从事社会服务的专业技术人员实行职业水平评价的制度，纳入全国专业技术人员职业资格证书制度统一规划。

退役军人事务

【概况】 2020 年，春节、建军节、清明节、烈士纪念日期间，柯桥区向驻地部队发放慰问金及物品 92 万元，开展拥军优属活动，重点慰问优抚对象、最美退役军人、现役军人家属、企业军转干部、困难退役军人、退役军人老党员、其他退役军人、在乡复员军人遗孀等，发放慰问金及物品 1024 万元。受理以政府安排工作方式退出现役士兵申请，实际养老保险补缴人员 1323 人。成立区关爱退役军人协会，组织 45 家退役军人为主要负责人企业参加全市首届创业创新大赛，16 家企业入围，5 家企业获奖。抗击新冠肺炎疫情期间，退役军人捐款 82 万元、捐赠口罩等防护物品 16 万个，成立应急队、志愿队 97 支，排查检测道路小区卡口 1.82 万人次、18 万辆车次。受理退役军人来电、来信、来访 530 余人次，书面出具信访事项处理意见书 37 份，办理网络平台信访件 97 件。退役军人事务部党组书记、部长孙绍骋考察全国退役军人事务系统学习推广新时代“枫桥经验”现场推进会参观点(柯岩街道退役军人服务站、叶家堰居退役军人服务站)。柯桥区作为绍兴地区共同创建单位，获全国双拥模范城称号。

【退役军人安置】 2020 年，柯桥区帮扶符合政策退役军人就职公益性岗位，安置营职以下军转干部和政府安排工作退役士兵，有多名退役军人参加复学复读和高职扩招，多名退役军人参加函授学历教育，多名退役军人参加全市职业技能培训。

【退役军人招聘会举办 4 场】 2020 年，柯桥区举办 4 场退役军人招聘会，多名退役士兵参与招聘，120 余人现场签订意向合同，30 余人签订就业合同。

【第二届最美退役军人座谈会】 2020 年 7 月 31 日，柯桥区举行第二届最美退役军人座谈会，区委书记沈志江，区委副书记、政法委书记诸剑明，副区长吴晓炯，区人武部政委卢江出席会议。会议表彰区第二届“最美退役军人”10 人、“优秀退役军人”10 人，

2020 年 7 月 31 日，柯桥区在行政中心举行第二届最美退役军人座谈会
（区退役军人事务局　供稿）

邀请退役军人代表苏华娟、钱勇征、董国根发言。(孙依敏)

劳动保障

【概况】 2020年,柯桥区完成年度“无欠薪”平安考核指标,劳动纠纷化解成功率92.85%。全部在建工程信息录入浙江省企业工资支付监管平台,通过平台发薪34142人,金额2.32亿元。受理劳动争议仲裁案件1114件,办结案件1203件(包括上年遗留),结案率96.5%,调解成功率80.4%,案件累计涉及劳动者1580人。受理工伤认定案件2858件,办结案件2714件,结案率94.96%,调解成功6件,案件累计涉及劳动者3000余人。浙江数字人社工作台收案464件,其中省系统立案处理386件,快速调处61件,涉及613人,涉及金额1821.57万元。行政处罚案件17起,处罚金额20.89万元。

【工资速裁结案率百分百】 2020年,柯桥区列入全省扩大速裁机制试点区,建立工资速裁机制,规范立案审批,加强监察仲裁衔接,累计处理案件52件,涉案标的207.78万元,速裁结案率100%,调解率98.08%,平均办案周期缩短至2.7天。

【“六项制度”联合检查】 2020年5月26日至6月10日,柯桥区对施工许可证在建工程项目“六项制度”(即工资支付保证金制度、用工实名制管理制度、人工费用与其他工程款分账管理制度、委托总包代发工资制度、按月足额支付工资制度、施工现场维权信息公开制度)落实情况开展联合检查,抽查在建工程20家,发现问题单位均完成整改。

【人力资源市场专项整顿行动】 2020年5月7日至6月7日,柯桥区开展人力资源市场专项整顿行动,通过应用行政执法监管平台、“浙政钉掌上执法”系统,采取“双随机”执法模式,分组检查人力资源服务机构10家、职业中介8家、用人单位94家,未发现违法行为。

【企业劳动保障书面材料审查和诚信等级评定】 2020年,柯桥区开展劳动保障书面材料审查和诚信等级评定,其中书面审查经由浙江省劳动保障监察公共服务平台申报,属地镇(街道)审核。全区7700家企业完成书面材料审查,评定省级诚信示范企业64家、市级诚信示范企业154家、失信企业1家。(朱建琴)

社会保障

【概况】 2020年,柯桥区户籍基本养老保险参保人数55万余人,参保率99.01%。调整2020年城乡居民养老保险参保人员基础养老金,调资涉及困难人员6706人,补发58.34万元。柯桥区自2004年起第17次调高企业职工基本养老保险基本养老金,涉及人员152447人,增发1.27亿元。调整后,人均养老金2194.79元(不含社区补贴),人均增资119.38元。将年满60周岁、未领取国家规定基本养老保险待遇的柯桥籍低保对象、特困人员纳入城乡居民基本养老保险制度。向15万名享受企业职工基本养老保险待遇的退休人员发放春节慰问费7607.4万元、社区化管理节日慰问费761万元,向6万名享受城乡居民基本养老保险待遇的退休人员发放春节一次性补贴3127.2万元。完成2020年前退休人员重阳节补贴发放,涉及152035人,累计金额6081.4万元。

【社保费用减免17.72亿元】 2020年,柯桥区减免各类社保费用17.72亿元,其中企业养老保险16.72亿元、失业保险0.58亿元、工伤保险0.42亿元;涉及减免企业3.81万户,其中大型企业514户、中小微型企业3.76万户。

【被征地农民参保新政落地】 2020年,柯桥区比对15.5万余名被征地参保人员数据,摸排涉及新政改革人员5120人,完成现场确认签字285人,确认完成率100%。

【社保专项稽核整治】 2020年,柯桥区开展社保专项稽核整治,追缴违规发放职工养老费用64.8万元、被征地养老费用8.2万元、城乡居民养老费用3.3万元、机关养老费用1.9万元、老年居民费用1万、工伤费用5.5万元。(相圣洁)

医疗保障

【概况】 2020年,柯桥区基本医保参保人数83.62万人,户籍人员参保率99.93%,其中职工医保参保人数45.71万人、城乡居民医疗保险参保人数37.91万人，基本实现全民医保。职工医保基金总收入19.98亿元，基金总支出13.39亿元；城乡居民医疗基金总收入5.16亿元，城乡居民医疗保险基金总支出4.48亿元；基本医保基金累计结余44.31亿元，职工医保基金支付能力40个月，医保基金实现稳定可持续运行。简化医疗救助对象办理医保报销手续，实现医疗救助一站式结算约20.13万人次，结算金额2165.82万元。推进住院医疗服务按DRGs点数法付费，DRGs点数法付费覆盖全区所有具有住院医疗服务的定点医疗机构，职工医保和城乡居民医保统筹基金合计决算总额12.72亿元，全区医保基金支出增幅未超过10%。医保扶贫“三年行动”（2018—2020）累计为贫困人口减负超1亿元。

·小资料· DRGs点数法付费

按照疾病种类、严重程度、治疗手段等因素，把疾病分为若干组，根据历史数据设定每组的点数，医院每收治一个病人就能得到相应点数，每个点数的价值是根据医保基金年度支出总额除以本统筹区所有医院的总点数得出的，年底医保部门根据各家医院得到的总点数乘以点值，计算得出每个医院实际应得费用。

【医保电子凭证推广】 2020年，柯桥区推广应用医保电子凭证，参保人通过“浙里办”App、支付宝“市民中心”、微信支付“城市服务”等认证授权渠道，可以申领激活医保电子凭证，实现全区定点医药机构应用全覆盖。

·小资料· 医保电子凭证

俗称“电子医保卡”，是参保人办理医保线上业务身份凭证，由国家医保信息平台统一生成，通过实名和实人认证，数据加密传输，二维码动态展示，适用于医保各项业务。与传统模式相比，医保电子凭证参保人可以通过国家医保服务平台App及其他医保电子凭证第三方渠道快速申领、激活本人医保电子凭证。参保用户可以使用医保电子凭证就医结算、医保查询、参保登记、报销支付，为就医提供更多便利。

【长三角异地就医定点机构开通25个】 2020年，柯桥区开设医保事项线上申请办理窗口，实现业务办理“零次跑”，依托长三角异地就医门诊实时结算系统、省异地就医数据交换中心等平台，做好数据交换、异地就医费用对账，25家定点医疗机构全部开通跨省异地就医直接刷卡报销，与上海、江苏、安徽等“三省一市”医保业务实现互通。

【医保定点零售药店远程监控智能可视化平台上线】 2020年，柯桥区上线医保定点零售药店远程监控智能可视化平台，实时监控206家医保定点零售药店，通过平台端口采集药品“进销存”数据，自动分析药品销售数据，实行动态监管，加强信用评价。

【医保业务“一窗通办”】 2020年，柯桥区整合医保业务，从多窗口分区受理改为一窗通办无差别受理，缩减群众办事等待时间，平均办件耗时缩短25%。将医保事项办理权限下放至各镇（街道）和村（社区），在全区范围内联通医保经办服务网，实现医保事项简单业务不出村、高频业务不出镇。

【防疫医疗保障】 2020年，柯桥区对新型冠状病毒感染确诊、疑似患者先救治后结算，在基本医保、大病保险、医疗救助等按规定支付后，个人负担部分由财政全额补助；临时提高预付周转金额度，减轻医疗机构救治感染肺炎患者资金压力，督促定点药店对购买退烧止咳药人员进行体温测量及信息登记。

【医疗服务价格改革】 2020年，柯桥区开展医疗服务价格改革，针对2019年调价的1410项医疗服务项目价格进行考核，开展基层医疗服务价格改革调研，摸底全区医疗服务项目价格，调整部分医疗服务项目价格。

【药械集中采购监管】 2020年，柯桥区集中采购药械，督促医疗机构优先选用中选药品，及时结清药品采购货款。出台公立医疗机构药品耗材采购监督考核办法，监督公立医院药品100%通过省药械采购平台采购，鼓励约200家定点民营医药机构自愿进平台采购。

【享受医疗补助困难对象7428人】 2020年，柯桥区贯彻中央精准扶贫战略，开展医疗救助春风行动（低收入农户重大疾病医疗救助工作），确保符合条件困难群众资助参保率和医疗救助政策落实率100%。有7428名（不包括精简孤儿、残疾对象）困难对象享受城乡居民医保个人缴费部分费用全额补助，补助金额 360.26 万元。

【定点医药机构检查】 2020 年，柯桥区开展定点医疗机构自查自纠专项行动，涉及医保基金 416 万元。检查定点医药机构 225 家，检查率 100%，其中解除医保服务协议 2 家、自动解除医保服务协议 1 家、暂停医保服务协议 2 家、协议计分 28 家，追回违规医保费用 30.3 万元；打击欺诈骗保，作出行政处罚 4 件，涉及罚款 3.18 万元。（沈　龙）

民族工作

【概况】 2020 年，柯桥区有纳西族、土家族、壮族、维吾尔族、回族等48个少数民族，常住少数民族人口 5.8 万人，其中柯桥户籍 7397 人。柯桥区被国家民委办公厅授予第四批全国少数民族流动人口服务管理示范城市称号，柯桥区少数民族服务管理中心被浙江省人民政府授予浙江省民族团结进步模范集体称号，西藏民族中学教师傅海英被授予浙江省民族团结进步模范个人称号。柯桥街道办事处、福全街道福全山村入选浙江省民族团结进步重点培育单位。福全街道福全山村成立“和大姐工作室”，开展纳西族特色民俗文化活动。区少数民族联谊会宣传新冠肺炎疫情防控知识，向区红十字会捐款 0.9 万元。

【省民宗委领导到柯桥调研】 2020 年 8 月 25 日，浙江省人大常委会委员、民宗侨外主任委员郭剑彪一行到柯桥区调研。调研组走访西藏民族中学、柯桥街道柯亭社区，探讨交流柯桥区民族团结进步创建工作。

【第三期国家通用语言培训】 2020 年 6 月 28 日，柯桥区第三期国家通用语言培训开班。培训班为期半年，设 2 个班(1 个基础班，1 个提升班)，培训 100 余人，培训内容包含法律法规和爱国主义教育。（凌　玲）

宗教工作

【概况】 2020 年，柯桥区有佛教、道教、伊斯兰教、天主教、基督教五大宗教。登记在册宗教活动场所 84 处，其中佛教场所 59 处、道教场所 1 处、基督教场所 23 处、天主教场所 1 处。纳入登记编号管理民间信仰场所 225 处，其中甲类 55 处、乙类 170 处。经批准许可穆斯林礼拜点 5 处，其中国内穆斯林礼拜点 1 处、国外穆斯林礼拜点 4 处。经认定且通过备案的宗教教职人员 170 人，其中佛教 138 人、道教 2 人、基督教 24 人、伊斯兰教 6 人。加强宗教场所普法宣传，新增省级宗教法治宣传教育基地 1 处，向各宗教场所赠送法律书籍 200 余册，组织普法宣讲 3 场次，发放普法宣传资料 1000 余份，利用微信公众号推送普法宣传 60 余期。对柯桥城区周边宗教场所开展联合专项检查，加大“扫黄打非”力度，净化宗教场所环境。新冠肺炎疫情防控期间，区佛教协会和区基督教两会向各宗教场所发出倡议书，募集善款 134.08 万元，其中佛教界 78.58 万元、基督教界 55.09 万元、伊斯兰教界 0.41 万元，捐赠隔离室用床 20 张及被褥床垫等配套物品。开展宗教活动场所、临时活动点和民间信仰活动场所安全综合治理。柯桥区委统战部(民宗局)与各宗教团体，各宗教团体与各场所分别签订宗教工作责任书，明确属地联系领导、网格员和镇村干部联系驻点场所管理，通过场所自查、属地督查、民宗抽查等方式，排查各场所安全隐患。

【宗教和民间信仰场所疫情防控】 2020 年 1 月 23 日起，因防控新冠肺炎疫情需要，柯桥区宗教和民间信仰场所执行双暂停政策(停止活动、关闭场所)。6 月 2 日，在评估宗教活动场所风险后，有序恢复开放符合疫情防控条件的宗教活动场所，确保评估合格 1 处开放 1 处。

【象马寺佛教活动固定处所获批】 2020 年 3 月 30 日，柯桥区王坛镇腾豪村象马寺经绍兴市民族宗教事务局许可同意，筹备设立为佛教活动固定处所。象马寺东北靠象鼻山，南临狮子山，寺庙重修于民国时期，有大雄宝殿、山门、厢房及斋堂等房舍 13 间，总占地 10581 平方米。

【民间信仰场所提质控量工程】 2020 年，柯桥区摸排全区民间信仰场所，督促各场所加强组织和人员管理，完善会计财务、档案、治安、消防安全、卫生防疫、环保、文物保护等管理制度，消减场所 10 处。明确乡镇(街道)属地管理责任，要求各镇(街道)至少打造 1 处健康向上、体现乡村新貌的民间信仰活动示范场所，重点培育稽东镇永兴庙、王坛镇隘将庙等2处民间信仰示范场所。

【宗教场所第三方托管巡查】 2020年7月1日，柯桥区根据市级部署，委托第三方巡查辖区内宗教场所消防、建筑、地质、食品安全，汇总问题，督促整改，形成闭环处理。全年，巡查宗教场所84处、民间信仰场所67处，发现涉及消防安全、食品卫生隐患423处。

【宗教法治专题培训】 2020年8月21日，柯桥区举办宗教法治专题培训，各镇（街道）统战干事、各宗教团体及宗教场所负责人110余人参加。培训班上浙江越光律师事务所律师周曹明讲授《民法典》，柯桥区反邪教协会副秘书长王舒萍讲授反邪教培训课程，区民宗局副局长蒋勇解读《宗教团体管理办法》。

【首期无尘讲坛举行】 2020年10月25日，平阳书院揭牌暨首期无尘讲坛活动在平阳寺举行，柯桥区委统战部、兰亭文化旅游度假区、区文广旅游局、区文联、区图书馆、平水镇人民政府相关负责人，专家学者、新闻媒体和信教群众近百人参加活动。仪式上，中国社科院学部委员、著名文化学者魏道儒教授主讲《新时代之传统国学文化》。

2020年10月25日，平阳书院揭牌暨首期无尘讲坛活动在平阳寺举行　（区委统战部　供稿）

【“我爱祖国·五教同行”教育实践活动】 2020年10月27日，柯桥区组织宗教界代表40余人赴嘉兴南湖，开展“我爱祖国·五教同行”主题教育实践活动，代表参观南湖革命纪念馆、南湖红船，了解党的发展历史，增强革命史观。

2020年10月27日，柯桥区组织宗教界代表40余人赴嘉兴南湖，开展“我爱祖国·五教同行”主题教育实践活动　（徐　敏　摄）

【佛教中国化方向研学活动】 2020年12月17—18日，柯桥区组织区佛教协会理事及中青年骨干人员30余人赴浙江佛学院开展佛教中国化方向研学暨第八届汉传佛教讲经交流活动。活动围绕习近平总书记关于“坚持我国宗教中国化方向”重要论述，总结全区佛教界践行中国化方向的路径，提升教职人员整体素质。区委统战部副部长、民宗局局长陆建祥出席并讲话。（徐　敏）

流动人口管理

【概况】 2020年，柯桥区流动人口626191人，比上年减少26982人，降幅4.13%。排查居住出租房屋消防安全隐患，实施出租房屋“纺城有家”旅馆式管理，加强网约房管理，全区流动人口登记率99.1%，信息准确率97.5%，出租房屋登记率100%，同户人员关系采集率100%，流动人口管理服务工作继续列全市第一。

【居住出租房屋消防安全隐患排查】 2020年，柯桥区开展居住出租房屋消防安全隐患排查，排查居住出租房屋211778间，对存在消防安全隐患的出租房屋及企业员工宿舍，由各派出所报送所属镇（街道）牵头整治。

【网约房管理】 2020年，柯桥区加强网约房管理工作，排查网约房信息和入住人员登记，推广越警管家安心码，对入住人员进行实名认证，完成安心宿与浙江省网络预约居住信息平台对接工作。

2020年年底柯桥区各镇街流动人口总数

表31　　单位：人

序号	单位名称	总数
1	马鞍街道	136692
2	柯桥街道	95654
3	钱清街道	74525
4	华舍街道	68610
5	柯岩街道	53295
6	齐贤街道	48839
7	安昌街道	45296
8	杨汛桥街道	36449
9	福全街道	18260
10	湖塘街道	15925
11	兰亭街道	10600
12	漓渚镇	7517
13	平水镇	6881
14	夏履镇	5856
15	轻纺城建管委	1500
16	稽东镇	174
17	王坛镇	118
总计		626191

2020年年底柯桥区流动人口流出地人数1万人以上的市

表32 单位:人

序号	单位名称	总数
1	安徽省阜阳市	51862
2	贵州省六盘水市	20202
3	浙江省温州市	17540
4	贵州省毕节市	17256
5	重庆市县	17042
6	河南省信阳市	17017
7	重庆市市辖区	16541
8	浙江省杭州市	15649
9	四川省宜宾市	14839
10	江西省上饶市	14254
11	四川省绵阳市	12939
12	河南省驻马店市	11437
13	安徽省亳州市	11147
14	河南省周口市	10718
15	浙江省绍兴市	10522
16	河南省平顶山市	10255
总计		269220

2020年年底柯桥区流动人口流出地人数5000人以上的县(市、区)

表33 单位:人

序号	单位名称	总数
1	安徽省临泉县	23305
2	安徽省阜南县	14960
3	贵州省盘州市	12389
4	浙江省乐清市	12055

续表 33

序号	单位名称	总数
5	四川省筠连县	9876
6	重庆市忠县	8545
7	河南省泌阳县	7084
8	河南省固始县	7042
9	浙江省杭州市萧山区	6865
10	安徽省蒙城县	5946
11	重庆市涪陵区	5646
12	河南省汝州市	5361
13	湖北省天门市	5051
14	贵州省大方县	5042
15	浙江省嵊州市	5032
总计		134199

2020 年年底柯桥区流动人口就业情况

表 34 单位 :人

单位名称	合计	农林牧渔生产	生产制造加工	工程施工	运输服务	装饰装修	餐饮服务	休闲娱乐服务	家政服务	保安物管	维修服务	废旧物品收购	其他商业服务	其他职业
总计	626191	1391	282932	45026	15040	5117	15684	6993	1550	2846	3038	2966	37647	205961

说明:1. 统计数据包括儿童。

2. 儿童的从事职业归入“其他”。

2020年年底柯桥区流动人口居住结构

表35 单位:人

单位名称	合计	旅店	医院	学校	培训机构	单位内部	集中公寓	居民家中	自购房	租赁房屋	工地现场	水上船舶	其他
总计	626191	49	16	7143	32	117190	7501	5458	58676	411446	17577	10	1093

说明:统计数据包括儿童。

2020年年底柯桥区流动人口居住时间情况

表36 单位:人

单位名称	合计	半年以下	半年至一年	一年至五年	五年以上
总计	626191	132013	142162	251281	100735

说明:统计数据包括儿童。

2020年年底柯桥区流动人口文化结构

表37 单位:人

单位名称	合计	博士	研究生	本科	专科	中专	技工	高中	初中	小学	其他
总计	626191	92	785	19845	21152	14200	1098	55052	354562	113540	45865

说明:统计数据包括儿童。

（包建忠 徐 金）

慈善事业

【概况】 2020年,柯桥区慈善总会募集善款7361.90万元,其中“慈善一日捐”捐款290.06万元,接收社会各界捐赠7071.84万元,发放各类救助款5869.24万元,惠及困难群众265225人次。助困支出902.04万元,救助149398人次;助医支出2604.79万元,救助36296人次;助学支出206.63万元,救助871人次;助老支出34万元,救助862人次;助孤支出6.80万元,救助34人次;其他公益事业支出2114.98万元(其中救助77764人次)。新冠肺炎疫情发生后,区慈善总会第一时间发出募捐倡议,接收疫情防控专项捐款4839.27万元,收到物资135.56万件,善款及物资拨付率100%。区慈善总会参与疫情防控工作做法入选全省“战疫典型”优秀案例。区慈善总会被评为浙江省品牌社会组织,柯桥分会、华舍街道蜀阜村分别被评为全省第一批示范慈善分会、示范慈善工作站。

【省慈善系统首个3000万元规模重大疫情防控专项基金成立】 2020年,柯桥区成立浙江省慈善系统首个3000万元规模重大疫情防控专项基金，由元垄集团、天圣集团、华天实业3家企业分别捐赠1000万元联合发起成立，设立突发公共卫生事件应急资金池，持续用于新冠肺炎等重大疫情防控及后续工作。

【“益梦·书舍”爱心基金成立】 2020年，柯桥区成立全市首个2000万元“益梦·书舍”爱心基金，支持柯桥山区乡村爱心书舍建设。基金由天圣集团、宝业集团、瑞丰银行三家爱心企业率先共同认捐1400万元组成。9月27日，首个基金捐助项目稽东镇榧香书舍落成开放。

2020年9月27日，榧香书舍落成开放仪式在稽东镇举行
（区慈善总会　供稿）

【“好人基金”成立】 2020年9月3日，柯桥区在区文化馆音乐剧场举行“好人基金”成立仪式。基金规模为200万元，用于身边好人、道德模范、最美志愿者慰问帮扶。

2020年9月3日，柯桥区“好人基金”成立仪式在区文化馆音乐剧场举行
（区慈善总会　供稿）

【第七届“西湖论善”在柯桥举行】 2020年11月5—6日，第七届“西湖论善”在柯桥区东方山水金沙酒店举行。此论坛主题是社会治理现代化与慈善发展新格局，包括总论坛、成果发布、圆桌对话、主题分享、主题对话、现场考察等环节，围绕慈善创新趋势、慈善指数研究、公益慈善新境界与社会治理新探索、互联网筹款、重大公共事件应集中慈善组织的能力建设、企业的社会责任与担当、慈善文化与文化自信、慈善文化研究与教育社会治理等话题。会上发布《2019年浙江城市慈善发展指数报告》，柯桥区位列全省县（市、区）级第4位，并作典型经验交流。
（刘　婷　沈伊娴）

养老工作

【概况】 2020年，柯桥区户籍总人口69.32万人。其中，60周岁及以上老年人口17.37万人，占总人口的25.06%，比上年上升0.44个百分点；65周岁及以上老年人口12.47万人，占总人口的17.99%；80周岁及以上高龄老人2.34万人，占总人口的3.38%；百岁老人50人。全区有养老机构14家、镇（街道）级居家养老中心20家、城乡社区居家养老服务照料中心269家，均纳入政策性养老机构综合责任保险范围，参保率100%。发放百岁老人长寿保健金15.36万元，慰问金18.6万元。鼓励民间资本改造企业厂房、商业设施等用于养老服务，鼓励兴办规模化、连锁化养老机构，投入1800万元，完成养老机构绍兴柯桥贤升颐养园（租用建筑1.2万平方米）备案。依托老年大学、养老机构、居家养老（服务照料）中心，建立344个老年电视大学教学点，基本实现老年电大教学点村村普及。绍兴第二医院被评为国家级敬老文明号，柯桥街道颐养园被评为省级敬老文明号，周永利被评为国家级敬老爱老助老模范人物。

2020 年 8 月 21 日，柯桥区举行养老机构消防安全、食品安全培训（区养老服务指导中心　供稿）

【居家养老上门服务 3.76 万人次】 2020 年，柯桥区推进智慧养老一键通项目建设，加强项目平台监管考核，实现城乡社区居家养老服务照料中心监控全覆盖。全年上门服务 3.76 万人次，总服务时间约 9 万小时，涉及老年人 2100 余人，为 836 名老年人发放养老服务补贴 73.78 万元。

【镇（街道）居家养老服务机构全覆盖】 2020 年，柯桥区按照 20 分钟居家养老服务圈理念，新建（改建）“十个有”居家养老服务照料中心 59 家，新建（改建）镇（街道）居家养老中心 4 家。至年底，全区建有镇（街道）级居家养老中心 20 家、社区级照料中心 269 家，实现全覆盖。开展居家养老服务机构星级评定，其中镇（街道）级居家养老中心评定五星级 6 家、四星级 2 家，发放运营补助 212 万元；城乡社区居家养老服务照料中心共评定出三星级 39 家、二星级 22 家、一星级 175 家，发放运营补助 908 万元。

·小资料· “十个有”居家养老服务照料中心

是指有视听娱乐、医疗康复、培训活动（多功能）、阅览书画、社工志愿（心理疏导）、日托休息、管理办公、助餐、助浴、助洁（洗）等十项功能空间的服务照料中心。中心总面积不少于 150 平方米，可以单独建设，也可按多合一模式与党群服务中心、文化礼堂等整合使用，资源共享。

【养老护理员职业技能竞赛】 2020 年 7 月 2 日，柯桥区养老护理员职业技能竞赛（金梭奖）在区颐乐园举行，15 个单位 31 名选手参加。竞赛评选一等奖 2 人、二等奖 3 人、三等奖 4 人。一等奖获得者杨旭文、徐安琪，分获金梭奖和银梭奖。

2020 年 7 月 2 日，柯桥区养老护理员职业技能竞赛（金梭奖）在区颐乐园举行（区养老服务指导中心　供稿）

【居家适老化改造计划】 2020 年，柯桥区针对部分老年人居家生活困难情况，围绕 20 条居家适老化改造需求，制订 52 项具体改造计划，为 81 户居家生活困难老人提供养老服务，超额完成省政府下达任务，2 次获浙江省副省长王文序批示肯定。

2020 年 12 月 20 日，华舍街道坂湖社区居家养老服务照料中心（区养老服务指导中心　供稿）

【养老机构疫情防控】 2020年1月23日至3月24日，柯桥区14家养老机构实施全封闭运行，出台加强养老服务机构新冠肺炎疫情防控措施，设置区福利中心托老部一(单独对外)为全区养老统一隔离场所，组建应急队伍，开展新冠疫苗接种和定期核酸检测工作。

【一证一卡集中办理】 2020年，柯桥区集中办理浙江省老年人优待证及老年公交IC卡，出台文件明确办理对象，规范办理流程，强调办理时间，全年办理老年优待证13873张，老年公交IC卡16081张，下发至各镇(街道)，办理制作出错率控制在千分之一以内。

【最美抗疫老人评选44人】 2020年7月，柯桥区开展最美抗疫老人评选活动，表彰新冠肺炎疫情期间，参与测温、流调、设卡、筹集抗疫物资的老年人。活动评选出44名人，授予柯桥区最美抗疫老人称号。

【医养结合服务老年人】 2020年，柯桥区16家镇(街道)医共体分院与14家养老机构、289家居家养老(服务照料)中心签订医养结合协议，建立社区卫生服务中心、养老机构(居家养老服务中心)、社区(村、居委会)、家庭四级联动机制，65周岁以上老人与社区医生签订家庭签约服务比例为88.40%。二级以上综合医院均建立老年医学科，基层医疗机构老年护理床位数保持在总床位的25%以上。绍兴市中心医院医共体钱清分院完成省级基层医疗卫生机构提升医养结合服务能力项目点建设，老年诊疗区、老年康复病区、安宁疗护病区投入使用。

【敬老月系列活动】 2020年10月，柯桥区举办“庆重阳不忘初心·颂小康共话发展”“潮领马鞍·大爱重阳”等敬老专场，开展老年人防骗反诈宣传，组织慰问活动5.8万人次，发放慰问金及实物约480万元，提供志愿服务189次，开展“智慧助老”行动79次，开展医疗咨询义诊90次；举办文体活动33次，提供法律咨询援助45次，开展老龄化国情宣讲86次，表彰敬老先进单位和个人82次，悬挂敬老标语条幅158幅，设立敬老宣传牌133块。(王方亮 叶 江)

关心下一代工作

【概况】 2020年，柯桥区关心下一代工作委员(以下简称区关工委)面向全区中小学生开展爱国主义、法治宣传等主题教育活动144场次，出版纪念区关工委成立30周年画册《三十而“励”》《学习文摘》，开办81所暑期假日爱心学校，资助7名孤儿、贫困等困难学生上大学。柯北第一小学“红色网上游”德育基地被评为浙江省关心下一代教育基地，齐贤龙山星火党团队红色基地被评为绍兴市首批关心下一代教育基地。原区关工委主任李会鹏被评为全国关心下一代先进工作者。柯岩街道阮社小学丁乐怡、财经学校湛峻杰获评市关工委首届励志青少年。企业家韩国贤、抗战老兵陈宝礼遗孀尉玉琴分别向柯桥区关工委捐赠2万元，用于资助贫困学生上大学。6月22日，浙江省关工委主任徐宏俊，省关工委专职副主任林斌等一行到浙江八方纺织集团公司、中国轻纺城小学(柯北第一小学)调研，了解柯桥区企业关工委工作及青少年思想道德教育基地创建等情况。

2020年6月22日，浙江省关心下一代工作委员会主任徐宏俊(右六)、省关工委专职副主任林斌(右四)等到中国轻纺城小学(柯北第一小学)调研 (戴青青 摄)

【劳模工匠进校宣讲】 2020年10月14—28日，柯桥区组织劳模工匠进校园巡回宣讲活动，鲁迅中学原校长许吉安，浙江塔牌绍兴酒有限公司副总经理、中国酿酒大师潘兴祥，浙江省现代纺织工业研究院院长、教授级高级工程师胡克勤，安昌街道大山西村原党委书记徐志连，安昌派出所教导员倪崇晖，分别赴区实验中学、实验小学坂湖校区、齐贤中学、漓渚中心小学、西藏民族中学、华舍中心小学、浙光中学、马鞍小学、平水镇中和稽东镇中 10 所中小学校开展宣讲。许吉安主讲《学校建设的思考和实践——浙江绍兴鲁迅中学的办学探索》、徐志连主讲《治村经验暨农村工作的做法》、倪崇晖主讲《忠诚、严峻、团结、奉献》、潘兴祥主讲《匠心传承绍兴黄酒》、胡克勤主讲《学以致用，知行合一，做时代弄潮儿》。

【纪念区关心下一代工作委员会成立 30 周年大会】 2020 年 11 月 25 日，纪念柯桥区关心下一代工作委员会成立 30 周年大会在区行政中心召开。绍兴市政协副主席、市关工委主任陈国阳出席并致辞，区委书记沈志江讲话，区关工委主任吴晓作工作报告，副区长祝静芝主持会议。区四套班子主要领导，分管领导及成员单位负责人，镇（街道）关工委主任及“五老”（老干部、老战士、老专家、老教师、老模范）、企业家代表等 120 余人参加会议。会上，授予柯桥街道俞宗周等 91 名老干部最美五老称号，授予汪传昌、李会鹏等 24 人突出贡献荣誉个人称号，授予区委老干部局等 21 家单位突出贡献单位称号。最美五老徐慧安及受助大学生沈彬彬作交流发言。

【受助大学生向关工委捐款 4 万元】 2020 年 8 月 13 日和 8 月 26 日，2001 级“双特”（家庭遇到突发性困难、成绩特别优秀的准大学生）大学生周森彪、徐新芳向柯桥区关工委分别捐款 2 万元，总额 4 万元，用于资助贫困学生上大学。

【周水祥向关工委捐款 10 万元】 2020 年 9 月 9 日，香港同胞周水祥委托在绍亲戚向柯桥区关工委捐款 10 万元，用于资助贫困学生上大学。周水祥原籍越城区鉴湖镇筠溪村，1959 年随父亲到香港经商，累计向区关工委捐款 50 万元。

【7 名困难学生获助学金】 2020 年 9 月 2 日，柯桥区在稽山宾馆举行 2020 级大学生结对助学签约暨欢送会，6 名“双特生”（家庭遇到突发性困难、成绩特别优秀的准大学生）和 1 名双结对生（即孤儿大学生）获得帮困助学金，其中“双特生”每人每年 5000 元，孤儿大学生每人每年 2000 元，结对助学，直到大学毕业。

2020 年 9 月 2 日，柯桥区在稽山宾馆举行 2020 级大学生结对助学签约暨欢送会 （戴青青 摄）

2020 年 11 月 25 日，纪念柯桥区关心下一代工作委员会成立 30 周年大会在区行政中心召开 （戴青青 摄）

【22 名区第十一届少年英才受表彰】 2020 年 9 月 26 日，柯桥区在区委老干部局举行第十一届少年英才表彰大会。区关工委主任吴晓，副区长祝静芝，区教体局局长任宏亮，区委组织部副部

2020年9月26日，柯桥区第十一届少年英才表彰大会在区委老干部局举行（戴青青 摄）

长、老干部局局长、区关工委副主任徐民江为柯桥中学于乐扬等22名少年英才颁发奖章和荣誉证书。

·小资料· 区少年英才评选标准

热爱党、热爱祖国、热爱社会主义，思想品德优秀，学习勤奋，遵纪守法，德智体美劳全面发展，同时具备下列条件之一者，并按“好中选优、优中挑幼”的原则评选20名左右：

1. 在践行社会主义核心价值观、弘扬中华传统美德方面有突出表现，社会影响面广，公认度高的。

2.2019年、2020年高考总分列全省前50名的应届高中毕业生。

3. 在教育行政部门认可的高中数、理、化、生物、信息学五大学科竞赛中获全国一等奖的（不含省级赛区）。

4. 在体育竞赛中，个人获省级及以上教育、体育主管部门组织的运动会前3名的（团体获上述运动会前3名的，由所在学校推荐主力队员1名）。

5. 参加音乐、舞蹈、曲艺等文艺演出获省个人一等奖的（团队则取领衔人）；参加省级及以上书法、绘画等现场竞赛获个人一等奖的（不含民间协会举办的比赛）。

6. 在小发明、小创造、小制作等方面获全省一等奖的，或教育行政部门认可的技能操作大赛获全国一等奖（团体获全国一等奖的，由所在学校推荐主要选手1名）的，或获发明专利授权证书、软件制作权等的。

【53名贫困学生获奖学金】 2020年10月27日，柯桥区53名中小学生获得由绍兴市关心下一代工作委员会、绍兴市炉峰禅寺慈善联合会共同主办的“炉峰慈联·天天向上”2019学年奖学金，奖学金总额9.3万元，其中小学9人、初中17人，每人1500元；高中27人，每名2000元。（戴青青）

执行编辑 董思思

柯桥新风

百姓故事

【李小和身残志坚争当防疫一线志愿者】 2020年新冠肺炎疫情暴发后，54岁的李小和联系社区有关负责人，自告奋勇请求参与疫情抗击战，成为一名社区志愿者。3岁时因患小儿麻痹症，左腿落下残疾，但仍放弃休息时间，在小区门口值守、检查外来车辆。努力解决疫情防控工作遇到的诸多难点，手写抗击病毒标语20余幅，张贴在湖塘街道跨湖苑小区内、湖塘街道农贸市场，提醒居民注意防范疫情。

【俞永泉"倒背电筒"照亮他人】 俞永泉，柯岩街道新未庄人，他宁可自己吃亏，也要做好事，被人形象地称为"倒背电筒"，因为他用亮光照亮了别人。2020年2月1日（正月初八），柯岩街道在疫情检查中发现"冠成国际"商务大楼有10余名外国商人，仍在营业，成为疫情防控的一个盲点。街道联系柯岩政青物业有限公司经理毛国俊负责"冠成国际"疫情防控。得知情况后，俞永泉带上两个工友，担负起"冠成国际"两个卡口的疫情防控重任，12小时轮流值守，持续半个月，后又拒绝物业经理1万元的酬劳。

【杨红耀爱心助力抗疫】 2020年初新冠肺炎疫情期间，得知学校口罩奇缺困境，杨红耀先后3次从越南等境外采购口罩、测温仪等抗疫物资，总价值40万余元，送到鲁迅外国语学校、鲁迅中学和柯桥实验中学。此外，杨红耀多次向柯桥区一些律师事务所、法律共同体单位等捐赠防疫物资。

【李贤生为乡村留住文化记忆】 2020年，是77岁的李贤生修志的第七年。7年中，参与编修村志4部，分别是《大山西村志》《国际村志》《西宬村志》《大和村志》。他认为编修村志，全方位记下村庄面貌和历史文化风俗，是留住乡情的最佳方式，要把村庄的历史用文字记载下来，传于后世。但修志书非常辛苦，修《西宬村志》，光是"三老座谈会"就召开3次，后花4个月时间，查阅村档案室档案资料1000余卷，又用1个月时间，到区档案馆查阅村档案室缺少的有关年报、文书档案、文献资料500余卷，获得资料1200余条。为确保志书资料的可靠可考，他走遍村内的路、弄、台门、庵庙、学校、企业，踏看溇、河、桥梁、田野，深入村民家中采访村庄历史事件、搜集传说故事等。登涂山顶，踏勘涂山大禹庙遗址、明弘治进士何诏墓遗迹，李贤生潜心修志，志在让村志成为不忘来路、记住乡愁的基本依据。（摘选自《柯桥日报》）

执行编辑　陈飞燕

人 物

新闻人物

【刘建明】 男，1967年5月出生，浙江绍兴人，中共党员，大专学历，第十三届全国人大代表，园林高级工程师，柯桥区漓渚镇棠棣村党总支书记、村委主任。

刘建明以花为媒，让乡亲富起来。在他的引领、带动下，棠棣村家家户户种花、卖花，2020年村民年人均收入超过10万元。通过多年努力，棠棣村成为一座"村在绿中、房在树中、人在花中"景观村。在长期的艰苦创业路上，刘建明扶贫助弱、公益捐资近百万元，在他的示范带动下，棠棣村形成良好的互帮互助氛围，先后获全国文明村、全国民主法治示范村、全国乡村旅游重点村、国家级美丽宜居示范村、全国乡村振兴示范村等9个国家级、近70个省市区级荣誉。刘建明家庭获评第一届全国文明家庭、全国五好文明家庭标兵户，他本人先后获全国乡村振兴风云人物、全国农村青年创业致富带头人、全国绿化奖章获得者、浙江省优秀共产党员、浙江省担当作为好支书、浙江省劳动模范等荣誉。2020年11月，被中国共产党中央委员会、中华人民共和国国务院授予全国劳动模范称号。

【刘中华】 男，1976年5月出生，湖北天门人，中共党员，研究生学历，教授级工程师，浙江精工钢结构集团有限公司总工程师。

刘中华攻坚克难，匠心独具，产学相长，著作等身。2002年研究生毕业后一直在建筑钢结构行业生产一线工作，面对困难和挑战，他潜心钻研，坚持创新，攻克一项项技术难题，助推企业持续快速发展。先后参与国家体育场"鸟巢"、首都机场T3航站楼、国家体育馆、上海世博轴阳光谷等一大批"重""大""难""新"的钢结构工程技术工作，多项技术成果被纳入国家、行业和地方规范。先后在国内核心期刊及学术会议上发表论文20余篇，取得国家发明专利15项、各类科技成果23项、国家级工法4项、省级工法8项，其科研成果先后获国家科学技术进步奖二等奖2项，省部级科学技术进步奖一等奖、二等奖、三等奖10余项。曾获中华国际科学交流基金会首批杰出工程师鼓励奖、浙江省劳动模范、浙江省五一劳动奖章等荣誉，入选浙江省万人计划科技领军人才。2020年11月，被中国共产党中央委员会、中华人民共和国国务院授予全国劳动模范称号。（韩余静）

【曹玲玲】 女，1981年5月出生，浙江绍兴人，中共党员，本科学历，副主任护师，绍兴市中心医院大内科护士长。

2月19日，2岁男孩嘟嘟（化名）因发烧被送到绍兴市中心医院，经核酸检测为阴性，临床诊断系感冒，后住院治疗，接诊的是曹玲玲。面对陌生的环境，小患者一直哭闹不停，甚至躲在厕所不肯出来。新冠肺炎疫情防控期，医院对陪护人员进行限制，曹玲玲当起小患者的"护士妈妈"。她轻声细语地安慰他，并四处找小玩偶给他玩，分散他的注意力。多年的医护经验，让曹玲玲在最快时间取得小患者的信任，嘟嘟的各项指标很快恢复正常。2月22日，小男孩病愈出院，他的爷爷奶奶让他感谢医护人员，嘟嘟突然向一旁的曹玲玲鞠躬，并说了一声"感谢护士妈妈”,曹玲玲很是惊讶和感动,遂鞠躬回礼。这一幕,凑巧被其他医护人员拍下来,传到医院微信工作群,照片迅速“走红”。3月7日,中宣部、全国妇联、国家卫生健康委、中央军委政治工作部联合发布“一线医务人员抗疫巾帼英雄谱”。曹玲玲名列其中,为浙江省唯一。对于能够入选英雄谱,曹玲玲说这个荣誉应该属于全体医护人员。(朱敏芝)

【李斌】 男,1977年12月出生,江苏省盐城市大丰区人,中共党员,大专学历,柯桥区马鞍街道蓝印突击队队长。

2020年3月,柯桥区印染集聚区内一家印染厂发生火灾,五楼车间内燃起大火,李斌闻讯后带领队员2分钟内赶到火灾现场,奋不顾身冲进火海。随后和赶来救援的滨海消防救援中队联手,两边合围,2个多小时后将火扑灭。公司主体建筑,价值四五百万元的定型机和成品布免遭大火吞噬。李斌曾在诸暨市消防大队当过12年消防兵,后任柯桥区马鞍街道蓝印突击队队长。蓝印突击队成立于2018年6月,是由10家印染企业组建的一支民间消防救援队,在他的带领下,蓝印突击队单独或协助滨海消防救援中队处置各类灾害事故100余起。由于常年参与消防救援,李斌的脸总会被浓烟熏得黑乎乎,不容易清洗,他直接用洗衣粉清洗,脸上的角质层被洗得非常薄。由于经常被烟火熏烤,李斌的口腔鼻孔内也不能幸免,有时第二天吐出来的痰都是黑色的。2020年11月19日,在浙江省见义勇为先进人物记功奖励暨见义勇为工作会议上,李斌被省政府记一等功,是柯桥区唯一获得该项荣誉的平民英雄。(蒋少华)

【陈云飞】 男,1980年9月出生,浙江诸暨人,中共党员,本科学历,高级工程师、注册安全师、一级建造师,柯桥区轨道交通集团有限公司质量安全部经理。

陈云飞工作成绩突出,全面负责集团立功竞赛活动的管理,创新区轨道交通安全质量管理机制,在集团安全生产管理上创新实践安全生产“1234”工作法、“13510”安全工程,建立集团“三大层面、五个层级、九支安全监管队伍”的监管格局,始终注重安全责任体系、应急体系、教育培训体系、隐患排查治理体系的建设,综合加强“安全生产五要素”建设,倡导班组安全文化的理念,强化企业安全双重预防机制建设;经常性深入施工一线开展安全质量检查工作,在地铁初期运营前,带领团队攻克管理问题,在全线安全质量管理、轨行区调度、组织协调方面作出突出成绩,连续保持集团5年中安全生产零事故,促进集团安全生产形势持续稳定可控。2020年4月,被浙江省总工会授予浙江省五一劳动奖章。(韩余静)

【15秒最美救护群像】 2020年7月23日早高峰,柯桥区道路上车水马龙。突然,一辆载着病患的救护车遇追尾侧翻,一名司机、两名医护人员、两名病患均被困车内。一瞬间,途经的行人、电瓶车主、私家车主,还有交警巡警、社区干部、城管协管员、志愿者、环卫工人、路边商铺店主都冲上去,用15秒时间合力扶正救护车,救出被困人员。这一事件被报道后,被央视网、人民网、新华网、中国文明网、浙江在线等国内主流媒体网站转载;今日头条、新浪微博、抖音、爱奇艺等媒体助推,引发全网热议,阅读量突破5800万。还在央视《新闻直播间》《第一时间》,浙江钱江频道等平台播出。“15秒最美救护群像”成为现象级热词。8月18日,省委书记车俊在《浙江宣传(新闻阅评)》简报上批示:这样的事例多报道多挖掘,积少成多,蔚然成风。2020年10月,入选省委宣传部、省文明办和浙报集团联合推出的“浙江好人”名单。(陈　飞)

逝世人物

【张铃】 男,1924年1月出生,浙江仙居人,原绍兴县教育系统离休干部。2020年2月9日在绍兴逝世,享年97岁。

张铃,1949年7月参加革命,1958年7月加入中国共产党。在浙江省立锦堂乡村师范学校求学时,参加党的秘密外围组织“石磊”学社,接受进步思想,参加进步活动。1949年7月参加革命,在中国人民解放军某军宁波干校学习。同年8月,分配到慈溪县简师附小,先后任校委会主任、校长。1952年2月,调慈溪县初级师范,先后任教导主任、团总支书记。1954年2月,到浙江师范学院参加业务培训。1954年8月,调绍兴稽山中学,先后任校长室秘书、第一副教导主任。1957年3月，调绍兴地区师范任教导主任。1961年8月，调绍兴县新联中学，先后任教导主任、业务负责人。1963年10月，调绍兴县马山中学任教导主任兼校工会主席。1979年8月，调绍兴县鉴湖中学，先后任教导主任、党支部委员。1986年10月离休，享受县(处)级政治、生活待遇。

【王增高】 男，1929年12月出生，山东省安邱县人，原绍兴县政府办公室离休干部。2020年5月8日在绍兴逝世，享年92岁。

王增高，1945年5月参加革命，1948年2月加入中国共产党。1945年5月参加八路军，在鲁中军区警备某团卫生队工作。1948年12月，调任解放军某军某师某团卫生队助理军医。1949年12月，调浙江军区某部防疫队任助理军医。参加过抗日游击战、济南战役、淮海战役、解放南京等重大战斗，立三等功1次。1955年1月转业，任绍兴县钱清卫生所所长。1962年2月，调任绍兴城关镇北海、蕺山卫生所所长。1966年和1972年，先后两次任中国赴几内亚专家组保健医师。1974年，调绍兴县机关医务室任医师。1990年9月离休，享受县(处)级政治、生活待遇。

【马岳樵】 男，1930年12月4日出生，嵊州市谷来镇人，原绍兴县人大常委会主任。2020年2月3日在绍兴逝世，享年91岁。

马岳樵，1949年12月参加工作，在绍兴地委干部学校任工作人员。1950年5月调绍兴地委碾米厂任办事员，同年11月调萧绍虞盐特委历任青年干事、统计干事等。1953年5月加入中国共产党，1954年1月调绍兴县委组织部任文书干事、统计干事。1955年10月调宁波地委办公室工作；1956年7月回绍兴县委组织部工作，先后任干部组副组长、组长。其间，赴安徽全椒县南屏公社任社教工作队组长。1966年2月任绍兴县委组织部副部长兼机关党工委书记，1969年7月作为县革命委员会宣传队队员分别赴绍兴县夏履、王坛、龙峰公社指导工作。1970年7月任绍兴县革命委员会学习班负责人、党总支副书记。1972年10月起，先后任绍兴地委专案组干部、负责人。1976年2月任绍兴县委统战部副部长，同年11月调县委党校任负责人、总支书记、副校长。1979年2月调绍兴县委组织部任副部长。1980年4月任绍兴县人事局局长。1981年4月调市委组织部任副部长兼绍兴县人事局局长。1982年9月任绍兴市委常委、组织部部长。1983年11月，任绍兴县纪委书记。1987年5月任绍兴县第八届人大常委会主任，1990年5月卸任，1993年11月退休。

【杨立人】 男，1930年8月出生，浙江省安吉县人，原绍兴县人大常委会副主任。2020年2月13日在绍兴逝世，享年91岁。

杨立人，1950年7月毕业于浙江工业干部学校土木工程系，在浙江省水利厅工作，于1960年调绍兴县政府工作。1979年至1982年6月在绍兴县水利局工作，先后任设计室主任、副局长。1982年6月，任绍兴县人大常委会副主任。1993年11月退休。2002年被浙江省水利学会授予奉献水利事业五十年荣誉证书。1988年6月被绍兴县职改办公室认定为高级工程师。1993年6月获浙江省科学技术委员会颁发的浙江省科技进步奖获奖者证书。其参加完成的“绍兴县围海造地新工艺”项目获1991年度浙江省人民政府颁发的科学技术进步奖三等奖。

【郑保华】 男，1928年9月出生，丽水市遂昌县人，原绍兴县政协副主席。2020年2月17日在绍兴逝世，享年93岁。

郑保华，1950年7月参加工作，1983年8月加入中国民主促进会。1950年7月，毕业于浙江省湘湖师范学校二年制特师班。1950年9月，任萧山县第一小学教导主任。1951年9月，任萧山县瓜沥区中心学校校长。1953年9月，考入上海市华东师范大学地理专业学习。1955年9月，在上海市榆林区机关干部学校任教师。1956年7月起，先后任绍兴师范学校工会主席、教研组长。1963年9月起，先后任柯桥中学教师、校办工厂工作人员、教导处副主任。1984年9月，任绍兴县政协副主席。1993年6月退休。1982—1992年，先后当选为民进绍兴市委会副主委、民进第六届全国代表大会代表。

【戴弋明】 男，1945年1月出生，四川重庆人，原绍兴县人大常委会副主任。2020年2月24日在绍兴逝世，享年77岁。

戴弋明，1962年8月参加工作，1986年10月加入中国民主促进会。1962年8月，在绍兴县湖塘公社(乡、镇)小学中学任教,1980年8月,任教导主任。1985年8月,调任柯桥镇中学教师。1986年9月,调柯桥纺织技校任教,同年任教导处副主任,1990年任教导处主任,1991年任副校长。1993年5月起,连任绍兴县第十、第十一届人大常委会副主任。2003年4月,任绍兴县人大常委会干部。2005年3月退休。2003年12月被评为全国计划生育协会先进志愿者。

【汪传昌】 男,1937年2月出生,绍兴县人,原绍兴县人大常委会主任。2020年11月7日在绍兴逝世,享年84岁。

汪传昌,1953年8月参加工作,在绍兴县供销社马山分社历任营业员、统计员、文书。1955年10月,调绍兴县供销社(后与商业局合并)历任办事员、副股长。1960年5月加入中国共产党。1966年6月,先后担任绍兴县安昌镇镇长、大和公社党委副书记。1973年3月,先后担任绍兴县委组织部办事员、组长、部务会议成员、县人事局副局长。1986年10月,调任绍兴县城乡建设环保局局长、党工委书记。1990年5月,历任绍兴县第九届人大常委会副主任,第十届人大常委会代主任、主任。1998年6月退休。2000年7月,任绍兴县关心下一代工作委员会主任,2010年7月离任。(董国华)

省部级及以上先进个人名录

【省部级及以上先进个人名录】

谢作鸿	2020年1月,被最高人民法院评为岗位能手
陶秋风	2020年1月,被司法部评为"大排查、早调解、护稳定、迎国庆"专项活动表现突出个人
屠建伟	2020年1月,被中共新疆维吾尔自治区委员会、新疆维吾尔自治区人民政府评为第九批省市优秀援疆干部人才并记二等功一次
魏海燕	2020年1月,被中共新疆维吾尔自治区委员会、新疆维吾尔自治区人民政府评为第九批省市优秀援疆干部人才并记二等功一次
曹玲玲	2020年3月,入选中宣部、全国妇联、国家卫生健康委、中央军委政治工作部联合发布的一线医务人员抗疫巾帼英雄谱
汪锦晟	2020年3月,被中共中央组织部评为全国组工系统优秀网评员
何旭峰	2020年4月,被共青团中央、全国青联追授第24届中国青年五四奖章
屠国均	2020年4月,被中共浙江省委、浙江省人民政府评为全省扫黑除恶专项斗争成绩突出个人
骆华德	2020年4月,被中共湖北省委、湖北省人民政府评为新时代最美逆行者;11月,被中共浙江省委、浙江省人民政府评为浙江省抗击新冠肺炎疫情先进个人
陈晓燕	2020年4月,被中共湖北省委、湖北省人民政府评为新时代最美逆行者
柳东之	2020年4月,被中共湖北省委、湖北省人民政府评为新时代最美逆行者
严建英	2020年4月,被中共湖北省委、湖北省人民政府评为新时代最美逆行者
许云杰	2020年4月,被中共湖北省委、湖北省人民政府评为新时代最美逆行者
陈芬娟	2020年4月,被中共湖北省委、湖北省人民政府评为新时代最美逆行者
沈　波	2020年4月,被中共湖北省委、湖北省人民政府评为新时代最美逆行者
金秋风	2020年4月,被中共湖北省委、湖北省人民政府评为新时代最美逆行者
方银娟	2020年4月,被中共湖北省委、湖北省人民政府评为新时代最美逆行者;11月,被中共浙江省委、浙江省人民政府评为浙江省抗击新冠肺炎疫情先进个人
肖　英	2020年4月,被中共湖北省委、湖北省人民政府评为新时代最美逆行者
边雅娣	2020年4月,被中共湖北省委、湖北省人民政府评为新时代最美逆行者
彭一欣	2020年4月,被中共湖北省委、湖北

省人民政府评为新时代最美逆行者

章卓亮 2020年8月，被中共新疆维吾尔自治区委员会、新疆维吾尔自治区人民政府授予新疆抗疫攻坚战荣誉证书

裘锋平 2020年8月，被中共新疆维吾尔自治区委员会、新疆维吾尔自治区人民政府授予新疆抗疫攻坚战荣誉证书；11月，被中共浙江省委、浙江省人民政府评为浙江省抗击新冠肺炎疫情先进个人

张晓鸿 2020年9月，被中共中央、国务院、中央军委评为全国抗击新冠肺炎疫情先进个人

李会鹏 2020年10月，被中国关心下一代工作委员会、中国精神文明建设指导委员会评为全国关心下一代工作先进工作者

刘建明 2020年11月，被中国共产党中央委员会、中华人民共和国国务院授予全国劳动模范称号

刘中华 2020年11月，被中国共产党中央委员会、中华人民共和国国务院授予全国劳动模范称号

李卫龙 2020年11月，被住房和城乡建设部评为全国建设系统抗击新冠疫情先进个人

陈胜海 2020年11月，被中共浙江省委、浙江省人民政府评为浙江省抗击新冠肺炎疫情先进个人

房英杰 2020年11月，被中共浙江省委、浙江省人民政府评为浙江省抗击新冠肺炎疫情先进个人

徐　兰 2020年11月，被中共浙江省委、浙江省人民政府评为浙江省抗击新冠肺炎疫情先进个人

周而花 2020年11月，被中共浙江省委、浙江省人民政府评为浙江省抗击新冠肺炎疫情先进个人

钱旭东 2020年11月，被中共浙江省委、浙江省人民政府评为浙江省抗击新冠肺炎疫情先进个人

李　斌 2020年11月，被浙江省人民政府记见义勇为一功奖

裘静渊 2020年12月，被国家卫生健康委、中国红十字会总会、中央军委后勤保障部卫生局授予2018—2019年度全国无偿献血奉献奖金奖

傅亮微 2020年12月，被中国红十字会总会、抗击新冠疫情推荐表彰工作领导小组办公室评为中国红十字会抗击新冠肺炎疫情先进个人

丁周权 2020年12月，被司法部评为全国模范人民调解员

钭潇琪 2020年12月，被国家统计局评为调查队系统抗击新冠肺炎疫情先进个人

周永利 2020年12月，被国家卫生健康委、全国老龄办授予全国敬老爱老助老模范人物称号

（各撰稿单位）

执行编辑　宋如玲

经济开发区

绍兴柯桥经济技术开发区

【概况】 2020年，绍兴柯桥经济技术开发区深化全市"一盘棋"理念，推动市区印染产业跨区域集聚升级，越城区五大印染组团开工建设，其中国周印染、七色彩虹二大组团车间主体结顶，累计完成固定资产投资14.6亿元。

引进高端商贸和品牌住宅，完成6宗265.52亩经营性用地出让。开发区内有温德姆、华美达等五星级酒店，星巴克、肯德基等品牌餐饮，新滨商业广场主体建设过半，勤业未来城综合体动工，蓝印时尚小镇核心商贸综合体完成摘牌。

在国家商务部公布的2020年国家级经开区综合发展水平考核中居考核榜第36位，位列浙江省国家级开发区第7位，实现三年跻身省八强目标；绍兴市省级以上功能区考核连续三年列首位。获评浙江省开发区产业链"链长制"试点示范单位、浙江省高新技术产业园区建设突出贡献集体。

2020年，绍兴柯桥经济技术开发区实施企业上市和并购重组。4月15日，浙江越剑智能装备股份有限公司正式上市。9月10日，浙江迎丰科技股份有限公司主办上市过会，成为A股近20年来柯桥区首家以印染服务为主营业务上市公司。

【招商引资281亿元】 2020年，绍兴柯桥经济技术开发区引进亿元以上项目16个，其中5亿元以上12个，20亿元以上2个，100亿元以上1个，总投资208亿元，两次被列为浙江省扩大有效投资、集中开工仪式绍兴市现场点。

【高层次人才引进】 2020年，绍兴柯桥经济技术开发区举办第五届绍兴海创大赛和柯桥"步鱼计划"推介大会，引进省级以上高层次人才6人、绍兴海内外英才计划人才16人。（相　江　王月芳）

执行编辑　徐建良

建制镇与街道

2020年柯桥区镇(街道)基本情况快览

2020年柯桥区镇(街道)基本情况

表38

镇(街道)名称	行政区划面积(公顷)	总人口(户籍)(人)	生产总值(万元)	财政收入(万元)	常住居民人均可支配收入(元)	村委会(个)	居委会(社区)(个)
柯桥街道	1595	84494	1047145	247245	77629	0	27
柯岩街道	4532	58964	642057	118609	50085	3	27
华舍街道	2305	55572	828788	381890	47099	6	17
湖塘街道	6847	34783	287675	45890	37533	15	3
齐贤街道	3247.6	53440	1368047	98888	37362	4	16
安昌街道	2405	37016	584093	84801	38756	9	4
福全街道	3980	42364	660191	92984	42532	22	2
兰亭街道	8285	32331	349580	35830	40729	20	1
钱清街道	5456	63870	1519932	94090	41865	20	3
杨汛桥街道	3785	35998	508176	94181	46165	11	11
马鞍街道	13409	39462	2114196	366448	47001	11	4
夏履镇	5100	18418	157557	8989	36512	11	1
漓渚镇	3664.1	21685	298874	14891	42204	11	2
平水镇	17338.7	52265	252577	52303	34331	25	4
王坛镇	13769	31590	124068	12353	30375	24	1
稽东镇	11143	30338	86789	9830	29434	24	1

（刘　弘）

柯桥街道

【概况】 柯桥街道，地处浙江省东部宁绍平原绍兴市柯桥区核心区域，素有金柯桥之称。2001年8月，经省、市人民政府批准，设立柯桥街道，沪杭甬铁路、104国道横贯东西。区域面积16.5平方千米，下辖27个社区，户籍人口8.4万人，流动人口15.7万人，在册党员3702人。有亚洲最大的布匹集散中心——中国轻纺城，为柯桥区政治、经济、文化中心。区域内有规模以上工业企业10家，商贸服务企业242家，商务楼宇39幢，分布在轻纺市场区、国贸世贸区、蓝天聚银区和万达红星区四大板块。

2020年，柯桥街道财政总收入27.84亿元，比上年减少25.06%；一般公共预算收入19.04亿元，比上年减少20.55%；规模以上工业产值43.49亿元，比上年减少1.17%；自营出口211.06亿元，比上年减少4.84%。全年引进亿元以上项目8个，其中投资50亿元的旅悦集团项目实现柯桥区科技类独角兽企业“零”的突破，20亿元的宝龙天地项目实现原龙禧地块“凤凰涅槃”。依托清华长三角研究院国际人才运营中心、德美科技园、浙工大之江学院等平台，申报浙江省引才计划项目3个，落户绍兴海内外英才计划C类项目5个。

$PM_{2.5}$浓度比上年下降25%，城市空气优良率上升幅度列全省第二。改造老旧小区，后梅小区等6个小区获评全市旧改示范小区。加装电梯完成意向征集29处，开工25处。完成柯东三厂拆迁。启动城市管理“绣花行动”，聚焦环境卫生、垃圾分类、车库整治、农贸市场管理环节，创新垃圾分类投放模式，获省生活垃圾分类示范片区、市生态文明建设特殊贡献集体。

柯桥街道成为全市唯一“五星达标”全域创建街道，完成7个社区无障碍创建，获评全国提升农民精神风貌实验单位、全国红十字模范单位，入选省级社区治理和服务创新实验区，全市唯一。柯桥街道慈善分会获评第一批省级示范慈善分会。承办全省红十字系统优秀基层会长培训班现场会。处置信访8153件，市、区两级重点信访积案化解率100%。

做好主城区新冠肺炎疫情防控，累计核查人员17.6万人，居家观察1.7万人，获评全市抗击新冠肺炎疫情先进集体。完成龙禧中心破产处置风险评估，签约商铺租赁339户，签约率97.7%。果蔬市场腾退拆迁252个摊位，对接搬迁位置，完成场地拆除平整。

2020年8月18日，柯桥街道中国轻纺城果蔬批发市场拆迁腾退现场 （高　颖　摄）

完成社区组织四套班子换届，选出两委班子132人，居监会成员81人，经济合作社董事会成员50人，27个社区全部实现“一肩挑”（党政同时一个人担任）。“三驻三服务”“县乡一体、条抓块统”等工作获省委领导肯定；承办全市“局长·代表面

2020年6月，柯桥街道“五星达标”社区溇梅社区 （高　颖　摄）

对面”启动仪式。推进省级无障碍社区创建，经过4个月建设，完成7个社区、341个点位的创建工程，其中大渡社区获评全国无障碍环境达标社区，全市唯一，全部实现社区范围的无障碍闭环。

增加12个“五星和美”社区，柯桥街道27个社区实现“五星达标”全域创建。获评全国三八红旗集体、全国五四红旗团组织、第三批省级民族团结进步创建重点培育单位。

【宝龙天地开工】 2020年10月8日，绍兴柯桥宝龙天地项目在原龙禧中心地块开工，总投资20亿元，总占地面积5.5万平方米，总建筑面积18万平方米。盘活整合原有闲置资产，建造高端商业街区。

2020年10月8日，绍兴柯桥宝龙天地项目开工　（高　颖　摄）

【50亿元旅悦集团总部项目签约】 2020年7月，旅悦集团与柯桥区签订全面战略合作协议，与温德姆酒店、华美达酒店签约总额50亿元的旅悦集团总部项目落户柯桥街道，实现柯桥区科技类独角兽企业“零”的突破。旅悦集团把总部搬迁至柯桥区，在柯桥设立数字新文旅研究院和创新中心、新文旅产业基金、旅悦商学院（绍兴校区），建设旅悦旗舰酒店，推进新文旅与民宿产业交流。

2020年7月，旅悦集团总部项目在柯桥街道签约　（高　颖　摄）

【大渡社区获评全国无障碍环境达标社区】 2020年2月，大渡社区上榜“创建全国无障碍环境达标市县村镇”，为全市唯一上榜单位。大渡社区从社区道路、公共建筑、交通设施、小区配套及特殊设施等一系列硬件建设上进行完善，社区无障碍改造项目涉及9个大类140余个点位，其中无障碍坡道改造60余个，盲道改造上千米，安装扶手近百米，无障碍车位改造10余个，无障碍公厕改造4个。（谢　天）

柯岩街道

【概况】 柯岩街道成立于2001年8月，区域面积46.48平方千米。2020年，街道调整部分社区管理区域，成立南闲社区、七贤社区居民委员会。柯岩街道辖14个社区、13个居委会、3个行政村，户籍人口5.88万人，常住人口13.45万人。

2020年，柯岩街道财政总收入12.1亿元，比上年增长9.0%；一般公共预算收入8.21亿元，比上年增长12.0%；规模以上工业产值62.9亿元，比上年增长1.7%，自营出口46.76亿元。索密克新能源汽配产业园建成，三力士与BMG集团国际合作革新橡胶工艺，驭光科技成为柯桥区首家光学芯片企业，一叶电子汽车年产200万套整车线束生产线建设运行，天圣集团农业生态产业链项目实现一、二、三产融合发展，必维国际检测集团落户轻纺城检测实验室。新认定国家高新企业7家，新增省中小型技术企业32家，新增实用专利15项，完成研发经费投入1.9亿元。递梦电子、佑彩纺织两家科技型企业完成股份制改造，浙交所成长板挂牌。

推进低效用地整治等新（续）建政

府投资项目11个，累计完成投资1.8亿元，超额完成年度任务。全面推进梅墅水庄、独山嘉园等12个老旧安置小区的改造工程，整体工程进度80%。践行“三驻三服务”，推进澄海嘉园、竹林阮社2个解困安置小区600套房源不动产权证办理工作。

拆除康郡小区350户1.16万平方米违章建筑，缴纳罚金4.3亿元，完成阮社、红旗等7个区块内48户约21万平方米的拆迁，区域内约186亩土地出让、300余亩计划出让土地收储。引入水上飞机、湖上游艇等项目。

2020年11月3日，鉴湖风光　　（何　明　摄）

首创领导坐堂、集中办公运作模式，形成“整体智治”基层治理新格局。4起市级以上信访件全部办结化解，刑事治安警情2019—2020年连续2年实现下降，信息事件处置闭环率保持在98%以上。退役军人服务站成为全国退役军人事务领域深化发展新时代“枫桥经验”现场会参观点。应急管理站成为应急管理部基层调研试点。完成基层全域治理现代化平台系统全省现场会试点任务。强化部门间系统协同应用、数据归集共享，建设多元共治数字化基层治理格局。全省首创接入警情专线引流，全市首创下沉便民服务分流，全区首创涉纪信访整流。

2020年12月10日，柯岩街道基层治理“四平台”综合指挥室
（何　明　摄）

建立疫情防控体系，30个社区（村居）设立卡点及服务站167个，组织值守人员2.34万人次，接收并回复区大数据中心重点人员摸排指令，摸排重点人员，全街道无一例感染。

30个村（居委会、社区）161名两委干部一次性选出，完成村社换届工作。三佳居、高尔夫社区创建“3A示范村”“和美家园”社区，仁让堰社区、丰项村创建“五星达标”村社。4家“两新”组织通过市级“五星双强”验收，新建2家园区党组织、3家企业党组织，“两新”组织覆盖率100%。

【**索密克新能源汽配产业园建成**】 2020年3月，位于柯岩街道的索密克新能源汽车部件产业园建成，索密克投资1.2亿元购置的德国进口铝合金悬挂摆臂锻造热处理全自动生产线设备调试完成，具备批量生产。该生产线继德国之后的全球第二条全自动生产线，主要生产汽车轻量化底盘的核心部件，年产150万台（套）汽配件。

【**驭光科技成为柯桥区首家光学芯片企业**】 2020年3月，总投资52亿元的驭光科技项目在柯岩街道开工。驭光科技将建成年产1000万套精密微纳光学器件生产线，填补行业空白，成为柯桥区首家光学芯片企业。公司聚焦微纳衍射光学器件、三维传感模组与系统，拥有从核心光学芯片器件设计与加工、深度图算法、光学模组，到整体系统集成设计及制造的完整解决方案。

【一叶电子年产 200 万套汽车整车线束生产线建设运行】 2020 年，绍兴一叶电子总投资 1.5 亿元、年产 200 万套的汽车整车线束生产线项目在柯岩街道建设运行。该项目占地面积 5 万平方米，生产线建筑面积 2 万平方米。

【枫桥式退役军人服务站柯岩样板】 2020 年，柯岩街道发展新时代“枫桥经验”，建设退役军人服务保障体系。实现街道本级和村级退役军人服务机构全覆盖，服务退役军人、现役军人和流动退役军人。其中退役军人服务“八一”举措，得到国家退役军人事务部认可与推广。服务站充分依托基层治理现代化平台和便民服务中心的优势，打造“360”服务模式，“3”即政府机构、事业单位和社会力量“三驾马车”；“6”即一站一体系、一事一整合、一周一活动、一月一堂课、一季一走访、一年一评选的“六大工作机制”；“0”即以“零掉队”为总要求，实现信息反馈零时差、事项代办零跑腿、高效服务零距离的具体目标。（徐　蕾）

2020 年 11 月 28 日，绍兴柯桥宝龙广场开业　　（杨依珊　摄）

2020 年 8 月，新时代“枫桥经验”现场会参观点柯岩街道退役军人服务站　　（何　明　摄）

华舍街道

【概况】 华舍街道地处柯桥城区北部，东依柯桥经济开发区，南靠柯桥街道，西连钱清街道，北接安昌街道。境内有东小江、蛇渡江、大小坂湖等河湖，329 国道、杭甬运河、柯袍快速干线、杭金衢连接线、杭甬高速铁路客运专线穿境而过，距杭州市区 45 千米，萧山国际机场 15 千米。2020 年，区域面积 23.05 平方千米，辖 8 个行政村、5 个居委会、10 个社区，户籍人口 5.57 万人，外来人口 6.86 万人。财政总收入 38.2 亿元，比上年增长 26.3%；一般公共预算收入 28.1 亿元，比上年增长 33.4%，双双居绍兴市 103 个乡镇街道首位。

签约高等教育互联网科研及运营中心、宝业紫宝建材供应链、差别化纤维生产 3 个项目，总投资 31.1 亿元。投资 20 亿元的中国建筑节能研究检测中心开建，投资 2.2 亿元的宜尚文旅酒店、投资 5 亿元的首旅南苑酒店投运。外资招引实现突破，到位全区最大笔外资 1 亿美元。

众创空间创建数量位居全区首位，通纺云、蒲公英创建省级众创空间，博亚、朗辉创建市级众创空间。增加国家高新技术企业 12 家，宝业集团入选省级现代建筑创新服务综合体，精工控股入选省“雄鹰计划”培育企业名单，精工钢结构荣获省政府质量管理创新奖。落户省领军型创新团队 1 个。引进国家领军人才 2 人、省级海外工程师 3 人、绍兴海内外英才计划人才 2 人。全市最大跨境电商产业园入驻企业 240 余家，入驻率 92%。

全年拆违 17.56 万平方米，创建“市无违建街道”。投资3000万元实施老小区改造，增加安装电梯20台、公共停车位423个、健身场所26个，兴越社区、绸缎社区2个社区成功创建省级无障碍社区。坂湖景园和龙湖原著被评为省级园林式居住地，双周小区入围省级海绵城市试点。

浙医二院柯桥院区确定落户沙地王地块，绍兴第三医院动工新建，市中心医院华舍分院投运。华舍中学扩建一期工程、柯桥区首家体育学校建成，获省级射击冠亚军10个。精工钢构刘中华荣获全国劳模，华舍中学俞和军、东周社区毛成玉当选2020年度“绍兴好人”，立尚文化、翰腾文化被评为省成长型文化企业。

信息系统、智慧城管系统协调互动，加强社会治安综合治理，承办绍兴市“大跨度、大空间”企业火灾扑救演练，创建市级无信访积案街道，坂湖、龙城社区创建省级民主法治村，跨境电商园区设立全区首家楼宇法律服务站。

【中国建筑节能研究检测中心开建】 2020年12月，总投资20亿元华舍街道宝业建筑工业化制造基地的中国建筑节能研究检测中心项目开工建设。项目由宝业集团联合中美绿色节能基金、中国建筑节能协会合作建设，占地4.65万平方米，总建筑面积约19万平方米，建筑主楼高156.6米。项目包含研发设计、环境实验平台、办公展示、高层次人才公寓等功能区块。该项目计划2023年建成，将填补中国在建筑节能数据采集、基线确定、监测评价等方面的空白。

【契约化共建上《浙江日报》头版】 2020年，华舍街道人利、坂湖、西周、东周四个社区创建“五星达标”社区，龙城社区考核列全区“和美家园”首位，楼尚我家创出市级“五星双强”。出台三驻考核意见、驻村指导员“星级管理”和深化“社工AB岗”三项制度，契约化共建被《浙江日报》头版头条报道，楼社共融经验被《中国组织人事报》报道。（杨依珊）

湖塘街道

【概况】 湖塘原名吴塘，相传句践使吴人筑塘而得名，后马臻筑鉴湖塘堤十里而改名为湖塘。湖塘位于柯桥区西南部，东接柯岩街道，南连福全街道、漓渚镇和诸暨市店口镇，西邻夏履镇，北临钱清街道。距柯桥中国轻纺城4千米、越城区15千米、杭州40千米、萧山国际机场15千米。104国道南复线、鉴湖水道、柯湖公路、杭甬铁路、104国道、萧绍运河六大水陆交通线东西向纵贯境内。南部低山丘陵，北部水网平原。2020年，区域面积66.28平方千米，辖15个行政村、2个居委会。

2020年，湖塘街道财政总收入4.59亿元，一般公共预算收入2.51亿元，工业产值60.89亿元，自营出口39.43亿元，生态环境和公共设施投资1637万元。

开展驻企指导，对57家骨干企业及35个工业小区开展“三服务”走访，走访企业800余次，解决问题60余个，推广企业码2300余家；兑现财政资金500余万元，发放复工复产补贴75.37万元。通过省级科技型企业认定16家，逸派纺织等3家企业申报高新技术企业，永兴薄膜等3家企业申报清洁生产企业，浙江塔牌绍兴酒有限公司申报绿色制造企业，恒元机械韩知锡申报“省级海外工程师”。引进浙江一川物流项目，总投资5亿元，柯南综合供能服务站总投资3.52亿元、永兴薄膜年产3万吨双向拉伸薄膜生产线等项目开工，新增恒力电机、恒元纺织、韶华纺织3个技改项目。

开展“护航复工复产”消防安全百日攻坚、危化品使用企业、加工制造类小微企业等专项整治，排

2020年，湖塘街道“五星3A”开放式村居　　（湖塘街道　供稿）

查单位800余家，消除隐患751处，摸排上报市级、区级挂牌隐患4处，处罚6家，取缔清退9家。开展百万员工大培训，开展各类培训7期，培训企业负责人、安全员530人次。完成两家市级、区级挂牌督办重大安全隐患整改销号，完成街道应急管理站建设。

2020年10月31日，湖塘街道举行村级组织换届选举履新干部宣誓仪式 （湖塘街道 供稿）

推进"五星达标、3A争创"，宾舍、五丰等6个创建村通过市、区两级验收。"无废城市"创建实现全域垃圾分类硬件、软件双提升，数字化提升村民参与率和投放准确率。

推进征迁拆违工作，湖塘社区、湖中村拆迁扫尾，拆除各类违建56处，面积约3700平方米，完成省库存量销号16.58万平方米。

配合"环杭州湾大交通"，签订杭州中环征地协议，建设杭金衢高速至杭绍台高速联络线工程。型塘至永联通村道路改造工程进入扫尾，钱茅线至永联通村道路改造、工业园区支一路整治等工程进场，完善香林大道延伸及二期工程、鉴湖江南岸慢行系统基础设施建设。建成湖塘、鉴湖两处文化家园及公益基金，新建10处智慧礼堂，实现文化礼堂（家园）、文化礼堂公益基金、智慧礼堂三个全覆盖。定山嘉园安置房小区完成主体建设。

全民参保，户籍人员基本养老保险参保率98.59%，完成企业职工社会保险缴费工资申报企业36家。办理就业困难人员灵活就业补贴登记1345人次，发放补贴230余万元；处理劳动争议105人次，涉及标的83万余元。

完善民生保障，走访街道困难户238户，街道居家养老中心建成，新建永信、湖中2个村级居家养老中心。发放助残共享小康工程补贴130余万元。开展食品安全整治，处置18起。湖塘农副产品综合市场纳入2020年农贸市场长效管理考核，申报创建省级放心市场。

推行干部荣誉退休制；新冠肺炎疫情期间街道1866名党员捐款27万余元。设立监察工作联络站15个，全年发现问题22个，处置信访件15个，处置违纪党员26人次；扶贫领域专项治理监督组组织检查3次。开展第二批清廉村居创建，建设香林、岭下"三治五有·桂香竹秀"清廉村居参观点。

建立乡贤信息库，开展"乡贤助力"系列活动。建立街道、村两级乡贤娘舅工作室，宾舍村乡贤姜全林入驻区级乡贤娘舅队伍，宾舍村和陌坞村创建乡贤娘舅工作室示范村。化解市级积案4件，区级重点督查件4件。排查调处各类矛盾纠纷168起，办结率98.21%，涉及金额525.99万元。

【黄酒小镇通过省级特色小镇验收】 2020年，黄酒小镇通过省级特色小镇验收，入选首批浙江职工疗休养基地。黄酒小镇累计投资51亿元，推进会稽山10万千升后熟包装物流自动化技术改造项目、中国黄酒产业基地黄酒搬迁集聚整体规划

2020年，黄酒小镇冬天景象 （湖塘街道 供稿）

建设等特色产业项目。会稽山绍兴酒、绍兴数梦工场携手蚂蚁集团，建设全国首个区块链酒品数字化流通平台，推进黄酒产业数字化转型开展。"水香国色"15周年庆典活动，举办新品发布会、建立外省黄酒文化体验馆、开设抖音号，多渠道宣传推介。

【"美丽经济"建设】 2020年，湖塘街道发展鉴湖生态游、传统文化游和工业研学游多种旅游业态。投资3亿元建设鉴湖江游船码头、游步道项目，鉴湖渔歌风情带成为网红打卡地。激发黄酒经济、杨梅经济特色经济活力，实现后疫情时期小镇旅游业回暖。全年累计接待游客超10万人次。

【"蓝天碧水"行动】 2020年，湖塘街道建设"蓝天保卫战"，出台《湖塘中学省控站点空气质量管控"一点一策"》，"两查清、一到位"工作机制在全区推广。处置秸秆焚烧400余起，警告300余人次，查处29起，罚款1.38万元。处置中央环保督查信访交办件16件，开展工业废气长效专项整治和"碧水一号""碧水二号"行动，鉴湖江保持在Ⅱ类水质。

（凌　超）

钱清街道

【概况】 钱清街道地处杭州湾南岸，宁绍平原西部，东接中国轻纺城，西邻杭州萧山区，距萧山国际机场10千米。杭甬铁路、104国道和杭甬运河横贯其中，杭甬高铁、杭金衢高速出口线穿境而过。2020年，区域面积53.6平方千米，辖20个行政村、3个社区，户籍人口6.39万人，外来人口7.50万人。先后获国家卫生镇、浙江省园林城镇、浙江省首批现代商贸特色镇、浙江省十大美丽宜居小城镇等荣誉称号。

2020年，钱清街道生产总值142.3亿元，财政总收入9.4亿元，一般公共预算收入5.95亿元，规模以上工业产值192.1亿元。固定资产投资18.64亿元，比上年增长64.69%；钱清中国轻纺原料城交易额637.73亿元，比上年增长2.7%；外贸出口10.3亿美元，比上年增长8%；社会消费品零售额36亿元，比上年增长7.8%。数字经济产值23.12亿元，比上年增长18%。新增企业上云150家、国家高新技术企业14家、中小型科技企业26家。14个二次开发项目完成区级审批，盘活存量土地340亩。

编制钱清(2018—2035年)总体规划和集镇区域两个单元的控制性规划，修编完善省级美丽城镇创建方案，参与国土空间规划和临空经济示范区规划编制。启动杭州中环、杭金衢至杭绍台高速连接线建设，杭绍城际轨道交通全线贯通，风情线列车延伸至杭州南站。

申报入选"名士之乡"英才计划5人，授权专利246项，新增国家发明专利81项。引进区块链数字中心、中科大等投资10亿元以上项目2个，开工入库项目5个，投产4个，建设投资55亿元宝龙商贸综合体项目。新增"杭绍一体"自助化设备2台，杭绍政务服务近200个业务事项跨域办理，审批中心办理便民事项3.71万件。

2020年，钱清街道街景　（钱清街道　供稿）

投入2435万元，完成12家事业单位、108家工业园区、113家六小行业、17个生活小区改造。镇村两级96个区级检测点水质达标，河道断面无Ⅴ类、劣Ⅴ类水质。整改中央环保督察反馈问题10件，完成1000余个投放点省新标更换、6500余个新标喷桶工作，投放垃圾分类宣传广告、公告牌300余处。创建美丽庭院823户，完成乱堆乱放整治2196

处。$PM_{2.5}$ 年平均浓度为 23 微克 / 立方米，达历史最低值。环保整治企业 150 余家，锅炉低氮化改造 23 家；渣土清运出动人员 231 人次，查处车辆 50 余辆；餐饮单位油烟净化装置安装率 100%；露天焚烧处置秸秆焚烧预警 2120 次，处理秸秆焚烧 200 余起。开展"森林钱清"行动，新增国土绿化面积 135 亩。

发放慰问、低保、救助金及物品共 355.22 万元。新建凤仪村居家养老服务照料中心，提升联兴村和前梅村村级居家养老服务照料中心，完成困难老人适老化改造 20 户。清风村、岭湖村家宴中心通过区级标准化厨房验收，九岩村家宴中心通过省级放心厨房验收。新增 5 个"五星 3A"市级达标村。

开展新冠肺炎疫情防控，制定《疫情联防联控工作机制》，在 23 个村（社区）和 104 国道关键点设卡 456 个，动员党员群众 4000 余人，成立各级志愿者队伍，组建 2 个临时党支部与 23 支党员突击队，实现疫情零感染。154 家规模以上企业、1608 家工业企业复产复工，发放奖补金 5000 万元。

2020 年 1 月 29 日，钱清街道新冠肺炎疫情防控党员志愿者在党旗下宣誓　（钱清街道　供稿）

新增 2 个省级、3 个市级民主法治村，23 个村（社区）民主法治村全覆盖。钱清反诈工作室处理网格件 2.24 万件。成立钱清街道矛盾纠纷调处化解中心，23 个村（社区）全部挂牌，办理信访件 4175 件。"军人之家"获省级"新时代枫桥式"退役军人服务站、市级"双示范"服务站称号。应急管理站、消防救援站建成，智慧消防警务站扩容升级。新增集镇公共车位 45 个，创建省级四星级食安办。

【钱清中国轻纺原料城年成交 637.73 亿元】 2020 年，钱清中国轻纺原料城成交量 637.73 亿元，比上年增长 2.67%。原料市场做好疫情防控，复业率 100%。落实减免政策，惠及 757 户经营户，减免金额 436.97 万元。对接绍兴千人计划柯西产业园，改造柯西产业园原料市场区块立面。

【未来科创城建设】 2020 年，钱清街道完善 4.7 平方千米浙江绍兴人才创业园（柯西园）城市设计方案，启动中欧产业园建设，实施"一厅两器"改造工程，形成"一园三地"产业布局。

【钱清街道综合应急消防救援站建成】 2020 年，钱清街道综合应急消防救援站建成，建筑面积 3585 平方米，投资 1100 万元。有指战员 25 人，编有 3 个战斗班组，配备灭火作战消防车 2 辆，承担钱清、杨汛桥及附近镇（街道）应急救援任务。（沈丹丽）

杨汛桥街道

【概况】 杨汛桥街道位于柯桥区西北部，东与钱清街道相连，南靠夏履镇，西北以西小江为界与萧山区所前、新塘、衙前等镇（街道）毗邻，距杭州城区 30 千米。杭金衢高速公路、104 国道南复线穿境而过。2020 年区域面积 37.85 平方千米，辖 11 个行政村、6 个居委会、5 个社区，户籍人口 3.5 万人，外来人口 3.89 万人。

2020 年，杨汛桥街道财政收入 9.41 亿元，比上年增长 29.77%；一般公共预算收入 5.83 亿元，比上年增长 29.83%；规模以上工业总产值 99.15 亿元，比上年增长 9.3%；规模以上工业增加值 19.8 亿元，比上年增长 9.3%；规模以上工业企业销售收入 86.7 亿元，比上年增长 5.1%；自营出口 13.71 亿元，比上年增长 12.37%。

签约杭州普兴汽车科技有限公司年产量1000万套十字轴万向节总成项目、杭州中德机械配件有限公司年产3000套全自动单晶炉高精密配件项目，融杭产业落地投资超8亿元。新月朗等企业研发、生产医用口罩，日产医用口罩30万只以上。5家企业通过国家高新技术企业认定，增加省科技型中小企业34家，授权发明专利12项，自主申报绍兴海内外英才计划1人。

全年$PM_{2.5}$平均浓度24.61微克/立方米，比上年下降32.4%。委托国家一级物业公司，对全街道8000余农户生活污水设施进行污水专业化处理。农村生活垃圾分类经验在国家和省、市级媒体报道10余次。

投入660余万元办理城乡居民医疗保险1.92万人，参保率99.9%。投入1000万元维修改造杨汛桥实验中学新校区和江桥校区。中心幼儿园新建工程主体结顶。投入200余万元为9380名55周岁以上老人免费开展脑卒中危险因素和肺癌早筛，为4118名65周岁以上老人免费接种流感疫苗。完成征兵任务，向部队输送优秀青年10人。新建文化家园3个，17个村（社区）文化礼堂（文化家园）开展各类活动400余场次。

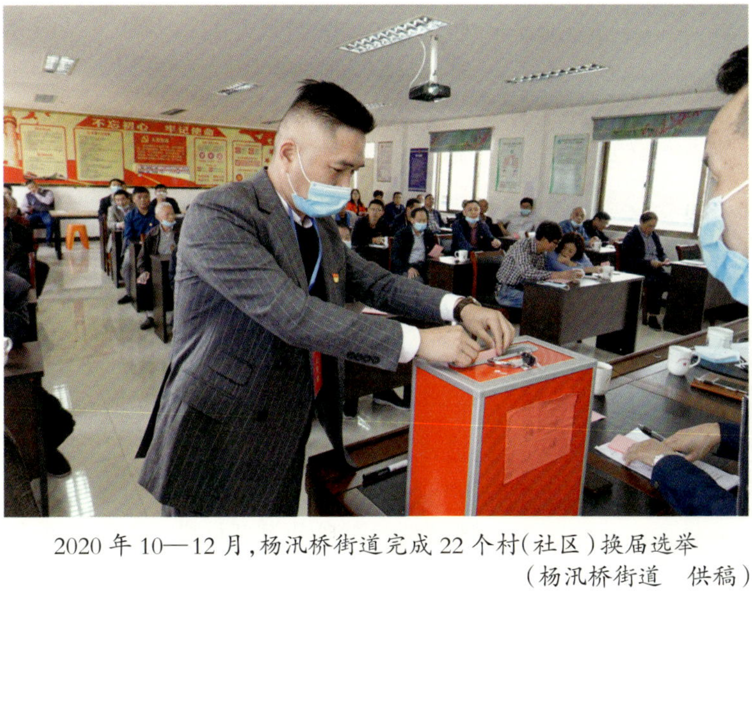

2020年10—12月，杨汛桥街道完成22个村（社区）换届选举
（杨汛桥街道　供稿）

排查、调处矛盾纠纷121起，涉及金额1180余万元。竹园童村、蒲荡夏村分别创建为省级、市级民主法治村。全年全网格处置事件总数1.46万件，办结率100%。建成街道乡贤娘舅工作室，打造2个区级村（社区）乡贤娘舅示范点。

22个村（社区）完成换届工作，选出村（社区）两委班子成员124人。和树人大学合作成立柯桥区首个镇街级党员干部教育培训学院，成立十大党员干部教育培训基地。

2020年1月28日，杨汛桥街道成立高速出口疫情防控临时党支部
（杨汛桥街道　供稿）

在杭金衢高速柯桥西收费站设立新冠肺炎疫情防控监测点，派出机关干部、基干民兵2500余人次，值守134天，查验登记各类车辆1万余台，检测进绍人员1.3万人次。村社干部、党员志愿者1000余人次，对11处萧绍通道设置防疫检测点，核对疫情信息5000余条，筛查重点人员4000余人次。

【西小江流域与萧山区共治】 2020年，杨汛桥街道与萧山区所前镇、新塘街道、衙前镇等镇街以“杭绍共护一江水、共建共享幸福河”活动为契机，探索建立两地区县“流域共治”联席会议制度、联合执法制度，形成“合作共治、责任共担、水域共享”流域保护。推进上下

2020 年 8 月 7 日，杭甬运河（西小江）"流域共治"启动仪式举行
（杨汛桥街道 供稿）

游、左右岸机制联动、水岸共治与水质提升。萧山携手柯桥结合两地悠久的历史文化，统筹挖掘两地流域水生态、水资源、水环境和水文化，将西小江打造成跨地市的省级幸福河湖示范创建样板。

【杨汛桥创建为省 AAA 级景区镇】 2020 年，杨汛桥街道围绕一江五区两主题布局，重点建设科创智汇、问禅养心、历史人文、山水休闲四条旅游线路，创作一张手绘图、一本旅游册、一套文创品，提炼杨汛桥十景、杨汛十碗头，开展芝湖渔乐节、全民登山节、窗帘窗纱展会等活动，创建为省 AAA 级景区镇。（边军樑）

2020 年，杨汛桥街道创建为省 AAA 级景区镇
（杨汛桥街道 供稿）

马鞍街道

【概况】 马鞍街道因境内有一山丘形似马鞍而得名，位于绍兴市柯桥区东北部，东临曹娥江，西接萧山区，南邻越城区袍江开发区，北至钱塘江，距杭甬高速公路三江道口 2 千米，萧山国际机场 20 千米，柯海线、钱滨线穿境而过。区域面积 110 平方千米，基础设施配套面积 65 平方千米，建成区面积约 50 平方千米，大部分系滩涂围垦而成，属平原水乡。辖 11 个行政村、2 个社区、2 个居委会，常住人口 3.95 万人，外来登记人口 20 余万人。2020 年，先后获评第二批全国农村公共服务典型案例、浙江省农村文化礼堂建设示范县（市、区）示范乡镇（街道）、浙江省第二次全国污染源普查成绩突出集体、浙江省美丽城镇建设样板建设乡镇行动方案省级优秀。

马鞍街道依托中国轻纺城发展优势，形成 PTA（化纤）、纺织印染、新材料（薄膜、碳纤维）、金属制造（装备机械）和环保能源 5 个产业。入驻工业企业 1910 家，其中规模以上企业 268 家。印染、化纤两大重点产业产值 628.3 亿元，其中印染企业 109 家，产值 442.8 亿元。

全年生产总值 213.1 亿元，比上年增长 4%。规模以上工业产值 1079.8 亿元，比上年增长 0.8%。规模以上工业增加值 259.3 亿元，比上年增长 3%。财政总收入 36.6 亿元，比上年增长 1.7%；其中一般公共预算收入 21.3 亿元，比上年增长 5.6%。民间投资 78.2 亿元，建安投资 58.6 亿元；自营出口 79.5 亿元；实到外资 3306 万美元；居民人均可支配收入 4.74 万元，比上年增长 8%。

越城 5 个印染组团建设项目如期推进，绍兴百丽恒印染有限公司等 5 家印染企业实施厂房改建，18 家企业完成智能化改造。签约旗滨新材料产业园、宝武精功碳纤维等 5 亿元以上项目 8 个，总投资约200亿元;永盛科技二期试生产,苏泊尔厨卫、华普高端金属薄板投产;震东新材料、普尔惠金属、凯迪锌材等二次开发项目过会,盘活存量土地665亩。培育获批国家高新企业25家、省科技型中小企业29家、市级绿色工厂5家;新增国家专精特新"小巨人"企业1家、"品字标浙江制造"企业4家,净增"小升规"企业12家。自主申报入选省级引才计划3人、省"万人计划"1人、绍兴海内外英才计划3人、省海外工程师1人。工业区新滨广场商业综合体招商,蓝印小镇综合体完成土地拍卖,老集镇勤业商贸综合体开工建设,商圈布局基本形成。

31省道北延通车,汤公路、柯海线实现互通,圆驾桥路东拓、东市桥改建、商贸区11条内部道路完工,江滨路改造推进。全年完成国土整治748.9亩、粮食功能区提升776亩、高标准农田建设800亩。宏芳家庭农场入选第二批全国家庭农场典型案例。集聚区6个口袋公园及生态停车场完工,完成老旧小区升级改造82.4万平方米,7个小区燃气入户配套建设。核心商贸区实现禁货,查处违规渣土运输车38辆次,拆迁拆违8.2万平方米,完成商贸区高压强电管线入地工程。

推进疫情防控,核查信息数据1.1万条,居家隔离1434人次,核酸送检1628人次,区域内未发生感染病例。全年补贴企业职工体检8625人,65周岁以上老年人免费接种流感疫苗3321人,免费筛查"两癌"2331人。马鞍医院三级乙等综合医院改扩建工程完成规划选址,旺角、新二医疗卫生服务站建成投用,创建成国家卫生镇。马鞍中学报告厅、新海园区开园投用,中心幼儿园创建成省一级幼儿园。继续执行教育教学"双百万"政策,兑现奖励补助141.4万元。

整治117个工业废气和55家企业重点行业VOCs,完成第二轮中央环保督察整改,全年$PM_{2.5}$浓度均值降至29微克/立方米,完成"污水零直排区"创建。落实定型机强制定期清理制度,停产整治企业11家,开展危化品、有限空间、纺织品仓库专项整治,累计排查企业461家次,约谈企业25家次,整改隐患826处。化解信访积案6件,化解率100%。开展"蓝盾反电诈"和交通安全治理专项整治,组建15支村级夜巡队,增强村居治理力量。平稳完成15个村社组织换届。

【马鞍街道3个公园建成】 2020年,马鞍街道驼峰山城市生态公园、木枝湖生态公园和镜海嘉苑西侧公园建成。湖安村、山外村创建为AAA级示范村,镜海社区创建为"五星达标"社区,滨海大河获评省级美丽河湖。

2020年,马鞍街道湖安村、山外村创建为AAA级示范村
(马鞍街道　供稿)

【"八个一"惠民工程入选全国农村公共服务典型案例】 2020年,马鞍街道每个村建设"八个一"(灯

2020年11月9日,马鞍街道"八个一"惠民工程之一村级健身场所
(马鞍街道　供稿)

光篮球场、笼式足球场、健身跑道及健身角、村级城市书屋、高标准文化礼堂、高标准医疗服务中心、高标准老年活动中心、高标准家宴中心）惠民工程，总投资约 3500 万元，解决居民最关心、最直接、最现实的民生问题，入选全国农村公共服务典型案例，相关做法被写进区委全会报告和柯桥区“十四五”规划，作为先进经验全区推广。

2020 年，齐贤街道西大门　（齐贤街道　供稿）

【马鞍街道获评省农村文化礼堂建设示范镇街】 2020 年，马鞍街道集镇城市书房、柯海城市书房相继建成使用。推进农村文化礼堂“建、管、用、育”，实现行政村文化礼堂、智慧礼堂双覆盖。全年累计开展“周末剧场”等各类活动 450 余场次。

【昌鸿商业综合体改造完成】 2020 年，马鞍街道核心商贸区昌鸿商业综合体完成改造，该项目总投资 5 亿元，占地 8 万平方米。商业综合体内有开元曼居、肯德基、马鞍食阁及万客隆超市。（李　丹）

2020 年 12 月，马鞍街道昌鸿商业综合体改造完成（陶　聪　摄）

齐贤街道

【概况】 齐贤街道地处柯桥区西北郊，紧邻柯桥城区，东临马鞍街道、越城区斗门街道，南接柯桥街道，西连安昌街道、华舍街道，北与萧山区党山镇为界，杭甬高速、杭甬客运专线、钱江三通道、杭甬运河穿境而过，绍兴北站、柯桥客运中心依镇而建。区域内有隋唐羊山石佛、渊明故里等古迹，为全国重点镇、中国乡镇投资环境 100 强、全国环境优美乡镇、中国纺织机械制造名镇，位列浙江百强乡镇排名第八。2020 年，区域面积 32.47 平方千米，辖 20 个村（居委会、社区），总人口 11.97 万人，户籍人口 5.38 万人。地区生产总值 136.87 亿元，财政收入 9.88 亿元。获评中国最具幸福感街道、中国最美宜居宜业宜游街道、新时代美丽城镇建设市级样板和绍兴市 AAA 级景区街道。

投资 20 亿元齐贤 · 百布汇在齐贤街道签约落户，投资 30 余亿元健康岛落户柯北。中奔汽车、龙凯纺织、杰卡德等项目落成投产，中信重工、北大青鸟等项目稳步推进，杭州湾数智港形成规模。龙华工具、元筑住宅、亚美实业等项目投产。壹迦科技、兴力华威等民营科技园区建成招商，美佳热电、优创光能等园区利用腾退闲置土地筹建新型产业用地项目。处置五环实业等“僵尸企业”3 家，盘活低效土地 100 亩。

精工绿筑获得国家科技进步一等奖，福元科技等 26 家企业获评国家级高新技术企业，盖科生物等 25 家企业获评省级科技型中小企业，迅实科技等 4 家企业获评省级高新技术企业研发中心，津膜科技获评省级研究院，瑞创生物入选省级领军型创新创业团队，亚申科技创建市级院士专家工作站。“越剑智能”上海证券交易所上市，“金道科技”实现当年辅导、当年报会，迅实科技、元筑科技等企业上市启动。

2020 年 4 月 15 日，“越剑智能”在上海证券交易所上市
（齐贤街道　供稿）

按照省一级标准，新建齐贤中心幼儿园陶里园区，改造齐贤中学校园，启动齐贤中心小学陶里校区风雨操场建设。完成 60 周岁及以上人员脑卒中危险因素筛查，设立“医疗集团发展基金”，通过医共体平台，齐贤医院上级专家坐诊 386 人次，门诊 4521 人次。街道居家养老服务中心投入运行，迎驾桥无障碍社区通过验收。成功创建首批省四星级食安办，下方桥社区等 3 个村（居委会、社区）完成家宴服务中心建设。获评市“扫黄打非”示范镇街，完成柯北等 4 个文化家园、12 个智慧礼堂建设，文化礼堂（文化家园）、智慧礼堂全覆盖。全年帮助困难群众 6726 人次，发放各类救助金约 668 万元。

2020 年 2 月 10 日，齐贤街道区域内企业复工复产现场
（齐贤街道　供稿）

推进疫情防控，党员干部 24 小时值守杭甬高速柯桥出口，守好柯桥北大门。大数据分析落实，收到各种指令 6816 条，反馈率 100%；接收村（居委会、社区）、企事业单位上报摸排信息 1658 条，管控人员 876 人次，随访 9657 人次；送检核酸、血清检测 649 人次。

推进亚运会攀岩项目（羊山一期）拆迁，涉及住宅 941 户、非住宅 61 户，建筑面积约 80 万平方米，签约腾空率 98.1%。做好高泽居、阳嘉龙村旧村改造、镜水路延伸工程、青旅羊山一期项目拆迁。完成重大工程土地征用，杭州湾环线高速公路柯桥互通改扩建工程、健康岛、亚运会攀岩场馆等总计征地 1136 亩，保障重点基础性工程落地落实。老旧小区改造加装电梯 19 台。编制柯北亚运板块概念性规划设计，启动柯北城市有机更新项目。消防救援站、城市书房、西入口节点等 15 个工程投入使用，水街立面、成校地块、便民服务中心等工程实施。启用无人机智能立体巡视方式，拆违 7.8 万平方米，加强高档小区违建管控。

【“齐贤水街”建设】 2020 年，齐贤街道以重现“齐贤水街”为目标，增加 3 处主要出入口景观点，建成 6.3 千米绿色游步道和玉屏山公园，新建改建公共停车场 8 个。

安昌街道

【概况】 安昌街道位于绍兴市柯桥区北部，与杭州萧山区瓜沥新城毗邻，距萧山国际机场约 10 千米，紧邻环杭州湾高速南线，是杭甬高速柯桥出口所在地。拥有国家 AAAA 级景区安昌古镇，是第二批中国历史文化名镇、CCTV 中国魅力名镇和中国师爷文化之乡、浙江省首批非遗主题小镇、浙江省首批旅游风情小镇。2020 年，区域面积 23.75 平方千米，户籍人口 3 万余人，流动人口 4 万余人，辖 9 个村委会、4 个居委会（社区）。财政总收入 8.48 亿元，比上年增长 2.2%；一般公共预算收入 5.33 亿元，比上年增长 2.4%，常住居民人均可支配收入 3.88 万元。

2020 年 10 月 18 日，恒生凤凰数字经济产业园举行开工仪式　　（朱家宏　摄）

引进温德姆酒店、华美达酒店 2 个高端酒店项目，恒生凤凰数字经济产业园二期、瓦栏国际数码时尚城动工建设，开元观堂酒店项目主体建成，远大勤业二期、厚创新材料、捷众科技、中环铜业、宗球纺织等项目推进建设。

东盛慧谷创新服务综合体一期启用，建立绍兴百立盛新材料科技有限公司专家工作站。自主申报省级引才计划 2 人、绍兴海内外英才计划 1 人，引进省级以上领军人才 1 人。完成 16 家国家高新技术企业、40 家省级中小型科技企业评审，“闻铭机械”“知乐电子”挂牌浙江省股权交易中心成长板。

完成 2 件省级环保督察信访件，对 6 家散乱污企业实施清退，1 家小微园区停产整治。区域内 6 项重点涉气问题限时销号。重点对区域内涉粉尘废气企业进行综合治理，检查企业 253 家次，整改隐患 123 处，清退企业 31 家。全年清淤 1.07 万立方米，通过市区两级“污水零直排区”验收，完成农村生活污水治理信息录入以及标准化复核评价。

新冠肺炎疫情防控落实“源头查控＋硬核隔离＋精密智控”机制。完成 1300 余人次涉疫人员核查、900 余人次居家隔离，控制疫情期间古镇景区游客流量，保持辖区内新冠疫情零感染。

优化“安昌古镇”旅游金字招牌，完成一河两岸二期工程，引进律行慈舍、天官第文创园等新兴项目，举办第二十二届腊月风情节、2020 省级“文化和自然遗产日”、第四届“非遗嘉年华”等活动，2020 年度景区接待游客突破 282 万人次，旅游收入破亿元。

成立品牌调解室“老王工作室”、“安师爷调解室”、乡贤联络站，全年办结各类信访件 2416 件，完成 7 件省级农村建房信访件及 9 件市级信访积案件，办结率与化解率均达 100%。开展法治小镇建设，开通绍兴首档普法类访谈节目《师爷说法》。

【“一肩挑”干部“廉政保证金”制度试点】 2020 年，安昌街道完成村级组织换届试点，探索户代表测评等举措，选好领头雁 13 名，配强 75 名两委班子成员。抓好新老班子工作交接，村社两委班子领办民生实事 75 件，试点“一肩挑”主职干部“廉政保证金”制度（街道根据他们每年工作表现，拨出专款存

2020 年 7 月 16 日，安昌街道村（社区）组织换届选举工作动员会召开　　（朱家宏　摄）

入专门为他们设置的廉政保证金账户，作为他们离岗后的一项经济补助，期间发生违纪或违法事件，这笔钱将被部分或全部扣除）与村居三务公开电子化工作。

【安昌街道创建成省 AAAAA 级景区镇】 2020 年，安昌街道确定“年味古镇地道安昌”品牌及 LOGO，打造主题鲜明旅游门户形象，通过改善核心景区环境面貌、修缮古迹确保景观和谐、改善设施提高服务功能、精准梳理产品与业态，创建为全市首个省级 AAAAA 级景区街道。

2020 年 9 月 25 日，绍兴市美丽城镇建设工作现场推进会在柯桥区举行（朱家宏 摄）

【安昌街道获评美丽城镇建设省级样板】 2020 年，安昌街道提升城镇能级品味，总投资约 15.25 亿元，实施越州大道停车场、环镇北路立面改造、古镇老街产镇融合改造、镇南新村老旧小区改造等 49 个建设项目，承办全市美丽城镇建设现场会，获评新时代都市节点型美丽城镇建设省级样板，全市唯一。（赵 臻）

福全街道

【概况】 福全街道因境内有“福全山”而得名，位于柯桥区中部，东与越城区鉴湖街道相邻，南接兰亭街道、漓渚镇，西部北部分别与柯岩街道、越城区东浦街道相连。为鉴湖女侠秋瑾、著名教育家许寿裳故乡。距绍兴市区 4 千米，距柯桥城区 11 千米，104 国道南复线穿境而过，素有“金三角”美称。2020 年，区域面积 39.83 平方千米，辖 22 个行政村和 2 个居委会，户籍人口 4.2 万人。

福全街道财政总收入 9.29 亿元，比上年增长 23.19%；一般公共预算收入 5.24 亿元，比上年增长 19.9%；自营出口 22.39 亿元，比上年增长 5%；工业销售收入 75.33 亿元，限额以上批发业销售额 148.25 亿元。

引进文德风匠智能物联等产业项目 4 个，总签约金额约 15 亿元；浙江思密达智能装备工业机器人系统集成项目落户。引进齐达商务产业园、龙扬建筑等 17 个项目。盘活低效用地，福全山村村级工业物业更新提升项目列为区级试点，违建厂房拆除，平整土地 130 余亩。

杨绍线拓宽住宅拆除，完成金三角集镇杨绍线北侧房屋（一、二期）拆迁；启动金三角“未来社区”试点创建房屋拆迁项目。完成杭绍台高速（镜水路延伸）福全段、杨绍线福全段改建工程征地，管线迁改同步推进。集镇住宅小区阳台雨污分流，推进漓渚江游步道规划选址、河道占用许可手续办理。推进“无违建镇”创建，拆除违法建筑 53 处，总计 6.65 万平方米，新建违建处置率 100%。推进全国文明城市和国家卫生

2020 年 4 月 21 日，福全和大姐志愿服务队（福全街道 供稿）

城市复评“双城”同创工作。

新冠肺炎疫情防控摸排中高风险地区人员3600余人次，处理省、市指令2462条、表格指令1380余条，各类人员隔离管控730余人次、居家观察220余人次、核酸检测400余人次，组建20支党员“先锋突击队”，评选10名“最美党员志愿者”。和大姐志愿服务队获评“柯桥好人”，2人获评“绍兴好人”，朱文美获评“浙江好人”，入围“中国好人”榜。

出台复工复产减租减税，为83家企业发放复工复产补贴120余万元，459家企业发放以工代训补贴130余万元。科强生态化生猪养殖项目扩建，生猪全年出栏量9万头，确保“肉篮子”供保价稳。

受理信访件2200余件，受理率、按期办结率和核实率100%。化解省、市级交办件5件，重点信访积案9件，化解率100%。组建乡贤娘舅队伍，建立镇村两级乡贤娘舅工作室。

推进环境卫生“放心村”创建，18个村通过验收；11个村（居委会）完成再生资源回收站点建设并投用，10个小区完成垃圾分类投放点建设，欣华村、“亲亲·幸福家”小区分别通过省级高标准生活垃圾分类示范村（小区）验收，其中欣华村垃圾分类工作被央视新闻综合频道专题报道。

全年推送微信公众号信息250篇，区级以上媒体报道73篇，其中省级媒体报道12篇、国家级媒体报道4篇。新建文化礼堂9个，城市书房“半江书屋”运营，成为全市网红打卡地，农耕文化馆建设完工。全年举办“幸福水乡才艺秀”优秀节目走亲演出等各类文体活动730余场次；美食文化故事《绍三鲜》被“学习强国”转载。

全年发放灵活就业社保补贴约190万元，为263人办理失地农民养老保险支出3500余万元。发放低保金218.76万元，医疗救助金33.23万元，残疾人补贴140.93万元，各类慰问金96.53万元。实行“一站式”综合服务模式，全年共办理事项4.49万件。

投资约100万元完成120急救站建设并投用，改建村卫生计生服务站2家、精品社区4家。计生管理服务、“两癌”筛查工作有序开展。深化食品安全党政同责规范化建设，创建省三星级食安办，创建A级标准家宴服务中心4家，梅峰村家宴中心通过省级放心厨房验收。

24个村社完成换届，“一肩挑”人选高票当选。升级“福英计划”，公开选拔三批次81名村级后备人才、28名村级后备干部，改善干部年龄结构。开展各类干部教育培训15场次，村级党组织书记区级备案管理完成率100%。发展党员24人，规范组织关系管理。完成298名监察对象干部廉政数字化档案；运用监督执纪，对12人作出党纪处分，其中开除党籍2人、留党察看2人、严重警告处分2人、警告处分6人。

【科技奖励资金兑现570余万元】 2020年，福全街道完成绍兴国际智造产业社区封装改造工程。创建国家高新技术企业3家，列入区政府重点培育科技型成长企业3家，通过省科技型中小企业评审27家，授权发明专利62件，实用新型专利36件，外观专利10件。成果获得新华社、《经济日报》《工人日报》等5家央媒集中报道。全年兑现科技奖励资金570余万元。

【投资7770万元完善基础设施】 2020年，福全街道投资7770万元完基础套设施。投资约1220万元改造3条“差等路”、投资约1000万元改造南江桥等4座桥梁。投资3400万元扩建完成秋瑾幼儿园，投资450万元改造赵家坂小学机耕路环线，投资1700万元新建秋瑾中

2020年11月，福全街道城市书屋 （福全街道　供稿）

学食堂和改造田径场。

【福全街道网格巡查区域全覆盖】 2020年，福全街道实现网格巡查区域全覆盖，全年上报事项1.78万件，处置率100%。落实重点领域安全隐患排查整治，全年检查1257处，落实整改935处。创建省级民主法治村1个，区级无邪教村12个，道路交通事故死亡人数比上年下降50%。（马蓓颖）

2020年8月，福全街道全国民主法治示范村锦坞村

（福全街道 供稿）

兰亭街道

【概况】 兰亭街道位于柯桥区中南部，因春秋越王句践植兰于此，汉代建有驿亭而得名。31省道（绍大线）和杭绍台高速贯穿全境，绍诸高速在兰亭设有出口。境内有兰亭风景区、印山越国王陵、阳明园、徐渭墓等名胜古迹，是全国环境优美乡镇、中国针织名镇、中国竹笋之乡、全国千强镇。2020年，区域面积83平方千米，辖20个行政村，1个社区，户籍人口3.23万人，流动人口1.07万人。

财政总收入3.66亿元，其中一般公共财政预算收入2.36亿元；工业投资5.3亿元，规模以上工业产值32.02亿元，规模以上工业增加值5.71亿元；自营出口22.5亿元。获评省AAAA级景区街道、省级美丽城镇达标镇街及市级样板。

45家企业按期复工复产，851名职工享受复工奖励61.93万元，纾困小微企业和个体户415家。实施存量土地腾笼换鸟项目8个，技改项目23个，投资9.59亿元。浙江西大门新材料股份有限公司股票在上海证券交易所上市，发行股票2400万股，募集资金5.08亿元。新增成长板挂牌企业4家，新认定国家高新技术企业1家、省级科技型中小企业6家，引进绍兴海内外英才计划人才1人。作为全区2个试点乡镇之一，完成联合村整村800余亩土地流转和“退苗还粮”，全年粮食种植面积3000余亩、复种面积4100余亩，分别比上年增长16.4%、11.7%。完成“旱改水”、土地开发项目3个。配合引进漓铁文创综合体、方特“国学文化博览园”等重大项目。

野生动物园一期项目完成征租地460余亩、迁坟安置526穴，兰陵路、木栅桥区块、兰一路（娄宫2号地块）完成拆迁，兰渚大道、绍兴二院兰亭院区（康复医院）拆迁有序推进。编制省级美丽城镇建设规划，完成工业园区景观提升、公交3路兰亭首末站迁移、中心路和亭四路提升等19类55个整治项目，总投资4.8亿元。销号存量违建11万平方米。新增5个五星达标村，创建7个省A级及以上景区村。

关停取缔铸造行业4家、水泥制砖厂（作坊）5家，停产整治砂石加工企业4家，查处渣土车违章18起、秸秆焚烧16人次。全年$PM_{2.5}$平均浓度26微克/立方米，比上年下降27.8%。开展污水零直排创建回头看，完成外湾、高湾、塘狗弄、塘家弄4座山塘水库除险加固，兰东溪、古筑溪小流域项目通过验收。新增垃圾分类投放点12处，改装投放点500余处、集置点10处。秀竹园创建为省级高标准垃圾分类示范小区，古筑村创建为市级垃圾分类示范村，古筑、张家葑、谢家坞、紫洪山4个村创建市级垃圾分类准确村。

启动兰亭中心小学综合楼建设，新增4个省级卫生村、15个红十字会组织，提升7家村居家养老服务中心，新建3家家宴服务中心。投资960万元的兰亭街道农贸市场开业。实施低收入农户建档结对帮扶，解决饮水、住房困难等问题45个。新建改建8个文化礼堂，承办“兰亭杯”全国农民书法大赛、“名家名品下基层”精品越剧巡演、“精品曲艺下基层”

等各类活动，村歌《活水源头》荣获市首届村歌创作大赛金奖。谢家坞村获评第六届全国文明村。新增2个省级民主法治村，入选“浙江好人”2人。建立街道、村两级调解中心。

村社组织换届选举，调整16名村干部，21名村（社区）党组织书记按照法定程序，全部当选为村（社区）委会主任。完成街道工会、村团支部、妇联换届。实施驻村（社区）指导员“双向选择”暨“拜师礼”活动，出台激活“三驻干部”内生动力五项举措，创新举办助力“五星3A”“献礼七一”等活动。街道“三驻三服务”经验和做法在全市推广，被《人民日报》《浙江日报》等媒体报道12次。推进清廉村居创建，完成农村集体“去现金化”改革及8个村“三年一轮审”，设立一村一监察联络站。结合村（居委会）延伸巡察，完成18个村对照检查。兰亭人民法庭暨旅游巡回法庭挂牌。

构筑新冠肺炎疫情联防联控防线，成立兰亭高速出口临时党支部，全年摸排重点人员2059人次，居家管控915人次，核酸筛查1106人次，收到人大代表、政协委员、热心企业家和党员、群众等各类捐款捐物26批次。

【浙江民艺拼布博物馆开馆】 2020年5月18日，浙江民艺拼布博物馆在兰亭街道开馆。总面积2500平方米，以拼布被面、拼布壁挂、拼布家居为特色，分中国少数民族拼布区、中国现代拼布区、中国当代拼布区、国际拼布区、服装区等多个部分，展示收藏作品600余件，展现拼布艺术独特魅力，传承优秀传统文化。（邵梦佳）

【全市首个侨文化馆建成】 2020年12月，全市首个侨文化馆在兰亭街道紫洪山村建成开放。选址兰亭籍侨胞章传信故居，占地300平方米，投资250余万元，以图文和实物全方位展示兰亭街道侨乡侨情侨史、涉侨知识宣传及重点侨港胞事迹作品，展示广大兰亭侨港胞嘉言善行，成为爱国主义教育基地。被评为2020年度中国侨联系统优秀“侨胞之家”。（张国燕）

2020年12月，兰亭侨文化馆内景　　（徐罗杰　摄）

2020年5月18日，浙江民艺拼布博物馆开馆　（兰亭街道　供稿）

【“水墨兰亭·桃缘有约”文化节】 2020年7月，兰亭街道举办“水墨兰亭·桃缘有约”文化节，通过采取“桃缘结谊·2020兰亭水蜜桃树认领”网络直播，制作《遇见兰亭·桃》专题宣传片及抖音短视频，发放消费券、现场授信、水蜜桃王争霸赛等活动，助力水蜜桃产业发展。兰亭水蜜桃被列入全区首批柯农优品培育品牌。（盛晓玮）

夏履镇

【概况】 夏履镇，相传由大禹治水途经此地“履遗不蹑”而得名。地处柯桥区西北部，东连钱清街道、湖塘街道，南接诸暨店口镇，西邻杭州市萧山区进化镇，北连杨汛桥街道，距杭金衢高速杨汛桥道口6千米、杭州城区35千米、绍兴城区32千米、柯桥城区12千米。区域面积51.01平方千米，森林覆盖率83.1%，素有“九山一田”之称。1997年被联合国环境署评为生态环境全球500佳，系全国环境优美乡镇、中国非织造布特色名镇、全国文明镇、国家卫生镇。2020年，全域辖11个行政村、1个社区，户籍人口1.87万人，外来人口1万余人。

完成“企业上云”20家，申报科技创新企业4家，发明专利27件，授权实用新型专利14件，外观设计专利1件；完成“下升上”“个转企”企业9家；引进省海外工程师3名，入选省级领军型创新创业团队1个。增加工业投资项目6个，其中天辰医疗口罩自动生产线、夏茂纺织科技高档纺织面料生产线投产，推进华宸绣品纺织面料生产线、安纳杰日化科技湿巾生产线项目。启动莲谷精舍民宿项目、竹林静谷公园、越马拓展中心二期、双叶村民俗街等项目；完成签约未迟民宿、果哈哈主题公园等3个文旅项目。

西南通道一期路面工程通车，越王峥环山公路提档升级完成，集镇广场改造竣工，乡村书舍、青少年科普基地项目开工。云溪里、融杭府等房产项开工建设。拆除违章建筑2.64万平方米。实施全镇垃圾分类全覆盖工程。景区村创建、五星达标村，文化礼堂、智慧礼堂实现全覆盖。增加市级疗休养基地1处、区级5处，接待疗休养团队20多个，游客人数比上年增长10%，旅游综合收入超600万元。

成立镇新冠肺炎疫情联防联控工作领导小组，组建工作专班；设置镇、村两级卡口35个，实施24小时管控；开展村级网格摸排人员1万多人次，比对高风险地区暂住人口116人次，居家观察29人次，保持全镇疫情零感染。

夏履镇被评为省级林业产业先进集体、市闲置资源激活工作先进乡镇，莲东村创建AAA级景区示范村，夏履桥村、莲增村获评省级民主法治村，新民村获评省文明村，越王峥稻舍被评为浙江省银宿级民宿，夏履桥村获评市级垃圾分类示范村。

【乡村书舍开建】 2020年，柯桥区慈善总会牵头、宝业集团捐建的夏履乡村书舍开建。乡村书舍建于夏履集镇广场西南角，占地256平方米，分上下两层局部一层，总建筑面积395平方米，投入资金约350万元。书舍整体风格体现“山、水、人、文”的夏履地域特色。

【西南通道一期竣工】 2020年9月19日，西南通道夏履集镇段（一期）竣工通车。该项目北起钱茅线相接处，经谢家坞、徐阔坞和淡竹坞，南至夏福公路，全长1990.5米，总投资近2800万元。（吴燕铭）

2020年9月19日，西南通道夏履集镇段（一期）竣工通车
（吴燕铭　摄）

漓渚镇

【概况】 漓渚镇位于鉴湖水系源头，为柯桥区中部半山区镇。东临福全街道、南连兰亭街道，西接诸暨市店口镇，北与湖塘街道、福全街道仅一山之隔。据《越绝书》记载：“句践种兰渚山”，故漓渚又被尊为“国兰祖地”“春兰故乡”，区域内有姚启圣之墓、越国贵族墓葬等人文古迹，是柯桥区历史名镇。距绍兴市区12千米，距柯桥城区18千米。2020年，区域面积36.64平方千米，户籍人口2.17

2020 年 11 月 21 日，柯桥区全国劳模赴京受奖
（漓渚镇　供稿）

万人，辖 11 个村、2 个社区。曾获中国花木之乡、中国针织名镇称号。

全镇生产总值突破 30 亿元，财政收入 1.5 亿元，工业性投资 5.5 亿元，自营出口 2.5 亿美元。引进 2 个 5 亿元以上招商项目，盘活印染企业存量土地 100 亩，5 万平方米厂房开工建设。新增规模以上企业 6 家，全镇规模以上企业数量 57 家，销售超过 100 亿元。规模以上企业研发投入 8400 万元，新增 5 家高新技术企业，引进绍兴海内外英才计划人才 1 人。

全镇低保、残疾人、孤困儿童等困难对象发放社会救助 282 万元，帮扶弱势群体 4860 人次。完成镇级居家养老服务中心建设，户籍人员基本养老保险参保率 99.77%，基本医疗保险参保率 99.64%。5.6 千米太山岭环山公路建设投资 4000 余万元。兰渚大道改造工程（漓渚段）拆迁面积 1.4 万平方米。新建 1 家文化礼堂、4 家智慧礼堂，举办各类文化活动 300 余场次。举办“2020 漓渚・绍兴花市”金秋花卉音乐节，承办全市非遗兴乡大巡游，全年接待游客 18 万人次。

完成村（社区）组织换届，选出村（社区）两委班子 74 人，为 21 名离任村干部发放退职荣誉津贴 45 万余元。完善矛盾化解应急处置机制，建成漓渚镇矛盾纠纷调处化解中心。全年办结各类信访 831 件，办结率 99.4%。上报各级信息 1.07 万条，事件办结率 100%。创建 6 个区级无邪教村，国家级、省级、市级民主法治村各 1 个，全国文明村 1 个。

【漓渚获评省 AAAA 级景区镇】 2020 年，漓渚镇巩固“五星达标、3A 争创”成果，总投资 2700 万元开展景区镇创建，棠二村、九板桥村创建为浙江省 AAA 级景区村。棠棣村被评为全国乡村旅游重点村、中国美丽休闲乡村、全国文明村，漓渚镇获评浙江省 AAAA 级景区镇。

【三年田园综合体试点完成】 2020 年，漓渚镇完成三年田园综合体试点，吸纳社会投资 7 亿元，先后建成全省最大的兰花培育基地和绍兴最大的花卉展销基地，绍兴花市三期完成建设，一期 440 亩精品盆景区开园，全镇花木销售额超 10 亿元。

【金秋花卉音乐节举行】 2020 年 10 月，“2020 漓渚・绍兴花市”金秋花卉音乐节在漓渚镇绍兴花市展览大厅举行。音乐节开设非遗兴乡大巡游、曲艺表演、音乐演唱、直播带货等活动，3 场线上主播直播活动观看人数均超过 1000 万人次，商户单日成

2020 年 10 月，“2020 漓渚・绍兴花市”金秋花卉音乐节在柯桥区漓渚镇举行
（漓渚镇　供稿）

交额是平时3倍，国庆期间花市总营业额1000万元。（吕诚君）

平水镇

【概况】 平水镇地处绍兴会稽山北麓，紧邻绍兴市区，区域内有若耶溪、平水江水库、兰若寺水库、日铸岭古道、陶宴岭古道、峨嵋古道、刻石山、秦望山遗址。2020年，区域面积173平方千米，辖25个行政村、4个社区，人口5.3万人，获得全国卫生镇、全国无偿献血促进奖、浙江省AAAA级景区镇、浙江省消除集体经济薄弱村工作成绩突出集体、绍兴市生态文明建设突出贡献集体、绍兴市"闲置农房激活"工作先进乡镇等荣誉，平王线代表绍兴市入选全国十大最美农村路候选名单。

财政总收入5.23亿元，比上年增长18.02%；一般公共财政预算收入3.23亿元，比上年增长17.58 %；规模以上工业产值89.93亿元、销售收入87.8411亿元，自营出口2.98亿美元。完成固定资产投资3.40亿元，限额以上批零销售额25.50亿元。

运用"大数据+网格化"编织以各村（社区）、卫生院、派出所为核心新冠肺炎疫情管控网，核实境内外各类人员信息1万余条，居家隔离人员400多人次，实现辖区零感染。

引导"同康笋""海丰花""日铸茶"精深加工，做长农业产业链条。开展60座山塘水库标准化建设、3座山塘除险加固、3条小流域集中治理，盘活闲置农房7469平方米，流转土地1100亩。

推动一级水源地保护区内土地征收。实现平水江水库围栏设施、标识标牌全覆盖，落实日常巡查机制。开展"天眼监查、一线巡查和早晚督查"三查模式，落实三级"河长制"，完成污水零直排建设。抓好秸秆禁烧、扬尘污染防控、工业废气治理、畜禽污染整治，全年$PM_{2.5}$均值排名进入全区前3位，空气质量优良率90%以上，消灭Ⅲ类以下水质。环境卫生整治和生活垃圾分类全覆盖。

2020年7月31日，平水镇召开党建引领站所驻村工作会议，开启"站所驻村、村所共建"基层治理新模式，站所与全镇29个村（社区）一对一结对。站所驻村新模式推动部门站所重心下移，服务下沉，契约化党建，加强村所融合。

2020年7月，平水镇驻村工作签约现场　　（平水镇　供稿）

【2个自然村拆迁】 2020年，平水镇启动2次征地拆迁，分别为四丰石旗自然村、四丰裘家岭自然村，建筑面积3万平方米，其中，石旗自然村拆迁1.2万平方米，裘家岭自然村拆迁1.8万平方米，拆迁率100%。

【平水获评省AAAA级景区镇】 2020年，平水镇围绕"古越平水，养生福地"特色品牌，推出平水文

2020年4月20日，杭绍台高速平水段　　（林子龙　摄）

化旅游专题宣传片，举办古道登山、峡洞漂流、海丰菊醉等10场主题节会，挖掘"越溪诗路、越国古都、越中佛国、越茶日铸"特色文化，编辑整理《平水诗词》全集，完成王化村省级历史文化村落三年保护利用工作，日铸茶品牌中心、剑灶日铸埠头茶馆启用。2020年，平水镇获评浙江省AAAA级景区镇。

2020年，王坛镇　　（虞子安　摄）

【浙东唐诗之路云门文化研讨会在平水镇举行】 2020年12月30日，浙东唐诗之路云门文化研讨会在平水镇举行。会议以"今日尚和正成风　但待云门早重开"为主题，佛学界、文化界、书法界的知名专家、教授学者20人共同研讨平水云门文化复兴大计。（方思佳）

2020年12月30日，浙东唐诗之路云门文化研讨会在平水镇举行（平水镇　供稿）

王坛镇

【概况】 王坛镇为柯桥区南部山区镇，地处小舜江源头，省道绍甘线穿镇而过，汇入小舜江南北二溪环绕集镇，形成"双溪环抱、两山相拥"集镇格局。2020年，区域面积137平方千米，辖24个村，1个社区，人口3.3万人。获全国文明镇、新时代美丽城镇建设省级样板、省级旅游风情小镇、省AAAA级景区镇、浙江省园林城镇等荣誉。

2020年，财政总收入12352.8万元，比上年增长28.91%；一般公共预算收入5934.3万元，比上年增长23.63%。引进12家区外税源型企业，新增区外绿色税源1624万元，落地项目9个，投资11.5亿元以上。引进浙江宝业建设集团有限公司投资3000万元打造宝业早稻湾研学营地，舜王庙会入选国家级非遗。

新建生态洗衣房，推行"房长制"管理，获评"五水共治"工作考核优秀乡镇（街道）、省级2020年"美丽河湖"。开展小舜江南溪综合治理，治理长度24.5千米，7座山塘水库加固。区域内39条河道"一河一策"管理，增加河岸景观绿地面积1.6万平方米。76个断面水质检测结果均达到标准值及以上。

完成溪圃玻璃房等项目25个，落地村级集体闲置房屋激活项目6个。投入3500万元实施卫生院门诊综合楼新建工程。农村居家养老服务照料中心新建6个，升级改造1个。

【王坛获评全国文明镇】 2020年，王坛镇围绕全国文明镇创建，开展身边好人评选、好家风家训展示、文明家庭创建、最美人物评选等活动，民兴公园实施市级民生工程体育设施进公园活动，实现村村有队伍、村村有演出，王坛镇综合文化站完成省级综合文化站评级工作。被评为全国文明镇。

【王坛获评新时代美丽城镇建设省级样板】 2020年，王坛镇制定以"一心两轴五区"总体布局农业特色型美丽城镇规划方案及行动方案，投资1.8亿元，实施28个美丽城镇项目建设。凸显农业特色型创建目标，引进9个重点产业建设项目，吸引工商资本11.5亿元，被评为新时代美丽城镇建设省级样板镇。

【王坛获评省级旅游风情小镇】2020年，王坛镇以国家AAA级香雪梅海景区为基础，以青梅产业为特色、虞舜文化为底蕴，通过生态文化保护、基础设施改造、旅游业态培育等方式，建设省级醉梅旅游风情小镇。核心区建成风情非遗馆、文化广场、观景亭及长廊，旅游标识导览系统、Wi-Fi全覆盖、景点二维码语音讲解系统，咨询投诉、解说导览、租赁预订等功能完备。全镇民宿23家，游客约19万人次，旅游收入约8300万元，获评省级旅游风情小镇。

2020年，王坛镇数字田园溪圃项目　（房霏斐　摄）

2020年，王坛镇民宿　（王春华　摄）

【王坛镇实施省级农村综合改革集成建设项目】2020年6月，柯桥区入选浙江省农村综合改革集成建设项目县名单，全省共15个县(市、区)入选。柯桥区农村综合改革集成建设项目作为农村发展、农业转型、农民致富的重要渠道和乡村振兴的重点承载点及撬动点，实施地在王坛镇，包括青梅产业提升项目、天圣省级现代农业教育实训基地项目、探索农村宅基地“三权分置”改革项目等22个子项目，建设期限为2020年6月至2022年12月，2020年投入专项资金1718万元。至年底，成功开发王坛镇闲置农房使用权流转平台，畅通闲置农房流转信息渠道，挂牌闲置农房42处，成交1处；引进宝业等优质企业开发研学游项目，激活项目6个，吸纳社会资本约7330万元；引进并落地天圣现代农业、溪圃田园综合项目2个，引入城市双修理念，建设美丽田园综合体；实施青梅特色产业转型升级，与绍兴古越龙山果酒有限公司达成建设青梅酒研发基地合作意向。（杨　勇　章菲菲）

稽东镇

【概况】稽东镇地处柯桥区南部、小舜江源头，南、西分别与嵊州、诸暨两市接壤，东、北毗邻王坛、平水两镇，距绍兴市区32千米，省道绍甘线穿境而过。2020年，区域面积111.50平方千米，人口3.21万人，辖24个行政村，1个居委会。财政总收入9829.96万元，比上年增长8.52%；一般公共预算收入5086.18万元，比上年增长7.18%。稽东镇被评为浙江省文明镇。

区域内有耕地1.55万亩，山林14万亩，水田8299亩，毛竹2.7万亩，茶园1.94万亩，香榧5万余亩。稽东镇坚持内育外引，昌祥茶叶出口额4.5亿元人民币，玉龙茶业实现销售额4500万元。山娃子农产品“线下+互联网”，销售额比上年翻番，“山娃子”品牌香榧获2020年义乌国际森博会金奖。完成总投资140万元的镇标节点和游步道工程，创建1个AAA级景区村、2个AA级景区村、6个A级景区村。冢斜古村文化旅游节、柯桥区稽东香榧文化旅游节、稽东红豆相思周3个节会云端带货直

2020年，稽东镇风光　　（稽东镇　供稿）

杭绍台高速公路稽东段、车谷线、骆穿线拓宽提升工程、滨溪路二期Ⅰ段工程通车。推进稽江、竹田头等7个小交通项目，创建为全市“四好农村路”示范乡镇。完成总投资1800万余元饮用水达标工程。完成1.2千米北溪临时取水工程，每日可补充供水3000立方米，弥补鹅湖水库旱期水位下降。完善山区电商物流服务体系，完成“村村通”工程建设项目，打通山区电商物流“最后一公里”。清理工作常态化，整治乱堆乱放、庭前屋后杂乱7400余处。104户农户建房申请获准，比上年增长79.3%，居全区首位。拆除违建3.6万平方米，涉违信访量比上年下降17.5%，累积拆后利用率82.15%。购置分类垃圾桶7000余只，冢斜村获评绍兴市垃圾分类示范村，雄鹰、车头等5个村被评为市级垃圾分类准确村。

播，增收超100万元，惠及2000余农户。注册“隋榧”“唐榧”2个稽东香榧年轮品牌，在“东亚文都文创产品大赛”中“无榧不醉酒”获评金奖、“隋榧”获评铜奖。引进17家税源企业，税收244万余元。开展“一对一”服务，收集企业反馈问题30余条，其中18条即时办结。签约会稽山研学实践国际营地项目，启动前期筹备工作。

14条主要溪流水质保持在Ⅱ类以上。完成总投资2000万元的小舜江南北溪前期治理，北溪入选2020年省级“美丽河湖”。完成顺利、龙东等8个村农村生活污水处理设施提标改造，涉及农户6000余户。出台《秸秆禁烧五定工作方案》，查处秸秆露天焚烧16起，罚款2.59万元。出动巡查316人次，设点查处违规运输车辆14辆，罚款5.9万元。$PM_{2.5}$年均浓度值17，比上年下降3个点。

新冠肺炎疫情防控摸排随访7224人次，居家隔离255人次。组建25支志愿者队伍参与疫情防控。对低保户、因病致贫、就学困难户等对象发放资金340余万元，发放残疾人补助137万余元。完成榧农意外保险，协调保险公司做好3农户理赔。镇级居家养老中心投用，5个新建村级居家养老服务照料中心通过验收。加大山区百姓就业帮扶力度，创建高质量就业村6个。完成3个村文化礼堂和18个村智慧礼堂创建，实现村域全覆盖。推进农民体检，肠道肿瘤筛查3826人次，流感疫苗接种3318人次。举办杭州柯桥商会第一届乡贤名医大型义诊活动。推进信访代办，办理信访代办件64件，满意率100%。借助乡贤力量，推动镇村两级乡贤娘舅工作室建设，提升矛盾化解效率。推进基层治理四平台运行，采集各类信息1.17万条，办结率99.98%，实现小事不出村、大事不出镇。完成三级乡镇消防队建设，24个村应急救灾物资配置全覆盖。

2020年7月，稽东镇高湖庵山塘完成加固整治　　（严邦飞　摄）

【首家慈善书屋“榧香书舍”建成】 2020年9月27日，稽东镇举行柯桥区“益梦·书舍”爱心基金成立暨榧香书舍落成开放仪式。榧香书舍位于稽东集镇官培溪旁，是一幢始建于二十世纪五六十年代礼堂建筑。由柯桥区慈善总会、天圣集团资助，将这个建筑加固改造，建成书舍，总面积600平方米。服务青少年646人次，人流量3万余人次。

【“青年农创联盟”成立】 2020年5月21日，稽东镇汇聚15家当地优势农业企业，在大桥村创建柯桥区首个“青年农创联盟”，通过资源整合、工作融合、力量聚合，联络创业青年和各类创业要素，示范带动更多青年返乡创业，建设柯桥南部山区乡村振兴样本。联盟通过“线上＋线下”形式，新农人直播间、新农人集市、农事体验等活动让观众和游客了解稽东山宝，并通过产品开发包装、媒体宣传、物流仓储、平台运作，为稽东创业青年提供保障。

2020年5月，柯桥区首个“青年农创联盟”成立（稽东镇 供稿）

【稽东香榧文化旅游节】 2020年9月27日，绍兴市千年香榧炒制工匠传承暨柯桥区稽东香榧文化旅游节在千年香榧林景区启幕。开幕式上发布稽东香榧年轮商标、“无榧不醉酒”文创产品，现场有祭山神仪式、香榧炒制擂台赛、“会稽山”杯香榧盆景赛、青创联盟集市。比上年增加云团购、云直播等环节。活动由柯桥区人民政府、市人社局、市自然资源和规划局、市总工会、团市委主办。稽东镇有香榧林5万余亩，其中100年以上香榧树2.9万余棵，500年以上的1000余棵，1000年以上古树有22棵，其中最早的一株香榧王有1500多年的历史，是全球最古老的香榧树，这棵古榧树将归入“隋榧”品牌管理目录。全镇香榧年产量80万千克，经济价值超过1亿元。（吕婷婷）

执行编辑　徐建良

2020年柯桥区国民经济统计资料选刊

2020年统计表

2020年柯桥区概况

表39

指标	计量单位	2020年	2019年
一、行政区划面积	平方千米	1066.02	1066.02
二、行政组织			
镇人民政府	个	5	5
街道办事处	个	11	11
居民委员会(社区)	个	124	127
村民委员会	个	214	214
三、人口			
1. 年末总户数(户籍)	户	232513	230518
2. 年末总人口(户籍)	人	692590	688003
男性	人	337914	336171
女性	人	354676	351832
3. 暂住人口	人	628267	660651
4. 出生人口	人	5477	6690
出生率	‰	7.9	9.7
5. 死亡人口	人	4599	4056
死亡率	‰	6.6	5.9
6. 自然增长人口	人	6.6	5.9
自然增长率(公安口径)	‰	1.3	3.8

2020 年柯桥区国民经济主要指标

表 40

指标	计量单位	2020 年	2019 年	为 2019 年(%)
生产总值(现价)	亿元	1516.73	1502.18	1.9
第一产业	亿元	38.69	37.2	2.3
第二产业	亿元	733.94	746.19	1.2
第三产业	亿元	744.1	718.79	2.6
农林牧渔业总产值	万元	568056	546120	104.0
农村劳动力资源数	万人	457105	478597	95.5
单位年末职工人数(非私营)	人	215876	235246	91.8
在岗职工工资总额(非私营,含劳务派遣)	万元	63509	79577	79.8
全年粮食总产量(粮食监测口径)	吨	81787	83372	98.1
油菜籽产量	吨	2103	2120	99.2
全年生猪饲养量	万头	13.26	13.6	97.5
淡水产品产量	吨	21642	21073	102.7
全年货运量	万吨	5643.75	4967.65	113.61
全年客运量	万人	132.84	254.93	52.10
社会消费品零售总额	亿元	354.35	362.10	97.9
出口总额	万元	8646028	8670701	99.7
实际利用外资	万美元	22798	40145	56.8
财政总收入	万元	2020415	1975504	102.3
其中:一般公共预算收入	万元	1372348	1313205	104.5
一般公共预算支出	万元	1296878	1269886	102.1
金融系统年末贷款余额(本外币)	万元	23133670	18686759	123.8
金融系统年末存款余额(本外币)	万元	23992869	21625626	110.9
其中:住户存款(本外币)	万元	12437096	11021941	112.8
普通中学校学生数	人	36230	37285	97.2
小学生在校学生数	人	49234	45370	108.5

说明:生产总值增速为可比价增速,单位年末职工人数(非私营)、在岗职工工资总额(非私营,含劳务派遣)2020 年样本变小,机关事业等单位不纳入统计。

2020年柯桥区平均每天主要社会经济活动

表41

指标	计量单位	2020年	2019年	为2019年(%)
一、全区每天创造的财富				
生产总值(现价)	万元	4.14	4.12	—
农业总产值	万元	1073	1059	—
财政收入	万元	5520	5412	102.0
粮食	吨	223	228	97.8
肉类	吨	21	22	99.2
淡水产品	吨	59	58	102.4
二、全区每天人口变动和婚姻				
出生人数	人	15	18	81.6
死亡人数	人	13	11	113.1
结婚对数	对	12	8	151.5

2020年柯桥区国民经济主要平均指标

表42

指标	计量单位	2020年	2019年	为2019年(%)
每平方千米人口密度	人	648	642	100.8
人均生产总值(户籍)	元	219722	219408	1.1
人均粮食产量(户籍)	千克	118	122	97.3
人均油菜籽产量(户籍)	千克	3	3	98.4
人均社会消费品零售额(户籍)	元	51332	52888	97.1
人均创财政收入(户籍)	元	29269	28854	101.4
人均住户存款(本外币)(户籍)	元	180170	160986	111.9
农民人均现住房建筑面积	平方米	59.2	58.9	100.5
在岗职工年平均工资(含私营、劳务派遣)	元	64376	69710	92.3
农村常住居民人均可支配收入	元	43459	40655	106.9
城镇常住居民人均可支配收入	元	72071	68948	104.5

续表42

指标	计量单位	2020年	2019年	为2019年(%)
每万人拥有中学在校学生数(户籍)	人	525	545	96.4
每万人拥有小学在校学生数(户籍)	人	713	663	107.6
每万人拥有卫生技术人员数(户籍)	人	112	104	107.8
每万人拥有实有医疗卫生机构床位数(户籍)	张	94	70	134.7

说明:在岗职工年平均工资(含私营、劳务派遣)2020年样本变小,机关事业等单位不纳入统计。

2020年柯桥区农林牧渔业总产值

表43

指标	计量单位	2020年	2019年	为2019年(%)
农林牧渔业总产值	万元	568056	546120	104.0
农业产值	万元	392663	386570	101.6
林业产值	万元	52928	51180	103.4
牧业产值	万元	53768	42293	127.1
渔业产值	万元	62769	60871	103.1
农林牧渔服务业产值	万元	5928	5206	113.9

2020年柯桥区主要农产品产量

表44

指标	计量单位	2020年	2019年	为2019年(%)
粮食(粮食监测口径)	吨	81787	83372	98.1
其中：早稻	吨	3464	3536	98.0
晚稻及单季稻	吨	64170	65872	97.4
油菜籽	吨	2103	2120	99.2
蔬菜	吨	410253	402972	101.8
茶叶	吨	7707	7097	108.6
水果	吨	54047	54944	98.4
肉类	吨	7865	7905	99.5
淡水产品	吨	21642	21073	102.7

2020年柯桥区建筑业主要经济指标

表45

指标	计量单位	2020年	2019年	为2019年(%)
资质企业个数	个	193	195	99.0
其中:特级资质个数	个	5	5	100.0
一级资质个数	个	42	42	100.0
建筑业签订的合同额	万元	22844928	28020273	81.5
其中:本年新签合同额	万元	12964743	14805920	87.6
建筑业总产值	万元	13426875	15288467	87.8
其中:在外省完成的产值	万元	5386798	7251457	74.3
外省完成产值比重	%	40.1	47.4	84.6
竣工产值	万元	8259794	9966830	82.9
房屋建筑施工面积	万平方米	11122	14435	77.0
其中:房屋竣工面积	万平方米	3669	4592	79.9
自有机械设备年末净值	万元	215851	227763	94.8
计算劳动生产率的平均人数	万人	35.54	41.54	85.6
全员劳动生产率	元/人	377771	368021	102.6
主营业务收入	万元	9198575	11153213	82.5
主营业务成本	万元	8698656	10502222	82.8
主营业务税金及附加	万元	53421	106306	50.3
营业利润	万元	199030	236011	84.3
营业利润占主营业务收入比重	%	2.2	2.1	104.8
利润总额	万元	186541	248962	74.9
年末固定资产原价	万元	742978	854200	87.0
流动资产小计	万元	5174471	4997626	103.5
资产合计	万元	5861665	5733055	102.2
负债合计	万元	3743615	3067251	122.1
所有者权益	万元	2118050	2665804	79.5
应付职工薪酬	万元	2195842	2548363	86.2
建筑企业增加值	万元	2743429	3226377	85.0

2020 年柯桥区科技创新情况

表 46

指标	计量单位	2020 年	2019 年	为 2019 年(%)
一、专利授权数	项	5987	5455	109.8
1. 发明	项	871	590	147.6
2. 实外新型	项	4768	4016	118.7
3. 外观设计	项	348	849	41.0
二、国家高新技术企业数	家	369	—	35.7
其中:当年新增	家	144	—	9.1

说明:国家知识产权局 2020 年专利申请数不再统计。

2020 年柯桥区国内外贸易

表 47

指标	计量单位	2020 年	2019 年	为 2019 年(%)
一、国内贸易				
社会消费品零售总额	万元	3543457	3620995	97.9
其中:批发业	万元	1294847	758811	170.6
零售业	万元	1876615	2531397	74.1
住宿餐饮业	万元	371995	330787	112.5
商品交易市场数量	个	88	90	97.8
商品交易市场成交总额	万元	22214355	20503000	108.3
其中:中国轻纺城市场成交额	万元	15255223	13791701	110.6
钱清轻纺原料市场成交额	万元	6377300	6211300	102.7
二、对外贸易				
进出口总额	万元	8933767	9110341	98.1
其中:出口总额	万元	8646028	8670701	99.7
主要产品出口情况				
纺织面料	万元	6050935	7483415	80.9
服装	万元	287177	263396	109.0
非纺产品	万元	2329942	930782	250.3

2020年柯桥区利用外资情况

表48

指标	计量单位	2020年	2019年	为2019年(%)
当年批准企业数	家	186	144	129.2
累计批准企业数	家	2495	2309	108.1
当年总投资	万美元	116822	64132	182.2
累计总投资	万美元	1410941	1294119	109.0
当年注册资本	万美元	109635	74784	146.6
累计注册资本	万美元	992199	882565	112.4
当年合同利用外资	万美元	88973	62704	141.9
累计合同利用外资	万美元	828121	739148	112.0
当年实际到位外资	万美元	22798	40145	56.8
累计实际到位外资	万美元	482264	459466	105.0

2020年柯桥区旅游人数和总收入

表49

指标	计量单位	2020年	2019年	为2019年(%)
国内外旅游人数	万人次	2949.25	2901.96	101.6
其中:入境旅游人数	万人次	0.3137	6.11	5.1
其中:外国人	万人次	0.2984	5.75	5.2
港澳同胞	万人次	0.0074	0.18	4.1
台湾同胞	万人次	0.0079	0.17	4.6
内地旅游人数	万人次	2948.94	2895.85	101.8
其中:过夜旅游者	万人次	981.73	1031.73	95.2
旅游总收入	亿元	306.13	301.08	101.7
其中:国际旅游收入	万美元	133.5	2938	4.5
国内旅游收入	亿元	306.04	299.05	102.3

2020 年柯桥区交通运输业

表 50

指标	计量单位	2020 年	2019 年	为 2019 年(%)
公路通车里程	千米	1523.45	1487.46	102.4
内河航道净里程	千米	320.12	320.12	100.0
民用汽车拥有量	辆	357926	339394	105.5
其中:私人汽车拥有量	辆	309707	293188	105.6
运输汽车	辆	4284.00	3446	124.31
其中:载客汽车	辆	135.00	133	101.50
载货汽车	辆	4149.00	3313	125.23
客运量	万人	132.84	254.93	52.10
货运量	万吨	5643.75	4967.65	113.61

2020 年柯桥区财政收支

表 51

指标	计量单位	2020 年	2019 年	为 2019 年(%)
一、财政总收入	万元	2020415	1975504	102.3
其中:一般公共预算收入	万元	1372348	1313205	104.5
其中:税收合计	万元	1117322	1087197	102.8
其中:国内增值税及改征增值税	万元	377063	361989	104.2
企业所得税	万元	140705	159795	88.1
城建税	万元	40528	42335	95.7
个人所得税	万元	37378	38415	97.3
其他税收	万元	406945	377185	107.9
耕占税、契税	万元	114703	107478	106.7
二、一般公共预算支出	万元	1296878	1269886	102.1
其中:一般公共服务	万元	134713	143501	93.9
教育	万元	301668	289990	104.0
科学技术	万元	70545	69070	102.1

续表 51

指标	计量单位	2020 年	2019 年	为 2019 年(%)
文化旅游体育与传媒	万元	26560	26382	100.7
社会保障和就业	万元	152516	150672	101.2
卫生健康	万元	124926	111656	111.9
节能环保	万元	55397	53891	102.8
城乡社区	万元	121380	147382	82.4
交通运输	万元	26518	22728	116.7

2020 年柯桥区金融系统存贷款年末余额(本外币)

表 52

指标	计量单位	2020 年	2019 年	为 2019 年(%)
一、各项存款余额(本外币)	万元	23992869	21625626	110.9
1. 住户存款	万元	12437096	11021941	112.8
2. 非金融企业存款	万元	7838949	6270208	125.0
3. 广义政府存款	万元	3035954	3582635	84.7
4. 非银行业金融机构存款	万元	633211	703099	90.1
5. 境外存款	万元	47660	47743	99.8
二、各项贷款余额(本外币)	万元	23133670	18686759	123.8
1. 住户贷款	万元	10288550	7796482	132.0
2. 非金融企业及机关团体贷款	万元	12844930	10890083	118.0
3. 境外贷款	万元	190	194	97.8

2020 年柯桥区全体居民人均收支情况及生活指标

表 53

指标	计量单位	2020 年	2019 年	为 2019 年(%)
一、可支配收入	元	64204	61111	105.1
1. 工资性收入	元	34797	32897	105.8
2. 经营净收入	元	17967	17637	101.9
3. 财产净收入	元	5825	5483	106.2
4. 转移净收入	元	5615	5094	110.2
二、生活消费支出	元	32830	32342	101.5
1. 食品烟酒	元	9139	9032	101.2
2. 衣着	元	2445	2388	102.4
3. 居住	元	8067	7813	103.3
4. 生活用品及服务	元	1497	1466	102.1
5. 交通通信	元	4852	4857	99.9
6. 教育文化娱乐	元	3526	3558	99.1
7. 医疗保健	元	2122	2073	102.4
8. 其他用品和服务	元	1182	1155	102.3
三、恩格尔系数	%	27.8	27.9	—

2020 年柯桥区城镇常住居民人均收支情况及生活指标

表 54

指标	计量单位	2020 年	2019 年	为 2019 年(%)
一、可支配收入	元	72071	68948	104.5
1. 工资性收入	元	38421	36542	105.1
2. 经营净收入	元	19326	19088	101.2
3. 财产净收入	元	7623	7210	105.7
4. 转移净收入	元	6701	6108	109.7
二、生活消费支出	元	36240	35789	101.3
1. 食品烟酒	元	9872	9782	100.9

续表 54

指标	计量单位	2020年	2019年	为2019年(%)
2. 衣着	元	2819	2758	102.2
3. 居住	元	9054	8798	102.9
4. 生活用品及服务	元	1578	1552	101.7
5. 交通通信	元	5301	5323	99.6
6. 教育文化娱乐	元	3977	4021	98.9
7. 医疗保健	元	2214	2160	102.5
8. 其他用品和服务	元	1425	1395	102.2
三、恩格尔系数(%)	%	27.2	27.3	—

2020年柯桥区农村常住居民人均收支情况及生活指标

表 55

指标	计量单位	2020年	2019年	为2019年(%)
一、可支配收入	元	43459	40655	106.9
1. 工资性收入	元	25240	23382	107.9
2. 经营净收入	元	14383	13850	103.8
3. 财产净收入	元	1083	977	110.8
4. 转移净收入	元	2753	2446	112.6
二、生活消费支出	元	23839	23345	102.1
1. 食品烟酒	元	7206	7074	101.9
2. 衣着	元	1458	1424	102.4
3. 居住	元	5463	5241	104.2
4. 生活用品及服务	元	1282	1243	103.1
5. 交通通信	元	3669	3639	100.8
6. 教育文化娱乐	元	2337	2348	99.5
7. 医疗保健	元	1881	1846	101.9
8. 其他用品和服务	元	543	530	102.5
三、恩格尔系数(%)	%	30.2	30.3	—

（刘　弘）

执行编辑　宋如玲

附 录

文件选编

2020年绍兴市柯桥区国民经济和社会发展统计公报

柯桥统计局
国家统计局柯桥调查队
（2021年3月）

2020年，面对突如其来的新冠肺炎疫情冲击，柯桥区委、区政府团结带领全区上下深入学习贯彻习近平总书记考察浙江重要讲话精神，奋力打造“重要窗口”，扎实做好“六稳”“六保”，统筹推进疫情防控和经济社会发展工作，全年经济运行稳步回升，社会民生平安和谐稳定。

一、综合

初步核算，全年地区生产总值（GDP）1516.73亿元，按可比价计算比上年增长1.9%。其中，第一产业增加值38.69亿元，增长2.3%；第二产业增加值733.94亿元，增长1.2%，其中工业增加值620.46亿元，增长2.1%；第三产业增加值744.10亿元，增长2.6%。三次产业结构由上年的2.5∶49.7∶47.9调整为2.6∶48.4∶49.1。人均GDP为219722元（按年平均汇率折算为31855美元），比上年增长1.1%。

二、农业和农村建设

全年农林牧渔业总产值56.94亿元，比上年增长4.0%。其中，农、林、牧、渔业产值分别为39.30亿元、5.30亿元、5.47亿元、6.28亿元，增长2.1%、3.3%、21.3%、3.0%。粮食播种面积18.76万亩，比上年增长0.7%；粮食总产量8.18万吨，下降1.9%。经济作物播种面积27.85万亩，比上年增长1.9%，其中蔬菜面积和花卉面积分别为14.91万亩和7.12万亩，增长0.9%和7.2%。

全年猪肉产量7053吨，比上年增长28.2%；禽肉产量727吨，增长142.3%；禽蛋产量1772吨，下降32.7%；茶叶产量7674吨，增长4.4%；淡水产品产量2.16万吨，增长2.7%。年末生猪存栏4.59万头，下降2.8%；生猪出栏8.67万头，增长24.2%。

2020年柯桥区农业主要产品产量

表56

指标	单位	产量
粮食总产量	万吨	8.18
生猪存栏量	万头	4.59
生猪出栏量	万头	8.67
猪肉	吨	7053
禽肉	吨	727
禽蛋	吨	1772
茶叶	吨	7674
淡水产品	吨	21643

美丽乡村建设全域推进，安排3.96亿元创建资金推进第三轮“五3争创”工作，全年新增五星达标村51个、AAA级景区化示范村9个。安昌街道、王坛镇入选新时代省级美丽城镇建设样板，安昌街道成为全市首个省AAAAA级景区镇。完成国土绿化2623亩，新增“一村万树”示范村9个。建成高标准农田3564亩。选取福全、兰亭两个街道作为试点，推进粮功区“非粮化”清理整治，绍兴天圣牧业有限公司“飞地养猪”项目加快推进。支持农村创业创新，培训农民1.7万人，农村实用人才培训2397人，新培育大学生农创客36人。

三、工业和建筑业

全年规模以上工业总产值2073.97亿元，比上年增长1.2%，其中新产品产值568.86亿元，下降9.5%；营业收入1632.34亿元，下降13.3%；利税总额186.35亿元，增长0.9%，其中利润总额125.86亿元，增长5.7%。从行业分类上看，规模以上大纺织业占比超5成，产值1097.90亿元，比上年增长1.1%；营业收入861.26亿元，下降15.7%；利润总额66.48亿元，下降2.6%。从产业结构上看，新兴产业发展态势良好，战略性新兴产业产值1051.05亿元，比上年增长0.5%；高新技术企业产值651.86亿元，与上年持平；装备制造业产值284.13亿元，增长3.6%。

2020年柯桥区规模以上工业主要产品产量

表57

指标	单位	产量
化学纤维	万吨	251.73
布	亿米	4.95
印染布	亿米	191.48

续表 57

指标	单位	产量
服装	万件	3630
黄酒	万吨	10.94
精制茶	万吨	2.78
水泥	万吨	144.50
塑料薄膜	万吨	43.05
PTA	万吨	122.36
发电量	亿千瓦时	69.43
纱	万吨	3.73
配合饲料	万吨	44.32
无纺布	万吨	5.74
针织布	万吨	33.93
聚酯	万吨	48.08

工业经济稳步复苏。出台复工复产十条、稳工业七大行动等政策措施助力企业对冲疫情影响。启动实施制造业高质量发展“步鱼计划”，进一步优化营商环境，提振企业发展信心。传统产业改造提升加速推进，纺织行业改造提升综合指数全省第一，现代纺织入选国家先进制造业集群，跨区域印染集聚组团全部开建。持续落实淘汰落后产能工作，36 家企业完成低端落后产能淘汰，完成率 120%。推进行业整治和高标准建设，完成“低散乱”整治提升 216 家，完成率 120%。新增小微企业园 5 个，建筑面积 36.9 万平方米，入园企业 283 家。全年“个转企”441 家，“小升规”125 家。

全年建筑业增加值 113.66 亿元，占 GDP 的比重为 7.5%。建筑产业现代化领跑全省，成为装配式建筑主要生产基地，实现产值 780 亿元，比上年增长 15.2%。以宝业集团为申报主体的省级现代建筑产业创新服务综合体创建成功，中心城区实现新建项目装配式建造全覆盖和新建住宅全装修全覆盖。建筑业共创省级以上优质工程 96 项，其中国家级优质工程 26 项，包括鲁班奖 5 项、国优工程 5 项；全年主编或参编国家级行业标准 2 项、地方标准 13 项；获得发明专利 6 项、实用新型专利 42 项、国家级 QC 成果 4 项，创建省级以上施工工法 16 项。

四、固定资产投资和房地产业

全年固定资产投资比上年增长 6.8%。其中，高新技术产业投资增长 18.1%，民间投资、交通投资、生态环保和公共设施投资分别下降 4.4%、20.7% 和 31.0%；制造业投资占比为 26.3%，高于全市平均水平 6.1 个百分点。引进“滨会”等 8 个高成长性项目，集聚落户生命健康岛一期；引进“旅悦”总部等 34 个重大招商项目，总投资超 550 亿元；旗滨产业园等 34 个重大项目落地建设，苏泊尔大家电等 11 个重大项目竣工投产；6 个“市县长项目”全部落地。

全年房地产投资比上年增长 17.0%。房地产开发项目 213 个，比上年增加 19 个；施工房屋面积 1039.05 万平方米，增长 22.6%；竣工房屋面积 45.14 万平方米，下降 64.4%。商品房销售面积 328.98 万平方米，下降 2.8%；商品房销售额 532 亿元，增长 30.5%。

五、国内贸易

开展消费券及返场活动，组织实施"越惠悦生活""城市购物节"系列促消费活动，在全市率先出台实施为期 1 个月的汽车促消费政策。全年社会消费品零售总额 354.35 亿元，比上年下降 2.1%。其中，批发零售业零售额 317.15 亿元，下降 3.6%；住宿餐饮业零售额 37.20 亿元，增长 12.5%。全年批发零售业商品销售额比上年增长 3.6%。其中，批发业商品销售额、零售业商品销售额分别增长 3.7% 和 2.8%。分专业市场看，中国轻纺城市场和钱清轻纺原料市场成交额分别为 1525.52 亿元和 637.73 亿元，比上年分别增长 10.6% 和 2.7%；轻纺城网上交易额 607.05 亿元，增长 15.3%。

轻纺市场稳定发展，全年新注册市场主体 4480 家，其中新注册贸易公司 1338 家。国际面料采购中心成功开业，举办第三届世界布商大会，创新"云展会 + 实体展"，纺博会、时尚周落幕，获评全国最具影响力会展城市。举办新冠肺炎疫情发生后全区首个线下展会——中国轻纺城窗帘布艺展览会，共设展位 1222 个，参展企业 242 家，吸引采购商近 4 万人。推进"丝路柯桥、布满全球"行动，开展中国—韩国、中国—越南等网上对接会，组织优秀市场经营户赴深圳、上海、成都等纺织服装产业集群开展组团参展、精准对接、品牌推介等活动。

六、对外经济

全年货物进出口总额 893.38 亿元，比上年下降 1.9%。其中，出口总额 864.60 亿元，下降 0.3%；进口 28.77 亿元，下降 34.6%；对美国出口 67.07 亿元，增长 44.0%，占全部出口的 7.8%。自营出口实绩企业 4725 家，其中出口 100 万美元、500 万美元、1000 万美元以上企业分别有 1902 家、618 家和 330 家。开展市场采购贸易方式国家级试点，开启"1039"报关模式。建设国家级跨境电商综试区，开通"9610""9710"等业务，新增跨境电商企业 216 家。亚马逊平台中柯桥活跃卖家 306 个，全年在线交易额 5.4 亿美元，占全市 36.0%。破解全球疫情蔓延造成人员流动受阻、展会延期取消困局，组织 813 家次企业参加防疫产品信息发布平台、中国·香港线上展、浙江出口网上交易会、网上广交会等"云展"120 场；组织 543 家次服装面料企业参加首届 2020 全球纺织云展会、2020 丝路柯桥布满全球云展会，联合境外社团、展会公司举办线上美国纽约展、拉斯展、意大利展、越南展等自办展 6 场。

有国（境）外企业常驻代表机构 1555 家、外商投资商业企业 909 家。新批准"三资"企业 186 家，比上年增加 42 家，总投资 11.68 亿美元，注册资本 10.96 亿美元。全年合同外资 8.90 亿美元，实际利用外资 2.28 亿美元。

七、交通和旅游业

全区公路通车里程 1523.45 千米，其中国道 53.36 千米、省道 76.65 千米、县道 407.16 千米、乡道 300.85 千米、村道 673.99 千米、专用公路 11.44 千米。全区实现客运周转量 11521 万人千米，货物周转量 1444847 万吨千米。融杭接沪全面提速，杭绍城际交通全线贯通，31 省道北延段、杭绍台高速南部三个镇段建成通车。改造杭甬高速柯桥互通，杭州中环柯桥段、杭金衢至杭绍台联络线加快推进。设立上海浦东机场柯桥城市航站楼，开通柯北科技城至下沙大学城客运专线，新增（延伸）5 条融杭公交线路。完成乡村道以及县道公路亮化工程 24 千米，新建和提升改造农村公路 98 千米，新建美丽经济交通走廊 60 千米。

全年接待国内外旅游者 2949.25 万人次，比上年增长 1.6%。其中国内旅游人数 2948.94 万人次，增长 1.8%；入境旅游人数 0.31 万人次，下降 94.9%。实现旅游总收入 306.13 亿元，比上年增长 1.7%，其中国内旅游收入 306.04 亿元，增长 2.3%。柯桥古镇一期建成开园，鉴湖直升机场重新起航，柯桥区创建成为省首批 AAAAA 级景区城。投入

3000万元推出3条旅游快捷巴士线路,其中观光"夜巴士"为全省首创。截至年末,全区有国家级旅游景区24个,其中AAA级旅游景区6个,AAAA级旅游景区5个。

八、财政、金融和证券

全年财政总收入202.04亿元,比上年增长2.3%,其中一般公共预算收入137.23亿元,增长4.5%。一般公共预算支出129.69亿元,比上年增长2.1%。民生支出得到重点保障,公共安全、教育、科学技术、文化旅游体育与传媒、社会保障和就业、卫生健康、节能环保、城乡社区、农林水9项民生支出总计102.04亿元,占一般公共预算支出的78.7%。

年末金融机构本外币存款余额2399.29亿元,比上年末增长10.9, %,其中住户存款余额1243.71亿元,增长12.8%。年末金融机构本外币贷款余额2313.37亿元,比上年增长23.8%,银行不良贷款率降至0.74%。实施"凤凰行动"计划,"越剑智能""西大门"主板上市,"迎丰科技"主板过会,"金道科技"申报创业板,"万丰化工"等3家企业报省证监局辅导。全年保费收入22.36亿元,比上年增长1.1%,赔付支出金额7.50亿元。全年证券交易额8204.62亿元,比上年增长51.4%。年末开户数21.05万户,比上年增4.1%。

九、教育和科学技术

全区年末拥有高等学校2所,在校学生1.63万人,专任教师1280人;拥有中等职业教育学校2所,在校学生9469人,专任教师623人;普通中学27所,在校学生3.62万人,专任教师3358人;普通小学53所,在校学生4.92万人,专任教师2822人。学龄儿童入学率100%,初中升学率99.8%。中考635分以上学生占3个区总数的近40%,高考一段上线人数1391人、上线率27.4%,创历史新高,2018—2020年连续3年列全市高考榜首,14名学生被北京大学、清华大学录取。市级现代化学校覆盖率85%,创建成省人工智能教育试验区。建成投用实验小学坂湖校区、轻纺城小学裕民路校区等4所新校新园,推进柯中西校区、双梅幼儿园等22个在建项目。成功创建"五星三名"学校68所、党建示范学校61所、党建示范带5条,创建数量、创建率位列全市第一。

新认定国家高新技术企业144家,累计有369家;新增省科技型中小企业271家,累计1808家;有省级企业研发机构109家。实施省级新产品计划350项。新增授权发明专利871件,新增"浙江制造"标准10项、"品字标"企业8家、"浙江制造"精品5项。累计引育省级以上高层次人才200人、省领军型创新团队4个、绍兴海内外英才计划人才184人,落户高质量人才项目366个,实现顶尖人才和科技类独角兽企业落户两个"零突破"。新增省领军型创新创业团队2家、省"万人计划"科技创新领军人才1人、省海外工程师15人。实现技术市场交易额21.27亿元,比上年增长65.4%,居全市首位。浙江(绍兴)外国高端人才创新集聚区成功创建绍兴柯桥院士小镇,签约海外院士15人。柯桥区科技园列入国家级科技企业孵化器公示名单,为全区首个。

十、文化、卫生和体育

年末全区共有文化馆1个,艺术表演团体1个,各级文物保护单位(点)163处,公共图书馆藏书155.5万册,有线电视用户40.27万户,电视覆盖率100%。建成20个城市书房,覆盖9个镇(街道),服务周边群众30万人次,配置信息化设备80余套,纸质藏书14万册,数字图书8.5T。新建农村文化礼堂33个、智慧礼堂224个,成为全省首批农村文化礼堂建设示范区。越剧电影《李慧娘》参加第十届北京国际电影节戏曲电影展映单元,获第五届中国戏曲电影展映论坛优秀戏曲电影奖,入围第33届中国电影金鸡奖最佳戏曲片提名和第三届中国戏曲电影展优秀戏曲电影。音乐作品《瓜渚湖》《钗头凤》参加第三届绍兴市音乐新作演唱(演奏大赛)获金奖。莲花落小戏《阳光路上》获2020浙江省新农村建设题材小戏会演金奖。施金裕、潘海良分别获第十一届中国曲艺牡丹奖表演奖提名、入围奖。

年末全区卫生机构518个(含村卫生室),其中医院和卫生院31个。卫生机构实有床位6500张，卫生技术人员7714人，其中医生3573人。新建标准化村卫生室30家，户籍人口家庭医生签约率50.7%。提升实验室核酸检测能力，配置16台核酸检测设备。新增妇幼保健院、齐贤分院、福全分院3个院前急救站点，新增"120"救护车3辆。完善医共体5个共享中心和6个诊疗中心建设，按照同院同质化管理标准管理。2020年县域内就诊率90.0%，基层就诊率65.2%。区级医疗机构门诊智慧结算率80.3%、住院智慧结算率77.7%，医后付、移动付、云影像共享等服务实现全覆盖。

全年获省级以上金牌69枚，其中国家级金牌2枚。年末拥有社区体育健身设施1463个，社区体育健身场地面积10.53万平方米。建成柯岩客厅、大小坂湖公园等5个"体育+公园"，在明珠广场、中和公园等安装6条二代智能健身路径，在红星美凯龙等商业综合体建设5个运动场地。

十一、环境保护和能源消耗

蓝天保卫战收官。全年$PM_{2.5}$平均浓度31微克/立方米，比上年下降8微克，空气质量优良率89.3%，比上年增加10.9个百分点，均创历史最好成绩。市对区考核断面水质全部满足相应水环境质量功能区要求，达标率100%。垃圾分类持续深化，探索"桶换桶"集中收运，投放准确率80%，资源分类回收利用率45%。推进"无废城市"建设试点，成为全国现场会考察点。加快工业固废处置基础设施建设，"飞乐环保"20万立方米工业危险废物填埋场项目、"华鑫环保"2万吨/年工业危险废物焚烧扩建项目、"鑫杰环保"5000吨/年废包装桶综合利用建设项目相继投产，督促推进循环生态产业园（二期）工程焚烧厂项目、"浙能"2500吨/日污泥清洁化处置项目建设。

全年规模以上工业企业综合能源消费量715.8万吨标准煤，比上年下降0.7%；原煤消费630.4万吨，比上年下降6.1%；单位增加值能耗下降5.3%。能源利用效率提升，规模以上工业企业万元产值综合能耗0.297吨标准煤/万元，比上年下降1.9%；耗能千吨以上企业万元产值能耗0.43吨标准煤/万元，比上年下降2.2%。

十二、城乡建设

全年拆迁151万平方米、"三改"499万平方米。推进柯岩街道鉴湖渔歌风情带（三佳村）、平水镇四丰村城中村拆迁项目，涉及拆迁户数160户；齐贤街道亚运攀岩项目（羊山村一期）住宅签约923户，签约率98.1%；兰亭街道兰渚大道（兰亭段）工程项目、兰一路（娄宫2号地块）工程项目、联合村（康复医院地块）拆迁项目住宅签约率均100%。

无障碍社区建设、既有住宅加装电梯加速推进。完成17个无障碍社区建设改造工作；加装电梯完工50台，完成率达市对区指标要求151.5%。

十三、人口、人民生活和社会保障

全区年末户籍总户数23.25万户，户籍人口69.26万人，其中男性33.79万人、女性35.47万人，分别占总人口的48.8%和51.2%。全年迁入5942人，迁出2371人；出生人口5477人，出生率7.9‰；死亡人口4599人，死亡率6.6‰；自然增长率1.3‰。

人民生活水平不断提高。全年全区居民人均可支配收入64204元，比上年增长5.1%。其中，城镇常住居民人均可支配收入72071元，增长4.5%；农村常住居民人均可支配收入43459元，增长6.9%。城乡居民收入比为1.66。全体居民、城镇居民、农村居民人均生活消费支出分别为32830元、36240元、23839元。

年末全区城镇登记失业率1.92%，全年城镇新增就业8.5万人。疫情期间，"逆行"云贵川鄂等7省，开行专列23趟、就业大巴328辆，接回企业员工9800余人，兑现返岗补助资金近5400万元。实施"五减"政策减免税费5.76亿元，实施降本减负政策减免38.45亿元，合计减免税费44.21亿元，占全市减免总数23.3%，全市第一。培训技能人才68849人次，其中高级技能人才4005人次。

年末全区基本养老保险参保人数65.10万人，其中企业养老保险参保人数54.26万人、机关事业养老保险参保人数2.71万人、居民养老保险参保人数8.12万人。基本医疗保险参保人数83.62万人，其中城镇职工基本医疗保险参保人数45.70万人、城乡居民基本医疗保险参保人数37.91万人。工伤保险参保人数39.95万人，生育保险参保人数45.70万人，失业保险参保人数31.01万人。

全区有养老机构14家。全区城乡居民低保标准提高到每人每月890元，共发放低保金及物价补贴4917.32万元。建成兼具日间照料与全托服务功能的镇(街道)居家养老中心20家，新建(提升)社区级居家养老服务照料中心59家。成立全市首个重大疫情防控专项基金，区内慈善机构累计接受防疫捐款6277.8万元、防疫物资价值841.9万元。

说明：

1. 公报所列各项数据为年度初步统计数据，此后均以《柯桥区统计年鉴》数据为准。

2. 生产总值和各产业增加值绝对数是按现价计算的初步核算数，增长速度按可比价格计算，人均生产总值按户籍人口计算。

3. 由于计量单位取舍而产生的计算误差均未作机械调整。

4. 公报中教育、体育数据源自区教体局，高新技术企业、科技型中小企业等数据源自区科技局，户籍人口数据源自区公安分局，社会救助数据源自区民政局，财政数据源自区财政局，登记失业率、社会保障等数据源自区人力社保局，国土绿化数据源自区自然资源和规划分局，生态环保、空气质量数据源自区生态环境分局，拆迁整治、建筑等数据源自区住建局，客运周转量、货物周转量等数据源自区交通运输局，美丽乡村建设等数据源自区农业农村局，出口、对外经济等数据源自区商务局，旅游、艺术中心、文化馆、图书馆、博物馆等数据源自区文化广电旅游局，卫生、医疗数据源自区卫生健康局，专利数据源自区市场监管局，货币金融、上市公司等数据源自区金融办，医疗保险数据源自区医保局，粮食生产数据、城乡居民收支源自国家统计局柯桥调查队，轻纺市场、展会等数据源自轻纺城建管委，人才数据源自科技城建管委。

执行编辑　宋如玲

索 引

说 明

1. 索引分正文索引、表索引两部分。采用主题分析法,按标引词第一字汉语拼音(同音词按声调)顺序排列;同声同调按笔画顺序排列;第一字相同,按第二字音序排列。以下据此类推。

2. 因类目、分目页码已在目录中标出,故正文索引仅限条目。条目标引词一般采用该条目的主题词、中心词或简称。单位和事件一般用简称,不冠以“绍兴”“绍兴县”“柯桥区”等字样。

3. 标引字后的阿拉伯数字表示内容所在页码,页码后的拉丁字母(a、b)分别表示该页的左右栏。标引词后的多个页码,表示此内容在其他书页的位置。

4. 特载、大事记、柯桥新风、2020 年柯桥区国民经济统计资料选刊、附录和彩色插照均不作索引。

正文索引

0—9

0 ~ 3 岁儿童发育监测与筛查 305b
“1·16”骗取出口退税专案 145b
“120”急救站点 305b
15 秒最美救护群像 355b
2020(绍兴)国际墙材屋面材料生产装备博览会 177b
2020 柯桥城市购物节 174b
2020 年工信部规划司先进制造业集群 163a
2020 绍兴柯桥中国轻纺城窗帘布艺墙布展览会 177a
“2020 天天时尚”活动计划 197a
2020 亚太国际金融论坛柯桥峰会 233b
2020 中国绍兴柯桥坯布纺织新材料展 177b
31 省道绍大线北延柯桥至萧山段 239a
“5·29”盗掘古墓葬案 145b
50 亿元旅悦集团总部项目 362a
“812”土地整治工程 209a
“9610” 188a
“9710” 188a

A

阿里巴巴全球速卖通跨境人才计划 188a
安昌分院提升改造工程 303a
安昌街道 375a

安昌路北延工程 238b
安徽考察 168b
安全生产巡查 223b

B

B-24 地块文化艺术中心工程 235b
B-28 地块传统建筑修缮工程 236a
B-29 地块传统建筑修缮工程 236a
B-31 地块文化休闲区新建工程 235b
B-31 及柯亭桥以东区块场外景观工程 236b
“八个一”惠民工程 371b
八墨社自创内容书画小品展 132a
办公用房效能管理 105a
宝龙天地 362a
背街小巷（三期）改造工程 226b
被征地农民参保新政 340b
避孕套发放 337b
边缘对象 338b
标杆代表联络站 93a
“标准化+”工程 219b
标准农田占补（置换） 159b
滨海平原 62a
殡葬管理 338b
病媒生物防治 304b
博爱救助项目 136b
博物馆 295a
不动产业务 210a
“不见面”开评标 101a
“不一样的思政课”微课视频 86a
“步鱼计划” 162a

C

菜篮子基地建设 155b
残疾人创业就业 134a
曹娥江综合整治工程（柯桥段）三标 215b
曹玲玲 354b
产业扶持资金 201b
昌鸿商业综合体 372a
长三角地区“中国书法名城·中国书法之乡”作品联展 131b
长三角地区高校艺术联盟当代艺术展 131b
长三角书画名家作品邀请展 131b
长三角异地就医定点机构 341a
超标柴油车 211b
尘肺病防治攻坚行动 305a
陈建功教育思想研讨会 280a
陈云飞 355a
“城市大脑”总平台 274a
城市书房 293a
城乡居民医保征缴新模式 202b
出口退（免）税企业 203a
出口网上交易会意大利专场 185b
出口网上交易会越南专场 186a
出口专班工作机制 185a
初中教育工作会议 279a
除臭系统处理能力 230b
船舶集中停泊点 243a
船舶生活垃圾污水上岸处置 242b
船舶尾气污染整治 242b
创意设计人才“经纬计划” 197a
春运客流 247b
慈善助困行动 112b
村（社区）组织换届选举 338b
村级巡察 114b
村社换届监督 115b
村社团组织换届 126a
村（社区）组织换届 78b
村志普修工程 300a

存量土地……210a

D

DRGs 点数法付费……341a
大渡社区……362b
《大桥村志》……335b
大寺区块场外景观工程……236b
大寺区块传统建筑修缮工程……235b
大湾区展……194a
戴弋明……356b
当代中青年书画名家瓷画邀请展……133a
档案法制建设……299b
档案服务……299b
档案数字化……299b
党的政治思想建设……86b
党建特色展评……87b
党史宣教……85b
党外人士信息管理系统……116a
党员干部远程教育……78b
党员抗疫……78b
党政机构及有关部门负责人名单……54a
道路运政执法行动……248a
低保……338b
“低散乱”行业整治……164b
低山丘陵河谷……61b
“笛扬新闻”App……301b
地名信息管理……339a
“地摊保”……207b
地质灾害防治……210b
电大柯桥学院……285a
电大招生……284b
电力降价减免政策……231b
调研报告……112a
定点医药机构检查……342a
东西部扶贫协作……217b
董希文纪念馆项目……237b
对外承包工程……186b

E

儿童康复中心……303a
儿童免疫规划……303b

F

法律“三服务”活动……180b
法律服务行业“教育整治年”活动……181a
法律服务能力……180b
法律援助“五办”工作法……150a
法院工会工作室……125b
法院结案……149a
法治营商环境……146b
范派名家名票抗击疫情网络演唱会……289b
方家汇区块场外景观工程……236a
防逃工作专项检查……114a
防疫物资生产企业留底退税……203b
防疫医疗保障……341b
纺织产业集群跨境电商发展高峰论坛……188a
纺织行业知识产权快速维权中心……221a
纺织品仓库消防专项整治……223b
放心水……230b
“放心消费在柯桥”行动……219a
“非接触办税”……203a
非物质文化遗产传承人抗疫创作……296a
非遗“嘉年华”……297b
非遗馆新馆……296a
非遗宣传展示活动……297a
“榧香书舍”……384b
废弃矿山生态修复……210b

枫桥式退役军人服务站柯岩样板 364a
佛教中国化方向研学活动.............................343b
扶贫工作专项巡查......................................115b
服务贸易 187a
服务贸易展会...187a
服务贸易质量...187b
福全街道网格巡查......................................377a
复工返校通勤公交专线................................244a
复工复产 218b

G

干部工作常态化调研考察和分析研判办法 78a
干部荣誉退休制..84b
钢结构行业学院...282b
港口码头建设工程......................................243a
港越社区红十字会......................................135b
高标准农田建设...156b
高层次人才引进...359b
高档住宅小区违建挂牌联系制 228a
各镇街面积..53b
工程建设投标保证金电子保函 101b
工行绍兴支行..206b
工行绍兴支行支持实体经济贷款 206b
工人文化宫...125a
工商联服务省级优秀案例.............................129a
工业废气治理..212b
工业互联网平台 166a
工业相关激励政策......................................163a
工业用地“标准地”......................................209b
工资速裁..340a
公共场所 AED 配置安装..............................135b
公共服务大楼广场改造...............................104b
公共自行车手机扫码借还服务 229a
公交基础设施建设......................................244a
公开招标办理..101b
公款存放 172b
公益诉讼监督 147b
公证处 182a
公证金融服务平台......................................182a
公租房 171b
供电 231a
古玩市场工程..235b
古纤道碑亭公园环境整治工程(一期)..........294b
古镇古建筑“智慧消防”..............................224a
固定资产投资..217a
瓜渚湖区域海绵城市建设微改造 227a
观光农业经营专业中专班教育 159a
光伏发电项目 166b
光学芯片企业..363b
广发银行柯桥支行抵押易新版 207a
“规范幼儿园办学行为”...............................277a
规模以上文化产业增加值...............................80a
国际友城联系交流......................................138a
国家电子证照应用试点................................274a
国家级典型案例...155a
国家级科技企业孵化器................................270a
国家级重点研发计划..................................256b
国家居民健康素养和中医药健康文化素养监测 304a
国家社会工作职业水平测试...........................339a
国家通用语言培训......................................342a
国家职业教育提质培优项目.........................280b
国内公证事项..182a
“国旗下讲话”系列活动颁奖暨赠书仪式.......276a
“国企专班”..218a
国有企业财务人员......................................218a
国有企业机构设置和员额管理办法 83b
国有企业退休人员社会化管理 218a

H

海创会 ……140a
杭金衢连接线接 03 省道东复线工程 ……239b
杭绍城际铁路车辆基地建设……239b
杭绍城际铁路车站 ……241a
杭绍城际铁路建设工程……241a
杭绍城际铁路客车 ……240a
杭绍城际铁路桥梁 ……240b
杭绍甬高速公路柯桥段……239a
杭甬运河柯桥区段 ……242b
杭州市柯桥商会 ……81b
“好人基金”……348a
黑恶案件审理……148a
红领巾抗疫宣传 ……278b
红领巾学院 ……127a
红十字博爱送万家慰问活动……136a
红十字医疗志愿服务 ……135b
宏芳家庭农场 ……155a
湖塘分院综合服务能力提升工程 ……303a
湖塘跨湖苑二期……230a
湖塘杨梅 ……67b
华强方特绍兴国学文化博览园 ……234b
华夏银行绍兴柯桥支行……207a
化肥减量增效试验……156a
化工园区规划评价 ……164b
“欢乐柯桥”文化系列活动……291a
环境违法案件……211b
环境信访 ……212a
环境质量预警函……212a
黄酒小镇 ……233b、366b
火山地貌 ……63a

J

机构编制 ……83b
机关部门所属经营性资产……218a
机关党员抗疫 ……87a
机关干部“三服务”……87b
机关垃圾分类 ……105b
机关食堂“厉行节约、反对浪费”活动…… 105b
基层换届 ……88b
基层减负 ……88b
基层矛盾化解工作部署会……81b
基层农技推广体系 ……158b
基层文艺骨干 ……292a
基层文艺骨干培训班……131a
基层治理 ……127b
基础设施 ……376b
基督教聚会点 ……81a
稽东香榧 ……66b
稽东香榧文化旅游节 ……385b
极端天气建筑业安全生产管理 ……169b
极客桥航空无人机……207b
急需入境返岗重点企业相关外国人 ……188b
疾病预防控制体系机构……83a
集散两用船 ……242b
集中视察 ……93b
纪检办案安全责任制……114a
纪检惩治 ……113b
纪检监督 ……113b
纪念区关心下一代工作委员会成立 30 周年大会 ……351a
技能鉴定 ……159a
《加油！科学 +》……130a
加油站油气回收综合治理专项行动 ……176a
家庭医生签约服务 ……303b

检举举报平台 115b
检验检测技术服务 220a
“减息降本”专项行动 218a
建设用地计划指标 209b
建筑工程质量专项检查 169a
建筑企业 168b
建筑项目掌上执法检查 169b
建筑扬尘监管 169b
鉴湖江南岸二期慢行系统夜间景观亮化工程 233b
鉴湖江游步道二期工程 233b
“鉴湖文艺讲堂” 131a
鉴湖休闲小镇规划 233a
江南书画名家作品邀请展 132b
交通安全宣传教育 248a
交通安全隐患 248a
交通违法行为查处 229b
教师队伍建设管理新规 286b
教师干部梯队建设 286b
教师线上研训活动 288b
教师招聘 276b
教师职称自主评聘改革试点 286b
教师智慧课堂系列活动 288b
教育结对帮扶 276b
教育投资项目 276a
教育系统新冠肺炎防控 276b
街道和建制镇党政正职名单 60b
节能监察 166b
节水型社会建设 214b
解纷闭环处置机制 142a
巾帼扶贫活动 128b
巾帼旅游推介活动 128b
金柯桥科技城园区大脑管理平台 272a
金秋花卉音乐节 380b
经济责任审计 221b
精品曲艺下基层文艺巡演 292b
敬老月系列活动 350a
境外经贸类纠纷和突发事件应急预案 186b
境外投资企业 187a
居家适老化改造计划 349b
居家养老 349a
居住出租房屋消防安全隐患排查 344a
局长·代表面对面活动 93b

K

抗美援朝 70 周年主题展 132b
抗体检测 157a
抗疫物资 163a
抗疫一线人员购房优惠活动 171b
抗疫主题系列文艺活动 291a
柯海线提升改造工程 238b
柯南足球场扩建 233b
柯桥·上虞书法联展 132b
柯桥高级技工学校 280b
柯桥联合村镇银行 206a
柯桥旅游快捷巴士专线 233b
《柯桥年鉴(2020)》 300b、336a
柯桥片区农合联果蔬产业分会 175b
柯桥轻纺城 194a
柯桥轻纺城海外联合商会 195b
《柯桥区体育设施布点专项规划》 309a
柯桥区与阿里云战略合作协议 273b
柯桥融媒 301a
柯桥时尚周 196a
柯桥文旅长三角推广季活动 200a
柯桥医疗队 303a
“柯桥优选”品牌直播活动 197b
“柯桥院士小镇” 130a
科大绍兴新材料产业技术研究院 269b

"科技超市" 269b
科技奖励 376b
科技交流对接活动 269b
科技园 270a
科普馆 130a
科普基地 130a
科普宣传 130b
客运卡口新冠肺炎防疫 247b
课程改革成果 277b
空气质量 212a
"酷玩黄金周·烟花音乐节" 234a
酷玩小镇活动 316a
快递服务 248b
"快快合作"示范点创建 249a
"会稽山"黄酒 65b
会稽县 49b、50a
矿产资源 65b
矿山环境粉尘专项整治行动 210b
困难残疾人家庭无障碍改造 133b

L

兰若寺宋代大墓环境综合整治工程 294a
兰亭人民法庭 149a
兰亭水蜜桃 68b
兰渚大道改建提升工程 235a
"蓝天碧水"行动 367a
劳模工匠 350b
老旧小区"污水零直排+海绵"改造 227b
老旧小区改造 227b
老柯亭桥改造工程 236b
"乐活驿站"试点 85a
冷链食品监管 218b
漓渚兰花 67a
漓渚镇 380b
李斌 355a
《李慧娘》 289b
李钰涵 278b
理论微考学 79b
历代名匾馆室内展陈工程 237a
历史沿革 48a
联网路 227a
廉政专项整治行动 115a
粮功区退苗还粮整治 155b
粮食高产示范创建 156a
"两新"组织创建 78b
"两直"资金 201a
刘建明 354a
刘中华 354a
留学生 138b
流感疫苗免费接种 304a
"六项制度"联合检查 340a
"龙禧中心" 142b
楼宇党建 78b
鲁迅中学暑期社会实践 279b
乱占耕地建房整治 209b
旅游行业安全生产整治 200b
旅游巡回法庭 149a
律师 181a
绿色防控技术推广 156a
"绿色快递" 249a
绿色优质农产品认证 159b

M

马鞍街道 372a
马鞍街道3个公园 371b
马岳樵 356a
码头防污整改 242b
矛盾纠纷化解 82a

矛调中心《运行管理实施意见》 144b
媒体融合 79b
美国拉斯维加斯国际服装面料展 185b
美国纽约国际服装面料展 185b
美丽城镇建设省级样板 375a
美丽河湖创建 215a
“美丽经济”建设 367a
美丽庭院建设 128b
民兵 152b
民间信仰场所提质控量工程 342b
民生支出 201b
民事案件审理 148b
民事诉讼监督 147a
民营企业中人大代表 93a
民营人才创业园 79a
民主革命时期档案 85b
民主监督小组 112a
“名家名品下基层”文化惠民演出 290a
名优教师培育 286a
“明珠课堂” 292a
“亩均论英雄” 165a

N

纳税人信用贷款服务 203b
内部审计 222a
宁波天南地北绍兴人联谊会迎新活动 81b
农产品监测 159a
农产品质量安全“利剑”专项整治 159b
农村集体“三资”去现金化管理改革 160a
农村集体资产 160b
农村集中式饮用水源地水质 212a
农村人居环境 232a
农村实用人才培训 158b
农村文化礼堂 285a
农村饮用水达标提标工程 232b
农房确权公证 181b
农行绍兴柯桥兰亭支行 206b
农行绍兴柯桥支行小微企业贷款 206b
农技知识培训 159a
农家乐 155a
农民主播大赛 298b
农民专业合作社建设 155a
农民综合素质提升培训 158b
农药废弃包装物 161b
农业机械投资 159a
农业水价综合改革 159b
农业主导品种主推技术 158b
农作物病虫害 156a
农作物种子 156a
暖心家园 337b
女性维权宣传咨询活动 128a

P

排污权 213a
排污权抵押方式创新 100b
派驻机构规范化建设 113b
“旁路 + 热倒”综合不停电作业 231a
贫困学生 352b
“品牌强区”建设 219b
“品字标” 39b
平安宣传活动 143a
平水江水库灌区 2 渡槽维修加固工程 216b
平水江水库灌区新山头渡槽拆除重建工程 216b
平水日铸茶 66a
平水镇 381b
平原河网 64a
平原湖泊 64a

浦阳江水系......63b
普速铁路沿线环境整治......241b

Q

"七五"普法......150a
齐贤片区农合联藕粉产业分会......175b
"齐贤水街"......373b
企业复工复产调研指导......111a
企业减负......217b、221a
企业开办一日办结......218b
企业劳动保障书面材料审查和诚信等级评定......340a
企业融资......210a
企业所得税......202b
企业投资项目代办智能化服务平台......100b
企业投资项目审批"最多80天"改革......100a
汽车促消费政策......176b
汽车整车线束生产线......364a
契约化共建......365a
钱滨线安昌支路西延接成虎路建设工程......239a
钱清街道综合应急消防救援站......368b
钱清中国轻纺原料城......368b
钱清中学机器人团队......279b
钱塘江一线海塘加固工程......215b
侨胞......138b
侨干侨企培训......139a
侨商会......140a
侨文化馆......139b、378b
"亲青帮"......127b
"青柯管理"宣讲活动......126b
"青柯护航"......127a
"青年农创联盟"......385a
青年助力乡村振兴行动......127a
青少年科技创新大赛......130b
青少年校园体育特色学校......309a
"青优青悦"人才服务项目......126b
轻纺城建管委......193b
轻纺城人民法庭......149a
轻纺城市场采购贸易方式试点......186a
清廉村居基层治理......115b
"清凉有礼 柯桥有爱"公益活动......125b
"请你来协商"......110a
秋季纺博会......196a
区第十一届少年英才......351b
区第一次归侨侨眷代表大会......138b
区电子政务外网采购万兆因特网出口带宽项目......273a
区法院......148b
区纺织绣花商会......129a
区干部大会......72a
区工商联(总商会)第一次会员代表大会......129a
区管领导干部党的十九届五中全会精神集中轮训班......86a
区红十字会第一届理事会第三次(扩大)会议......134b
区计划生育协会机关......337a
区劳模(工匠)技术服务队......125a
区劳模(工匠)宣讲团......125a
区矛调中心......148b
区美术作品大展......132a
区民营经济代表人士培训班......82a
区企业家大会......73a
区墙布商会......129a
区首届特殊儿童书画作品展......133a
区水利学会第七次会员大会......214a
区网络界人士联谊会二届一次大会......82a
区委常委会会议......73a
区委反腐败协调小组规则......113b
区委统一战线工作领导小组会议......82a

区委一届八次全体（扩大）会议........................72b
区委一届九次全体（扩大）会议........................73a
区委一届七次全体（扩大）会议........................72a
区文联第一次代表大会................................130b
区新生代企业家联谊会二届一次大会............82a
区新一届村（社）干部集中轮训班....................86b
区巡察整改..114a
区一届人大常委会会议..................................90a
区一届人大常委会主任会议..............................90b
区一届人大四次会议....................................89a
区域地理位置..53b
区域面积..53b
区域性党建带工建基层工会创建......................125a
区镇权力清单..83a
“区镇一体、条抓块统”省级试点......................82b
区政府常务会议..95a
区政府一届八次全体（扩大）会议....................95a
区政府一届七次全体（扩大）会议....................95a
区政协常委会议..107a
区政协履职能力提升培训班............................111b
区政协一届四次会议....................................106b
区政协主席会议..108a
区制造业高质量发展“步鱼计划”推进大会.....72a
区中心粮库..175a
取水口标准化建设......................................214b
全国14个城市书法篆刻作品展........................131b
全国第四批少数民族流动人口服务管理示范城市..81a
全国纺织行业抗疫先进集体............................193b
全国国防教育特色学校..................................151b
全国国土调查国家级复核..............................210a
全国红十字模范单位....................................135b
全国名家画柯桥写生作品展............................132b
全国农村公共服务典型案例............................371b
全国青少年校园足球最佳阵容........................309a
全国文明城市复检......................................80a
全国文明镇..382b
全国无障碍环境达标社区..............................362b
全国性时尚赛事..197a
全国助残日活动..133a
全面从严治党主体责任..................................113a
全民健身日活动..315a
全民终身学习活动周....................................285a
全区无障碍社区建设“三年行动”....................133b
全省信访系统岗位练兵比武............................83b
全省政法宣传舆论工作会议............................142b
全天候救助工作机制....................................338a
群众来信来访..94b

R

燃气锅炉低氮改造......................................212b
人保财险柯桥支公司....................................207b
人保财险柯桥支公司防疫投保........................207a
人保财险柯桥支公司与区气象局战略合作协议..207b
人才服务..79a
人才企业..79a
人才新政..88a
人才招引..79a
“人大讲坛”..94a
人大信息..94a
人防设施建设..153b
人力资源市场专项整顿行动............................340a
人体器官等捐献..135a
仁昌酱油..67b
融杭公交线路..244a
肉品检疫..157a
瑞丰银行..205b
瑞丰银行“双百行动”现场会........................205b

瑞丰银行慈善捐款……205a
瑞丰银行农户小额普惠贷款推进会……205b
瑞丰银行支小再贷款……205b

S

STEAM 教育科研……288a
“三八”国际妇女节系列活动……128a
三产类企业……186b
“三改”项目……229b
“三联三送三落实”活动……158b
三年田园综合体试点……380b
“扫黑除恶”专项斗争……146b
扫黑除恶案件……181a
扫黑除恶专项斗争……142a
森林公安机关管理体制……83b
森林公安执法……158a
森林消防技能比武……224b
森林消防技能培训……224b
山区电商物流服务“村村通”工程……175a
山区河流……63b
山区群众……230b
山区溪流整治……216b
山塘……216a
山阴县……49a、50a
山阴周氏四代书画作品展……133a
商品住宅……171a
商业布局规划……226b
绍兴柯桥·西宁湟中书法联展……131b
绍兴县……50b
绍兴小百花……289b
绍兴宣卷交流演唱会……297b
社保费用……340b
社保专项稽核整治……340b
社会办医疗机构约谈……306b
社会保险费……202b
社会心理服务体系建设……304a
社会组织……338a
社情民意信息……112b
社区矫正工作……150a
社区教育……285a
涉案物资处置……105a
涉林案件……158a
涉水项目行政许可即办化改革……100b
涉外公证事项……182b
涉外新冠肺炎疫情防控……138a
沈洪波美术作品展……131b
生活垃圾分类宣教中心……228b
生活污水处理……230b
生活污水运维“全国样板”建设……230a
生态环保宣传……213b
生物资源……65b
生猪屠宰……161a
生猪屠宰检疫……157a
省“五个一批”组建名单……283a
省“中职教育质量提升行动计划”……280b
省 AAAAA 级景区镇……375a
省 AAAA 级景区镇……380b、381b
省 AAA 级景区标准……198b
省 AAA 级景区镇……370a
省部级及以上先进个人名录……357a
省慈善系统首个 3000 万元规模重大疫情防控专项基金……347b
省对区巡察工作专项检查……114b
省国防教育基地……151a
省基本功大赛……284a
省级公共数据资源开发利用试点……274a
省级共青团基层组织改革综合试点……126a
省级及以上学科竞赛奖……283a
省级旅游风情小镇……383a

省级美丽航道……242b
省级农村综合改革集成建设项目……201a、383a
省级水产健康养殖示范场……157a
省级特别进步奖……79b
省级特色小镇……233b、366b
省级幼儿园创建……277b
省节水宣传教育基地创建……214b
省民宗委领导……342a
省农村文化礼堂建设示范镇街……372a
省品牌指导服务站工作现场会……183a
省侨联法顾委柯桥分站……139a
省三星级粮库……175a
省首批AAAAA级景区城……199a
省数学会第十二届理事会年会……280a
省委第十巡视组……72b
省委巡视反馈问题整改……114b
省小微企业园建设提升重点县(市、区)……163b
省银宿级民宿……199a
省语言文字工作督导评估……276a
省征兵首检日仪式……152a
省中职教育质量提升行动计划……285a
省重点项目……217a
时点存款……206b
食品等样本监测……304a
食药械化安全专项治理……220b
食用农产品合格证……159a
世界布商大会……195a
世界布商国际合作联盟……195b
市场采购贸易方式试点……193a
市第七届少先队争章技能风采展示活动……278a
市第三届音乐新作演唱(演奏)大赛……291b
市级农田土壤修复试点……156a
市真善美种子工程工作现场会暨红领巾学院观摩交流会……278a
市知识产权局签订……206a
事业单位改革“回头看”……83a
事业单位整合……83a
事业人员职业全周期管理“一件事”改革……100a
受助大学生……351b
书画创作交流活动……112b
树人大学“双百金课”建设……283a
树人大学杨汛桥校区……282b
树人大学杨汛桥校区二期工程……282b
树人大学主体……283a
“树人风”长三角初中课堂观察研讨会……279a
数据库平台……300b
“数字财政”……201b
数字经济……166a
“数字塔转变”……273a
水、电、气降价……221a
水电站……232b
水库……216a
水蜜桃产业……206b
“水墨兰亭·桃缘有约”文化节……378b
水土保持遥感图斑复查……232b
水网平原……62a
水文防汛“5+1”工程项目(一期)……216b
水域调查……215a
水资源……65a
水资源费减免政策……215a
税收风险对象……202b
税收网格化管理……203b
税收协查案件……203b
舜王庙基础抢险加固工程……294a
司法辅助……182a
司法救助……146b
司法途径入库税款……202b
“丝路柯桥·布满全球”……194b、195a
“四好农村路”建设……242a
“四平台”闭环处置“110”警情模式……142a

"四式"巡察法……114b
"四种形态"……113b
寺岔河以南区块场外景观工程……236b
松木检疫执法行动……158a
《宋家店村志》……335a
"送福迎春情满侨界"迎新联谊会……140a
"送药上山进岛"便民服务……220b
随班就读资源教师……284a
索密克新能源汽配产业园……363b

T

台商台胞"看浙江、看绍兴、品柯桥"活动……140b
台湾地区大学……140b
台资项目……140b
泰隆银行绍兴分行……206a
陶里安置小区 A 区……230a
特殊儿童书画作品展……283b
特种设备安全监管……220a
体艺综合培育……288a
"体育 + 公园"工程……315a
体育彩票……316b
铁塔……273b
"通信塔"……273a
通信应急……273b
同康竹笋……67a
统计方法制度改革……222b
统战系统抗疫……81a
投标保证金……101a
投资项目审批……217b
图书馆线上服务……293a
土地成交 70 宗……209b
土地增值税……203b
土地整治与生态修复项目……209b
土地资源……64b
土壤污染修复……212b
推广普通话宣传周活动……275b
推介对接……187a
退役军人安置……339b
退役军人招聘会……339b

W

外国企业常驻代表机构……188b
外国人居留许可有效期限……188b
汪传昌……357a
王坛青梅……68a
王坛镇……382b
王文序……282b
王增高……356a
网络人士统战工作创新实践基地……116b
"网上竞价"……100b
网上轻纺城(全球纺织网)云展会产品……301b
网约房管理……344b
危化品企业整治……223b
"唯金杯"中国拼布创意设计大赛作品展……132b
卫生处罚案件……304b
未来科创城建设……368b
文化产业项目……298a
"文化和自然遗产日"浙江省主场城市(绍兴)系列活动……296b
文化养老在基层活动……85a
文旅企业疫情补助……200b
文旅推介活动……199b
文旅夜间经济柯桥模式……199b
《我,为家乡代言》……301a
"我爱祖国·五教同行"教育实践活动……343b
污染企业"云监测"……231b
无尘讲坛……343a
"无废城市"建设试点……212b

"无违建河道"创建 232b
"五爱吾家"系列活动 128a
五大领域综合行政执法改革 83a
"五星"村社创建 78b
五星和美社区创建 339a
物业从业人员培训 172b

X

西藏民族中学学生 279a
"西湖论善" 348b
西南通道一期 379b
西入口区块场外景观工程 236b
西小江流域 369b
《西宬村志》 335a
下市头直街传统建筑修缮工程 235b
下市头直街区块场外景观工程 236b
"先锋工程" 87a
限用农药 161b
线路调整 244b
线路新增 244b
线上专用调解平台"云e调解" 150b
乡村书舍 379b
乡村文物资源振兴三年行动计划 294a
乡贤 81b
乡贤娘舅 82a
向全国职工书屋"你点我购"赠书活动 125a
项目审核 202a
项目纾困 88b
象马寺佛教活动固定处所获批 342b
消费专班工作机制 174a
小舜江南溪综合治理工程 215b
小舜江水系 63a
小微企业 219a
小微企业工会经费 125a
小学教育工作会议 278a
校长职级制度 286b
新冠肺炎集中医学观察隔离点 86a
新冠肺炎疫情防控 138b、152b
新冠肺炎疫情防控捐赠 134b
新建住宅 171a
新街区块场外景观工程 236a
新能源公交车 244a
新生儿先天性心脏病筛查 305a
新时代美丽城镇建设省级样板 382b
新时代文明实践中心建设工作务虚会 80b
新型农业经营主体 207b
新型职业农民培育 158b
信访"2211"工作机制 84a
信访案件 84a
信访超市 83b
信息 99a
刑事案件审理 148a
刑事诉讼监督 147a
《行风广播对话》 301a
行政案件审理 148b
行政区划 53b
行政诉讼监督 147b
行政争议府院联动调解机制 144b
行政执法 144a
行政执法监督 144a
"幸福水乡才艺秀"——百村文艺云上行展演 291b
熊建平 81a
许树强 306a
巡察 114a
巡察规范化建设 114b

Y

"Young Live 戏乐汇" 直播 289b
亚马逊孵化班 188a
亚运场馆 317a
亚运会柯桥区筹委会 316b
羊山—上方山、沙地王区域城市规划 226b
阳光系列学校体育竞赛 313b
杨立人 356b
杨绍线福全段改建工程 239a
杨汛桥镇 370a
养老护理员职业技能竞赛 349b
养老机构疫情防控 350a
药械集中采购监管 341b
野生动物保护 158a
"一案三查" 146b
"一案五必须" 制度 114a
"一村万树" 示范村创建 158a
"一肩挑" 干部 "廉政保证金" 制度试点 374b
"一星平安金鼎" 141b
一证一卡 350a
医保电子凭证 341a
医保定点零售药店远程监控智能可视化平台 341b
医保业务 "一窗通办" 341b
医改工作 306a
医疗补助 341b
医疗服务价格改革 341b
医疗美容监督执法 305a
医疗卫生领域 "最多跑一次" 改革 306b
医养结合 350a
疫情防控 126b
疫情相关生活垃圾运输 228b
"益梦 · 书舍" 爱心基金 .... 205b、348a
"银领党建联盟" 84b
银团贷款 239b
"银耀柯桥" 行动 84b
饮用水水源环境保护 213a
印染产业工程师协同创新中心 165a
印染组团 164b
应对疫情发展商贸三产专题协商 111b
永丰桥西区块传统建筑修缮工程 236a
永久基本农田 210a
优秀年轻干部 78a
"有礼有爱" 城市品牌 80a
鱼苗放流 215a
舆情处置 80a
驭光科技 363b
育才学校职业教育成果 284a
预算执行情况审计 221b
越国 48b
越族 48a
云上纺博会 196a
《云水渡》 290b
"云招商" 167b
孕产妇管理 305b
运动休闲时尚周 315b
运河水系 63b
运输乘运新冠肺炎防疫 247b

Z

再生资源体系运营服务项目 228b
在园儿童体检 305b
造血干细胞捐献 135a
增值税电子发票 203a
张铃 355b
张泽熙 282b
招标投标 "一件事" 改革 101a

招考管理平台……285b
招商引资……359b
招投标全周期监管体系……101b
浙东唐诗之路云门文化研讨会……382a
浙江电视台……284a
浙江漓铁集团……235a
浙江理工大学绍兴柯桥研究院……269b
浙江民艺拼布博物馆……378a
浙江人大与时俱进奖……94a
“浙江绍兴现代纺织产业集群”项目……163a
浙江省“最多跑一次”改革成效突出县(市、区)……144a
浙江省七县(区)文旅融合写生创作系列活动……292a
浙江省青少年校园足球文化节……309a
浙江省食品安全区……220b
浙江西大门新材料股份有限公司……167a
“浙江院士之家”……130a
浙江越剑智能装备股份有限公司……167a
浙农集团股份有限公司……167a
镇街自办监察案件……113a
镇街居家养老服务机构……349a
镇街人大工作……93a
整改任务……78a
郑保华……356b
政策跟踪审计……221b
政党协商活动……116a
政府产业基金……201b
政府开支……202a
政府投资项目审计……221b
政府专项债项目……207a
政企恳谈会……129a
“政企面对面”活动……87b
“政企面对面”座谈会……81a
政务公开事项标准目录……144a
政务数据归集……274a
之江学院……282a
之江学院毕业生工作……281b
之江学院教育成果……281b
之江学院精英人才培养新模式……281b
之江学院科研师资队伍建设……281b
之江学院线上线下一体化教学……281b
支部建设提升年活动……87a
知识产权质押贷款……206b
执行案件……148b
“职工驿站”……125b
“职工悦读”系列活动……125a
职业技能大赛……125b
职业农民……159a
职业农民高校报考……159a
职业学校学生技能大赛……281a
志书数字化加工及质量提升工程……300a
智慧公交服务……244a
智慧纪检建设……113b
智慧交通平台……247b
智慧企业法治体检平台……144b
智慧云社区管理平台……274b
智能交通系统改造……229b
“智能阳光厨房”……220b
中高考试题研究组……288a
中国国际纺织面料及辅料(秋冬)博览会……194b
中国国际家用纺织品及辅料(秋冬)博览会……194a
中国建筑节能研究检测中心……365a
中国美术学院书法系艺术硕士主题书法创作十人展……132b
中国轻纺城国际面料采购中心……192b
中国轻纺城小学……151a
中国轻纺城小学“红色网上游”主题德育馆……278b

中国轻纺城云展会......194a
中国轻纺城综合服务中心......193b
中国绍兴柯桥国际纺织品博览会(秋季)......176b
中国银行柯桥支行......206b
中介企业......100b
中南兰亭旷谷旅游综合体项目......235a
中小微企业梯度培训......163b
中央环保督察迎检整改......211b
重大外事接待......137b
重大招商项目......88a
重点报道......79b
重点人群结直肠癌筛查......304a
重点用能企业......166a
重要目标防卫演练......152b
重要天气事件......69b
周水祥......351b
猪场建设......157a
主题宣讲活动......79b
主要山脉......62b
助学金......351b
住房公积金抗疫政策......172b
住房公积金提取新规......173a
“专线用户改接至公线”高效能接线模式试点......231b
资金助企......88a
自然村拆迁......381b
自然资源违法案件......210a
宗教场所第三方托管巡查......343a
宗教法治专题培训......343a
宗教和民间信仰场所疫情防控......342b
综合供能服务站......176a
综合所得汇算......202b
综合行政执法改革......144a
综合行政执法事项调整......228a
总投资1000万美元以上企业......186b
最美抗疫老人评选......350a
最美退役军人座谈会......339b

表索引

C

财政收支......393a
城镇常住居民人均收支情况及生活指标......395a

G

各镇街流动人口总数......344a
规模以上工业主要产品产量......398a
国民经济主要平均指标......388a
国民经济主要指标......387a
国内外贸易......391a

H

获浙江省科学技术进步奖名单......271a

J

基层体育场地建设......308a
建筑业主要经济指标......390a
交通运输业......393a
金融系统存贷款年末余额(本外币)......394a

K

科技创新......391a

L

流动人口就业......346a
流动人口居住结构......347a
流动人口居住时间......347a
流动人口流出地人数1万人以上的市......345a
流动人口流出地人数5000人以上的县(市、区)......345a
流动人口文化结构......347a
旅游人数......392a
旅游总收入......392a

N

农村常住居民人均收支......396a
农村常住居民人均生活指标......396a
农林牧渔业总产值......389a
农业主要产品产量......398a

P

平均每天主要社会经济活动......388a

Q

区概况......386a
区籍运动员......310a
区科学技术创新奖名单......271a
全国和省级比赛金牌......310a
全体居民人均收支......395a
全体居民人均生活指标......395a

S

省级及以上报刊发表作品......332a
省级及以上媒体报道柯桥区......318a
省级及以上学科竞赛获奖......287a
省级及以上展出艺术作品......333a

X

新冠肺炎疫情专项研发科技计划项目立项名单......257a
新建名医专家工作室......307a
新增国家高新技术企业名单......250a
新增省级高新技术企业研究开发中心名单......256a
新增省级科技型中小企业名单......258a
新增省级企业研究院名单......270a
新增省级众创空间名单......269a
学校体育竞赛......314a

W

外资利用......392a

Y

“一带一路”沿线国家(地区)主要出口市场......191a

Z

镇街基本情况......360a
重新认定国家高新技术企业名单......254a
主要农产品产量......389a